ACCESO GRATIS a la Lectura en la Nube

Para visualizar el libro electrónico en la nube de lectura envíe junto a su nombre y apellidos una fotografía del código de barras situado en la contraportada del libro y otra del ticket de compra a la dirección:

ebooktirant@tirant.com

En un máximo de 72 horas laborables le enviaremos el código de acceso con sus instrucciones.

LOS COSTES DE LA LIBERTAD INTELECTUAL EN UNIVERSIDADES DE MÉXICO Y ESPAÑA

LOS COSTES DE LA LIBERTAD INTELECTUAL EN UNIVERSIDADES DE MÉXICO Y ESPAÑA

Coordinadores
Armando Pavón Romero
Yolanda Blasco Gil

tirant lo blanch
Valencia, 2024

A Bartolomé Clavero
defensor de la libertad intelectual

En caso de erratas y actualizaciones, la Editorial Tirant lo Blanch publicará la pertinente corrección en la página web www.tirant.com.

© TIRANT LO BLANCH
EDITA: TIRANT LO BLANCH
C/ Artes Gráficas, 14 - 46010 - Valencia
TELFS.: 96/361 00 48 - 50
FAX: 96/369 41 51
Email: tlb@tirant.com
www.tirant.com
Librería virtual: www.tirant.es
DEPÓSITO LEGAL: V-3715-2023
ISBN: 978-84-1197-414-1

Si tiene alguna queja o sugerencia, envíenos un mail a: *atencioncliente@tirant.com*. En caso de no ser atendida su sugerencia, por favor, lea en *www.tirant.net/index.php/empresa/politicas-de-empresa* nuestro procedimiento de quejas.

Responsabilidad Social Corporativa: http://www.tirant.net/Docs/RSCTirant.pdf

Índice

Prólogo

En este libro estudiamos distintos capítulos de los costes que tuvieron que pagar las universidades y los universitarios por la libertad intelectual, en un periodo que abarca las épocas colonial, moderna y contemporánea[1]. La historia de las universidades, desde sus orígenes medievales, nos enseña que los esfuerzos por estudiar y crear ciencia han sido interferidos por los poderes políticos y fácticos durante cualquier etapa. Se trata de una constante en la historia de las universidades. La intervención de los poderes pone en riesgo la libertad académica de maestros y escolares. Estudiar y enseñar se enfrentan a la censura y la expulsión. Pero la forma en que reaccionan las instituciones y los individuos no es la misma. Las universidades se adaptan más rápido a la pérdida de libertades que los individuos. Los universitarios, en cambio, suelen defender con mayor vigor sus ideas y, en numerosos casos, deben pagar altos costes.

Por lo que atañe a las universidades hispánicas, diferentes estudios han revelado que el creciente poder de la monarquía castellana en la época moderna se tradujo en una reducción de libertades corporativas en universidades como Salamanca -recuérdese la llegada de visitadores reales en tiempos de los reyes católicos[2]- y en el surgimiento de nuevos modelos de universi-

---

1. Proyecto PAPIIT de la UNAM, IN401321, "Los costes de la libertad intelectual: autonomía, crítica, persecución y exilio en las universidades de México y España", dirigido por Armando Pavón Romero.

2. Clara Inés Ramírez González, *Grupos de poder clerical en las universidades hispánicas. Los regulares en Salamanca y México durante el siglo XVI*, México, CESU- UNAM, 2002, 2 vols. (La Real Universidad. Estudios y Textos, XII y XIII), asimismo Luis Enrique Rodríguez-San Pedro Bezares y Juan Luis Polo (coords.), *Historia de la Universidad de Salamanca*, V vols., Salamanca, Ediciones Universidad de Salamanca, 2006-2018, así como sus capítulos en el presente volumen.

dad, organizados de manera más vertical y más obedientes de los poderes centralizadores, tal es el caso de las universidades-colegio o las universidades conventuales.[3] Asimismo encontramos la censura y persecución de profesores investigados por la inquisición en la época de la reforma protestante. De igual manera, en el periodo moderno surgirán las primeras universidades fuera del continente europeo, en Santo Domingo, Lima y México; éstas dos últimas fueron obra directa de la corona y, por tanto, sujetas al patronato real.

Las libertades y el financiamiento garantizado por el Estado anunciados por Wilhelm von Humboldt tenían como antecedente el trabajo de reflexión de diferentes intelectuales como Herder o Friedrich Schleiermacher, sobre el cual Renate Marsiske publica un capítulo en este libro. Así nació la universidad de Berlín, donde se redefinió la relación del Estado con la universidad. En la península ibérica y Latinoamérica las transformaciones políticas experimentadas en los siglos XIX y XX, derivadas del liberalismo, no redujeron la intervención del poder civil en las universidades ni garantizaron su plena autonomía. Las universidades también se transformaron y dejaron de ser corporaciones académicas para convertirse en instituciones de educación superior e investigación. En España y México se vivieron periodos de seria intervención política, al grado de que en México se suprimió la universidad durante varias décadas del siglo XIX. Cuando se refundó la universidad nacional se hizo también por voluntad del poder político y aunque la universidad alcanzó su autonomía en 1929, las tensiones –de mayor o menor calado- entre universidad y Estado no dejaron de existir a lo largo de todo el siglo XX y lo que va de este siglo XXI. En España, buena parte de los siglos XIX y XX, las uni-

---

3. Mariano Peset, “La organización de las universidades españolas en la edad moderna”, en *Studi e Diritto nell'area mediterranea in età moderna*, Andrea Romano (ed.), Messina, 1993, 73-122.

versidades estuvieron sometidas al poder político. La dictadura franquista concedió la autonomía, en el discurso; pero las universidades quedaron sujetas a las "familias" o grupos de poder del régimen. Un capítulo oscuro para la universidad española de persecución y exilio, en el que la mexicana supo aprovechar a buena parte del profesorado republicano español. En suma, en España y México, las universidades pueden dar testimonio de los costes que deben pagarse por la libertad intelectual. Sobre estos temas y en este libro, se estudian casos específicos y periodos concretos.

* * *

Las investigaciones que se han venido realizando en España y México en historia de las universidades cuentan ya con varias décadas de estudio. Desde los trabajos pioneros de Mariano Peset hasta nuestros días, se ha conformado tanto en México como en España una comunidad académica en torno a la historia de las universidades, que ha cubierto las distintas épocas. Las cuestiones también han sido diversas: profesores, estudiantes, planes de estudio, oposiciones a cátedra, finanzas, relaciones con los poderes civiles y eclesiásticos, organización institucional, manuales, doctrinas jurídicas, teológicas, filosóficas...

A la fecha, el intercambio académico en historia de las universidades de España y Latinoamérica se mantiene gracias a la colaboración entre las universidades de Valencia y la Nacional Autónoma de México (UNAM). En este país, el núcleo más grande está localizado en el Instituto de Investigaciones sobre la Universidad y la Educación (IISUE) de la UNAM. Pero también, en diferentes institutos de investigación y universidades estatales se cuentan académicos que han ido reconstruyendo la historia de las disciplinas universitarias o de academias locales, y este libro es buena prueba de ello. Las universidades estatales mexicanas se han creado en el siglo XX, por tanto, la historia que abordan es contemporánea. Nuestra vinculación con los académicos de estas instituciones es más reciente, pero muy fructífera. También puede decirse que en España y a lo largo de diversas universidades se encuentran profesores investigando la historia de sus propios claustros académicos, de manera especial, valoramos el intercambio con Salamanca.

La universidad de Valencia y la UNAM cuentan con sello editorial propio para sus publicaciones de historia de las universidades: "Cinc Segles", en Valencia, con alrededor de 40 volúmenes y, la colección "La Real Universidad de México. Estudios y Textos" del IISUE, que suma ya los 41 volúmenes. Cada grupo ha producido además numerosos libros fuera de estas colecciones y un número todavía más grande de artículos y capítulos de libro. También se ha creado fuera de estas series editoriales la reciente colección "Estudios sobre la universidad", de Bonilla Artigas Editores, que tiene ya 3 volúmenes. Por su parte, tanto en España como en México, la editorial Tirant lo Blanch ha impulsado los estudios sobre la historia de la universidad, junto con éste que ahora presentamos, son varios los libros publicados.

Estos grupos se han vinculado mediante los congresos internacionales de Historia de las Universidades Hispánicas, cuyo motor ha sido, sin duda, Mariano Peset y, desde 1987, se han celebrado alrededor de 15 reuniones en México y España. Además, es meritorio destacar que en los últimos años hemos impulsado siete reuniones anuales del seminario internacional "Universidad, cultura y poderes públicos. Siglos XVI al XX", del que enseguida hablaremos.

* * *

En 2009 se cumplieron 70 años de la llegada de los primeros profesores universitarios españoles que se exiliaron en México. Entonces, la facultad de filosofía y letras de la UNAM organizó un gran congreso, "A 70 años de exilio español en México". Se invitó tanto a especialistas como a profesores exiliados y después se invitó a los participantes a transformar sus ponencias en trabajos científicos que fueron publicados en el volumen

Estudios y testimonios sobre el exilio español en México. Una visión sobre su presencia en las humanidades.[4] Desde luego, para esa fecha el exilio constituía todo un campo de estudio, con destacados especialistas en México, en España y en otras latitudes, con una abundante producción bibliográfica, de gran calidad y que, por cierto, cada día se incrementa. Sin embargo, consideramos que el tema no había sido incluido, del todo, como parte de la historia de las universidades, ni con una perspectiva de larga duración que lo vinculara con esa historia de los costes de la libertad intelectual. En aquel año también se cumplieron 80 años de que la Universidad Nacional de México consiguió su autonomía. Fue entonces cuando advertimos que autonomía universitaria y exilio académico son dos caras de la misma moneda, que es la defensa de la libertad intelectual requerida por profesores y estudiantes para dedicarse al estudio.

Con esa perspectiva, tanto Yolanda Blasco como Armando Pavón, organizamos el seminario internacional "Universidad, cultura y poderes. Siglos XVI al XX", que desde 2014 a la fecha ha celebrado ya 7 ediciones y ha dado lugar, por lo menos, a 12 libros, uno de ellos en prensa. Hemos contado con distintos programas de investigación apoyados por el PAPIIT de la UNAM y por el CONACYT mexicano. Los programas han sido: PAPIIT IN 404109 "A cien años de la Universidad Nacional de México" (2009-2011); CONACYT CB 130427 "Hacia una historia de las universidades Hispánicas. Siglos XVI al XX" (2012-2016); PAPIIT IN401417 "La corona y las universidades en el mundo hispánico. Siglos XVI-XVIII" (2017-2020) y PAPIIT IN401321 "Los costos de la libertad intelectual: autonomía, crítica, persecución y exilio en universidades de México y España" (2021-2023). Los libros que han sido publicados son:

---

4. Armando Pavón Romero, Clara Inés Ramírez González y Ambrosio Velasco Gómez (coords), *Estudios y testimonios sobre el exilio español el México. Una visión sobre su presencia en las humanidades*, México, Bonilla-Artigas Editores-CONACYT, 2016, 497 p. (Col. Pública Memoria, no. 4).

Promoción universitaria en el mundo hispánico. Siglos XVI al XX (2012)[5]; *Las universidades de Mariano Ruiz Funes…* (2014)[6]; *Estudios y testimonios sobre el exilio español el México…*, (2016); *1943: La transición imposible…* (2018)[7]; *La autonomía universitaria en México. Estudios de caso* (2018)[8]; *Autonomía universitaria y exilio académico* (2018)[9]; *Universidades libres, universidades silenciadas. Autonomía y exilio, dos aspectos en la historia de las universidades* (2020)[10]; *Las libertades universitarias bajo la monarquía hispánica: Salamanca, México y Valencia, siglos XVI al XVIII* (2021)[11], *El libro académico en época colonial y moderna* (2022)[12] y, recientemente, *La irrupción de la escritura en el Estudi General de Valencia (1767-*

---

5 *Promoción universitaria en el mundo hispánico. Siglos XVI al XX*, Armando Pavón Romero (coord.), México, IISUE-UNAM, 2012, 469 p. (La Real Universidad de México. Estudios y Textos, #27).

6 Yolanda Blasco Gil y Tomás Saorín Pérez, *Las universidades de Mariano Ruiz-Funes. La lucha desde el exilio por la Universidad española*, Murcia, Servicio de publicaciones-Universidad de Murcia, 2014.

7 Yolanda Blasco Gil, *1943 La transición imposible. Edición del Libro de la Primera Reunión de Profesores Universitarios Españoles Emigrados*, València, Tirant lo Blanch, 2018.

8 *La autonomía universitaria en México. Estudios de caso*, Enrique Delgado y Armando Pavón Romero (coords.), San Luis Potosí, México, Instituto de Investigaciones sobre la Universidad y la Educación-Universidad Autónoma de San Luis Potosí-ITACA, 2018.

9 *Autonomía universitaria y exilio académico*, Armando Pavón Romero, (coord.), México, Bonilla Artigas Editores, 2018 (Estudios sobre la universidad, no. 1).

10 *Universidades libres, universidades silenciadas. Autonomía y exilio, dos aspectos en la historia de las universidades*, Yolanda Blasco Gil (coord.), Valencia, Tirant Lo Blanch, 2020.

11 *Las libertades universitarias bajo la monarquía hispánica: Salamanca, México y Valencia, siglos XVI al XVIII*, Armando Pavón Romero y Yolanda Blasco Gil (coords.), México, Bonilla Artigas Editores, 2021 (Estudios sobre la universidad, no. 2)

12 *El libro académico en época colonial y moderna*, Yolanda Blasco Gil y Armando Pavón Romero (coords.), México, Bonilla Artigas Editores, 2022 (Estudios sobre la universidad, no. 3).

1797) (2022)[13]. Además, debe contarse el presente volumen y sumarse *Deconstruyendo estereotipos, construyendo equidades. La participación de las mujeres en la vida académica*, actualmente en prensa.[14]

Hemos procurado que el trabajo realizado en el seminario “Universidad, cultura y poderes. Siglos XVI al XX”, así como en las publicaciones resultantes esté en concordancia con los esfuerzos que Mariano Peset realizó en los Congresos internacionales de historia de las universidades hispánicas. Esto es, una historia crítica, no complaciente, que combina y trasciende distintos campos y metodologías historiográficas: la historia política, la historia institucional, la historia del derecho, la historia de la ciencia, la historia de la educación, la historia social, la historia de la censura y de la libertad de las ideas. De esta manera, la historia de las universidades se enriquece.

El desarrollo científico y tecnológico que han posibilitado las universidades, desde la edad media y, particularmente, desde la aparición de las universidades de investigación en la época contemporánea, ha obviado las dificultades que han experimentado las mismas instituciones académicas y, sobre todo, los universitarios que han sostenido posiciones diferentes a las dominantes. Desde la historia política conocemos las luchas de poder y los esfuerzos de control de los grupos dominantes. Desde la historia institucional hemos estudiado la manera en que esos grupos de poder transforman las estructuras organizativas de las instituciones universitarias, por ejemplo, los claustros dan paso a formas de dirección unipersonales o se elimina la participación del colectivo más grande, el de los estudiantes,

---

13 Armando Pavón Romero y Yolanda Blasco Gil, *La irrupción de la escritura en el Estudi General de Valencia (1767-1797)*, Valencia, Tirant Humanidades, 2022.

14 *Deconstruyendo estereotipos, construyendo equidades. La participación de las mujeres en la vida académica*, Enrique Delgado y Gabriela Torres Montero (Coords.), en prensa, será publicado por la Universidad Autónoma de San Luis Potosí.

a favor de grupos más pequeños como son los doctores o los catedráticos. La historia de la ciencia nos ha mostrado cómo se imponen nuevos paradigmas, pero difícilmente nos ha dado cuenta de la suerte que corren los seguidores de los paradigmas vencidos o inoperantes. La historia de la educación, en buena medida, nos ha relatado la manera en que se van imponiendo los nuevos conocimientos y las nuevas formas de enseñanza. Y, finalmente, la historia de las ideas, de la política, ha dado cuenta de los costes que supone pensar de manera diferente. De esa historia de las ideas o de la historia de la filosofía ha surgido un área de investigación que se ha enriquecido con otras metodologías, a saber, la historia de la censura, de la tolerancia, de la libertad de expresión. Pero ésta se ha visto más ligada a la contienda política o al terreno de la comunicación que al campo propio de las universidades. Por ejemplo, todos conocemos el valor de Erasmo, como el más grande humanista de su época y todos conocemos a Lutero como el autor del mayor cisma religioso de la época moderna. Sin embargo, poco reparamos en las dificultades que el convento de San Agustín imponía a Erasmo para su movilidad, de una ciudad impresora a otra, incluso, para su vestido. Y tampoco reparamos en que Lutero era un catedrático universitario que al exponer sus 95 tesis sólo con las tareas cotidianas de un profesor universitario. Ni imaginamos que el hecho de que ambos fueran agustinos implicaría en los años siguientes una estrecha vigilancia de los catedráticos de la misma orden en las universidades católicas, como ocurrió con los hebraístas en Salamanca.

Por ello, la estrategia metodológica requerida en este proyecto implica, primero, trascender las barreras historiográficas antes mencionadas y comprender que el fenómeno que estamos proponiendo investigar tiene implicaciones políticas que llegan hasta las aulas, a los pupitres estudiantiles; implica entender que los catedráticos y los estudiantes, a la vez que se dedican al estudio y al conocimiento, también son actores políticos, no sólo por sus ideas, sino también por sus acciones y expectativas. Sabemos de estudiantes que denunciaron a sus profesores por intereses tan inmediatos como una colocación laboral... También implica entender que no sólo la iglesia vigilaba la ortodoxia religiosa, sino que la monarquía se servía de ese control para acrecentar su poder centralizador y que la inquisición más que una institución religiosa era una institución al servicio político de la corona. Esta metodología además nos obliga a entender que la defensa de ciertas posturas teológico-políticas implicaba una cierta resistencia al poder creciente de las monarquías que tendía a destruir las libertades corporativas y que esa defensa requería de una ampliación entre el grupo de profesores, es decir, demandaba la búsqueda y ampliación de plazas. Es decir, ciertas doctrinas o ciertos conocimientos no se expandían sólo por la imprenta, el libro o la lectura, sino por la docencia universitaria y, en consecuencia, por el número de plazas que cada grupo podía ganar. Entonces, también es necesario conocer las transformaciones que ocurrieron en los mecanismos de asignación de plazas, por ejemplo, los cambios que ocurrieron en los concursos de oposición.

Esa lucha por las plazas era también una lucha por la eliminación de los contrarios, de aquellos que sostenían posiciones diferentes. Será importante conocer los mecanismos de defensa que se desarrollaron en las universidades, pues más que el desarrollo de la idea de libertad de cátedra parece haberse desarrollado una cierta distribución de las cátedras, cuando las diferencias entre posiciones no eran radicales. Es evidente, que cuando las ideas eran radicalmente diferentes o cuestionaban el flujo dominante, las acciones eran muy distintas. El exilio español, tras la guerra civil, es una prueba dramática de ello. También proponemos entender la autonomía universitaria de la época contemporánea más que como el triunfo de una plena libertad de cátedra, como un elemento de amortiguación y contención de la intervención del poder político. Pero además como una forma de protección, al interior, de los disensos. Estudiamos el desarrollo histórico de la libertad de cátedra no sólo como parte de la historia de la libertad de expresión, sino también como la historia del desarrollo de estándares o parámetros comunes a la actividad científica; los cuales, al cumplirse, definen a los pares, coincidan éstos o no con las escuelas de pensamiento o paradigmas científicos dominantes.

Con base en esta propuesta metodológica, los investigadores y profesores participantes en el proyecto y en este libro definen y abordan el tema y el periodo en el que son especialistas.

* * *

En este libro colectivo que presentamos nos hemos centrado en la perdida de la libertad intelectual en universidades de México y España, los costes y el valor científico que supuso. El texto cuenta con las aportaciones de los 23 participantes.

Inicia el trabajo de Luis E. Rodríguez-San Pedro "Controles y vigilancia en las cátedras de la universidad de Salamanca, siglos XVI y XVII". En este periodo en la universidad de Salamanca funcionaba un control anual de cátedras a través visitas anuales. Para ello se interrogaba a los alumnos, que no siempre declaraban la verdad. Se insistía en las ausencias y faltas del profesorado, imponiendo multas por no leer las lecciones. Los incumplimientos solían ser frecuentes en las cátedras temporales o regencias. Además, era importante que se cumplieran los temas exigidos en los planes de estudio y que no hubiera retrasos ni dictado. Finalmente, dedica un apartado a la vigilancia en la cátedra de astronomía y la cuestión copernicana. Francisco Javier Rubio escribe también sobre Salamanca, "Astrología, superstición y persecución en los ambientes universitarios españoles del siglo XVII", se ocupa del astrólogo Cristóbal Rodríguez. Nos ilustra sobre las mentalidades y los medios culturales en los que se desarrollaban las prácticas mágicas en la España de la edad moderna. Además de indagar en las causas de estos comportamientos heterodoxos y en su persecución inquisitorial.

A continuación, Gerardo Martínez, "Entre la renovación y la tradición: la primera cátedra de medicina de la Real Universidad de México, 1578", analiza los probables contenidos teóricos de la primera cátedra de medicina de la Real Universidad de México. Para ello toma en consideración tres cuestiones: las disposiciones estatutarias, tanto mexicanas como salmantinas; la formación académica y tendencias intelectuales de su primer lector, el doctor Juan de la Fuente; y, por último, la renovación de los saberes anatómicos durante la segunda mitad del siglo XVI.

Anabell Romo en "Las Universidades de México y San Marcos en 1554 ¿autonomía real?" estudia cómo la cuestión de la autonomía forma parte esencial de la propia institución universitaria. Entendida como la búsqueda de espacios de libertad. En este sentido, es necesario comprender el concepto de "autonomía" de una manera más amplia o menos restringida que el desarrollado en el siglo XX. Así es posible aplicarlo al proceso de conformación de las universidades, desde la edad media y la modernidad hasta nuestros días. Por lo que en este trabajo la autora vincula dos dimensiones del proceso de conquista y colonización hispano en América, la ciudad y la universidad, para visibilizar espacios libres, no sólo para el cultivo del saber sino también para el ejercicio civil y político.

Enrique Delgado, en "Los paisajes de dios y la búsqueda de la redención del humanal linaje" se vale de una nueva concepción de la geografía que la acerca a la historia, a saber, el estudio del paisaje. Y es que el paisaje, nos dice, "es lo que vemos, pero lo observable es relativo a la cultura y a todo lo que ella rodea". De esta manera, el paisaje se enriquece con las formas en que el ser humano lo aprecia, otorgándole significados a fin de ordenar el espacio. Un bosque, nos dice, puede ser pensado como "sede de recursos", pero también como "lugar de oscuridad y barbarie". Bajo esta premisa, Delgado nos ofrece la visión geográfica que fray Toribio Benavente Motolinia, estableció en la *Historia de los indios de la Nueva* España. Motolinia, debemos recordarlo, fue uno de los franciscanos que se opuso al pago del diezmo indígena y que, por ello, fue perseguido en tiempos del arzobispo de México, Alonso de Montúfar. En el siguiente capítulo de Enrique Delgado y Joel Enrique Almanza, titulado "Confrontando los tiempos y los mundos: la representación de los animales en la obra de Francisco Hernández", nos muestran, por el contrario, las facilidades que podía encontrar una expedición científica, producto de una política de estado, interesada en conocer la naturaleza del Nuevo Mundo. La corona, nos muestran los autores, se servía de la ciencia para consolidarse. La expedición era encabezada por Francisco Hernández, un personaje bien formado, capaz de realizar "un trabajo riguroso y metódico resultado de una vida dedicada a la profesión médica". Carlos Pavón y Cecilia Montiel, en "El sistema de guardas o de vigilantes en los concursos de oposición, 1700-1750", estudian el recurso que tenían los opositores para poner un vigilante o "guarda" a sus oponentes para que no recibieran ayuda en la preparación de la lección de oposición. Este sistema resultó ser polémico, porque podía transformarse en una herramienta entre opositores para poner en duda la capacidad académica y la honestidad de sus oponentes. El texto de Miriam Tejero, "De la Real Universidad de México a la UNAM: la permanencia de la memoria imperial", cierra la parte de época moderna y colonial y da paso a los trabajos de historia contemporánea. Es un capítulo que combina historia y memoria. Desde el campo de la historia explica la influencia de la monarquía hispánica en el surgimiento y desarrollo de la Real Universidad de México; y, al indagar en el ámbito de la memoria, da cuenta de la manera en que la Universidad Nacional de México, "Autónoma" a partir de 1929, ha establecido una relación con aquella vieja y primera universidad, mediante distintas manifestaciones, eventos o elementos patrimoniales, que a pesar de los muchos obstáculos a lo largo de la historia han demostrado la pervivencia de la memoria imperial en la UNAM. Desde la perspectiva de este libro el capítulo de Miriam Tejero es un trabajo que advierte el peso del poder imperial en la creación de la universidad de México y la manera en que las autoridades e investigadores de la universidad contemporánea han tenido que repensar esa historia.

Renate Marsiske analiza las dificultades de las universidades alemanas de finales del XVIII y principios del XIX. Dice que algunas cerraron. Entonces, un grupo de universitarios e intelectuales se planteó la reforma de la universidad. En Berlín nació la universidad contemporánea, que incluye la investigación, el profesor de tiempo completo y el financiamiento del Estado sin su intervención en asuntos científicos. Marsiske presenta la propuesta de reforma de Schleiermacher, que considera la universidad como un centro para la formación y el ejercicio profesional. Schleiermacher fue uno de los pocos pensadores que vio la condición estudiantil como espacio para la rebeldía, pero también para la toma de conciencia y la elección de una profesión. En la misma línea de estudiar universidades alemanas, Gonzalo Martínez Licea presenta "El Tercer Reich y la Antigüedad: la libertad académica frente al Estado" estudia cómo durante los años de dominación del Tercer Reich, los voceros del poder político intentaron intervenir en el trabajo de los académicos alemanes, con lo que se erosionaba la tradicional libertad académica de las universidades. Son de particular interés las tensiones existentes entre el estado y el campo de los estudios de la antigüedad. Este texto ofrecerá un panorama de la naturaleza de esta intervención y la respuesta de los intelectuales.

Lourdes Alvarado presenta su trabajo "Por la defensa de la universidad: Justo Sierra y Rafael Altamira (1909-1910)" dedicado a rememorar a estos personajes que orientaron sus esfuerzos a forjar espacios de libertad. Justo Sierra y Rafael Altamira, ambos desde sus disciplinas y campos del conocimiento, intentaron resolver problemas tan importantes como el de la independencia o autonomía respecto al poder del Estado, si bien prestando especial atención al futuro de la educación y en particular a la Universidad.

Morelos Torres en "La polémica Caso-Lombardo en la Universidad Nacional de México (1933): Una historia de excluidos y excluyentes", recoge cómo diversos trabajos, que han abordado la polémica sostenida por Antonio Caso y Vicente Lombardo Toledano en la UNAM, en 1933, concluyen que a partir de ésta se logró preservar la libertad de cátedra en las aulas. Este trabajo pretende mostrar -desde un análisis histórico e ideológico- que la polémica motivó también un proceso de exclusión -incompatible con la libertad misma-, que debilitó a la institución. Por su parte Ambrosio Velasco, en "Conflictos entre la Universidad de México y el Estado", se centra en algunos problemas de la Universidad de México con el poder político que han tenido consecuencias en los procesos de formación y desarrollo de la nación mexicana. Momentos éstos que se corresponden con la fundación de la universidad en tiempos de la conquista, en un proyecto de nación durante el periodo de dominación colonial, y con el proceso de independencia. Finalmente reflexiona sobre los retos actuales de la universidad de México y su necesaria transformación.

En el capítulo de Diego Lentz, "La configuración de la autonomía universitaria en los primeros años de la Universidad Nacional de México", se estudiará cómo la autonomía universitaria de la UNAM responde a una condición concedida y reconocida por el Estado en 1929. Sin embargo, la condición está vinculada a la articulación del modelo de universidad moderna hace más de dos siglos, lo que generó una serie de proyectos pedagógicos implícitos en la formación de los sujetos de la educación al circunscribir los sentidos y rituales que hoy sobreviven en la idea de universidad.

Miguel Ángel Gutiérrez, en su trabajo "La integración de las mujeres al proyecto universitario en Michoacán: la primera experiencia coeducativa, 1920-1922", aborda la integración de las mujeres a la educación superior en Michoacán en los primeros años de la década de 1920. Durante un breve periodo de tiempo, que coincidió con el rectorado de Ignacio Chávez Sánchez

(1920-1922), se implementó por primera vez la coeducación en las aulas universitarias y se crearon algunos planteles mixtos. Esta propuesta fue parte de un proceso reformista que causó fuertes críticas dentro y fuera de la Universidad Michoacana.

Dina Beltrán es autora "De la gestación del proyecto de la Universidad democrática, crítica y popular a la universidad del siglo XXI en Sinaloa", con este trabajo la autora amplía su investigación al abordar el proceso que ha vivido la Universidad Autónoma de Sinaloa desde su creación en diciembre de 1965 hasta nuestros días en lo concerniente al nombramiento de sus autoridades. En un primer apartado aborda los antecedentes que dieron pie a la gestación de un proyecto de universidad alternativa (1965-1977) para, posteriormente, tratar la etapa de la puesta en marcha y desarrollo por parte de la izquierda del proyecto de la Universidad Democrática, Crítica y Popular (1977-1985), el giro a la derecha del proyecto institucional (1985-2006) y la instauración a partir del 2012 de un sistema de universidad partido.

A continuación, comienza la parte referida a los costes del exilio de los profesores republicanos españoles, tras la guerra civil (1936-1939). En este sentido, Eva Elizabeth Martínez en su capítulo "Luis Recaséns Siches, de la persecución franquista al exilio en América", analiza cómo tras la guerra civil española los exiliados republicanos se dispersaron por continentes y países. Se centra para ello en la figura del catedrático de Filosofía del Derecho exiliado en México, Luis Recaséns Siches. A través de este caso muestra el problema que compartieron los profesores universitarios del exilio, como fue encontrar un espacio de trabajo en los lugares de acogida. También aborda los límites políticos con los que tuvieron que enfrentarse, teniendo en cuenta su activismo político. Además, reconstruye la ruta seguida por este catedrático hasta llegar a México, así como las redes en las que se incorporó en América.

Claudia Llanos en "El mundo de la mujer, un proyecto para la difusión en español del pensamiento libre de las mujeres durante el siglo XX" hace una reflexión entre la libertad de las mujeres de los años veinte que vivían en Europa y las que vivían en América. El editor Joaquín Díez-Canedo servirá de puente, pues supo reconocer el valor de las mujeres en las dos orillas a través de su apuesta editorial. La presencia de mujeres desde 1962 en el catálogo de su editorial fue acompañada por la visión teórica de lo que significaba la presencia de las mujeres en la política, desde su condición de mujeres. En este sentido, la edición de *El mundo de la mujer* (1968) para Díez-Canedo fue una declaración política por la libertad intelectual, y por la libertad de las mujeres, que garantizaba la promoción del pensamiento libre para el conocimiento humano.

Armando Pavón, Yolanda Blasco e Ignaci Blasco realizan una valoración conjunta de profesores universitarios exiliados que tras la guerra civil española encontraron acogida en México, para continuar sus trayectorias académicas, en la Facultad de Filosofía y Letras de la UNAM. Para ello siguen unos indicadores comunes o parámetros que van desde su carrera académica en España hasta su desarrollo en el exilio. Con el fin de ir completando el resto de facultades o institutos de investigación en los que se desempeñaron los profesores, e identificar y caracterizar al grupo de exiliados y exiliadas, en particular.

En el epílogo hemos invitado a Mariano Peset a reflexionar sobre cómo él considera debe hacerse la historia. Yolanda Blasco y Fernanda Peset en "Diálogo con Mariano Peset sobre la historia del derecho", recogen su vida académica en el colegio mayor San Juan de Ribera de Burjassot y su paso por la universidad de Valencia, Alemania, México..., ejemplo de su investigación. Una muestra valiosa de su magisterio, de la que la UNAM fue también testigo otorgándole el doctorado *honoris causa.*

Hemos dedicado este libro a la memoria del querido profesor Bartolomé Clavero (1947-2022), recientemente fallecido. Ilustre catedrático de la universidad de Sevilla quien, con su esfuerzo en investigación, su gran humanidad y personalidad, como agudo historiador del derecho, supo impregnar en las generaciones de estudiantes y profesores su compromiso con la asignatura en cada uno de sus trabajos, en especial en las cuestiones de derechos humanos en América Latina.

Armando Pavón Romero
Yolanda Blasco Gil

Capítulo 1

CONTROLES Y VIGILANCIA EN LAS CÁTEDRAS DE LA UNIVERSIDAD DE SALAMANCA, SIGLOS XVI Y XVII

LUIS E. RODRÍGUEZ-SAN PEDRO BEZARES
(Universidad de Salamanca)

LAS VISITAS DE CÁTEDRAS

Como resultado de las reformas estatutarias de Diego de Covarrubias en 1561, se consolidó en Salamanca un régimen de vigilancia y control de la labor desarrollada en las cátedras, efectuado a través de cinco visitas anuales[1]. El rector era el encargado de realizar esas visitas cada dos meses, acompañado del catedrático más antiguo de cada facultad. Los asuntos objeto de supervisión eran los siguientes:

> Si los cathedráticos leen sus asignaciones, y si las pasan conforme al estatuto, si leen toda la hora y en latín, y si leen con cuidado y aprovechamiento de los estudiantes; y si los juristas, médicos y los propietarios de artes dan a escrivir más de la quarta parte de la ora, y los theólogos ya que se les permite que puedan dar a escribir lo que les pareziere, si juntamente declaran in voce lo que es necesario; y si los regentes de artes dan a escrivir a sus discípulos por sí o por interpósita persona[2].

1 *Recopilación de Estatutos de 1625*, título XXII.

2 *Estatutos de Zúñiga*, título XXII, 21.

Por los Libros de Visitas de Cátedras observamos que los meses habituales de los controles eran los siguientes: diciembre/enero (primera visita); marzo/abril (segunda visita); mayo/junio (tercera visita); julio/agosto (cuarta visita); agosto/septiembre (quinta visita). En ciertos casos se producen cambios. El rector y sus acompañantes interrogaban a los oyentes de las clases, dos normalmente en cada cátedra, los cuales tras de un juramento, declaran si el catedrático entra y sale a sus horas, lo que lee y si cumple el plan de estudios, si lo hace dictando o *in voce*, si en latín y con provecho de los alumnos, etc. En su caso se imponen sanciones por incumplimiento de los estatutos, aunque suelen mediar avisos previos de visitas anteriores. El rector y los visitadores redactan un comentario final por facultades; pero no siempre aparecen todas, y únicamente se trata de las cátedras cursatorias y algunas sustituciones de propiedad. En los meses de verano (cuarta y quinta visitas) no se supervisan las cátedras de propiedad[3]. De todas estas visitas y de las propinas de los visitadores queda constancia en los Libros de Cuentas[4].

---

3 Los *Libros de Visitas de Cátedras* se extienden de 1560 a 1641, Archivo de la Universidad de Salamanca, con las signaturas antiguas AUS. 940-954. Pergamino y formato 22 x 32. A veces mezclan informes sobre Visitas de pupilajes. En este trabajo nos centraremos particularmente en el período final del siglo XVI y comienzos del XVII, Archivo de la Universidad de Salamanca, signatura antigua AUS. 953, 953 bis y 954. El AUS. 953 (1594/95-1601) presenta cierto desorden. Aparecen primero las visitas de 1601, luego las de 1600 y hacia atrás. Las de 1595 se mezclan con las de 1594. El volumen consta de 258 folios. El AUS. 953 bis (1602-1610) inserta a partir de 1606 Visitas de pupilajes. Luego continúan las de cátedras. Posee una encuadernación moderna en cartón y 296 folios. El AUS. 954 (1610-1626/1641) también mezcla Visitas de pupilajes a partir de las de cátedras de 1615. La serie sigue completa hasta 1626, pero a partir de aquí se manifiestan irregularidades y las visitas se reducen hasta 1641. Moderna encuadernación en cartón, comprendiendo 466 folios.

4 "Sesenta y seys rreales al dr. Diego Enríquez de treynta y tres cáthedras de la facultad de leyes que visitó en compañía del señor rector en la primera y

La creatividad y libre inspiración del catedrático quedaba con el sistema de visitas limitada al cauce oficial y ortodoxo, señalado y reglamentado estrictamente por los estatutos. Se trataba de corregir cualquier desviación posible, aunque no siempre se conseguía. Los alumnos testigos, por propio interés, podían resultar no propiamente fidedignos. Así, por ejemplo, sabemos que en artes-filosofía se dictaba en 1608-1609 toda la hora, pero los oyentes afirmaban que sólo lo era media[5]. Las reiteradas visitas no consiguieron atenuar el dictado, que tuvo que llegar a ser reconocido por los propios estatutos. En ciertas ocasiones, con motivo de la visita, pueden suscitarse polémicas: en 1612-1613 (primera visita), el catedrático de una de las cursatorias de cánones, Nuño de Acosta, fue multado por "hablar descomedidamente" desde la cátedra[6]. Consideramos que a pesar de los controles muchos vicios eran tan consubstanciales al sistema docente que, para evitarlos, poco pudieron hacer las sanciones, a lo más caer en la rutina de denunciarlos vez tras vez. En las cursatorias de leyes y cánones los lectores se siguieron retrasando en las lecciones e incumpliendo las asignaciones; algunos de ellos ni siquiera se graduaron, leyeron por sustituto y descuidaron las repeticiones. En artes el dictado fue masivo y constante y también los retrasos consiguientes. Teolo-

---

segunda, tercia y quarta y quinta visita de el dicho año de seyscientos y dos en seyscientos y tres [...] Doze mill y trecientos y quarenta maravedís que dio y pagó a los señores don Juan de Torres, rector de la dicha Universidad, y don Juan de Salas, vicerrector, de las çinco visitas que sus merçedes hizieron de las cáthedras menores de el año de seysçientos y dos en seysçientos y tres, a rraçón de a dos reales cada cáthedra [...] Ciento treinta y ocho reales [...] al padre maestro fr. Francisco Zúmel y maestro fr. Bartolomé Sánchez de las visitas de cáthedras menores que hizieron el dicho año": *Libros de Cuentas*, AUS. 1286, fol. 68v.

5 *Libros de Visitas de Cátedras*, AUS. 953 bis.

6 *Libros de Visitas de Cátedras*, AUS. 954.

gía[7] y medicina parecen presentar mayor regularidad, a juzgar por los escasos testimonios encontrados; pero el desajuste reaparece en gramática, donde se incumplen las asignaciones, el horario y los ejercicios.

AUSENCIAS Y MULTAS POR NO LEER

Las ausencias de los catedráticos estaban reguladas por la constitución XI de Martín V (1422). Según ella eran legítimos casos de ausencia, no susceptibles de multa en el salario, los de enfermedad, muerte de familiares, casamiento, recepción de grados, prisión injusta, peregrinación a Santiago, pérdida de bienes, negocios de la Universidad o licencia de ella[8]. Los religiosos podían alegar razones especiales de ausencia. Por ejemplo, visita de la provincia religiosa de su Orden, incluso si los viajes eran a las Indias. También por causa de reuniones y capítulos, predicaciones en la Corte y otros.

El claustro de diputados podía conceder, si no había discrepancia, un mes de gracia a quien lo solicitara[9]. Mientras duraban las ausencias se leía por sustituto. Cuando las cátedras no eran de propiedad, pasado el término de gracia, el bedel debía dar cuenta al rector en un plazo de tres días a fin de vacar la cátedra; pero si el ausente demostraba tener causa probada podía prorrogársele hasta otros dos meses. En caso de enfermedades muy notorias, y con las correspondientes cédulas

---

7 El mejor estudio sistemático sobre los *Libros de Visitas de Cátedras* se ha realizado para teología: José Barrientos García, *La facultad de Teología de la Universidad de Salamanca, a través de los Libros de Visitas de Cátedras (1560-1641)*, Madrid, Sindéresis, 2018.

8 *Recopilación de Estatutos de 1625*, p. 19, donde se recogen las *Constituciones* de Martín V.

9 *Estatutos de Covarrubias*, título XLV, 1.

médicas, el claustro tenía licencia para ofrecer otras prórrogas de ausencia.

La constitución XI disponía que los que por causa voluntaria se ausentasen o no leyesen, perderían la cátedra pasados cuatro meses. Asimismo, cualquier catedrático de menores, sustituciones o cursos que dejase de leer treinta días continuos o interpolados, estando presente y no enfermo o ausente, sería privado de su cátedra[10]. Pero no siempre se cumplían las disposiciones, y así lo señala el visitador Gilimón de la Mota en 1618.

Los que se ausentaren o se abstuvieren de leer sin causa legítima, pero menor tiempo que el susceptible de pérdida de cátedra, serían multados en una cantidad del salario proporcional a los días de lectura[11]. Si se había dejado sustituto, la sanción se denominaba de media multa, porque la percibían a partes iguales el lector suplente y el arca de caudales de la Universidad. Si no se ponía sustituto las lecciones eran *nullius*, y su importe pasaba íntegramente al arca.

Era costumbre antigua que, aunque los alumnos no asistieran, el catedrático debía de permanecer en el aula. En la mentalidad común la asistencia a cátedra era para los profesores lo que la residencia canónica para los beneficiados, y para los casos de conciencia se equiparaba para teólogos y canonistas, llegando a sostener que el catedrático que no enseñaba no hacía suya la renta, y que quien faltaba a cátedra sin motivo pecaba mortalmente, y era además responsable del mal ejemplo que daba a los estudiantes y a sus discípulos[12].

---

10 *Estatutos de Covarrubias*, título XLV, 1.

11 Constitución XI de 1422, en la *Recopilación de Estatutos de 1625*, p. 20.

12 Vicente de la Fuente, *Historia de las Universidades, colegios y demás establecimientos de enseñanza en España*, Madrid, Imprenta Viuda de Fuentenebro, 1887, tomo III, p 183.

Todos estos controles dependían del testimonio del bedel multador, y como su palabra debía por oficio ser preferida a la del catedrático, tendieron estos bedeles a ser hidalgos o con ejecutoria de nobleza. En la Corona de Castilla, Salamanca era de las universidades más rígidas en el control de las asistencias; y en Aragón lo eran las de Huesca y Valencia.

Observando los Libros de Visitas de Cátedras del primer cuarto del siglo XVII[13] constatamos que la tendencia a leer por sustituto y a descuidar las clases tiene lugar de forma destacada en las cursatorias o cátedras temporales de cánones, leyes y artes-filosofía, incluso en teología. Y ello porque estas cátedras eran utilizadas como escalones meritorios en función de ulteriores promociones y pretensiones. En Prima de cánones, 1607-1608, no lee el sustituto don Francisco Pacheco, colegial del Arzobispo (primera visita); en 1608-1609 se amenaza al sustituto Juan Mejía de Castilla, colegial de Cuenca, con vacarle la cátedra, pues no leía desde hacía cuatro meses (cuarta visita). En Filosofía moral, 1601-1602 y 1605-1606, no lee el sustituto fr. Pedro Cornejo. En una cursatoria de cánones en 1602-1603, el titular Roque de Bergas se descuida en la asistencia (tercera y cuarta visitas). En Digesto Viejo, 1505-1506, Juan de Solórzano no lee (cuarta y quinta visita); Lorenzo de Tejada, 1607-1608, lee por sustituto (primera y segunda visitas); Juan Alonso de Riego, colegial de Oviedo (1613-1614) lee por sustituto (segunda y tercera visitas); Gregorio de Portillo, 1621-1622, no lee la cátedra (segunda y tercera visitas). En Volumen, 1607-1608, Juan Mejía de Castilla, colegial de Cuenca, lee por sustituto (primera y segunda visitas). En Código, 1622-1623, se insta a Jerónimo de la Puebla, colegial del arzobispo, a que acuda a leer su cátedra con término de quince días, pues permanecía sin leerse desde San Lucas de octubre (segunda visita). En Instituta, 1610-1611, aviso a Luis Gudiel, colegial del arzobispo, para

---

13 *Libros de Visitas de Cátedras*, AUS. 953, 953 bis, 954.

que lea por sí o por sustituto (tercera visita); en 1613-1614, Pedro de Vega no lee (segunda y tercera visitas). También en Instituta, 1613-1614, con ocasión de la tercera visita, no se encontró en el aula al titular, Juan Bautista Larrea, colegial de Cuenca.

Por la dejación de cátedras de dominicos y agustinos, no se leyeron las de Santo Tomás y Escoto entre 1599-1601, correspondientes a los maestros Pedro de Ledesma y Pedro de Herrera. Fr. Basilio Ponce de León, titular en la de Escoto en 1607-1608, tampoco leía (segunda visita). En un curso de artes-filosofía, fr. Juan de la Estrella, 1602-1603, no aparecía por el aula (cuarta visita); el año 1618-1619, Diego de Bargas no leía ni por él ni por sustituto desde hacía cuatro meses (primera visita); en 1622-1623, Juan de Salinas no leía desde San Lucas en la primera visita de control. También en curso de artes, 1602-1603, el maestro Cámara y el nuevo proveído, maestro Carrasco, se ausentan de las clases (cuarta visita). En otro curso de artes-filosofía, 1602-1603, fr. Andrés de Espinosa no aparece por la cátedra (cuarta visita); fr. Gaspar de los Reyes, 1619-1620, es multado por ausentarse dos meses sin licencia (primera visita). Siguiendo con las cursatorias de artes-filosofía, 1602-1603, Quiroga no asiste a leer (quinta visita). Sobre lo mismo, 1602-1603, Pedro López de titular, la cuarta visita se encuentra con el aula desierta y en la quinta se declara que no asiste a las lecciones; en 1620-1621 se descubre que Pedro López Bejarano hacía cuatro meses que no leía, sin poner sustituto (tercera visita): se le vacó la cátedra. Finalmente, un último curso de artes, 1602-1603, Gómez Alemán no aparecía por el general (cuarta visita). Aunque la cuarta y la quinta visita correspondían a los meses de verano, y resulta más comprensible que aumentasen las ausencias de artes, la precariedad del cumplimiento no deja de ser evidente. En julio de 1624, el obispo de Salamanca pedía al claustro de diputados que se pusiera remedio en las cátedras de artes-filosofía, que no se leían[14].

CONTROL DE LOS PLANES DE ESTUDIO

La Constitución XIV de Martín V (1422) establecía que los catedráticos de la Universidad jurasen leer puntualmente las asignaturas de sus cátedras. Dicho juramento se realizaba anualmente, el primero de mayo, en el claustro de la catedral vieja, frente a la capilla de Santa Bárbara, a primera hora de la mañana. Debían estar presentes el administrador o el secretario y, desde luego, el rector.

Los controles de cumplimiento de los Planes se realizaban principalmente en las cátedras cursatorias y temporales y en las sustituciones de las de propiedad. En la transición del siglo XVI al XVII nos encontramos con unas cursatorias de cánones con frecuentes retrasos en los temas asignados, tanto por vacantes (dadas las promociones sucesivas) como por el dictado. Asimismo, descuido de obligaciones, tales como las repeticiones. Parecido panorama en las cursatorias de leyes, con retrasos y cambios en las lecturas. Los afanes de promoción de los docentes, muchos de ellos colegiales mayores, llevan a la negligencia, al abandono de las clases, a las sustituciones, a la falta de repeticiones o, incluso, a la despreocupación por la adquisición del grado prescrito para enseñar: la licenciatura.

De las cursatorias de teología se nos ofrecen menos menciones en el Visto Bueno de los visitadores; pero sabemos que el dictado y los retrasos constituían una constante, aparte del monopolio de la doctrina tomista, que incumplía los estatutos y el contenido de escuela de las cátedras. Estas características lo eran también de las cátedras de propiedad. No varían mu-

---

14 *Libros de Claustros*, AUS. 92, fol. 49.

cho las irregularidades en las cursatorias de medicina, con retrasos, cambios en las lecturas asignadas y dictado más tiempo del permitido.

Especiales desajustes concurrían en las cursatorias de artes-filosofía, por lo que se hizo necesaria la reforma de Caldas, puesta en vigor a partir de 1604, y que, de alguna manera, otorgaba carácter oficial a la costumbre. Los retrasos y el dictado masivo desbordaron las permisiones de Caldas y continuaron: se descuidaban los ejercicios de argumentos y las lecciones de coro; no siempre se seguían los libros asignados, y en ocasiones los catedráticos no repiten, se ausentan o ponen sustitutos.

En las cursatorias de gramática latina se lee por otros textos que el de Antonio Nebrija, e incluso libros no estipulados; se incumplen los horarios y ejercicios debidos; existe descuido en las clases, acepción de alumnos y clases particulares a domicilio; y el tránsito de un curso a otro se realiza con poco control.

Con todo, en el panorama académico, desde el punto de vista ideológico, a pesar de todas las irregularidades, no parecen producirse sustituciones esenciales en los textos del programa ortodoxo consagrado.

LA PROBLEMÁTICA CUESTIÓN COPERNICANA

En la cátedra de matemáticas y astronomía se explicaban diversas materias. En primer lugar, aritmética y geometría bajo autoridad de Euclides, junto a algún tratado de Teodosio de Trípoli. En astronomía el Almagesto de Ptolomeo, con sus comentarios medievales (Juan de Sacrobosco) o renacentistas (Peurbach), y en astrología judiciaria al islámico Alcabisio, del siglo X. También se impartían lecciones sobre el astrolabio y la navegación, cuestiones cartográficas y geográficas, etc. Todos estos autores resultan geocéntricos, y no parecen tenerse en cuenta las teorías de Copérnico.

A pesar de las inscripciones oficiales de matrícula, que nos presentan una cátedra casi vacía, tenemos datos cualitativos para considerar que a finales del quinientos podrían frecuentarla más de cien alumnos[15]. No obstante, el profesorado preparado era escaso, y desde 1588 hubo de crearse un "partido" o ayudantía de formación y espera. De cualquier forma, y por la escasez de candidatos, la cátedra no pudo proveerse en propiedad desde 1578 hasta 1592, En las lecturas del partido de fines del siglo XVI comprobamos que se lee a Euclides, Sacrobosco y Ptolomeo (septiembre de 1580 y diciembre de 1588), cartas de marear (agosto de 1589), geografía por la Esfera (junio de 1589), uso del astrolabio (diciembre de 1589), Sacrobosco (abril 1592), Euclides (diciembre de 1592 y enero de 1595) y el Almagesto de Ptolomeo (mayo de 1595)[16].

El planteamiento de la cuestión copernicana hay que remontarla a los Estatutos de 1561. En su manuscrito original[17] no figura el nombre de Copérnico en el capítulo dedicado a las asignaciones de la cátedra de astronomía-matemáticas. Pero en la edición impresa de los mismos se declara explícitamente la posibilidad de elegir a Copérnico, en terna con Ptolomeo o Geber al voto de los oyentes (*ad voto audientium*). Esta modificación debió de ser introducida por influencia del catedrático de la materia Hernando de Aguilera[18]. Más tarde, en los Estatutos de 1594, se mandará expresamente la lectura de Copérnico y de las tablas plutérnicas. Sin embargo, revisando los Libros

---

15 El licenciado Gabriel Serrano declara en claustro pleno de agosto de 1591 que lee la sustitución del maestro Muñoz, y que tiene más de 150 oyentes: *Libros de Claustros*, AUS. 59, fols. 95v-97.

16 Francisco Javier Alejo Montes, *La Universidad de Salamanca bajo Felipe II*, Valladolid, Junta de Castilla y León, 1998, pp. 202-203.

17 *Estatutos manuscritos de Covarrubias*, AUS. 2885, fol. 31.

18 Eugenio Bustos Tovar, "La introducción de las teorías de Copérnico en la Universidad de Salamanca", en *Revista de la Real Academia de Ciencias Exactas, Físicas y Naturales*, 67, 2 (Madrid, 1973), pp. 235-252.

de Visitas de Cátedras entre 1560 y 1641, el nombre del polaco no aparece ni una vez siquiera, y únicamente el 19 de diciembre de 1616 (nueve meses después de la condena del sistema heliocéntrico por la Inquisición romana) se menciona que el maestro Roales explicaba la cuestión "si la tierra se mueve"[19], probablemente para refutarla. Por otro lado, el *De revolutionibus* está ausente de los inventarios de la Librería salmantina de 1610 y 1634[20].

Por todo ello, la conclusión más plausible consiste en suponer que la incidencia de Nicolás Copérnico estuvo en relación con sus Tablas astronómicas de posición de los planetas, y no con su teoría heliocéntrica. Como bien señala Fernández Álvarez sobre este punto, la Inquisición no tuvo ninguna fricción con la cátedra de astronomía salmantina, precisamente porque esta parecía limitarse al más ortodoxo tradicionalismo y a un cierto interés por la astrología judiciaria[21].

Los oyentes, por otra parte, eran escasos, consignándose una matrícula de seis en el curso 1604/1605; trece en el de 1614/1615; y ninguno en 1624/1625. El profesorado pretendiente es escaso, con una vacante sin cubrir de casi diez años, entre 1639 y 1647. En los cursos 1673-1674 y 1676-1677 se realizan oposiciones, con opinión mayoritaria en el claustro sobre la insuficiencia de los candidatos. Entre las razones de este abandono no hay que olvidar la precariedad de su salario, pues esta cátedra, junto con las de retórica y música, era la peor pagada de las cátedras de propiedad, lo que no compensaba ni los gastos de la graduación, necesaria para ocuparla.

---

19 *Libros de Visitas de Cátedras*, AUS. 954, fol. 188. Manuel Fernández Álvarez, *Copérnico y su huella en la Salamanca del Barroco*, Salamanca, 1974.

20 Biblioteca Universidad de Salamanca, BUS. Ms. 25, fols. 52-83. Archivo Provincial de Salamanca, APS, protocolo 4719, fols. 1514-1535v.

21 Manuel Fernández Álvarez, *Copérnico y su huella...*, p. 26.

No obstante, cabe llamar la atención sobre las bibliotecas particulares de profesores vinculados con esta cátedra de astronomía-matemáticas, como ha hecho el investigador Ángel Weruaga[22]. Ante nuestra sorpresa aparecen los 635 volúmenes de la librería de Antonio Sánchez de Mendoza, catedrático de esta cátedra entre 1647 y 1673. Descubrimos en ella una abundantísima presencia de clásicos, pero también obras profesionales de autores como Sacrobosco, Ptolomeo, Regiomonte, Euclides, Zacut, Ciruelo o Clavio; incluso el *De revolutionibus* de Copérnico, y el *Theatrum Orbis Terrarum* de Hortelius. Este profesor poseía, asimismo, una colección particular de globos terrestres, esferas celestes, astrolabios, planisferios, mapas, relojes y otros instrumentos. Ante casos como este no es prudente realizar generalizaciones apresuradas sobre las disciplinas científicas en la Salamanca barroca, porque algunos particulares parecen cubrir las insuficiencias institucionales.

Durante la primera mitad del siglo XVIII, el Almagesto de Ptolomeo y la Esfera de Sacrobosco parecen seguir constituyéndose en autoridades de la materia, como nos relatará Torres Villarroel[23]. Por todo ello, se ha venido arrastrando como tópico el anquilosamiento de la enseñanza astronómica en la Salamanca del barroco, una Universidad que había terminado centrándose en los estudios jurídicos y teológicos orientados a la demanda de lo que hoy llamaríamos "mercado de trabajo".

---

22 Ángel Weruaga Prieto, *Libros y lecturas en Salamanca. Del Barroco a la Ilustración, 1650-1725*, Valladolid, Junta de Castilla y León, 1993, pp. 135-137.

23 Diego Torres Villarroel, *Vida, ascendencia, nacimiento, crianza y aventuras*, trozo cuarto y sexto. Las alusiones se refieren a los años 1726 y 1752. En ambos, el tradicionalismo (Ptolomeo, Sacrobosco) se mantiene sin cambios, como doscientos años atrás.

Capítulo 2

ASTROLOGÍA, SUPERSTICIÓN Y PERSECUCIÓN EN LOS AMBIENTES UNIVERSITARIOS ESPAÑOLES DEL SIGLO XVII

FRANCISCO JAVIER RUBIO MUÑOZ
(Universidad de Salamanca)

Dentro de los ambientes universitarios de la Edad Moderna en España la astrología como disciplina surgió unida a la astronomía, entendiéndose la primera como «un sistema de juicios extraído de la observación de los astros, respecto a los efectos que se creía o cree que éstos producen en los acontecimientos humanos y en las cosas terrestres en general» a diferencia del carácter de ciencia fisicomatemática de la astronomía[1]. Alexo Venegas, tratadista del siglo XVI, sostenía en su obra *Agonía del tránsito de la muerte* (1537) que la astronomía era ciencia «cierta y verdadera» mientas que la astrología «falta muchas veces porque funda sobre efectos no pasados, los cuales son inciertos»[2].

---

1 Julio Caro Baroja, *Vidas mágicas e inquisición,* Madrid, Taurus, 1967, vol. 2, p. 147. Reflexionaba el autor sobre la lógica de la confusión de ambas: «¿cómo no iba a existir semejante equívoco si los dos observadores del cielo más famosos entre los posteriores a Copérnico (es decir, Tycho Brahe y Kepler) creían aún en el influjo de los astros sobre los hombres, en la relación de los movimientos de aquellos y las pasiones individuales?» (p. 148).

2 Alexo Venegas, *Agonía del tránsito de la muerte con los avisos y consuelos que cerca della son provechosos,* Zaragoza, Imprenta de George Coci, 1554, véase Caro Baroja, *Vidas mágicas,* cit., p. 147.

No obstante, la distinción no era nítida, con un uso indiferente de ambos términos, tal y como se comprueba en la definición de astrología que daba Sebastián de Covarrubias (1611) como «ciencia que trata del movimiento de los astros y los efectos que dellos proceden, cerca de las cosas inferiores y sus impresiones, que por otro nombre dizen astronomía»[3].

En cualquier caso, la diferencia más importante se realizaba en el seno de la astrología misma, la cual se dividía «en dos partes: la que solo se emplea en el conocimiento de las influencias celestes por observaciones de cosas naturales, como el cortar la madera en ciertas lunas para que no se carcoma, y otras cosas semejantes, tiene el nombre de astrología natural, y es lícito usar de ella; la que quiere elevarse a la adivinación de los casos futuros y fortuitos se llama astrología judiciaria, y en esta en todo o la mayor parte es incierta, ilícita, vana y supersticiosa»[4].

Los difusos límites entre astronomía y astrología también se trasladaban a las cátedras universitarias de astrología, sin distinguir una de otra, de tal forma que desde el siglo XVI se asiste a la profesionalización del astrólogo a través de una formación académica vinculada también a las matemáticas. Desde estas cátedras se enseñaba a interpretar a los astros, destacando en España las Universidades de Salamanca y Valencia, además de otras como Alcalá o Sevilla[5]. En el caso salmantino la importancia de la astrología quedó plasmada en la decoración de

---

3 Sebastián de Covarrubias, *Tesoro de la lengua castellana o española,* Madrid, Luis Sánchez impresor, 1611, p. 98 v.

4 Real Academia Española, *Diccionario de la lengua castellana, en que se explica el verdadero sentido de las voces, su naturaleza y calidad* [...], Madrid, Imprenta de Francisco del Hierro, 1726, vol. 1, p. 452.

5 También fueron importantes otros centros de educación como el Colegio Imperial de la Compañía de Jesús y la Academia de Matemáticas en Madrid. Véase Tayra Lanuza-Navarro, "Astrology in Spanish Early Modern Institutions of Learning", in J. Simón *et al.* (edited by.), *Beyond Borders: Fresh perspectives in History of Science,* Newcastle, Cambridge Scholars Publishing, 2008, pp. 79-97.

la bóveda de la antigua biblioteca por Fernando Gallego (el llamado *Cielo de Salamanca*) hacia 1483[6]. Además, la cátedra de astrología, creada en 1467, fue un referente de la ciencia durante los siglos XV y XVI, con figuras como la de Abraham Zacut entre otros[7].

En el Estudio salmantino la astrología aparecía ligada a las matemáticas, siendo una lectura poco remunerada e inestable: hacia 1600 este catedrático ganaba, como máximo, poco más de 226 ducados anuales, mientras que el catedrático de Prima de Cánones ganaba algo más de 1027 ducados anuales, casi cinco veces más[8]. Los estatutos de la Universidad señalaban en 1594 que los estudios de matemáticas-astrología duraban cuatro años, de modo que el catedrático responsable de ambas materias tenía que leer el primer año matemáticas siguiendo a Euclides. El segundo año, astronomía, con obras de Ptolomeo, Clavius, Reinhold, entre otros. Durante el tercer curso se estudiaba a Copérnico, que había sido introducido en la reforma estatutaria de 1561, una novedad teniendo en cuenta las restricciones a sus textos en otros lugares europeos[9], además

---

6 José María Martínez Frías, *El cielo de Salamanca,* Salamanca, Ediciones Universidad de Salamanca, 2018.

7 Cirilo Flórez Miguel, "Ciencias, siglos XV-XVII", en L. E. Rodríguez-San Pedro (coord.), *Historia de la Universidad de Salamanca,* Salamanca, Ediciones Universidad de Salamanca, 2004, vol. 2, p. 410.

8 Francisco Javier Rubio Muñoz, *La república de sabios. Profesores, cátedras y universidad en la Salamanca del siglo de Oro,* Madrid, Dykinson-Universidad Carlos III, 2020, pp. 181 y 185; F. J. Alejo Montes, "La cátedra de Matemáticas y Astronomía en la Universidad de Salamanca del siglo XVI", en *Aula. Revista de Pedagogía de la Universidad de Salamanca,* 5 (1993), pp. 105-113.

9 Manuel Fernández Álvarez, *Copérnico y su huella en la Salamanca del Barroco,* Salamanca, Ediciones Universidad de Salamanca, 1974; L. E. Rodríguez-San Pedro, *La Universidad salmantina del Barroco, periodo 1598-1625,* Salamanca, Ediciones Universidad de Salamanca-Caja de Ahorros y Monte de piedad de Salamanca, 1986, vol. 2, pp. 601-602. Las enseñanzas de Copérnico se hacían según el voto de los oyentes y se guiaban principalmente por sus tablas astronómicas. Flórez Miguel, *Ciencias,* cit., pp. 421-422.

de la Geografía de Ptolomeo y la Cosmografía de Apiano, así como la capacitación para realizar efemérides, relojes solares, mapas... En el cuarto año se abordaba, entre otros temas, el estudio de los planetas y la astrología judiciaria, incluyendo la obra "*De Nativitatibus*, lo que se permite"[10].

Muy vinculados a estas áreas del saber aparecen universitarios cuyos comportamientos heterodoxos han dejado rastro en la documentación inquisitorial de la Edad Moderna, concretamente en el Archivo Histórico Nacional de España. Estudiantes y profesores eran individuos que frecuentemente denotaban una curiosidad ante lo desconocido, cuya satisfacción a veces rozaba, cuando no superaba, la ortodoxia marcada por la moral y las costumbres católicas. En este sentido, la astrología o las matemáticas se conformaron como disciplinas relacionadas, en ocasiones, con determinadas prácticas que, al traspasar los límites instituidos, fueron condenadas por la Inquisición. Ambas cuestiones -Universidad de Salamanca y heterodoxia- confluyeron en el protagonista de este estudio, un astrólogo cuyas experiencias al margen de lo establecido le condujeron a las cárceles inquisitoriales durante la primera mitad del siglo XVII.

---

10 *Estatutos hechos por la Universidad de Salamanca. Recopilados nuevamente. Año de 1625,* Salamanca, Diego Cusio, 1625, Luis E. Rodríguez-San Pedro (editor), Salamanca, Ediciones Universidad de Salamanca, 1990, tít. XVIII, «De lo que ha de leer el Cathedratico de Mathematicas y Astrología». Llama la atención que se aborde la astrología judiciaria a pesar de la prohibición de la bula de Sixto V. Si bien es cierto que dicha bula no fue publicada en España hasta 1612, la recopilación de los Estatutos de 1625 confirma que se continuaba enseñando en las aulas de la Universidad de Salamanca, aunque de forma controlada. En ese sentido, el añadido "lo que se permite", indicaba que la censura inquisitorial había quedado reflejada en el propio texto estatutario, cfr. M. J. Zamora Calvo, *Artes maleficarum. Brujas, magos y demonios en el Siglo de Oro,* Madrid, Calambur, 2016, p. 88; José Pardo Tomás, *Ciencia y censura. La Inquisición española y los libros científicos en los siglos XVI y XVII,* Madrid, Consejo Superior de Investigaciones Científicas (CSIC), 1991, p. 154.

UN ESTUDIANTE DE ASTROLOGÍA AUTODIDACTA Y POLIFACÉTICO

Nuestro personaje fue un antiguo estudiante salmantino llamado Cristóbal Rodríguez, quien en 1636 había venido a delatarse a sí mismo ante don Juan de Sosa, inquisidor del tribunal del Santo Oficio de Toledo[11]. Este individuo polifacético (astrólogo-matemático-curtidor-agrimensor) se acusaba de haber «usado astrología de 24 años a esta parte y la aprendió éste en Salamanca con el Doctor Zamora, catedrático de mathemáticas en aquella universidad»[12]. Cristóbal Rodríguez, cuya perspicacia se podrá comprobar en numerosas ocasiones, rápidamente se vinculaba a la Universidad de Salamanca, quizás en un intento de disfrazar de académicas sus prácticas heterodoxas. Y tal y como ocurría con no pocos astrólogos acusados ante la Inquisición, poseía un trasfondo cultural bastante sólido, habiendo estudiado filosofía-artes, matemáticas y astrología[13]. Buena prueba de ello es la formación de Rodríguez con uno de los astrólogos más importantes en la España de la época, el doctor

11 Don Juan de Sosa llegó a dicho tribunal ese mismo año de 1636, muriendo a finales del mismo año. M. P. Domínguez Salgado, "Inquisidores y fiscales de la Inquisición de Corte (1580-1700)", *Revista de la Inquisición*, 4 (1995), pp. 211 y 245.

12 Archivo Histórico Nacional de España (en adelante AHN), Fondo Inquisición (en adelante Inq.), 94, exp. 10, fol. 43 r. En el caso de Cristóbal Rodríguez adquiere su formación «en casa del doctor Çamora para que le diese algunas liçiones [sic: lecciones] de astrología», de lo que se deduce que se trataba de una enseñanza no formal paralela a la que se impartía en la Universidad de Salamanca, aunque regulada por el Estudio. Se conocía como pupilaje y era una forma complementaria de ganar dinero muy utilizada por los profesores de la época. Rubio Muñoz, *La república de sabios*, cit., pp. 190-195; Luis E. Rodríguez-San Pedro, "Pupilajes, gobernaciones y casas de estudiantes en Salamanca (1590-1630)", en *Studia Histórica: Historia Moderna*, 1 (1983), pp. 185-210.

13 Sagrario Muñoz Calvo, *Inquisición y ciencia en la España Moderna*, Madrid, Editora Nacional, 1977, p. 91.

Antonio Núñez de Zamora, quien fue catedrático de astrología durante 36 años en la Universidad de Salamanca, enseñando también medicina hasta su muerte en 1640[14].

Cristóbal Rodríguez había nacido en Ciudad Rodrigo, una localidad episcopal de la provincia de Salamanca hacia 1586, manteniéndose en la casa familiar hasta 1607 en que se trasladó a Salamanca para estudiar astrología. Tras discutir con su padre se fue a Madrid en 1610, en donde algunos años después se casó con Leonor de Galarza, natural de Móstoles, teniendo dos hijos, uno de ellos militar. Comenzó a trabajar como zurrador (curtidor de pieles) y como enseñante particular de matemáticas, compartiendo sus conocimientos con un tal «Joan Jiménez, carpintero, vecino de Madrid, que vive junto al hospital de los Desamparados, y así mismo con don Agustín, que entiende vive en Sevilla y era cavallero, y así mismo con Manuel Vázquez que vive junto al hospital de los Italianos [...] y a un boticario que vive en la calle del León que se llama Miguel Gómez y que de presente no se acuerda de otros»[15].

Cristóbal Rodríguez continuó su formación en Madrid acudiendo, entre 1618 y 1624, «a palacio a oír al doctor Joan de Cedillo que leía Theoricas de Planetas y enseñava las tablas alfonsinas y de Erasmo Reinaldo que por otro nombre llaman

---

14 Rubio Muñoz, *La república de sabios,* cit., p. 266. Era, además, médico del duque de Lerma según Mariano Esteban Piñeiro, *La astronomía en la España del primer tercio del siglo XVII,* en *Anuario del Observatorio Astronómico de Madrid para 2007,* Madrid, Instituto Geográfico Nacional, 2006, p. 371. Núñez de Zamora es considerado un importante médico y astrólogo que contribuyó a los debates sobre la naturaleza de los cometas y de las supernovas, siendo también discípulo del catedrático de astrología Jerónimo Muñoz, a quien sucedió en la cátedra. Véase Randall A. Rosenfeld, *Zamora, Antonio Núñez,* en T. Hockey *et al.* (edited by), *Biographical Encyclopedia of Astronomers,* New York, Springer, 2014, pp. 2407-2408, https://doi.org/10.1007/978-1-4419-9917-7_9415

15 AHN, Inq., 94, exp. 10, fols. 31 r, 41-43 r. De su testimonio se desprende que había nacido en torno al año 1586.

Plutónicas, y después ha acudido al Colegio Real de la Compañía de Jesús a oír al padre Falla que leía *De Prespetiva* y al padre Ricardo que leía *De Esfera y Glovo,* lo qual ha continuado hasta que le prendieron»[16]. Interesante bagaje, puesto que Juan Cedillo Díaz fue Cosmógrafo Mayor del Consejo de Indias y profesor de la Academia Real Matemática de Madrid hasta 1625 en que muere[17]. Por otro lado, el Colegio Imperial de los jesuitas en Madrid fue una de las instituciones clave en la renovación científica española durante el siglo XVII, continuando con los estudios que se habían impartido en la Academia de Matemáticas[18].

El nivel intelectual de nuestro astrónomo también se confirma con la posesión de una pequeña pero selecta biblioteca[19]. Entre sus 16 libros había lecturas incluidas en el plan de estudios de astronomía de la Universidad de Salamanca, como las de Reinhold o *De Nativitatem,* así como libros de la misma disciplina de Pseudo Ramón Llull, Philippe van Lansberge, Tycho Brahe, Jean Ganivet o Jerónimo Muñoz. Las obras que atesoraba Cristóbal Rodríguez pertenecían en su mayoría a astrónomos que contribuyeron a la revolución científica del siglo XVII, incluyendo algunas de reciente publicación como las *Tabulae motuum coelestium perpetuae* del calvinista Lansberge, salida

---

16 AHN, Inq., 94, exp. 10, fol. 43 r.

17 Esteban Piñeiro, *La astronomía,* cit., p. 380.

18 Víctor Navarro Brotóns, "Los jesuitas y la renovación científica en la España del siglo XVII", *Studia Historica: Historia Moderna,* 14 (1996), pp. 15-44. Los padres Ricardo y Falla, cuyos apellidos aparecen españolizados, no son otros que Jean Charles de La Faille y a Claude Richard, catedráticos ambos de matemáticas en el citado colegio desde 1629. El primero fue, además, preceptor de don Juan de Austria.

19 Se debe señalar que su biblioteca estaba en casa de otro de los acusados, Juan Leonés, sombrerero, «que vive en la calle de la Madera, como se entra por san Plácido a mano izquierda», probablemente porque le estaba enseñando sus conocimientos allí mismo, aunque tampoco se puede descartar que lo hiciera para intentar prevenirse de una posible delación. AHN, Inq., 94, exp. 10, fol. 32 v.

a la luz en 1632, tan sólo cuatro años antes del proceso inquisitorial de nuestro protagonista. A ello se sumaban un legajo con «papeles y figuras matemáticas y astrológicas manuscriptas» y un «cartapacio con diferentes papeles matemáticos y otros»; probablemente eran los «cuadernos manuscriptos» de los que decía ser autor según se recoge en su confesión[20].

PROCESADO POR EL SANTO OFICIO DE TOLEDO (1636)

a) Levantador de *natividades*

En 1636, momento en que Cristóbal Rodríguez se presentaba ante la Santa Inquisición, tenía aproximadamente 50 años y vivía en la calle de Valverde, en Madrid, que actualmente desemboca en la calle Gran Vía, en unas casas arrendadas a un zapatero llamado Juan de la Plaza. De oficio, «matemático y medidor de tierras y enseña a contar la astrología», además de curtidor de pieles, tal y como consta en la documentación inquisitorial[21].

En el momento en que aparecía ante el Santo Oficio para delatarse, se acusó a sí mismo de «levantar figura a muchas personas de sus nacimientos» que no es otra cosa que realizar natividades, es decir, reconstruir las posiciones de los astros en el instante del nacimiento de alguien[22]. Estas tablas consistían en dibujar en un papel doce casillas en donde se ubicaban los planetas para interpretar lo que querían decir, tal y como indicaba otro acusado coetáneo a nuestro personaje: «se hace un

---

20 AHN, Inq., 94, exp. 10, fols. 21 r y 32 v. No nos consta que se hayan conservado los citados manuscritos.

21 AHN, Inq. 94, exp. 10, fol. 31 r.

22 Muñoz Calvo, *Inquisición y ciencia…*, p. 91.

cuadro con cuatro líneas, las cuales se dividen por los ángulos con otra, que corresponden a los doce signos; y lo principal es saber la hora fija en que nació la persona cuyo nacimiento se averigua»[23].

Cristóbal Rodríguez se sirvió de los conocimientos adquiridos en Salamanca y Madrid para ejercer como astrólogo, aunque sus prácticas se derivaron hacia la astrología judiciaria. Efectivamente, el astrólogo sostenía que sus natividades servían para mostrar a las personas que lo solicitaban "sus inclinaçiones y futuros contingentes quales avía de suçeder en el discurso de su vida, así de enfermedades [...], dignidad y puestos eclesiásticos y seglares que abían de obtener y las muertes que avían de tener si violentas o naturales"[24]. No obstante, consciente de que esta práctica estaba perseguida por la Inquisición[25], añadió que "de muchas cosas que este pronosticaba, las más salían inçiertas" porque "dependen de la voluntad de Dios y arbitrio del hombre" y "como dice el Poeta, *astra movent homines sed Deus astra movet*"[26]. Además se ganaba la vida con su oficio, ya que «en todas las cosas ha recibido dineros por premio de su trabajo, aunque los que había por amigos no llevaba dineros»[27].

---

23 Sarrión Mora, *Médicos e Inquisición...*, p. 87.

24 AHN, Inq., 94, exp. 10, fol. 31 r y v.

25 Sarrión Mora, *Médicos e Inquisición,* cit. p. 81.

26 AHN, Inq., 94, exp. 10, fol. 31 v. «Los astros mueven a los hombres, pero Dios mueve a los astros». Vemos que nuestro personaje utiliza una máxima en latín, demostrando de nuevo su trasfondo cultural además de su sagacidad ya que con esta frase se prevenía de la acusación que desde la doctrina católica se hacía contra la astrología judiciaria: la supuesta capacidad para adivinar en futuro, lo cual iba en contra del libre albedrío.

27 También conseguía algunos ingresos enseñando a hacer natividades, como a «don Andrés, no se acuerda del apellido, es clérigo vecino de Antequera, y a este le enseñó un poco el dicho arte, y también le ha enseñado a Miguel Gómez, boticario, que vive en la calle del León [...]» además de algunos personajes que nos hablan de los círculos de cierta importancia en los que se

b) Prácticas de hechicería: el conjuro de la redoma

Además del asunto de las natividades, Cristóbal Rodríguez continuó su confesión describiendo otras prácticas heterodoxas, en las que no actuó solo. Rodríguez, había conocido a un hombre llamado Juan de Lacomba un año antes, en septiembre de 1635. Juan de Lacomba era un francés de 33 años natural de Sarlat, en la Dordoña, que trabajaba como herbolario de la reina, según el propio Rodríguez, y vivía por aquel entonces en la plazuela de la Leña, actual plaza de Jacinto Benavente, muy cerca de la plaza Mayor de Madrid[28].

Rodríguez y Lacomba habían entablado amistad, si bien pasaron tiempo sin volver a encontrarse hasta que tres meses antes del inicio del proceso el astrólogo volvió a verlo en la plaza de Santa Cruz, donde Lacomba vendía sus hierbas. Desde

movía Rodríguez: nobles como «el marqués de Ferreria, conde de Tentúbar, a quién enseñó a levantar figura», además de un criado del Arzobispo de Ébora; o Domingo Pillioso, francés, y Martín de Ullauri, clérigo, «que entrambos dos acuden a casa del Condestable de Castilla». AHN, Inq., 94, exp. 10, fols. 32 r, 43 v y 45 v. Se refiere a Francisco de Melo, tercer marqués de Ferreira y cuarto conde de Tentúgal y Condestable de Portugal, noble a cuyo servicio estuvo Cristóbal Rodríguez.

28 Tras la creación de la Real Botica en 1594, que suministraba a la familia real, reaparece la Botica de la Reina en época de Isabel de Borbón, esposa de Felipe IV. Sin embargo, no hemos hallado a Juan Lacomba (quizás su nombre estaba castellanizado, pudiendo ser Jean Lacombe) entre los boticarios de la reina ni entre sus ayudantes. El único boticario de la reina en 1636 era Jean Gabaux (Juan Gabeo), quien había abierto una botica en Madrid de forma paralela a sus servicios. Es posible que Lacomba trabajase en este entorno como ayudante de Gabaux, pero no nos consta tal dato. María Esther Alegre Pérez, "Los orígenes de la Real Botica y sus actuaciones al servicio de los Austrias", *Arbor,* 169 (2001), pp. 239-265, sobre todo pp. 250-251; José Luis Valverde López y Mª Carmen Sánchez Téllez, "Boticarios ayudantes de la Real Botica (1594-1700)", *Boletín de la Sociedad Española de Historia de la Farmacia,* 114 (1978), pp. 61-83. Tampoco el propio Lacomba menciona nada sobre su posible oficio como boticario de la reina al ser interrogado sobre su vida. AHN, Inq., 84, exp. 4, fols. 29 r, 37 r.

entonces se reunieron asiduamente en casa de Lacomba, lugar en el que Cristóbal Rodríguez le enseñaba astrología. Cierto día el francés le espetó que él mismo «se atrevía a haçer cosas mejores que las que este [Rodríguez] sabía», y su amigo aceptó el desafío[29]. En ese momento Juan de Lacomba le pidió a Cristóbal Rodríguez «que le diese una redoma y un poco de cera hilada, y un muchacho virgen, y que aquel diciendo unas palabras vería muy grandes cosas en la redoma»[30].

Días después, el 22 de septiembre de 1636, el astrólogo había conseguido la vasija y la cera, y se reunieron en casa de Juan Leonés, natural de Lyon (Francia), sombrerero y amigo de Cristóbal Rodríguez. No obstante, al llegar a casa de Leonés sólo se encontraba su hija en la puerta, lo cual no fue obstáculo para acceder ya que «entraron en dicha casa por ser todos amigos»[31]. Acto seguido el astrólogo fue a la cercana iglesia de San Idelfonso a buscar al niño que debía participar en el conjuro, «y alló un muchacho que es criado del sacristán de San Il[d]efonso y le dixo a su amo que le diese licencia a su muchacho para que se llegase con este a una casa y se la dio

---

29 AHN, Inq., 84, exp. 4, fol. 5 v.

30 AHN, Inq., 94, exp. 10, fol. 33 r. Una redoma era una «vasija grande de vidrio ventricosa y gruesa y angosta de boca. Destos vasos usan los boticarios para sus aguas y jarabes. Dixose redoma porque ultra de ser doblada en el grueso del vidrio, se mete en el fuego y se doma y recueze dos veces». Cfr. Covarrubias, *Tesoro*, cit., p. 1213. Con respecto a este tipo de hechizos que utilizan redomas llenas de agua para hacer predicciones, hay noticias en algunos procesos contra hechiceras de este tipo en Sebastian Cirac Estopañan, *Aportaciones a la historia de la Inquisición Española: los procesos de hechicería en Castilla la Nueva (Tribunales de Cuenca y Toledo)*, Madrid, Instituto Jerónimo Zurita, 1942, cap. 1. También lo cita Miguel de Cervantes al hablar del hechicero Marquino en *Numancia*, lo cual indica los conocimientos que tenía Cervantes sobre este tipo de prácticas. A. González, *Conjuros, magia y demonios en el teatro cervantino*, en María Luisa Lobato, Javier San José y Germán Vega (editores), *Brujería, magia y otros prodigios en la literatura española del Siglo de Oro*, Alicante, Biblioteca Virtual Miguel de Cervantes, 2016, pp. 195-212.

31 AHN, Inq., 94, exp. 10, fol. 33 v.

por ser amigo el dicho sacristán deste y trujo al muchacho a dicha casa»[32].

Durante el proceso también fue interrogada Elenilla, hija de Juan Leonés, de 7 u 8 años, quien había participado poco tiempo antes en lo que puede considerarse como un ensayo previo al conjuro[33]. La niña, quizás por su inocencia, ofreció muchos detalles de la primera ocasión en que, estando en su casa, Rodríguez y Lacomba practicaron el encantamiento[34]. Así, describía un escenario con cierto misterio: una vasija de agua apoyada sobre una mesa; entre medias un trozo de papel en donde se inscribían un círculo y una cruz, y coronando todo, una reliquia. Además, Elena fue instada a rezar de rodillas algunas oraciones, mezclando las que se incluían en la doctrina católica (el Padrenuestro, Avemaría, Credo, Salve Regina y la Confesión) con la invocación a San Cipriano (San Cebrián), un santo conocido y relacionado tradicionalmente con la magia[35]. Continuó la niña explicando la razón del con-

32 AHN, Inq., 94, exp. 10, fol. 33 v.

33 No es casualidad que los niños fueran interrogados antes de los adultos, puesto que podrían aportar detalles que los acusados quizás ocultarían con posterioridad. En ese sentido, parece que los inquisidores aprovechaban la inocencia infantil para ahondar en las acusaciones.

34 AHN, Inq., 94, exp. 10, fols. 14 r y 40 r.

35 Tuvo una amplia difusión a través de los pliegos sueltos que circulaban en esa época como parte de la piedad popular mezclada con prácticas heterodoxas. Prueba de su expansión fue la obra *El mágico prodigioso* (1637) de Calderón de la Barca sobre la figura del santo y su hermana santa Justina. Véase Javier Iturbide Díaz, "Piedad popular, exorcismos y censura inquisitorial. La Oración de San Cipriano impresa hacia 1631", en *Huarte de San Juan. Geografía e Historia*, 17 (2010), pp. 342-343. La oración a San Cipriano, como señala Iturbide, tiene su origen en la Edad Media, transmitiéndose a través de múltiples versiones tras la llegada de la imprenta. Debido al arraigo de esta devoción fue prohibida su difusión en 1559, aunque su efecto fue limitado como muestra su uso por Rodríguez y Lacomba en el siglo XVII. Marcela Londoño, *La condena de la oración supersticiosa en el siglo XVI. El ejemplo de san Cipriano*, en P. Cátedra (dir.), *El texto infinito. Tradición y reescritura en la edad*

juro, señalando que «decían los hombres que era esto para que vinieran a la redoma unos hombrecillos y que ésta vio luego en la redoma quatro hombrecillos pequeños vestidos de negro, y que su padre y los otros dos hombres hablaban con ellos»[36].

Concluido el ensayo, al poco regresaron Cristóbal Rodríguez y Juan Lacomba, para volver a realizar el hechizo; esta vez sin Juan Leonés, que no se hallaba en su casa. El *modus operandi* fue el mismo, si bien a Elenilla le acompañaba Juanillo, el criado del sacristán[37]. Juanillo relataba que los dos hombres estaban vestidos de negro y de pardo, y enviaron a Elenilla a por un cuarto de avellanas. En ese momento

> el dicho adivino [Juan de Lacomba] hizo en un papel un redondo como una O muy grande con tinta, atrabesada una cruz en ella, y escritos en los blancos algunos nombres y letras y una luna y otro redondo y figuras [...] y encendió las velas y pegándolas sobre el tablero con la cera que derretían lo puso al lado de la dicha garrafa, a la qual llegó el otro hombre vestido de pardo [Cristóbal Rodríguez] y hechó tres bendiciones: una sobre la boca, y otra al medio y otra al suelo de la dicha

---

Media y el Renacimiento, Salamanca, Publicaciones de la SEMYR, 2014, pp. 683-694.

[36] AHN, Inq., 94, exp. 10, fols. 14 v y 40 r. También mencionaba la existencia de una reliquia, posesión de Juan de Lacomba. Esta reliquia era de los santos Mártires de Arjona, de san Francisco y de san Diego. Los primeros, san Bonoso y san Maximiano, estaban relacionados, al igual que san Cipriano, con la hechicería y la magia. Los santos Bonoso y Maximiliano eran originarios de Jaén (España) y fueron martirizados en época de Juliano el Apóstata (s. IV), siendo acusados de «hombres mágicos» porque no padecían ante los tormentos a los que los sometieron. Teodorico Ruinart, *Las verdaderas actas de los Mártires sacadas, revistas, y corregidas sobre muchos antiguos manuscritos con el título de* Acta primorum martyrum [...], Madrid, por D. Joachin Ibarra, Impresor de Cámara de S. M., 1776, vol. 3, pp. 320-329 (p. 323).

[37] En la declaración como testigo se le cita y él mismo firma con el nombre de Felipe Carrasco. Desconocemos la causa del apelativo "Juanillo". AHN, Inq., 94, exp. 10, fols. 16r – 17v.

garrafa, y quando las hacía hablaba tan quedo que no se entendía lo que decía[38].

Rodríguez y Lacomba instaron a los niños a que rezasen las oraciones mencionadas, quienes iban repitiendo las palabras que les decían, «y luego les hicieron que cada uno de rodillas como estaban echasen doce bendiciones a la dicha redoma, y luego se parecieron en la redoma quatro hombrecillos»[39].

A pesar de que Elenilla volvió a ver a los «cuatro hombrecillos», Juanillo expresaba que no había visto nada. Quizás fuera por la sugestión de la puesta en escena, aunque por su forma de proceder en otras ocasiones en que Leonés había llevado a cabo el hechizo es posible que la niña colaborase conscientemente con su padre en el engaño. Lo cierto es que la niña desveló, sin querer, el motivo del conjuro, en tanto que «Juan [de Lacomba] el herbolario, les dixo a esta y al dicho Juanillo que mirasen qué tenían en las manos las figurillas de la redoma. Y esta vio como tenían una figurilla un platillo de plata; otra, un pañizuelo, y otra, un papel, y la otra no tenía nada»[40].

En el momento en que estaban encerrados, señalaba Juanillo que «dieron golpes en la puerta y no quisieron los hombres responder, diçiendo que aguardasen, y este se fue al tiempo que el sombrerero [Juan Leonés] venía, quedándose en la casa el dicho sombrerero y los dichos hombres y la muchacha»[41]. Terminado el conjuro, se desmontó la escena y Juanillo se marchó, si bien quedó emplazado para que volviera esa misma tarde. Le pagaron dos cuartos, encargándole además que no dijera a nadie lo que había visto, «que no serían amigos si lo

---

38 AHN, Inq., 94, exp. 10, fol. 16 v.

39 AHN, Inq., 94, exp. 10, fol. 15.

40 Estos elementos, como se verá después, serán las claves para entender el proceso.

41 AHN, Inq., 94, exp. 10, fol. 17 r.

decía»[42]. Elenilla, por su parte, «se fue en casa de su ama», ya que trabajaba como criada en una casa cercana, siendo advertida posteriormente por su padre de «que no dijese nada de lo dicho a su ama porque si lo decía la avía de azotar»[43].

Las sospechas y el proceso inquisitorial

Doña Mariana Selles García y Aliaga, doncella natural de Valencia, era el ama de Elenilla, a quien había acogido como criada un mes antes de los hechos descritos. El día del conjuro la doncella echó en falta a la criada, y al ir a buscarla a su casa la mandó llamar, pero nadie abrió la puerta. Preguntando a otra niña llamada Mariquilla, que vivía también en casa de Juan Leonés, le comentó que Elenilla estaba encerrada con unos hombres y una redoma. Doña Mariana se quedó dudosa y la volvió a hacer llamar, encontrándose con Juan Leonés que iba hacia su casa en el momento en que abrieron la puerta. El padre preguntó a su hija, quien le dijo delante de su ama que había estado con Cristóbal Rodríguez y Juan de Lacomba, a lo que Leonés «puso el dedo en la boca y la dixo que callase y la dio uvas y se entró en su casa y entornó la puerta»[44]. Sin embargo, Elenilla, que se fue con doña Mariana, confesó a su ama todo lo que había sucedido[45].

---

42 AHN, Inq., 94, exp. 10, fol. 17 r.

43 AHN, Inq., 94, exp. 10, fol. 15 v. Estaba claro que Juan Leonés era consciente de que el asunto de la redoma podría traerle problemas, como así fue.

44 AHN, Inq., 94, exp. 10, fol. 19 r.

45 AHN, Inq., 94, exp. 10, fol. 19 v. Añadía Elenilla que «en los días pasados que habían reñido con su padre en una casa donde servía [...] y que le trataron de perro hechicero luterano, [...] y que volviendo a preguntar esta [doña Mariana] después de lo que sucedió ayer a la dicha Elenilla si sabía alguna cosa más del dicho su padre, la respondió que no quería decir nada porque su padre tenía un libro por donde sabía cualquier cosa que ella hablase». El ejemplo del libro omnisciente puede entenderse como otra argucia del padre para amenazar a su hija, aprovechándose de la inocencia infantil.

Las consecuencias no se hicieron esperar. Al día siguiente Juan Leonés y Juan de Lacomba eran detenidos y puestos bajo custodia en casas de familiares del Santo Oficio[46]. A Leonés se le pidieron las llaves de su casa y por la noche Elenilla condujo a los comisarios de la Inquisición al lugar donde se había producido el conjuro. Poco después, el 25 de septiembre, se presentaba Cristóbal Rodríguez ante el Santo Oficio para delatarse a sí mismo en el asunto de levantar natividades, como ya se mencionó, probablemente en un intento desesperado por ablandar el corazón de los inquisidores ante la detención de sus compañeros Leonés y Lacomba.

Tras escuchar esta parte del relato, los inquisidores eran conscientes de que Rodríguez poseía un trasfondo intelectual mayor que el de sus cómplices, razón por la que comenzó un breve debate sobre la prohibición de la astrología judiciaria por la bula de Sixto V, a lo que el matemático reconoció que había seguido practicándola. En ese momento, los inquisidores le reprendieron diciéndole que «dar respuesta sobre cosas que dependen de futuros contingentes y del libre albedrío del hombre y así de cosas pretéritas ocultas mayormente con acierto como este lo ha hecho no ay ciencia humana que lo pueda alcançar» preguntándole directamente «si ha tenido algún pacto expreso y explícito o inplícito con el demonio y si le ha llamado invocado y consultado por dar las dichas respuesta dándole adoración ençinsiandole o perfumándole o haciendo

46 En el momento de su detención fueron registrados y encontraron entre las prendas de Lacomba una carta escrita desde Salamanca en que le pedían unas hierbas para ayudar a curar un cáncer, además de una lista también de hierbas y una nota sobre una mula robada que decía «Gabriel Falconi el dueño / la mula es de 7 quartas de alto/ faltó el día de Nuestra Señora de agosto / en la noche. / La mula es parda y delgada de carnes». AHN, Inq., 94, exp. 10, fol. 20 r.

con el de otros actos de adoración o reberencia debida a solo Dios»[47].

Cristóbal Rodríguez negó tal cosa, pero la pregunta no era fortuita: en ese momento le mostraron «dos moldes de bronce y tres medallas que parecen aberse vaciado en él de plomo o estaño, que por una parte tienen un ídolo con corona y cetro y un rótulo alrededor por la otra parte muchas letras numerales»[48]. Las habían hallado junto a sus libros en casa de Juan Leonés, aunque Cristóbal Rodríguez explicó que las medallas «eran del Sol y que traiendolas consigo [y] haciéndolas baçiado estando el Sol en León [Leo] o en Aries eran buenas para alcançar la graçia y favor de los Reyes»[49]. El propio Rodríguez, aprovechándose de sus conocimientos de agrimensura, reconoció haber practicado también la geomancia, a lo que añadía el rezo del salmo «*Ecce enim veritaten dilexisti incerta et oculta sapientiae tua manifestati mihi*»[50]. Otra muestra del bagaje cultural de Cristóbal Rodríguez, el cual se permitía introducir algunos pasajes en latín para dar un halo de solemnidad sin dejar de mostrar una apariencia de rito dentro de la ortodoxia católica. En este sentido, al invocar el salmo de David no sólo se revelaba como posible conocedor de las Sagradas Escrituras, sino como una especie de designado por Dios para adivinar cosas ocultas.

En cualquier caso, el proceso continuó al día siguiente, en el que Juan de Lacomba aclaraba el motivo del hechizo de la

---

47 AHN, Inq., 94, exp. 10, fol. 35 r.

48 AHN, Inq., 94, exp. 10, fol. 35 v.

49 AHN, Inq., 94, exp. 10, fol. 35 v.

50 AHN, Inq., 94, exp. 10, fols. 36 r-37 v. La frase en latín corresponde al salmo 51, conocido como *Miserere* o Salmo de David, del Antiguo Testamento («He aquí, tú amas la verdad en lo íntimo: Y en lo secreto me has hecho comprender sabiduría»). Por otro lado, la geomancia es entendida como un arte de adivinación que tenía como objetivo la tierra, concretamente a través del lanzamiento de un puñado de arena al suelo y ver las formas que adquiría Zamora Calvo, *Artes maleficorum...*, p. 109.

redoma. Lacomba señalaba que fue Cristóbal Rodríguez quien le instó a «haçer un negoçio sobre una mula perdida que le habían pedido», de tal modo que el conjuro que realizarían después era para «que apareciese la mula hurtada»[51]. Dicho conjuro lo había aprendido Lacomba de un fraile carmelita de Barcelona, natural de Perpiñán, seis o siete años antes[52]. Tras acusar, por tanto, a Rodríguez, Lacomba prosiguió narrando que Leonés, Rodríguez y él mismo habían estado buscando un tesoro en Aravaca (Madrid) siguiendo las indicaciones del doctor Silveira, astrólogo portugués y conocido de Cristóbal Rodríguez[53]. Además, se intuye una relación cercana entre ambos, dado que Lacomba expresaba que "el dicho Juan Leonés a andado inquietando a este desde que lo conoce, diçiéndole que en tal parte y en tal parte [sic] ay tesoros y para esto siempre andaba con el dicho Doctor Silveira y con dicho Cristóbal Rodríguez»[54].

---

51 AHN, Inq., 94, exp. 10, fol. 37 v. Recordemos la nota que encontraron en la faltriquera de Lacomba sobre la citada mula perdida.

52 AHN, Inq., 94, exp. 10, fol. 40 v. El fraile, según Lacomba, también había realizado el hechizo varias veces, siguiendo el mismo procedimiento. En su caso se ayudaba de una lavandera que vivía al lado de su convento.

53 Muy probablemente Rodríguez había acudido a sus lecciones en la Academia Real Matemática de Madrid, ya que Silveira era colega del citado Juan de Cedillo, Cosmógrafo Mayor del Consejo de Indias. Miguel Silveira fue partidario de la teoría heliocéntrica y de las ideas de Galileo sobre los planetas. Julio Caro Baroja, *Inquisición, brujería y criptojudaísmo*, Madrid, Galaxia Gutenberg-Círculo de Lectores, 1996, pp. 111-116; Encarnación Sánchez García, "Épica barroca y nuevas teorías cosmológicas: *El Macabeo* de Miguel de Silveira (Nápoles, Egidio Longo, 1638)", en P. Laskaris y P. Pintacuda, (a cura di), *Intorno all'epica ispanica*, Como-Pavía, Ibis, 2016, pp. 103-119; M. Blanco, "La cultura ibérica del exilio marrano: Góngora y Camões en *El Macabeo* de Miguel Silveira", en *E-Spania. Revue interdisciplinaire d'etudes hispaniques médiévales et modernes* (2017), DOI: https://doi.org/10.4000/e-spania.26683 s.f.

54 AHN, Inq., 94, exp. 10, fol. 40 r. Una vez más, se deduce que Cristóbal Rodríguez se movía en un círculo intelectual de relevancia. Por su parte, Juan Leonés, que fue interrogado el 1 de octubre, también habló de la

No era la primera vez que Leonés y Lacomba practicaban la búsqueda de objetos perdidos a través de artes ocultas. En cierta ocasión Leonés se había encontrado con Juana de Ochoa, mujer del repostero de la Marquesa de la Floresta, a quien dos años antes le habían robado un plato[55]. La forma de proceder, como confirmó al día siguiente la propia Juana en su interrogatorio, fue idéntica que la descrita por Elenilla: un hechizo a través de una redoma de agua con la participación de dos niñas, las citadas Elenilla y Mariquilla, y de Juan de Lacomba[56]. En este punto parece bastante plausible que tales conjuros, por la forma en que intervenían sus protagonistas, no eran sino meras «abusiones» como sostenía Juana de Ochoa, incluyendo un aparato escenográfico con el que impresionar y sacarse algunos maravedíes engañando a los solicitantes. En suma, una puesta en escena de un montaje en el que Rodríguez, Lacomba y Leonés aprovechaban la inocencia de Elenilla para dar un barniz de credibilidad.

---

búsqueda de varios tesoros de los que había tenido noticia, entre ellos el de Aravaca que había citado Lacomba, sin lograrlo encontrar, expresando que Cristóbal Rodríguez, por su oficio de agrimensor además de matemático, utilizaba unos palos de medir la tierra para intentar hallar los tesoros. AHN, Inq., 94, exp. 10, fols. 28-29.

55 La Marquesa de la Floresta era Doña Mariana Melchora de Quintana Dueñas y Mauroli (1624-1675). Cfr. J. de Salazar y Acha, *Los Grandes de España (siglos XV-XXI)*, Madrid, Ediciones Hidalguía, 2012, p. 251.

56 AHN, Inq., 94, exp. 10, fol. 24 v y 39. Nuevamente era Elenilla la que veía las figurillas reflejadas en la vasija, mientras que Juana de Ochoa, según su propio testimonio, no vio nada y, desconfiando del asunto, regresó a su casa sin pagarles. Ochoa señalaba que había encontrado el plato tras encomendar varias misas, lo cual contrasta con la declaración de Lacomba. Por su parte, Elenilla dijo haber visto el platillo nuevamente en el conjuro sobre la desaparición de la mula, quizás repitiendo el mismo procedimiento sin percatarse de que lo que lo que tenía que aparecer en la redoma no era un plato, sino la mula.

Sentencia y destierro

El proceso continuó tras las declaraciones de los acusados, de modo que Cristóbal Rodríguez aparecía preso un mes más tarde en la cárcel de la Inquisición de Toledo. No obstante, no sería hasta finales de octubre cuando se formularían las acusaciones de forma oficial por el fiscal Jerónimo Fernández de Mesa, secretario del Santo Oficio, el cual acusó «criminalmente al dicho Cristóbal Rodríguez por sospechoso en la fe, astrólogo judiçiario excomulgado, levantador de figuras y adivinador de futuros y cosas sobrenaturales reservadas sólo a Dios»[57]. Antes de que el tribunal dictase sentencia, como medida preventiva fue sentenciado con excomunión mayor y sometido a tormento, además de adjudicársele un letrado, Juan Díez, para que defendiera su causa[58].

Todavía tendrían que pasar varios meses antes de dictarse sentencia. A comienzos de junio de 1637, los inquisidores don Pedro Díaz de Cienfuegos y don Baltasar de Oyanguren declararon al acusado culpable con sentencia «*ad jure* [sic] *de levi* y sea reprehendido y advertido y le desterramos de Toledo y Madrid a cinco leguas en contorno por tiempo y espacio de un año»[59]. La sentencia de abjuración *de levi* se producía en los casos en que el fiscal no podía probar la acusación por tener

---

57 AHN, Inq., 94, exp. 10, fol. 47 r. Se elaboraron 9 puntos o proposiciones heterodoxas que resumen las acusaciones vistas anteriormente.

58 AHN, Inq., 94, exp. 10, fols. 49 v – 51 r. Cristóbal Rodríguez reconoció las faltas enumeradas por el fiscal, las cuales se ajustaban a la propia declaración del reo.

59 AHN, Inq., 94, exp. 10, fols. 57-59. Don Pedro Díaz de Cienfuegos fue inquisidor de Mallorca, en donde sufrió un intento de asesinato, y Barcelona, antes de llegar a Toledo. Véase Juan Vidal, J. “Pedro Díaz de Cienfuegos”, en *Diccionario Biográfico electrónico de la Real Academia de la Historia*. Disponible en https://dbe.rah.es/biografias/40383/pedro-diaz-de-cienfuegos. Por su parte don Baltasar de Oyanguren permanecería en el tribunal toledano hasta su jubilación en 1649. Véase Domínguez Salgado, *Inquisidores y fiscales*, cit., p. 242.

sospechas leves, y, como consecuencia, el tribunal no tenía más remedio que absolver al acusado[60].

Ahora bien, para saber quién delató a Rodríguez, Lacomba y Leonés hay que acudir al proceso contra Juan de Lacomba[61]. El hecho de que Elenilla no regresase con su ama dio la voz de alarma, como el propio Juan Leonés reconoció en su declaración. Al llegar a su casa, por la mañana, «alló que estaba la vecindad alborotada y llamó a la puerta de su casa porque le deçían las vecinas que una hija deste, pequeña, y otro muchacho estaban dentro della con dos hombres»[62]. Sin embargo, este hecho por sí sólo no indica demasiado, aunque da a entender que los vecinos se dieron cuenta de que algo extraño ocurría. Y así fue como una de esas vecinas, Francisca Vázquez[63], mujer del cirujano Antonio Rodríguez, aparece delatando rápidamente a Juan de Lacomba, tan rápido como que a las dos de la tarde del mismo día de los hechos (pocas horas después) se presentaba ante el doctor Juan de la Peña, comisario del Santo Oficio, para contar lo sucedido. Poco después se personaba su

---

60 María del Camino Fernández Giménez, "La sentencia inquisitorial", en *Manuscrits*, 17 (1999), pp. 119 y ss.

61 La sentencia y la condena de Juan Lacomba es idéntica, siendo desterrado a cinco leguas de Madrid durante 1 año (AHN, Inq., 84, exp. 4, fol. 53 v, 5 de junio de 1637). Llama la atención que Lacomba estaba preso en la Cárcel Real, en Madrid, mientras que Cristóbal Rodríguez estuvo encarcelado en la de la Inquisición de Toledo. Quizás tuviera algún tipo de vinculación con la Corte, si bien, como se dijo al principio, no se ha podido demostrar que fuera boticario de la reina.

62 AHN, Inq., 84, exp. 4, fol. 8.

63 Según se infiere en la documentación inquisitorial, Francisca Vázquez vivía en algunas casas de Francisco de Santa Ana, alarife, en la calle de la Madera, probablemente de alquiler. En ellas habitaban también la citada Doña Mariana y otros testigos como Francisco de Arganda, portugués al servicio de Gil Gois de Silveira, caballero del hábito de Cristo y caballerizo de Su Magestad. AHN, Inq., 94, exp. 10, fols. 8r – 13v.

hijo, Jerónimo Rodríguez, de oficio maestro de tejer gasas, para confirmarlo.

Lo paradójico es que ninguno de los dos fueron testigos directos de los hechos, sino que vertieron sus acusaciones con base en rumores y relatos indirectos «por serbizio de Dios nuestro señor y descargo de su conciencia»[64]. Contaban madre e hijo que como Elenilla tardaba en regresar, doña Mariana mandó a un niño llamado Manuelillo a buscarla, y el niño lo cumplió con creces porque incluso se puso a lanzar piedras contra la puerta. Al no abrirles, la hermana de Manuelillo, doña Ana de Quintanilla, y otra dama llamada Doña María, que era mujer de Francisco de Orozco, portero del Consejo Real, consiguieron colarse en la casa en el momento en que abrieron la puerta y, con la excusa de que «en achaque se les avía perdido una gallina» supuestamente vieron no sólo a Lacomba y Rodríguez, sino a tres mujeres a las cuales Elenilla había servido, con el asunto de la redoma[65]. Finalmente, narraba Francisca Vázquez, quien vivía en la misma casa que Doña Mariana, que entre esta última y otra dama llamada doña Esperanza presionaron a la niña para que contase lo sucedido. Y el resto de la historia ya la conocemos.

* * *

A la luz del análisis de este proceso se confirma que el vínculo entre la superstición y la hechicería con la ignorancia y al analfabetismo es un tópico que no puede tomarse como norma. Teniendo en cuenta el caso que nos ocupa -probablemente uno de tantos-, existía una relación entre una formación

64 AHN, Inq., 84, exp. 4, fol. 11 r.

65 AHN, Inq., 84, exp. 4, fols. 11-14. En este punto difieren madre e hijo en la declaración, ya que Jerónimo Rodríguez sostiene que las tres mujeres venían con Juan Leonés, que no estuvo presente en el hechizo. Al no aparecer ninguna de las mujeres citadas para declarar, se infiere que no fueron tomadas en consideración de testigos.

académica y algunas de estas prácticas heterodoxas. Y es que el desarrollo de la astrología, unida a la astronomía y a las matemáticas, tuvo su razón de ser en las enseñanzas impartidas en universidades como Salamanca desde el siglo XV.

La formación de Cristóbal Rodríguez con algunas de las figuras más destacadas en astrología, como el doctor Antonio Núñez de Zamora, se llevó a cabo a través de una vía intermedia al *cursus academicus* habitual de la Universidad de Salamanca. Se trata del pupilaje en casa de profesores, quienes impartían lecciones en sus domicilios de forma regulada por la universidad y como complemento a su labor en las aulas formales. También hay que destacar, dentro del bagaje cultural y las relaciones de Cristóbal Rodríguez, los círculos en que se movió. Una vez trasladado a Madrid, siguió formándose, con cierta autonomía, acudiendo a escuchar a Juan Cedillo Díaz, Cosmógrafo Mayor del Consejo de Indias o al portugués Miguel Silveira, ambos profesores de la Academia Real Matemática de Madrid; también a los franceses Jean Charles de La Faille y Claude Richard, catedráticos de matemáticas en el Colegio Imperial de los jesuitas de Madrid. Se trataba, por tanto, de un estimulante ambiente intelectual de carácter internacional que dista mucho de la imagen oscura asociada a las figuras de los hechiceros.

Por otro lado, el análisis de la documentación inquisitorial aporta información primaria al interrogar directamente a los protagonistas del proceso, los cuales eran sometidos a una fuerte presión por parte del tribunal y de una sociedad vigilante. Esta es una de las razones por las que sus relatos resultan en ocasiones contradictorios, algo que, si bien se debe tener en cuenta, no resta interés a lo que esta fuente puede aportarnos sobre el nivel intelectual de algunos hechiceros, además de conocer las causas y el desarrollo de determinados rituales. Así, acerca de las prácticas de hechicería, las diferentes versiones de los acusados difieren tan sólo en quién fue el que instó a quién a llevar a cabo el conjuro.

Parece ser que el origen fue la pérdida de una mula, ante lo cual tanto Rodríguez como sus compañeros podían ganar dinero si gracias a la magia la encontraban. Ciertamente Rodríguez era diestro en intentar adivinar el futuro a través de las llamadas *natividades,* o la búsqueda de tesoros mediante la geomancia, en una mezcla entre astrología y superstición. E igualmente el francés Lacomba ya había realizado hechizos con las redomas o garrafas de agua, inmiscuyendo a otro compatriota, Juan Leonés, y a la hija de éste, quien a modo de *medium* decía ver figuras que teóricamente les revelaba el paradero de lo que se buscaba. Y entre medias, los ojos acusadores de vecinos pendientes de señalar las faltas ajenas para ocultar las propias, ya que era de suma importancia mostrarse limpios ante una sociedad en la que cualquiera estaba bajo sospecha, sobre todo aquellos que poseían un conocimiento más novedoso y avanzado.

En definitiva, la investigación sobre el astrólogo Cristóbal Rodríguez nos ilustra sobre las mentalidades y los medios culturales en los que se desarrollaban las prácticas mágicas en la España de la Edad Moderna, además de indagar en las causas de estos comportamientos heterodoxos. Si nos acogemos a la terminología microhistórica, Rodríguez podría tratarse de un «excepcional normal», un individuo cuyo comportamiento puede ser abordado con bastante precisión, al tiempo que serviría para ejemplificar ciertas actitudes relativamente comunes en la época.

Capítulo 3

ENTRE RENOVACIÓN Y TRADICIÓN: LA PRIMERA CÁTEDRA DE MEDICINA DE LA REAL UNIVERSIDAD DE MÉXICO, 1578

GERARDO MARTÍNEZ HERNÁNDEZ
(Universidad Nacional Autónoma de México)

El 13 de mayo de 1578 se publicaron los edictos para el concurso de oposición a la cátedra de prima de medicina de la Real Universidad de México. El sevillano Juan de la Fuente fue el único opositor. Al no haber más contendientes el 21 de junio del mismo año "mandaron y dieron la dicha cátedra al doctor De la Fuente para que la lea y la rija *conforme a los estatutos de esta universidad que son los de Salamanca*, por tiempo de cuatro años"[1]. En enero del siguiente año se comenzó a leer la dicha cátedra. Los datos anteriores ya han sido expuestos dentro de diversos trabajos sobre los orígenes de la enseñanza de la medicina en México en los que se ha dado una marcada importancia a esta cátedra por ser la primera en fundarse en la Nueva España y en América.[2] Sin embargo, hasta el momento todavía

---

1 Archivo General de la Nación (AGN), Ramo Universidad (RU), vol. 89, f. 4. El subrayado es mío.

2 Los estudios biográficos más recientes acerca de la primera cátedra de medicina son de Carlos Viesca Treviño y Patricia Aceves Pastrana, "Juan de

no hay trabajos que cuestionen cuál fue la verdadera naturaleza de esa primigenia docencia médica, es decir, no se ha hecho un análisis de los contenidos teóricos de la cátedra de prima tomando como referencia la situación de los saberes médicos de la época y las condiciones institucionales en las que surgió.[3] Esto resulta primordial para poder realizar un acercamiento más apegado a la realidad médica novohispana de la segunda mitad del siglo XVI, la cual trataba de apegarse a los dictados de las tendencias culturales, científicas e institucionales de la metrópoli a pesar de que las circunstancias americanas la llevaban por otros rumbos.

LA MEDICINA EN LA REAL UNIVERSIDAD. ENTRE LA LEGISLACIÓN SALMANTINA Y LA REALIDAD MEXICANA

Como ha sido señalado, originalmente se ordenó que los contenidos teóricos de la primera cátedra de medicina de la Real Universidad tenían que seguir la normativa salmantina, sin embargo, la realidad de la institución mexicana no permitía que esto fuera posible: la Universidad de Salamanca contaba en ese momento con cinco cátedras médicas: prima, víspe-

---

la Fuente, primer catedrático de medicina en la Real y Pontificia Universidad de México" *Revista Médica del Instituto del Seguro Social*, 49, 4 (2011), pp. 451-458; y Enrique González González, "La enseñanza médica en la ciudad de México durante el siglo XVI", en José Luis Fresquet Febrer, y José María López Piñero, (eds.), *El mestizaje cultural y la Medicina novohispana del siglo XVI*, Valencia, Cuadernos Valencianos de Historia de la Medicina y de la Ciencia, XLVIII, Instituto de Estudios Documentales e Históricos Sobre la Ciencia, Universitat de Valencia, 1995, pp. 129-144.

3 Un primer acercamiento a esta cuestión en Gerardo Martínez Hernández, "Más allá de la primera cátedra en el Nuevo Mundo: Tiempo, vida y obra de Juan de la Fuente", *Asclepio. Revista de Historia de la Medicina y de la Ciencia*, 72, 2 (2020). https://doi.org/10.3989/asclepio.2020.15

ras, método, anatomía y cirugía.[4] Resultaba obvio que en la naciente cátedra de medicina de México no se podía leer lo que se leía en las cinco salmantinas.

La situación de la Real Universidad era bastante precaria en sus inicios. Al poco tiempo algunas de las cátedras que se habían creado en 1553 habían cerrado porque no había catedráticos que las leyeran o estudiantes que las atendieran. En el caso particular de la facultad de medicina, ésta fue la última de la Real Universidad en fundar una cátedra. Cuando el estudio novohispano abrió sus puertas, se instauraron cátedras en las facultades de artes, teología, derecho y cánones. En ese mismo año se instituyó la facultad médica pero no contó con ninguna cátedra sino hasta dos décadas después. Esto se debió a que la Universidad en México fue establecida con el objetivo de crear un cuerpo burocrático que ocupara los puestos que se estaban generando dentro de la administración virreinal. De igual forma, a través de la universidad, se buscaba brindar una adecuada formación al clero novohispano que en ese momento se encontraba inmerso en la gran empresa de evangelización.[5] Aunque hubo marcadas diferencias entre las universidades de México y Salamanca, también tuvieron algunas similitudes, Así, por ejemplo, las facultades más prestigiosas en ambos estudios fueron cánones y leyes, las cuales eran imprescindibles para la

---

4 Los contenidos teóricos de las cátedras que se leían en ese momento en la facultad de medicina de la Universidad de Salamanca pueden revisarse en los llamados *Estatutos* de Diego de Covarrubias, elaborados en el año de 1561. Enrique Esperabé Arteaga, *Historia pragmática e interna de la Universidad de Salamanca*, 2 vols., Salamanca, Imprenta de Francisco Núñez Izquierdo, 1914, vol. 1, pp. 258-260. En el año de la redacción de este *corpus* normativo, 1561, existían sólo cuatro cátedras: prima, vísperas, *Método* (o de tarde) y anatomía. La cátedra de cirugía fue abierta en 1566, por lo que no es posible saber qué se leía en ese momento en dicha lección.

5 Armando Pavón Romero, "Las primeras provisiones de cátedras en la Universidad mexicana", en Lourdes Alvarado (coord.), *Tradición y reforma en la Universidad de México*, México, UNAM-Editorial Porrúa, 1994, pp. 13-33

formación de los cuadros burocráticos. Por otro lado, las facultades de teología y artes también eran muy útiles: en la primera se formaban los evangelizadores, y en la segunda se brindaba la formación preparatoria para los estudios mayores.[6] Al final, en las dos instituciones, se hallaba la facultad médica.

Como se ha adelantado, en 1578 se publicaron los edictos de oposición a la cátedra de prima de medicina en México y a principios del año siguiente ésta se comenzó a leer. Un año después, en 1580, se promulgó el primer *corpus* estatutario en la Real Universidad, el cual mostraba un mayor apego a la realidad de la institución novohispana. En dichos *Estatutos*, elaborados por el visitador Pedro de Farfán, se ordenó que:

> Atento que en esta universidad de presente no hay más de una cátedra de medicina ordeno y mando que el catedrático lea lo siguiente:
> En el primer año leerá el título *De elementis et temperamentis*, los capítulos más necesarios del libro *De humoribus*, lo más necesario y algo de *Anatomia y Facultatibus naturalibus*, lo que conviene asimismo de *Pulsibus et urina*.
> El segundo año *De diferentia febrium*, y *De arte curativa ad glauconem* y *De sanguinis missione*.
> El tercer año *Afhorismos* de Hipócrates y el libro *Quos et quando oporteat purgari*, y el libro nono *De Rasis ad Almazorem*.
> El cuarto año *De crissibus et De decretoriis* y algunos libros del *Metodo Medendi* de Galeno.[7]

Una comparación entre estos contenidos de la cátedra de medicina de la Universidad de México y los de la Universidad Salamanca permite observar que en el estudio mexicano se lle-

---

6 Mariano Peset y Enrique González González, "Las facultades de Leyes y Cánones", en Manuel Fernández Álvarez (dir.), Laureano Robles Carcedo y Luis Enrique Rodríguez-San Pedro Bezares (coords.), *La Universidad de Salamanca II. Atmósfera intelectual y perspectivas de investigación*, Salamanca, Universidad de Salamanca, 1990, pp. 9-61.

7 Julio Jiménez Rueda, *Las Constituciones de la Antigua Universidad*, México, Facultad de Filosofía y Letras, 1951, p. 45.

vó a cabo una síntesis del *curriculum* médico salmantino. Cuando el visitador Farfán elaboró este primer *corpus* normativo, primero aclaró que "vista la disposición de la tierra, y la fundación desta universidad, no todas las normas de Salamanca podían guardarse en México". Es decir, que, aunque no se pudieron aplicar fielmente los *Estatutos* salmantinos de Covarrubias, éstos sirvieron como modelo para delinear la formación académica de los primeros estudiantes universitarios novohispanos.[8]

Los *Estatutos* salmantinos de 1561 ordenaban cuidadosamente cada una de las lecturas que se tenían que hacer en las cuatro cátedras que existían en ese momento en la facultad de medicina. En ellos es posible apreciar cuatro líneas teóricas del saber médico de la época: una línea arabizante, que incluía la lectura de algunos libros de Razes y Avicena; otra hipocrática que se indicaba mediante los *Pronósticos*; una galénica que se leía en la cátedra de *Metodo*; y, al final, una vertiente moderna, que se dio mediante la inclusión de la obra anatómica de Andrés *Vesalio De Humanis Corporis Fabrica*.[9] Las disposiciones estatutarias de Covarrubias se redactaron en una época en que la medicina en España estaba pasando por una breve pero marcada influencia renacentista. En esa etapa, las traducciones de Galeno se hacían directamente de las fuentes originales en

---

8 Siguiendo a Enrique González González, los estatutos de 1580, redactados por el oidor y rector Pedro de Farfán, se elaboraron tomando en cuenta la precaria situación de la universidad. Se apunta que los textos estatutarios de la Real Universidad de 1580 y 1586 (éstos conocidos como estatutos de Moya de Contreras y que están perdidos actualmente) tuvieron como modelo el *corpus* estatutario de Covarrubias. Así "Farfán eliminó aquellos de Salamanca que juzgó superfluos para México". Enrique González González, "Pedro Moya de Contreras (Ha. 1525-1592), legislador de la Universidad de México", en VV. AA. *Doctores y escolares. II Congreso Internacional de Historia de la Universidades Hispánicas (Valencia 1995), Volumen I*, Valencia, Universitat de Valencia, 1998, pp. 206 y 212.

9 Véase Covarrubias. XIII.

diversas universidades europeas. Por ejemplo, en la Universidad de Alcalá se propuso leer a Hipócrates y Galeno de forma directa. De igual modo, el influjo del renovador movimiento anatómico, que se basaba en la observación directa del cuerpo humano, tuvo una breve aceptación en diversas universidades peninsulares. José María López Piñero ha recalcado que los estatutos de Covarrubias contenían la más exigente reglamentación de la enseñanza anatómica que se promulgó en la Europa del siglo XVI.[10] No obstante, el grupo de historiadores de la medicina de la Universidad del Tormes ha demostrado que dichas innovaciones anatómicas no tuvieron gran repercusión en esta institución, salvo por escasos años en la década de 1550.[11]

Por su parte, los contenidos de la cátedra de prima de México incluyeron principalmente las obras de Galeno y, en menor medida, pasajes de los textos de Hipócrates y Rhazes. Se debe considerar que la reglamentación de esta lectura en México estuvo delineada dentro del contexto de la política contrarreformista que inició la corona castellana a mediados del siglo

---

10 José María López Piñero, "La disección anatómica y la reforma vesaliana en la España del siglo XVI", en José María López Piñero, *Medicina moderna y sociedad española. Siglos XVI-XIX*, Valencia, Cátedra e Instituto de Historia de la Medicina. Cuadernos Valencianos de Historia de la Medicina y de la Ciencia, XIX, 1976, pp. 65-130.

11 Teresa Santander Rodríguez, a través de un trabajo bien fundamentado en los Libros de Claustros del archivo de la universidad salmantina, comprobó el recelo del claustro universitario a la creación de la cátedra de cirugía. La cirugía fue incorporada al currículo universitario salmantino en 1566 debido a una imposición real y no a una iniciativa de la propia institución. La autora destaca también que por esos mismos años la cátedra de anatomía se encontraba vacante y al ordenar el Claustro su restablecimiento, propuso que las disecciones se hicieran "en algún perro, o en algún cochino o en otro animal", lo que da pie para pensar en un alejamiento de las anatomías humanas. Teresa Santander Rodríguez, "La creación de la cátedra de Cirugía en la Universidad de Salamanca", en *Cuadernos de Historia de la Medicina IV*, Salamanca, Universidad de Salamanca, 1965, p. 203.

XVI. Una de las características principales de la Contrarreforma fue el rechazo a varias novedades que estaban surgiendo en otras partes de Europa bajo la justificación de salvaguardar la integridad católica. Es por ello que las lecturas de medicina en México se apegaron más a una línea galénica con un matiz arabizante, lo cual se adecuaba más al pensamiento neoescolástico hispánico postridentino.

Los saberes médicos del siglo XVI se conjuntaban en un *corpus* que se había conformado a través de varios siglos. En él se compilaban los textos de autores clásicos como Hipócrates, Galeno y Dioscórides, y tratados de médicos árabes como Avicena, Rhazes, Averroes, Albumasar, Alkindi, Alguarizmi, Haly Abbas, entre otros. Hasta el siglo XIII, el conocimiento médico se limitaba a los textos *Aphorismi, De regimini acutorum* y *Pronostica* de Hipócrates, *Tegni* de Galeno, el *Canon* de Avicena, el *Ysagoge* de Johannitius, y la *Fisica* de Aristóteles. Durante dicha centuria hubo una renovación conocida como *Nuevo Galeno,* en la que se incluyeron más de 30 libros de este autor, entre los que destacaron *De virtutibus naturalibus, De interioribus, De morbo et accidenti, De crisi, De creticis* y *De ingenio sanitatis.* También, gracias a las nuevas traducciones de esa época, se consolidó la incorporación del *Canon* de Avicena y de varios textos de autores árabes como Rhazes, Alkindi y Averroes.[12]

Durante el Renacimiento, especialmente en las universidades italianas y españolas, se enseñaban los principios generales de la medicina y la higiene, y se leían de manera específica los textos galénicos *De crisibus, De pulsibus* y *De diebus decretoriis.* De igual manera, el *Canon* de Avicena continuó siendo una pieza importante en la enseñanza de la medicina y más tarde se añadieron los libros galénicos *De febribus, De simplicium medicamen-*

---

12 Luis García, *Artifex factivus sanitatis. Saberes y ejercicio profesional de la medicina en la Europa pluricultural de la baja Edad Media,* Granada, Universidad de Granada, 2004, pp. 54 y 55.

torum facultatibus y *De locis affectis*. También se estudiaban las obras *Liber terapeutice*, o *Methodo Medendi, De virtutibus naturalibus, De accidenti et morbo, De crisi*, entre otras. De igual forma, en la Edad Media y en el Renacimiento se incorporaron manuales quirúrgicos y de anatomía como la *Chirugia magna* de Guido de Chauliac o la *Fabrica* de Vesalio.

El conjunto de obras y autores descrito en líneas precedentes estableció de alguna forma las bases de la enseñanza médica en la Nueva España, no obstante, se deben considerar otras variables al momento de analizar la cátedra de prima de medicina de la Real Universidad. En este sentido se debe analizar la trayectoria académica del primer catedrático de medicina y el contexto político novohispano de la segunda mitad del siglo XVI en el que se vio inmerso.

LA AMBIGUA FIGURA DEL CATEDRÁTICO DE MEDICINA JUAN DE LA FUENTE[13]

En el año de 1571, auspiciado por la política contrarreformista, se estableció el Real Tribunal del Santo Oficio en Nueva España. En mayo del siguiente año, el primer inquisidor, Pedro Moya de Contreras, avaló el nombramiento del doctor Juan de la Fuente como médico del tribunal.[14] Es decir, cuando De la Fuente fue designado catedrático de medicina en 1578, ya ocupaba el puesto de médico de la Santa Inquisición. Dicho nombramiento ha dado la pauta para especular que el médi-

---

13 Para conocer más de acerca la vida y trayectoria de Juan de la Fuente, se puede revisar el ya citado artículo de Gerardo Martínez Hernández, "Más allá de la primera cátedra..." Aquí sólo se va a hacer mención de sus tendencias intelectuales y algunas circunstancias políticas que le tocó enfrentar en la Nueva España.

14 AGN, Inquisición, vol. 63, f. 154.

co sevillano estaba apegado de forma estricta a los postulados tridentinos.

Se debe recordar que Moya de Contreras llegó a la Nueva España con la misión de imponer los lineamientos religiosos emanados del Concilio de Trento. De igual forma, el también arzobispo tenía en mente deslindar la jurisdicción eclesiástica y la civil y reorganizar el clero para permitir el avance de la iglesia secular.[15]

Los *Estatutos* de Farfán entraron en vigor dos años después de la fundación de la cátedra de medicina, por lo que es viable presuponer que el doctor Juan de la Fuente, como catedrático, redactó o avaló el contenido de su lectura en dichos *Estatutos.* Se señala también que muy probablemente el doctor de la Fuente también ayudó en lo referente a la cátedra de medicina en los estatutos de Moya, redactados seis años más tarde. Esta suposición es válida pues el médico sevillano y el arzobispo entablaron una notable amistad que fue más allá del mero nombramiento del doctor De la Fuente como médico del Santo Oficio. En 1586, en medio de la visita que Moya realizaba a la Real Universidad, éste intercedió para que al doctor de la Fuente se le concediera el grado de maestro en artes.[16]

Hasta aquí todo parece indicar que la primera cátedra de medicina del Nuevo Mundo se apegó a una política conservadora emanada del movimiento contrarreformista, sin embargo, las dudas surgen cuando se revisa la trayectoria académica del doctor De la Fuente, quién al parecer, se encontraba formado dentro de la vanguardia médica del Renacimiento.

---

15 La falta de obediencia a la autoridad eclesiástica hacía que los clérigos abusaran de sus prerrogativas, por lo cual, argüía Moya de Contreras, había "neçesidad de... de que el concilio tridentino se guarde y execute, y que poco a poco se vayan regulando las cossas conforme a él". Enrique González González, "Pedro Moya...", p. 198.

16 AGN, RU, vol. 6, ff. 89-91.

En el proceso de limpieza de sangre que le fue levantado a Juan de la Fuente en 1572 para validar su incorporación como médico a la Inquisición, el boticario Tomé López, declaró que don Antonio de la Fuente, padre del doctor De la Fuente, "enviava dineros [a su hijo] a Salamanca o Alcalá donde estudiava".[17] Al respecto se han buscado referencias que confirmen esta información, sin embargo, no se ha hallado ningún dato.[18] Juan de la Fuente probablemente estudió medicina entre los años de 1535 y 1544. Durante esa etapa los estudios de medicina en las universidades de Salamanca y Alcalá eran opuestos. Salamanca era una universidad de añeja tradición medieval, en donde se privilegiaban los estudios en leyes y cánones. Ahí la medicina era tenida en menor consideración y su enseñanza se mantenía muy apegada a la tradición escolástica que conservaba una línea arabizante heredada del Medioevo.[19] Por su parte, para esas fechas, Alcalá se había vuelto un referente de la cultura humanista de España. En esta universidad la enseñanza de la medicina tuvo una mejor aceptación y en ella se comenzó a pasar de los estudios avicenistas al galenismo humanista.[20]

---

17 AGN, Inquisición, vol. 63, f. 162.

18 Se han revisado las listas de graduados en Medicina que realizaron, para la Universidad de Salamanca, Teresa Santander y para la Universidad de Alcalá, Alonso Muñoyerro y no se encontró referencia respecto a los grados de Juan de la Fuente. María Teresa Santander, *Escolares médicos en Salamanca (Siglo XVI)*, Salamanca, Europa Artes Gráficas, 1984; Luis Alonso Muñoyerro, *La Facultad de Medicina en la Universidad de Alcalá de Henares*, Madrid, CSIC, Instituto Jerónimo Zurita, 1945.

19 Luis S. Granjel, "Los estudios de Medicina", en Manuel Fernández Álvarez (dir.), Laureano Robles Carcedo, Luis Enrique Rodríguez-San Pedro Bezares (coords.), *La Universidad de Salamanca II. Atmósfera intelectual y perspectivas de investigación*, Salamanca, Universidad de Salamanca, 1990, p. 98

20 José María López Piñero, "La Medicina", en José María López Piñero, (coord.), *Historia de la Ciencia y la Tecnología en la Corona de Castilla. Tomo III. Siglos XVI y XVII*, Salamanca, Junta de Castilla y León, Consejería de Educación y Cultura, 2002, p. 652.

Por lo anterior, la declaración del boticario Tomé López sobre la educación de Juan de la Fuente resulta bastante ambigua, no obstante, existe otro documento que ayuda a matizarla: una lista de libros que el médico llevó consigo a la Nueva España. La nómina de libros, fechada en diciembre de 1561, contiene 108 entradas, de las cuales 82 refieren a obras sobre medicina.

El contenido de esta biblioteca permite deducir que Juan de la Fuente era un médico formado dentro de la corriente humanista. Entre los autores de obras de medicina sobresalen los clásicos Galeno, Hipócrates, Celso, Dioscórides, los árabes Rhazes, Avicena y Mesue, los bizantinos Alexandro de Tralles, Aecio de Amida, Johannes Actuario y Paulo de Egina. De los autores contemporáneos destacan los nombres de los médicos de la universidad alcalaína: Cristóbal de Vega, Fernando de Mena y Francisco Vallés. Igualmente, destaca una *Anathomia de Vesalio*, la cual podría tratarse del *De humani corporis fabrica*. En el repertorio aparecen también nombres que corroboran el perfil humanista de Juan de la Fuente: Virgilio, Ovidio, Luciano, Cicerón entre los clásicos, y los de Erasmo, Vives, Nebrija, Servet entre los contemporáneos.[21]

Otro dato importante que aporta la biblioteca es el manejo que Juan de la Fuente tenía del idioma francés. La mayoría de los títulos se encuentran en latín, algunos pocos en castellano y, casi al final de la lista, se enumeran varios libros en francés.[22] Esta información hace suponer que tal vez De la Fuente estudió o hizo una estancia en Francia, quizá en Montepellier o en

---

21 La lista completa de libros del doctor Juan de la Fuente puede consultarse en Gerardo Martínez Hernández, "Limpieza de sangre del doctor Juan de la Fuente, primer catedrático de medicina de la Real Universidad de México (1572)", *Estudios de Historia Novohispana*, 50 (enero-junio 2014), pp. 175-211.

22 Gerardo Martínez Hernández, "Limpieza de sangre del doctor Juan de la Fuente..."

París, sin embargo, en la actualidad no hay prueba documental que certifique la presencia de Juan de la Fuente en alguna de estas dos universidades galas.

Hoy en día sólo se puede aseverar que Juan de la Fuente obtuvo los grados de licenciado y doctor en la Universidad de Sevilla en 1547,[23] cuya obtención se lograba solo mediante la superación de exámenes, es decir, que De la Fuente no se formó académicamente en dicha universidad. La enseñanza en facultad de medicina de Sevilla, según José Antonio Ollero Pina, era pobre, pues sólo había dos cátedras, y en sus aulas no hubo ningún movimiento de renovación importante.[24] A mediados del siglo XVI en la universidad sevillana se encontraban incorporadas figuras de la talla Nicolás Monardes, Alonso Díez Daza o Francisco Franco, quienes probablemente se hallaban en la ciudad andaluza más atraídos por las oportunidades comerciales y la clientela que por el prestigio de la universidad.

En cuanto al ejercicio médico que De la Fuente realizó en la Península Ibérica, otro testigo de su probanza de limpieza de sangre dijo haber oído que el doctor De la Fuente tuvo oficio en la Inquisición de Sevilla.[25] De igual forma existe la declaración del médico Pedro Maldonado, quien extravió su grado de doctor en un naufragio. Para reponerlo, ya en México, declaró que el doctor De la Fuente "fue el que presidió el acto que tuve en medicina y me dio el dicho grado de bachiller en Medicina". Acto que debió celebrarse hacia 1557 según la declaración de Maldonado.[26] Sin embargo, esta afirmación no se puede

---

23 Archivo Histórico de la Universidad de Sevilla (AHUS), Lib. 478, f. 63. Agradezco a José Antonio Ollero Pina esta referencia.

24 José Antonio Ollero Pina, *La Universidad de Sevilla en los siglos XVI y XVII*, Sevilla, Universidad de Sevilla, 1993, pp. 368-379

25 AGN, Inquisición, Vol. 63, f. 160.

26 Pedro de Maldonado declaró: "Yo pasé a estas partes, me perdí en la flota en que venía por general Pedro de Roelas, que se perdió en los jardines

confirmar debido a la falta de documentación. José Antonio Ollero Pina establece que el estado de las fuentes de archivo de la universidad sevillana no permite establecer una relación exacta de los catedráticos de la facultad de medicina anteriores a 1621.[27]

LA PRÁCTICA ANATÓMICA NOVOHISPANA EN LA ENCRUCIJADA RENACENTISTA

Posiblemente, el doctor Juan de la Fuente coincidió por primera vez con el cirujano conquense Alonso López de Hinojosos durante esa estancia en Sevilla. Según un testimonio del propio médico, hecho en 1578 en el permiso de impresión a la obra *Suma y recopilación de cirugía* de López de Hinojosos dijo: "hace muchos años que he visto curar y experimentar al maestre Alonso en su arte de cirugía en España y en esta dicha ciudad [de México]".[28]

La relación profesional que tuvieron el doctor De la Fuente y el cirujano López de Hinojosos no puede pasarse por alto, si

---

de la isla de Cuba, donde yo me perdí con todo lo que traía y juntamente perdimos títulos y libros, y asimismo en la flota que presente va a los reynos de Castilla, en la nao en que era maestro un fulano que era noruego, se me perdió otro duplicado de los dichos títulos que me traía de la dicha ciudad de Sevilla, y porque yo quería en esta universidad repetir y entrar en examen de licenciado en dicha facultad de medicina. Pido y suplico a vuestra merced, mande recibir juramento del doctor Juan de la Fuente, que fue el que presidió el acto que tuve en medicina. Guillermo S. Fernández de Recas, *Real y Pontificia Universidad de México. Medicina, nómina de bachilleres, licenciados y doctores 1607-1780 y guía de méritos y servicios 1763-1828. Documentos en el Archivo General de la Nación*, México, UNAM, 1960, pp. 59-60.

27 José Antonio Ollero Pina, *La Universidad...*

28 Alonso López de Hinojosos, *Suma y recopilación de Cirugía con un arte para sangrar muy útil y provechosa*, México, Academia Nacional de Medicina. Colección La Historia de la Medicina en México, 1977, p. 74.

se tiene en cuenta la transformación que por esos años estaba experimentando la práctica y docencia anatómica en las universidades italianas y españolas. A mediados del siglo XVI comenzó una importante renovación en el campo de la anatomía humana. En 1543 se publicó el tratado *De humani coporis fabrica* de Andrés Vesalio. La importancia de este texto residía en que los conocimientos anatómicos que en él se exponían estaban basados en la observación directa del cuerpo humano. Vesalio había tenido una destacada formación humanista en Lovaina y París. Desde su estancia parisina Vesalio mostró un gran interés por el conocimiento de la anatomía y la fisiología humana. Lejos de conformarse con las enseñanzas que se exponían en el *De usu partium* de Galeno, Vesalio se dedicó a realizar una gran cantidad de disecciones en cadáveres humanos con sus propias manos. Este hecho le valió la condena de varios colegas, pues en la época todavía no se superaba el dogma medieval de que un médico no debía ensuciarse tocando un inerte cuerpo humano, trabajo que hasta entonces era realizado comúnmente por los "indoctos" cirujanos. El trabajo anatómico de Vesalio tuvo una importante repercusión dentro de los círculos médicos hispánicos. A las lecciones que implementó más tarde en 1537 en la Universidad de Padua asistieron un par de alumnos valencianos, quienes posteriormente aplicaron el innovador método de su maestro en los anfiteatros universitarios españoles. Pedro Jimeno y Luis Collado -los nombres de estos médicos discípulos de Vesalio- fueron designados catedráticos de anatomía en la Universidad de Valencia. Jimeno comenzó a leer dicha cátedra en 1547 y tres años después pasó a leer la misma cátedra en Alcalá. La vacante dejada por éste en Valencia fue cubierta por Collado. Posteriormente, en 1551, Cosme de Medina, discípulo de Collado llegó a la leer anatomía a la Universidad de Salamanca. Ahí, Medina tuvo como discípulo al catalán Francisco Micó, quien después fue a herborizar y a practicar la disección anatómica humana al monasterio extremeño de Guadalupe, lugar en el que coincidió a finales de la década de 1550 con el doctor Francisco Hernández, visitador científico y Protomédico general de Indias, cuya permanencia en el virreinato novohispano está datada entre los años de 1571 y 1577.[29] Por lo anterior, puede afirmarse que la influencia anatómica vesaliana llegó a tener una breve resonancia más allá del Atlántico cuando Hernández arribó a tierras novohispanas. De igual forma, ya se ha mencionado que Juan de la Fuente estaba familiarizado con la obra de Andrés Vesalio, tal como quedó registrado en la carga de libros que trajo consigo de España. Esta influencia de la anatomía vesaliana en las universidades hispánicas quedó reflejada en el ya mencionado *corpus* estatutario salmantino de 1561, el cual estipulaba que en caso de no poderse realizar las disecciones docentes se "vaya mostrando en las stampas y figuras de Besalio, para que se entienda lo que se va leyendo".[30]

En este contexto de renovación de los estudios anatómicos se tiene que revisar la probable participación que tuvo el doctor Juan de la Fuente en las autopsias realizadas en 1576 durante la epidemia de *cocoliztli.* El dominico fray Agustín Dávila Padilla comentó al respecto:

> El año de setenta y seys (que fue la gran peste) tuvo curiosidad digna de muchas letras el doctor Ioan de la Fuente cathedrático de medicina en la Universidad Real de México, y no contentándose con su advertencia, ni satisfaciéndose de que ha mas de quarenta años que es doctor, y casi cinquenta que es famoso médico: llamó a otros de ciencia y experiencia, en cuya presencia hizo anatomía de un indio en el Hospital Real de México.[31]

---

29 Gerardo Martínez Hernández, "La práctica y la enseñanza de la medicina en la Real Universidad de México, siglos XVI y XVII", *Studia Historica: Historia Moderna*, 42, 1 (2020), pp. 293 y ss.

30 Enrique Esperabé Arteaga, *Historia pragmática e interna de la Universidad de Salamanca...*, p. 261.

31 Agustín Dávila Padilla, *Historia de la fundación y discurso de la provincia de Santiago de México, de la orden de los predicadores. Por la vida de sus insignes varones*

La noticia que revela Dávila Padilla sobre la realización de una "anatomía de un indio" no debe verse como un hecho circunstancial derivado de la epidemia de 1576. Si se atienden los entornos académicos y profesionales en los que se formaron y educaron los médicos y cirujanos que realizaron las autopsias en aquel año puede apreciarse la influencia de la renovadora corriente anatómica iniciada unas décadas atrás por Andrés Vesalio. Ya se ha dicho que De la Fuente leía al anatomista flamenco y que Francisco Hernández trabajó al lado de Francisco Micó, discípulo de Cosme de Medina, en el monasterio de Guadalupe, en donde juntos se dedicaron a la herborización y a la disección.[32] Asimismo, se puede notar que el trabajo de

---

y casos notables de Nueva España, Bruselas, en casa de Iván Meerbeque, 1625, f. 101. Somolinos D'Ardois supuso falso el señalamiento de Dávila Padilla a Juan de la Fuente como participante en las autopsias de 1576. Su argumento fue que las anatomías que se hicieron en el Hospital de Naturales fueron promovidas por Francisco Hernández y llevadas a cabo por Alonso López de Hinojosos. Por lo tanto, según el historiador hispano-mexicano, el cronista dominico, quien escribió su obra a finales del siglo XVI, no conoció a fondo el trabajo de Hernández, y López de Hinojosos no figuraba para él porque era un simple cirujano. Sin embargo, concluye Somolinos, Dávila Padilla conocía personalmente a Juan de la Fuente, quien a finales del siglo XVI era el flamante catedrático de prima de medicina de la Real Universidad de México y, por lo tanto, el cronista consideró que él era el único personaje digno y capaz de haber realizado las citadas prácticas anatómicas en 1576. Germán Somolinos D'Ardois, *Capítulos de historia médica mexicana. Relación alfabética de los profesionistas médicos, o en conexión con la medicina, que practicaron en territorio mexicano (1521-1618) (III)*, México, Sociedad Mexicana de Historia de la Medicina, 1980, p. 229.

32 Hernández llevó a cabo la primera visita científica al Nuevo Mundo, en específico a la Nueva España entre los años de 1571 y 1577. Un año antes de su vuelta a la Península Ibérica le tocó vivir de cerca la epidemia de cocoliztli. Entonces, junto con el cirujano Alonso López de Hinojosos, realizó en el Hospital Real de Naturales una serie de anatomías con la finalidad de hallar una explicación a la enfermedad que estaba diezmando severamente a la población indígena. También hay que recalcar que Hernández estudió en Alcalá -universidad que adoptó las demostraciones anatómicas humanas como método de enseñanza- y posteriormente hizo una estancia en el hospital

los cirujanos, como el que realizaba Alonso López de Hinojosos, a mediados del siglo XVI, comenzaba a tener una notable transformación, pues varios cirujanos con formación universitaria habían empezado a desplazar el saber bajomedieval de la enseñanza y práctica quirúrgicas para dar paso a la explicación de la anatomía, lo cual reflejaba el propósito de fundamentar la cirugía en los saberes morfológicos derivados de la renovación vesaliana.[33]

A mediados del siglo XVI la anatomía fue impuesta como una disciplina obligatoria en algunas universidades hispánicas, sin embargo, esto no implicaba que los catedráticos hicieran las demostraciones anatómicas con sus propias manos. En la Real Universidad de México se estableció una cátedra de anatomía hasta el año de 1621, lo cual no quiere decir que médicos y estudiantes de medicina no realizaran o presenciaran de forma frecuente prácticas anatómicas. Se tienen noticias que desde la primera mitad del siglo XVI las autopsias en diversos hospitales, e incluso en lugares públicos, de la Nueva España fueron comunes.[34] Quizá Juan de la Fuente, todavía a la usanza medieval, solo dirigió la autopsia que Dávila Padilla le atribuyó y fue López de Hinojosos quien en realidad la llevó a cabo. Durante la Edad Moderna todavía era muy común que los médicos se apoyaran en los cirujanos para hacer las disecciones. Lo anterior da pie a preguntarse si la relación profesional que tuvieron Juan de la Fuente y Alonso López de Hinojosos hizo del Hospital Real de Indios de la Ciudad de México

---

extremeño de Guadalupe, lugar que también destacó como un centro importante de la renovación anatómica española de mediados del siglo XVI. En dicho lugar coincidió con el médico y anatomista catalán Francisco Micó, quien también fue uno de los fieles seguidores de la docencia anatómica basada en las disecciones humanas emanadas del movimiento vesaliano.

33 José María López Piñero, *Ciencia y técnica en la sociedad española de los siglos XVI y XVII*, Barcelona, Labor Universitaria, 1979, p. 360.

34 Gerardo Martínez Hernández, "La práctica y la enseñanza...".

un centro de demostraciones anatómicas no oficial durante el siglo XVI, en el que posiblemente se realizaban ejercicios que combinaban la práctica escolástica de la disección y las nuevas tendencias anatómicas basadas en la curiosidad y observación que predicaban las ideas renacentistas.

* * *

La apertura de la primera cátedra de medicina en la Real Universidad ha funcionado como un tópico fundacional para la historiografía tradicional de la medicina mexicana, de tal forma que este simple dato ha satisfecho la típica curiosidad erudita de varios médicos e historiadores. Por lo tanto, se han seguido sosteniendo lugares comunes como el de que lo asentado en los estatutos de la Real Universidad era lo que fielmente se enseñaba en las aulas. Sin embargo, se ha visto, esta perspectiva puede cambiar si se toman en cuenta otras variables como los orígenes y funcionamiento de la Real Universidad, la formación y trayectoria de su primer catedrático y el ambiente novohispano de la segunda mitad del siglo XVI.

Primero, se debe considerar que las circunstancias en las que se instauró la cátedra de prima de medicina en México no permitieron un apego estricto a los dictados de la normatividad salmantina. En ese momento Salamanca era una universidad centenaria y sus estudios se hallaban ya bien consolidados. En tanto, inmediatamente después de su apertura la Real Universidad de México luchaba por subsistir. Los intereses políticos y sociales que llevaron a su instauración no consideraron el inmediato establecimiento de una cátedra de medicina. Los primeros *corpus* estatutarios elaborados *ex profeso* para la realidad del naciente estudio tomaron en cuenta su precaria situación y señalaron la imposibilidad de ajustarse tajantemente a los estatutos de Salamanca. No obstante, la Universidad del Tormes no dejó de ser el modelo a seguir para la Real Universidad de México, por lo que la inicial normatividad mexicana tomó en cuenta los entonces vigentes estatutos de Salamanca de 1561 para regular su vida interna. Así, es posible ver que, aunque no se pudo implementar lo que se enseñaba en las cátedras de medicina salmantinas, sí se hizo un sumario de sus contenidos para que se leyeran en la única cátedra que había al otro lado del Atlántico.

Por otra parte, la figura del primer catedrático de medicina Juan de la Fuente todavía es un tema que no se ha podido esclarecer. Acorde a la documentación conservada no se puede asentar con certeza en qué universidad cursó sus estudios de medicina. Esta cuestión actualmente no es fácil de resolver, puesto que la reconstrucción de su trayectoria académica resulta discordante, lo cual, no significa que sea incoherente. La segunda mitad del siglo XVI español estuvo marcada por las contradicciones doctrinales, religiosas y académicas, que imprimieron los movimientos de Reforma y Contrarreforma. La única certeza que existe sobre la formación académica de Juan de la Fuente son sus grados de licenciado y doctor en Sevilla.

A pesar de la carencia de un documento que lo corrobore, se puede afirmar que Juan de la Fuente tuvo una educación acorde a la vanguardia médica de la época. De la Fuente llegó a la Nueva España en 1562 con una notable biblioteca que lo define como un humanista nato, pero al convertirse en catedrático de medicina de la Real Universidad parece que tuvo que adherirse a la ortodoxia tridentina traída a la Nueva España por Pedro Moya de Contreras, arzobispo, inquisidor y su amigo personal.

Es probable que Juan de la Fuente haya intervenido, como único catedrático de medicina, en la redacción de las disposiciones estatutarias sobre los contenidos de su cátedra. En el análisis de las lecciones universitarias de medicina se puede observar que éstas se apegaron a un galenismo arabizado, y la parte dedicada a la anatomía se basaba totalmente en las teorías del médico de Pérgamo.

Las contradicciones que convergen en Juan de la Fuente lo muestran como un hombre de su tiempo. En su figura se produjo una de las tantas paradojas que abundan en la ciencia española del Renacimiento, pues siendo un médico formado dentro las corrientes renovadoras de la medicina se vio obligado, por las circunstancias, a enseñar una medicina de tipo tradicional, apegado a un método medieval, en una universidad fundada al otro lado del Atlántico.

Capítulo 4

LAS UNIVERSIDADES DE MEXICO Y SAN MARCOS EN 1554 ¿AUTONOMÍA REAL?

ANABELL ROMO GONZÁLEZ
(Universidad Nacional Autónoma de México)

En la historia de la universidad la cuestión de la autonomía ha sido un tema central, su historia se remonta a sus orígenes medievales. El presente trabajo tiene como objeto abordar la cuestión de la autonomía en las universidades de México y San Marcos.[1] Como sostienen Armando Pavón y Clara Ramírez "es un elemento que se encuentra en la fibra propia de la institución universitaria".[2] Este elemento que se encuentra en la estructura misma de la institución, ha resuelto la tensión entre la universidad y los diferentes poderes políticos con los que se ha relacionado a lo largo de la historia.

---

1 Las siguientes líneas forman parte de la investigación doctoral que he venido realizando en el Programa de Posgrado en Estudios Latinoamericanos de la Universidad Nacional Autónoma de México. El título tiene un pequeño error, debía estar anotada la fecha "1551", por ser el año de emisión de las cédulas de fundación de las universidades de Lima y México, sin embargo, el año 1554 que aparece no se corregirá ya que nos permitirá referir y entender algunas cuestiones que quisiera compartirles en las siguientes líneas en torno a la autonomía de estos estudios generales.

2 Armando Pavón y Clara Ramírez, "La autonomía universitaria, una historia de siglos", en *Revista Iberoamericana de Educación Superior*, vol. I, nº 1 (2010), pp. 157-161, p. 157.

Entendida como la búsqueda de espacios de libertad en diferentes ámbitos, la autonomía ha sido fundamental para entender el proceso de conformación de las universidades desde la edad media y la modernidad hasta nuestros días. Los espacios que permitían cultivar con libertad el conocimiento se crearon gracias a la interacción entre los distintos sectores, que interactuaban con los estudios generales en la época moderna, por ejemplo, las ciudades y las universidades que se establecieron en América no fueron la excepción.

Me propongo vincular dos dimensiones del proceso de conquista y colonización hispano en América, la ciudad y la universidad. Estas dos caras del proceso me han ayudado a visibilizar espacios libres, no sólo para el cultivo del saber sino también para el ejercicio civil y político, por ejemplo, el de los vecinos de las ciudades en el siglo XVI. Esta temática es interesante pensarla y reflexionarla (pocas veces han sido tratadas) de manera paralela y complementaria, ya que las universidades coloniales han sido, en tanto que instituciones activamente involucradas en la condición y en la marcha de las diversas provincias del imperio, pieza fundamental del proceso del establecimiento del orden hispano en América.

Para vincular a la ciudad y a la universidad de mediados del siglo XVI en México y Lima nos referiremos primero a sus antecedentes medievales y modernos. A partir del año 1000, momento de renacimiento de las ciudades y del fenómeno urbano, a partir del desarrollo de grupos sociales de tipo mercantil y artesano, se constituye una sociedad particular que se compone de mercaderes viajeros y personas asentadas permanentemente en estos centros urbanos donde el tráfico mercantil se desarrolla. En un mismo espacio se establecen todas las personas necesarias para el desenvolvimiento de estos nuevos negocios: artesanos, zapateros, herreros, armadores de barcos, constructores de aparejos, de barriles, de embalajes diversos.[3] E incluso también la ciudad va atrayendo un número considerable de personas del medio rural que encuentran un oficio y una ocupación. Este nuevo sector social necesita de libertad de acción para el desarrollo de sus negocios y operaciones comerciales y tratan de obtenerlo dentro del orden establecido. Esta área de libertad en medio del mundo rural circundante se apoya en el desenvolvimiento jurídico mediante las cartas puebla, fueros y otras prerrogativas, entre otros instrumentos legales de los que gozaron los ayuntamientos. De esa forma se empiezan a organizar de manera autónoma los municipios electivos, colectivos y con capacidad de justicia. Esta vida urbana trajo consigo cambios en la legislación como la creación de leyes para el buen orden de la vida ciudadana. Al estar en un espacio alejado del campo es necesario que la ciudad contara con un almacén de trigo y de alimentos, con el fin de apaciguar a los habitantes y evitar motines, así mismo la salud es un tema importante en las discusiones municipales ya que es necesario mantener un control de las epidemias, por lo que se establecen instituciones como el protomedicato, para el tema de la salud de los vecinos. También se estableció un sistema de contribuciones voluntarias para atender las necesidades de la comunidad. En ese contexto de nuevas dinámicas urbanas surgen también nuevas formas de relaciones entre distintos sectores de la sociedad medieval, por ejemplo, aquellos que, como Abelardo, profesor de filosofía del siglo XI, venden su ciencia, y necesitan estudiantes y discípulos a quiénes enseñar[4]. Las ciudades, entonces, fueron el teatro en el que se desenvolvían

---

3 Fernando Chueca Goitia, *Breve Historia del Urbanismo,* Madrid, Alianza, 1989, (Sección: Ciencia y Técnica), p. 91.

4 *Cartas de Abelrdo y Heloísa. Historia Calamitatum. Precedido de En favor de Heloísa por Carme Riera,* quinta edición de José J. de Olañeta, prólogo de Paul Zumthor, traducción de Cristina Peri-Rossi, Barcelona, Medievalia, 2001.

las universidades, el mundo urbano, ese nuevo mundo de la dinámica artesana y comercial albergó a los estudios generales.[5] Surgen así las ciudades universitarias. En ese sentido la Revolución urbana del siglo XI permitió que la ciudad adquiriera una personalidad legal y jurídica propia, independiente y autónoma, en la que se establecieron nuevas instituciones, entre ellas la universidad, es decir, los gremios de profesores y escolares.

LA AUTONOMÍA Y LA UNIVERSIDAD MEDIEVAL Y MODERNA

Las formas de organización de los municipios, electivas y colectivas, fueron tomadas por los gremios de artesanos y diversos oficios, al igual que los de profesores y escolares, fue un fenómeno simultáneo. A su vez estos entes autónomos que mantuvieron un gobierno y una estructura corporativa pedían a una autoridad superior, por ejemplo, el papa, el emperador, o un señor feudal, protección y resguardo. Con la consolidación de las monarquías modernas las universidades sufrieron varios procesos, por un lado, crecieron gracias a que los monarcas contribuían con el pago de nuevas cátedras o con la construcción de nuevos edificios, pero también resintieron las pretensiones reales de control sobre ellas. La universidad entonces dejó de ser una alternativa para la creatividad, privilegiando la autoridad real.[6]

La autonomía, concepto entendido como el espacio para cultivar con libertad el conocimiento, ha estado presente,

---

5 Enrique González González, *El poder de las letras. Por una historia social de las universidades de la América hispana en el periodo colonial*, con la colaboración de Víctor Gutiérrez Rodríguez, México, UNAM-BUAP-UAM-EyC, 2017, p. 214.

6 Armando Pavón y Clara Ramírez, "La autonomía universitaria, una historia de siglos"..., p. 159.

como se dijo líneas arriba, en los orígenes de la institución. Como ejemplo se tienen las problemáticas sociales e institucionales que se suscitaron en los procesos de formación de las universidades de Bolonia y París, en el siglo XI, para contar con un espacio de libertad para dedicar al estudio, sin tantas interferencias de los poderes civiles y eclesiásticos. Las circunstancias sociales e institucionales de Bolonia y París obligaron a estudiantes y profesores a agremiarse, con el objetivo de defender un espacio de libertad para el cultivo de la ciencia[7].

La universidad de París nació como resultado de la búsqueda de un espacio de autonomía gracias a la capacidad de organización de los maestros y al apoyo del papado.[8] Los profesores agremiados en una universitas pidieron protección al papa para hacer frente al maestrescuela quien quería imponerles un juramento de obediencia para la concesión de los permisos de enseñanza, la *licencia docendi.* En el caso de Bolonia, los espacios de autonomía que se ganaron, frente a la comuna, al gobierno de la ciudad y frente a los profesores fueron gracias al haberse reunido en un gremio, una *universitas* de escolares.

En el siglo XI, en París, surgieron profesores dedicados a la filosofía, así se constituye un espacio urbano que albergaba otro sector social, el de los intelectuales, como lo menciona Rashdall, París se constituyó como la primera ciudad de maestros que se agremiaron y formaron una *universitas.* La *inceptio,* les facilitó la agremiación, mediante esta ceremonia de tradición romana, los profesores admitían en su seno a un nuevo colega, reconociéndolo como uno de los suyos y permitiéndole

---

7 Armando Pavón y Clara Ramírez "La autonomía universitaria en las épocas medieval y moderna" en *La autonomía universitaria en México. Estudios de caso,* San Luis Potosí, México, Instituto de Investigaciones sobre la Universidad y la Educación en colaboración con Universidad Autónoma de San Luis Potosí/ ITACA, 2018, p. 18.

8 Armando Pavón y Clara Ramírez, "La autonomía universitaria en las épocas medieval y moderna"..., p. 8.

la participación en disputas y actos académicos. Esta ceremonia fue un instrumento de lucha contra el maestrescuela parisino, si no podían controlar la expedición de la *licencia docendi*, por lo menos controlaban el ingreso, y la admisión de nuevos colegas, es decir, con quiénes disputaban. La *inceptio* constituía un ámbito de autonomía, era algo que controlaban los propios profesores. Agrupados en una *universitas*, los profesores decidieron pedir protección al papa, y éste concedió en 1179, que el maestrescuela debía otorgar de manera gratuita la *licencia docendi*, sin embargo, el maestrescuela no tomó muy en serio lo dicho por el papa y se suscitaron nuevas quejas, y fue así que en 1212 se le prohibió al maestrescuela parisino solicitar juramento de obediencia a los maestros y también le ordenaba conceder la *licencia docendi* a los profesores aprobados por las facultades y prohibía ejercer jurisdicción sobre los escolares. Para 1215 el cardenal Robert de Courçon confirmó los estatutos de la *universitas* y en 1231 el papa Gregorio IX concedió pleno reconocimiento a la universidad mediante la bula *Pares Scietiarum*[9]. Este documento, según Tamayo y otros autores es considerado como el instrumento definitivo por el cual los maestros y escolares aseguran su autonomía.[10] Con esta bula el papa limitaba la actuación del maestrescuela y reconocía la capacidad de la universidad para certificar la formación de sus maestros. Transfería a la universidad la evaluación de los candidatos a docentes.

Casi al mismo tiempo, a mediados del siglo XI, se juntaron en Bolonia, al norte de Italia, un número considerable de juristas que atrajo a un gran número de estudiantes de distintos

---

9 Armando Pavón y Clara Ramírez, "La autonomía universitaria en las épocas medieval y moderna"..., pp. 5 y 6.

10 Armando Pavón y Clara Ramírez, "La autonomía universitaria en las épocas medieval y moderna"..., pp. 7 y 8.

lugares de Europa que querían aprender leyes.[11] Fue un movimiento espontáneo de jóvenes deseosos de reunirse alrededor de aquellos profesores que enseñaban su ciencia. Su arreglo era de manera privada, los profesores enseñaban a los estudiantes a cambio de un pago. Sin embargo, la vida cotidiana no era fácil para los jóvenes extranjeros, ya que las leyes locales defendían a los boloñeses, pero dejaban desprotegidos a los estudiantes extranjeros. Éstos se enfrentaron a problemáticas con los vecinos locales por los alimentos y los alquileres, ya que los vecinos de la ciudad subían los precios de ambos rubros y nada podían hacer los estudiantes fuereños ante la situación. Por lo que a principios del siglo XII comenzaron a formarse las primeras hermandades, gremios o "*universitates*" de estudiantes. Estas *universitates* de escolares extranjeros buscaron la protección del emperador Federico Barbarroja, quien concedió en 1155 la *Authentica Habita* y en 1158 el *privilegium Scholarum* clerical.[12] Gracias a estos documentos, y también a las *cessatio*, retiradas de la ciudad de alumnos y profesores, el gobierno de la ciudad, la comuna, comprendió el peso económico de los estudiantes, por lo que arregló con los profesores darles un salario fijo para que no salieran de la ciudad. Tras muchos momentos de tensión entre los escolares y los miembros del poder local de Bolonia la universidad fue ganando espacios, la ciudad cedió rentas para la *universitas* de escolares y trato fiscal razonable para ellos, y aunque no pudo obtener un juramento estudiantil de arraigo en la ciudad, debido a que la corporación de los estudiantes era un gremio fortalecido que extendió su fuerza sobre el control de los estudios e incluso sobre los profesores, las relaciones se mantuvieron sin tanta tensión. A mediados del siglo XIII la universidad de Bolonia, un gremio

---

11 Armando Pavón y Clara Ramírez, "La autonomía universitaria en las épocas medieval y moderna"..., p. 3.

12 Armando Pavón y Clara Ramírez, "La autonomía universitaria en las épocas medieval y moderna"..., pp. 4 y 5.

de estudiantes había logrado un espacio de autonomía frente a la comuna y frente a sus profesores.

Ya para el siglo XIV las monarquías modernas hicieron lo posible por reducir los espacios autónomos en favor de una mayor centralización del poder. Este fenómeno generó que se redefiniera la autonomía no sólo universitaria, sino también en otros ámbitos como las ciudades. Los reyes católicos fueron los primeros reyes en Europa que concentraron el poder, e implementaron estrategias para eliminar a los poderes locales, por ejemplo, los gobiernos municipales comunales. En las ciudades introducen a los corregidores, jueces reales, como representantes del rey en las ciudades, están por encima del ayuntamiento con el interés de interferir en la autonomía de las ciudades.

Un ejemplo de este proceso de centralización fue el propio mundo americano y la política de poblamiento hispana que desarrolló la corona de Castilla en las Indias Occidentales. La conquista de América fue un fenómeno peculiar, fue una empresa particular que reconoció la autoridad de la corona, autoridad que les permitía una amplia gama de privilegios e impedía la entrada a la conquista de franceses e ingleses. Los conquistadores son muy autónomos en ese momento, sin embargo, hay una gran tensión entre autonomía y subordinación en la primera mitad del siglo XVI. Veamos los casos de México y Perú.

LAS CIUDADES DE MÉXICO Y LOS REYES DE LIMA Y ESTABLECIMIENTO DE SUS CABILDOS

Para ejercer el control del vasto territorio de las Indias Occidentales, los reyes católicos organizaron de una manera muy eficiente el control de la mano de obra indígena a través de la encomienda, así como la administración de la justicia mediante las audiencias, con eso lograron el control de los conquistadores.

El encomendero no tuvo la posesión de la tierra, esa pertenece al rey, únicamente el encomendero cuenta con el trabajo de los nativos. Por eso el mundo nuevo es un mundo moderno, es una conquista moderna, ya que en las manos de la corona se encuentran esos dos elementos fundamentales de las monarquías absolutas, la justicia y la tierra. En el caso de México, únicamente Hernán Cortés llegó a tener jurisdicción en el marquesado del Valle. Como la tierra estaba en manos de la corona, los conquistadores pidieron la perpetuidad de la encomienda, sin embargo, con las leyes Nuevas de 1542, se prohibió la perpetuidad de las encomiendas y heredarlas a más de dos vidas. Con las leyes nuevas se les quitan los privilegios a los conquistadores, las tensiones entre la autonomía de los conquistadores y la política de centralización del poder de los territorios de ultramar están efervescentes. En ese sentido el municipio es una de las instituciones más importantes en la historia del mundo americano, ya que el municipio, ayuntamiento o cabildo es la forma mediante la cual los conquistadores organizan el gobierno y la administración de la ciudad, a través de las ordenanzas concejiles del municipio, ordenamiento municipal nacido del protagonismo de los vecinos, aunado a dos fenómenos que permitieron la construcción política de la urbe, por un lado la dispersión de las poblaciones y por otro la gran autonomía que la corona se ve obligada a reconocer por la distancia entre los centros de poder y los súbditos americanos.[13] Tal como menciona López Villalba "el municipio americano muestra la interesante condición de ser

---

[13] José Miguel López Villalba, "Los Fueros y ordenanzas medievales: embrión del gobierno de los cabildos coloniales hispanoamericanos" en *Historia. Instituciones. Documentos* nº. 33. Sevilla, Universidad de Sevilla, (2006), pp. 339-363, p. 350.

realengo" es decir sustentado por la ley reconocida por la corona[14].

En ese sentido, la traza de las ciudades, de forma dameril, con sus calles trazadas a cordel y regla, sus plazas mayores amplias y regulares, fue resultado no solo de la practicidad y facilidad del manejo del terreno, sino de esa autonomía y poder de los cabildos. El modelo que incluía los edificios públicos, la catedral, la audiencia, el palacio de gobierno y el espacio comercial están en el centro, en medio de la plaza mayor. Esta plaza es el elemento de la dimensión política de la ciudad. La plaza concentra la organización funcional de los ciudadanos. La calle trazada a cordel y regla representa el orden o ley general que se supedita al capricho o la voluntad individual. La ciudad es así un espacio en el cual se condensa la tradición social y donde las posibilidades de continuo intercambio elevan a un alto potencial las actividades humanas[15]. La primera ciudad trazada con rigor y concepto geométrico fue Santo Domingo, fundada en 1496. Después el modelo esbozado en un plano trazado a cordel fue el más socorrido en la empresa urbanística hispana en América. [16] Para los vecinos de una ciudad exteriorizada el verdadero hábitat es el exterior, la calle, ámbito de la vida política.

Poco a poco, el poder real se va imponiendo, en las ciudades introduce al corregidor, juez real, que es el representante del rey en las ciudades, con el fin de mermar la autonomía de las ciudades, sin embargo, no se eliminan por completo los espacios autónomos que se gestaron en las guerras de conquista, por el contrario, un ejercicio de dar y recibir, y de pactar política y estratégicamente con los poderes locales. La corona castellana hace un trabajo político que le permite consolidar su soberanía.

---

14 José Miguel López Villalba, "Los Fueros y ordenanzas medievales: embrión del gobierno de los cabildos coloniales hispanoamericanos"... p. 352.

15 Chueca Goitia, *Breve historia del urbanismo...*, p. 19.

16 Chueca Goitia, *Breve historia del urbanismo...*, p. 120.

Las ciudades de México y Los Reyes de Lima son ejemplos de ese proceso, fueron las capitales de los dos virreinatos más vastos e importantes del mundo hispánico en América, y en cada una, como señala Enrique González, se ensayó consolidar una una universidad de carácter real.[17] La ciudad de México, tomada el 13 de agosto de 1521, vivió momentos de caos, conflictos y rivalidades entre conquistadores, sin embargo, el pronto arribo de instituciones reales, como la primera Audiencia, en 1528, acotaron el poder de los conquistadores, poder que habían alcanzado por medio de las encomiendas y de los cabildos. Cortés, fue privado de su gobernación en 1526, y aunque en Castilla recobró la capitanía general no pudo recobrar la gobernación, al regresar a México tanto la audiencia como el virrey, cargo que había sido designado por primera vez a Antonio de Mendoza en 1535, lo mantenían vigilado. En México, las Leyes Nuevas se sortearon sin ningún contratiempo mayor, el virrey ofrecía a los conquistadores, ahora vecinos, atenuar los problemas de la abolición de la perpetuidad de las encomiendas. El virrey Don Luis de Velasco, sucesor de Mendoza, también logró otros 15 años de estabilidad, afirmando cada vez con mayor firmeza el poder real.

A su vez, la conquista espiritual estuvo, primero, a cargo de las ordenes mendicantes, franciscanos, dominicos y agustinos, y con el fin de contenerlas, la corona mandó a los primeros obispos, el de México en 1528, con lo que la corona buscaba afianzar su patronato eclesiástico.[18] Para ese momento la ciudad de México empezaba a erigirse como la capital del virreinato de la Nueva España.[19] A principios de 1524, Francisco Pizarro, quien había sido ya Teniente de Gobernador, Visita-

---

17 Enrique González, *El poder de las letras...*, p. 215.

18 Enrique González, *El poder de las letras...*, p. 223.

19 Antonio Rubial, *La plaza el palacio y el convento*, México, CONACULTA, 1998.

dor, Capitán, Regidor y Alcalde de Panamá,[20] formó junto con Diego de Almagro y Hernando de Luque, una sociedad que financiaría la jornada a las tierras del sur que empezaban a llamar Perú, y que posteriormente fueron también conocidas como Nueva Castilla. Fundaron a la usanza española Cusco, el gran centro del Tahuantisuyo, como cabeza de la corona Castellana, sin embargo, poco tiempo duró esta ciudad como capital española ya que Pizarro y sus huestes se encontraron con un territorio a pie de costa que les brindaría mejores condiciones, en Pachacamac fundaron la Ciudad de los Reyes de Lima en 1535, con los miembros del cabildo de Jauja, otra fundación urbana, y los de Cusco.

Sin embargo, hacia 1537, estallaron las guerras civiles entre Diego de Almagro y sus seguidores, y Francisco Pizarro y los suyos. Almagro, furioso porque Pizarro no consiguió el adelantamiento para él, y tampoco el obispado para Luque, iniciaron las rencillas entre los tres socios. Enrique González hace una narración muy puntual de lo acontecido: "Almagro fue asesinado en 1538; Pizarro en 1541. Las pugnas internas se mezclaron con rebeliones de encomenderos contra la Corona, y hubo casi veinte años de extrema violencia hasta la ejecución del último rebelde [Francisco Hernández Girón] en 1554". Cada día almagristas y pizarristas se mudaban de bando, las ciudades no eran seguras, las batallas campales eran sangrientas y no sólo mermaron la población de españoles sino también arrastraron a miles de indios, y, por si fuera poco, los incas rebeldes amenazaban desde las montañas de los Andes. Luego de la muerte del marqués-gobernador Francisco Pizarro, y con las leyes Nuevas de 1542, en la que se creaba el virreinato y la Audiencia del Perú, la corona envió autoridades a las tierras del sur, el primer Virrey Blasco Núñez Vela, quiso imponer las Leyes Nuevas y lo

---

[20] José Antonio del Busto Duthurburu, *Francisco Pizarro el marqués gobernador*, 2ª Edición, Lima, Librería Studium, 1978, p. 21-23.

referente a la perpetuidad de las encomiendas. Los conquistadores, miembros de los cabildos de las ciudades, terminaron matándolo en 1546. Para ese momento, los miembros del cabildo de Lima, Cajarmarca, Cusco y Jauja nombraron procuradores para negociar con el papado la corona para Gonzalo Pizarro, hermano del fallecido Marqués- gobernador. Al mismo tiempo la Corona, nombró gobernador y oidor a Pedro de La Gasca. Éste último logró poner de su lado a dos de los hombres que apoyaban a Pizarro, el provincial dominico Fray Tomás de San Martín y el obispo de Lima Fray Jerónimo de Loaysa, nombrado prelado en 1541 y promovido a arzobispo en 1547.

En 1548 las fuerzas de La Gasca derrotaron y vencieron a las tropas gonzalistas y a los principales rebeldes, entró a Cuzco y dejó como sus lugartenientes a Loaysa y a San Martín, quienes se encargarían de hacer el nuevo reparto de encomiendas entre los conquistadores y la nueva tasación de indios. Ni tardo ni perezoso, La Gasca abandonó Perú en enero de 1550, sin quedarse a recibir al nuevo virrey, Don Antonio de Mendoza, quien llegó a Lima en noviembre de 1551 y murió meses después. Las revueltas siguieron, Francisco Hernández Girón lideró una rebelión en 1552, pero, como ya se mencionó fue decapitado por las huestes de la audiencia y el arzobispado en 1554. En 1556 llegó a Perú el tercer virrey, Andrés Hurtado de Mendoza, marqués de Cañete, que continuó con las labores de estabilidad en el sur; luego Lope García de Castro continuó como presidente de la Audiencia gobernadora de 1564 a 1569 hasta la llegada del quinto virrey Francisco de Toledo quien logró mayor estabilidad para el Perú en su largo y fructífero gobierno de 1569 a 1581.

LA REAL UNIVERSIDAD DE MÉXICO Y LA UNIVERSIDAD DE SAN MARCOS DEL PERÚ

Luego del establecimiento del primer obispado en México, después de 1528, las autoridades eclesiásticas se dieron cuenta de que el escaso número de clérigos seculares, la escasez de diezmos y la debilidad de las iglesias catedrales, retrasaron la afirmación del poder episcopal. Consideraron que sería muy trabajoso enviar desde España el gran número de clérigos que reclamaba cada obispado, consideraron que solo si se formaban en América podrían impartir las letras a jóvenes criollos o inmigrantes, por lo que los obispos opinaban que para tal fin sería una muy buena opción abrir una universidad.

Sin embargo, otras cuestiones estaban detrás de esas primeras peticiones de un estudio general, luego de las leyes nuevas de 1542 llegaran a Nueva España y privaran de sus indios a los encomenderos, el virrey, sus agentes y también los miembros del cabildo veían en la erección de una universidad una alternativa para colocar a los hijos de conquistadores y pobladores, pues les abriría el paso a los cargos medios del gobierno secular. A su vez, con esta alternativa se podría ocupar al creciente número de criollos y mestizos ociosos. Desde las primeras peticiones hechas por el obispo Fray Juan de Zumárraga en 1537, pasando por las del cabildo de la Ciudad de México en 1539, hasta la petición hecha por el virrey en 1550 la corona accedió y dotó a la universidad de estancias y mil pesos. Se emitieron las cédulas en septiembre de 1551, las cuales llegaron a México en 1553, teniendo lugar la inauguración en el mes de junio. Al llegar a México las cédulas de fundación el virrey Mendoza ya se había marchado al Perú, en donde moriría meses después. Por lo que las estancias que había prometido a la universidad pasaron al Colegio de Tlatelolco, de esa forma la universidad, si bien había nacido con el carácter de real, su dote y recursos eran muy escasos por lo que sus décadas iniciales fueron muy difíciles.[21] Casi a finales de los años 60 del siglo XVI en el gobierno del virrey Martín Enríquez de Almanza inició su periodo de recuperación. Se buscó que el rey otorgara sede propia a

---

21 Enrique González, *El poder de las letras...*, pp. 224-225.

la corporación pues ocupaban sedes alquiladas. Se reabrieron cátedras que se habían cerrado por falta de pago. Propuso a la corona que le concediera 3 500 pesos adicionales en oro de minas y la apertura de cátedras y se encargaron unos estatutos al oidor Pedro Farfán en 1580. Enríquez de Almanza pasó al Perú por lo que los trámites de la universidad los continuaron el virrey arzobispo Pedro Moya de Contreras y sucesores. La universidad ya no creció durante el periodo colonial pero sí que se logró consolidar.

El precio de las gestiones de rescate por los virreyes y la Audiencia se pagó con una fuerte presencia de autoridades reales en el seno de la institución. En México los verdaderos sujetos de la corporación fueron los doctores, no los estudiantes como en Salamanca. Los rectores fueron los doctores y el claustro pleno fue el órgano más importante del gobierno universitario. El virrey Velasco, junto con la audiencia, hacen los nombramientos, pero en 1557 el virrey cede el control de la organización corporativa, y los estudiantes ya están reclamando el rectorado y ellos van midiendo cuánto se pueden meter a la corporación. Tanto los jueces de la audiencia como el virrey los dejan hacer lo que quieran mientras no interfieran con sus intereses. Los jueces controlan la universidad mediante el rectorado y respetan las fuerzas de la universidad. La universidad de México logró imponer en las principales cátedras a clérigos seculares, en su mayoría criollos. Redujo el papel de los frailes dentro del Estudio, llegó a ser una corporación donde apenas si pesaban los religiosos. El virrey y los oidores siguieron supervisándola, pero a una distancia prudente, y dependió en todo tiempo de los fondos de la caja real. Durante casi dos siglos y medio mantuvo el monopolio para la concesión de grados. La Universidad de Lima se gestionó en el marco de esas contiendas entre encomenderos y el poder real. La iniciativa de establecer un estudio general en los territorios del Perú vino de los dominicos y del cabildo de la ciudad. En el caso de los dominicos el hecho de que el papa creara la provincia de predicadores en 1539 y se designara a fray Tomás de San Martín como provincial por ocho años, permitió que se pensara en cumplir lo que las cartas patentes establecían al respecto de poner estudio donde se instituyan lectores de artes y teología, sin llegar a graduarse y formar maestros. Luego del primer capítulo provincial de 1544 celebrado en Lima, en plenos disturbios, se celebró un segundo en Cusco en 1548, en este capítulo se confirmó a Tomás de San Martín como provincial por otros cuatro años, que sin embargo delegó para asistir en 1551 al capítulo general de la orden, en Salamanca. El edificio del convento no estaba terminado para el segundo capítulo celebrado en Cusco en 1548, incluso para 1562, parece que no se había completado.[22] En dicho capítulo se designó lector de Teología a fray Domingo de Santo Tomás. Parte de la historiografía ha dicho que el estudio nace en 1548 con esta designación, sin embargo, el carácter del estudio era más jurídico que de facto. En Castilla, el provincial Fray Tomás de San Martín tenía diversas comisiones, como procurador de Lima, tenía la tarea de promover la erección de la universidad limeña, sosteniendo que la orden la alojaría en su convento, cuestión que había acordado junto con el cabildo de la ciudad de los Reyes; además llevaba la comisión de demandar la perpetuidad de las encomiendas además de otros privilegios, como el título de "Muy Noble y Muy Leal" para la Ciudad de los Reyes de Lima. La Gasca y el procurador San Martín llegaron a Sevilla el 26 de septiembre de 1550. Carlos I estaba en Alemania y los regentes en Valladolid. Mientras La Gasca marchaba a Alemania a encontrarse con el emperador, San Martín obtuvo la Cédula de la Universidad en Valladolid el 12 de mayo de 1551, cinco días antes de celebrarse el capítulo Salmantino.

En la Real Provisión se menciona que la universidad tendría sede en el convento dominico, mientras se daba la orden de

---

[22] Enrique González, *El poder de las letras…*, pp. 226 y 239.

estar en donde más convenga. La cédula la ganó sólo a nombre de los dominicos, no de la ciudad, cuestión que se le reclamaría a su regreso a Perú. La velocidad con que se obtuvo la cédula de la universidad limeña se puede explicar por varias razones, en primer lugar, porque se obtuvo la licencia y una sede provisional más no la dotación. Era algo que las autoridades limeñas debían resolver para asentar la institución. El 2 de enero de 1555, un mes después de la muerte de Hernández Girón, el último conquistador rebelde, Fray Tomás de San Martín se presentó en el cabildo de la ciudad de Los Reyes, hizo relación de lo acontecido y mostró las cédulas y provisiones. El cabildo reprobó su misión y le cobraron, de sus bienes los 2 000 pesos de viáticos que le habían dado para su viaje, ya que había gestionado la universidad solo a nombre de su orden.

La cédula de fundación llegó a Lima hacia abril de 1552, por la vía oficial del Consejo de Indias. El virrey Mendoza, se limitó a comunicar la cédula a sus únicos destinatarios, los dominicos -debido a que San Martín había gestionado la Universidad en nombre de su orden y no de la Ciudad- sin dar parte al cabildo limeño. La historiografía peruana (Juan Meléndez, Antonio de la Calancha) ha mencionado, que el estudio general peruano inició sus actividades el 2 de enero de 1553, sin embargo, para 1562 aún no se tenía acabada la Iglesia, ni edificada la casa del convento del Rosario. Aunado a ello, en 1553, arzobispo y oidores de la audiencia aún se batían contra los rebeldes, mientras que el cabildo organizaba juntas de ciudades para enfrentar la aplicación de la cédula contra el servicio personal, por lo que si se llevó a cabo el solemne acto de inauguración de la universidad, debió haber sido en medio de una tregua entre los contendientes. Sin embargo, una cuestión fundamental aún no estaba resuelta, las rentas de las que dependería el estudio general para pagar a los lectores y oficiales y mantenerse aún estaba ambigua. Si bien, en la cédula de 1551 se aprobaba la erección de un estudio general en la ciudad de los reyes de Lima, en el convento de los predicadores, no se mencionaba nada de la dote, como menciona Enrique González, "el carácter interino de la cláusula lo admitían todos, menos los dominicos que, lejos de buscar aliados, los perdieron".[23] Cuando el rey pidió información del estudio propuso diversas encomiendas para obtener fondos, e incluso pensaba en la posibilidad de traslado del estudio fuera del convento de los dominicos, ya que para recibir rentas reales, era necesario que la universidad dejara el convento. Fue hasta 1569, momento del arribo del virrey Francisco de Toledo, quien finalmente sacó a la universidad del convento dominico, excluyó a los frailes del rectorado y promovió las Constituciones de 1572. En 1574 la universidad se acogió al patronato espiritual de San Marcos, que luego de estar provisionalmente en el exconvento agustino pasó a su casa definitiva, el ex recogimiento de san Juan de la Penitencia. Como lo dice Eguiguren "Por fin en solemne claustro de 25 de abril de 1577, día de San Marcos, el virrey, ante los doctores, la ciudad, `y otras muchas personas´, dotó 17 cátedras y los salarios de los oficiales, con 13 mil pesos anuales `de buen oro´, asignados a la renta de repartimientos vacos".[24]

En el acta se menciona al virrey, al rector y claustro y a la ciudad, no se habla de la audiencia, del cabildo eclesiástico y de orden alguna. Se trataba de un acto entre la universidad, en lo sucesivo real, el virrey y la ciudad. Así las de Lima y México fueron universidades reales, con patrimonio real, y supeditadas al rey, pero cuya forma de organización fue corporativa y por tanto fue un espacio de autonomía. Así pues, como dicen Pavón y Ramírez "se había constituido un espacio corporativo autónomo en una época dominada por el creciente poder del soberano..."[25]

---

23 Enrique González, *El poder de las letras...*, pp. 246 y 253.

24 Enrique González, *El poder de las letras...*, p. 256.

25 Armando Pavón y Clara Ramírez, "La autonomía universitaria en las épocas medieval y moderna"..., p. 21.

* * *

En la Universidad de México los espacios de autonomía se encontraron en su legislación, en sus estatutos y constituciones, que eran las de Salamanca, además de la base del desarrollo corporativo que permitió a la universidad alcanzar cierta autonomía frente al poder real. Hacia finales del siglo XVI es una universidad con prácticas corporativas fuertísimas y que se irán consolidando todo el siglo XVII. La consolidación corporativa era resultado de un proceso que había comenzado desde antes, desde época muy temprana, cuando la primera generación terminó sus carreras y se graduó de bachiller 1557. No podían pertenecer al claustro pleno, pero si al de consiliarios y diputados. Eran ya hijos de la universidad de México y eran nacidos en América, en la Nueva España. A pesar de las visitas a la universidad de México y de querer reformar y legislar los estatutos de la universidad y de buscar el fortalecimiento del poder real lo que se fortaleció fue el gremio académico, al normar y sancionar las prácticas corporatvas cotidianas, ya que los visitadores, los funcionarios reales se apoyaron en universitarios para redactar sus propuestas estatutarias. Esa consolidación corporativa se debe entender como la consolidación de un espacio de autonomía.[26]

En el caso de la Universidad de Lima que después sería San Marcos es necesario reflexionar en torno a su fundación en el convento dominico y cómo se transformó en una universidad real. En Lima las cédulas son primero debido al gran problema que la corona tenía con los conquistadores ahora encomenderos. Entender el proceso al que se sometió San Marcos con Toledo, y en general todo el Perú, ya que hasta ese momento se logró el control real. Es preciso entender lo que hizo Toledo y cómo lo hizo porque la jurisdicción la gana primero Lima, y

---

26 Armando Pavón y Clara Ramírez, "La autonomía universitaria en las épocas medieval y moderna"..., pp. 16-17.

que el rector no sea juez de la audiencia se ordena también primero para Lima. Desde su propia dinámica autónoma, que no significaba no ser leales a la corona, se solicitaron cuestiones de orden social como los estudios generales.

La pregunta que lanzo en el título de esta presentación ¿Autonomía real? tiene que ver con la cuestión de este juego político emprendido por la corona castellana que no eliminó del todo los espacios autónomos en instituciones como las ciudades y las universidades, por el contrario, se valió de ellos para ir consolidando su poder. La idea de que la propia dinámica de la conquista generó una especie de autonomía en América que terminó y se transformó con Felipe II, gracias a las iniciativas centralizadoras y de control como lo fueron las ordenanzas de 1573, también ayuda a reflexionar sobre los procesos que se suscitaron en la primera mitad del siglo XVI. Tensiones, entre el poder centralizado y los poderes locales, como se muestra en las universidades reales que a la vez cuentan con ciertos espacios de autonomía en su propia organización.

Entonces el cuestionamiento *¿autonomía real?*, permite reflexionar en torno al proceso mismo de conquista y colonización hispanoamericano y las maneras en que este proceso se desarrolló en diversas latitudes, como México y Perú. Esta pregunta hace pensar en temáticas tan fundamentales, como la autonomía, que incluso hoy día siguen siendo vigentes y siguen dando de qué hablar.

Capítulo 5

LOS PAISAJES DE DIOS Y LA BÚSQUEDA DE LA REDENCIÓN DEL HUMANAL LINAJE

ENRIQUE DELGADO LÓPEZ
(Universidad Autónoma de San Luis Potosí)

En el desarrollo del pensamiento geográfico, la década de 1970 vio surgir la geografía humanista como una crítica de las visiones positivistas, evolutivas y deterministas que se habían adoptado; proponiendo "un enfoque comprensivo, que permit[í]a el conocimiento a través de la experiencia vital concreta".[1] Esta propuesta habría de influir no sólo en la concepción contemporánea de paisaje en la geografía, sino también en arqueología y en antropología.

Este movimiento considera al paisaje como un mundo que ha de ser experimentado y aprendido en forma holística,[2] al evidenciar la participación del *sujeto* en dicho concepto. Se trata de una concepción del espacio más cercana al vínculo entre el ser humano y el paisaje; privilegiando las percepciones subjetivas que el espacio evoca en éste, caracterizada por una reivindicación de lo individual, lo subjetivo y lo singular. La geografía humanística está centrada en el análisis de la creatividad, la experiencia y los valores humanos y cualquier investigación

---

1 Horacio Capel, *Filosofía y ciencia en la geografía contemporánea,* Barcelona, Barcanova, 1981, p. 442.

2 Horacio Capel, *Filosofía y ciencia...*, p. 444.

refleja opiniones del investigador, que pasa a ser una influencia en el mismo campo de estudio; trata a la persona como un individuo que obra constante y recíprocamente con el ambiente, consigo mismo y con el entorno que está cambiando.[3]

En un libro clásico, Ollivier Dollfus[4] indica que el espacio geográfico es el soporte de sistemas de relaciones, que se determinan unos a partir de los elementos del medio físico y otros proceden de las sociedades humanas que ordenan el territorio en función de la densidad de poblamiento, de la organización social y económica, del nivel de las técnicas. En lo referente a la relación del hombre con el medio, el propio Dollfus[5] define al espacio geográfico como un espacio percibido y sentido por los hombres, tanto por sus sistemas de pensamiento como de sus necesidades; a ello se agrega la percepción del espacio real, por lo que, a un campo, poblado o lugar, se añaden o se combinan elementos irracionales, de carácter mítico o religioso, y agrega un elemento histórico al decir que tal percepción o significado del espacio cambia según los individuos, las funciones que ejercen y también las épocas.

Al reiterar que el objeto de estudio de la Geografía ha sido el espacio, sus componentes y las relaciones entre tales componentes, se han construido y desarrollado varios conceptos de síntesis como: lugar, región, territorio, paisaje, cuya finalidad sería la de comprender la naturaleza del mismo e identificar relaciones entre los individuos y el espacio.[6]

---

3 Hernán Santis Arenas y Mónica G. Geisse, "La aproximación humanística en Geografía", *Revista de Geografía Norte Grande,* 2004.

4 Olivier Dollfus, *El espacio geográfico,* Barcelona, Ed. Oikos-Tau, Col. ¿Qué sé? nº. 11, 1982, p. 8.

5 Olivier Dollfus, *El espacio geográfico…*, p. 53.

6 Adriana Madrid Soto y Lina María Ortiz López, *Análisis y síntesis en cartografía: algunos procedimientos,* Colombia, Universidad Nacional de Colombia, 2005.

El espacio es entonces un sistema de relaciones que tienen lugar en el terreno; mismas que corresponden a un tiempo determinado y a una cultura en particular. Dentro de este sistema de relaciones está el modo de percibir un espacio, como por ejemplo un *espacio sagrado*, en tanto que resulta del sistema ideológico. El interés está centrado en el aspecto esencialmente humano, expresado por medio de sentimientos, símbolos, sistemas de valores etcétera, que le otorgan al lugar particulares significados. Ese espacio sagrado no puede ser considerado como objeto de estudio geográfico por sí mismo, sino que lo es por resultar de una serie de efectos que interactúan en su desarrollo y funcionamiento en función de una sociedad. El bosque se ve influenciado por una determinada altitud que provoca un cierto clima, que a su vez dará cierto grado de humedad; también puede ser resultado de la latitud en que está ubicado, lo cual se vincula con las zonas climáticas a que está sujeto el planeta como consecuencia de la circulación general de los vientos, etc. Su presencia puede ayudar al desarrollo regional a través de la explotación forestal o el turismo, pero también puede ser el receptáculo de leyendas, de miedos; de ser residencia de seres malignos o benignos. La literatura infantil brinda muchos ejemplos en donde los bosques son la morada de brujas.

El espacio provee un estímulo para la identificación simbólica que se traduce o se transforma en términos de significados. Para entender el carácter simbólico y sentimental del espacio, es necesario considerar el significado que la sociedad le otorga al entorno y en él pueden interferir factores estéticos e ideas religiosas. Para Karl Butzer[7] el impacto de una sociedad hacia el lugar es recordado en el mismo nombre del sitio o en el sim-

---

7 Karl Butzer, *Dimensions of human geography. Essays on some familiar and neglected theme,* University of Chicago Geography Research Papers, 1978, pp. 1-14; "Cultural prospectives on geographical space", p. 8.

bolismo visual, sin desconocer que las instituciones morales-religiosas de una sociedad están articuladas con el paisaje y se expresan por medio de un espacio, en este caso sagrado. El sistema de relaciones está dado, sólo que la explicación debe buscarse en lo que el hombre mismo dice respecto sobre tales lugares. En este caso el carácter simbólico, expresado con un sentimiento religioso, hace que el lugar se transforme de un mero sitio topográfico en la morada de dioses. Y es precisamente el hombre religioso quien presenta en forma más clara, esa gama de elementos simbólicos y sólo él mostrará los diversos significados que le otorga al lugar.

Estudiar el espacio en el ámbito humanístico, implica un acercamiento con las creaciones humanas, de tal forma que el hombre se convierte en el *sujeto* de estudio, pues esas creaciones muestran su mundo y forma de vida. El valor que adquiere es puramente espiritual y le satisface en sus creencias al ser que más usa el simbolismo, por ejemplo, el hombre religioso, que para Mircea Eliade[8] vive en un mundo sagrado, porque sólo así participa del ser. De esta forma en el lugar sagrado se representa el símbolo del espíritu humano que expresa necesidades de armonía del hombre con el universo. En el evangelio de San Mateo se define el valor del espacio sagrado en la mentalidad cristiana, dice el texto que "el que jura por el altar no está jurando solamente por el altar, sino por todo lo que hay encima, y el que jura por el templo no está jurando solamente por el templo sino por Dios, que vive allí" (Mateo 23: 13-24).

Es indudable que pensar históricamente, acorde al texto de Pierre Vilar[9] y hacer historia sólo con documentos ya quedó atrás. Se puede hacer historia con todo aquello que, "siendo propio del hombre, depende del hombre, sirve al hombre, ex-

---

[8] Mircea Eliade, *Tratado de historia de las religiones*, 6ª ed., México, Ed. Era, 1986.

[9] Pierre Vilar, *Pensar la historia*, México, Instituto de Investigaciones Dr. José María Luis Mora, 1992.

plica al hombre, significa la presencia, la actividad, los gustos y los modos de ser del hombre.[10] El estudio del paisaje es una de esas formas de hacer historia, término que lo reclama para sí la disciplina geográfica, pero que sin duda en su carácter cultural hay mucho de historia. En una primera definición, el paisaje es lo que vemos, pero lo observable es relativo a la cultura y a todo lo que ella rodea. Por ejemplo, el término "silvestre" es tan ambiguo, que muchas ocasiones se puede confundir, un bosque hay que pensarlo en tanto sede de recursos; pero otro punto de vista sobre ese mismo defenderá que es lugar de oscuridad y barbarie. Es decir, el mundo natural descansa sobre un soporte cultural que le otorga contenidos y significados diversos y cambiantes a lo largo del tiempo.

Pedro Urquijo orienta sobre la definición de paisaje en tanto una unidad espacio-temporal en donde convergen los elementos de la naturaleza y la cultura, a diferencia ecosistema o geosistema, que se enfoca a un funcionamiento biofísico; igualmente se distingue del territorio porque éste se moldea y vincula con relaciones de poder. El ser humano, de forma individual o colectiva, se encuentra en cotidiana interacción y adaptación con sus paisajes ya sea en su adecuada vestimenta para afrontar el clima; o bien al utilizar instrumentos adecuados para surcar el relieve, caminos adecuados, sistemas de riego y desagüe o en el trazo urbano. Por ello, historia del paisaje permite conocer cómo las colectividades humanas han visto, interpretado y usado el espacio inmediato, cómo lo han transformado y cómo han establecido vínculos con él.[11]

---

10 Ana Ma. Hernández Carretero, "El valor del paisaje cultural como estrategia didáctica", *Tejuelo*, n°. 9 (2010) p. 164.

11 Pedro S. Urquijo Torres y Narciso Barrera Bassols, "Historia y paisaje. Explorando un concepto geográfico monista", *Andamios*, volumen 5, 10 (2009), pp. 227-252.

El paisaje pasa de ser una referencia de lo tangible a convertirse en los espacios deseados, recordados y somáticos de la imaginación y los sentidos, en este caso el de la vista, que se convierte en el canalizador a través del cual la razón intelectual y la "razón" u orden del mundo de los sentidos, se interrelacionan: el ojo se representa como la ventana hacia un alma racional.[12] Hay un sujeto observador y un sujeto que percibe y, en ambos casos, la vista en particular y los sentidos en general, están en la mesa de juego. El paisaje es, ante todo, observable y lo que vemos puede parecernos bello o antiestético; con la vista y la percepción reconocemos en él lo trascendente, en tanto que la vista es individualmente deliberada y culturalmente condicionada. El sentido de la vista está conformado tanto por imágenes vistas en el pasado, por experiencias individuales, recuerdos e intenciones, como por las formas físicas y los espacios materiales ante nuestros ojos. Si bien gran parte de la visión aprendida es personal, otra parte está gobernada por convenciones sobre lo que se debe ver, quién lo debe ver, cuándo y en qué contexto, sobre las asociaciones y significados atribuidos a una escena dada y sobre sus propiedades formales y compositivas.[13]

La visión que los hombres poseen del mundo durante la denominada Edad Media estuvo bajo la influencia del sistema de creencias religiosas, a tal grado que la fe dirigía toda reflexión sobre el orden cósmico universal.[14] El Dios de los católicos era creador y crea un mundo jerárquicamente ordenado. Quizá uno de los principios que hizo funcionar el mundo fue que

---

12 Denis Cosgrove, "Observando la naturaleza: el paisaje y el sentido europeo de la vista", *Boletín de la A.G.E.*, nº. 34 (2002).

13 Denis Cosgrove, "Observando la naturaleza: el paisaje y el sentido europeo de la vista"..., p. 69.

14 Horacio Capel, *La física sagrada. Creencias religiosas y teorías científicas en los orígenes de la geomorfología española. Siglos XVII-XVIII,* Barcelona, El Serbal, 1983.

"Dios se revela en la Escritura, [pero] sus obras son también visibles en el mundo"[15]

> El Libro de la Naturaleza se convierte en un comentario, una verificación complementaria de la Palabra revelada... La naturaleza concebida como un libro complementó así a menudo a la revelación como medio de conocer a Dios y su creación.[16]

Al respecto, el ejemplo de San Francisco de Asís es más que elocuente. Puso el mayor énfasis en la comunión con la naturaleza, la humanización de la vida no humana y las alegrías de la pobreza en la vida religiosa en los campos.[17] Se considera como un revolucionario que cambió la perspectiva de la apreciación de la naturaleza, al rebelarse su humildad contra el antropocentrismo y por ser el primero en enseñar que la naturaleza "es interesante e importante en y por sí misma, y porque obligó al hombre a abdicar su monarquía sobre la creación, instituyendo una democracia de todas las criaturas de Dios".[18]

Por otro lado, el franciscanismo persiguió la exaltación de la pobreza evangélica como medio de salvación, y por ello desarrolló afanes culturales y misionales,[19] pobreza evangélica que se consideró como un consejo, al que más tarde se agregarían elementos de paciencia y de amor. Es entonces que el fundador de la orden mendicante conjugó la apreciación de la

---

15 Clarence J. Glacken, *Huellas en la playa de Rodas. Naturaleza y cultura en el pensamiento occidental desde la antigüedad hasta finales del siglo XVIII*, prólogo del Horacio Capel. Ediciones, Barcelona, El Serbal, 1996, p. 210.

16 Clarence J. Glacken, *Huellas en la playa de Rodas...*, p. 210.

17 Clarence J. Glacken, *Huellas en la playa de Rodas...*, p. 219.

18 Clarence J. Glacken, *Huellas en la playa de Rodas...*, p. 221.

19 Antonio Rubial, *La hermana pobreza. El franciscanismo de la Edad Media a la evangelización novohispana*, México, FFyL-UNAM, 2000.

naturaleza, con la pobreza extrema y el amor, además de paladines de una lucha contra el demonio.[20]

Cuando el fraile Toribio de Benavente adoptó el nombre de *Motolinia,* asumía el proyecto de evangelización al modo de los franciscanos; esto es, vivir en el terreno con las penurias que resultaran de la escasez, pero profundizando en el ámbito de las culturas indígenas en forma amorosa, sin condenarlas y pensando que el evangelio fuera el mensaje de humildad, cuya más importante grandeza se expresaba en el poder espiritual.[21]

Motolinía aspiraba a una cristiandad indígena perfecta, practicante y sumisa, "una Jerusalén terrena",[22] por ello, la iglesia indiana representaba la compensación de las pérdidas sufridas por el protestantismo. No intenta desarrollar una teoría de la evangelización ni persigue explicar las contradicciones que se iban produciendo a medida que se conseguían éxitos en esa tarea; en su lugar se revela la praxis, la política misma de los franciscanos y las posibilidades que se presentan conforme se ampliaban las bases operativas de la predicación y la institucionalización de la iglesia católica en el Nuevo Mundo.[23]

Comprendió lo necesario que era la tarea de depurar las antiguas creencias prehispánicas, por lo que la labor demoniaca tenía que ser extirpada desde la raíz para luego construir, desde y con las ruinas, una nueva iglesia. *Motolinia* y los franciscanos se enfrentaron a dos problemas. Uno, el exterminio de las

---

20 Antonio Rubial García, "Ángeles en carne mortal. Viejos y nuevos mitos sobre la evangelización de Mesoamérica", *Signos históricos,* nº 7 (enero-junio 2002).

21 Estudio introductorio de Claudio Esteva Fabregat, a Fray Toribio de Benavente, *Historia de los indios de la Nueva España,* Madrid, Dastin Historia, 1985.

22 Antonio Rubial García, "Ángeles en carne mortal...", p. 21.

23 Estudio introductorio de Claudio Esteva Fabregat, a Fray Toribio de Benavente, *Historia de los indios de la Nueva España...*

propias creencias religiosas prehispánicas y, dos, implementar la iglesia primitiva.[24]

Según *Motolinia* el hombre de ninguna cosa se precia más que de la razón que le hace hombre capaz y merecedor de la gloria, y le distingue y aparta de los brutos animales. Dios se preció tanto de la cruz que le hizo hombre y por ella determinó de redimir el humanal linaje.[25] Los primeros evangelizadores se enfrentaron a un mundo indígena en que tenían vigencia los antiguos y en donde los espacios sagrados guardaban fuerte reminiscencia de las otrora poderosas deidades prehispánicas. Para librar la enorme tarea de librar al hombre del Nuevo Mundo y aspirar a una virtuosa iglesia, era necesaria llevar a cabo esa depuración.

Fray Toribio de Benavente o de Paredes, conocido también como *Motolinía,* fue uno de los 12 misioneros franciscanos con los que inició la evangelización ya sistematizada de los reinos indígenas conquistados por Hernán Cortés. Escribió la *Historia de los indios de la Nueva España,* una importante crónica sobre sus actividades evangelizadoras que refleja su trato con el indio y su conocimiento del territorio novohispano que caminó y conoció fundando conventos y realizando tareas de conversión. Se sabe muy poco de la vida de este franciscano con anterioridad a su llegada a suelo del Nuevo Mundo y tampoco existe precisión sobre su fecha y lugar de nacimiento, que probablemente haya sido en Benavente (Zamora), en consonancia con la costumbre medieval de adoptar el apellido de la capital más próxima, al parecer en 1490.

---

24 Mónica Ruiz Bañuls, "El franciscanismo en el contexto evangelizador novohispano: raíces del mensaje misional", SÉMATA, *Ciencias Sociais e Humanidades,* vol. 26 (2014), pp. 491-507.

25 Fray Toribio de Benavente «Motolinia», *Historia de los indios de la Nueva España,* edición, estudio y notas de Mercedes Serna Arnaiz y Bernat Castany Prado, Madrid, Real Academia Española Centro para la Edición de los Clásicos Españoles, 2014.

Acerca del sobrenombre de *Motolinia*, Bernal Díaz del Castillo, dice que

> pusiéronle este nombre de Motolinea los caciques y señores de México, que quiere decir en su lengua el fraile pobre, porque cuanto le daban por Dios, lo daba a los indios y se quedaba algunas veces sin comer, y traía unos hábitos muy rotos y andaba descalzo y siempre les predicaba; y los indios le querían mucho porque era una santa persona.[26]

Su consagración sacerdotal data de 1516 en la provincia de Santiago y al año siguiente se acogió a la recién fundada custodia extremeña de San Gabriel,[27] que habrá de ser fundamental para comprender su obra misionera, al vincularse esta Casa con una reforma espiritual de la orden, que además de proponer una interpretación más estricta de la regla franciscana, especialmente del voto de pobreza, estaba impregnada de un fuerte espíritu milenario.[28]

Seleccionado por fray Martín de Valencia para iniciar la evangelización de la Nueva España, Fray Toribio partió el 25 de enero de 1524, del puerto de Sanlúcar de Barrameda y desembarcó en la costa de México, el 13 de mayo de 1524. Esta misión estuvo marcada desde su inicio por el misticismo, al ser elegidos 12 miembros de la orden (fray Francisco de Soto, fray Martín de la Coruña, fray Antonio de Ciudad Rodrigo, fray García de Cisneros, fray Juan de Ribas, fray Francisco Jiménez, fray Juan Juárez, fray Luis de Fuensalida, fray Toribio Motolinía. Estos diez sacerdotes y dos legos, fray Juan de Palos, fray

---

26 Bernal Díaz del Castillo, *Historia de la conquista de la Nueva España*. Introducción y notas de Joaquín Ramírez Cabañas, México, Ed. Porrúa, 1986, CLXXI, p. 450.

27 Fray Toribio de Benavente «Motolinia», *Historia de los indios de la Nueva España..., passim.*

28 Fray Toribio de Benavente «Motolinia», *Historia de los indios de la Nueva España...*, p. 11.

Andrés de Córdoba). La alusión a este misticismo es fundamental para entender la obra franciscana y de Fray Toribio en particular sobre su visión de la Naturaleza del Mundo que le tocó evangelizar.

Una vez llegados a puerto, los Doce continuaron su viaje hacia la ciudad de México- Tenochtitlán, adonde llegaron un mes después (18 de junio de 1524) tras haber recorrido a pie, como lo exigía el voto de pobreza franciscano, los 400 kilómetros que separan el puerto veracruzano de la recién ganada ciudad. Los misioneros fueron recibidos en cada poblado por las principales autoridades.

Desempeña esta misión apostólica convencido de que trabaja por la salvación, en tanto "hecho colectivo, terrenal, inminente, total y milagroso".[29] Por ello de acuerdo con Panero, la historia para *Motolinia*, es la labor de Dios, que solo Él conoce y dirige; esa historia abarca desde la creación hasta el final de los tiempos cuando se produzca el juicio final. El camino de la salvación conlleva un proceso de depuración, de cambio en la conducta; los indios tienen que ser salvados para iniciar así una nueva historia regida por Dios, pero salvación y fundaciones habrán de ir de la mano pues es un espacio nuevo al que hay que cambiar también, depurarlo, pues la obra divina igualmente debe manifestarse en él.

En esta primera y apresurada etapa, los doce frailes se repartieron por regiones de Texcoco, Tlaxcala y Huejotzingo, con intención de fundar nuevos conventos, quedándose fray Martín con cuatro frailes más en el de México, probablemente uno de ellos Motolinía. Con estas fundaciones comenzaba el

---

[29] María Pilar Panero García, "Mandato evangélico y escatología en la obra de fray Toribio "Motolinía", *Archivo Ibero-Americano* 76, nº. 283 (2016), pp. 373-428, en particular p. 373.

cambio en el espacio en atención a la misión evangelizadora de los franciscanos, esto es sacralizar los territorios indígenas.

Más tarde, los territorios cristianizados tendrán otro matiz, pues serán la sede de apariciones milagrosas en donde los ermitaños constituyeron otra presencia, tanto en la literatura aparicionista, pero, aún más, en la formación de centros de peregrinación. Se habla de los santuarios de sustitución, con el ejemplo de Amecameca en el que murió el propio Martín de Valencia; sucede que la cueva donde vivió el final de sus días se convirtió en un centro de culto, pero en otro momento había sido un lugar sagrado en el cual existía un santuario a Tláloc, el dios de la lluvia, y a Chalchiuhtlicue, la diosa del agua. Caso similar sería en Chalma. Rubial[30] habla de otros oratorios que surgieron a largo del territorio novohispano.

Para cumplir la sagrada tarea de la evangelización y de la conversión habrá de recorrer muchos de los lugares conquistados. En su larga estancia en su tierra adoptiva, Fray Toribio tiene la oportunidad de intervenir en la fundación de varios conventos y de recorrer los lugares sometidos. Debemos pensar que los recorridos, cuando así lo ameritaban, los hizo caminando. En 1527 es guardián del convento de San Antonio de Texcoco y posteriormente de Huejotzingo. Fundó conventos o intervino en su fundación en Xochimilco y Coyoacán. A finales de la década de los veinte del siglo XVI viaja a Guatemala y a Nicaragua. En 1529 está en Cuernavaca y un año después se le encuentra en Tlaxcala. Participa en la fundación de la ciudad de Puebla de Los Ángeles; luego se traslada a Tehuantepec. En 1534 regresa a Guatemala y luego viaja a Yucatán; entre 1536 y 1539 lo encontramos nuevamente en Tlaxcala, para luego re-

30 Antonio Rubial, "Imágenes y ermitaños. Un ciclo hierofánico ignorado por la Historiografía", *Anuario de Estudios Americanos,* 66, 2 (julio-diciembre, 2009), pp. 213-239.

gresar a Guatemala hacia 1543 y 1545, regresa a México y luego viaja a Michoacán y Jalisco.

El franciscano razona acerca de la Naturaleza y de las condiciones que llevaron a la conquista de estos lugares sin poner en duda un solo momento el papel divino en tal empresa, pues temas tan diversos, como la desunión, son recogidos por el fraile y acomodados en su interpretación de los hechos. Es así que mientras que el demonio perjudica al indígena fomentando la división entre los diferentes pueblos, Dios los une y la unión, o mejor dicho la sujeción, es por sí misma tarea cristiana. Entre los múltiples pasajes que sobre tal tópico trata, destaca que

> cuando la tierra en el principio se conquistó había en ella mucha división y estaban unos contra otros, porque estaban divisos, los mexicanos a una parte contra los de Michoacán, y los tlaxcaltecas contra los mexicanos, y a otra parte los guastecas de pango o Pánuco; pero ya que Dios los trajo al gremio de su iglesia, y los sujetó a la obediencia del rey de España. Él traerá los demás que faltan, y no permitirá que en esta tierra se pierdan y condenen más ánimas, ni haya más idolatrías.[31]

En el inicio del tratado segundo, *Motolinia* menciona que la obediencia lo mandó que escribiese algunas cosas notables de los naturales, de las que en esta tierra la bondad divina ha comenzado a obrar, y siempre obra; reflexiona al paso de los años, y lo que observa le hace pensar que los resultados de su tarea le satisfacen. Dice que

> más cosas notaba y se me acordaba ahora diez o doce años que no al presente; entonces, como cosas nuevas y que Dios comenzaba a obrar sus maravillas y misericordias con esta gente, ahora, como quien ya conversa y trata con gente cristia-

---

[31] Fray Toribio de Benavente, *Historia de los indios de la Nueva España...*, pp. 119-120.

> na y convertida, hay muchas cosas bien de notar, que parece claramente ser venidas por la mano de Dios.[32]

Describe *Motolinia* que en esta tierra abunda la señal de la cruz por todos los pueblos y caminos y que no existe otra en toda la cristiandad y en aquellas tierras que no están sometidas "está este santísimo nombre pintado y reverenciado". Si bien Dios dotó a los hombres de razón, los conquistadores, se vieron en peligro de muerte que reformaron sus conciencias a tal grado que se "ofrecerían a morir por la fe", aunque en las tierras no sometidas, "a donde no llegan los frailes" no puede haber una "verdadera cristiandad"; pues los españoles pretenden sólo su interés, y no procuran "enseñarlos y doctrinarlos, ni hay quien les diga lo que toca a la fe y creencia de Jesucristo, verdadero Dios y universal señor, ni quien procure destruir sus supersticiones y ceremonias hechiceras".[33]

Los pueblos que primero recibieron la fe fueron los pioneros en una transformación íntegra del entorno pues aconteció que son ellos ahora, aunque algunos nombres en "muchas partes serán ignotos,"[34] pueblos grandes y algunos, cabezas de provincias. O como en el caso de Texcuco, en donde luego de una procesión "desde aquel día mismo cesaron las aguas, para confirmación de la flaca y tierna fe de aquellos nuevamente convertidos".[35] Al describir el paisaje destaca las cualidades de la tierra que se posa ante sus ojos, la siente también a través de su temple. De la Mixteca dice que es "muy sana… en el fin de

---

32 Fray Toribio de Benavente, *Historia de los indios de la Nueva España…*, 1985, Tratado Segundo, p. 151.

33 Fray Toribio de Benavente, *Historia de los indios de la Nueva España...*, 1985, VI, p. 225.

34 Fray Toribio de Benavente, *Historia de los indios de la Nueva España...*, 1985, Tratado Segundo, p. 152.

35 Fray Toribio de Benavente, *Historia de los indios de la Nueva España...*, 1985, II, p. 157.

esta tierra de la Mixteca está el rico valle y fertilísimo llamado Huaxacac".[36]

Reconoce la necesidad de aprender la lengua del lugar para predicar, conversar, enseñar y administrar todos los sacramentos, al igual que el conocimiento de la gente, a la que juzga de temerosa, pues parece que nacieron para obedecer, a tal grado que "si los ponen en el rincón allí se están como enclavados",[37] aunque son "habilísimos para todo oficio y arte, y de gran memoria y buen entendimiento".[38]

Motolinia confiesa que tuvo "pensamiento de escribir y decir algo de las cosas que hay en esta Nueva España"; hablar de esas *cosas* es hablar de las "naturales y criadas en ella, como de las que han venido de Castilla" (Benavente, 1985, VIII: 240). En los ríos "hay mucho oro y plata, y todos los metales y piedras de muchas maneras, en especial turquesas y otras que acá se dicen chalchihuit".[39]

Entre las obras de la creación que mejoraron las condiciones de vida de los hombres, se encuentran sin duda las montañas, que además implican una veta simbólica, al guardar el anhelo por alcanzar los cielos, y recibir la categoría de centro, es decir el eje de mundo alrededor del cual gira el Cosmos.[40]

Su magnificencia, su altura, se traduce en condiciones óptimas de habitabilidad; los climas de montaña son totalmente

---

36 Fray Toribio de Benavente, *Historia de los indios de la Nueva España...*, Fabregat, 1985, Epístola Proemial, pp. 62-63.

37 Fray Toribio de Benavente, *Historia de los indios de la Nueva España...*, 1985, IV, p.164.

38 Fray Toribio de Benavente, *Historia de los indios de la Nueva España...*, 1985, IV, p. 165.

39 Fray Toribio de Benavente, *Historia de los indios de la Nueva España...*, 1985, VIII, p. 240.

40 Mircea Eliade, *Lo sagrado y lo profano, 1981;* 4ª edición, Madrid, ed. Guadarrama, 1986.

distintos a las llanuras, lo mismo pasa con la vegetación y las aguas, que, antigua idea, emanan del interior de sus entrañas.

Son la sede de las nevadas y de las corrientes que sirven para el aprovechamiento agrícola, por lo tanto, sin montañas el mundo estaría condenado a la aridez.[41] Atesoran belleza y dan variedad al paisaje, por lo que además de evitar la esterilidad del suelo, rompen con la monotonía de las llanuras, que son feas. La disposición de las montañas refleja el poder de Dios, un plan divino, que tiene como fin ordenar el mundo para que a su vez el hombre tenga una digna morada.

A *Motolinia* le llaman la atención las montañas que circundan la ciudad de México y las aguas que están en la urbe; el contraste es el mejor adorno para la ciudad. Todas las iglesias, dice el fraile, están por fuera muy devotas y lucidas y almenadas, y la tierra en sí es alegre y muy vistosa, por causa de la frescura de las montañas que están en lo alto, y el agua en lo bajo, de todas partes parece muy bien".[42] Estas montañas son lo mejor de esta tierra llamada Nueva España pues en ellas

> Se halla en abundancia todo lo que está dicho y mucho más; y demás de las muchas maneras de árboles y plantas y yerbas virtuosas que en ellos se hallan, tienen en sí tres calidades o diferencia de tierra; porque en el medio de las cumbres es fría, pero no tanto que se cubra de nieve, sino en unas sierras altas que se hacen cerca del camino que va de la Vera Cruz para México, o en algunas puntas de sierras, que se cuaja algún poco de nieve en años fuertes y tempestuosos y de mucho frío... De lo alto, bajando hacia la costa del norte, va toda tierra templada y mientras más va y más se acerca a la costa, es

---

41 Esta idea la trata Horacio Capel, *La física sagrada. Creencias religiosas y teorías científicas en los orígenes de la geomorfología española. Siglos XVII-XVIII*, Barcelona, El Serbal, 1983, p. 169. La atribuye al padre Antonio José Rodríguez, impugnador de Voltaire, un estudio en el cual trata las cualidades de las montañas como obras de Dios.

42 Fray Toribio de Benavente, *Historia de los indios de la Nueva España...*, 1985, VI, p. 229.

> más caliente... hay muchos géneros de árboles no conocidos hasta ahora por los españoles, y como son diversos géneros, y de hoja muy diferente los unos a los otros, hacen las más hermosas y frescas montañas del mundo. Es muy propia tierra para ermitaños y contemplativos, y aún creo que los que vivieren antes de mucho tiempo, han de ver que, como esta tierra fue otra Egipto en idolatrías y pecados, y después floreció en gran santidad, bien así estas montañas y tierra han florecer... Sí, y muy más adelante, pues en toda la redondez de la tierra ha de ser el nombre de Dios loado, y glorificado, y ensalzado; y como floreció en el principio la iglesia en oriente, que es el principio del mundo, bien así ahora en el fin de los siglos tiene de florecer en occidente, que es el fin del mundo.[43]

Como complemento a la existencia de estas montañas es la presencia de agua, que por lo demás es abundante, "de la cual hay mucha en estos montes así de la que llueve del cielo, de la cual muy a menudo es regada, como de fuentes y manantiales".[44]

Ya en tierras tropicales,[45] describe el río que los naturales llaman *Papaloapa* y que los españoles bautizaron como de Alvarado, sobre el estero que llama "estanque de Dios". Menciona que ha visto varios en la región, aunque "de sólo uno quiero decir, que ni es de los mayores ni de los menores, y por este se podrá entender la grandeza que los otros deben tener, y qué tales deben ser".

El estero está ubicado entre los pueblos llamados Queuhquepaltepec, y Otlaitlan. Es ancho "como un buen río, y en

---

[43] Fray Toribio de Benavente, *Historia de los indios de la Nueva España...*, 1985, pp. 243-244.

[44] Fray Toribio de Benavente, *Historia de los indios de la Nueva España...*, 1985, p. 249.

[45] De acuerdo con Edmundo O´Gorman, *Motolinia* realiza un viaje al golfo de México entre agosto o septiembre de 1539 hasta principios de 1540, este viaje lo lleva hasta el río que se está describiendo, el Papaloapan. Edmundo O´Gorman. *Historia de los indios de la Nueva España...*, p. XXIX.

bien hondo"; su recorrido es por tierra llana con abundante agua y, por lo mismo parece que no tiene cauce, "parece que no corre a ninguna parte." Hay mucho pescado, se pueden encontrar tiburones, lagartos, bufeos, "sábalos tan grandes como toninas", se crían también manatíes o malatíes, sin faltar desde luego aves de muchas maneras, como garzas reales y "otras tan grandes como ellas", aves pardas y más oscuras, y no de tan grande cuello. Como parte de él, hay venados y conejos y liebres en abundancia, aunque aclara el Fraile los primeros son los que más abundan, sin dejar de mencionar a los depredadores, en este caso "tigres y leones."

A *Motolinia* le cautiva también lo exótico del paisaje tropical y le permite reflexionar lo pequeño que es el hombre ante lo omnipotente del Creador, sean reyes o emperadores del mundo, o bien hombres con riquezas materiales, o simplemente poseedores de un intelecto que ha transformado el marco natural para hacerlo habitable. Nuevamente dejo que hable el fraile para que cuente su experiencia al observar un paisaje recién incorporado a la cristiandad, navegó según cuenta, dos veces. La primera fue

> una tarde de un día claro y sereno, y es verdad que yo iba la boca abierta mirando aquel estanque de Dios, y veía cuan poca cosa son las cosas de los hombres y las obras y estanques de los grandes príncipes y señores de España, y como todo es cosa contrahecha adonde están los príncipes del mundo, que tanto trabajan por cazar las aves para volar las altanerías desvaneciéndose tras ellas; y otros en atesorar plata y oro y hacer casas y jardines y estanques; en lo cual ponen su felicidad; pues miren y vengan aquí, que todo lo hallarán junto, hecho por la mano de Dios, sin afán ni trabajo, lo cual todo convida a dar gracias a quien hizo y crío las fuentes y arroyo, y todo lo demás en el mundo, criado con tanta hermosura; y todo para servicio del hombre ... [46]

[46] Fray Toribio de Benavente, *Historia de los indios de la Nueva España...*, 1985, IX, pp. 255-256.

Sobra decir que la ciudad de México cayó en poder de los cristianos por obra divina debido a "los muy grandes pecados y abominables cosas que en ella se cometían." Destacó de ella su trazo y edificaciones, así como su emplazamiento al decir que "es muy proveída y abastecida de todo lo necesario, así como de los que hay en la tierra como de cosas de España." Según *Motolinia*

> andan ordinariamente cien arrias o recuas desde el puerto, que se llama la Veracruz, proveyendo esta ciudad, y muchas carretas que hacen lo mismo... todo esto se gasta y consume en México, lo cual pone alguna admiración porque se ve claramente que se gasta más en la solo ciudad de México que en dos ni en tres ciudades de España de su tamaño.[47]

No exagera al decir que en toda Europa "hay pocas ciudades con tal asiento y tal comarca, con tantos pueblos a la redonda de sí y tan bien asentados".[48] Por ello, la gran ciudad se convertía en la mejor prueba que tenía España para mostrar su obra civilizadora a la Europa cristiana; así lo escribe

> ¡Oh México, que tantos montes te cercan y coronan! Ahora con razón volará tu fama, porque en ti resplandece la fe y evangelio de Jesucristo. Tú que antes eras maestra de pecados, ahora eres enseñadora de verdad; y tú que antes estabas en tinieblas y oscuridad, ahora das resplandor de doctrina y cristiandad... Era entonces una Babilonia, llena de confusiones y maldades, ahora eres otra Jerusalén, madre de provincias y reinos... otro tiempo con autoridad del príncipe de las tinieblas, anhelando amenazabas, prendías y sacrificabas, así hombvres como de mujeres, y su sangre ofrecías al demonio en cartas

---

47 Fray Toribio de Benavente, *Historia de los indios de la Nueva España...*, 1985, IX, p. 228.

48 Fray Toribio de Benavente, *Historia de los indios de la Nueva España...*, 1985, IX, p. 232.

> y papeles; ahora con oraciones y sacrificios buenos y justos adoras y confiesas a el señor de los señores.[49]

De Tlaxcala dice que tiene buenos muchos y pastos y, se ha introducido por parte de españoles y naturales mucho ganado. En la parte del norte "tiene una muy grande sierra, la cual comienza a dos leguas de la ciudad y tienen otras dos de subida hacia lo alto"[50], con vegetación de pinos y encinos, y en lo alto tienen nieve.

Se cosecha mucho maíz, frijoles, y ají y la gente es bien dispuesta, y la más ejercitada en cosas de la guerra, aunque pobre "porque de sólo el maíz que cogen se han de mantener y vestir, y pagar los tributos". Tlaxcala tiene una excelente ubicación en términos del camino entre Veracruz y México y su cercanía a la ciudad de los Ángeles: México a veinte leguas, al mediodía tiene la ciudad de los Ángeles a cinco leguas, y el puerto Veracruz a cuarenta leguas.[51]

La ciudad de los Ángeles le produce simplemente fascinación, desde el mismo proyecto hasta el significado del nombre de la nueva urbe. Su fundación es a instancias de los frailes menores, con el proyecto de crear un pueblo agrícola de españoles, para que "se diese a labrar los campos y a cultivar la tierra a el modo y manera de España." Los pobladores serían los que al presente anduvieran "ociosos y vagabundos" y con ello los indios tomarían ejemplo y también "aprenderían a labrar la tierra y cultivar a el modo de España".[52]

---

49 Fray Toribio de Benavente, *Historia de los indios de la Nueva España...*, 1985, IX, p. 228.

50 Fray Toribio de Benavente, *Historia de los indios de la Nueva España...*, p. 278.

51 Fray Toribio de Benavente, *Historia de los indios de la Nueva España...*, pp. 281-282.

52 Fray Toribio de Benavente, *Historia de los indios de la Nueva España...*, pp. 282-283.

El lugar donde se funda la ciudad es "muy bueno y la comarca la mejor de toda la Nueva España" está cerca, cinco leguas al norte, de la ciudad de Tlaxcala; al poniente se encuentra Huexzinco; al oriente Tepeaca; a mediodía, que es tierra caliente, están Yzuca y Cuauquechula; tiene a dos leguas a Cholola, Totomiaucan. Calpa está a cinco leguas; todos estos pueblos son grandes. Y quizá lo mejor, tiene el puerto de Veracruz al oriente, a una distancia de cuarenta leguas y México dista veinte. Es paso obligado entre el camino del puerto a México, lo que significa que cuando

> las recuas van cargadas a México, como es el paso por aquí, los vecinos se proveen y compran todo lo que han de menester en mejor precio que los de México; y cuando las recuas son de vuelta cargan de harina, y tocino, y bizcocho, para matolotaje de las naos; por lo cual está ciudad se espera irá aumentándose y ennobleciéndose.[53]

Además, la región es de "muy gentiles pastos, porque en esta, aunque los pinares sean arenosos, están siempre llenos de muy buena yerba, lo cual no se sabe que haya en otra parte en toda Europa", donde el ganado pastorea particularmente el "ovejuno y vacuno, y yeguas".

Las montañas y los bosques resguardan a la ciudad con "mucha abundancia de aguas, así de ríos como de fuentes". Cerca de las casas corre un arroyo y a media legua pasa un gran río, que se cruza por puentes.[54]

La ciudad también ofrece a los españoles una seguridad anhelada pues tal como lo plantea *Motolinia* su situación y la fundación misma habrían de ofrecer la tranquilidad para toda la Nueva España. Él dice que

---

53 Fray Toribio de Benavente, *Historia de los indios de la Nueva España...*, p. 284.

54 Fray Toribio de Benavente, *Historia de los indios de la Nueva España...*, pp. 284-285.

> en breve tiempo, dormirán seguros los españoles de la Nueva España, quitados de los temores y sobresaltos que ya por muchas veces han tenido; y sería gran seguridad para toda la Nueva España, porque la fortaleza de los españoles está en los caballos y tierra firme, lo cual todo tiene esta ciudad.[55]

Su mismo emplazamiento le permite dominar la región, en varios aspectos, sean éstos la agricultura, la ganadería y el comercio, éste porque la nueva metrópoli se encuentra en el camino de paso entre Veracruz y la capital del virreinato. La ciudad de los Ángeles nace para

> ha venido a subir y a ser tan estimada, que casi quiere dar en barba a la ciudad de México, será justo que (de) su Majestad del Emperador y Rey don Carlos su señor y monarca del mundo, sea favorecida y mirada no más de cómo ella mismo lo merece, sin añadir ninguna cosa falsamente; y con esto se podrá decir de ella que sería ciudad perfecta y acabada, alegría y defensión de toda la tierra ...[56]

Es importante la evangelización porque el territorio y la sociedad encontrarán los rumbos por los cuales debe atender la transformación necesaria para que existan lugares de bonanza, lejos de la adoración de ídolos que sólo envilecieron a la naturaleza humana.

Pero el pensamiento de *Motolinia* es sumamente contradictorio, por un lado, su fe cristiana le permitió observar las bondades del paisaje, ante los cuales no queda sino el rasgo de la admiración y el asombro, al percibir la Magna Obra por medio de los elementos que la integran. Lo que ve, le fascina, sus ojos gozan con tan espléndida muestra de poder divino que logra fácilmente trasmitir a través de un mensaje que él mismo es

---

55 Fray Toribio de Benavente, *Historia de los indios de la Nueva España...*, pp. 292-293.

56 Fray Toribio de Benavente, *Historia de los indios de la Nueva España...*, pp. 292-293.

portador. Todo está en su lugar, cada parte es el instrumento de una sinfonía perfecta, dirigida por el más digno exponente: Dios.

Capítulo 6

CONFRONTANDO LOS TIEMPOS Y LOS MUNDOS: LA REPRESENTACIÓN DE LOS ANIMALES EN LA OBRA DE FRANCISCO HERNÁNDEZ

ENRIQUE DELGADO LÓPEZ
JOEL ENRIQUE ALMANZA AMAYA
(Universidad Autónoma de San Luís Potosí)

FRANCISCO HERNÁNDEZ Y LA DILATACIÓN DE LAS FRONTERAS DEL CONOCIMIENTO

En el siglo XVI la ciencia apostaba "por la observación directa, por la experiencia personal vivida como «testigos de vista», como el medio más adecuado para comprender y describir la realidad".[1] Como hombre del Renacimiento, Hernández abordó el mundo de la naturaleza mediante la llamada Historia Natural, para catalogar, describir y clasificar animales, plantas y piedras con el interés por descubrir lo que el entorno

---

1 Álvaro Baraibar Etxeberria, "La Naturaleza en el discurso indiano: la construcción de un espacio de experiencia americano", en Bernat Castany (coord.), *Tierras prometidas. De la colonia a la independencia,* Barcelona, Centro para la Edición de los Clásicos Españoles, Bellaterra [Sardañola del Vallés]-Universidad Autónoma de Barcelona, 2011, pp. 9-30, cita en p. 10.

inmediato ofrecía,[2] además de guardar su doble propósito, pues esa Historia Natural descansaba en una necesidad de Estado que auspiciaba el conocimiento científico para el buen gobierno, mostrando de manera ordenada y clara el conjunto de las posesiones del imperio, así como de celebrar la grandeza del creador.[3]

Si bien se reconoce que la ciencia actual sentó sus bases en el empirismo, generalmente asociado con la Revolución Científica, es poco reconocido que en ese proceso España jugó un papel fundamental.[4] La corona española se interesó por establecer políticas vinculadas con la generación de conocimiento de la naturaleza del Nuevo Mundo en el siglo XVI, mismas que abarcaron desde el levantamiento de informes escritos basados en la simple observación hasta espacios institucionales como la creación de la Casa de Contratación de Sevilla (1524), pasando por los prístinos proyectos científicos del mundo moderno[5] con la empresa de Hernández como ejemplo.

En el siglo XV y XVI se pusieron en duda los modelos de explicación propuestos por los clásicos para comprender las tierras descubiertas. Con ideas de corte erasmista se repudió la

---

2 José Cañizares-Esguerra, "Iberian colonial science", *Isis*, 96, (2005), pp. 64–70; José Pardo Tomás, *El tesoro natural de América. Colonialismo y ciencia en el siglo XVI*, Madrid, Nivola libros y ediciones, 2002; Miguel de Asúa y Roger French, *New World of Animals. Early Modern europeans on the creatures of Iberian America*, Aldershot, 2005; Raquel Álvarez Peláez, "La historia natural en los tiempos del emperador Carlos V. La importancia de la conquista del nuevo mundo", *Revista de Indias*, 60, nº. 218 (2000), pp. 13-31.

3 Mauricio Nieto Olarte, *Las máquinas del imperio y el reino de Dios. Reflexiones sobre ciencia, tecnología y religión en el mundo atlántico del siglo XVI*, Bogotá, Universidad de los Andes, 2013.

4 Matiana González Silva y Stefan Pohl-Valero, "La circulación del conocimiento y las redes del poder: en la búsqueda de nuevas perspectivas historiográficas sobre la ciencia", *Memoria y Sociedad*, 13, nº. 27 (julio 2009), pp. 7-11.

5 Antonio Barrera Osorio, "Experiencia y empirismo en el siglo XVI: reportes y cosas del Nuevo Mundo", *Memoria y Sociedad* 13, nº. 27 (julio 2009), pp. 13-25.

ficción y fantasía de los antiguos libros de caballería para dar lugar a los libros de verdad.[6] Estos son los siglos en los que el planeta cambia su representación, crece la ambición por estudiar la novedad a fin de conocer nuevas formas de vida en lugares tan diferentes que se habían encontrado e insertado a la cultura europea.

Con el descubrimiento para el Viejo Mundo de las Indias Occidentales, se inicia un trabajo sistematizado en el que intervienen los primeros especialistas de lo que serán más tarde las ciencias naturales y sociales[7] simiente de la modernidad atribuible a la actuación de España[8] que conjugó la ciencia, los hombres y la religión, para conformar la historia natural del Nuevo Mundo.

Francisco Hernández formó parte de una de las generaciones de intelectuales españoles que dejaron honda huella en el conocimiento humanista y científico del siglo XVI.[9] Encabezó la primera expedición científica de la época moderna con un trabajo riguroso y metódico resultado de una vida dedicada a la profesión médica. Con una formación recibida en las aulas de la Universidad Complutense, que en 1536 le otorga el grado

---

6 María de la Luz Ayala, "La historia natural en el siglo XVI. Oviedo, Acosta y Hernández", *Estudios del Hombre*, nº. 20 (2005), pp. 19-37.

7 Enrique Delgado López, "Las Relaciones Geográficas como proyecto científico en los albores de la modernidad.", *Estudios Mesoamericanos*, 2, nº. 9 (2016), pp. 97-106.

8 Serge Gruzinski, *Las cuatro partes del mundo. Historia de una mundialización*, México, Fondo de Cultura Económica, 2010; Mauricio Nieto Olarte, "Ciencia, imperio, modernidad y eurocentrismo: el mundo Atlántico del siglo XVI y la comprensión del Nuevo Mundo", *Historia Crítica*, nº. 39 (noviembre 2009), pp. 12-32.

9 Jesús Bustamante García, "Los círculos intelectuales y las empresas culturales de Felipe II: tiempos, lugares y ritmos del humanismo en la España del siglo XVI", en Mónica Quijada Mauriño y Jesús Bustamante García (coords.), *Élites intelectuales y modelos colectivos: mundo ibérico (siglos XVI-XIX)*, Madrid, Consejo Superior de Investigaciones Científicas, 2003, p. 33-58.

de bachiller para luego desarrollar su actividad como médico, botánico y zoólogo en distintas ciudades españolas. En el monasterio de Guadalupe (1556-1560) realizó disecciones con cadáveres y animales, además de la herborización y la clasificación botánica. Seguidor del humanismo de corte erasmista, tradujo a lengua castellana la principal obra de la historia natural del momento, la escrita por Plinio, pero también supo relacionarse y conocer a los autores, sus propuestas y, en general corrientes contemporáneas del tema, demostrando un extenso y sólido dominio sobre la ciencia de la época.[10]

Con la traducción de la obra de Plinio, Hernández verificó y confrontó los tiempos y los mundos, el del autor clásico con el suyo, verificando ambas naturalezas, una descrita en las páginas y la que a él le tocaba reconocer y, sobre todo, ampliar. El autor clásico es el inicio y no puede evadir la comparación al tener que partir de lo que dicta la autoridad clásica; coteja los datos, más con la experiencia de por medio y con el conocimiento adquirido que Plinio no pudo tener, lo supera.

Esa experiencia es lo que lo hace diferente, por ejemplo, a Oviedo, un naturalista autodidacta, pues Hernández es un hombre de ciencia y un naturalista consumado que pertenece a una comunidad científica, además de que sus pretensiones fueron más amplias, pues el mundo que habría de representar lo haría no sólo con palabras, sino también en imágenes.[11]

En enero de 1570, el rey Felipe II lo nombra "protomédico general de nuestras Indias, islas y tierra firme del mar Océano" e inicia su expedición al Nuevo Mundo, con "cuidado y

---

10 Mª. Del Carmen Nogués, "Introducción a la historia natural de Plinio. La versión de Francisco Hernández.", *Obras completas (Tomo IV). Historia natural de Cayo Plinio Segundo (Volumen I)*, México, Universidad Nacional Autónoma de México, 1966, p. XXV-XXXII.; Miguel de Asúa y Roger French, *New World of Animals...*

11 Miguel de Asúa y Roger French, *New World of Animals...*

diligencia", tal como el mismo médico le dice al monarca años después. En su estancia sistematizó un conocimiento ya generado por médicos y herbolarios españoles radicados en el virreinato novohispano, como por ejemplo Alonso López de Hinojoso, y otros formados ya en estas tierras, sumando el que recogieron y rescataron de la antigua tradición prehispánica los evangelizadores hispanos. Estableció una logística para el trabajo de campo por varias zonas del virreinato recogiendo las respectivas descripciones sobre el comportamiento de los animales más conocidos de la Nueva España; para ello se hizo acompañar de pintores indígenas como Antón Elías, Baltazar Elías y Pedro Vázquez[12] de tal forma que con un indiscutible celo profesional le escribe a Felipe II en 1572 que hasta ese momento tiene "dos [libros] de animales terrestres y aves peregrinas ignotas a nuestro orbe y escritos lo que he podido hallar de su naturaleza y propiedades".

Su tarea en la Nueva España terminó en 1576; en marzo de ese año remitió nuevamente al Rey otra carta, haciéndole saber que había entregado a los Oficiales de la Real Armada un total de XVI volúmenes manuscritos, aguardando en él la esperanza de la publicación. Sin embargo, la impresión fue suspendida luego de que sus manuscritos ocuparan un lugar en la Biblioteca de El Escorial, iniciando una serie de vicisitudes que mermaron en mucho la obra original, sólo dando a conocer los resultados en obras parciales en diferentes lugares a lo largo de tiempo.

Hernández dejó copias de su trabajo en México y con ellas el agustino Agustín Farfán publicó el *Rerum medicarum novae Hispaniae Thesaurus ex Franciscii Hernández relationibus* en 1579. Por su parte en España, a principios del siglo XVII, Nardo Antonio Recchi, realizó un compendio de la obra original de Her-

---

12 Eli de Gortari, *La ciencia en la historia de México*, México, Fondo de Cultura Económica, 2016, p. 264.

nández y de ella hizo una copia el religioso dominico fray Francisco Ximénez, quien añadió sus experiencias y observaciones propias y la imprimió en México (1615) con el título de *Quatro libros de la naturalez y virtudes de las plantas y animales que estan receuidos en el uso de la medicina en la Nueva España y la methodo y corrección y reparación que para administrallas se requiere con lo que el Doctor Francisco Hernandez escriuio en lengua latina.*

En Roma (1651) se editó, con base en lo hecho por Recchi, el *Rerum Medicarum Novae Hispaniae Thesaurus, seu Plantarum, Animalium, Mineralium Mexicanorum Historia ex Franciscii Hernández...*obra en la que intervinieron varios miembros de la *Academia de Lincei.* Entre las partes de las que consta el *Thesaurus* se cuenta con la dedicada a los animales, compuesta por veintiún capítulos, algunos de ellos con imágenes; Johannes Faber elaboró para el *Thesaurus* un manuscrito correspondiente a los animales y minerales y un largo comentario sobre veintitrés imágenes de animales mexicanos,[13] escritos con una "exuberancia literaria"[14] y la *Historiae animalium et mineralium novae hispaniae,* que a decir de Álvarez Peláez[15] "es nada más ni nada menos que el libro sobre animales y minerales redactado por Francisco Hernández, y hecho copiar en El Escorial por Cassiano Dal Pozzo".

En 1635 se editó en Madrid la *Historia Naturae maximae peregrinae* a cargo del padre Juan Eusebio Nieremberg, tomando material de la *Historia Natural* hernandina, al tiempo que continuaban sepultados e inéditos sus trabajos completos en la Real Biblioteca de El Escorial hasta el mes de julio de 1671, cuando

---

13 Miguel de Asúa y Roger French, *New World of Animals...*

14 Germán Somolinos D'Ardois, *Obras Completas (Tomo I). Vida y Obra de Francisco Hernández,* México, UNAM, 1960, p. 414.

15 Raquel Álvarez Peláez, "La obra de Hernández y su repercusión en las ciencias naturales", *Asclepio,* 47, nº. 2 (1995), pp. 27-44, en particular p. 41.

un incendio alcanzó el recinto consumiendo los volúmenes que compuso el científico toledano.

En el siglo XVIII Juan Bautista Muñoz encontró en la Biblioteca del Colegio Máximo de padres jesuitas de Madrid una copia de los cinco primeros volúmenes de las obras del doctor Hernández, a lo que el rey Carlos III dispuso que se imprimieran a cargo de Casimiro Gómez Ortega, quien ordenó los manuscritos y preparó la respectiva edición que permitió que en 1790 salieran a la luz los tomos correspondientes a la Botánica, pero el fallecimiento de Gómez Ortega (1818) paralizó la culminación de la empresa por lo que los manuscritos restantes volvieron a los archivos o a manos de particulares. Sin embargo, a pesar del desmembramiento de su obra y de los despojos sufridos "raro es el naturalista o médico que al hablar de América no intercale trozos de Hernández, obtenidos casi siempre de segunda o tercera mano".[16] En el siglo XX, la Universidad Nacional Autónoma de México publicó las *Obras Completas de Francisco Hernández* entre 1956 y 1985, que naturalmente incluyó una historia de los animales en el tomo III de la *Historia de la Nueva España* 2, edición que sirve de base para este trabajo.

LAS ANTIGUAS Y LAS NUEVAS CATEGORÍAS DE CLASIFICACIÓN ANIMAL

Ante las maravillas encontradas luego de los viajes colombinos, existía el reto por brindar la racionalidad del Mundo.[17]

[16] Germán Somolinos D'Ardois, *Obras Completas (Tomo I). Vida y Obra de Francisco Hernández...*, p. 404.

[17] Berta Ares Queija, "Estudio preliminar: Tomás López Medel y su defensa del Nuevo Mundo", en Tomás López Medel, *De los tres elementos. Tratado sobre la naturaleza y el hombre del Nuevo Mundo*, Madrid, Alianza, 1990, p. XXIV.

Francisco López de Gómara[18] reconoció el principio, ratificado después por José de Acosta, de que ambos mundos se estructuraban de una misma naturaleza. Es decir, las cosas naturales tenían la misma estructura física en uno y en otro al estar formadas por idénticos principios o elementos,[19] reconociendo así que el Nuevo Mundo se concebía dentro de un orden preestablecido; sin embargo, su esencia radicaba en su diversidad respecto a Europa, la cual era imprescindible conocer.

La postura judeo-cristiana postulaba que todas las cosas fueron puestas en el mundo por el Creador para provecho del hombre, por lo que la naturaleza se revelaba como un libro abierto.[20] Las especies animales del Nuevo Mundo, al ser completamente desconocidas para el europeo, eran páginas que habrían de escribirse,[21] por lo que su descripción y clasificación implicó romper moldes conceptuales existentes, con base en un conocimiento empírico e inductivo[22] sin salir del precepto de que el mundo natural depende de Dios, en tanto su creador y ordenador.

Si bien Hernández recoge la tradición aristotélica y pliniana para la clasificación animal, no renuncia al "modelo epistemológico de la similitud", tan recurrente en los tratadistas del

---

18 Francisco López de Gomara, *Historia General de las Indias y Vida de Hernán Cortés*, Venezuela, Biblioteca Ayacucho, 1979 [1552], pp. 10-11.

19 Berta Ares Queija, "Estudio preliminar: Tomás López Medel y su defensa del Nuevo Mundo"..., p. XXVII.

20 Clarence J. Glacken, *Huellas en la playa de Rodas. Naturaleza y cultura en el pensamiento occidental desde la antigüedad hasta finales del siglo XVIII*, Barcelona, Ediciones El Serbal, 1996, p. 211.

21 José Pardo Tomás, *El tesoro natural de América. Colonialismo y ciencia en el siglo XVI*..., pp. 61-62.

22 Alexander Coello de la Rosa, "Historias naturales y colonialismo: Gonzalo Fernández de Oviedo y José de Acosta", *Illes i imperis: Estudios de historia de las sociedades en el mundo colonial y post-colonial*, nº. 8 (2006), pp. 45-68, en particular p. 47.

siglo XVI. Aparte de la semejanza, otro modelo racional era el de la oposición; es decir, la antítesis fue utilizada como marco significativo de conceptualización y conocimiento[23] de tal manera que la búsqueda de semejanzas y la elaboración de comparaciones revelaron el proceso para fijar la alteridad.[24] Otro rasgo pertinente empleado es el de la utilidad,[25] que para establecerla se aplicarían saberes específicos y desarrollar la llamada historia natural[26] que era el conocimiento de la zoología y la botánica, es por ello que la observación directa fue necesaria para comprender y conocer de manera sistemática la hasta entonces ignorada naturaleza, que además demandaba hombres versados en las autoridades de la antigüedad clásica. Complemento de una historia natural, Asúa (2005)[27] considera necesaria una historia *animalium*, que es una investigación sobre las criaturas de los territorios conquistados, que hacerla comprometía un conteo y una descripción de cada una de las especies vistas. Enrique Beltrán escribe, basado en J. M. Bodenheimer, que en el siglo de Hernández si bien no se puede hablar de una historia de la biología, sí de una zoología descriptiva hecha

---

23 Rolena Adorno, "El sujeto colonial y la construcción cultural de la alteridad", *Revista de Crítica Literaria Latinoamericana*, 14, nº. 28 (1988), pp. 55-68, en particular p. 56.

24 Rolena Adorno, "El sujeto colonial y la construcción cultural de la alteridad"..., p. 56.

25 Pardo Tomás, José, "Francisco Hernández (1515?-1587). Medicina e historia natural en el Nuevo Mundo", *Los orígenes de la ciencia moderna*, Santa Cruz de Tenerife, Actas de los años XI y XII del Seminario Orotava de Historia de la Ciencia, 2004, pp. 215-244; Raquel Álvarez Peláez, "La obra de Hernández y su repercusión en las ciencias naturales"..., p. 17; Raquel Álvarez Peláez, *La conquista de la naturaleza americana*, Madrid, Editorial CSIC-CSIC Press, 1993, p. 147.

26 Raquel Álvarez Peláez, "La obra de Hernández y su repercusión en las ciencias naturales"..., p. 17.

27 Miguel de Asúa y Roger French, *New World of Animals*...

con especímenes reales,[28] tanto en letras como en pintura, que trascendió como pionera de la biología moderna.[29]

En el mundo elemental la clasificación de los seres vivos estaba en función del elemento o medio natural que les era propio, por lo que se dividían en aéreos, acuáticos y terrestres[30] criterio adoptado por Hernández, además de elaborar un reconocimiento de las especies visibles basado en la ordenación alfabética.[31] Como testigo de vista constituyó el primer acercamiento para entender la nueva naturaleza[32] y las pinturas de los ejemplares que logró conocer fueron invaluables "herramientas de comprensión"[33] al representar a seres reales. Se conjugaba la descripción en letras con el pincel y los colores a fin de ofrecer una copia en forma, tamaño y color de las especies censadas. Hernández cargó con un "archivo" producto de un vasto saber acumulado en la tradición naturalista, misma que corrigió y completó con observaciones de una naturaleza no referida por sus predecesores.[34] La historia natural propor-

28 Enrique Beltrán, *Las ciencias naturales en Michoacán (Volumen 3)*, Michoacán de Ocampo, Gobierno del Estado de Michoacán de Ocampo, 1984, p. 227.

29 Raquel Álvarez Peláez, "La obra de Hernández y su repercusión en las ciencias naturales"...

30 Raquel Álvarez Peláez, "La obra de Hernández y su repercusión en las ciencias naturales"...; Berta Ares Queija, "Estudio preliminar: Tomás López Medel y su defensa del Nuevo Mundo"...

31 Raquel Álvarez Peláez, "La obra de Hernández y su repercusión en las ciencias naturales"..., p. 23.

32 José Luis Fresquet Febrer, "Los inicios de la asimilación de la materia médica americana por la terapéutica europea", en *Viejo y nuevo continente: la medicina en el encuentro de dos mundos*, Madrid, SANED, 1992, pp. 281-307.

33 Manuel Barbero Richart, *Iconografía animal. La representación animal en libros europeos de historia natural de los siglos XVI y XVII*, vol. I, Cuenca, Ediciones de la Universidad de Castilla-La Mancha, 1999.

34 Marco Urdapilleta Muñoz, "El bestiario medieval en las crónicas de Indias (siglos XV y XVI)", México, *Latinoamérica* 58, 2014, pp. 237-270, en particular p. 241.

cionó la *varietas* necesaria para aligerar el *taedium* o *sacietas* de la narración histórica.[35]

Para el año en el que arribó Hernández a tierras novohispanas (1571) se habían generado obras que recogían información del mundo animal.[36] Entre ellas sobresale la de Fray Bernardino de Sahagún, quien igualmente reflexionó en el tema y estuvo en lugares que visitara Hernández en su momento y alguna de la información buscada por el médico, el fraile ya la había consignado en lo que sería su *Historia General de las Cosas de Nueva España.* Al conservarse en México copias de una parte de sus investigaciones, fueron consultadas por el protomédico, quien "unas veces copió lo expresado por Sahagún y otras aprovechó sus noticias".[37] Sin embargo, es también digno de mención que las semejanzas en los escritos de ambos autores se explique por la "identidad de las fuentes vivas utilizadas"[38] pues contemporáneos ambos, visitando lugares igualmente similares, es probable que los informantes indígenas hayan sido

---

35 Marco Urdapilleta Muñoz, "El bestiario medieval...", p. 241.

36 Miguel Figueroa Saavedra y Guadalupe Melgarejo Rodríguez, "La Materia Mediçinal de la Nueva España de Fray Francisco Ximénez. Reapropiación y resignificación del conocimiento médico novohispano", en *Dynamis,* vol. 38, 1, (2018), pp. 219-241; Angélica Morales Sarabia, José Pardo Tomás y Mauricio Sánchez Menchero, *De la Circulación del Conocimiento a la Inducción de la Ignorancia. Culturas Médicas Trasatlánticas, siglos XVI y XVII,* México, Universidad Nacional Autónoma de México-Centro de Estudios Filosóficos, Políticos y Sociales Vicente Lombardo Toledano, 2017.

37 Miguel León Portilla, "El Mundo en que vivió Bernardino de Sahagún España y México.", *Estudios de Cultura Náhuatl,* nº. 28 (1998), pp. 317-347, en particular p. 345; *Bernardino de Sahagún pionero de la antropología,* México, Universidad Nacional Autónoma de México, El Colegio Nacional, 1999, p. 7; Oscar Flores Villela, "Breve historia de la herpetología en México", *Elementos,* nº. 18, vol. 3 (1993), pp. 11-21, en particular p. 3.

38 Germán Somolinos D'Ardois, *Obras Completas (Tomo I). Vida y Obra de Francisco Hernández...,* p. 403; Miguel de Asúa y Roger French, *New World of Animals...*

los mismos, o si fueron diferentes expresaron las misma información debido a una continuidad de sus tradiciones.[39]

Sahagún describe la fauna de la Nueva España en el libro undécimo de su *Historia General* dedicando varios capítulos al tema; el primero lo tituló *De las propiedades de los animales. De los cuadrúpedos*; el segundo, *De las Aves*; el tercero, *De los animales del agua*; el cuarto, *De otros acuáticos no comestibles*; el quinto y último se titula *De las serpientes y otros animales.*

Hernández hizo lo propio en cinco tratados:[40] la *Historia de los cuadrúpedos* (40 capítulos en correspondencia con los animales que menciona), *Historia de las aves* (228 capítulos), *Historia de los reptiles* (58 apartados), *Historia de los insectos* (30 descripciones) y, por último, *Historia de los animales acuáticos* (54 capítulos).

Es fácil percatarse de un rasgo que ambos registraron en sus escritos sobre algunos animales, quizá inherente a ellos, pues desde la llegada de los primeros evangelizadores se gestó una cultura híbrida en donde las tradiciones europeas fueron el marco de referencia para encauzar el cambio,[41] aunque existe la idea de que esos descubrimientos fueron proclamados por los europeos sin ningún reconocimiento a las culturas indígenas, que siguieron estigmatizadas por la superstición,[42] la rea-

---

39 Germán Somolinos D'Ardois, *Obras Completas (Tomo I). Vida y Obra de Francisco Hernández...*, p. 403.

40 José Pardo Tomás, *El tesoro natural de América. Colonialismo y ciencia en el siglo XVI*, Madrid, Nivola libros y ediciones, 2002, pp. 61-62; Miguel de Asúa y Roger French, *New World of Animals...*

41 Ilaria Palmeri Capesciotti, "La Fauna del libro XI del Códice Florentino de Fray Bernardino de Sahagún. Dos sistemas taxonómicos frente a frente". *Estudios de cultura náhuatl*, 32 (octubre 2009). https://nahuatl.historicas.unam.mx/index.php/ecn/article/view/9253.

42 Mauricio Nieto Olarte, *Las máquinas del imperio y el reino de Dios. Reflexiones sobre ciencia, tecnología y religión en el mundo atlántico del siglo XVI*. Universidad de los Andes, Bogotá, 2013, pp. 240-243.

lidad es muy diferente. Al no encajar los animales del Nuevo Mundo en el conocimiento personal o de la autoridad antigua al carecer incluso de un nombre comprensible a ellos.[43] ¿Cómo sería su explicación? El reino de los animales del nuevo mundo no podía encajar en los cánones de las autoridades antiguas, pero quienes se encargaron de llevar a cabo esa historia natural superaron esa disyuntiva que, sin hacer a un lado el conocimiento que les ofrecía la cultura indígena, lo supieron introducir por medio del idioma, en este caso el latín y castellano, además del náhuatl reconociendo con ello al mundo indígena.

¿Cómo describir al Tlacuatl, un animal de gran parte del México actual? ¿Cómo hacerlo si nunca lo habían visto ni clérigos ni cronistas? Desde luego que una parte sería la descripción a la par de la comparación; asimilar el concepto de "Tlacuatl" llevó tiempo, pero al ser parte de la historia de un pueblo, giran en torno a él no sólo historias sino también la utilidad que ofrece a ellos. Una de las descripciones en común entre Sahagún y Hernández es la descripción de este pequeño marsupial y que está ligado con la rica mitología de la religión prehispánica.[44] Sobre este "animalejo que se llama Tlacuatl", Sahagún menciona que tiene "una bolsa donde mete a sus hijuelos, cuya cola es muy medicinal".

Luego de su nombre, su tamaño y la comparación con animales parecidos en España, que para el fraile tiene las dimensiones de un gato y es pardillo oscuro, pelo largo y muy blando, de hocico largo y delgado, cara pintada, orejas pequeñas, cola larga y pelada; además de poseer una bolsa entre los pechos y la barriga donde mete a sus hijuelos; no sabe morder ni arañar, ni hace algún daño y, agregando los comentarios de los infor-

---

43 Miguel de Asúa y Roger French, *New World of Animals...*

44 Alfredo López Austin, *Los mitos del tlacuache. Caminos de la mitología mesoamericana*, México, UNAM-IIA, 2006.

mantes humaniza al animal, al contar que cuando "le toman, chilla y llora, y sálenle las lágrimas de los ojos como a persona, cuando le toman hijos chilla mucho, y llora por ellos".[45]

Su carne es "comestible y sabrosa, como la del conejo" y su cola tiene el prodigio medicinal de sacar "cualquiera cosa que se halle en la carne o en el hueso", a tal grado que, según el franciscano, las mujeres parturientas al beber "un poco de la cola de este animal paren luego"; lo mismo sucede con "los que tienen cerrada la cámara, que no pueden bien purgar".[46]

Por su parte Hernández sigue un patrón muy similar en la descripción. Lo describe como del tamaño de un "perro chico, de dos palmos de largo, hocico delgado, alargado y sin pelo, cabeza pequeña y orejas sumamente delgadas y blandas, casi transparentes"; tiene camadas de cuatro o cinco cachorros:

> que ya formados y dados a luz guarda encerrados, mientras son todavía pequeños, en una cavidad del vientre dispuesta para este fin por la naturaleza mediante una dilatación o desolladura de la piel exterior, hecha con tal precisión y regularidad, que parece como adherida al vientre con admirable artificio de la naturaleza que no se encuentra nunca en ningún otro de los animales que ha producido.[47]

Es "inocuo y sin malicia, aunque por cierta congénita astucia se finge muerto a veces, cuando no puede escapar de otro modo de manos de los hombres". Coincide con el franciscano en que la cola del marsupial es "un medicamento excelente",

---

45 Fray Bernardino de Sahagún, *Historia general de las cosas de Nueva España,* México, Porrúa, 1975, pp. 228-229.

46 Fray Bernardino de Sahagún, *Historia general de las cosas de Nueva España...*, pp. 228-229.

47 Francisco Hernández, "Historia de los animales. Tratado primero", *Obras completas (Tomo III). Historia Natural de Nueva España (Volumen II),* México, Universidad Nacional Autónoma de México, 1959, p. 295-317, en particular pp. 289-299.

> que limpia admirablemente el conducto de la orina, provocándola y arrastrando con ella las piedrecillas y todo lo que obstruye su conducto; excita la actividad genésica, produce leche, cura las fracturas y los cólicos, acelera el parto, atrae las reglas, ablanda el vientre, y machacada y aplicada extrae las espinas que se han clavado en la carne; y quizá no hay medicamento más eficaz para producir todos estos efectos.[48]

Para Fray Bernardino el Tlacuatl era del tamaño de un gato, mientras que, para Hernández, lo era de un perro chico. La comparación, en un afán por emparentar lo que queremos describir con algo que conoce el lector, termina por distorsionar la apreciación de la realidad,[49] pero ambos recogen el nombre del animal en la lengua autóctona.

La escasez de modelos de animales, especialmente cuando eran del todo extraños, obliga a describir con base en textos o referencias conocidas. Sin embargo, la diferencia que existe entre percepción sensorial y conocimiento mediante descripción desemboca en comprensibles errores, pues nunca será igual la impresión de algo que vemos, con la traducción que hagamos de esa impresión, ya sea mediante el dibujo o por medio de la palabra, que por lo demás no es el instrumento adecuado para una descripción, definición o clasificación de objetos de carácter único.

De la misma manera, al describir este animal se pone de manifiesto un criterio muy particular: lo cotidiano, lo habitual, que en Sahagún no es notorio, pero sí en Hernández. En las palabras del fraile no se nota una sorpresa o una simple alteración emocional de cualquier tipo, como asombro o desconcierto por los rasgos propios del Tlacuatl. El fraile llegó a la Nueva España en 1529 y su *Historia* comenzaría a escribirla 11 años después, por lo que es posible pensar que este animal ya

---

48 Francisco Hernández, "Historia de los animales…·, pp. 289-299.

49 Manuel Barbero Richart, *Iconografía animal…*

formaría parte de su vida cotidiana, hecho que explicaría la ausencia de emociones. En Hernández, la situación es diferente, pues a nuestro parecer el carácter marsupio del cuadrúpedo lo maravilló; como obra de la naturaleza, la "cavidad del vientre" es para él precisa y "admirable", rasgos a los que no duda en señalar como únicos entre los animales que la naturaleza ha producido.

Los dos autores también hablan del coyote con mucha similitud. Luego de hacer una descripción física, el fraile lo refiere como "diabólico" y ambos lo representan como vengativo, agregando Hernández su capacidad de reconocimiento, por no decir memoria, al ser capaz de salir al encuentro de su raptor y, acompañado de otros de su especie, atacarlo y aun matarlo. Quien lo agrede tiene un problema serio, pues el coyote, "después de estudiar cuidadosamente la disposición de la casa, penetra en ella y mata todos los animales domésticos vengando así el mal que sufriera y castigando al hombre enemigo". Se reencuentran los dos autores en la descripción de este animal al escribir que es agradecido cuando alguien le brinda gallinas para comer. Hernández destacaría la utilidad médica de su cola al ser un calmante para el dolor de dientes cuando son limpiados con ella.

El coyote, de acuerdo con la población que informó al médico toledano, es "diabólico" y vengativo, además de que le otorgan *memoria*, al ser capaz de reconocer o, más aún, de organizarse con varios de su especie cuando lleva a cabo el acto de venganza, aunque por lo general se distingue por ser solitario. Llama la atención que tanto el religioso como el médico detallan de este animal una conciencia, que hoy en día, por las propuestas de Reagan (2016) o Calarco (2010) no estarían en tela de juicio; sin embargo, cabe preguntarnos qué tan diferente es el contexto en el siglo XVI. El coyote conoce al hombre tanto como éste conoce a aquél, producto de una relación que no es de unos años atrás, sino de siglos, tiempo en el que han establecido lazos y relaciones. Los informantes dijeron lo que han visto, por lo que los hispanos no dudaron en escribir la información que alude al engaño, a la mentira e incluso a la venganza.

HISTORIAR A LOS ANIMALES

Según Nogués,[50] Hernández no puede desligarse de la cultura clásica. Considera a Plinio y a su obra como la fuente más importante de la historia de la civilización por lo que ambicionó hacer algo semejante, a ello se suma la herencia académica gestada en sus propios estudios universitarios, así como los datos y las investigaciones previas del ámbito novohispano y un trabajo de campo efectivo que planeó y encabezó para recoger información, en compañía de un grupo de tlacuilos que lo orientaron por el suelo del virreinato, de los informantes indígenas, dueños de un conocimiento ancestral, aunque "rehacios a revelar sus secretos" escribiría a Benito Arias Montano.[51]

Entre los problemas que enfrentó Hernández al hacer el censo de los animales fueron las denominaciones autóctonas, mismas que tendría que hacer entendibles a los lectores europeos. Al nombre náhuatl de cada especie le agregó la traducción o alguna denominación en castellano para hacerlo comprensible a los lectores europeos. En relación con las aves, al "Toltecolotli", lo llamó ave lunar"; el "Xalcuani", el ave que traga arena; el Xochitótotl el ave florida". En cuanto a los reptiles habla del "Petzcóatl o culebra resbalosa"; del "Tetzauhcóatl o serpiente rara". Del mundo de los peces escribe, del "Xiomichin de los mexicanos, que nuestros compatriotas llaman

---

50 Mª. Del Carmen Nogués, "Introducción a la historia natural de Plinio. La versión de Francisco Hernández"..., pp. XXV-XXXII.

51 Germán Somolinos D'Ardois, *La primera expedición científica en América*, SEP-SETENTAS, México, 1971, p. 35.

trucha". En la *Historia de los Cuadrúpedos* al hoitztlacuatzin o tlacuatzin espinoso lo denominó puerco espín de Nueva España; agregando que "es animal digno de verse" y es tal su admiración que reflexiona sobre "el poder del Sumo Hacedor, que adornó este mundo con tal diversidad de cosas dotadas de tan varias virtudes naturales".[52]

Los reales ojos de Felipe II, las autoridades del Consejo de Indias, los mercaderes italianos y todos aquellos a quienes habría de llegar la obra, pudieron leer no solo la descripción del Tzonístac o cuadrúpedo de cabellos blancos, sino el augurio por medio del color del pelaje de este animal anunciando la muerte o la vida larga. Hernández recogió el relato de los indios de las provincias de Toztlan y Caxeapan en el que le decían qué si estas "bestias" tienen el pelaje de su cabeza amarillo, presagiaban una cercana muerte; por el contrario, si lo tenía blanco, anunciaba una larga vida, aunque "indigente y llena de penas y enfermedades".[53]

Por su parte al Tlalocélotl lo caracteriza como un animal que se distinguía por atacar a los indios y huir de los españoles, "tal es la cobardía de esta gente o la fiereza de los nuestros, y la natural inteligencia de este animal".[54] El comentario es digno de subrayarse y no precisamente en términos de la cobardía indígena o la valentía española, ante el reconocimiento de una cualidad innata del animal a fin de poder distinguirlos para, en su caso, atacar o retirarse. La humanización del mundo animal confiere rasgos como el enojo o la bondad; la capacidad de organizarse, el agradecimiento, la belleza y la armonía en sus partes, pero también la natural inteligencia para distinguir a los cobardes y a los valientes humanos.

---

[52] Francisco Hernández, "Historia de los animales...", pp. 295-317.

[53] Francisco Hernández, "Historia de los animales...", pp. 299-300.

[54] Francisco Hernández, "Historia de los animales...", p. 301.

Sobre el Quaupezotli o tejón montés dice el médico que "se domestica fácilmente", pero "su carne no se come"; es "apacible y juguetea de mil maneras, pero ataca a los extraños...". Hernández recibió referencias de personas fidedignas que le informaron de otras dos variedades de este animal, "una de las cuales es el mismo tejón de nuestra tierra, pero todavía no me las han traído...".[55]

Describe las variedades de dasípodos, conejos, como el izpactli, el eliztactochtli o de pecho blanco, el cuitlatepolli o de cola chica. El tozantochtli o sea con figura del topo mexicano que llaman tuzan. El quinto es el quauhtochtli. El sexto el metochtli. El séptimo el zacatochtli. El octavo es otro cuitlatepolli. El último se llama tlapaltochtli por el color leonado y rojizo de que está manchado. Dice que sus formas son algo distintas entre sí y de ahí sus diversos nombres, pero como "alimento son todos menos buenos y más duros que los nuestros".

Del Hoitztlacuatzin o tlacuatzin espinoso, puerco espín de Nueva España, dice, que puede domesticarse. Reside en lugares cálidos como Xonotla y Tezotzocalco y podría vivir, palabras del propio Hernández, en "Sevilla o algún otro lugar más cálido de Andalucía, si se llevara allá"; esta es la única referencia que hace de un animal para trasladarlo a Europa

Del zorrillo difunde "sus ventosidades" y su "olor fetidísimo", rasgo que también tiene su orina y excrementos, por lo que cuando el animal se ve en peligro los arroja a sus atacantes hasta "ocho o más pasos de distancia". En cambio, su carne es comestible y, al igual que su estiércol, brinda buenos resultados para los que padecen el contagio español y contra dolores articulares.[56]

---

55 Francisco Hernández, "Historia de los animales...", p. 304.

56 Francisco Hernández, "Historia de los animales..., p. 306.

La descripción de los ciervos o gamos gira alrededor de la piedra bezoar o "sea señor del veneno", que los cazadores la han encontrado al abrirlos, pues se forman en su estómago o en otra cavidad interna. La piedra, que también se puede encontrar en toros y vacas, se compone "de membranas como de cebolla que se superponen y adhieren lentamente unas a otras". La piedra bezoar es reconocida como "remedio eficaz para toda clase de envenenamientos" y de curar "el síncope y los ataques epilépticos". Hernández señala que cuando son "aplicadas a los dedos concilian el sueño, aumentan las fuerzas, excitan la actividad genésica, robustecen todas las facultades y mitigan los dolores". Comiendo algunas porciones o teniéndolas solamente en las manos "rompen y arrojan las piedrecillas de los riñones y de la vejiga" y pueden aliviar el flujo de la orina y "ayudan el parto, favorecen la concepción, y que no hay casi, en suma, enfermedad que no curen". Si bien Hernández levantó los datos sobre el valor de esta piedra, al final se muestra renuente de tales virtudes al comentar que es necesario saber "cómo deben elegirse, cuáles son útiles y cuáles inútiles" para luego afirmar que "acerca de todo lo cual nada puede afirmarse con certeza".[57]

En cuanto a los reptiles y seguramente otros animales, Somolinos menciona que estas criaturas no eran la preferidas de Hernández y que más bien sintió horror por ellos, afirmación que sirve a Gustavo Casas Andreu[58] para salir, con razón, en defensa del médico toledano. En este contexto, es necesario traer a colación los estudios sobre el tema de los reptiles y anfibios que acompañaron a la edición de la obra de Hernández

---

57 Francisco Hernández, "Historia de los animales…", pp. 307-310.

58 Gustavo Casas Andreu, "Nuevas interpretaciones y adiciones a los anfibios y reptiles en la obra del naturalista Francisco Hernández (1517-1584)", en *Ciencia Ergo Sum*, vol. 11, nº 003, Universidad Autónoma del Estado de México, (noviembre 2004), pp. 308-312.

en el siglo XX. Entre otros está el correspondiente a Smith[59] quien afirmó que el tratado hernandino "es una combinación de observación directa y folklore"; otro especialista, Álvarez del Toro,[60] escribió más con prejuicio que con objetividad, que "aun considerando los pocos conocimientos de la época y las numerosas creencias erróneas que atiborraban las mentes humanas hay veces que no se puede menos que pensar que sus intérpretes e informantes indígenas le tomaron el pelo". Tristemente Álvarez del Toro no brinda argumentos que contribuyan a comprender sus propias afirmaciones y sí termina reconociendo la importancia de la expedición hernandina.

Es digno de reflexionar en lo que dice Somolinos al hablar del cuidado que debió procurar Hernández en sus estudios, por lo que se debe de mirar el otro lado de la moneda y pensar en la posibilidad de que los informantes no conocían bien todas las especies y daban descripciones alejadas de la realidad; otra es que esa información no fue bien entendida por el entrevistador.

Vale la pena insistir en una herencia cultural tanto de Hernández como de los propios informantes. En la historia natural ha estado latente la lectura fincada en la experiencia de los sentidos y en el interés pragmático, pero a pesar de ello, los animales, particularmente los que tienen una convivencia directa con los indígenas, no perdieron sus rasgos morales, que Hernández y los informantes, no los hicieron a un lado.[61] En lugar de indicar que se anotaron tomaduras de pelo o mero

---

59 Hobarth M. Smith, "Los anfibios y reptiles", *Obras completas de Francisco Hernández*, México, UNAM, 1984, pp. 241-247, en particular p. 241.

60 Miguel Álvarez del Toro, "Las aves", en *Historia de los animales. Tomo VII Comentarios a la obra de Francisco Hernández*, México, UNAM, 1984 pp. 237-240, en particular p. 237.

61 Marco Urdapilleta Muñoz, *El bestiario medieval...*; Ignacio Malaxecheverría, *Bestiario medieval*, 3ª edición, Madrid, Ediciones Ciruela, Madrid, 2002.

folklore, cabe pensar que Hernández recogió la comprensión del respectivo animal en la viva voz del indígena.

En su contexto, el toledano escribió a Arias Montano que la costa de Nueva España está infestada de animales como mosquitos y lagartos o caimanes. Los primeros laceran la piel de incontables picaduras sangrientas, mientras que los segundos habitan los lagos y tragan y alojan enteros a los hombres en su enorme vientre.[62]

Cabe decir que los lagartos causaron estupor en más un cronista y las historias sobre ellos no son tan disímbolas. En su momento Martín Fernández de Enciso en su *Suma de Geografía* (1519) advertía que estos cocodrilos "veían algún otro animal o perro o puerco o hombre acerca del agua salían del agua y arremetían a él, y si lo alcanzaban llevabénselo al agua y comiánselo". Cuenta que "tenía[n] por cada parte dos hileras de dientes, los más fieros que jamás vimos yo ni los que conmigo estaban".[63]

Digno de mención es lo que cuenta Tomás López Medel sobre el "crocodilo" al decir que "algunos conquistadores españoles" vieron un ejemplar en el río de la Magdalena "acostumbrado y mansueto"; y que,

> llegándose los muchachos a la ribera de aquel río Grande que por allí pasa y llamándole por un cierto nombre que le tenían impuesto, [el crocodilo] salía de lo hondo del río a la superficie del agua y se llegaba a la orilla a donde estaban los mochachos y con toda mansedumbre consentía que subiesen en él y los llevaba nadando por todo el río, a una parte y a otra, hasta

---

62 Alfredo Barrera y Anita Hoffmann, "Elementos para la interpretación de los artrópodos citados en el tratado cuarto" En *Historia de los animales.* Tomo VII *Comentarios a la obra de Francisco Hernández,* México, UNAM, 1984, pp. 248-251; Mara Ivonne Garza Rodríguez, "Historia de la Entomología Médica en México", en *Artrópodos y Salud,* vol I, nº 1 (mayo-agosto, 2014).

63 Martín Fernández de Enciso, *Summa de geografía,* Bogotá, Banco Popular, 1974 [1519], p. 273.

> que le encaminaban para volverse a tierra y rescebía la comida que le daban de pescado y de otras semejantes cosas.[64]

Volviendo a Hernández, igualmente pintó algunas especies de serpientes y lagartijas y en términos generales sobre ellas dijo que algunas son venenosas, acorde con "las creencias de los residentes locales" a quien entrevistó, señalando "con precisión las localidades" en las cuales obtuvo la información".[65] Por ejemplo, el Tlilcóatl, localizada en Tepoztlan, es una "serpiente de diez codos de longitud poco más o menos y del grueso de un hombre, toda negra, pero tirando a azul (salvo el vientre que es blanquecino), y ceñida de rayas blancas, azules, amarillas y leonadas [...] no tiene cascabeles, y sin embargo su mordedura es mortal. Camina en línea recta y enroscándose, y cuando quiere morder se levanta sobre su cola". Su alimento son los peces que encuentra en los ríos y "no hay tampoco serpiente que persiga a los hombres con tanta velocidad como ésta".[66]

En el mismo tenor son las descripciones de los animales acuáticos. Del pez Romérico, así llamado vulgarmente por los navegantes del océano septentrional, dice que es

> de un palmo aproximadamente y tres pulgadas de grueso, casi cilíndrico y de piel blanda. Tiene cola lunada, rostro romo y deprimido, y ojos grandes en relación con el tamaño del cuerpo, con pupila negra e iris amarillo rojizo. Anda casi siempre detrás de los llamados tiburones, bien sea porque se nutre de sus excrementos, o para no ser devorado por tan feroz bestia si la encuentra de frente, en tanto que siguiéndola no suele serle peligrosa porque es difícil volverse a los lados. Proporciona un alimento sano, agradable y apetecido de todos, aunque es

---

[64] Tomás López Medel, *De los tres elementos. Tratado sobre la naturaleza y el hombre del Nuevo Mundo*, editado por Berta Ares Queija, Madrid, Alianza Editorial, 1990.

[65] Hobarth M. Smith, "Los anfibios y reptiles"..., p. 241.

[66] Francisco Hernández, "Historia de los animales...", p. 377.

> generalmente en las mesas principales, donde, cocido, suele servirse.

En otro de los textos que Hernández escribió como parte de su expedición, *Antigüedades de la Nueva España*, dedica un capítulo a las *Cosas Admirables* de ese reino. Lo "admirable", según el *Diccionario de Autoridades*, se relaciona con admiración, que a su vez significa "atender una cosa no conocida y de causa ignorada con espanto o particular observación". Entre las "cosas admirables" que escribió está un demonio yucateco, provincia que no conoció más que de oídas. Tal demonio "acostumbraba conversar familiarmente con quien quiera de los españoles, estar presente en las reuniones y que fuera oída realmente su voz".

* * *

El viaje realizado por el doctor Francisco Hernández fue producto de una política de estado que perseguía cuantificar los recursos naturales del imperio, particularmente al potencial curativo de plantas y animales. Ese reconocimiento *in situ* se tradujo, quizá sin propósitos imperiales y sin intensiones del propio Hernández, en un acercamiento a la comprensión de la cultura a la cual se le pedía informara de sus propias riquezas.

Un estudioso como el doctor Hernández manifestó la sensibilidad para realizar esta magna tarea. Enfocado al mundo animal se sabe de su experiencia previa en el estudio de la tradición europea que le permitió enmarcar y apreciar a los animales conocidos de la Nueva España. Como hombre de ciencia dejó evidencia en letras y en pinturas de la riqueza del mundo animal que servía a la sociedad novohispana, sustrayendo los datos de todavía muchos informantes indígenas residentes en varias partes del virreinato, quienes conservaban los conocimientos de origen prehispánico.

De tales informantes no sólo recogió los datos requeridos para cumplir su proyecto, como sería el potencial de cada animal en cuanto a recurso como alimento o como fuente de medicamento, sino que supo escucharlos y recoger de ellos las concepciones que tenían de cada animal, allegando un valor sustancial que va más allá del utilitario, al recuperar los rasgos que muestran el acercamiento de los hombres con los animales, principalmente de los mamíferos que más convivían con los seres humanos; de estos ejemplares recogió lo que sus informantes le relataron sobre los valores y conducta por cada una de las especies. Hay animales cobardes y valientes; astutos, existen aquellos que temen a los españoles y atacan a los indígenas. Todo se traduce en un nexo ancestral entre el animal y el hombre.

La empresa científica encabezada por Hernández no quedó sólo en esos términos, sino que también debe considerarse como una empresa cultural pues uno de sus logros es el rescate de un saber indígena al que evidentemente el mismo médico terminó por adentrarse. La cultura indígena mostró sus animales a Hernández a través de sus informantes y de sus pintores, quienes igualmente se convierten en el sujeto de su expedición. Ellos le dicen no sólo *cómo usar* a los animales, sino *cómo son* al decirle los valores morales que poseen. La información fluye del indígena a Hernández, quien la sopesa y la plasma en sus escritos y la tiene que dar a entender a un mundo que pertenece a él y no al indígena, para contribuir a la armonización de dos culturas y que el conocimiento indígena trascendiera en el suyo.

Hernández recogió datos de manera sistematizada sobre la naturaleza del Nuevo Mundo y supo recoger los conocimientos generados en el virreinato por los evangelizadores y médicos en las primeras décadas del siglo XVI. Además, los informantes indígenas de Hernández, los pintores que lo acompañaron en su trayecto y los relatos que recogió en los lugares visitados, contribuyeron en buena medida a la generación de un nuevo conocimiento.

Pero a diferencia de todos ellos, la obra de Hernández cobró relevancia por ser el científico que fue; la sistematización de su obra habla de su formación científica y humanística. Una vez terminados y presentados los volúmenes luego de varios años de trabajo, independientemente del funesto destino que tuvieron, la obra fue valorada por la igualmente naciente comunidad científica del mundo europeo.

Por ello al hoitztlacuatzin o tlacuatzin espinoso lo "españolizó" cuando lo denominó puerco espín de Nueva España. El nombre del animal, escrito en una lengua ajena a cualquiera de las conocidas en Europa, designaba a un ejemplar igualmente lejano; más con la designación en castellano, lo acercó a ellos. Este paso es importante, de ahí que nombre y descripción en letras castellanas de la especie se entrelazaron y recrearon un concepto, pues el animal ya existía, pero giraba en torno a una cultura distante que habría que acercarla. Este paso no se valora del todo y debe ser considerado en el ámbito de los estudios culturales, pues no borró el nombre náhuatl y, por ello, no eliminó a esa cultura; al contrario, la extendió y la dio a conocer a un mundo científico que se gestaba en Europa.

Capítulo 7

EL SISTEMA DE GUARDAS O DE VIGILANTES EN LOS CONCURSOS DE OPOSICIÓN, 1700-1750

CARLOS PAVÓN ROMERO
CECILIA MONTIEL AYOMETZI
(Universidad Nacional Autónoma de México)

En los concursos de oposición que se dieron en la Real Universidad de México se estableció el sistema de guardas, que consistía en que a solicitud de uno o varios opositores se ponía un vigilante a otro u otros opositores para que no recibieran apoyos en la preparación de sus lecciones de oposición. Este recurso resultó ser polémico, podía transformarse en una herramienta usada por los mismos opositores para poner en duda o bien la capacidad académica de sus oponentes o bien la honestidad con que el opositor preparaba la lección, pues se presumía que podría recibir ayuda de sus simpatizantes. Se trataba, entonces, de un recurso de vigilancia entre opositores.

En este trabajo se estudian los concursos de oposición de la facultad de cánones, de la primera mitad del siglo XVIII de la Real Universidad de México. Con este propósito se recurrió al Ramo Universidad, volúmenes 95 y 96 en busca de concursos en los que se hubiera presentado el sistema de guardas. Revisamos los 25 concursos del volumen 95 y los 19 del volumen 96. Solo en un solo caso se presentó la petición de guardas, nos referimos al concurso que se llevó a cabo en 1706 para la adjudicación de la cátedra temporal de prima de cánones. Un solo suceso no nos permitiría llegar a conclusiones definitivas.

Sin embargo, resulta interesante estudiar ese concurso por sí mismo. Para comenzar revisaremos la constitución CLXXXIII que establece el sistema de guardas.

Constitución CLXXXIII[1]

Ordenamos, que para que conste mejor la suficiencia de los opositores, y los que pretendieren serlo estudien con mayor cuidado, luego que tome puntos el que hubiere de leer de oposición, los otros opositores, o qualquiera de ellos, si quisieren, y lo pidieren al Rector, le pongan guardas, las que quisieren, y eligieren, a costa de los que las pidieren, y no del que lee; y para esto, luego que tome puntos, se vaya a la sala del Claustro de la Universidad, y allí solo con un Escribiente, que no sea Bachiller graduado en facultad alguna, haga, y estudie su lección, y las dichas guardas, o el opositor visiten los libros, que pidiere, y le hubieren de entrar, y la llave de la dicha sala la entriegue el Rector a persona de satisfacción de los opositores; y si alguno, o algunos de ellos quisieren guardar, lo puedan hacer, con que no impidan al que está estudiando. Todo lo qual cumpla, y observe el dicho opositor, pena de inhábil para la dicha Cáthedra; pero si los mismos coopositores no quisieren ponerse guardas, sino estudiar las lecciones en su casa, lo hagan, cumpliendo en lo demás con el tenor, y forma de estas Constituciones.

Los opositores puedan poner guardas à su coopositor quando tomare puntos para leer, si quisieren, y el orden, que en esto ha de haber.

Reformada en la Real Cédula de reformación.

Estas guardas, como se ha comentado, no eran otra cosa que un vigilante que alguno o algunos de los opositores solicitaban poner a otro u otros de sus colegas opositores, con la finalidad de que no recibieran ayuda a la hora de preparar la lección de oposición que debían preparar para el concurso. En el transcurso de la oposición que analizamos, uno de los opositores expresó de la siguiente manera la intención de poner guardas o vigilantes: "que los opositores a las Cáthedras que huvieren sospecha de que sus coopositores no harán las lecciones con el

---

[1] Palafox. 1775. XIII. CLXXXIII, véase Juan de Palafox y Mendoza, *Constituciones de la Real y Pontificia Universidad de México*, 2ª ed. Imprenta de D. Felipe de Zúñiga y Ontiveros, México, 1775.

rigor que se deue, puedan pedir q a dichos coopositores se les pongan guardas desde el tiempo que saquen los puntos".[2]

CONCURSO DE OPOSICIÓN

El concurso de oposición de la cátedra temporal de prima de cánones de 1706 se inicia con la convocatoria a claustro menor o de consiliarios. En ésta se solicita a los bedeles, Pedro y Melchor Camacho que se notifique a los señores bachilleres y doctores del Claustro para que asistan a la sesión "para dar por vaca declarándole la cátedra temporal de Prima de Cánones por haber pasado a la de Clementinas el Dr. Joseph [Juan] de la Mota..."[3].

Al día siguiente, ocho de noviembre de 1706, se llevó a cabo la sesión del Claustro menor en la que en "...virtud de la Cédula de arriba y juntos leída entendidos como sabidores de su contenido y héchose relación de haber vacado la Cathedra de Prima de Cánones de ella en que es jubilado el Ylustrísimo Sr. Obispo de Mechoacán Dr. Dn. Manuel de Escalante que en quadrienio tenía el Dr. Dn. Juan de la Mota quien pasó a la de Clementinas según expresa la Cédula de ante diem y visto el estatuto y término que manda la declararon por vaca mandando que para su nueba votación, oposición y demás conducentes se fixen edictos con término de beinticuatro horas para cuio fin se publiquen mañana martes nueve de el corriente por la mañana en Decreto y oien vísperas con cláusula del día y hora de su fixación..."[4] En el acta de esta sesión comienzan las irregularidades pues "el consejero [consiliario] de colexio de

---

2 Archivo General de la Nación (México), Ramo Universidad (en adelante AGN, RU), vol. 95, f. 030–30v.

3 AGN, RU, vol. 95, exp. 6, f. 002.

4 AGN, RU, vol. 95, exp. 6, f. 002 – f 002v.

Santos que tiene por no baca esta Cathedra en consecuencia de lo que su colexio a pedido y pide testimonio…"[5]. Aquí conviene hacer un par de observaciones: La primera es que, en el procedimiento normal, cuando una cátedra no contaba con su catedrático se procedía a declararla vacante y la segunda es que el consejero o consiliario del colegio de Todos los Santos conociendo de alguna petición que tenía interpuesta su colegio pide que se registre en el acta que él no la da por vacante. Este consejero se desapega del procedimiento y declara su negativa en función de los intereses corporativos de su colegio.

A continuación, se registra la publicación de los edictos convocatorios, en donde se establece que el martes 9 de noviembre de 1706 se pusieron tanto en el aula de Vísperas como en la de Decreto y tenían una duración de veinticuatro horas. Por tanto, su vencimiento es el miércoles diez a la misma hora de su publicación, es decir, las diez de la mañana[6].

Inmediatamente comienza el registro de los opositores. En total se inscriben 9 opositores: 2 doctores y 7 bachilleres. Todos presentan su registro y fianza. Los opositores, según su registro, son:

1. El bachiller Diego Romualdo Ruiz. Su registro y fianza se hicieron el 10 de noviembre de 1706[7].
2. El bachiller Nicolás de Poza, registrado el 9 de noviembre de 1706[8] y su fianza es del mismo día[9].

---

5 AGN, RU, vol. 95, exp. 6, f. 002v.

6 AGN, RU, vol. 95, exp. 6, f. 3.

7 El registro en AGN, RU, vol. 95, exp. 6, f. 004; y la fianza en AGN, RU, vol. 95, exp. 6, f. 005.

8 AGN, RU, vol. 95, exp. 6, f. 006.

9 AGN, RU, vol. 95, exp. 6, f. 006v.

3. El bachiller Félix Rodríguez de Guzmán, cuyo registro y fianza son del 10 de noviembre de 1706[10].

4. El bachiller Antonio de Córdova, registrado el 9 de noviembre de 1706. De la misma fecha es la fianza.[11].

5. El bachiller Joseph de Avilés; su registro y fianza son del 10 de noviembre de 1706[12]

6. El bachiller Miguel de Sotolongo, se registró el 9 de noviembre de 1706; el mismo día depositó su fianza.[13]

7. Joseph Venegas de Espinosa, registrado el 9 noviembre de 1706[14] y la fianza se encuentra fechada el 10 del mismo mes[15].

8. El Dr. Francisco Rodríguez Navarijo; su registro y fianza son del 10 de noviembre de 1706[16]

9. El Dr. Gaspar de León se registró el 10 de noviembre de 1706[17] y de la misma fecha es su fianza[18].

Todos los registros siguen el mismo patrón y no presentan ninguna novedad, salvo la del bachiller Joseph Leandro Venegas de Espinosa que a continuación transcribimos:

> Dn. Joseph Venegas de Espinosa, colegial del insigne colegio Mayor de Sta. María de Todos Santos= Digo que a mi noticia ha llegado aver edictos corrientes a la substitución de prima de cánones a cierta vacante, y sin que sea visto perjudicar los

---

10 AGN, RU, vol. 95, exp. 6, f. 007-7 v.

11 AGN, RU, vol. 95, exp. 6, f. 008-009.

12 AGN, RU, vol. 95, exp. 6, f. 010-011.

13 AGN, RU, vol. 95, exp. 6, f. 012-013.

14 AGN, RU, vol. 95, exp. 6, f. 014.

15 AGN, RU, vol. 95, exp. 6, f. 014v.

16 AGN, RU, vol. 95, exp. 6, f. 015-015v.

17 AGN, RU, vol. 95, exp. 6, f. 016.

18 AGN, RU, vol. 95, exp. 6, f. 016v.

> derechos que tiene representados mi colegio protestando no perjudicarle en nada me presento.
> A V.S. suplico me haya sido la dicha protesta por admitida pido justicia = entre renglones "Cánones" = vale
> Firma de Dn. Joseph Leandro Venegas de Espinosa[19]

Aquí surge nuevamente una situación con el opositor del colegio de Todos los Santos. En primer lugar, a diferencia de los otros ocho opositores que se presentan indicando su grado, en este caso solo se añade el título de "Don" y sin indicar el grado académico. Indica como factor de peso el ser colegial del colegio de Todos los Santos. Otro punto llamativo es que con la protesta pareciera adherirse a la petición del consejero de no aceptar que la cátedra se encuentre vacante, sin embargo, pide que se le dé por admitido. Esto sería una contradicción, no acepta por vacante la cátedra, pero se inscribe. El rector lo acepta como opositor.

Como parte del proceso de oposición se hace una convocatoria a claustro para cerrar los edictos[20]. En el documento se les pide a los bedeles que citen a los consejeros para cerrar los edictos, pero se especifica que antes de dicha reunión, el rector tomará el juramento a los nuevos consejeros del Claustro. Este aspecto es importante pues nos permite ver que hubo una renovación de los consejeros que conformaban el Claustro menor. Se trata del proceso regular de cambio de rector y consiliarios, que se llevaba a cabo entre el 10 y el 11 de noviembre de cada año.

En el auto se establece que los edictos se cerraban y que se habían registrado nueve opositores, los cuales se enlistaban para dar por válidos a dichos opositores[21]. También se especifi-

---

19 AGN, RU, vol. 95, exp. 6, f. 014. La expresión "de cánones" está superpuesta.

20 AGN, RU, vol.95, exp. 6, f. 017.

21 AGN, RU, vol.95, exp. 6, f. 017 y AGN, RU, vol.95, exp. 6, f. 017v.

ca que deben comenzar a "tomar puntos" por la mañana y por la tarde por tratarse de una cátedra de sustitución. El nuevo consejero del Colegio de Todos los Santos, Martín Recavarren, expresó que la cátedra no la tienen por vacante y que por ello no se pueden cerrar los edictos y de esto pide testimonio en el acta. Aquí se puede apreciar que con independencia del consejero en turno, el hecho de no aceptar por vacante la cátedra pareciera confirmar que se trata de una cuestión "gremial" del Colegio de Todos los Santos. El bachiller Recavarren no firma el acta sino la protesta.

Los siguientes aspectos en el concurso de oposición son la asignación de puntos, el envío de conclusiones y la lección. El proceso de asignación de puntos se realiza atendiendo en primera instancia al grado académico y en segundo término a la antigüedad. Así pues, primero tomarían puntos los bachilleres y luego los doctores. Para citar a las personas de cada grupo se atiende la antigüedad, primero asisten los graduados más recientes y al último los más antiguos. Para el envío de conclusiones y la lectura de la lección se procede en el mismo orden, pues las conclusiones se deben enviar a las cuatro horas después de tomados los puntos, en tanto que la lección se impartiría a las veinticuatro horas.

El proceso de notificación de toma de puntos, la toma de puntos en sí misma, el envío de conclusiones y la lección se realizó para algunos opositores sin mayor contratiempo, en tanto que para otros surgió una petición que alteró el orden establecido para los concursos de oposición. Veamos por persona el desarrollo de sus actividades.

El bachiller Diego Romualdo Ruíz fue notificado para tomar puntos[22] el once de noviembre, en tanto que la asignación[23]

---

22 AGN, RU, vol.95, exp. 6, f. 018.

23 AGN, RU, vol.95, exp. 6, f. 018v.

ocurrió el domingo 14 a las siete de la mañana y la lección[24] la impartió al día siguiente, el lunes 15, a diez de la mañana. Con esto concluía sin contratiempos los actos académicos a los que estaba obligado por los estatutos.

El bachiller Nicolás de Poza fue notificado para tomar puntos[25] el once de noviembre, en tanto que la asignación[26] tuvo lugar el domingo 14 hacia las dos de la tarde e impartió la lección[27] al día siguiente, el lunes 15, a las cuatro de la tarde. También concluía sin contratiempos su participación en el concurso.

El bachiller Félix Rodríguez de Guzmán fue notificado para la toma de puntos[28] el once de noviembre, en tanto que la asignación[29] se hizo el día 15 a las siete de la mañana. Impartió su lección[30] al día siguiente, 16 de noviembre, a las once de la mañana. Su participación terminaba sin contratiempos.

La notificación para el bachiller Antonio de Córdova se hizo el quince de noviembre y se le asignaron el mismo día, pero a las dos de la tarde.[31] Impartió la lección[32] al día siguiente, el 16, a las cinco de la tarde. Con esto concluyó sin contratiempos los actos académicos a los que estaba obligado por los estatutos.

El quince de noviembre fueron notificados para tomar puntos los bachilleres Avilés, Sotolongo y Joseph Venegas, así como

---

24 AGN, RU, vol. 95, exp. 6, f. 020v.
25 AGN, RU, vol. 95, exp 6, f. 018.
26 AGN, RU, vol. 95, exp. 6, f. 020.
27 AGN, RU, vol. 95, exp. 6, f. 023.
28 AGN, RU, vol. 95, exp. 6, f. 018.
29 AGN, RU, vol. 95, exp. 6, f. 020.
30 AGN, RU, vol. 95, exp. 6, f. 023v.
31 AGN, RU, vol. 95, exp. 6, f. 020v.
32 AGN, RU, vol. 95, exp. 6, f. 023v.

el Dr. Francisco Rodríguez Navarijo[33]. Dos días después, el día 17, se asignaron puntos a Avilés y Sotolongo[34]. Sin embargo, el proceso de ambos participantes se vio interrumpido. En el caso de Venegas y del doctor Rodríguez Navarijo el proceso de sus lecciones se dio en medio de la solicitud de guardas.

Por su parte, el Dr. Gaspar de León presentó su carta de desistimiento antes de la solicitud de guardas, sin embargo, fue aprobada el 16 de noviembre de 1706. Con esto quedaba exento de cumplir con cualquier evento académico del concurso de oposición.

En este estado se encontraba el concurso de oposición cuando Joseph Leandro Venegas de Espinosa presentó la solicitud de guardas. Por su relevancia considero importante incluir la petición:

> Dr. Joseph Leandro Venegas de Espinosa colegial actual del Insigne Colegio Mayor y viejo de Nuestra Señora de todos Santos como mejor haya lugar= Digo que mi colegio me señaló para hacer oposición a la Cátedra de Prima de Cánones a cuya substitución se han fijado edictos convocatorios como lo tengo ejecutado y respecto de estar sindicado mi Colegio de que si se diera cumplimiento a ponerle en posesión de la Cátedra de Instituta que su Magestad le tiene señalada en esta Real Universidad sería privarla de sujeto más útil y benemérito; reputándose a los de el Colegio solo estudiantes y para purgar calumnia tan sensible al colegio y buenos eruditos que hay, en su fundación, ha tenido y conserva, y para que se conozca que cualquiera de sus sujetos podrá desempeñar su obligación como los señores Doctores, y lo han próximamente demostrado en las Cátedras de Prima de Teología, Clementinas e Instituta:
>
> A vuestra Señoría suplico se sirva de mandar que el día que tomare puntos se me pongan guardas conforme a la constitución 183 y acudan al señalamiento de ellos los señores doctores que hubieran salido a esta oposición, que yo ejecutaré lo

---

33 AGN, RU, vol. 95, exp. 6, f. 023.

34 AGN, RU, vol. 95, exp. 6, f. 024.

mismo con sus mercedes como lo pido, y también el que me repliquen además de aquellos a quien tocase para que con la referida demostración conste de la suficiencia de los sujetos de mi colegio que todos se hallan a lo mismo cuando se ofrezca, que es el motivo que la constitución expresa, pues no hallarse todos graduados es por no perjudicar el derecho de las propinas y derechos por mitad que su Magestad tiene concedido a mi colegio. Pido Justicia y que se me de testimonio de este escrito, y lo cual se proveyere, y que luego se proceda a las diligencias necesarias, que estoy dispuesto a pagar los derechos que debiere y juro a Dios, y a la Cruz de no ser este escrito de malicia, no con otro fin que atender el decoro de mi colegio.[35]

Dn. Joseph Leandro Venegas de Espinosa. [36]

El colegial Venegas de Espinosa declaraba tener el mismo nivel de cualquier doctor y explicaba que si no detentaba el grado era debido a un criterio del Colegio de Todos los Santos, al que pertenecía. En consecuencia, se negaba a que fuera considerado, él y cualquiera de los colegiales, como un "estudiante". Por ello, solicitaba que se le pusieran guardas, es decir, vigilantes. El objetivo, parece ser el de mostrar que no necesitaba ayuda para preparar su lección.

La respuesta del rector aparece en la petición del Dr. Venegas en la parte superior de la hoja y dice así:

México y noviembre 16 de 1706

Hágaseles saber a los demás opositores lo que contiene este escrito y guárdese la constitución ciento ochenta y tres en la conformidad de que su Magestad, que Dios guarde, lo tiene aprobada y reformada, y désele el testimonio que pide y obre lo que hubiere lugar, en derecho, y si los otros opositores tu-

---

35 AGN, RU, vol. 95, exp.6, f. 025.

36 AGN, RU, vol. 95, exp. 6, f. 025v.

> bieren que decir lo hagan en forma y dentro del término. Dr. Peña[37].

El primero en ser notificado fue el bachiller Miguel Sotolongo, quien después de saber acerca de la petición de guardas responde:

> ... que por lo que a su parte toca, que aunque a mucho tiempo que ese estatuto que se cita no está en práctica, de la que se daba cuando votaban los estudiantes, no obstante por lo que mira al que declara, que hará lo propio todas las veces que se ofreciere y lo mismo todos los demás colegiales de su Colegio, y argüirán a todos los que quisieren y se les opusieren y así, siendo el señor Rector servido, puede mandar se guarde dicho estatuto y ponga en práctica pues como tiene dicho está presto, por su parte, a todo lo que ésta expresa, se obliga y pide, y esto dio por su respuesta y lo firmó. Doy fee y añadió que siendo el Señor Rector servido en la dicha oposición para leer de hora y media se estreche el término de las veinticuatro horas al que su señoría quisiere, que lo hará aunque se tiene por el más mínimo de el concurso...[38]

El segundo en ser notificado fue el Dr. Francisco Rodríguez Navarijo quien dio la siguiente respuesta:

> ... que renuncia el traslado que el Sr. Rector le manda dar de esta pretensión y está presto a cumplir con la obligación del opositor, ejecutando lo que su Señoría determinare con justicia y fuese más conveniente al lustre y servicio de la Real Universidad, sin embargo de que esta pretensión es despreciable, así por el sujeto que la intenta, como por las circunstancias en que se halla dicha Real Universidad con dicho Colegio, por cuya razón debiera y debe su señoría repeler este y semejantes escritos, pero que no obstante, como tiene dicho, hará lo que dicho señor mandare y que otro cualquiera prometiere ...[39]

---

37 AGN, RU, vol. 95, exp. 6, f. 025.

38 AGN, RU, vol.95, exp. 6, f. 025 v.

39 AGN, RU, vol.95, exp. 6, f. 025v.–26.

El tercero en ser notificado fue el Dr. Gaspar de León quien ya había presentado su retiro del concurso hacía unos días y esto fue lo que le indicó al secretario. El cuarto en ser notificado fue el bachiller Joseph de Avilés, quien ya había tomado puntos y estaba en espera de presentar su lección. Al saber de la petición acerca de las guardas respondió:

> que se guarde la constitución como ello es, en sus propios términos. Que por lo que a su parte toca hará lo que, cualquiera de los opositores dichos, hicieren, y siempre al manato del Señor Rector y su determinación[40]

El quinto en ser notificado fue el bachiller Diego Romualdo, quién al ser notificado de la petición, indicó:

> ... que atento a no tener sospecha de ninguno de los Señores opositores no pedía las guardas que en la dicha constitución se comprenden, como también, por no comprenderle a el dicho Bachiller la noticia por haber sido el primero del concurso que está así presto a dar y prestar testimonio de la fidelidad con que cumplió en el término de las veinticuatro horas ...[41]

El sexto en ser notificado fue el bachiller Nicolás Poza quien respondió:

> ... atento a que cualquiera de los del concurso podía, por sí solo, hacer la lección y no necesitaron de ayuda alguna, de ningún modo pedía les pusiesen guarda, solo si dice que por haber ya leído no la pedía para sí, pero que desde luego promete con cinco o seis testigos dar prueba de no haberle dictado, párrafo alguno, persona alguna y que si eso no fuere bastante que prometía leer de nuevo con menos de el término que el estatuto manda. Pidiéndolo alguno de los de el concurso y que argüiría en cualquier oposición con término de una hora ...[42]

---

40 AGN, RU, vol. 95, exp. 6, f. 026.

41 AGN, RU, vol.95, exp. 6, f. 026 v.

42 AGN, RU, vol.95, exp. 6, f. 027.

El séptimo en responder fue el bachiller Félix Rodríguez de Guzmán quien respondió a la notificación del auto:

> ... y por lo que le toca tiene cumplido con el acto de oposición leyendo hora y media dicha Cátedra, por cuya razón ya no se debe entender, con el que responde, ponerse las guardas para la lección, sino solo para el argumento o argumentos que como tal opositor le tocaren, y siendo necesario aunque esto es atendido el derecho no solo municipal desta Universidad sino el común, y que del contexto de el pedimento de arriba parece no se le quiso poner la circunstancia de guardas para hacer la lección, porque en él está la parte que pide satisfecha de que el que responde las que ha leído las ha hecho, y sabe hacer, como se deduce de no habérsele puesto antes este obstáculo, no obstante fuera de que consiente en que en los actos subsecuentes se ejecute lo que el estatuto arriba mencionado dispusiere. Ofrece caso necesario volver a leer sacando nuevos puntos para ello y que en todo se sujeta a lo que esta Real Universidad dispusiere conforme a derecho ...[43]

En la documentación no aparece la notificación y respuesta que pudo haber dado el bachiller Antonio de Córdova. El proceso siguió adelante. El rector convocó a reunión de Claustro, pero ante el entierro del catedrático Dr. Don Joseph de Narváez, catedrático de escritura, emite unos autos en los que indica:

> ... mandaba y mandó se guarde la Constitución 183 según y como la aprobó y reformó su Magestad, y que el opositor que quisiere las guardas ocurra ante su señoría arreglándose en todo a dicha Constitución, y en cuanto al tercer argumento que refiere el dicho Bachiller Dn. Joseph guárdense las constituciones y costumbre y no se innove, y si tuviere el dicho o los demás algunas excepciones qué alegar las opongan en el claustro de señores Conciliarios en el día que para ello se citaren, cuando se acabaren las lecciones ...[44]

---

43 AGN, RU, vol. 95, exp. 6, f. 027.

44 AGN, RU, vol. 95, exp. 6, f. 027 v.–f. 028.

El bachiller Miguel de Sotolongo deduce que la solicitud de guardas surgió por parte del bachiller Vengas por sospechar de él o los restantes opositores que faltaban por leer su lección y por ello ofrece al rector:

> en atención a ser uno yo de los opuestos a la sustitución de la Cátedra de Prima de Cánones y que la pretensión de dicho Bachiller es intentada después de haber leído algunos, y antes de leer yo, y los demás, que faltamos, parece, que el pretendiente, no aviendo tenido sospecha de los antecedentes, la tiene de mí, y los restantes; por cuya causa tengo respondido en los autos de esta causa, que aunque la constitución, que se cita esta inveterada; pero no obstante estoy llano a que se me pongan dichas guardas, y que para dar mayor satisfacción pública de mi suficiencia, y ser vana la sospecha, que contra mí resulta, suplico a Vuestra Señoría se sirva de coartarme el término de las veinte y cuatro horas, que regularmente se conceden a los relegentes por el estatuto, que yo de mi parte le renuncio, y me obligo a hacer la lección de hora y media con el tiempo, que a Vuestra Señoría le pareciere concederme, aunque sea de dos o tres horas y que en dicho término se me pongan las guardas a satisfacción de dicho pretendiente sin necesitar de ayuda alguna ni aun de la de un escribiente; y porque Vuestra Señoría no se ha servido determinar sobre este punto; y haber pasado el Secretario de escuelas a citarme para tomar esta tarde puntos con el regular mínimo de 24 horas ...[45]

El rector indica que el ofrecimiento del Bachiller Sotolongo de leer con menos del término de 24 horas no procede. Así mismo indica que los costos de las guardas serán sufragados por el opositor Venegas, pues fue él quien las solicitó:

> No ha lugar la renuncia del término por prohivirlo la constitución ciento y setenta y ocho que mando se guarde, y que el suplicante lea mañana a las 24 horas como todos, y que por lo que mira a las guardas se les haga saber a el Bachiller don Joseph Venegas, y que se le pongan, y los costee dicho Bachiller Venegas como lo dispone la constitución 183, respecto de aver sido solo dicho Bachiller Venegas quien ha intentado este

---

45 AGN, RU, vol. 95, exp. 6, f. 030–30v.

> artículo por no haberse practicado y luego ahora el Secretario se lo notifique con más [ilegible] las respuestas de sus coopositores y determinación de los autos para que si tuviere que pedir lo haga antes de tomar sus puntos[46]...

También se le notifica al bachiller Sotolongo que debería leer con el término regular de 24 horas. A lo cual se somete dicho señor. A continuación, se le notifica el contenido del auto del rector al bachiller Venegas junto con la respuesta de todos los opositores. Una vez conocidas las respuestas, respondió:

> respecto de no ser su ánimo injuriar a ninguno de los opositores pues no duda de su suficiencia, sabrán desempeñarse como lo han hecho y especialmente el Bachiller Dn. Miguel Sotolongo, de quien tiene entero conocimiento por haber concurrido en oposición a otras Cátedras, tiene por bien el que lea regularmente como se ha acostumbrado hasta aquí y por lo que toca a la respuesta del Dr. Dn. Francisco Navarijo esta llano a leer con las guardas según la disposición del estatuto a el cual se cite para que le assista a ellos y desde luego se hallana a los costos de todo ...[47]

Los últimos opositores pendientes de sacar puntos eran el bachiller Venegas, quien promovió el sistema de guardas, y el Dr. Navarijo. A ambos se les convoca para que fueran testigos de la asignación de puntos, uno del otro. Al Dr. Navarijo se le convocó a que asistiera el 18 de noviembre a la hora de costumbre a ver la asignación de puntos del bachiller Venegas. A su vez a éste se le notifica que asistiera a las dos de la tarde del 18 de noviembre para presenciar la asignación de puntos del Dr. Navarijo y observar cómo se le ponen las guardas.

La asignación de puntos del bachiller Venegas se llevó a cabo el citado día 18 a las siete de la mañana en la casa del rector. En el documento se nombran tres testigos, pero entre

---

46 AGN, RU, vol. 95, exp. 6, f. 030.

47 AGN, RU, vol. 95, exp. 6, f. 031.

ellos no aparece el Dr. Navarijo. La asignación se realizó como tradicionalmente era el procedimiento. Hacia el final del documento se le hace saber el procedimiento de las guardas:

> ... que haga la lección y la estudie en el aposento donde mora en el colegio Mayor de Santos de esta corte, donde el suso dicho lo es y donde le pueda asistir uno o dos escribientes, como lo previene el estatuto y cédula, y le asistan de guardas, como ha pedido, para que la haga con todo rigor, sin que nadie de dicho colegio ni otra persona alguna le comunique, instruya ni diga cosa alguna para lo cual nombra el Bachiller Gregorio Gutiérrez y Diego de Orcolaga, a quienes dicho Dn. Joseph Venegas dará por su trabajo a cuatro [¿pesos?] a cada uno y de su pedimento y mandato de dicho señor le asistirá a escribir el Br Dn. Gaspar Rivadeneira y Dn. Baltasar Calvo ...[48]

Tal como se observa, los dos guardas deberían ser el bachiller Gregorio Gutiérrez, el cual tomó protesta de fungir como tal. En tanto que a Diego Orcolaga no se le pudo localizar y por ello el rector nombró a Joseph Castilleja como el segundo guarda. Éste último también juro cumplir con esa obligación.

El mismo día 18, pero un poco más tarde, leía el bachiller Avilés su lección en presencia del Dr. Nicolás Sánchez, que hizo el oficio de vicerector, pues el rector estaba en el entierro del Dr. Juan de Narváez. A esta lección también asistió el rector del colegio de Santos. La lección duró hora y media de ampolleta. Los coopositores que le disputaron fueron los bachilleres Félix de Guzmán y Antonio de Córdova.

El mismo día, pero a poco más de las dos de la tarde se asignaron puntos al Dr. Francisco Navarijo ante la presencia del Rector. Como testigos se tuvieron a Diego Ysasi Melchor Camacho y Diego de Torres. Se realizó la asignación de puntos como tradicionalmente se hacía. En el evento también estuvieron presentes los bachilleres Manuel de la Corte y Martín

---

48 AGN, RU, vol. 95, exp. 6, f. 032–32v.

Recabarren, ambos integrantes del Colegio Mayor de Santos y enviados por el bachiller Venegas. A ambos, el rector los nombró guardas del Dr. Navarijo. A dicho doctor se le hizo saber:

> esté mañana a las tres en escuelas a leer dicho punto de hora y media y dentro de cuatro envíe conclusiones a los señores votos y coopositores.[49]

En tanto que a los guardas se les hizo saber

> estén en custodia de dicho doctor sin dejarle comunicar con nadie ni que le vean ni digan salvo uno o dos escribientes. Como se hizo con el de esta mañana y previene el estatuto a que dijeron estar prestos y cumplirán.[50]

En la diligencia se describe un poco más la condición en que se dejó al Dr. Navarijo:

> En dicho día mes y año a las tres de la tarde yo el secretario fui a dejar a dicho Dr. Navarijo a las casas de su morada donde lo dejé con dichos dos guardas y encerrado en cuarto que cae a otra vivienda cuya llave tenté y vi estar cerrada, la cual quité y dándosela a uno de ellos, dijo no era necesario y yo repliqué el ser preciso con que consintieron se pusiere encima de la mesa ...[51]

El mismo día, 18 de noviembre de 1706, a las cuatro de la tarde se realizó la lección del bachiller Sotolongo. Entre los asistentes se encontraban el rector, el decano y el rector del Colegio de Santos. De parte de los coopositores se encontraban el bachiller Joseph Avilés y el bachiller Antonio de Córdoba, quienes le arguyeron. Al día siguiente, los guardas del bachiller Venegas realizaron la declaración previa a la lección. Si recordamos se trataban del bachiller Gregorio Gutiérrez y Joseph Castilleja:

---

49 AGN, RU, vol. 95, exp. 6, f. 033.

50 AGN, RU, vol. 95, exp. 6, f. 033.

51 AGN, RU, vol. 95, exp. 6, f. 035.

> a quien trajeron ahora para lección en escuelas y juraron y declararon ante mí, por Dios y una Cruz, que desde que ayer los puse en su compañía y custodia no vieron entrar más que alguno de los colegiales de dicho colegio de dicho colegio [duplicado en el documento] a preguntarle cómo le iba pero que el Br. lo hizo y dictó la lección a sus escribientes que el uno le asistió muy poco, y no le habló en materia alguna, de suerte que le pudiesen dar espacios porque aunque le trajeron dos libros le sirvieron muy poco respecto de tenerlos y así le vieron hacer solo dicha lección y esto declararon debajo de dicho juramento y lo firmaron ...[52]

Inmediatamente prosiguió la lección del bachiller Venegas. Entre los asistentes se encontraban el rector, el cancelario, el decano, el oidor y el rector del Colegio de Santos. El bachiller expuso por una hora y media de ampolleta y luego le arguyeron sus coopositores: Nicolás de Poza y Félix de Guzmán. Con esta lección Venegas terminaba las actividades académicas. Ese mismo día, 19 de noviembre de 1706, se presentaron los bachilleres Manuel de la Corte y Martín Recabarren, colegiales mayores de Santos, a dar su declaración como guardas que fueron del Dr. Navarijo:

> dijeron que dese ayer que los dejé con el susodicho y tomó puntos, le han asistido y estado en su casa puntualmente, sin faltar en dicho cargo, y han visto que el susodicho, con solo un escribiente que le asistió, hizo, dictó, y estudió su lección sin comunicarlo con otra persona alguna que le viese ni dijese cosa, ni tuviese ayuda porque puntal y exactamente ha cumplido con su obligación, sin faltar a lo que ha sido de su cargo, según estatuto como debe, y en que han estado los dichos, con todo desvelo y cuidado, como así lo declaran y se ratifican debajo de su juramento que firmaron[53]...

Acto seguido, el Dr. Navarijo presentó su lección, lo cual ocurrió el 19 de noviembre de 1706 a las tres y media de la

---

52 AGN, RU, vol. 95, exp. 6, f. 035v.

53 AGN, RU, vol.95, exp. 6, f. 036 – 36v.

tarde en el general de actos. Entre los testigos se encontraban: el rector, el cancelario, el arcediano, el oidor y otros coopositores. La lección duró una hora y media de ampolleta y al terminar le arguyeron el bachiller Venegas y el bachiller Romualdo Ruiz. Con esta lección terminaban los actos académicos del concurso.

REUNIÓN DEL CLAUSTRO MENOR

El siguiente paso del concurso era la reunión del claustro menor para validar la oposición, remitir los autos al Obispo, como presidente de la junta de votación, y escuchar las excepciones, nulidades o inhabilidades que tuvieran que expresar los opositores. Esta sesión se realizó el mismo 19 de noviembre de 1706 poco después de las cinco de la tarde, una vez concluida la última lección. Una vez hecha la relación del estado de la oposición se hizo entrar a los concursantes para oír las inhabilidades que tuvieran que oponerse. Veamos cómo lo establece el acta:

> Y luego incontinente entraron en dicho Claustro todos los opositores que assi se hallaron y aquí firman. A quien les hisse saber el auto de arriba y estatuto del título tresse de escuelas como lo previene la sedula, que fecho dijeron que no tienen que decir ni oponerse cossa alguna unos a otros, de lo que contiene el statuto, que se les hizo saber, ni menos ir contra los autos. Antes sí dándose resíprocas gracias y al Sr. Rector en nombre de la escuela y lo firmaron.[54]

Firmaron el documento siete de los ocho opositores. El único que no lo hizo fue el bachiller Venegas. Llama la atención que él fuera el único opositor activo que no lo rubricó. Aquí se desconoce si se presentó a la sesión y no firmó o ni siquiera

54 AGN, RU, vol. 95, exp. 6, f. 038v.

se presentó. En cualquier caso, las guardas tanto para él como para el Dr. Navarijo surgieron de su petición y era de esperarse que si se había cumplido con su petición acudiera a indicar que ésta estaba cumplida.

Una vez concluida la presentación de nulidades retomó el claustro menor su sesión para cerrar el concurso y remitir el auto al arzobispo. Todos los consejeros votaron en enviar al arzobispo la relación del concurso. Salvo el consejero de Todos los Santos, bachiller Martín Recabarren, quien dijo:

> ... que en consecuencia de lo que tiene votado y la representación de su Colexio, no hasse dicha remisión por no tener por vaca dicha Cáthedra ...[55]

El acta se encuentra firmada por ocho consejeros, incluido el del colegio de Santos, y la novena rúbrica es la del secretario.

Los autos se remitieron al arzobispo quien en respuesta indica al secretario que se les notifique a los opositores, tanto de la cátedra de propiedad de prima de theologia como a los de prima de cánones, que enviaran la relación de sus méritos a los integrantes de la junta de votación en un plazo de tres días.

> ... desde cosa de las diez del día que se me dio esta orden hasta la oración, en diferentes horas y personalmente así en la escuela, convento de la Merced, colexio de Santos, Cathedral, Colexio de Cristo y San Ramón... cassas de su morada calles y plassas desta Ciudad donde biben encontré y pude haber a todos los opositores contenidos en estos y los autos de prima de Theología. Doctores y Bachilleres que son veinte y uno, de una y otra, les hice saber y notifiqué a cada uno *insolidum* el auto de su Excelentísima desta otra parte, que de él, entendido, dijeron lo oien. Doy fee.[56]

---

55 AGN, RU, vol.95, exp. 6, f. 039.

56 AGN, RU, vol.95, exp. 6, f. 039 v.

También indica al secretario que citó a todos los integrantes de la junta de votación:

> Pase a sitar a todos los señores que en dichas Cáthedras tienen sufraxio según, y en la forma, que hasta aquí se a hecho, les toca y es costumbre, solamente para que el día martes veinte y tres del corriente a las diez y media de la mañana se junten en las cassas Arzobispales, para ejecutar la votación, y adjudicación de dichas Cáthedras en la forma que es costumbre ...[57]

Antes de la votación, el Dr. Francisco Rodríguez Navarijo mandó un documento que pedía se leyera antes de efectuar la votación. Existen dos puntos interesantes en este documento: el primero es que indica que tiene tres constancias que demuestran que elaboró por sí mismo la lección y el segundo es que ante el tipo de cátedra que está en concurso, él es el único habilitado para ocuparla. En sus palabras lo indica así:

> que se proceda a votar con vista de la constitución ciento y veinte y ocho de esta Real Universidad en que aun para substitutos de las Cáthedras de Prima y vísperas en el tiempo de San Juan a vacaciones se requiere lean Doctores o Licenciados y que prefieran quanto más para substituciones de oposiciones que son por quatro años ...[58]

En cuanto a los tres testimonios de que habla el Dr. Navarijo, el primero lo emitió Joseph de Anaya y Bonillo, escribano del Rey. En éste indica:

> doy fee en testimonio de verdad, cómo oy día de la fecha, serían las quatro horas de la tarde, poco más o menos, estando en uno de los generales de la Real Universidad desta corte vi que el Dr. Dn. Francisco Rodríguez Navarijo Presbytero deste Arzobispado, a causa de ser uno de los coopositores a la Cathedra en Sostitución de Sagrados Cánones, Leyó su lección en una ora y media de ampoieta; ... le arguyeron como es costumbre de que resultó mucho aplauso por lo bien que lo

[57] AGN, RU, vol. 95, exp. 6, f. 040.

[58] AGN, RU, vol.95, exp. 6, f. 051.

> hiso, pues a todo el concurso les causó grande Admiración por su Magisterio...[59]

El segundo testimonio lo emitió el mismo Joseph de Anaya y Bonillo, quien asistió a la casa en que estaba preparando su lección el Dr. Navarijo. Al entrevistar a los bachilleres Manuel de la Corte y Martín Recavarren obtiene su testimonio en el que indican:

> estaban allí puestos por guardas del dicho Doctor Dn. Francisco Rodríguez Navarijo, para que por sí solo hisiera la lección, como con admiración la havia hecho, y cumplido con su obligación, bien y fielmente sin ayuda ni fomento de tercero ni otro sujeto alguno[60]

El tercer testimonio lo emitió, Antonio Negrete, Notario Público del juzgado de testamentos, capellanías y obras pías del Arzobispado. Este personaje fue en busca del Dr. Navarijo e indica:

> le hallé con un libro en la mano dictándole a el Bachiller Joseph de Araujo, cursante de leyes, que me dijo haviéndole apuntado el negocio a que yba, que otro día nos veríamos porque por ahora se hallaba enbarasado y estaba haciendo la lision que ha de hacer mañana en la tarde, a la oposición que haze a la Cáthedra de Prima de Cánones en Sostitucion, y estaba solo con dicho Bachiller Joseph de Araujo y enfrente de la mesa donde estaba haciendo dicha lision estaban sentados en dos sillas Dn. Manuel Gómes de Corte y Dn. Martín de Recabarren colegiales del colegio de nuestra Señora de todos Santos[61]

En resumen, el Dr. Navarijo presentaba a su manera testimonio de que había cumplido con las guardas e indicaba que la cátedra solamente podría ser asignada a él, el único doctor

---

59 AGN, RU, vol. 95, exp. 6, f. 052.

60 AGN, RU, vol. 95, exp. 6, f. 053.

61 AGN, RU, vol. 95, exp. 6, f. 054.

entre todos los opositores. El 23 de noviembre de 1706 se llevó a cabo la votación para la asignación de la cátedra. De un total de ocho votos, el Dr. Navarijo obtuvo 7 y el bachiller Venegas únicamente uno. En consecuencia, se le asignó la cátedra al Dr. Navarijo, quien el día 26 del mismo mes tomó posesión de dicha cátedra.

* * *

Como conclusión se puede indicar que las guardas no eran y en los siguientes años no fueron una constante en los concursos de oposición. También se aprecia que la petición de guardas surgió como una cuestión gremial del Colegio de todos los Santos, esto se puede sostener por el papel que jugaron los dos consejeros y el Rector de dicho colegio. El único doctor en el concurso pudo oponerse a las guardas, pero las aceptó. Seguramente que ante la coyuntura decidió aprovecharla planeando los tres testimonios, dos por parte del escribano Joseph de Anaya y Bonillo y una por parte del Notario Público Antonio Negrete. Adicionalmente argumentó que, él era el único habilitado a cubrir la plaza al ser el único doctor, tal como lo establecía la constitución ciento veintiocho de la Real Universidad. Finalmente cabe indicar que desde nuestro punto de vista este concurso de oposición rebasó la cuestión académica y nos permite ver los juegos políticos de los distintos colegios de la época.

Capítulo 8

DE LA REAL UNIVERSIDAD DE MÉXICO A LA UNAM: LA PERMANENCIA DE LA MEMORIA IMPERIAL

MIRIAM TEJERO LÓPEZ
(Universidad de Granada)

El estudio mexicano nace por una real provisión, emitida por Felipe II, en nombre de su padre el emperador Carlos V, el 21 de septiembre de 1551. La caída de México-Tenochtitlan acontece el 13 de agosto de 1521. Entre un fenómeno y otro apenas transcurren treinta años. Por lo tanto, la universidad surge en un momento en el que la sociedad virreinal está todavía en proceso de formación. Esta circunstancia será decisiva, tanto en su surgimiento, como en su puesta en marcha y organización.

La intención de la corona española fue la de trasladar el modelo de vida peninsular a los nuevos territorios americanos. Y atendiendo al tema que nos ocupa, en esta época se produce un verdadero auge de fundaciones universitarias en la Península. El motivo principal es que la corona demandaba un alto número de funcionarios civiles y de religiosos que contribuyeran al correcto funcionamiento del nuevo estado moderno. Y aunque en la Edad Moderna, las fundaciones reales se limitan al caso de Granada, surgida por cédula imperial en 1526, la intromisión de la corona en las universidades será importante. Las instituciones educativas se habían desarrollado en estrecha vinculación con la Iglesia, pero Carlos V entendió que éstas debían servir a su imperio, de ahí que el poder pasase de manos eclesiásticas al ámbito civil. Véase la Universidad de Salamanca, durante la época del emperador, la institución se enfrenta a las continuas intromisiones de los visitadores reales, siendo reformada con nuevos estatutos aprobados en 1538[1]. El propio Carlos V transita por las aulas del Alma Mater salmantina y participa de sus actos en 1534[2]. Los visitadores reales también fueron asiduos en las otras dos Universidades Mayores del reino: Valladolid y Alcalá de Henares. En ambas instituciones el emperador se convierte en el árbitro que dirige esa lucha de poderes entre el centro de enseñanza y el cabildo eclesiástico, intentando siempre dejar clara la primacía de su patronazgo. Asimismo, intervino en las confrontaciones surgidas con los poderes civiles tratando de equilibrar la balanza, pero favoreciendo, mayoritariamente, a las universidades[3].

---

1 El papado siempre había estado fuertemente unido a las cuestiones educativas, llevando la batuta en los asuntos universitarios. No obstante, el influjo papal se somete a la autoridad temporal y la aprobación estatuaria de 1538 es prueba de ello. Pues la reforma acontece en la fecha citada, y la aprobación papal, no llega hasta 1543, mediante bula emitida por Paulo III. Felipe Pereda, *La arquitectura elocuente. El edificio de la Universidad de Salamanca bajo el reinado de Carlos V,* Madrid, Sociedad Estatal para la Conmemoración de los Centenarios de Felipe II y Carlos V, 2000, p. 229.

2 Inmaculada Arias de Saavedra Alías, "Las universidades hispánicas durante el reinado de Carlos V", en José Martínez Millán, Jesús Bravo Lozano, Félix Labrador Arroyo (coords.), *Carlos V y la quiebra del humanismo político en Europa: Congreso internacional, Madrid 3-6 de julio de 2000,* 3, Madrid, Sociedad Estatal para la Conmemoración de los Centenarios de Felipe II y Carlos V, pp. 369-406; Pilar García Valero, *La Universidad de Salamanca en la época de Carlos V,* Universidad de Salamanca, 1988; Claudia Möller Recondo, "Carlos V y la Universidad de Salamanca", en: Francisco Sánchez-Montes González y Juan Luis Castellano (coords.), *Carlos V: europeísmo y universalidad: Congreso internacional, Granada mayo 2000,* Madrid, Sociedad Estatal para la Conmemoración de los Centenarios de Felipe II y Carlos V, vol. 5, 2001, pp. 429-460.

3 José María Francisco Olmos, "La Universidad, los arzobispos de Toledo y la Corona", en José Luis Gonzalo Sánchez Molero (dir.), *V Centenario de la*

Como dijimos previamente, en la Península, las fundaciones reales se limitan al caso de la universidad granadina. No obstante, el emperador fundará, con apenas unos meses de diferencia, otras dos universidades más en territorio americano, la mexicana que ocupa este trabajo, y la Real Universidad de San Marcos de Lima en la fecha del 12 de mayo de 1551. Ambas universidades tomaron a la granadina como ejemplo y justificación para su surgimiento, pues la puesta en marcha de la Universidad de Granada obedece a su instrumentalización para lograr, de forma pacífica, la conversión y asimilación de la población morisca. De modo que, la vinculación entre las tres universidades carolinas no se reduce a su común fundador, que además poseía el patronazgo de aquella iglesia, sino que comparten la similitud de nacer en tierra de conquista con un importante volumen de población que requería ser evangelizada. Recordemos que la implantación y extensión del cristianismo era el fin último y servía de justificante a la conquista. Además, las tres universidades comparten la cualidad de no haber vivido ese regalismo al que sí que habían sido sometidas las otras Universidades Mayores a las que nos hemos referido. Hay que tener presente el hecho de que aunque la Universidad de Granada, sí que es una iniciativa del propio Carlos V, ésta se hizo dependiente de las rentas eclesiásticas, lo que otor-

---

Biblia Políglota Complutense: la universidad del Renacimiento, el renacimiento de la universidad, Madrid, Universidad Complutense de Madrid, Servicio de Publicaciones, 2014, pp. 504-530; Antonio Alvar Ezquerra (coord.), *Historia de la Universidad de Alcalá,* Alcalá de Henares, Servicio de Publicaciones de la Universidad de Alcalá, 2010, pp. 153-184; Margarita Torremocha Hernández, "El Rector de Valladolid en la Edad Moderna. Los límites de la autoridad académica", en Enrique González González y Leticia Pérez Puente (coords.), *Universidades Hispánicas 1551- 2001. Permanencia y Cambio,* México, 2005, pp. 217-247, Margarita Torremocha Hernández, "Intervención regia en la Universidad de Valladolid del Antiguo Régimen", en Mariano Peset Reig (prólogo), *X Congreso Internacional de historia de las Universidades Hispánicas: Valencia, noviembre 2007,* vol. 2, 2010, pp.445-466.

gó un considerable peso a la Iglesia en su dirección[4]. En el caso de las instituciones americanas, son fruto de las gestiones realizadas por otros actores sociales que estaban orquestando la formación de esa, todavía incipiente, sociedad virreinal. Esto unido al hecho de que su año de surgimiento, 1551, estaba muy próximo a la abdicación política del emperador en 1556, condicionará su intromisión en ellas, aunque el carácter real de su surgimiento será un factor a tener en cuenta.

EL CARÁCTER REAL DE LA UNIVERSIDAD DE MÉXICO

Como hemos apuntado, el germen de la universidad mexicana fue plantado por las iniciativas de los distintos protagonistas que estaban dando forma al proyecto de sociedad virreinal que cada uno quería desarrollar[5].

El primer obispo de México, fray Juan de Zumárraga, fue uno de estos agentes. Zumárraga en la conocida "Instrucción", redactada en 1536, plantea la necesidad de establecer "una universidad a donde se lean todas las facultades y ciencias y sacra

---

4 María del Carmen Calero Palacios, "La Universidad de Granada: los documentos fundacionales", en María del Carmen Calero Palacios, Inmaculada Arias de Saavedra y Cristina Viñes Millet (coords.), *Historia de la Universidad de Granada,* Granada, Universidad de Granada*, 1997.*

5 Cabe aclarar que, para el cometido de este trabajo, profundizar en el proceso de fundación de la universidad de México no es importante, la referencia a él es un mero contexto para entender sus orígenes. Para ahondar en esta cuestión se recomienda la consulta de las siguientes fuentes: Sergio Méndez Arceo, *La Real y Pontificia Universidad de México. Antecedentes, tramitación y despacho de las reales cédulas de erección,* México, Universidad Nacional Autónoma de México, 1990 o Armando Pavón Romero, "Fundación de la Real Universidad de México", en Clara Inés Ramírez González, Armando Pavón Romero y Mónica Hidalgo Pego (coords.), *Tan lejos tan cerca. A 450 años de la Real Universidad de México, México,* Universidad Nacional Autónoma de México, 2001, pp. 19-31.

theología, porque si S.M., habiendo en España tantas universidades y tantos letrados, ha proveído a Granada de una universidad, por más razón de los nuevos convertidos de los moros; cuanto más se debe proveer por semejante manera a esta tierra ..."[6]. En la mente del religioso, la universidad no era un centro de enseñanza para la erudición, ni para dignificar a la urbe, sino que era el medio que facilitaría las respuestas en el vasto y complicado proceso de evangelización. Su referencia a Granada, con la cuestión de integración de la población morisca, confirma su anhelo. La función de la universidad granadina y del Colegio Real de Santa Cruz de la Fe (con el que compartía sede) queda perpetuada en la fachada de su edificio, concretamente en la inscripción conjunta de los tres frisos de las ventanas, que se completan con las de los tondos, donde dice así: "Para disipar las tinieblas de los infieles esta casa de las letras fue fundada por orden del rey de las Españas, el muy cristiano y siempre augusto Carlos. Con el esfuerzo y la dedicación del ilustrísimo y reverendísimo señor arzobispo de Granada Gaspar Dávalos. En el año 1532 después del nacimiento de nuestro señor Jesucristo" [7].

El texto de Zumárraga fue malinterpretado por parte de la Corona, que entendió que el prelado quería continuar con su plan de educación para los indígenas. El virrey, don Antonio de Mendoza, consideró precipitada esta primera propuesta, ya

---

6 Juan de Zumárraga, "Instrucción de don fray Juan de Zumárraga a sus procuradores ante el Concilio Universal, México, febrero de 1537", en Mariano Cuevas, *Documentos inéditos del siglo XVI para la historia de México,* 2ª ed., México, Editorial Porrúa, 1975, pp. 65 y 66.

7 Esta traducción ha sido realizada por José Manuel Rodríguez Peregrina, especialista en latín renacentista, del departamento de Filología Latina de la Universidad de Granada. La inscripción latina es la siguiente: *"Ad fugandas infidelium tenebras haec domus letteraria fundata est christianissimi Karoli semper augusti Hispaniarum regis mandato. Labore et industria ilmi. ac revmi. Dmni. Gasparis Davalos archiepiscopi granatensi. Anno a Natali Domni. Nri. Ihu.Xpi. MDXXXII".*

que la "Instrucción" despertó el recelo del ayuntamiento, por ir en contra de las encomiendas, y el gobernador no quería granjearse la enemistad de las autoridades civiles.

Por su lado, el cabildo municipal, tras reunirse con el propio Mendoza, redactó una serie de peticiones, entre las que vuelve a aparecer la de crear un Estudio General. Esta vez, Mendoza, sí que apoyó el documento. Este nuevo giro se debió a que la universidad fue planteada como un centro en el que los hijos de españoles podrían formarse, evitando los peligros derivados del difícil viaje a la Península. Ante esta petición, el emperador emitió cédula favorable el 3 de octubre de 1539, para que se erigiera una cátedra de Teología. Sin embargo, este primer proyecto universitario no próspero porque los protagonistas del ámbito civil, que solicitaron su apertura, no se comprometieron con el mismo. A su vez, Zumárraga terminó desilusionándose y abandonando el proyecto[8].

Un momento clave y decisivo será el año de 1542. El 20 de noviembre del año citado, en Barcelona, Carlos V promulgó las Leyes Nuevas de Indias. En este corpus legislativo, la Corona establecía las bases sobre las que debía construirse y regirse la sociedad virreinal. Los temas abordados, en este conjunto de leyes y ordenanzas, han sido ampliamente tratados, pero de manera esquemática podríamos resumirlos de la siguiente forma: abolición de la esclavitud indígena y limitación de la jurisdicción y de la temporalidad de las encomiendas, así como su supresión en casos en los que existiera maltrato por parte del encomendero hacia los naturales.

Al otro lado del mar, el ayuntamiento de la ciudad de México terminó de redactar, el 28 de noviembre del mismo año,

---

8 Las causas que propiciaron un cambio de actitud en el obispo han sido planteadas en: Sergio Méndez Arceo, *La Real y Pontificia Universidad de México. Antecedentes, tramitación y despacho de las reales cédulas de erección...*, pp. 78 y 79.

otro documento[9] que no era otra cosa que el proyecto de sociedad anhelado por los conquistadores. En éste se trataba sobre todo el asunto referido a la perpetuidad de las encomiendas y la exención de impuestos en sus actividades comerciales.

En relación, al tema que nos ocupa, ambos escritos aluden a la universidad. Por un lado, las leyes redactadas en Barcelona establecen esa urgencia de crear "universidades *y* estudios generales donde sean instruidos *y* graduados en todas ciencias *y* facultades, y por el mucho amor y voluntad que tenemos dé honrar y favorecer á los de nuestras Indias, y desterrar de ellas las tinieblas de la ignorancia, criarnos, fundamos y constituimos en la ciudad de Lima de los reinos del Perú, y en la ciudad de Méjico de la Nueva España universidades y estudios generales"[10].

En su caso, los encomenderos encontraban fundamental la formación de letrados, lo que convertía a la universidad en una institución indispensable:

> Suplicar a S.M. Sea servido de hacer merced a esta cibdad e Nueva España de que haya en esta dicha cibdad universidad de estudio de todas ciencias porque los hijos de españoles e naturales las aprendan e se ocupen de toda virtud e buenos ejercicios, e salgan e haya letrados de todas facultades, porque de mejor voluntad huelguen de permanecer en la tierra, pues está notorio el mucho inconviniente e gastos que hay si los españoles hobiesen de enviar sus hijos a los estudios de España; que ara que esto se efectúe S.M. sea servido de situar la renta necesaria para que de todas ciencias haya cátedras, y pues para los naturales ha sido S.M. Servido de proveer e mandarlo así, con mayor razón e justa cabsa es justo se haga la dicha

---

9 "Capítulos que por Instrucción y delegación de la Ciudad de México fueron expuestos ante S.M. por los procuradores Loaiza y Cherinos". Mariano Cuevas, *Documentos inéditos del siglo XVI para la historia de México*..., pp. 109-118.

10 *Recopilación de Leyes de los Reinos de las Indias mandadas y publicar por su Majestad Católica del Rey Carlos II.* Ley 1, tít. 22, lib. 1.

> merced para los españoles pues cuanto hay tanta.. (palabra ilegible) dellos legítmos y naturales[11].

Podemos apreciar que, en ambos documentos, se específica que la universidad será fundada para los naturales y para los hijos de españoles. De hecho, en la cédula real emitida en 1551 se mantendrá esta característica inclusiva. Pese a ello, hay notables diferencias entre los dos textos, sobre todo si atendemos a la última parte del documento generado en México. En este, el rencor del ayuntamiento es palpable ante la generosidad mostrada por el emperador para la educación de los indios. Claramente alude a los fondos reales destinados al Colegio de Tlatelolco, fundado unos años antes. Por eso consideran que "con mayor razón y siendo justo", se concedan rentas reales a la universidad.

No vamos a entrar en las dilatadas negociaciones que se producen, entre la Corona y el Ayuntamiento, con motivo del desacuerdo mostrado por estos últimos ante el tema de las encomiendas. Pero sí que nos interesaba aclarar la visión que cada agente tenía sobre ellas. Porque ahí, en esa variedad de posturas, hallamos la clave para entender el distinto papel que la universidad ocuparía en la formación de la sociedad virreinal.

En septiembre de 1551, Felipe II emitirá tres cédulas, en nombre de su padre, que autorizaban la fundación universitaria. Se le concedían los privilegios del Estudio salmantino, a excepción de gozar de jurisdicción propia (cuestión importante y determinante) y de la exención del pago de impuestos. El emperador otorgó mil pesos para el financiamiento y mandaba al virrey y a la audiencia facilitar todo lo necesario para su puesta en marcha. De forma que Carlos V se convertía en el patrón de

---

11 "Capítulos que por Instrucción y delegación de la Ciudad de México fueron expuestos ante S.M. por los procuradores Loaiza y Cherinos". Mariano Cuevas, *Documentos inéditos del siglo XVI para la historia de México…*, p.112.

la institución, decidiendo su forma de organización, y el virrey en su vicepatrón.

El hecho de que el estudio mexicano no dispusiese de jurisdicción propia ya establecía una diferencia a tener en cuenta con respecto al Alma Mater salmantina. La universidad del Tormes se estructuraba mediante un modelo de gobierno "horizontal" en el que su organización era regentada por sus propios miembros, por una corporación de estudiantes, mediante un sistema de claustros. De su lado, la de México, seguía una organización vertical, siendo dirigida por un grupo de doctores[12]. Tengamos en cuenta que la tendencia centralizadora del Estado Moderno buscaba acabar con las formas de poder autónomo, siendo todo detentado por una persona, el soberano. Además, el emperador ya había experimentado en primera persona las complicaciones que podían derivarse de esto, pues sus conflictos fueron numerosos con la Universidad de Salamanca, quién se instituyó como un campo de contrapoder[13] que pretendía actuar de manera independiente con base en sus propios intereses.

Con respecto a la ceremonia de inauguración del estudio, disponemos de los relatos emitidos por el cronista de la orden agustina, fray Juan de Grijalva, el del rector Marcelino de Solís y Haro y el del cronista de la universidad, Bernardo de la Plaza y Jaén. Cabe aclarar que no se conserva material de archivo que sirva de garantía a la narración de los citados escritores. Estos tres autores establecen la fecha del 25 de enero de 1553 y la Iglesia y del Colegio de San Pablo, de la orden agustina, para la ceremonia inaugural. Según ellos el acto se estructuró en una

---

12 Para esta cuestión se recomienda la consulta de Clara Inés Ramírez González, *Grupos de Poder clerical en las universidades hispánicas. Los regulares en Salamanca y México durante el siglo XVI*, México, CESU-UNAM, 2001, vol. I.

13 Este término ha sido acuñado y utilizado por Claudia Möller Recondo en "Carlos V y la Universidad de Salamanca", p. 441.

ceremonia pública, seguida del canto de una misa solemne y culminada por una procesión hasta el edificio que debía servir de emplazamiento a las escuelas. En dicho acto estuvieron presentes el virrey Velasco, los oidores y los hombres de letras. No nos interesa especialmente que la fecha citada se corresponda con la realidad, ya que fue prácticamente imposible que la misa aconteciese en el lugar mencionado[14], pues ni la iglesia ni el colegio estaban todavía construidos; sino comprobar que, en la versión oficial que se consolidó de la inauguración, la presencia de las autoridades civiles máximas fue imprescindible. No tanto la de alguna autoridad eclesiástica, por ejemplo, del cabildo catedralicio, que también se había pronunciado a favor de la creación de la institución educativa, y que no aparece citada.

De lo que sí se ha conservado registro[15] es de la lección inicial de retórica efectuada por Francisco Cervantes de Salazar, el 3 de junio de 1553. A esta acudieron el virrey y los jueces de la audiencia, así como otros vecinos de la ciudad. El resto de cátedras inició a lo largo del mes de junio y de julio. E igualmente aparece el virrey presidiendo el acto. Siguen las actividades inaugurales con el registro de matriculación del alumnado y el nombramiento de las autoridades escolares. Finalmente, el 21 de julio de 1553, se funda la institución universitaria propiamente dicha, con la conformación del primer claustro de

---

14 Con respecto a este tema, remitimos al trabajo de Armando Pavón Romero, "Sobre la efeméride de apertura de la Real Universidad de México, en Jorge Correa Ballester (coord.), *Universidad y Sociedad: Historia y pervivencias*, Valencia, Servicio de Publicaciones de la Universidad de Valencia, 2018, pp. 419-432.

15 Que no se conserve documentación previa a esta no es extraño. Todavía no existía la corporación y, con la asignación de las cátedras, nacerá la creación del archivo. Esta conclusión ha sido trabajada en: Lorenzo Luna, "Las ceremonias de fundación de la Universidad de México (1553). Una propuesta de análisis, en Clara Inés Ramírez González (ed.), *Obras. Lorenzo Luna*, México, Instituto de Investigaciones sobre la Universidad y la Educación, Universidad Nacional Autónoma de México, 2014, p. 168.

doctores[16]. Si la Universidad de Salamanca había sido una corporación de estudiantes, la mexicana nacía como una corporación de hombres doctos, siendo los representantes de la corona quienes ejercerían el gobierno de la institución académica, los mismos que manejaban la administración del Virreinato.

Nos hemos afanado en analizar los distintos pasos de la ceremonia para poner de relieve su significación. Pues a través de los actos inaugurales percibimos tres mensajes claros: el lugar que se esperaba que ocupase la universidad dentro la sociedad virreinal en construcción, el protagonismo que tendrían sus distintos agentes y su incuestionable carácter real. En el Nuevo Mundo la tradición universitaria era inexistente, lo que les permitió definir la suya propia.

LA VISIÓN QUE DE LA REAL UNIVERSIDAD SE TUVO DURANTE LA FUNDACIÓN DE LA UNIVERSIDAD NACIONAL AUTÓNOMA

Todo acontecimiento supone una consecuencia que resulta de una causa previa. El nacimiento de la Universidad Nacional Autónoma de México será uno de los resultados del cambiante México del s. XIX.

La Real Universidad, en consonancia con el resto de instituciones hispanoamericanas, se desarrolló bajo el ala de la monarquía, lo que siempre se manifestó a través de una fidelidad pública a los intereses reales. Tanto es así, que su finali-

---

[16] No perdamos de vista el hecho de que la universidad era una asociación de individuos, con identidad propia, con obligaciones y privilegios, provista del monopolio de los grados académicos en las distintas facultades o ciencias. Armando Pavón, *El gremio docto. Organización corporativa y gobierno en la Universidad de México en el siglo XVI*, Valencia, Servicio de Publicaciones de la Universidad de Valencia, 2010, p. 59.

dad principal fue formar a los futuros dirigentes de la sociedad novohispana, que representaban y salvaguardaban el proyecto de la corona en tierra americana. Además, la expulsión de los jesuitas en 1767, ordenada por Carlos III, una institución religiosa que gozaba de un notable reconocimiento, una influencia tangible y un poder económico, moral e intelectual, sirvió de advertencia a la Universidad. Lo que no devino en una sumisión absoluta sin objeciones. En 1777, ante el deseo patente del monarca por detener el acceso criollo a los cargos claves, la Universidad redactó una representación a Carlos III, en la que clamaba, no solo por sus intereses, sino también por los de la Iglesia, es decir, por lo que afectaba a la élite novohispana. Verdaderamente el escrito no tuvo el eco esperado, pues el monarca impuso su voluntad real, que los puestos importantes fuesen detentados por peninsulares. Por la misma época, el reformismo borbónico igualmente intentó penetrar en el programa de estudios mexicano. La oposición de la corporación universitaria fue total, a cambio claro, de una fidelidad sin fisuras hacia el monarca. De modo que, sin dejar de ser leal, la universidad procuraba velar por lo que consideraba sus derechos y privilegios[17].

En 1808, durante la invasión napoleónica en la Península, y el vacío de poder que se produjo con el rey cautivo, la Universidad volvió a demostrar su lealtad a la monarquía. Manifestó su apoyo verbal mediante un discurso y con un donativo de 11 mil pesos, para contribuir en términos económicos a la guerra contra los franceses. Asimismo, intentó acuñar una medalla con el

---

17 Rodolfo Aguirre Salvador, "La Real Universidad de México: de la colonia a la independencia", en Hugo Casanova Cardiel (coord.), *La UNAM y su historia: una mirada actual*, México, Instituto de Investigaciones sobre la Universidad y la Educación, Universidad Nacional Autónoma de México, 2016, pp. 88-92.

busto de Fernando VII, aunque la falta de fondos imposibilitó la iniciativa[18].

La crisis vivida durante la invasión francesa supuso el pretexto para que los mexicanos sintiesen la necesidad de gobernarse a ellos mismos dejando de depender de la metrópoli. De este modo, en 1810, estalló el movimiento insurgente liderado por el cura Miguel Hidalgo. El panorama político de México se dividió entre los realistas y los insurgentes[19]. Lógicamente, la Universidad, como institución virreinal, se posicionó a favor de la Corona. Dentro de su campo de acción, las palabras, inició una lucha para desacreditar al movimiento insurgente. El rector de la Universidad, Josef Julio García de Torres, escribe al virrey, Francisco Xavier Venegas, para aclarar que el cura Miguel Hidalgo no había recibido el grado ni en la universidad mexicana, ni en la de Guadalajara y que si así fuese, se le depusiese. Pero no solo eso, sino que el rector pide que:

> ... circule esta noticia por medio de la gaceta y diario, para que entienda el público, que hasta ahora la universidad tiene la gloria de no haber mantenido en su seno, ni contado entre sus individuos, sino vasallos obedientes, fieles patriotas y acérrimos defensores de las autoridades y tranquilidad pública; y que si por su desgracia alguno de sus miembros degenerase de estos sentimientos de religión y honor que la academia mexicana inspira a sus hijos, a la primera noticia lo abandonaría y proscribiría eternamente[20].

---

18 Rodolfo Aguirre Salvador, "La Real Universidad de México: de la colonia a la independencia"..., pp. 94-98.

19 Ernesto de la Torre, "La Independencia", en Miguel León-Portilla (ed.), *Historia Documental de México 2*, México, Instituto de Investigaciones Históricas, UNAM, 2013, pp. 25-206.

20 "El rector de la Universidad avisa al virrey que don Miguel Hidalgo y Costilla no ha recibido el grado de doctor", en Virginia Guedea y Alfredo Ávila (coords.), *Colección de documentos para la Historia de la Guerra de Independencia de México de 1808 a 1821*, tomo II, México, Universidad Nacional Autónoma de México, 2007, Doc. 60.

Entre 1811 y 1816, el edificio universitario, en la Plaza del Volador, se convirtió en cuartel militar de las tropas realistas, su patronazgo real imposibilitaba rehuir esa necesidad, aunque ello truncase la regularidad de su actividad académica, teniendo que trasladarse al edificio del ex colegio jesuita de San Ildefonso, y supusiese un importante destrozo material de la Casa de las Letras. Los esfuerzos de la monarquía, por acabar con la rebelión, devinieron en una falta de recursos económicos que se hicieron sentir en la institución universitaria que dejó de recibir el subsidio real[21]. De esta crisis interna no logró ya recuperarse y, cuando triunfa la emancipación en 1821, se posiciona a favor de los que ahora tenían el poder, olvidando esa fidelidad monárquica, de la que había hecho gala hasta entonces. Aunque intentó adaptarse al cambio político, se consideraba una institución anquilosada. Y esta percepción pone en riesgo su funcionamiento desde 1833, hasta resultar su clausura definitiva en 1865 por decreto de Maximiliano. Sufrió idas y venidas, que conllevaban su cierre y reapertura, a causa de las desavenencias entre conservadores y liberales por considerar a la institución universitaria como una de las más representativas del derrocado sistema virreinal[22].

Precisamente el sistema corporativo, propio de la Universidad de Carlos V, fue una de las objeciones impuestas a Justo Sierra cuando, en 1881, presenta en la Cámara de los Diputados un proyecto de ley para instaurar la Universidad. Así nos lo hace saber el propio Sierra en el discurso ofrecido el 26 de abril de 1910:

---

21 Rodolfo Aguirre Salvador, "La Real Universidad de México: de la colonia a la independencia", pp. 110-113.

22 Liliana Trápaga Delfín, "Clausura y refundación de la Universidad (1833-1910)" en VV.AA., *Un destino compartido: 450 años de presencia de la Universidad en la Ciudad de México*, México, Programa Editorial de la Coordinación de Humanidades, UNAM, 2004, pp. 85-87.

> Entonces tres objeciones se presentaron al autor de la iniciativa, que lo hicieron desistir en aquellos momentos de ella. Una de esas objeciones fue rápida, instantánea, surgió al ser presentado el proyecto; quizá se encuentre aquí uno de los autores de ella. ¿Por qué se trata de resucitar, se me decía, una cosa que está muerta, y que ha muerto bien? La Universidad era un cuerpo que había cesado de tener funciones adaptables a la marcha de la sociedad, por eso murió, por eso hizo bien el partido liberal en matarla y enterrarla[23].

Las otras dos objeciones eran la necesidad de contar con una educación primaria y secundaria consolidada, y la negativa a que el Estado sustentase, en sentido económico, a la Universidad y no pudiese intervenir en sus políticas de investigación y docencia. Sierra estaba planteando, en esta inicial propuesta, la anhelada y futura autonomía universitaria.

Volviendo al discurso, de abril de 1910, en él emite un juicio positivo de la actitud imperial cuando dice: "por eso se creó una Universidad de la cual no fueron excluidos ni los indígenas, por tal manera que realmente es una muestra de la amplitud de miras con que los monarcas y el Consejo de Indias entendieron siempre la cultura de estos pueblos"[24]. E incluso le reconoce su labor, afirmando que "la Universidad realizó ver-

---

23 Discurso del señor ministro de Instrucción Pública y Bellas Artes al presentar a la Cámara de Diputados la iniciativa para la fundación de la Universidad Nacional, el 26 de abril de 1910 en Justo Sierra, *Obras completas, Discursos,* t. V, México, UNAM, 1948, pp. 418-429. Otro análisis de los dos discursos de Sierra, del 26 de abril de 1910 y del 22 de septiembre del mismo año en Armando Pavón Romero, "México: de la universidad colonial a los primeros atisbos de la autonomía contemporánea" en *Autonomía universitaria y exilio académico,* México, Bonilla Artigas Editores, 2018, p. 21-37.

24 Discurso del señor ministro de Instrucción Pública y Bellas Artes al presentar a la Cámara de Diputados la iniciativa para la fundación de la Universidad Nacional, el 26 de abril de 1910, p. 420.

daderos milagros en el orden mental de aquel tiempo"[25]. El método de enseñanza empleado en la Real Universidad era la escolástica, método que pugnaba por ser desechado en la institución educativa de Sierra, pero apreciamos como aquí no lo condena con la misma acritud que empleará posteriormente.

El proyecto de Sierra no logrará su éxito hasta 1910. Siendo inaugurada la Universidad Nacional Autónoma de México el 22 de septiembre del citado año, coincidiendo con los festejos por el centenario de la Independencia. La ceremonia tuvo lugar en el Anfiteatro de la Escuela Nacional Preparatoria. Representantes de la Universidad de California, París y Salamanca acompañaron a la universidad mexicana en su acto inaugural, sirviendo como madrinas de la naciente institución. La presencia de la Universidad de Salamanca tenía un considerable peso simbólico de cuyo motivo da cuenta Justo Sierra, en el homenajeado discurso:

> La Universidad de Salamanca, en cuyos estatutos se sembró la planta exótica de nuestra Universidad colonial, porque representa nuestra tradición, porque en ella queremos proclamar nuestro abolengo del que, a riesgo de ser tenidos, no sólo por ingratos, sino por incapaces de sentido histórico, es decir, por incapaces de cultura, no podemos renegar [26].

El reconocimiento a la universidad virreinal no impide a Sierra recalcar la ruptura de cualquier vínculo posible con ella: "Si no tiene antecesores, si no tiene abuelos, nuestra Universi-

---

25 Discurso del señor ministro de Instrucción Pública y Bellas Artes al presentar a la Cámara de Diputados la iniciativa para la fundación de la Universidad Nacional, el 26 de abril de 1910, p. 421.

26 Justo Sierra, Discurso Inaugural de la Universidad Nacional, en Juan Ramón de la Fuente (prólogo), *Discurso inaugural de la Universidad Nacional*, de la colección Pequeños Grandes Ensayos, México, UNAM, 2004, p.47. Una edición más reciente en *El proceso de creación de la Universidad Nacional de México a través de las fuentes documentales*, introd. y comp. de María de Lourdes Alvarado y Martínez Escobar, México, UNAM, 2013, pp. 266-289.

dad tiene precursores; el gremio y el claustro de la Real y Pontificia Universidad de México no es para nosotros el antepasado, es el pasado. Y, sin embargo, la recordamos con cierta involuntaria filialidad; involuntaria, pero no destituida de emoción ni interés"[27].

En este discurso sí que ataca a la involución intelectual que supuso el método escolástico, practicado dentro de las aulas de la Real Universidad. En consecuencia, la gesta emancipadora aconteció gracias a los seminarios, donde las nuevas corrientes filosóficas se hicieron sentir: "y fueron los seminarios, y no la Universidad, los que cultivaron sigilosamente las grandes almas de los insurgentes de 1810, en las que, por primera vez, la patria fue"[28]. Su crítica era afilada: "la Real y Pontificia Universidad no había tenido ni una sola idea propia, ni realizado un solo acto trascendental a la vida del intelecto mexicano; no había hecho más que argüir y redargüir en aparatosos ejercicios de gimnástica mental, en presencia de arzobispos y virreyes, durante trescientos años"[29]. La actitud mesurada del discurso de abril se había esfumado. Su postura contundente le hacía sentenciar que "no puede, pues, la Universidad que hoy nace, tener nada de común con la otra"[30].

Sierra también dedica una parte del discurso al presidente del momento, Porfirio Díaz, a quién incluso le reconoce que, "la Universidad Nacional es vuestra obra" y que "mucho habéis hecho por la patria, señor; hoy el mundo contempla de cerca con qué solemne devoción os habéis puesto al frente de la glorificación de nuestro pasado, que obscuro y triste

27 Justo Sierra, Discurso Inaugural de la Universidad Nacional..., p.24.

28 Justo Sierra, Discurso Inaugural de la Universidad Nacional..., p.34.

29 Justo Sierra, Discurso Inaugural de la Universidad Nacional..., p.35.

30 Justo Sierra, Discurso Inaugural de la Universidad Nacional..., p. 35.

como es, ha sido aceptado entero y sin reservas por la nación mexicana"[31].

Puso fin a la ceremonia una procesión de togados que recorrió el camino desde la Escuela Nacional Preparatoria hasta la calle de Licenciado Verdad nº2, hoy Palacio de la Autonomía, donde residía la Rectoría de la Universidad. Allí tomó posesión de su cargo de rector Joaquín Eguía Lis y, tras un aperitivo, partieron a festejar a un restaurante en la colonia de San Ángel[32].

Pese a que el ministro de Instrucción Pública dejó muy claro el carácter nuevo de la Universidad Nacional Autónoma de México, el ambiente en el que surgió bien podría retrotraernos de alguna forma al s. XVI. Primero que todo, la fecha escogida, 22 de septiembre de 1910, cuando la expedición de las cédulas fundacionales de la Real Universidad ocurrió el 21 de Septiembre de 1551. Luego, el solemne acto inaugural, con el importante influjo que tuvo el poder civil mediante la presencia del presidente, al que incluso se le dirigieron unas pomposas palabras de agradecimiento -Justo Sierra le llegará a atribuir la pertenencia cuando afirma que es "su obra"-. Y finalmente, la procesión de los togados y la toma de posesión del rector. Este protocolo no quedaba tan lejos de la ceremonia de inauguración de la Real Universidad, de la que también hemos hablado. Asimismo, Justo Sierra se dirige a un México pacificado gracias a la magna obra de Porfirio Díaz. Parece que el calor del fuego que arrasaba campos e incendiaba las conciencias de la inminente Revolución, fue relegado a un segundo plano, al menos ese día.

Otro punto a destacar sería el destino que corrió el antiguo edificio que ocupó la Real Universidad en la Plaza del Volador.

---

31 Justo Sierra, Discurso Inaugural de la Universidad Nacional..., p.49.

32 Liliana Trápaga Delfín, "Clausura y refundación de la Universidad (1833-1910)", p. 96.

En el discurso inaugural Sierra se refiere a su estado ruinoso y a la necesidad de demolerlo, con la intención de volver a reconstruirlo: "Así pasó su primer siglo, ya dueña de amplio y noble edificio que nos hemos visto obligados a derruir para libertarlo de la ruina, cuando daba abrigo a nuestra Escuela Nacional de Música, con ánimo de restaurarlo, en no lejano tiempo, con su característico tipo arquitectónico y las elegancias artísticas de piedra y madera que lo decoraban y que nosotros guardamos cuidadosamente"[33].

En el Informe Presidencial de abril de 1909 también se da información del mal estado y de la intención de restaurarlo por sus valores histórico- artísticos:

> Ha sido forzoso transladar el Conservatorio Nacional de Música a edificios de propiedad privada, y proceder a la demolición de parte considerable de la ruinosa propiedad nacional que le estaba destinada; al hacer esa demolición se ha cuidado de salvar los restos del edificio derruido que, por su importancia artística y por haber sido asiento de la antigua Universidad, deben formar parte del que se reconstruya[34].

La decrepitud era tal que, cuando el edificio se derrumbó en 1910, la documentación fotográfica nos permite comprobar que el lugar ocupado por la capilla universitaria se había ahora destinado a excusados públicos. Lo cierto es que el edificio no se volvió a reconstruir, y aunque la negativa de hacerlo pueda ser interpretada como una aniquilación total de los valores virreinales que representaba, también hay que tener en cuenta que la revolución había sumido a la ciudad en el caos y que Jus-

---

33 Justo Sierra, *Discurso Inaugural de la Universidad Nacional...*, pp. 26 y 27.

34 Cita recogida en "Catalina Sierra Casasús escribe a Guillermo Tovar y de Teresa respecto a la demolición del antiguo edificio de la Universidad Nacional", *Revista de la Universidad de México*, 518-519 (1994), pp. 45-46, en particular p. 46.

to Sierra había renunciado a su cargo de ministro en noviembre de 1910, aunque esta fuese aceptada en marzo de 1911.

LA PERVIVENCIA DE LA MEMORIA IMPERIAL EN LA UNAM

Hay un momento, en la historia de la Universidad Nacional Autónoma de México en la que esta vuelve a enlazarse, de forma explícita y pública, con la Real Universidad. Nos referimos a la celebración del IV Centenario de la Universidad de México en 1951. En esta efeméride la UNAM cumplía 400 años, lo que parecía cuestionar la inexistencia de un origen virreinal.

La celebración se organizó en torno a una serie de actividades para las que la universidad contó con el apoyo del presidente de la República, Miguel Alemán, quién tomó la decisión de algunas de ellas, como el Primer Congreso de Academias de la Lengua Española, celebrado a finales de abril de 1951, y el Congreso Científico Mexicano, en septiembre del mencionado año. El programa dio comienzo con la apertura de cursos, a la que asistieron el presidente, su gabinete y el cuerpo diplomático, igualmente lo hizo el Consejo Universitario y los claustros de profesores y alumnos, en el Palacio de Bellas Artes. Para honrar la obra de personajes, nacionales e internacionales, relacionados con el mundo científico y de las humanidades, que habían contribuido al desarrollo y al progreso del país, se otorgaron doctorados *honoris causa*. Previa a esta entrega se presentó una ofrenda al monumento de Fray Alonso de la Vera Cruz[35], catedrático de la Real Universidad, y figura

---

[35] Joaquín Lozano Trejo, "La construcción de un nuevo modelo de Universidad, 1945-1953", en Raúl Domínguez Martínez (coord.), *Historia General de la Universidad Nacional siglo XX: un nuevo Modelo de Universidad. La UNAM entre 1945 y 1972*, México, UNAM, 2013, pp. 136-137.

fundamental para el desarrollo de la filosofía en la Nueva España. Otra iniciativa fue la edición de 16 libros, relacionados con su historia y de carácter encomiástico, llamada *Ediciones del IV Centenario de la Universidad de México*[36]. Por su parte, *México en 1551*, la obra del catedrático de Retórica, Cervantes de Salazar, también recibió su homenaje mediante la lectura de la parte relativa a la primitiva universidad que aparece mencionada en su *Diálogo*[37].

Sin embargo, el evento principal de la efeméride fue celebrado en el Palacio de Bellas, al que de nuevo asiste el presidente, además de personalidades importantes del ámbito académico provenientes de todo el mundo. Las referencias a Justo Sierra estuvieron presentes en los discursos leídos. Nos importa hacer constar una parte del pronunciado por el rector de la universidad, el doctor Luis Garrido:

> Pero una y la misma eran las funciones de la vieja y la nueva Universidad. Una y la misma la fuente de donde procedía: por una parte, como acto del poder público; por otra parte, como necesidad de agrupar orgánicamente las instituciones encargadas de impartir la cultura superior, con jurisdicción nacional, que la Ley nos otorga como hace cuatrocientos años la otorgó la Cédula Real de Carlos V[38].

Luis Garrido hace referencia al cambio de actitud que se percibe entre el discurso de abril y de septiembre de Justo Sierra. Pues en el primero, el vínculo con la universidad era reconoci-

---

36 Mireya Villalobos Gómez, "La fundación de la Universidad Nacional de México en la historiografía", en Enrique González González, Mónica Hidalgo Pego y Adriana Álvarez Sánchez (coords.), *Del aula a la ciudad: estudios sobre la universidad y la sociedad en el México virreinal*, México, IISUE, UNAM, 2009, p. 416.

37 "El IV Centenario de la Universidad de México", *Revista de la Universidad de México,* (58) 1951, pp. 1-8, en particular p. 1.

38 "El IV Centenario de la Universidad de México", *Revista de la Universidad de México...*, p. 3.

do por el ministro de instrucción pública: "En virtud de eso me atrevía yo a rectificar; esto que se llamaba un muerto (la Real Universidad), para mí no debía haber muerto, sino que debía haberse transformado; eso sí, radicalmente transformado"[39]. Cosa que no sucedía en el de septiembre, donde ya estudiamos que exhibía un rechazo manifiesto por la institución virreinal. El rector justifica el cambio alegando que: "el maestro Sierra cortó amarras con el pasado, celoso de que la Institución fincara en el presente y se proyectara sobre lo porvenir"[40].

No obstante, durante el IV Centenario se vuelve a retomar esa postura conciliadora de Sierra, pues no se podía "declinar el honor de haber sido la sede de la Primera Universidad que abrió sus puertas en la tierra firme de América"[41]. Asimismo, en esta época, la relación entre el Estado y la Universidad volvía a reformularse superando el periodo de ruptura acaecido desde la autonomía universitaria de 1929. Desde 1944 y siendo el año de 1945, cuando vuelven a imbricarse legítimamente, ambas instituciones, mediante una ley orgánica que retoma su naturaleza nacional, homologándola como pública y descentralizada del Estado[42]. Y de la misma forma, que lo hizo Sierra durante la ceremonia de apertura, ahora el doctor Luis Garrido apela al presidente de la República, Miguel Alemán: "Con la decisión y la clarividencia de los estadistas auténticos, el Pre-

---

39 "Discurso del señor ministro de Instrucción Pública y Bellas Artes al presentar a la Cámara de Diputados la iniciativa para la fundación de la Universidad Nacional, el 26 de abril de 1910…", p. 418. Véase también *El proceso de creación de la Universidad Nacional...*, introd. y comp. de María de Lourdes Alvarado y Martínez Escobar, p. 243.

40 "El IV Centenario de la Universidad de México", *Revista de la Universidad de México…*, p. 3.

41 "El IV Centenario de la Universidad de México", *Revista de la Universidad de México…*, p. 3.

42 Mireya Villalobos Gómez, "La fundación de la Universidad Nacional de México en la historiografía"..., p. 434.

sidente de la República ha colocado en el primer plano la Educación Nacional. La Ciudad Universitaria deberá al entusiasmo y a la ayuda del doctor Miguel Alemán, su vida desarrollada"[43]. Al final, de manera ineludible, en siglo XVI y en la contemporaneidad, la historia de la universidad ha estado enlazada a la vida política, a su evolución, a sus cambios y a sus dirigentes.

Por lo tanto, el IV Centenario buscó dotar a la Universidad Nacional de un pasado histórico que le otorgase una memoria centenaria y, en consecuencia, el prestigio de mantenerse en el tiempo, aunque lo hiciese con una imagen "radicalmente transformada", pues así lo exigía el mundo moderno. En palabras del rector:

> En esta solemne ceremonia, la Universidad evoca su pasado con la sensación profunda del tiempo y la eternidad. Pero su pasado, con ser tan glorioso, no puede ser ya fuente de inspiración ante las transformaciones del mundo moderno. Esta fiesta aspira a recordar que hace cuatro centurias, en estas vastas tierras americanas se encendió la luz de la cultura y desde entonces, como antorcha inextinguible, la Universidad ha iluminado los caminos de la patria ...[44]

Hemos visto cómo ha sido interpretada esa permanencia de la memoria virreinal en la Universidad Nacional a través de los discursos, pero ahora interesa fijarse en los bienes inmuebles que poseen un valor simbólico para este estudio. El 23 de noviembre de 1994, el edificio nº2 de la Calle Moneda, en el centro histórico de la Ciudad de México, es donado por la Secretaría de Desarrollo Social, en nombre del Gobierno Federal, a la Universidad Nacional Autónoma de México, a efecto de que lo use en el cumplimiento de las atribuciones que le son

---

43 "El IV Centenario de la Universidad de México", *Revista de la Universidad de México...*, p. 5.

44 "El IV Centenario de la Universidad de México", *Revista de la Universidad de México...*, pp. 3 y 4.

propias. El citado edificio, sirvió de emplazamiento a la Real Universidad, cuando comenzó sus funciones en 1553 y así lo reconoce el Decreto Presidencial, de fecha 18 de noviembre de 1994, publicado el 23 del mismo mes en el Diario Oficial de la Federación.

El monumento histórico, declarado como tal en 1935, actualmente alberga el Museo UNAM hoy, dependiente del Instituto de Investigaciones sobre la Universidad y la Educación (IISUE). En sus salas podemos acercarnos a conocer la historia de la universidad fundada por el emperador. Entre otras cosas, alberga la primera piedra colocada por Pedro de Moya y Contreras, en 1584, de la que fue sede definitiva de la Real Universidad en la Plaza del Volador [45]. Ya comentamos que este edificio fue derruido hacia 1910. En el presente, su espacio es ocupado por la Suprema Corte de Justicia.

Volviendo al edificio nº 2 de la calle Moneda, en la planta baja de su fachada sur, entre el segundo y tercer vano, de occidente a oriente, hay una placa de piedra tallada con una inscripción latina y coronada por el antiguo escudo de la Universidad Nacional. La inscripción latina reza así: "Para perpetuar la memoria de la Universidad Real y Pontificia de Carlos V. Por orden del excelentísimo Antonio de Mendoza, en este lugar se erigió el 3 de junio de 1553. Quien hasta el año 1865 aquí floreció". Jorge Enciso, el inspector de Bellas Artes y Monumentos Artísticos, pidió permiso, en septiembre de 1919, al director de Obras Públicas del Distrito Federal para realizar y asentar la placa en el edificio. La iniciativa realmente partió del director del Museo Nacional de Arqueología, Historia y Etnología, Luis Castillo Ledón, quien proporcionó la inscripción latina. La placa se ejecutó en el referido museo y dispusieron de la ayuda del arquitecto Manuel Ituarte y del dibujante Vale-

---

45 Alberto María Carreño, *La Real y Pontificia Universidad de México (1536-1865)*, México, UNAM, 1961, pp. 133-134.

rio Prieto[46]. La Universidad Nacional Autónoma rinde homenaje a su precursora, la universidad de 1551, no solo a través de la placa, en la que alude a sus inicios y a su patrono, sino que establece su pervivencia, y con ello su continuidad, reutilizándola para nuevos fines que tienen que ver con el pasado y con el presente de la institución universitaria.

* * *

La historia de la universidad en México ha estado, desde sus inicios, intrínsecamente ligada a la de la vida política del país. La institución ha ido modificándose y adaptándose a los cambios acontecidos, que realmente han estado vinculados e influidos por la historia del poder. Es esta la razón de que la presencia de sus diferentes dirigentes siempre haya sido una constante en todos los momentos destacables de su desarrollo. Desde 1551, hasta el presente más inmediato.

En este trabajo nos hemos acercado a analizar esa etapa de ruptura, en la que el pasado de la universidad carolina parecía sepultado. Sin embargo, no fue más que una corta transición, pues ya en 1919 encontramos cómo se manda realizar esa placa que reconoce y, sobre todo, pretende inmortalizar su pasada actividad. La celebración del IV Centenario fue todo un homenaje a sus raíces comunes, una identificación pública y vinculante en toda su extensión. Pero lo más importante de todo es que, esa efeméride, no fue una representación fingida con el objetivo de alcanzar la alcurnia que concede la antigüedad. Decimos esto porque, no hay homenaje más sincero, que el de dedicar los frutos del esfuerzo intelectual a indagar, consolidar y difundir su pasado histórico, esto es, su origen virreinal. La UNAM puede afirmar presumiblemente que trabaja por este propósi-

---

46 Luis Mosqueira Pérez Salazar y Zoraida Gutiérrez Espina (coords.), *Restauración del Edificio Ubicado en el solar que ocupó la Real y Pontificia Universidad de México*, México, UNAM, 1996, p. 31.

to. Las actividades realizadas por el Instituto de Investigaciones sobre la Universidad y la Educación no se limitan a cuantiosas publicaciones escritas de una rigurosidad científica innegable, sino que entre sus méritos, igualmente destacan exposiciones. De estas, podemos señalar la realizada en el año 2001, "Tan lejos, tan cerca. A 450 años de la Real Universidad"[47], que formó parte del calendario de actividades programadas para celebrar el inicio de la tradición universitaria en México. La exposición se montó en el Museo Universitario de Ciencias y Arte y tuvo un carácter integrador, organizada en siete salas por las que el visitante podía sumergirse, no solo en la historia de la Real Universidad, sino también en el periodo virreinal en el que nace y crece. Por citar otro ejemplo, con motivo de la visita de los reyes de España, Felipe IV y Letizia, el 20 de junio de 2015 a la Universidad Nacional Autónoma de México, el Instituto de Investigaciones sobre la Universidad y la Educación, dio forma a la exposición "Entrelazos: España y la Universidad Nacional Autónoma de México", en la que se recordaba su origen carolino de 1551, la influencia y presencia de la Universidad de Salamanca, el recibimiento de profesores exiliados durante la dictadura franquista española o la concesión, en 2009, del Premio Príncipe de Asturias de Comunicación y Humanidades.

De otro lado, la común reminiscencia del patronazgo imperial se ha traducido en actos de hermanamiento como el sucedido en 1988 entre la UNAM y el Colegio Universitario de Toledo. La Real y Pontificia Universidad de Toledo no fue fundada por el emperador, pero sí que recibió su amparo civil en mayo de 1529 mediante Real Cédula firmada por él y por su madre, la reina Juana[48]. Del acto de hermanamiento queda constancia

---

47 De esta actividad resultó la publicación: Clara Inés Ramírez, Armando Pavón y Mónica Hidalgo (coords.), *Tan lejos tan cerca. A 450 años de la Real Universidad de México*, México, UNAM, 2001.

48 Luis Lorente, *La Real y Pontificia Universidad de Toledo, siglos XVI-XIX*, Cuenca, Universidad de Castilla-La Mancha, 1999, pp. 15-20.

en una placa conservada en el Palacio Lorenzana, última sede ocupada por la universidad toledana. En esta dice así:

> Acto de encuentro y hermandad celebrado entre la Universidad Nacional Autónoma de México y el Colegio Universitario de Toledo. En memoria de nuestro común origen y en el deseo de perpetuación de la universal cultura hispánica. Palacio Universitario Lorenzana de Toledo. 7 de Mayo de 1988. V Centenario de la Unidad de España y el Descubrimiento de América.

Para concluir, nos gustaría añadir que, con la intención de cimentar una red de universidades carolinas, que compartan objetivos relacionados con su historia patrimonial, y para estimular programas de cooperación futuros, las tres herederas de la labor como patrono universitario de Carlos V: la Universidad de Granada, la Universidad Nacional Autónoma de México y la Universidad Nacional Mayor de San Marcos, firmaron un acuerdo de colaboración el 7 de noviembre de 2018. Esta iniciativa pertenece al conjunto de actividades programadas para conmemorar el V Centenario de la Universidad de Granada en 2031[49]. Además, fruto de esa red de universidades carolinas ha sido el libro *Carlos V y las enseñanzas universitarias: patrimonio artístico y memoria histórica*, actualmente en prensa, coordinado por el catedrático Rafael López Guzmán y la Dra. Yolanda Guasch Marí del Departamento de Historia del Arte de la Universidad de Granada.

---

[49] La Universidad de Granada ha creado una página web: "Horizonte V Centenario" en la que se pueden seguir las actividades programadas para el futuro homenaje: https://horizontevcentenario.ugr.es

Capítulo 9

LIBERTAD ACADÉMICA Y LIBERTAD DE COMPORTAMIENTO PARA LOS ESTUDIANTES: LA PROPUESTA DE FRIEDRICH SCHLEIERMACHER PARA LA NUEVA UNIVERSIDAD EN BERLÍN (1808)

RENATE MARSISKE
(Universidad Nacional Autónoma de México)

> Esta es la mayor queja, que desde hace mucho tiempo se plantea contra las universidades alemanas: que a los jóvenes dedicados a la ciencia les parece que costumbres completamente rudas y molestas para todos, que una forma de vida altamente desordenada son inseparables de su forma y constitución originales; que, de la resultante falta de vigilancia sobre una juventud animosa hasta la insolencia, no solamente surge una serie de pequeños delitos y perturbaciones de la tranquilidad, sino que muchas de las excelentes disposiciones se vuelven, de este modo, inútiles e incluso lo mejor en la universidad resulta infructuoso. [1]

---

1 Friedrich Schleiermacher, "Pensamientos ocasionales sobre universidades en sentido alemán, con apéndice sobre la erección de una nueva", en Friedrich Schleiermacher, *La idea de la Universidad en Alemania*, Buenos Aires, Editorial Sudamericana, 1959, p. 173. Para una mayor facilidad para los lectores de habla castellana utilizaré en este trabajo la versión traducida de Friedrich Schleiermacher, pero igualmente incluyo los datos del texto original en alemán: Friedrich Schleiermacher, "Gelegentliche Gedanken

Con esta consideración comienza Friedrich Schleiermacher[2] su capítulo sobre las costumbres de los estudiantes en la nueva Universidad a fundarse en Berlín y de su vigilancia[3] dentro de su escrito "Pensamientos ocasionales sobre universidades en sentido alemán, con un apéndice sobre la erección de una nueva universidad" en 1808. De esta manera, el autor toma partido y contribuye a la idea de la fundación de una nueva universidad en Berlín dentro de un ambiente de vaivenes y discusiones alrededor de esta nueva institución. Nada parecía seguro y los enemigos de esta idea de fundar una nueva universidad eran muchos. Él lo publica desde Berlín, ya que desde el cierre de la Universidad de Halle por los franceses en 1806 a raíz de las guerras napoleónicas tuvo que salir de esta universidad. La Universidad experimentó la influencia francesa y Schleiermacher tenía mucha esperanza en una universidad nueva, como él dice "en sentido alemán". Desde el título el trabajo tiene una connotación política, la propuesta de una nueva institución alemana de educación superior como conjunto de circunscripciones políticas, con Prusia y Brandeburgo a la cabeza. Alemania, aún sin ser un estado nacional, era un conjunto de entidades políticas con un grupo de universidades de larga historia pero en una situación de decadencia. Las ideas y propuestas para la fundación de una nueva universidad presentadas por F. W. J. Schelling, J. G. Fichte, Heinrich Steffens

über Universitäten im deutschen Sinn (1808)", en Ernst Anrich, *Die Idee der deutschen Universität. Die fünf Grundschriften aus der Zeit ihrer Neubegründung durch klassischen Idealismus und romantischen Realismus,* Darmstadt, Herrmann Gentner, 1956, p. 218–308. De los cinco textos fundacionales para la nueva Universidad de Berlín solo hay traducción del texto de Fichte y Humboldt aparte del de Schleiermacher.

2 Friedrich Schleiermacher, nacido el 21.11. 1768 en Prusia, hijo de un clérigo calvinista. Fue ordenado clérigo protestante en 1794. Fue profesor de filosofía y teología en las universidades de Halle y Berlín.

3 Friedrich Schleiermacher, *"Pensamientos ocasionales..."*, pp. 117-207

y Wilhelm von Humboldt[4] coincidían en un modelo de uni-

---

4 - Friedrich Wilhelm Joseph Schelling nació en 1775 como hijo de un pastor protestante. Una breve estancia en Dresde y en Leipzig (1795) le introduce en el círculo del primer romanticismo. A los 23 años toma posesión de la cátedra de filosofía en la ciudad intelectual más importante de la época: Jena. Friedrich Schelling, "Vorlesungen über die Methode des akademischen Studiums" en *Die Idee der deutschen Universität. Die fünf Grundschriften aus der Zeit ihrer Neubegründung durch klassischen Idealismus und romantischen Realismus*, Darmstadt, Hermann Gentner, 1956, pp. 1-124.-Johann Gottlieb Fichte nació el 19 de mayo de 1762 en Sajonia como hijo de padres pobres y sólo por la ayuda de un protector de la nobleza pudo estudiar. En 1794 fue llamado a la universidad de Jena para ocupar la cátedra de filosofía. En 1800 se traslada a Berlín, donde trabaja dando lecciones privadas. En 1810, con la fundación de la Universidad de Berlín, se convierte en profesor de dicha universidad y después es elegido rector. Johann Gottlieb Fichte, "Deduzierter Plan einer zu Berlin zu errichtenden höheren Lehranstalt", en *Die Idee der deutschen Universität. Die fünf Grundschriften aus der Zeit ihrer Neubegründung durch klassischen Idealismus und romantischen Realismus...*, pp. 125-218. Juan Teófilo Fichte, "Plan razonado para erigir en Berlín un establecimiento de enseñanza superior que esté en conexión adecuada con una academia de ciencias", en *La idea de la Universidad en Alemania...*, pp. 15-115. Henrik Steffens nació el 2 de mayo de 1773 en Stavanger, Noruega. Desde 1790 estudió medicina y ciencias naturales en Dinamarca y en Alemania. En 1796 da cátedra en la universidad de Kiel y un año después se va a la universidad de Jena. En 1804 lo llaman como profesor a la universidad de Halle y finalmente, a parir de 1811 se establece como profesor en la universidad de Breslau al no recibir un nombramiento en la nueva universidad de Berlín. Wilhelm von Humboldt nació en Potsdam el 22 de julio de 1767 como hijo de una familia importante de la aristocracia prusiana por méritos militares. Estudia filosofía, historia y lenguas antiguas. A partir de 1790, siendo todavía estudiante, entra a trabajar al servicio del Estado y obtiene un puesto en el Departamento de Justicia. consigue la calificación necesaria para entrar en el servicio diplomático. En 1794 se traslada con su familia a Jena, donde trabaja con Friedrich Schiller. Regresa a Berlín en 1808 para tomar las riendas de la Sección de Culto y de Educación Pública del estado prusiano. En esta calidad impulsa la fundación de la nueva universidad de Berlín. Wilhelm von Humboldt, "Über die innere und äußere Organisation der höheren wissenschaftlichen Anstalten zu Berlin", en *Die Idee der deutschen Universität. Die fünf Grundschriften aus der Zeit ihrer Neubegründung durch klassischen Idealismus und romantischen Realismus...*, pp. 375-386. Guillermo de Humboldt, "Sobre la organización interna y externa

versidad diferente del francés[5], caracterizado este último por las ideas de la ilustración, a saber, separación de docencia e investigación, así como formación profesional de los estudiantes.

Por ello, el trabajo de Schleiermacher comienza en el capítulo primero con "De la relación entre la asociación científica y el estado", el capítulo dos "De las escuelas, universidades y academias", el tercero "Consideración más detallada de la Universidad en general", y el cuarto "De las facultades".

El capítulo quinto, "De las costumbres de la Universidad y de la vigilancia", es de nuestro especial interés, ya que allí se refiere especialmente a la libertad de los estudiantes y a la tarea de los profesores de vigilarla. El capítulo seis del trabajo de Schleiermacher se ocupa "Del otorgamiento de las dignidades académicas". Y finalmente, en su apéndice "Sobre la erección de una nueva Universidad" trata de hacer una propuesta concreta con base en sus exposiciones anteriores. También allí se refiere a los estudiantes, su libertad y, sobre todo, a su vigilancia.

Schleiermacher considera en su propuesta de una nueva universidad en Berlín las estructuras anteriores a reformar, no destruirlas. En contraposición con las otras propuestas, empezando con la de Wilhelm von Humboldt[6], considera dos fines diferentes de la nueva institución: una institución nueva para

---

de los establecimientos científicos superiores en Berlín", en *La idea de la Universidad en Alemania*, Buenos Aires, Editorial Sudamericana, 1959, pp. 209-219.

5 Thomas Ellwein, *Die deutsche Universität. Vom Mittelalter bis zur Gegenwart.* [La Universidad Alemana. Desde la edad media hasta la actualidad], Wiesbaden, Fourier, 1997.

6 Wilhelm von Humboldt, *Los límites de la acción del Estado*, Estudio preliminar, traducción y notas de Joaquín Abellán, ed. Tecnos, Madrid, España 1988; Wilhelm von Humboldt, *Schriften zur Anthropologie und Bildungslehre* [Escritos sobre antropología y ciencias de educación], ed. Andreas Flittner, ed. Klett-Cotta, Ullstein, Frankfurt/Main, Berlin, Wien 1984.

el desarrollo de la ciencia y al mismo tiempo una institución superior de formación de servidores públicos en profesiones específicas.

Ninguno de los otros autores se refiere a los estudiantes, con excepción de Henrik Steffens, quien se dirige directamente a sus oyentes[7], ya que su trabajo impreso se basa en siete cátedras que leyó durante el semestre de invierno 1808/1809 en la Universidad de Halle, recién reinaugurada después de su cierre por Napoleón en 1806. Él tomó la palabra impulsado por la firme convicción de que sólo por medio de un profundo cuerpo de consideraciones se puede lograr una renovación del estado y del pueblo.

Esta crisis de la Universidad en Alemania a la vuelta del siglo XVIII al siglo XIX era la consecuencia de la desaparición de la idea del mundo válida desde el Renacimiento y la Reforma por el racionalismo y sus consecuencias. Esto llevó alrededor de 1800 a una amenaza grave de las universidades alemanas, amenaza desde adentro y sobre todo desde afuera: la idea de la separación de docencia e investigación, de universidad y academias, de la conversión de las universidades en escuelas superiores. Todo esto es consecuencia de la ocupación napoleónica, cuyas reformas universitarias ya habían empezado, por ejemplo, en Göttingen. Enfrentado a esto se posicionó la revolución espiritual del idealismo y del romanticismo desde dentro de las universidades para enfrentar este peligro y se presenta el Plan de la fundación nueva de la Universidad de Berlín en 1810, es decir, la nueva fundación espiritual de la Universidad. Esta fundación no fue el acto aislado de una persona muy importante, sino más bien como una parada dentro

---

7 Henrik Steffens, "Vorlesungen über die Idee der Universitäten" (Clases sobre la idea de las universidades) en *Die Idee der deutschen Universität. Die fünf Grundschriften aus der Zeit ihrer Neubegründung durch klassischen Idealismus und romantischen Realismus*, Hermann Gentner Verlag, Darmstadt, 1956, p. 309.

de un proceso más vasto. Von Humboldt y sus amigos tenían en mente un concepto amplio que abarcaría todo el sistema estatal de educación, que implicaría, entre otras cosas, la definición precisa de los diferentes niveles educativos y sus tareas. Para las normas básicas de la universidad querían mantener la vieja forma definida en el Derecho General Prusiano de la Tierra de 1794. Según esto, se trata aquí de una institución del estado con un curador estatal y una auto-administración de los profesores, de una institución compuesta por cuatro facultades y con una oferta de carreras, todo ello con el examen de bachillerato como condición.

Sin embargo, el estado y la sociedad en los tiempos tardíos de la Ilustración exigieron cada vez más una formación profesional científica y pragmática en aras del progreso económico, tecnológico, social y administrativo. La tendencia hacia el conocimiento práctico y útil necesitaba en vez de una universidad unas escuelas superiores de formación profesional. Esta funcionalidad de la ciencia cambia su relación con la sociedad. Se exigen dos funciones al sistema de ciencia: 1) la exigencia de formar una amplia red de profesiones técnico-científicas para el funcionamiento y el desarrollo de la sociedad y 2) la exigencia de forzar la investigación científica para su aplicación en la economía, administración, tecnología y en el ámbito militar.

Los padres de la fundación humanista-idealista de la Universidad de Berlín, Fichte, Schleiermacher, Humboldt y los demás, consideraron que la idea de una universidad de profesiones, el "estudio de pan" era su verdadero enemigo. Enfrentaron esta idea de una universidad y una ciencia profesionalizante con una profunda espiritualidad por medio de una relación de todas las ciencias con la filosofía y la exigencia de una ciencia primeramente ideal y moral que orientaba la formación científica. La fórmula que iba a garantizar esto era la "ciencia pura". La consecuencia de esta concepción de universidad fue la aparición de servidores públicos y profesiones con formación científica en el siglo XIX, que otros sistemas universitarios no conocían; además el desarrollo de las ciencias naturales y su aplicación a principios de este siglo tuvieron su base en esta universidad y no en otras de los sistemas europeos y americanos de ciencias.

LAS UNIVERSIDADES ALEMANAS AL FINAL DEL SIGLO XVIII

En contraste con las universidades más antiguas de Italia y Francia, las universidades alemanas habían surgido como fundaciones de mecenas de la aristocracia o como fundaciones municipales. Este carácter de universidades estatales, regionales o municipales llevó a una territorialidad de las universidades alemanas y con esto de la ciencia y de la vida espiritual. Cada príncipe competía con sus pares por ofrecer un mejor nivel académico sobre todo en las carreras de teología y de derecho y trató de conseguir los mejores científicos de la época para su universidad. De esta forma podían basar sus decisiones políticas en un cuerpo de consejeros bien formados.[8] Sobre todo en las regiones protestantes se definió la relación forzosa entre ciencia y conciencia como ideal de formación de la universidad[9]. La formación científica como camino hacia la virtud, el estudio de las ciencias y las artes como el camino bendecido por Dios y necesario para lograr la felicidad, es la suma de la sabiduría del humanismo. El ideal de "formación por medio de la ciencia" es en la historia de la universidad alemana desde un principio una exigencia ética.

---

8 Rudolf Stichweh, *Der frümoderne Staat und die europäische Universität* [El Estado premoderno y la universidad europea], Frankfurt am Main Suhrkamp, 1991.

9 Romano Guardini, Walter Dirks, Max Horkheimer, *Die Verantwortung der Universität* [La responsabilidad de la universidad], Würzburg, Werkbund, 1954.

Con excepción de las universidades de Halle, fundada en 1694, y Göttingen, fundada en 1734, las más importantes durante el siglo XVIII, las demás 42 instituciones de educación superior, fundadas en 1792, se encontraron a la vuelta del siglo en plena decadencia y la mitad tuvo que cerrar hasta 1818. Las formas tradicionales de docencia, la *lectio*, es decir, una cátedra con base en un texto escrito, y la *disputatio*, la disputa pública, eran las formas normadas de la enseñanza universitaria, originalmente por la falta de libros impresos y su precio. Sin embargo, esto llevó a que los profesores dictaran los contenidos a sus estudiantes.

Toda la docencia universitaria tenía más bien el carácter de una educación escolar. Se esperaba del profesor ofrecer todos sus conocimientos oralmente en sus cátedras, de entre 20 y 24 horas a la semana. Kant anunció alguna vez 34 horas de clases a la semana de los cuales dio entre 26 y 28 horas.[10] Las quejas contra la docencia universitaria eran muchas, por la ausencia de los profesores o por las clases incompletas durante el semestre, etc. Los sueldos de los profesores eran muy bajos, de manera que los docentes tuvieron que complementar sus ingresos con trabajos privados de índole jurídica, médica o espiritual, además de dar clases privadas o aceptar pensionados en sus casas.

Para la asignación de las cátedras en las diferentes facultades reinaba muchas veces el grado de parentesco o de amistad de los candidatos con los miembros de las comisiones más que sus conocimientos, resultado de las competencias y el poder de los profesores en las facultades. Las autoridades universitarias o externas prohibieron además el cambio de sus profesores a otras universidades. La superación de este provincialismo y es-

---

10 Helmut Schelsky, *Einsamkeit und Freiheit. Idee und Gestalt der deutschen Universität und ihrer Reform* [Soledad y libertad Idea y forma de la universidad alemana y su reforma], Düsseldorf, Bertelsmann Universitätsverlag, 1971, p. 26.

trechez en la situación de profesores y estudiantes fue uno de los objetivos sociales del nuevo ideal educativo universitario, una mayor movilidad de profesores y estudiantes, y con ello una apertura para la producción del conocimiento.

La facultad de filosofía servía como propedéutico para los teólogos, juristas y médicos, quienes adquirían aquí una formación científica general para su carrera universitaria. El principio del pensar filosófico autónomo y la investigación libre se defendieron desde principios del siglo XVIII en las universidades de Göttingen y Halle, además de nuevos métodos de seminarios y la enseñanza de las ciencias naturales y las ciencias de la antigüedad. Allí los estudiosos se abrieron a la 'ciencia moderna', a la investigación de la naturaleza, osando incorporar los hechos empíricos y los experimentos al estudio universitario. Ellos exigieron para sí la libertad de filosofar.

Pero aparte de estas excepciones, el panorama de las universidades alemanas a finales del siglo era bastante oscuro. Durante el siglo XVIII, el pensamiento científico todavía estaba en busca de la 'verdad', de conocimientos válidos básicos, aunque se sabía que no existe el apropiamiento universal de la verdad, sino la existencia de conocimientos, que siempre tienen que ser verificados.

Por ello se tenía que cambiar el quehacer de la ciencia y de la universidad. En su papel de 'buscadores' se tenían que acercar los docentes y los estudiantes, el dictado de saber de memoria ciertos contenidos y la obligada lectura de ciertos textos tenían que hacer lugar a un esfuerzo colectivo de búsqueda; todo ello sin menoscabo de su autonomía respecto de las fuerzas del estado.

Pero, ¿que hay de los estudiantes? Las universidades más grandes tenían en 1800 entre 500 a 700 estudiantes[11], en Kö-

---

11 Helmuth Schelsky, *Einsamkeit und Freiheit...*, p. 21.

nigsberg 333 (1805), en Frankfurt/Oder 307, en Halle 944.[12] La fundación de las universidades nuevas en 1792, las que cerraron al poco tiempo por su insignificancia, obedecía en gran parte a la idea de que las universidades existentes tenían demasiados estudiantes inscritos. Esta distribución llevó a que la universidad nueva de Duisburg tuviera, en 1800, 38 alumnos y la de Erlangen 43.[13] La edad de los estudiantes oscilaba entre los 16 y los 22 años y sus conocimientos previos eran muy diversos y escasos, ya que no fue sino hasta 1788 cuando se introdujo el examen de bachillerato único en Prusia, lo que unificaría los conocimientos[14]. Los estudiantes, liberados del servicio militar obligatorio, habían aprovechado esta circunstancia para entrar a la universidad y para vivir una vida de excesos y de libertad de la moral burguesa, dejando de lado su obligación de estudiar[15]. Luchar contra este abandono moral y espiritual de los estudiantes, expresado sobre todo en la actuación de las poderosas

---

12 Helmuth Schelsky, *Einsamkeit und Freiheit…*, p. 46.

13 Helmuth Schelsky, *Einsamkeit und Freiheit…*, p. 21.

14 Por supuesto estamos hablando aquí sólo de estudiantes hombres, hijos de aristócratas y de alta burguesía, y la administración universitaria siempre hacía todo lo posible para dejar cerrada la universidad para miembros de otras capas sociales. La universidad de Göttingen, por ejemplo, no quería estudiantes pobres, que vivían en conventos, ya que estarían dados a organizar protestas y de comportarse de manera inmoral, Friedrich Edding, "Die Expansion der Hochschule im Wachsen der Wirtschaft", en *Festschrift zum 40 jährigen Bestehen des Deutschen Studentenwerks*, Bonn, 1961, p. 31.

15 Karen Dune, *Fräulein Nettes kurzer Sommer*, Berlin, Galiani, 2018. La novela describe los meses de verano de 1820 en la vida de la joven aristócrata Anette von Droste-Hülshoff en la provincia alemana. Ella se siente poetisa y pasa estos meses en compañía de parientes y amigos, todos estudiantes universitarios, quienes menosprecian las capacidades intelectuales de las mujeres y presumen su vida estudiantil en Göttingen. El libro, a pesar de ser novela, se basa en documentos, cartas y otras fuentes para hacer aparecer en la persona de Annette el ambiente social para una mujer rebelde en la época de cambios profundos en la sociedad.

corporaciones estudiantiles, era desde el principio uno de los fines de la fundación de la nueva institución en Berlín[16].

En 1809, en todos los escritos de los fundadores de la nueva universidad se habló de una "universidad entumida en su estructura corporativa" y esta universidad se convierte en la enemiga de anteayer de los reformistas aparte de los enemigos de ayer, los reformadores de la educación de la Ilustración.

Como ya habíamos dicho arriba, el otro enemigo a vencer para los padres de la nueva universidad de Berlín eran las ideas educativas de la Ilustración, tan populares en aquel entonces, sobre todo en el ámbito de influencia napoleónica[17]. Su ideal educativo se dirigía hacía la formación del hombre para su utilidad social y profesional, el hombre activo que se realiza por medio de su profesión y el éxito profesional, enfilado en el camino a la felicidad y hacia Dios. Aquí se encuentran las ideas del protestantismo[18], el calvinismo y la Ilustración, las cuales sostenían la utilidad y lo pragmático de la educación y en especial de los conocimientos universitarios. "La ilustración pedagógica apuntó al paso de la sociedad corporativa tradicional de campesinos, artesanos, de la nobleza y del clero a una nueva sociedad corporativa de tipo burgués y disciplinó a los jóvenes

---

16 Renate Marsiske, "La universidad alemana de 1810: ¿reforma o fundación?" en Enrique González (coord.), *Historia y universidad: Homenaje a Lorenzo Luna*, México, CESU-UNAM, 1996, p. 629

17 Renate Marsiske, "La universidad napoleónica y el modelo de universidad alemana", en David Piñera Ramírez (coord.), *La educación superior en el proceso histórico de México*, tomo 1, SEP, Universidad Autónoma de Baja California, ANUIES, 2001, p. 156.

18 Max Weber, "Asketischer Protestantismus und kapitalistischer Geist", en Johannes Winckelmann (ed.), *Max Weber. Soziologie, Weltgeschichtliche Analysen, Politik*, Stuttgart, Kröner, 1964, p. 357.

para el trabajo en las manufacturas, que se convertirían más tarde en la gran industria."[19]

El intento de reemplazar la vieja educación de tipo formativo por las nuevas ciencias administrativas y económicas explica su éxito a nivel universitario, las facultades como escuelas de enseñanza de profesiones específicas. De esta manera, la universidad como conjunto de facultades y escuelas no tenía que mantenerse bajo el mismo techo.

Durante el siglo XVIII los defensores de estas ideas en Europa trataron de organizar Institutos Científicos fuera de las universidades, los que impidieron durante mucho tiempo que la investigación moderna, especialmente en ciencias naturales, se pudiera desarrollar en las universidades. Esta concepción de universidad tuvo más éxito en la tierra de la Ilustración, en Francia, en donde Napoleón fundó en 1806 su Universidad Imperial, una unidad administrativa central. Ésta de hecho cerró las 22 universidades francesas existentes o las degradó a escuelas profesionales, colocó la investigación fuera de las instituciones universitarias y promovió que la formación de las elites se llevara a cabo en las Grandes Écoles, controladas por un estado centralizado fuerte. Con ello, se apoyó la especialización de los conocimientos y de las carreras universitarias, y se entendió a la ciencia como un aglomerado enciclopédico de todas las partes del conocimiento, en detrimento de la idea alemana de la fundamental unidad de las ciencias.

Esta concepción se contraponía, por un lado, a las fallas de la vieja cientificidad universitaria, llena de pedantería, de prejuicios y de superstición, pero también al principio fundamental de la universidad en sí, de la libertad de búsqueda y pensa-

---

19 Dietrich Benner, *Wilhelm von Humboldts Bildungstheorie* [La teoría de la Bildung de Wilhelm von Humboldt], München, Weinheim, 1990, p. 177.

miento.[20] El "modelo francés de universidad" se convirtió así en el otro enemigo de la fundación de la universidad de Berlín y, por ello, Schleiermacher habla de 'universidades en sentido alemán'.

LAS IDEAS Y PROPUESTAS PARA UNA NUEVA UNIVERSIDAD: F. W. J. SCHELLING, J. G. FICHTE, HEINRICH STEFFENS Y WILHELM VON HUMBOLDT

La fundación de una universidad nueva en Berlín no tenía como fin reformar las universidades existentes, sino que pretendía crear una institución científica completamente nueva que no existía hasta entonces, algo único y dirigido hacia el futuro. Las ideas de erigir en Berlín una nueva institución se pueden encontrar desde los últimos veinte años del siglo XVIII. Desde 1800 habían jugado un papel importante para esta fundación Kurt Friedrich Beyme, el jefe del gabinete real, y Wilhelm von Humboldt: "el rechazo a los estudios profesionales, a los exámenes y planes de estudio, en cambio la exigencia de una evolución permanente del conocimiento por la vía de la investigación, el conocimiento del 'todo', que llevaría a un equilibrio armónico del estudioso, así como la idea de que este tipo de educación era sólo para una élite."[21] Sin embargo, por falta de presupuesto y la guerra contra Napoleón 1806/07 y después por la sustitución de Beyme, se olvidaron estos planes. Fue en marzo de 1809, tras el nombramiento de Wilhelm von Humboldt como jefe de la recién creada sección de Cultura y Enseñanza Pública dentro del Ministerio Prusiano del Interior, cuando él aprovechó esta oportunidad para impulsar nuevamente la fundación de una nueva institución universitaria en Berlín. El 16 de agosto de 1809 el rey

---

20 Renate Marsiske, "La Universidad napoleónica...", pp. 156-168.

21 Renate Marsiske, "La Universidad napoleónica...", pp. 162-163.

Federico Guillermo III firmó el documento de la fundación de la Universidad de Berlín.

Las propuestas para la fundación de una nueva universidad y las discusiones alrededor de su futuro habían sido llevadas a cabo por intelectuales y profesores universitarios a través de escritos o por cátedras semestrales, ya que en esta situación tan difícil después de las guerras napoleónicas parecía haber llegado el momento de discutir sobre esta nueva institución. Friedrich Schelling, Heinrich Steffens, Johann Gottlieb Fichte, Friedrich Schleiermacher y Wilhelm von Humboldt fueron los más importantes autores de esta discusión, aunque no los únicos.

Friedrich Schiller, por ejemplo, ya había propuesto en su cátedra de bienvenida en la universidad de Jena en 1789 la contraposición de la "cabeza filosófica" y el "científico de pan". Esta definición quedó en boca de todos los que se ocuparon del tema universitario después de 1800. La idea de que la nueva universidad tenía que ser sólo para las cabezas filosóficas, para una élite minoritaria, se encuentra en toda la exposición de Schiller y la adoptan después los demás autores. Una "educación estética" que solo puede prosperar en algunos círculos elegidos. Estas ideas detalladas ya contenían casi todas las convicciones que después desarrollaron Beyme, Fichte o Humboldt en sus esfuerzos por fundar una nueva universidad: la negación de un estudio profesional, de exámenes y de planes de estudio rígidos, la exigencia de priorizar la investigación y el conocimiento del "todo".

La fundación de la Universidad de Berlín 1809/1810 fue desde su intención y forma una demostración consciente de iniciar una era científica nueva. Allí se mezclan motivos científicos y políticos. No se organiza una institución sin precedente, sino que se incorporan las academias e institutos ya existentes en la ciudad a la nueva universidad. Pero a pesar de esto se caracteriza su acto de fundación de la siguiente manera

- sus fundadores organizativos y espirituales insisten en que en la nueva universidad aflora una nueva concepción de ciencia, de docencia y de investigación desde los contenidos;
- los organizadores del estado de esta institución nueva, von Humboldt y Beyme, juntan desde el principio a los científicos para asesorar en la planeación, pues por su rango intelectual representan de manera espiritual esta nueva idea.

De manera que la característica principal de este acto de fundación es la autonomía personal y espiritual reformista de sus fundadores, la cual se reconoce en la identidad de sus planeadores y su primera generación de maestros.

En los escritos fundacionales para la nueva universidad se menciona siempre y en primer lugar la formula "soledad y libertad" como los principios básicos de la nueva concepción de universidad. En esta época se suponía que la libertad individual y el aislamiento y la concentración como forma de existencia del individuo eran el fundamento de la productividad científica. Los fundadores, en especial von Humboldt, veían que la productividad del científico y también del estudiante dependía de que se les proporcionara un tiempo de ocio, garantizado de manera pragmática pero también política. Esto les permitiría una concentración de pensamiento y trabajo científico intenso. Además de que la libertad de escoger los problemas científicos según su criterio científico llevaría a un progreso sin límites de la investigación. Esta fórmula de "soledad" segura se relacionaba con la tradición monacal de la ciencia europea.

La libertad de aprender y la libertad de enseñar son el segundo principio constitutivo de la Universidad de Humboldt, son la concreción de *soledad y libertad.* En realidad, es *la libertad de aprender* de los estudiantes, no *la libertad de enseñar,* la ley social primaria, la que reúne a profesores y estudiantes en una igualdad académica en la universidad. Los dos se deben dedicar con absoluta autonomía a la ciencia "pura", a la investigación. Esta libertad de auto-determinación exige una separación marcada de la escuela; esta libertad académica significa para los estudiantes sobre todo la libertad respecto de cualquier forma de obligación escolar. El estudiante entra en una libertad física, moral e intelectual que exime de cualquier obligación práctica ajena a la ciencia. Pero esto presupone que la escuela superior prepara a sus alumnos para responsabilizarse de sí mismos, en tanto que son adultos, hombres y ciudadanos libres.

Sin embargo, la realidad de la universidad alemana del siglo XIX no correspondía en todas sus partes a este ideal pensado para la facultad de filosofía, la de más prestigio en la estructura universitaria; las viejas profesiones académicas, como medicina, derecho y teología, no gozaron del todo de esta libertad.

Como hemos visto en lo anterior, esta universidad sería caracterizada por la unidad de investigación y docencia, ya que profesores y estudiantes se dedicarían de manera igualitaria a la ciencia pura, a la búsqueda de nuevos conocimientos, sin mayores obligaciones escolares.

UNA UNIVERSIDAD NUEVA EN BERLÍN COMO REFORMA DE LA UNIVERSIDAD ANTERIOR: LA PROPUESTA DE FRIEDRICH SCHLEIERMACHER

El único de los pensadores que desde un principio habló de una reforma de la universidad existente, no de una institución completamente nueva, fue Friedrich Schleiermacher. A pesar de que compartía en lo esencial la idea de ciencia de la filosofía idealista, estaba dispuesto en lo práctico a llegar a cualquier tipo de compromiso. Parece ser que esto tuvo su origen en su inclinación hacía un equilibrio en el comportamiento político y, por el otro lado, en su respeto por lo logrado en la historia de las universidades. Esto lo llevó a pensar que sólo se necesitaba una reforma. Él propuso una reanimación de las formas de la estructura universitaria, idea que los otros habían desechado. Habló del autogobierno universitario, ejercido por el rector y el senado, así como de la autodefinición y la delimitación de cada facultad y la libertad estudiantil. Por ello, argumenta en favor de las organizaciones estudiantiles y el duelo, como veremos más adelante. Además, defendió el orden de la docencia en cátedras y seminarios, el arte del discurso y los títulos académicos.

Pero no sólo en las cuestiones formales se aferró nuestro autor a las viejas tradiciones universitarias, sino también en algunos puntos fundamentales contradecía a la idea original de una institución neohumanista-idealista. Para él, mucho más que para Humboldt y Fichte, la universidad tenía que ser una institución de docencia y de educación, dejaría la investigación productiva a una academia de ciencia, al lado de la universidad. "La comparación de la universidad con las escuelas y academias nos ha mostrado su carácter esencial, por el cual se ubica necesariamente en el medio entre ambas: a través de ella, según esto, debe despertarse el espíritu científico en los jóvenes y elevarse a una clara conciencia"[22]

La universidad, con sus cuatro facultades, teología, derecho, medicina y filosofía, es para él una institución intermedia entre las escuelas superiores y la academia, es "la escuela posterior del gimnasio[23] y la preparatoria de la academia."[24] De esta forma, la base de la universidad sería la docencia y los

---

22 Friedrich Schleiermacher, "Pensamientos ocasionales...", p. 143

23 El sistema educativo alemán se dividía en ocho años de primaria, para después de cuatro años decidirse acceder por seis años a la secundaria o nueve años de escuela superior, llamado Gymnasium para terminar con el examen de bachillerato, condición para entrar a la universidad.

24 Helmuth Schelsky, *Einsamkeit und Freiheit...*, p. 50

compendios para ello serían los libros de texto, cuyo estudio no contribuiría al desarrollo de la ciencia.

El profesor universitario empezaría como docente y por su edad y sus posibles méritos académicos se podría acercar a las actividades de investigación de la academia y abandonar la docencia. Con esto niega la unidad de docencia e investigación. Sin embargo, la universidad nueva cumpliría otro fin importante, a saber, educar a los miembros de la burocracia y otorgarles títulos académicos.

Con ello, también cambia la idea de quienes deberían acudir a la universidad, ya no sólo los "pocos elegidos y privilegiados" aptos para la investigación, de los que hablaban los otros fundadores de la universidad, sino los jóvenes que no veían su futuro en la investigación, sino en el ejercicio de una profesión y que seguramente eran la mayoría.

Schleiermacher también se preguntó por las ventajas y desventajas de fundar una nueva universidad en una ciudad tan grande como Berlín con muchas distracciones para los estudiantes, cuando sería quizás mejor construirla en Potsdam, cerca de Berlín, más apacible y tranquila. Para él, las ventajas de Berlín son obvias: "Éstas son fáciles de apreciar, en la medida en que se trata, dentro de los Estados prusianos, del lugar de reunión más rico en erudición, en talentos, en ejercicios artísticos de todas clases, en la medida en que abarca, a su vez, dentro de sí muchos institutos que apoyan la universidad y que, a su vez, por el vínculo con ella podrían obtener nuevo brillo y un carácter superior, en la medida en que, al mismo tiempo, expone la forma de vida más cultivada y coloca ante los ojos del joven aspirante las más altas dignidades a las cuales él puede elevar en cada materia."[25] Además se encuentran en Berlín bibliotecas, museos, colecciones de arte y de monumentos anti-

25 Friedrich Schleiermacher, "Pensamientos ocasionales...", p. 194

guos, jardines botánicos, gabinetes anatómicos, mineralógicos y zoológicos que podrían ser frecuentados por los estudiantes.

Por otro lado, es también allí donde se concentran más maestros y docentes universitarios, los que deberían dedicarse sólo a sus actividades universitarias de enseñanza y no tener la necesidad de buscarse su sostén en otras actividades renumeradas. Considerando la existencia de escuelas especiales técnicas en Berlín, como la escuela quirúrgica, la escuela de construcción, la escuela de minas, Schleiermacher argumenta que es allí donde se encuentra una riqueza de docentes y que podría ser útil para la universidad, o bien, estas escuelas técnicas se podrían incorporar a la universidad. Lo mismo podría ocurrir con la academia de las ciencias, la que podría renovarse al acercarse a la nueva universidad. Por todas estas razones, Schleiermacher apoya la decisión de fundar la nueva institución de educación superior en Berlín "de modo que Berlín debe volverse para todas las actividades científicas el centro de Alemania septentrional en cuanto es protestante, y el destino del estado prusiano obtendrá por este lado un fundamento seguro y firme para el futuro"[26]

Pero también menciona las desventajas, que resultan de la extensión de la ciudad, la vida tan costosa y las distracciones, en especial los excesos, relacionados con fiestas, la pasión por el juego y otros. Para evitar cualquier desvío en la vida de los jóvenes había que fomentar, según él, la vida en común de los estudiantes, en donde tiene lugar su auténtico y libre estilo de vida, siempre considerando que los estudiantes una vez aceptados en la universidad salen del hogar familiar para vivir solos. Sería conveniente presentarse en público de un modo digno como una corporación y así la relación con el resto de la sociedad se mantendría en un justo nivel.

---

[26] Friedrich Schleiermacher, "Pensamientos ocasionales...", p. 208

LA LIBERTAD DE LOS ESTUDIANTES EN LA UNIVERSIDAD

Por todo lo anterior, podemos entender que Schleiermacher al defender una universidad de docencia y de formación de profesionistas, más que una institución de investigación mostraba un especial interés en los estudiantes, su vida universitaria y sus libertades.

Igual que Humboldt consideraba que los estudiantes y los profesores universitarios se encontrarían entre iguales en un diálogo socrático, en donde todos aportarían por igual, se compensarían en sus diferencias y a pesar de las diferencias entre ellos en lo que se refiere a la experiencia de vida y circunstancias les uniría la búsqueda de la verdad científica, vivida de la misma manera. La vida universitaria, en la que estudiantes y profesores convivirían alrededor de la búsqueda de conocimientos científicos, haría posible que uno reconociera la existencia del otro de manera igualitaria. Esta idea de la igualdad de rango de profesores y estudiantes de los fundadores de la Universidad de Berlín cambia de manera radical la idea común de la universidad hasta entonces como institución de aprendizaje, en donde los profesores tenían la tarea de enseñar a los estudiantes y en donde las cátedras sólo eran un medio auxiliar para el avance científico de los profesores.

El supuesto de que el estudiante está para servir al profesor es una idea que el teólogo Schleiermacher no podía entender. La nueva concepción de una universidad en la que la docencia académica no es en primer lugar la transmisión de conocimientos, sino el complemento de su actividad solitaria y productiva de investigación es la base de la universidad de investigación que tienen en mente Schleiermacher, Humboldt y los demás.

Por ello, el autor se ocupa de manera extensa y explícita del papel de los estudiantes en este nuevo modelo universitario. En su capítulo "De las costumbres de la Universidad y de la vigilancia" Schleiermacher se refiere a dos tipos de libertad de los estudiantes en sus años universitarios:

1. la libertad que se refiere a las actividades espirituales, considerando que el fin de la universidad no es el aprender en sí y para sí, sino el de conocer. Y el autor sigue: "que no se trata allí de llenar la memoria ni tampoco de enriquecer meramente la inteligencia, sino que debe suscitarse una nueva vida, un espíritu superior, verdaderamente científico, [...]. Pero esto no puede lograrse por coacción".[27]

Se refiere a la libertad académica en comparación con el régimen autoritario de las escuelas de donde proceden:

> Uno es la libertad de la cual, en comparación con la escuela de donde proceden, gozan en la universidad en lo que se refiere principalmente a sus actividades espirituales. En este sentido no están sometidos a ninguna coacción; no son impulsados hacia ninguna parte y nada les es vedado. Nadie les ordena concurrir a tales o cuales cursos; nadie puede reprocharles si lo hacen en forma descuidada o si dejan de hacerlo. No hay ninguna vigilancia sobre sus actividades, salvo a que ellos mismos confíen libremente a un docente.

Esto significa que un estudiante puede llegar a entender la ciencia, fin último de la universidad, por medio de conocimientos adquiridos en libertad y soledad, no por medio de indicaciones de una autoridad, aunque sea la de un maestro. Pero este proceso tiene diferentes caminos para los diferentes jóvenes, no hay un solo y único camino. Cada estudiante sabrá cómo alcanzar este fin, cuáles estímulos asimilar para llegar a conocimientos nuevos y apropiados para él. Ninguna autoridad, aunque sean los profesores más reconocidos, puede exigirles nada en este camino. Si los estudiantes no actúan de ma-

---

27 Esta y la siguiente cita textual en Friedrich Schleiermacher, "Pensamientos ocasionales...", p. 174.

nera autónoma y productiva, si no siguen los pensamientos del profesor, lo critican, exponen sus dudas y preguntan, entonces no cumplen con su obligación frente a la ciencia y no cumplen con su papel en el diálogo socrático con el profesor. La independencia de uno que no sólo aprende, sino también investiga se le adscribe al estudiante y esto es su responsabilidad frente a la universidad y sus maestros, una exigencia y una obligación a la que no puede renunciar. Esta libertad académica, en el fondo, es más bien una obligación que tiene el estudiante frente a la ciencia, no frente a los profesores, y que incluso tiene que defender, de ser necesario, frente a los profesores. Su única autoridad será su propio conocimiento.

Este planteamiento de libertad de espíritu sólo puede plantarse entre alemanes y con alemanes, según Schleiermacher, y sólo así se puede conducir hacía la ley del amor y la fe. Este aspecto de la libertad estudiantil está íntimamente ligado al concepto alemán de la dignidad de la ciencia y por ello sería imposible tratar de otro modo a los jóvenes destinados a convertirse en hombres de ciencia. "Y aquellos a quienes la naturaleza ha destinado a la ciencia son los más dignos, los verdaderos miembros de la universidad; todo esta allí para ellos, todo debe referirse a ellos y no debe tolerarse nada que pueda serles decididamente repulsivo."[28]

¿Pero qué pasa con los estudiantes que no están destinados a ser hombres de ciencia? Schleiermacher sostiene que también para ellos es importante gozar de esta libertad, ya que la mayoría de los estudiantes universitarios no son geniales o sobresalientes. "Pues ellos en los cuales ninguna fuerza superior vive y se manifiesta, a menudo bastante salvaje y confusa, antes de pasar del estado de fermentación a la claridad de la conciencia, éstos son los que más se dejan guiar por todo aquello

---

[28] Esta y la siguiente cita textual en Friedrich Schleiermacher, "Pensamientos ocasionales…", p. 176

que les parece noble". También ellos, que más tarde ejercerán una profesión y no se convertirán en científicos, toman provecho de haber estado algunos años en una institución libre sin organización "mecánica y escolar".

Sin embargo, hay jóvenes en la universidad a los que no se les puede conducir por la fuerza de la libertad a un estudio regular, a ellos no les corresponde estar en la universidad.

En segundo lugar, el autor se refiere a la libertad que vive un estudiante en sus años universitarios en comparación con los años que siguen, cuando cada uno de los estudiantes entra en su vida profesional y con ello en las relaciones sociales burguesas y habituales. Schleiermacher nos explica que significa ser libre de todas las convenciones sociales: "Vivir y habitar en la calle a la manera antigua; llenarla de música y canto, con frecuencia rudo,[..]; derrochar como el más rico[...] ; descuidar la vestimenta, hasta el extremo o con afectada atención, engalanarse particularmente; un lenguaje característico de manifestar el aplauso o la crítica [...] esto es , indiscutiblemente, la esencia de la libertad estudiantil."[29] No se trata de pasar por alto a los estudiantes transgresiones de la ley ni de considerar que ser estudiante es un estado propio privilegiado, sino es el privilegio de la juventud en general.

Entonces Schleiermacher se pregunta: ¿Por qué está tan desacreditada esta libertad en la sociedad, que supuestamente lleva a desórdenes y despilfarro y a incomodidades para los habitantes de las localidades universitarias, si sólo expresa la protesta juvenil, si es la época en que los jóvenes pasan de un estado de subordinación a hacerse adultos y a descubrir sus talentos? Para que los estudiantes puedan ejercer unos años la libertad será importante alejarlos de la familia y de la influencia

---

[29] Friedrich Schleiermacher, "Pensamientos ocasionales...", p. 178.

del estado, para que con libertad puedan elegir su ocupación y su forma de vida en un futuro.

Tienen que vivir libres de convenciones sociales para poder adaptarse al ambiente en el que se van a encontrar una vez salidos de la universidad. Este tipo de libertad parece ser considerado como íntimamente ligado a la vida estudiantil.[30]

Sin embargo, aquellos estudiantes que llevan demasiado lejos esta libertad y que no atienden el sentimiento moral dentro de ciertos límites no pertenecen a la universidad. Y tampoco pertenecen a la universidad aquellos que sólo pueden obedecer a una moralidad externa, ya que no son aptos para un conocimiento verdadero.

Hay que considerar también lo que significa esta libertad no sólo para el carácter, sino también para las costumbres. Según nuestro autor, las costumbres no son un cuerpo de comportamientos inmutables, sino que deben estar en proceso de formación. En este sentido, argumenta él, ha sido la ventaja de Alemania el que la formación de las costumbres no haya sido determinada por las clases altas, sino que reside en aquellos que son los formadores del conocimiento. Ellos, desde siempre, han vivido una vida más libre que se extiende después hacia arriba y hacia abajo. Los que se forman en la universidad para el conocimiento son, por tanto, también aquellos que han de formar en el futuro las costumbres sociales. En el ambiente universitario conviven profesores y estudiantes de diferentes regiones con sus propias costumbres y la libertad de los estudiantes permite una adaptación de todos ellos a lo más esencial de la convivencia.

---

30 Como ya mencioné antes, los estudiantes de esta época son todos hombres, para el ingreso de las primeras mujeres a las carreras universitarias falta casi un siglo.

Más adelante, Schleiermacher menciona 'dos males grandes y esenciales': por un lado, la oposición a todo lo no estudiantil y, por el otro, el duelo. Él recomienda aceptar el duelo en honor de permanecer siempre estudiantes, como grupo formador superior en contra de la masa ruda, vulgar y opuesta a la cultura, pero que no sólo se encuentra en las clases bajas. Por ello, hay que reprimir esta soberbia y alejarse de los abusos. Referente al duelo entre los estudiantes, lo considera un fenómeno natural e inevitable, que la ley otorga en caso de ofensas, aunque habría que buscar un equilibrio en la defensa del honor.

Dice Schleiermacher: "Los estudiantes necesitan una gran separación de los demás; ellos no deben ser arrastrados hacia la vacuidad del trato social corriente. Pero, por otro lado, una clase de hombres no puede aislarse del todo impunemente. La justa medida es también aquí la natural."[31]

A modo de conclusiones podemos decir: la discusión alrededor de la renovación de las escuelas científicas en Alemania al término del siglo XIX y principios del siglo XX incluía tres opciones:

1. La exigencia revolucionaria de cerrar las universidades "anormales"
2. la fundación de una nueva forma de institución científica
3. la reforma de la institución ya existente.

Todas estas propuestas se presentaron como formas de un plan de acción en el campo de la política educativa en estos años. En el plan para una nueva universidad que presentó Schleiermacher encontramos su concepción de una "Universidad en sentido alemán" y quizás él con su concepción más

[31] Friedrich Schleiermacher, "Pensamientos ocasionales...", p. 182

pragmática ha tenido más influencia en los siguientes años en la nueva universidad de Berlín.

De las ideas y discusiones para la fundación de una nueva universidad desde principios del siglo XIX hasta su realización con base en el modelo de Humboldt y sus amigos ha habido mucho tiempo, pero aún así la nueva forma de las universidades en Alemania desde entonces hasta los años sesenta del siglo XX ha llevado la investigación científica al centro del quehacer universitario donde han convergido profesores y estudiantes y es a ellos a los que debemos muchos de los nuevos descubrimientos en ciencias naturales, filosofía y tecnología. En todos estos años la universidad ha tenido que responder a las diferentes exigencias de la sociedad y de la política y adecuar sus funciones al desarrollo del tiempo.[32]

32 Heinz-Elmar Tenorth, "Mythos Universität. Die erstaunliche Aktualität einer Idee und die resistente Realität von Universitäten" [Mito Universidad. La asombrosa actualidad de una idea y la realidad resistente de universidades], en Marc Fabian Back und Marcel Kabaum (Hrs.) *Ideen und Realitäten von Universitäten*, Frankfurt am Main, Peter Lang, 2013.

Capítulo 10

EL TERCER REICH Y LA ANTIGÜEDAD: LA LIBERTAD ACADÉMICA FRENTE AL ESTADO

GONZALO MARTÍNEZ LICEA
(Universidad Nacional Autónoma de México)

De entre las distintas líneas de investigación que se centran en las relaciones entre el universo académico y el Estado (o el poder político), no deja de ser rico en reflexiones el caso de la universidad alemana y los intelectuales de las humanidades durante el Tercer Reich. Por un lado, hay un modelo universitario que fue perfeccionándose durante dos siglos desde que Wilhelm von Humboldt fundara la Universidad de Berlín en 1810. Para finales del siglo XIX las universidades alemanas se habían convertido en un ejemplo mundial de pulcritud y fecundidad intelectual en todas las áreas de investigación. Los académicos estaban constituidos en un fuerte y exclusivo gremio que transmitía sus métodos y conocimientos sólo a algunos de los pocos que lograban concluir la esmerada educación de los *Gymnasien,* durante mucho tiempo las únicas instituciones de educación secundaria que abrían las puertas a la universidad. No es exagerado afirmar que las ciencias y humanidades actuales deben muchos de sus progresos al trabajo de estos "intelectuales mandarines", según la clásica denominación acuñada por Fritz K. Ringer.[1] Sin embargo, para principios del siglo XX la

---

1 Fritz K. Ringer, *El ocaso de los mandarines alemanes. La comunidad académica 1890-1933,* trad. José M. Pomares, Barcelona, Pomares, 1995, p. 49.

situación de la universidad se había vuelto crítica debido, en parte, a la resistencia de los intelectuales a la modernización de la sociedad y la cultura. Por otro lado, tenemos un Estado totalitario que manipuló a través de la violencia y la ideología –en gran medida con éxito– todas las esferas de la vida de una nación. Su irrupción en el espacio público tampoco podía dejar de sentirse en el ámbito universitario y menos aún en el campo de las humanidades o *Geisteswissenschaften*, más permeable que las 'ciencias exactas' a las ideas e ideologías políticas.

Por extraño que parezca, sólo fue hasta las décadas de los 70 y 80 que empezaron a aparecer investigaciones sobre la relación de los profesores universitarios con el partido nacionalsocialista.[2] Un par de ejemplos clásicos son *Nationalsozialismus und Antike* (1977) (El nacionalsocialismo y la antigüedad) de Volker Losemann y *Von Perikles zu Hitler?* (1986) (¿De Pericles a Hitler?) de Beat Näf. Antes de eso, únicamente se publicaron textos muy esporádicos acerca de los antecedentes de la ideología del partido, como el libro de 1961 de Fritz Stern *The Politics of Cultural Despair: A Study in the Rise of the Germanic Ideology*. Actualmente, ya existe un considerable *corpus* –en su mayoría, en alemán– que explora distintas facetas del involucramiento de las humanidades con la política del Tercer Reich. Más recientes, y más accesibles en nuestro país, son tres trabajos: el previamente citado *Nazi Germany and the Humanities* (2007), editado por Bialas y Rabinbach, *El nacionalsocialismo y la antigüedad* (2008 el original francés), del historiador francés Johann Cha-

---

[2] Wolfgang Bialas y Anson Rabinbach, "Introduction: The Humanities in Nazi Germany", en Wolfgang Bialas y Anson Rabinbach (eds.), *Nazi Germany and the Humanities. How German Academics Embraced Nazism*, Londres, Oneworld, 2007, pp. XXII-XXIII.

poutot[3], y *Creer y destruir. Los intelectuales en la máquina de guerra de las SS* (2010 el original francés), de Christian Ingrao.[4]

Hasta donde sé, no existen investigaciones publicadas directamente en español, ya sea de autores españoles o latinoamericanos. Naturalmente, en nuestro continente sería muy complejo llevar a cabo un trabajo profesional sobre este tema dado que depende de la consulta exhaustiva de numerosos archivos en Alemania, como lo prueba la investigación hasta ahora publicada. Esto no obsta, sin embargo, para que se comience a reportar sumariamente, en nuestro idioma y territorio, algunos resultados que los especialistas han obtenido últimamente y producir al margen reflexiones acerca de las tensiones existentes entre las humanidades, la universidad y el poder político. Además, no hay que olvidar que muchos de los intelectuales alemanes disidentes que emigraron de su país durante la Segunda Guerra Mundial llegaron a América, principalmente Estados Unidos y algunos a Argentina. Todavía no sabemos con profundidad qué tipo de influencia tuvieron estos autores sobre las universidades latinoamericanas y sus profesores, pero creo que en general la *intelligentsia* alemana dejó una huella profunda en la configuración de las humanidades en el continente. Tan sólo por este motivo, el tema que propongo debe ser de interés para la academia en México.

En el presente texto quisiera ilustrar brevemente la respuesta de los estudiosos de las humanidades, específicamente de los especialistas en la Antigüedad, como los historiadores y filólogos. ¿A qué tipo de presiones de carácter político, social e intelectual tuvieron que hacer frente los clasicistas en el contexto del Tercer Reich? ¿Qué papel fue asignado a sus estudios dentro de los proyectos de apropiación de las humanidades?

---

3 Johann Chapoutot, *El nacionalsocialismo y la antigüedad*, Madrid, Abada, 2013.

4 Christian Ingrao, *Creer y destruir. Los intelectuales en la máquina de guerra de las SS*, Madrid, Acantilado, 2017.

¿De qué manera actuaron cuando el nacionalsocialismo llegó al poder y reclamó su servicio al Estado? ¿Se rebelaron, se sometieron o simplemente fueron testigos trágicos de su propia ruina?

LA POLÍTICA DEL SABER

Cuando Hitler tomó el poder en 1933, la conducta general de los académicos fue más bien de pasividad. Si hacemos abstracción del puñado de profesores radicales que sirvieron como ideólogos y burócratas del nuevo régimen en las universidades, así como a los ingenuos que se engañaron al principio, el panorama que se ofrece es el de una desoladora impotencia ante un poder que afrentaba la libertad de la enseñanza y la investigación. Según Ringer, "la mayoría de académicos se dieron cuenta de que ésta no era la revolución espiritual que habían buscado. Era demasiado violenta y demasiado vulgar. Se declaró a sí misma dueña del *Geist*, no su servidora."[5] ¿Cómo explicar esta respuesta por parte de individuos que hasta hacía poco defendían con orgullo la libertad y la pureza de la educación superior alemana? ¿Qué había pasado con los discursos y teorías acerca de la formación total del hombre en los valores de la Antigüedad? Estas preguntas encuentran respuesta hasta cierto punto en la singularidad misma de las universidades alemanas y el tipo de intelectuales que en ella germinaron.

Aunque para el siglo XX las ideas originales que inspiraron la fundación del modelo universitario alemán ya se habían diluido en la especialización y la burocracia, todavía permeaban ciertas conductas y procedimientos de los intelectuales. Como señala Renate Marsiske, la universidad que funda Wilhelm von Humboldt en 1810 surgió en franca polémica con el modelo

---

5 Fritz K. Ringer, *El ocaso...*, p. 406.

universitario francés.[6] Mientras que éste promovía ante todo la profesionalización del alumnado para ocupar los puestos requeridos por la alta burocracia del Estado, el modelo que trazaron los idealistas alemanes tenía como objetivo formar al hombre en todos sus aspectos, no sólo intelectual sino moralmente. La universidad tenía que fungir en la sociedad el papel de algo así como un invernadero que aislara a los estudiantes de las exigencias del Estado con el fin de formarse en el saber puro sin intromisiones externas. Se trata del cultivo del conocimiento por el conocimiento mismo, pues en su búsqueda se encuentra la realización suprema del hombre en tanto que hombre. En este sentido, es muy ilustrativo que una de las palabras alemanas para designar al hombre de cultura sea casi intraducible, a saber, *Gelehrter.* Sabio o erudito son dos opciones en español para traducir este vocablo tan propio del mundo alemán. Un *Gelehrter* no sólo conoce un área del saber en el sentido profesional, sino que el saber mismo ha configurado su carácter y ennoblecido su espíritu (*Geist*). Tampoco está limitado a su campo de estudio; si bien puede ser un especialista, tiene una comprensión cabal, filosófica de la unidad interna de la erudición. Los idealistas alemanes se expresaron en un lenguaje sumamente abstracto para describir este ideal de hombre formado. Por ejemplo, Humboldt dice que "la última misión de nuestra existencia es conseguir tanto contenido como sea posible en el concepto de humanidad de nuestra persona, tanto mientras vivamos como también después con las huellas de la herencia viva que dejemos."[7] Y en Fichte encontramos las características resonancias religiosas que convierten al sabio en

---

6 Renate Marsiske, "La universidad napoleónica y el modelo de universidad alemana", en David Piñera Ramírez (coord.), *La educación superior en el proceso histórico de México. Tomo I. Panorama general. Época prehispánica y colonial.* Mexicali, Universidad Autónoma de Baja California, 2001, p. 161.

7 Wilhelm von Humboldt, "Teoría de la formación", en Pedro Aullón de Haro (ed.), *Teoría del humanismo,* vol. I, Madrid, Verbum, 2010, p. 413.

un auténtico "sacerdote de la verdad", "el hombre *moralmente mejor* [*sittlich beste*] de su época. Debe encarnar el más alto grado de formación moral que es posible hasta él."[8]

La propia idea de saber fue acuñada de un modo distinto al de otras tradiciones. Si *Gelehrter* puede traducirse por erudito o sabio, *Wissenschaft* se ajusta mejor a erudición o saber que a ciencia. Cuando en español o inglés se habla de ciencia, normalmente nos referimos a si su metodología para obtener conocimiento satisface estándares mínimos de rigor. En el caso del alemán, *die Wissenschaft* remite a "todo conocimiento formal y la actividad colectiva de los eruditos relativa a su obtención, interpretación y ordenación".[9] Así, *Wissenschaft* tiene un sentido más integrador que incluye al proceso de obtener conocimiento en un medio académico, independientemente de la materia de que se trate. El panorama se complica aún más cuando se habla de *Geisteswissenschaften* (humanidades, ciencias humanas o ciencias del espíritu) o *Altertumswissenschaft* (saber de la Antigüedad).

Para conseguir el objetivo de formar al sabio en la erudición de la manera más efectiva, la universidad tendría que poder definir de manera autónoma sus propias líneas de investigación. Aunque esto no significa que se postulara una independencia absoluta de la universidad respecto del Estado. Como afirma Marsiske, los impulsores de la universidad "reconocieron al Estado como máxima autoridad de la universidad".[10] Concibieron al Estado como uno cultural (*Kulturstaat*), que tenía que ver por la erudición y la formación de un selecto grupo

---

8 Johann Gottlieb Fichte, *Algunas lecciones sobre el destino del sabio*, trad. Faustino Oncina Coves y Manuel Ramos Valera, Madrid, Istmo, 2002, p. 123.

9 Fritz K. Ringer, *El ocaso…*, p. 110.

10 Renate Marsiske, "La universidad alemana de 1810. ¿Reforma o fundación?", en Enrique González González (coord.), *Historia y universidad. Homenaje a Lorenzo Mario Luna*, México, UNAM, 1996, p. 640.

de eruditos representantes de lo mejor de la sociedad alemana. De esto se desprende un tipo de relación muy singular entre el mundo académico y el político. Pues si bien, por un lado, los profesores buscaban proyectarse como los guías espirituales de la nación, no se inmiscuían en los asuntos prácticos de la *Realpolitik* ni tampoco les suponía un problema que el Estado administrara la universidad siempre y cuando respetara los elevados asuntos del espíritu, es decir, que no se entrometiera en lo que se hacía en el espacio privado de los salones de clase, los estudios de trabajo y las conferencias.

A partir de estos antecedentes, se puede entender mejor por qué los académicos del siglo XX reaccionaron tan pasivamente ante las exigencias del partido. Pese a que gradualmente se habían ido profesionalizando cada vez más, tendían a dividir artificialmente la realidad entre el desordenado espacio de la política y la economía, y el más puro y coherente entorno del espíritu. Con satisfacción se concebían como apolíticos en el sentido de que no querían saber nada de cómo se administraba el Estado de manera efectiva. Con esta actitud se entiende que cuando el partido se hizo del poder no supieran cómo reaccionar o, mejor dicho, reaccionaron como sólo sabían hacerlo: apelando a la cultura, el humanismo y el *Geist*, sin llegar realmente a constituir una fuerza política que se opusiera a las políticas del Reich. Ringer estima que:

> Los nacionalsocialistas establecieron con facilidad su control total sobre las universidades alemanas después de 1933. Hubo poca resistencia efectiva. [...] Se empleó el principio del Führer para destruir el autogobierno académico. Se repudiaron oficialmente la libertad de enseñanza y la idea de la objetividad en la formación. El Tercer Reich no tenía cabida para la erudición «ausente de práctica», para el humanismo clásico, o para las posturas «apolíticas».[11]

---

[11] Fritz K. Ringer, *El ocaso...*, p. 408.

En efecto, un hecho innegable es que las autoridades del nacionalsocialismo intentaron hacer desembocar el trabajo académico de los profesores de las humanidades en la fundamentación de la ideología y las acciones bélicas de Alemania. Reservaban sólo indiferencia y desprecio por el trabajo teórico sin repercusiones prácticas en la vida política de la nación. El investigador tenía que ser a su modo un soldado. Una excelente muestra de esto es el megaproyecto en dos volúmenes llamado *Aktion Ritterbusch*, el cual reunió a cerca de 500 especialistas de las humanidades para que aportaran sustento teórico a las acciones bélicas de 1939. A esta campaña académica también se le conoce como *Kriegseinsatz der Geisteswissenschaften* o intervención militar de las ciencias del espíritu.[12]

Pese a todo, los resultados no fueron los esperados, pues la mayoría de los profesores continuaron realizando su trabajo con sus metodologías y objetivos acostumbrados, aunque ahora utilizando algunas palabras y frases del gusto del partido, tales como *Volk* (pueblo, nación), *Rasse* (raza), *Europa, Abendland* (Occidente), etc. Y las autoridades se dieron cuenta. El *Sichercheitsdienst*, o el servicio de inteligencia encargado de investigar el compromiso ideológico de los académicos, reportó que no se había conseguido la renovación de las humanidades. Lamentaba que todavía pervivieran discursos humanistas de carácter cosmopolita en la universidad y que la mayoría de los *Akademiker* parecieran ocultarse detrás de la especialización para evitar comprometerse ideológicamente.[13]

Esto no quiere decir, sin embargo, que el grueso de los profesores, no compartieran nada con el nacionalsocialismo. La crítica más actual se ha enfocado en analizar cómo ciertos "ideologemas" y emociones propias del nacionalsocialismo

---

12 Wolfgang Bialas y Anson Rabinbach, "Introduction...", pp. XXIX-XXX.

13 Volker Losemann, "Classics in the Second World War", en Wolfgang Bialas y Anson Rabinbach (eds.), *Nazi Germany and the Humanities...*, pp. 319-320.

atravesaron el discurso de las humanidades desde dentro. Se habla incluso de un *ethos* o *Gesinnung* (modo de pensar) compartido.[14] Esto es así porque, como se sabe, la ideología nacionalsocialista carece de coherencia conceptual y es incluso contradictoria;[15] no convence por la fuerza de sus argumentos, sino que seduce como cosmovisión. En realidad, una larga y arraigada tradición políticamente conservadora y antidemocrática en el medio universitario operó de puente entre las humanidades y el nacionalsocialismo, de tal suerte que a primera vista se ofrecía la impresión de una coincidencia de opiniones y perspectiva. "La cosmovisión nazi apareció, en síntesis, no como algo que iba *contra lo actual* de aquellas concepciones intelectuales, sino como algo *consistente* con controversias académicas ya existentes."[16]

Probablemente este sea el motivo por el cual algunos intelectuales se sintieran dispuestos a colaborar al principio con el régimen. Pensaron que bajo circunstancias favorables podrían orientar teóricamente a unas autoridades que percibían políticamente afines a ellos.[17]

---

14 Wolfgang Bialas y Anson Rabinbach, "Introduction...", p. XXXVII.

15 Franz Neumann, *Behemot. Pensamiento y acción en el nacionalsocialismo,* trad. Vicente Herrero y Javier Márquez, México, Fondo de Cultura Económica, 1943, p. 57.

16 Wolfgang Bialas y Anson Rabinbach, "Introduction...", p. XXXVII.

17 Georg Bollenbeck, "The Humanities in Germany after 1933: Semantic Transformations and the Nazification of the Disciplines", en Wolfgang Bialas y Anson Rabinbach (eds.), *Nazi Germany and the Humanities...,* p. 5. El autor habla de "transformaciones semánticas" que causaron que vocablos que ya estaban arraigados en el discurso académico adquirieran un sentido muy distinto durante el régimen nacionalsocialista. Algunos de estos conceptos son *Wissenschaft, Führer, Volk* y *Staat* (Estado).

LAS ALTERTUMSWISSENSCHAFTEN Y EL NACIONALSOCIALISMO

Una de las áreas de estudio que más se movió dentro del campo de acción del poder político fue el de las *Altertumswissenschaften*, especialmente la filología clásica y la historia de Grecia y Roma. Muchos de los elementos que despliega el nacionalsocialismo guardan una relación cercana con la Antigüedad. Según Johann Chaopoutot, el régimen necesitaba inventarse una genealogía en un pasado glorioso y usarlo como justificación e inspiración para su campaña de conquista. El nacionalismo, el racismo, el expansionismo, la militarización del pueblo, todo tenía que entroncar en la historia Antigua. Presente, pasado y futuro se confundían para producir una percepción casi mítica de la realidad:

> La política, en efecto, es la «historia en devenir», *werdende Geschichte*, la historia en el presente. La política es historia haciéndose, la historia en el proceso de su advenimiento: existe, pues, una solidaridad sustancial entre el pasado y el presente que hace legítima la inducción de lecciones. La política, esa historia en el presente, debe ser entonces guiada por la historia del pasado, que no tiene más interés y utilidad que las lecciones que proporciona al tiempo presente. [...] El objetivo de la enseñanza de la historia no es tanto el pasado como el futuro, no es tanto el conocimiento del pasado en sí mismo como la acción en el presente político y la construcción del futuro.[18]

Los estudios clásicos, por lo tanto, adquirieron una relevancia inusitada en la agenda política. Pero justamente ese vivo interés estaba condicionado por la función práctica, no científica, que los líderes nacionalsocialistas vieron en el estudio de la Antigüedad. La situación merece ser pensada con cuidado, ya que aquí coinciden múltiples líneas temáticas de gran interés para el historiador y el filósofo.

---

[18] Johann Chapoutot, *El nacionalsocialismo...*, p. 15.

En primer lugar, de entre todas las disciplinas sobre el estudio de la Antigüedad, fue la filología la que más sintió la tensión entre lo académico y la presión política. Para entenderlo es fundamental recordar que el gremio de los filólogos se había constituido en los representantes por antonomasia de la educación de las clases medias de Alemania. Ellos eran los que tenían el control de los *Gymnasien*, las instituciones que desde por lo menos 1812 fueron la única vía para ingresar a los estudios superiores por medio del certificado de bachillerato (*Abitur* o *Reifzeugnis*). El latín y el griego eran la base de toda la educación preparatoria (llegó a ocupar el 46% del *currículum*) y de su dominio dependía, en mayor medida que otras materias, que el alumnado tuviera derecho a ingresar a la universidad.[19]

En virtud de una larga tradición que se remonta por lo menos a la obra de Johann Joachim Winckelmann sobre el arte antiguo, el conocimiento de las culturas griega y latina a través de sus letras se había fundido con el ideal humanista de hombre educado. Werner Jaeger sostuvo que la *Bildung* o formación alemana compartía en esencia la idea de *paideia* griega[20] y que la clave para restaurar el humanismo en la época contemporánea consistía en revitalizar el estudio de los griegos. Por su parte, Ernst Curtius llevó su filohelenismo al mundo del arte, incluyéndolo en el ideal alemán de formación:

> Alemania se ha apropiado interiormente la cultura griega [...] el espíritu de la Grecia antigua ha impregnado la academia alemana. El arte alemán desde Schinkel ha comenzado a hacer propias las leyes de la construcción griega. Nosotros reconoce-

---

19 Fritz K. Ringer, *Education and Society in Modern Europe*, Bloomington/London, Indiana University Press, 1979, p. 34.

20 Werner Jaeger, *Paideia. Los ideales de la cultura griega*, 2ª ed., trad. Joaquín Xirau y Wenceslao Roces, México, Fondo de Cultura Económica, 1962, p. 11.

> mos como un objetivo vital de nuestra propia *Bildung* el captar el arte griego en su completa antigüedad orgánica.[21]

Bildung, filología, humanismo y helenismo estaban ligados a tal grado que mencionar uno hacía que los otros resonaran. Gracias a la hegemonía filológica, en el ámbito educativo se había arraigado la creencia de que el mejor vehículo de la cultura y los valores era la literatura. Siendo la filología el saber por excelencia sobre el lenguaje, tenía que ser ella la puerta de acceso a los tesoros de la Antigüedad y, en consecuencia, la respuesta a los serios problemas educativos y culturales por los que atravesaba la modernidad.

Pero no todos estaban de acuerdo con este punto de vista. Desde finales del siglo XIX hubo voces que exigían modernizar el currículum de los *Gymnasien*: se pedían menos horas de griego y latín y más tiempo para el estudio de lenguas modernas. La educación basada en la "cultura elitista del neoclasicismo académico"[22] fue vista como algo anticuado en un mundo en rápida transformación económica y social. Además, esta educación sólo privilegiaba a los miembros de un reducido círculo de las clases medias educadas (*Bildungsbürgertum*), mientras que desamparaba, por no decir que despreciaba, a las clases populares. El sociólogo Leopold von Wiese era de la opinión de que "toda educación popular [*Volksbildung*] debe proceder de las verdaderas necesidades de los seres humanos sencillos. En este sentido, hay que rechazar todo aquello que no se corresponda con la realidad, toda clase de misticismo y toda ideología demasiado entusiasta."[23]

---

21 Ernst Curtius citado por Suzanne Marchand, *Down from Olympus: Archaeology and Philhellenism in Germany, 1750-1970*, New Jersey, Princeton University Press, 1996, p. 81.

22 Suzanne Marchand, *Down from* ..., p. XX.

23 Leopold von Wiese, citado en Fritz K. Ringer, *El ocaso...*, p. 264.

Por otro lado, investigaciones como las de Marchand han mostrado que los filólogos también entraron en una lid retórica e institucional contra los arqueólogos por la hegemonía para interpretar a los clásicos. La filología ofrecía los ideales y valores conservados en el *logos* griego, exclusiva fuente de vida del ser europeo; los arqueólogos desafiaban con evidencia física los sesgos ideológicos de sus colegas de escritorio y ampliaban los límites de una cultura –la griega– que durante siglos se había concebido al margen de toda influencia 'oriental'. "En las últimas décadas del siglo [XIX], mientras la arqueología cambiaba sus operaciones de Grecia y Roma a Asia menor y a la propia Alemania, contribuía poderosamente a la destrucción del retrato idealizado de la Hélade de los románticos y del ideal de formación elitista [*Bildungsideal*] de los humanistas."[24]

A todo esto, hay que sumar la generalizada sensación de crisis social y cultural que vivían casi todos los profesores de humanidades, especialmente tras la derrota en la Primera Guerra Mundial y la imposición de la República de Weimar. "Los profesores universitarios alemanes se sentían implicados en una verdadera tragedia. Se sentían oprimidos por la sensación de que sus propios ideales se hallaban amenazados de extinción, junto con toda su forma de vida."[25] Las explicaciones que ellos mismos ofrecieron fueron varias. Unas veces eran los perniciosos efectos de la tecnología, otras la americanización de las costumbres en Alemania, o también la democracia y su odioso régimen de igualación. Más que teorías explicativas, la mayor parte eran lamentos nostálgicos.

De la experiencia de la Primera Guerra, los filólogos más jóvenes además resintieron un cambio de paradigma ante la vida y su trabajo científico. ¿Qué justificación hay en una vida dedicada por entero a cuestiones secundarias de crítica textual

---

[24] Suzanne Marchand, *Down from Olympus...*, p. XX.

[25] Frtiz K. Ringer, *El ocaso...*, p. 231.

o a autores antiguos de segunda fila sólo por el mero hecho de editarlos? El filólogo Paul Friedländer, alumno del gran Ulrich von Wilamowitz-Moellendorf, le dirigió a su maestro una carta que acertadamente ha sido considerada como el manifiesto de la nueva generación: "Por otra parte, la guerra me ha transformado mucho y no pude como otros continuar en 1919 allí donde en 1914 había finalizado. Ahora planteo exigencias mucho más elevadas a la necesidad que las cosas han de tener para mí. Tampoco quiero seguir diciendo lo que no sea importante y no tenga peso".[26] Se sentía, pues, una necesidad de devolver la vida a un saber que en el camino de su perfeccionamiento metodológico había perdido de vista los fines. ¿Para qué hacer filología? ¿Con qué objeto dirigir la mirada al pasado cuando suceden cosas tan graves en el mundo actual? Si acaso los antiguos pueden dar consuelo y orientación a la vida contemporánea, esto no se conseguirá desenterrando momias textuales.

Ante un panorama tan desafiante, los filólogos e historiadores de la Antigüedad que vivieron durante el Tercer Reich no podían simplemente desentenderse de las cuestiones políticas, aunque sólo fuera por motivos de posición social y beneficios institucionales y no por verdadera fe en el poder de la cultura clásica –lo cual dudo mucho, pues aunque evidentemente el factor de oportunismo fue importante en sus decisiones, su propia *Bildung* clásica les había instilado a muchos de los intelectuales más brillantes una fuerza de convicción que sólo podía germinar en una tradición educativa como la alemana de esa época.

El abanico de respuestas por parte de los clasicistas fue tan amplio que no se puede reunir a todos en un solo grupo. No obstante, se sabe, como ya he mencionado, que la mayoría

---

[26] Paul Friedländer, "Carta a Ulrich von Wilamowitz-Moellendorff, 4 de julio de 1921", en Salvador Mas (trad. y pres.), *Alemania y el mundo clásico (1896-1945)*, Madrid/México, Plaza y Valdés, 2014, pp. 207-211.

no apoyó las exigencias de las autoridades nacionalsocialistas, dada la naturaleza práctica de dichas exigencias y la naturaleza elitista del círculo de los estudiosos de la Antigüedad. Volker Losemann resume la situación de 1933 y 1934 como sigue:

> El diálogo entre los clasicistas y los prominentes representantes de la *Wissenschaftspolitik* nacionalsocialista estuvo caracterizada por una considerable distancia entre un campo rico en tradición, con un conservadurismo pronunciado y el movimiento nacionalsocialista, que representaba una actitud muy diferente a la del ambiente universitario. Los esfuerzos de los clasicistas para adaptarse o sobrevivir mejor en esa compleja mezcla de oportunismo y verdadera creencia fueron frecuentemente ridiculizados por los representantes radicales de la administración universitaria del nacionalsocialismo, quienes hablaban acerca de una "revolución" en las universidades.[27]

Las conferencias y textos de divulgación fueron una plataforma popular de los intelectuales para comunicarse con el poder. Uno de los ejemplos de apoyo manifiesto por el proyecto nacionalsocialista es el historiador austriaco Fritz Schahermeyr, quien en un texto titulado "Las tareas de la historia antigua en el marco de la historia universal nórdica" (1933) recomienda la inclusión del criterio racial en la metodología de la historia antigua a fin de capitalizar políticamente la erudición, es decir, convertirla en "fundamentación histórico-científica del nacionalsocialismo".[28] A continuación cito algunos fragmentos de su artículo:

> En la revolución nacionalsocialista se ha alcanzado, luchando, una actitud espiritual completamente nueva frente a la justificación y validez de la existencia, que también exige imperativamente una transformación de las ciencias del espíritu. ...

---

27 Volker Losemann, "Classics in the...", p. 314.

28 Fritz Schahermeyr, "Las tareas de la historia antigua en el marco de la historia universal nórdica", en Salvador Mas, (trad. y pres.), *Alemania y el mundo clásico (1896-1945)*, Madrid/México, Plaza y Valdés, 2014, pp. 252-253.

> La sustancia y, en esta medida, el principio supremo solo puede ser vista en la *sangre* y en las disposiciones hereditarias en ella incluidas. Esta sustancia se manifiesta históricamente en sus portadores, las razas, los pueblos, los linajes y finalmente en cada individuo particular. A partir de las disposiciones hereditarias sanguíneas nace el esfuerzo por su autorrealización; la cultura solo es una función de este acto de autorrealización
> ...
> Es necesario, pues, anexionarse desde todos los lados las disciplinas que espacial y temporalmente están más próximas a la investigación de la Antigüedad clásica y es también necesario, sobre todo, experimentar como destino nórdico el transcurso histórico de los dos pueblos clásicos y, en esta medida, desde la perspectiva de la superior comunidad de los pueblos nórdicos ...
> La humanidad, como por regla general lo que acentúa lo humanamente universal (*sic*), carece de acento positivo y, en esta medida, nunca puede convertirse en principio constituyente de una cultura.[29]

Schahermeyr pasa revista con diligencia a los tópicos favoritos del nacionalsocialismo: la perspectiva racista de la historia, la unidad de los pueblos nórdicos y su necesaria vinculación sanguínea con la Antigüedad clásica, la cultura y la erudición como siervas de los objetivos políticos, así como los ataques de rigor al cosmopolitismo que encierra la concepción neoclásica de humanidad. En todo caso, la única humanidad que vale es "la comunidad de los hombres de raza indogermánica, siendo relegada lo que queda de una pretendida humanidad universal a una subhumanidad más apropiada."[30]

En realidad, el vocablo más usado para referirse a los herederos de la sangre y cultura arias es el alemán *Mensch*, no *homo*. *Mensch* engloba a hombres y mujeres sin distinción de sexo. Significa 'hombre' en sentido neutro y se deslinda de la

---

[29] Fritz Schahermeyr, "Las tareas...", pp. 249, 250, 257 y 261.

[30] Johann Chapoutot, *El nacionalsocialismo...*, p. 153.

carga latina, renacentista y neoclásica que conlleva utilizar los derivados de *homo,* como *humanus, humanismus* y *Humanität.* Ya antes Nietzsche había denunciado, en otro sentido, que se encuadrara a los griegos como humanos y no como *Menschen,* hombres.[31] Los teóricos nacionalsocialistas prefieren dar un rodeo histórico para vincular una palabra alemana con la noción griega-aristotélica de hombre político, *politischer Mensch, zoon politikón.*[32]

Al lado de Schahermeyr se podría mencionar a otros partidarios del nacionalsocialismo igual o más radicales, como Hans Drexler, Kurt Hildebrandt, Joseph Vogt o Hans Oppermann. La postura es muy parecida en cada caso.

Cabe mencionar que algunos de los historiadores, filósofos y filólogos más comprometidos con la perspectiva racial se relacionaron con la universidad de Heidelberg en algún momento de su carrera. El propio Schachermeyr era profesor ahí y se basó en las ideas del famoso teórico de la raza alemán Hans F. K. Günther. Tras concluir la guerra comenzará un proceso de encubrimiento del polémico pasado de la universidad, dando origen a lo que se ha denominado "el mito de Heidelberg".[33]

Intelectualmente más interesante me parece Werner Jaeger, probablemente el filólogo clásico más importante de Alemania hasta 1934, fecha en la que emigra a Estados Unidos. En él podemos ver la situación dramática de un intelectual de primer orden, con una sólida obra de nivel mundial y una reputación

---

31 Friedrich Nietzsche, *Fragmentos póstumos. (1875-1882),* vol. II, Diego Sánchez Meca (ed.), trad. Manuel Barrios y Jaime Aspiunza, Madrid, Tecnos, 2008, p. 48, (3 [12]).

32 Johann Chapoutot, *El nacionalsocialismo...*, p. 153.

33 Steven P. Remy, "'We are no longer the university of the liberal age': The Humanities and National Socialism at Heidelberg", en Wolfgang Bialas y Anson Rabinbach (eds.), *Nazi Germany and the Humanities. How German Academics Embraced Nazism,* Londres, Oneworld, 2007, p. 22.

académica intachable, que se ve involucrado en la coyuntura de 1933.

Jaeger encarna en muchos aspectos al tradicional profesor de filología de principios del siglo XX. Se ve a sí mismo como un guardián de la cultura y los valores del humanismo, como la generación de su maestro Wilamowitz le había enseñado; pero al mismo tiempo es parte de la generación que ha experimentado la crisis de la filología y busca dar nueva vida a los estudios clásicos. Sus conferencias previas a la Segunda Guerra lo muestran como un humanista convencido que afirma la presencia de la cultura griega en el presente. En 1929 dijo sobre la Sociedad para la Cultura Antigua (*Gesellschaft für Antike Kultur*) –fundada por él mismo en 1924 con el propósito de fungir como punto de contacto con los no especialistas– que "su destino consiste en mantener continuamente vigente el espíritu de la Antigüedad en la vida de nuestro tiempo. No una obra maestra del discurso para el disfrute del momento, sino una posesión para siempre."[34]

De manera notable, Jaeger pudo equilibrar un trabajo científico de gran impacto en los estudios sobre la Grecia antigua y su labor como difusor y revitalizador de estos estudios entre los lectores no especializados de las clases medias educadas. Ya en 1921, cuando sólo tenía 32 años, había sucedido a Wilamowitz en la cátedra de Berlín y en 1923 publicó su *Aristóteles. Bases para la historia de su desarrollo intelectual*[35] (*Aristoteles. Grundlegund einer Geschichte seiner Entwicklung*), obra de gran trascendencia en la que se proponía un nuevo enfoque para estudiar las obras del estagirita. Luego, en 1925, fundó la revista *La Antigüedad* (*Die Antike*), a través de la cual pretendía divulgar el

---

[34] Werner Jaeger, "Die geistige Gegenwart der Antike", en Werner Jaeger, *Humanistische Reden und Vorträge*, 2ª ed., Berlin, Walter De Gruyter & Co., 1960, p. 158.

[35] Hay traducción de José Gaos en la editorial Fondo de Cultura Económica.

saber filológico. En verdad, es uno de los primeros movimientos serios por parte de Jaeger (y de cualquier otro filólogo) para volver a vincular *Wissenschaft* con *Bildung*. En el prefacio del primer número, Jaeger escribe que la misión de la revista "es hacer fructífero el conocimiento filológico sobre la cultura antigua para la vida intelectual del presente y asegurar [a este conocimiento] un lugar adecuado en la *Bildung* alemana".[36] Ciertamente, mediante ambas, "la campaña de Jaeger por una renovada conciencia humanista ganó una sólida base pública en la sociedad de Weimar".[37] Donald O. White comenta que la revista contenía artículos de gran calidad para unos lectores educados. "Cada vez más, él llevó la atención de su audiencia hacia los factores políticos que estaba descubriendo mientras investigaba el concepto de *paideia*, en particular en la medida en que esta noción fundamentaba las obras de Platón".[38]

Efectivamente, desde época muy temprana Jaeger intentó hacer un llamamiento político a través de las letras clásicas. Esto en ocasiones lo hizo abiertamente, como en "La ética estatal griega en la época de Platón" (1924). Allí comienza poniendo de relieve la ignominia que representa para Alemania la imposición de las condiciones del Tratado de Versalles y contrasta esta situación con el Estado bismarckiano, que habría dado los fundamentos para la vida política en territorio alemán. Este es el trasfondo para a continuación hacer una reflexión sobre la idea de Estado en la filosofía de Platón y concluir que es necesario aprender de los griegos la centralidad del Estado en la vida de la comunidad:

---

36 Werner Jaeger, citado por Suzanne Marchand, *Down from Olympus...*, p. 322.

37 Donald O. White, "Werner Jaeger´s 'Third Humanism' and the Crisis of Conservative Cultural Politics in Weimar Germany", en William M. Calder (ed.), *Werner Jaeger Reconsidered*, Atlanta, Scholars Press, 1992, p. 282.

38 Donald O. White, "Werner Jaeger´s..."

> Pues el verdadero poder no consiste en la mera acumulación de medios técnicos, sino que se enraíza en la salud y simetría moral de toda la comunidad nacional. Quien la construye de nuevo, construye por segunda vez el Imperio Alemán, una construcción que debe comenzar en el interior de cada alemán, en el oscuro seno de la conciencia. Pero deseamos construir el nuevo mundo de la concordia, y no solo en nuestros pechos, sino el real, que debe abarcar a toda Alemania, un mundo nuevo digno del pasado y con la mirada dirigida al futuro.[39]

Constatamos en esta conferencia esa curiosa tendencia de los profesores a poner la comunidad por encima de la individualidad. El individualismo en la sociedad se había convertido en uno de los argumentos más socorridos por los mandarines para explicar lo que veían como crisis de la cultura.[40] La solución era, en consecuencia, una insistencia casi obsesiva en la fuerza cohesiva del Estado, "la profunda necesidad de la patria".[41]

Estos son los antecedentes que ilustran claramente la posición política conservadora de muchos de los profesores universitarios. Pero la verdadera prueba para Jaeger es en 1933, cuando publica su artículo "La educación del hombre político y la Antigüedad" en la revista *Volk im Werden*, órgano académico a favor del nacionalsocialismo, dirigida por Ernst Krieck, un profesor de relevancia académica mediocre pero partidario radical del régimen que supo abrirse camino en el medio universitario como vocero político. Casi de manera unánime la crítica juzga este artículo como la prueba irrebatible de que Jaeger

---

39 Werner Jaeger, "La ética estatal griega en la época de Platón", en Salvador Mas. (trad. y pres.), *Alemania y el mundo clásico (1896-1945)*, Madrid/México, Plaza y Valdés, 2014, p. 232.

40 Frtiz K. Ringer, *El ocaso...*, p. 361.

41 Frtiz K. Ringer, *El ocaso...*

en algún momento trató de congraciarse con el régimen o al menos buscó tentar las aguas.[42]

Básicamente el texto es una propaganda del humanismo jaegeriano para los líderes del partido involucrados en temas de cultura. Sostiene que el humanismo es el necesario puente entre el presente y la Antigüedad, y que en colaboración con la filología los alemanes pueden aprender de los antiguos cómo reconciliar el poder del Estado con la cultura, la ética con la política, el cuerpo con el espíritu:

> La específica tarea que la historia impone hoy en día al pueblo alemán es la formación del hombre político. Nada podemos exigir de la escuela y de la ciencia que antes no haya crecido orgánicamente en la realidad de la vida nacional. Pero en el instante en el que se forma un nuevo tipo humano político, necesitamos a la Antigüedad como fuerza conformadora.[43]

Para hablar con precisión, Jaeger se convirtió en tema serio de debate entre los estudiosos de las humanidades, independientemente de su posición política. La razón de esto es que su perspectiva del humanismo –o Tercer humanismo[44] (*Dritter Humanismus*), como él le llamó– se había vuelto muy popular entre los círculos de filólogos y pedagogos. En verdad, su concepción del humanismo consistía en una inteligente defensa de la tradición clásica al sintetizar en un todo filología, *Bildung*,

---

42 Wolfgang Rösler, "Werner Jaeger und der Nationalsozialismus", en Colin Guthrie King y Roberto Lo Presti (eds.), *Werner Jaeger. Wissenschaft, Bildung, Politik*, Berlin/Boston, De Gruyter, 2017; Johann Chapoutot, *El nacionalsocialismo...*, p. 145; Suzanne Marchand, *Down from Olympus...*, p. 326; Frank H. W. Edler, "Heidegger and Werner Jaeger on the Eve of 1933: A Possible Rapprochement?", *Research in Phenomenology*, vol. 27 (1997), p. 143.

43 Jaeger, "La educación del hombre político y la Antigüedad", en Salvador Mas, (trad. y pres.), *Alemania y el mundo clásico...*, p. 291.

44 Aparece en la primera edición de *Paideia*. Cfr. Donald O. White, "Werner Jaeger´s...", p. 268.

paideia, política, historia e incluso teología.[45] De forma clara, se ponían sobre la mesa los valores de los profesores: se establecía un nexo de carácter cultural entre la antigua Grecia y la Alemania contemporánea, mientras que *Wissenschaft* y *Bildung* convivían nuevamente en equilibrio para producir el necesario efecto en la vida política y cultural de la nación. De este modo, los intelectuales recuperaban su estatus en la sociedad como protectores de los valores espirituales al tiempo que el Estado mantenía un orden protector no democrático gracias a que ha sabido aprovechar el saber de la Antigüedad.

Así, en el primer volumen de su obra magna, *Paideia*, publicado en 1933, Jaeger anunciaba: "Esta exposición no se dirige sólo a un público especializado, sino a todos aquellos que, en las luchas de nuestros tiempos, buscan en el contacto con lo griego la salvación y el mantenimiento de nuestra cultura milenaria."[46] Las intenciones palingenésicas de la obra cristalizan en el objetivo de hacer la historia de la *paideia* griega, es decir, en lo que para él era el punto clave para comprender el origen del hombre europeo en tanto que ser educable, moldeable. Para esta doctrina, el hombre es histórico y se modifica a sí mismo a lo largo de la historia por medio de la educación o formación (*Bildung*, *paideia*) según los ideales que éste va formando de sí mismo en cada época; pero también el hombre es político porque la formación ocurre en el seno del Estado y, más precisamente, el Estado es el educador del hombre.

Jaeger no comparte el credo racista de un Schachermeyr ni quiere justificar los ataques a otros pueblos. En suma, no es un nacionalsocialista. La sustancia del mensaje se ciñe a la relevancia política en el presente del estudio de los clásicos. Lo criticable e interesante, sin embargo, es la disposición de

---

45 Werner Jaeger, *Humanismo y teología*, traducción A. J. Genty Tremont, Madrid, Rialp, 1964.

46 Werner Jaeger, *Paideia...*, p. VII.

negociar con un Estado que para esas fechas ya había ofrecido muestras de su verdadero carácter.

Es interesante porque su conducta no refleja una excepción, sino la respuesta más común de los profesores, que creyeron poder pactar con el poder y asegurar el financiamiento y la difusión de sus campos de estudio. Desafortunadamente para Jaeger y otros como él, la respuesta de parte de los portavoces del Estado fue de rotundo rechazo. El propio Ernst Krieck denostó el artículo de Jaeger dos números más tarde. En 1933 escribía: "A partir de ahora no reconocemos ningún espíritu, ninguna cultura y ninguna educación que no esté al servicio de la autorrealización del pueblo alemán."[47] Para los nacionalsocialistas Jaeger era demasiado intelectual y cosmopolita, no suficientemente *völkisch.*[48] El único internacionalismo que aceptaban, según Chapoutot, era el de la apropiación a gran escala de todas las culturas y territorios.[49]

Es manifiesto que el impacto de esta filosofía de la *paideia* fue notorio. Aun cuando Jaeger había emigrado a Estados Unidos hacía 7 años, todavía en 1941 hubo un "campo"[50], dirigido por Hans Drexler, donde el eje de discusión fue el Tercer humanismo de Jaeger. Esto mostraba que el tema seguía siendo motivo de preocupación para los nacionalsocialistas.[51]

Como los especialistas han podido comprobar mediante la investigación en archivos y la interpretación de la obra publicada de numerosos profesores que estuvieron activos durante el

---

47 Ernst Krieck, citado en Steven P. Remy, "'We are no longer...", pp. 25-26.

48 Salvador Mas, "Alemania y la Antigüedad clásica en la primera mitad del siglo XX", en Salvador Mas (trad. y pres.), *Alemania y el mundo clásico...*, p. 40.

49 Johann Chapoutot, *El nacionalsocialismo...*, especialmente el apartado "La invención de un pasado indogermánico", pp. 53-57.

50 Se trata de una nueva forma de debate académico patrocinada por el partido para sustituir a los tradicionales congresos.

51 Volker Losemann, "Classics in the...", p. 320.

Tercer Reich, el tema de la implicación de las humanidades y la universidad con el régimen nacionalsocialista es de una enorme complejidad. No es posible declarar simplemente una 'nazificación' homogénea de las ciencias del espíritu. Hubo más bien una inestable coincidencia de cosmovisiones que nunca se concretó en un compromiso generalizado con el régimen.

En este panorama, los estudiosos de la Antigüedad jugaron un papel decisivo en la definición de las relaciones de la universidad con el poder. A nivel ideológico, la Antigüedad era una presa valiosa para reescribir la historia a modo y educar a las siguientes generaciones según una visión distorsionada del pasado. Pero los clasicistas nunca pudieron satisfacer este nivel de manipulación de las fuentes antiguas. Su idea de libertad académica y Estado cultural los hizo en cierta forma paradójica invulnerables a la injerencia exterior. Claramente, también se sirvieron del oportunismo y el silencio para no entrar en conflicto con las autoridades del Estado.

Una de las jugadas más prometedoras, el Tercer humanismo, no consiguió la posición estratégica esperada, en parte porque era inutilizable por el nacionalsocialismo, pero también porque resultaba demasiado blanda para cohesionar un grupo de oposición. Como agudamente afirma Marchand, es posible que el principal fallo en la defensa del humanismo de Jaeger haya sido que se basaba en la "renovación de los lazos espirituales entre dos naciones que ya no existían, la Grecia idealizada de la generación de los neohumanistas y el mundo liberal-aristocrático de la Alemania del siglo diecinueve."[52] En última instancia, se podría decir que el gran fracaso de los mandarines para hacer frente a la situación se debió a que se mantuvieron estancados en un mundo que ya no existía más.

---

[52] Suzanne Marchand, *Down from Olympus...*, p. 330.

Capítulo 11

POR LA DEFENSA DE LA UNIVERSIDAD: JUSTO SIERRA Y RAFAEL ALTAMIRA (1909-1910)

MARÍA DE LOURDES ALVARADO
(Universidad Nacional Autónoma de México)

El presente trabajo está dedicado a rememorar a dos destacados personajes que orientaron buena parte de sus esfuerzos a forjar aquellos espacios en donde la libertad tuvo y tiene una de sus simientes más sólidas, me refiero a Justo Sierra Méndez y Rafael Altamira y Crevea.

Rafael Altamira, Justo Sierra y Ezequiel A. Chávez.
©IISUE-AHUNAM, Fondo incorporado EACh-00137

Ambos fueron polímatas sobresalientes que dominaron varias disciplinas y campos del conocimiento, si bien se interesaron de manera particular en la creación, consolidación y destino futuro de la educación, en particular de la Universidad, motivo por lo que intentaron resolver algunos de sus más serios problemas como es el de su "independencia" o autonomía respecto al poder del Estado. Y es que uno y otro eran conscientes del gran potencial que tenían este tipo de instituciones para enfrentar los retos sociales más graves de su tiempo y, hasta dónde fuera posible, para colaborar en la construcción de un futuro mejor. Por estas razones estaban fuertemente convencidos de su pertinencia y del deber indiscutible de fortalecerlas y preservarlas. El eje conductor del presente texto se enmarca en el primer viaje de Altamira a México, realizado del 11 de diciembre de 1909 al 12 de febrero de 1910, acontecimiento que acrecentó el acercamiento intelectual entre ambos destacados académicos, el español y el mexicano, en torno a la Universidad.

Pero este interesante diálogo no quedó ahí, las ideas de Altamira y Sierra sobre el sentido y trascendencia de estas casas de estudio tuvieron eco en sus respectivos entornos; en el caso de México, entre algunos miembros de la generación del Ateneo de la juventud, como fue el caso del dominicano Pedro Henríquez Ureña, quien dedicó su tesis para graduarse como Licenciado en Derecho por la Universidad Nacional de México a analizar el sentido y significado profundo de esta institución así como a combatir a los tardíos seguidores de Comte, quienes se valían de todos los medios a su alcance para censurar la fundación, tras varias décadas de ausencia, de dicha institución.[1]

Está de más subrayar que el vínculo que se tejió entre Altamira y Sierra, se traduce en una clara muestra de los acercamientos culturales e intelectuales que siempre han existido

---

1 Para fortuna de los lectores el libro de Henríquez Ureña ha sido puesto nuevamente en circulación por el doctor Fernando Curiel Defossé, a quien debemos un extenso estudio introductorio y una selección documental que permite una lectura más informada de este texto ya clásico. Véase Pedro Henríquez Ureña, *La Universidad*, edición crítica, estudio preliminar, notas y apéndices de Fernando Curiel Defossé, México, Universidad Nacional Autónoma de México, Seminario de Historia y Memoria Nacionales, 2010, 247 p.

entre España y México, y que a pesar de las vicisitudes y de los dolorosos desencuentros políticos o diplomáticos que se han presentado entre ambas naciones, en todo momento ha quedado a salvo el interés de los dos países por estrechar sus relaciones.

RAFAEL ALTAMIRA Y SU PRIMER VIAJE A MÉXICO

En 1900 se llevó a cabo en la ciudad de Madrid el Congreso Social y Económico Hispanoamericano,[2] evento en el que Justo Sierra tendría un papel destacado y sería recordado por sus concisas, apasionadas y elocuentes intervenciones. La prensa madrileña no dejaba de elogiar las dotes oratorias del mexicano, considerado como una autoridad en los diversos temas abordados en el encuentro. Si bien el mexicano no formó parte de alguna de las comisiones organizadas para el desarrollo del evento, colaboró en varias de ellas, aunque seguramente una de las que mayormente captó su interés fue la abocada a la problemática educativa, pero siempre destacando por sus talentos de hombre de Estado, poseedor de una gran cultura y sólida formación. Es probable que por esa razón y por el prestigio del que ya gozaba, sus colegas latinoamericanos lo eligieron para que, en su representación, respondiera al dis-

---

2 El *Congreso Social y Económico Hispanoamericano* fue celebrado en la ciudad de Madrid, convocado mediante Real Decreto del 17 de abril de 1900; sin embargo, el evento no era una novedad del todo, sino que fue el resultado de diversos esfuerzos públicos y privados, entre los que destaca la Unión Iberoamericana. Uno de sus principales objetivos consistió en que este organismo contaría con representación de los diferentes países de América, para que de esta forma se convirtiera en una de las primeras muestras del acercamiento entre Europa y el continente americano. *vid.* Isabel García-Montón, "El Congreso Social Y Económico Hispano-Americano de 1900: Un Instrumento Del Hispanoamericanismo Modernizador", *Revista Complutense De Historia De América*, vol. 25, (1999), pp. 281-294, en particular p. 285.

curso pronunciado por el ministro de Estado, Ventura-García Sancho e Ibarrondo, marqués de Aguilar de Campóo.

Sesión inaugural del Congreso Social y Económico Hispanoamericano de 1900 © *La Ilustración Española y Americana,* año XLIV, n° XLII, 15 de noviembre 1900, p. 281.

Aunque no fueron pocos los asistentes a dicho cónclave que se impresionaron positivamente ante la personalidad del futuro ministro de Educación de México, uno de los más interesados debió ser el alicantino Rafael Altamira, historiador, profesor de derecho en la Universidad de Oviedo y representante de los principales promotores del programa americanista, el cual empezó a ganar adeptos desde algunos años atrás.[3]

Claude Dumas, en su biografía sobre Justo Sierra, menciona que el educador y político mexicano y el catedrático ovetense coincidieron en los trabajos de la Comisión de Enseñanza del evento mencionado y rechazaron de manera enérgica la propuesta de uniformar los planes de estudio de las escuelas en todas las naciones hispanohablantes. En favor de su posición, ambos argumentaban que dicha medida representaba un atentado contra la autonomía y soberanía de los países involucra-

[3] Rafael Altamira, *Mi viaje a América (libro de documentos),* Madrid, Librería general de Victoriano Suárez, 1911, pp. 341-342.

dos; en cambio, desde entonces se mostraron dispuestos a luchar por estrechar las relaciones entre los centros de enseñanza de América Latina y España.[4] Seguramente a Alberto Aguilera, presidente de esa comisión, le agradó la actitud asumida por Sierra y Altamira, por lo que los invitó a que se unieran a la comisión permanente y, de manera conjunta, redactaran el dictamen respectivo. Como muestra de reconocimiento, decidió ceder la presidencia de la misma a Justo Sierra.[5] Es claro que el desarrollo de este Congreso permitió que ambos personajes se conocieran y compartieran sus preocupaciones en torno al estado de la educación en sus respectivas regiones, y a la indudable importancia de las universidades como espacios idóneos para coadyuvar a la solución de la problemática específica que cada uno de ellos detectaba en sus países.

Sin embargo, pese a los lazos establecidos entrambos académicos debieron transcurrir nueve años para que aquél se decidiera a realizar un recorrido por diversos países de América. Desde 1898, en el artículo "El Patriotismo y la Universidad", don Rafael expuso insistentemente que, dada la situación general de los españoles, los universitarios tenían dos importantes responsabilidades que cumplir, la primera consistía en colaborar a levantar la moral social herida por la pérdida de sus últimas posesiones en América y la segunda, en lograr el restablecimiento de la concordia entre su país y las naciones americanas, así como la reconciliación con el pasado de todos los hispanoamericanos.[6]

---

4 Claude Dumas, *Justo Sierra y el México de su tiempo 1848-1912*, 2 vol., México, Universidad Nacional Autónoma de México, 1986, II, p. 39.

5 Claude Dumas, *Justo Sierra y el México...*, pp. 39-40.

6 Rafael Altamira y Crevea, "El Patriotismo y la Universidad", en *Boletín de la Instituciones Libre de Enseñanza*, año XXII, núm. 462, (1898), pp. 257-270, en particular, pp. 257-260. Cabe aclarar que el artículo completo se publicó a lo largo de dos números más del *Boletín*, el 463 y 464; se citará oportunamente el número al que se haga referencia.

Al plantear esa solución, Altamira era congruente con sus ideas, pues fue uno de los intelectuales "regeneracionistas", como se hicieron llamar, que reprobó el "imprudente belicismo" y la consecuente desmoralización de la sociedad española, tras los costosos resultados de la guerra contra Cuba (1895-1898), y el posterior enfrentamiento con Estados Unidos, país este último que terminó imponiéndose a las fuerzas independentistas cubanas. Ante este difícil panorama, un grupo de intelectuales intentó fortalecer el estado moral y político de sus compatriotas, fuertemente deteriorado por los recientes acontecimientos, entre los que destacan Joaquín Costa, Macías Picavea y Ángel Ganivet. Si bien la voz de Rafael Altamira fue una de las primeras en hacer oír su inconformidad ante la compleja situación en la que se encontraba su país, de acuerdo con Mariano Peset pocas veces era reconocido como parte de dicho movimiento.[7] De hecho fue este último quien empezó a incluirlo entre los representantes de esa corriente.

Para 1900, cuando tuvo lugar el Congreso Social y Económico Hispanoamericano, Altamira ya contaba con la experiencia y prestigio que le brindaba una década como destacado catedrático de la Universidad de Oviedo, por lo que junto con otros colegas participó en el evento destinado a propiciar la reflexión en torno a las relaciones sociales, económicas y culturales de España con América. Con tal fin, en julio del mismo año, fue esa misma institución la que, decidida a contrarrestar

---

[7] Mariano Peset, "Rafael Altamira y el 98", *Anuario de historia del derecho español*, núm. 67, (1997), pp. 467-484, en particular p. 468. Del mismo autor, "Rafael Altamira en México: el final de un historiador", en Mariano Peset, *Obra Dispersa. La universidad de México,* pról. de Enrique González, Armando Pavón, Yolanda Blasco y Leticia Pérez, México, IISUE-UNAM-Ediciones de Educación y Cultura, 2012, pp. 321-347; así como "El exilio de Rafael Altamira en México," en Armando Pavón Romero, Clara Inés Ramírez González y Ambrosio Velasco Gómez (coords.), *Estudios y testimonios sobre el exilio español el México. Una visión sobre su presencia en las humanidades,* México, Bonilla-Artigas Editores-CONACYT, 2016, pp. 199-228 (Col. Pública Memoria, no. 4).

la opinión de los sectores más conservadores, resolvió encabezar dicha causa y enviar circulares a diversos centros docentes tanto de la península como de América, convocándolos a establecer vínculos más cercanos. Sin embargo, sus resultados no fueron los esperados, ya que no tuvo el éxito esperado.[8]

En los años siguientes, Altamira, al igual que otros intelectuales, maduraría su plan de viajar a América para visitar Cuba, México, Argentina y al resto de Sudamérica, con el fin de observar los principales problemas que deterioraban las relaciones económicas, políticas y culturales de estos países con España. Las circunstancias eran favorables para llevar a cabo la empresa; desde las celebraciones del III Centenario de la Universidad de Oviedo (1908), se retomó el proyecto de acercar a las universidades hispanoamericanas y "reivindicar la operatividad de una comunidad de cultura sostenida en la lengua y la historia común".[9] Altamira fue el elegido para llevar a América tal representación, lo cual es explicable dado su conocido interés por mantener viva la campaña americanista, así como también su preocupación por la actividad propagandista realizada por inversionistas y académicos estadounidenses y europeos en territorio latinoamericano, con el único fin de favorecer intereses económicos. Asimismo, don Rafael consideraba que la influencia de España en tierras americanas se iba debilitando progresivamente, a la vez que abandonaba a su suerte a los españoles ahí radicados y descuidaba su relación con los países ubicados al otro lado del Atlántico. Ante un escenario tan poco prometedor, decidió exhortar a los colonos españoles para que coadyuvaran con el "*mutualismo intelectual*" español

---

8 Rafael Altamira y Crevea, *España en América*, Valencia, F. Sempere y Compañía Editores, 1908, pp. VI-VII.

9 Juan Manuel Ledezma Martínez, "Rafael Altamira en su segunda patria. Aproximaciones a su legado en México", en *Canelobre. Revista del Instituto Alicantino de Cultura "Juan Gil-Albert"*, N° 59, 2012, pp. 68-79." La cita en p. 69.

y americano, y de esta forma contribuyeran a la campaña de regeneración emprendida por la madre patria.[10]

Entre los empresarios que apoyaron el viaje de Altamira junto con otros renombrados intelectuales, destaca el caso de Telésforo García, acaudalado español asentado en México y líder de la colonia española en este país, quien a lo largo de su vida se ocupó de tejer redes de acercamiento económico, sociocultural y diplomático entre ambas naciones.[11]

Telésforo García
©*Actualidades*, año III, n° 107,
3 de marzo de 1910, p. 8

En abril de 1909, éste acordó con Justo Sierra, secretario de Instrucción Pública de México (1905-1912), y con Ezequiel A. Chávez, subsecretario del mismo Ramo, que ayudarían a finan-

---

[10] Rafael Altamira y Crevea, *España en América*, pp. VII-IX.

[11] Telésforo García (Cantabria, 1844-Ciudad de México, 1918), figura sin duda apasionante, que recientemente ha sido recuperado a través de la edición de parte de su correspondencia, de asedios biográficos o bien, a través de los estudios de cultura liberal del siglo XIX y de emigrados españoles en México. *Vid. Un liberal español en el México porfiriano. Cartas de Telésforo García a Emilio Castelar, 1888-1899*, prólogo, selección y notas de Gabriel Rosenzweig, México, Consejo Nacional para la Cultura y las Artes, 2003, 363 p.

ciar los gastos del viaje de Altamira a la república mexicana, a la vez que procurarían que algunos estados de la república sufragaran los honorarios de algunas conferencias y que el Casino Español de la Ciudad de México pagara otras tantas, aunque parece ser que esto último no se llevó a cabo.[12]

En agosto de 1909 don Rafael llegó a la ciudad de Buenos Aires, Argentina y tres meses después se trasladó a Chile; a continuación se dirigió a Lima para, finalmente, el 11 de diciembre del mismo año, llegar a la capital de México, en donde fue hospedado en el domicilio del mismo Telésforo García.[13] En su libro *Mi viaje a América,* el visitante asentó que tan pronto como se bajó del tren que lo trasladó de Salina Cruz, Oaxaca a la Ciudad de México, tuvo una plática privada con Sierra, en la que, de manera conjunta, planearon las conferencias que el ovetense se comprometía a exponer en diferentes establecimientos oficiales: la Escuela Nacional Preparatoria, Escuela Nacional de Jurisprudencia, Escuela de Artes y Oficios, Escuela Normal de Maestros y, por último, el Museo Nacional de Arqueología, Historia y Etnología.[14]

Sin embargo, contra lo planeado, su primera presentación fue en el Casino Español, ocasión en la que contó con la asistencia del presidente Porfirio Díaz, Justo Sierra, Ezequiel A. Chávez y de algunos directores de las escuelas superiores. La exposición giró en torno a la misión que le había sido encomendada por la Universidad de Oviedo e hizo referencia al

---

12 García-Altamira, "Carta de Telésforo García a Rafael Altamira", 29 de abril de 1909, http://www.cervantesvirtual.com/obra/carta-de-telesforo-garcia-a-rafaell-altamira-mexico-29-de-abril-de-1909/ (consulta: 19 de agosto de 2021).

13 "Anoche llegó el Sr. Altamira", *El Imparcial. Diario de la Mañana,* 12 de diciembre de 1909, p.2

14 Rafael Altamira y Crevea, *Mi viaje a América*..., pp. 341-343.

"genio e idiosincrasia de cada pueblo".[15] La segunda plática (18 de diciembre) tuvo lugar en la Escuela de Jurisprudencia, donde al decir de la prensa, el académico se refirió a la historia del Derecho español y al valor moral de la Jurisprudencia.

Altamira en un banquete organizado por el Ministro de España en México.
© *Actualidades*, año III, núm. 107, 3 de marzo de 1910, p. 8.

En esta sesión estuvieron presentes Justo Sierra, José Ives Limantour, ministro de Hacienda; Olegario Molina, de Fomento y, por supuesto, Pablo Macedo, director de la escuela sede y muy cercano al ministro de Instrucción, entre otros.[16] Solo dos días después (20 de diciembre), don Rafael salió hacia Nueva York para asistir al Congreso Histórico Nacional que se llevaría a cabo dentro del marco de los festejos del XV aniversario de la American Historical Association, evento al que fue invitado como distinción por sus significativas contribuciones a la historia de su país. Tras pronunciar varias conferencias, retornó a México el 10 de enero del año del Centenario (1910),

---

15 "La primera conferencia del sabio español Dr. Altamira", *El Imparcial*, viernes 17 de diciembre de 1909, primera plana.

16 "Altamira en la Escuela de Leyes/ Su 2ª Conferencia/ En Jurisprudencia, ante un selecto público, disertó anoche sobre el derecho español", *El Imparcial*, 19 de diciembre de 1909, primera plana.

estancia que se prolongó hasta los inicios de febrero, para luego emprender el retorno a tierras hispanas, vía la Habana.[17]

Pero el académico no se limitó a cumplir con el programa de actividades acordado, sino que asistió a diversos banquetes organizados en su honor por el embajador español en México, Bernardo de Cólogan (1907–1914), o por Justo Sierra, ya fuera en sus propios domicilios o en algún lugar de interés especial, como fue el caso de Teotihuacan. La comunidad de españoles afiliada al Casino Español y al Centro Asturiano no quiso quedarse atrás, sino que le brindó diversas atenciones, aunque de acuerdo con la fuente consultada, el visitante alicantino prodigó algunas otras charlas y discursos a las agrupaciones que se lo solicitaran, como por ejemplo las que sostuvo ante los grupos de tenderos, obreros y militares, entre otros.[18]

Altamira al finalizar una de sus conferencias en el Casino Español.
©Actualidades, año III, núm. 107, 3 de marzo de 1910, p. 8.

---

17 "El señor D. Rafael Altamira en las pirámides de Teotihuacan", *El Imparcial*, 20 diciembre de 1909, p. 3.

18 "Fiesta en el Centro Asturiano en honor del Sr. Dr. Altamira", *El Imparcial*, 29 de enero de 1910, p. 8; "En el Casino", *La Iberia*, 1 de febrero de 1910, p. 1; "La Sociedad del Gremio de Abarrotes y Cantinas celebra en honor del Sr. Altamira una brillante fiesta", *El Imparcial*, 31 de enero de 1910, p. 6.

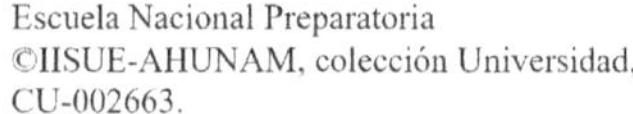

Altamira rodeado de los socios y estudiantes

Rafael Altamira con socios y estudiantes en el Casino Español.
©Actualidades, año III, núm. 107, 3 de marzo de 1910, p. 9.

Escuela Nacional Preparatoria
©IISUE-AHUNAM, colección Universidad, CU-002663.

Casino Español.
©*Actualidades*, año III, núm. 107, 3 de marzo de 1910, p. 9.

Escuela Nacional de Jurisprudencia
©IISUE-AHUNAM, colección Universidad, CU-002706-01.

Escuela Nacional de Profesores.
©INAH-Fototeca Nacional,
<https://mediateca.inah.gob.mx/repositorio/islandora/object/fotografia:396191.>

Desafortunadamente las circunstancias y sobre todo los contenidos de las conferencia y charlas presentadas por Altamira durante su estancia en México no se conservaron y resguardaron con el suficiente cuidado, puesto que, entre los estudiosos del tema no hay consenso sobre su número total, si bien se calcula que aproximadamente fueron veinte en la capital y siete entre Veracruz y Yucatán, únicos estados de la república que el ovetense logró visitar.[19] Gracias a *El Imparcial*, su principal corresponsal, contamos con un extraordinario artículo de la pluma de Amado Nervo, en el que se refiere al estilo narrativo de don Rafael, con quien había tomado algunos cursos, en Madrid. En este escrito, el poeta mexicano se refiere a la actitud revisionista de Altamira, quien, a diferencia de otros escritores contemporáneos, no se limitaba a historiar a los miembros de la nobleza, como por entonces era común, sino que se interesaba en profundizar en aspectos novedosos como la vida y problemas de los pueblos. De acuerdo con el testimonio de Nervo, el español migrado a la Argentina, Carlos Malagarriga,[20] describía a Rafael Altamira como un sabio innovador en sus métodos de estudio, que sabía expresarse con pasión e irradiaba simpatía entre sus alumnos. Era, concluía, un gran maestro, a la altura de los mejores en Europa.[21] Interesante también es otra nota publicada por el mismo diario que ensalzaba la elocuencia de don Rafael en la conferencia dictada en la Escuela Nacional de Artes y Oficios para Hombres, ocasión en la que se refirió a la importancia de la extensión universitaria, alternativa académica que le interesó de manera particular y que se había aplicado exitosamente en España, tras la crisis de 1898.[22]

En términos generales, la visita de Altamira a México dejó satisfecha tanto a la opinión pública como a las élites intelec-

---

19 Juan Manuel Ledezma Martínez, "Rafael Altamira en su segunda patria. Aproximaciones a su legado en México", p. 72.

20 Carlos Malagarriga y Munnet (1858-1936) fue un abogado, periodista y político español, emigrado a Argentina. Fue redactor de varios diarios como *El Día* (1879-1881), *El Progreso* (1882), *El Pueblo* (1887) y *El País* (1888). *Vid.* Manuel Ossorio y Bernard, *Ensayo de un catálogo de periodistas españoles del siglo XIX*, Madrid, Imprenta y litografía de J. Palacios, 1903, p. 248.

21 Amado Nervo, "Rafael Altamira/ Especial para 'El Imparcial'", *El Imparcial*, 16 de enero de 1910, p. 2.

22 "La obra apostólica de la Universidad de Oviedo", *El Imparcial*, 20 de enero de 1910, p. 2.

tuales; muestra de ello son las calurosas notas que los periódicos publicaron para despedirlo. *El Diario*, por ejemplo, expresaba que:

> La personalidad simpática del Dr. Altamira [está] llena de esa forma de amor universal ... Nuestro público inteligente, exento de prejuicios insanos, sintió que el embajador de la ciencia española estaba a la altura de su misión y, sintiéndolo, hubo de prodigarle aplausos y honores.[23]

También despertaron mucho interés y dieron lugar a diversos comentarios la cena de despedida que le ofrecieron los miembros del Ateneo de la Juventud, así como la que con el mismo fin organizaron los profesores y alumnos de la Escuela Nacional Preparatoria, en la estación del ferrocarril de Buenavista. Según indica el mismo diario, fue tanta la emoción experimentada por el visitante hispano que no pudo contener un par de lágrimas.[24]

Los círculos oficiales también expresaron su beneplácito por la visita de Altamira, en especial porque consideraban que había cumplido con sus principales objetivos: propiciar el acercamiento intelectual entre ambas naciones, a la vez que reforzar los lazos económicos y diplomáticos que tanto interesaban a los gobiernos de México y España. Pero sin duda, el más elocuente fue Justo Sierra, lo cual se puede apreciar en su correspondencia con algunos funcionarios españoles, como la nota dirigida al presidente del Consejo de ministros del gobierno español, Segismundo Moret, fechada el 30 de enero de

---

23 "La misión del Dr. Altamira", *El Diario*, 4 de febrero de 1910, p. 2.

24 Con pequeñas variaciones, los diferentes diarios narraron la despedida de Altamira, si bien todos coinciden en la cantidad abrumadora de personas que acudió al acontecimiento. "Partida del maestro", en *El Correo Español*, 3 de febrero de 1910, p. 2; "Se despide el señor Altamira", *El Diario*, 4 de febrero de 1910, p. 4; "Despedida a Altamira", *La Iberia*, 4 de febrero de 1910, p. 1.

1910, en la cual se expresó de su amigo Altamira en términos por demás elogiosos:

> Aquella labor en que tuve la buena fortuna de trabajar unos días bajo la dirección de usted en el Congreso hispanoamericano de 1900, labor de acercamiento íntimo entre España y sus hijas de América, acaba de tener un vigorosísimo renuevo que indica bien que la idea había hecho camino más o menos subterráneo y que va a salir a la luz la mies nacida de la semilla que usted y otros arrojaron al surco con mano tan firme es ya una mies granada y pronto cosechable.
> Me refiero a la odisea emprendida por el doctor don Rafael de Altamira y Crevea, catedrático de Oviedo, en las repúblicas hispanoamericanas, con el fin de establecer un intercambio de profesores entre los centros docentes de acá y de allá ...
> Este amigo nuestro ha dado a su labor, y sin quererlo quizás, más bien obligado por la acogida de los públicos hispanoamericanos, las proporciones de una misión apostólica. Los primeros misioneros españoles nos enseñaron en el siglo XVI cómo se funda una cultura, Altamira pretende enseñarnos y, creo que con un suceso que supera a nuestras esperanzas, cómo se remata y corona. ... Otros Altamiras españoles son los que necesitamos aquí.[25]

Al margen de los laudatorios comentarios de gran parte de políticos y de la prensa capitalina hacia el académico español, no faltaron reacciones en su contra; tanto la prensa católica, representada por *El País*, como la positivista, desde la *Revista Positiva*, se expresaron acremente por las actividades desplegadas por don Rafael a su paso por México, no obstante que sabían que gozaba del total amparo de Sierra. Entre los ataques dirigidos a su persona, se cuestionaba la grandeza intelectual que le atribuían algunos periódicos prohispánicos, como *La Iberia*, así como la escasa novedad de sus ideas y, sobre todo, su

---

[25] Justo Sierra, "A Segismundo Moret", en *Obras completas*, XV vols., México, Universidad Nacional Autónoma de México, Coordinación de Humanidades, 1978, vol. *XIV. Epistolario y papeles privados*, pp. 529-530. Las cursivas son de la autora de este trabajo.

intromisión en los asuntos educativos de México. Pero lo cierto es que las verdaderas diatribas se dirigieron al ministro Sierra, quien desde el inicio de su gestión al frente del ministerio de Instrucción Pública y Bellas Artes fue duramente cuestionado por los diversos grupos inconformes con su política educativa, ya porque defendía el Estado laico (sobre todo la escuela oficial), ya porque con sus innovaciones se había desviado del programa positivista o, como decía Agustín Aragón, porque padecía una terrible "manía reformadora" de la educación. Es decir, no obstante que la presencia de Altamira en México avivó la polémica emprendida en contra del político mexicano y, de manera particular, de su proyecto de creación de una Universidad Nacional, sus ideas, coincidentes con las tantas veces expresadas por el mismo don Justo, debieron brindarle a este último un apoyo conveniente precisamente en vísperas de que el proyecto universitario fuera sometido a la aprobación de la representación nacional.[26]

Cumplidos sus compromisos, el visitante alicantino partió rumbo a Cuba en donde le aguardaba una nueva misión cultural para, poco después, emprender el retorno a su patria. Al despedirse del país anfitrión en febrero de 1910, ajeno a los juegos que le depararía el destino, no sólo dejaba grandes amigos como eran Justo Sierra, Telésforo García, Carlos Pereira o Ezequiel A. Chávez, con los que sostuvo un prolongado intercambio epistolar —inédito en su mayor parte—; sino que

---

26 Juan Manuel Ledezma, "La primera visita de Rafael Altamira a México: reacciones políticas y académicas", en Pilar Altamira (coord.), *La huella de Rafael Altamira: Congreso Internacional octubre 2011*, Madrid, Universidad Complutense de Madrid, 2013, pp. 111-124; Claude Dumas, *Justo Sierra y el México...*, pp. 394-395; Lourdes Alvarado, "Agustín Aragón *vs* Justo Sierra", *La polémica en torno a la idea de universidad en el siglo XIX*, México, Universidad Nacional Autónoma de México, Instituto de Investigaciones sobre la Universidad y la Educación, 2009, pp. 153-189.

sembró ideas que fructificaron en campo fértil, como lo veremos en el siguiente apartado de este trabajo.[27]

LOS AFANES EDUCATIVOS DE ALTAMIRA EN EL MARCO DE LA FUNDACIÓN DE LA UNIVERSIDAD NACIONAL DE MÉXICO

La historiografía sobre el viaje de don Rafael Altamira fundamentalmente se ha concentrado en destacar la forma en la que éste puso en práctica varias de las ideas desarrolladas en el programa americanista impulsado por la Universidad de Oviedo. Para el caso específico de México, las investigaciones se centran en el recorrido exhaustivo por las instituciones oficiales, sus actividades con diversos grupos que redundaron en el establecimiento de redes intelectuales, aunque nunca se precisa si estas sobrevivieron a su retorno a España. Sin embargo, en menor medida se ha destacado la cercana relación que mantuvo con Justo Sierra y Ezequiel A. Chávez, con quienes compartió el *eros* pedagógico que pervivió, en el primer caso, hasta su muerte acaecida en Madrid, en 1912, mientras que el fallecimiento del segundo fue en 1947. Don Rafael fue el más longevo, puesto que su vida se prolongó hasta 1951.[28]

---

27 Esta no fue la última visita de Altamira a tierras del Anáhuac, sino que habría de retornar en 1946, en calidad de refugiado, "viejo y enfermo" -dice Mariano Peset-, y donde precisamente habrían de terminar sus días, un 1° junio de 1951. Mariano Peset, "Rafael Altamira y el 98", p.481.

28 En el fondo documental de Ezequiel A. Chávez resguardado en el Archivo Histórico de la UNAM (IISUE-AHUNAM) obran algunas cartas intercambiadas entre Altamira y Chávez, correspondencia que revela una cariñosa amistad y el interés compartido por la educación universitaria, así como el seguimiento de ambas partes de la trayectoria intelectual del interlocutor. Véase IISUE-AHUNAM, fondo Ezequiel A. Chávez [EACH], sec. Correspondencia.

El viaje de Altamira coincidió con la cristalización de un proyecto educativo de gran importancia para México y para la trayectoria intelectual de Justo Sierra; nos referimos a la fundación de la Universidad Nacional, suceso que, de acuerdo con los planes oficiales, habría de formar parte del programa conmemorativo de las fiestas del centenario de la independencia, desarrolladas durante el mes de septiembre de 1910. Para Sierra, entonces a cargo del ministerio de Instrucción Pública y Bellas Artes, el proyecto de creación de una universidad significaba la culminación de un ideal madurado a lo largo de treinta y cinco años, desde que era un joven diputado, el cual vendría a completar el último engranaje del sistema educativo nacional.[29] Por tales motivos, se opuso a la opinión de algunos estudiosos de la educación, quienes consideraban que la acción educativa del Estado debería limitarse a la primaria. Para el ministro de Instrucción esta posición representaba un contrasentido, pues a su entender, la ciencia era como una gran cascada que bajaba desde la universidad para bañar con sus aguas renovadoras a los demás niveles educativos.

Para Sierra, la existencia de una universidad en México se justificaba ampliamente, puesto que educación y ciencia actua-

---

29 Sobre la fundación de la Universidad Nacional y su proceso de maduración existen numerosos estudios que brindan una interpretación rigurosa al respecto, véase María de Lourdes Alvarado (comp. e intr.), *El proceso de creación de la Universidad Nacional de México a través de sus fuentes documentales*, México, Universidad Nacional Autónoma de México, Coordinación de Humanidades, 2013, 563 p.; Javier Garciadiego, "El proyecto universitario de Justo Sierra: circunstancias y limitaciones" en Lourdes Alvarado, coordinadora, *Tradición y reforma en la Universidad de México*, México, Grupo Editorial Miguel Ángel Porrúa, CESU, UNAM, 1994, pp. 161-202; Raúl Domínguez (coord.), *Historia general de la Universidad Nacional siglo XX*, 3 vols., México, Universidad Nacional Autónoma de México, Instituto de Investigaciones Sobre la Universidad y la Educación, 2012, vol. 1 *De los antecedentes a la Ley Orgánica de 1945*.

rían como garantes del progreso nacional.[30] Por ello su insistencia en que el país contara con una institución tal, moderna, con carácter nacional, creadora de ciencia, laica y abierta a todas las corrientes de pensamiento, incluso, hasta los "caprichos de los hombres", como él decía. En síntesis, la universidad, arropada por las banderas de la libertad y la democracia, sería la encargada de dirigir la formación del carácter y ser de los mexicanos; de dictar las directrices del desarrollo nacional e imaginar las posibles soluciones a los grandes problemas de su presente, como el grave analfabetismo que aquejaba a la república y la desigualdad social, entre otros. De esta manera, el político aseguraba que no se trataría de una institución alejada de su entorno, formada por camarillas de intelectuales pedantes o cosa semejante, como se le acusaba desde diversos foros:

> La ciencia -sostuvo en un discurso- no sube, la ciencia baja; la ciencia viene de las cimas, la ciencia se elabora en lo alto; es preciso para que descienda y se difunda, que haya alturas de donde las corrientes bajan y se desaten por fecundar venas por el suelo... La verdad es que el trabajo de perfeccionamiento y de difusión debe marchar de acuerdo, que el uno se hace indispensable para el otro, y que el primero forzosamente ha precedido siempre al segundo. Esto se ve en todo organismo, y así es como debe suceder, nunca ha empezado la difusión sino cuando una minoría se ha encargado de ella, nunca ha empezado la ilustración sino por núcleos de donde ha irradiado más o menos lentamente ...[31]

A lo largo de más de treinta años, a través de la prensa y desde la tribuna parlamentaria entre otras vías, don Justo se dedicó a concientizar a la clase política y a la opinión pública

---

30 El seguimiento minucioso de los argumentos en favor de la universidad, sus reformulaciones y las novedades a lo largo del tiempo las he estudiado en otro escrito más amplio, véase mi libro: *La polémica en torno a la idea...*, particularmente cap. IV.

31 Justo Sierra, *Obras completas*, XV vols., México, Universidad Nacional Autónoma de México, 1977, vol. VIII, *La educación nacional...*, pp. 259-261

en general de que era imperativo para el país contar con una universidad; en consonancia con ese *desiderátum* se dedicó a desterrar las fobias y prejuicios dirigidas en contra de este tipo de instituciones, las que tanto para los liberales como para los positivas más radicales representaba un símbolo del antiguo régimen. Sierra sabía de antemano y así lo expresó ante el poder legislativo en 1910, que para que la Universidad pudiera llegar a realizar estos fines "no le basta, ni podía bastarle la protección del gobierno... Además necesita que la nación entera la acepte, que la nación mexicana la adopte como suya".[32] En consonancia con este requerimiento, el ministro, portavoz del régimen al que representaba, se encargó de propagar la idea en diversos foros y por medio de diferentes argumentaciones, una de las cuales radicó en que la apertura de la institución constituiría uno de los festejos de mayor relieve dentro de las celebraciones del centenario, lo que permitiría que el mundo fuera testigo del desarrollo cultural al que había llegado México, de su entrada espectacular, porque así fueron esas festividades, al universo de las grandes naciones.

Pero el político se percataba que tendría que fundamentar con mayor agudeza el proyecto universitario ante las élites intelectuales de la capital y, por supuesto, sabía que una fiesta conmemorativa, independientemente de su importancia, no era razón suficiente para justificar su establecimiento. Además, era consciente, y así lo afirmaba, que más que convencer a los amigos, había que defenderse de los enemigos: los positivistas a ultranza y los católicos, sector este último que a lo largo del

---

[32] Justo Sierra, "Iniciativa para crear la Universidad. Discurso del señor ministro de Instrucción Pública y Bellas Artes al presentar a la Cámara de Diputados la iniciativa para la fundación de la Universidad Nacional, el 26 de abril de 1910", *Boletín de Instrucción Pública,* t. XIV, nº. 3 y 4, (1910), pp. 585-599, en particular p. 597. El discurso del ministro se reproduce también en Justo Sierra, *Obras completas,* XV vols., México, Universidad Nacional Autónoma de México, 1977, vol. V, *Discursos,* pp. 417-428.

gobierno porfirista había logrado recuperarse del descalabro sufrido por el triunfo de Juárez, cuatro décadas atrás.

Por lo tanto, podemos considerar la hipótesis de que Sierra tuvo en Altamira mucho más que un embajador convencido de los beneficios que representaba la corriente americanista promovida por España y desarrollada durante la primera década del siglo XX,[33] sino además, contó con un fuerte aliado que habría de colaborar al éxito de su proyecto universitario, en virtud de que entre ambos privaba una amistad gestada desde los inicios del siglo. Pero, sobre todo, existía una fuerte comunión de ideas respecto a las innumerables ventajas que generaba un sistema educativo eficiente, que contara con universidades modernas, como ya acontecía en los países más desarrollados. Por supuesto que el ministro de Instrucción estaba informado de las sólidas credenciales del visitante, de su trayectoria como educador y catedrático y, por lo tanto, le resultaba conveniente que un intelectual de tan alto nivel como era el caso reforzara los argumentos en pro de la inminente creación de la Universidad Nacional de México. Recuérdese que se trataba de una figura que gozaba de gran prestigio entre los sectores cultos de España y América, representante de la lucha por estrechar los lazos entre los países hispanoamericanos y heredero de una

---

33 En 1906 había visitado México el economista Ramón Pérez Requeijo y producto de su estadía en nuestro país publicó un estudio sobre sus condiciones geográficas, políticas y económicas, en el que afirmaba que de seguir por la misma ruta, el país tenía asegurada la conquista del progreso. Tiempo después, en septiembre de 1909, unos meses antes de la llegada de Altamira a tierras mexicanas, tuvo lugar la visita del poeta y político Juan Antonio Cavestany, quien se proponía cumplir con una agenda sumamente cargada que incluía desde veladas literarias y discursos, hasta reuniones privadas con el presidente de la república. Al igual que sucedería con Altamira, el objeto de su viaje era estrechar las relaciones México-España en función de una patria ideal organizada en torno a una lengua común: el castellano. Véase Claude Dumas, *Justo Sierra y el México…*, pp. 385-388.

tradición educativa de gran peso, que se remontaba a Francisco Giner de los Ríos, su más caro maestro.[34]

Si como plantea Javier Garciadiego, "Sierra y sus colaboradores carecían de tiempo para polemizar con sus adversarios, pues tenían que organizar la nueva institución",[35] entonces no queda duda de que la labor de Altamira debió resultar muy oportuna. Él mismo se refiere a este punto en el informe reproducido en su libro *Mi viaje a América*, en el cual explica que la serie de conferencias pactadas con Sierra tenían como fin apoyar "la fundación de la Universidad Nacional de México contra los opositores de ésta".[36] Asimismo, menciona la inten-

---

34 En España, Altamira había desarrollado gran prestigio no sólo por su decidido americanismo, sino por el peso que otorgó a la extensión universitaria y, previamente, por su labor en la Institución Libre de Enseñanza, fundada por Giner de los Ríos y otros. A su retorno a España, Altamira desempeñó cargos de importancia en la administración escolar de su país, llegando incluso, a encabezar la Dirección General de Primera Enseñanza. Véase VV.AA., *Rafael Altamira 1866-1951*, Alicante (España), Instituto de Estudios "Juan Gil-Albert", Diputación Provincial de Alicante, 1987, caps. II, III, V.

35 Javier Garciadiego, *Rudos contra científicos. La Universidad Nacional durante la revolución mexicana*, México, El Colegio de México, Universidad Nacional Autónoma de México, 2000, p. 27. Es preciso aclarar que Altamira nunca utilizó un lenguaje beligerante como sí lo hizo Antonio Caso en su polémica con los editores de la *Revista Positiva;* el catedrático español siempre hizo alarde de una actitud impersonal que supo anteponer su investidura de embajador de Oviedo a la natural tendencia de los seres humanos de imponer sus posiciones. Una de sus preocupaciones más constantes fue la de construir puentes intelectuales entre los dos continentes; no obstante, al margen de su discurso, Altamira, sutilmente se inclinaba hacia el proyecto de Sierra. Los más perspicaces escritores de la prensa anotaron la coincidencia del tema y tono de sus charlas con el desarrollo de las actividades al interior del ministerio de Instrucción Pública. Véase. "Conferencia sobre el ideal de la Universidad", *El Imparcial*, 14 de enero de 1910, pp. 1 y 2.

36 Rafael Altamira, *Mi viaje a América...*, pp. 341-342, citado por José de Jesús Nieto, "El pensamiento educativo de Rafael Altamira y las universidades mexicanas", *Anales de pedagogía*, Murcia, núm. 17, (1999), pp. 203-220, en particular p. 219.

sa colaboración que sostuvo con el ministro de instrucción y con su principal colaborador, Ezequiel A. Chávez, para lo cual se llevaron a cabo numerosos encuentros solo interrumpidos durante el breve lapso que viajó a Estados Unidos, con el fin de participar en un congreso de historiadores, al que había sido invitado. Estas son sus palabras:

> Solicitado por el señor Ministro [sic] y por su Subsecretario, tuve con ambas autoridades largas conversaciones acerca de diferentes extremos de organización y procedimientos escolares. Recordaré tan sólo los referentes al intercambio de profesores; a la tutela y vigilancia de los pensionados en el extranjero (en Europa, por lo que toca a los mejicanos), a cuyo propósito di conocimiento de las reglas establecidas por nuestra Junta para ampliación de estudios; a los libros elementales de texto; al plan de la futura Universidad Mejicana, y, especialmente, de la Facultad o grupo de estudios de Letras o Humanidades; a las investigaciones de Historia del Derecho y de Sociología mejicana; a la Extensión universitaria y a los programas y métodos de las escuelas primarias. El señor Ministro tuvo la atención de comunicarme una copia del proyecto de Ley constitutiva de la Universidad Nacional, sobre el que emití dictamen privado.[37]

A su regreso a la Ciudad de México a principios de 1910, tras su estancia en Nueva York, Altamira se dedicó a impartir la serie de conferencias a las que se había comprometido, entre las que destacan, y no casualmente, las que giraban en torno a

---

37 Rafael Altamira, *Mi viaje a América...*, pp. 349-350. Hasta el momento no hemos podido localizar el dictamen sobre el proyecto de Ley de la Universidad Nacional de México que Altamira afirma haber emitido; sin duda la ubicación de dicho documento arrojaría nuevas luces sobre el proceso de creación de dicha institución, así como de la manera en que las ideas del académico español pudieron impactar en el documento fundacional de la institución universitaria. No obstante, con independencia de la indudable importancia que representaría analizar su contenido, el sólo hecho de que Sierra hubiese solicitado el punto de vista de Altamira revela la gran confianza y respeto que éste sentía por el visitante hispano.

la universidad en general o a las actividades desarrolladas por la Universidad de Oviedo, ya que éstas podrían servir como modelo para ser replicadas por sus interlocutores mexicanos.[38]

visita de Altamira a las pirámides de Teotihuacan, guiado por el arqueólogo Leopoldo Batres.
©Instituto Alicantino de Cultura Juan Gil-Albert, Alicante, España.

Una de las más interesantes fue la que expuso en la Escuela Nacional Preparatoria, sobre el ideal al que debían aspirar esta clase de instituciones, en la que hizo hincapié en la importancia de las excursiones como recurso educativo y en la entrega que debían tener los maestros hacia la labor docente. Asimismo, se refirió a los distintos tipos de universidad que se habían presentado a lo largo del tiempo: alemana, francesa, inglesa, científica, social, latina, mixta y, por último la "universidad perfecta", representación del ideal que se deseaba alcanzar.[39] El 14 de enero expuso una conferencia más, esta vez el escenario fue el salón de actos de la Escuela Normal de Maestros y giró en

---

38 "El Dr. Altamira. Sus primeras conferencias", *La Iberia, el Diario de la mañana*, 13 de enero de 1910, p. 1.

39 "Conferencia sobre el ideal de la Universidad (Sigue de la 1ª. plana)", *El* Imparcial, 14 de enero de 1910, p. 2. Véase también Javier Malagón, "Altamira en México", *Historia Mexicana*, vol. 1, núm. 4, (1952), pp. 590-602, en particular, p. 594.

torno al sentido estético de la educación.[40] Posteriormente, en la Escuela de Artes y Oficios se refirió a la extensión universitaria, tema que le interesaba de manera especial,[41] y al modelo al que ésta pertenecía, para lo cual aludió a la obra dramática *Peer Gynt,* del noruego Henrik Ibsen, explicación que acompañó con la música de Edvard Grieg.[42] La manera de acercarse a estos recursos didácticos tiene particular importancia, pues en el fondo simbolizaba la "reintroducción del humanismo y los conocimientos subjetivos", como eran la apreciación estética y el desarrollo de la sensibilidad en los sistemas educativos, elementos que habían sido excluidos de la enseñanza durante largo tiempo por el cientificismo positivista.[43] No debemos ol-

---

40 "La segunda conferencia de Altamira", *El Imparcial,* 15 de enero de 1910, primera plana.

41 "Conferencia del Sr. Altamira en la Escuela de Artes y oficios", *El Imparcial,* 19 de enero de 1910, p. 8.

42 "Altamira, Grieg e lbsen", *El Imparcial,* 2 de febrero de 1910. p. 2.

43 "Educación profesional y educación científica", *El Imparcial,* 12 de enero de 1910, p. 8. A reserva de verificarlo con una investigación exhaustiva, es posible que el modelo difundido por Altamira no haya sido olvidado por la crisis motivada por la revolución, y más bien fructificara en las labores emprendidas por los miembros del Ateneo de la juventud y Los Siete Sabios, a través de sus iniciativas de llevar la cultura al pueblo, por medio de la Universidad Popular, en el caso de los primeros, y la creación de La Sociedad de Conferencias, impulsada por los segundos. De acuerdo con Enrique Krauze, los "sabios", entre los que destacaban Manuel Gómez Morín y Vicente Lombardo Toledano, echaron a andar exitosamente su programa de conferencias en 1916 con base en una novedosa temática socio-literaria, alternada "con el logro, para entonces sin precedente, de presentar las 10 *Sonatas* para violín y piano de Beethoven, interpretadas por el maestro Julián Carrillo, al violín, y Alba Herrera y Ogazón, al piano". El segundo ciclo de charlas se llevó a cabo un año después (1917), enriquecido con la presencia de Antonio Caso quien explicó con lenguaje llano lo que era una sinfonía, utilizando como ejemplo la sexta sinfonía *Pastoral* de Beethoven. Cabe preguntarse si en estos actos podemos encontrar las ramificaciones de aquello que expuso Altamira como un modelo personal para difundir la cultura entre el pueblo. Véase Enrique Krauze, *Caudillos culturales en la revolución mexicana,* México, Tusquets, 2016, pp. 87-88.

vidar que ciertos estudiosos de la obra de Sierra como son Edmundo O 'Gorman o Claude Dumas y, más recientemente por diversos autores como Fernando Curiel Defossé,[44] han hecho notar la apertura ideológica y disposición al cambio manifestada por el ministro de Instrucción Pública, quien mostraba una posición filosófica menos rígida que la que caracterizara a los positivistas más ortodoxos. Es decir, paulatinamente, Sierra se iba orientando hacia una posición humanista, no necesariamente afiliada a una corriente en particular. En este tenor, es muy probable que las ideas de Altamira reforzaran la postura expresada por don Justo en innumerables foros, documentos y en no pocas publicaciones.

Lo cierto es que Sierra encontró un excelente interlocutor en el profesor español, pues, como ya se dijo, coincidían en ciertos planteamientos fundamentales: ambos se alejaban paulatinamente del positivismo,[45] aunque inspirados en la

---

44 Véase. Edmundo O'Gorman, "Justo Sierra y los orígenes de la universidad" en *Seis estudios históricos de tema mexicano*, México, Universidad Veracruzana, 1960, pp. 145-201; Claude Dumas, *Justo Sierra y el México...*, caps. IV y V; Fernando Curiel Defossé, *Justo Sierra: últimas jornadas de un héroe civil*, México, Universidad Nacional Autónoma de México, Seminario de Investigación sobre Historia y Memoria Nacionales, 2020, 289 p. Con todo, me parece pertinente agregar que Dumas, a guisa de ejemplo de dicho distanciamiento con respecto al sistema filosófico positivista, menciona una anécdota en donde Sierra y Parra conversaban y el primero le preguntó a este último: "¿Verdad Porfirio que tú y yo somos espiritualistas?" a lo que Parra asintió. No obstante, el mismo autor menciona en otra parte de su obra que le parecía muy poco probable que Sierra quisiera deshacerse sin más del positivismo, pues en todo momento se mostró partidario de conservar el método científico, fundamento de la filosofía de Comte. *Cfr.* Claude Dumas, *Justo Sierra y el México...*, notas 652 y 654, pp. 574-575, respectivamente.

45 Los estudiosos de Altamira ubican su pensamiento como una oscilación, a ratos profundamente alejado del positivismo, afiliado al krausismo español, y a ratos tratando de conciliar lo bueno de ambas propuestas en apariencia irreductibles, puesto que el positivismo supone el encumbramiento del método científico como máxima del pensamiento racional; mientras que

corriente organicista spenceriana estaban convencidos de que la educación debería formar un sistema saludable e integral, cuyas partes deberían interrelacionarse entre sí. Sin embargo, el visitante ovetense no se refiere al aparato educativo en los mismos términos en que lo hacía su anfitrión, quien lo percibía como una cadena conformada por diversos eslabones, en los que el éxito de cada parte dependía de la fortaleza de la pieza anterior, hasta llegar a la última de ellas, la que en términos educativos estaba representada por la universidad: corona de un ciclo y punto de partida de otro. Para María José Bono Guardiola, la diferencia entre ambos teóricos de la educación puede explicarse, al menos en parte, porque la tradición universitaria de España era más antigua y se había preocupado de manera especial por renovar a sus universidades, de acuerdo con los retos que imponían las nuevas y complejas circunstancias características de la península ibérica.[46]

Pero esta no era la única diferencia entre las concepciones universitarias del ministro mexicano y el catedrático español.

---

el krausismo es un pensamiento idealista. Véase Yvan Lissorgues, "Filosofía idealista y krausismo. Positivismo y debate sobre la ciencia", en Biblioteca virtual Miguel de Cervantes: http://www.cervantesvirtual.com/obra-visor/filosofia-idealista-y-krausismo-positivismo-y-debate-sobre-la-ciencia/html/01faafb6-82b2-11df-acc7-002185ce6064_2.html (1 de octubre de 2021) No obstante, al igual que Sierra, Altamira era un intelectual de un pensamiento bastante flexible, pues ambos se mantuvieron al margen de cualquier doctrina como dogma irreductible, en todo caso, dicha independencia intelectual les permitió explorar nuevos senderos y comulgar con ideas que van cobrando sentido en el curso de las circunstancias. Vid., María José Bono Guardiola, "Rafael Altamira. Ideario pedagógico de un humanista liberal", *ITEM. Revista de Ciencias Humanas*, núm.5, (1981), pp. 185-195, en particular pp. 187-188; Álvaro Matute, "Justo Sierra, el positivista romántico" en Belem Clark de Lara, Elisa Speckman (coords.), *La república de las letras: asomos a la cultura escrita del México decimonónico*, 3 vols., México, Universidad Nacional Autónoma de México, 2005, vol. 3, pp. 429-444.

46 María José Bono Guardiola, "Rafael Altamira. Ideario pedagógico…", pp. 189-190.

Si bien este último estaba convencido de que la educación y la ciencia se generaban en el núcleo reducido de la universidad, consideraba que precisamente por esta razón era necesario llevar esta institución a la calle, vincularla con los obreros, con los campesinos e ir más allá del barrio, en donde se encontrara la escuela superior.[47] Desde su perspectiva el vínculo entre universidad y sociedad no se refería exclusivamente a la trasmisión del conocimiento científico, sino a lograr que la academia se relacionara con los sectores sociales tradicionalmente marginados de la educación y la cultura. Por ejemplo, consideraba que los catedráticos deberían hablar de derecho laboral o de economía aplicada a los trabajadores, de manera que estos saberes les permitieran conocer sus derechos e incluso, aprendieran a administrar sus ingresos.[48]

Para Sierra, en cambio, el sentido del compromiso social tuvo matices diferentes, apenas y alcanzó a esbozar ese propósito en alguno de sus últimos discursos, pero es un hecho que le faltó tiempo para que esta preocupación madurara y poco a poco tomara forma hasta convertirse en una realidad. Recuérdese que solo unas semanas después de la ceremonia inaugural de la Universidad, los "relámpagos de noviembre" marcarían el inicio de un prolongado movimiento armado que pondría a prueba al país e inexorablemente obligaría a las nuevas figuras a cargo del timón político de la nación a reorientar hacia diferentes direcciones las metas forjadas durante el antiguo régimen.

Por otra parte, Altamira ataba el compromiso social de las universidades con el concepto de patriotismo, pues como él mismo afirmaba para el caso de España, ante todo, la misión moral de la universidad consistía en combatir la situación de

---

47 Rafael Altamira, "El Patriotismo y la Universidad", en *Boletín de la Instituciones Libre de Enseñanza*, año XXII, núm. 462, (1898), p. 264.

48 Rafael Altamira, "El Patriotismo y la Universidad"..., p. 265.

crisis en la que su país estaba sumergido a raíz del conflicto de 1898. Por ello, su labor se enfocaba a la formación de generaciones dueñas de un ánimo viril, dispuestas a desterrar el pesimismo y la desconfianza; pero sus expectativas no quedaban ahí, sino que les adjudicaba una misión aún más compleja, consistente en fomentar el pacifismo entre las naciones. En sus palabras, la universidad debía ser la más alta representación de las mayores cualidades del espíritu.

Sin embargo, uno y otro concebían a esta clase de instituciones como una autoridad moral más allá de los gobiernos, por encima de los cotos de poder públicos y privados, cuyo único vínculo y responsabilidad era con la nación. Tal consideración los obligó a plantearse un problema capital, tanto para su tiempo como para el futuro: ¿Deben ser las universidades gobernadas por el Estado o, en cambio, deben éstas ser entregadas a un gobierno independiente de la entidad que las sufraga? Cuestión sin duda espinosa, a la que Sierra respondió en diversas ocasiones que la Universidad Nacional de México debería ser nacional y libre, mas no autónoma en el sentido pleno de la palabra, pues estaba convencido de lo improcedente que pudiera resultar para el gobierno el hecho de que existiera un poder tal dentro del Estado y, por si fuera poco, que éste tuviera la obligación de sostenerlo económicamente. Reconoce asimismo que sería imposible que la institución universitaria fuera independiente del gobierno desde el punto de vista financiero, debido a que no habría quien pudiera erogar la cantidad de recursos necesarios para su sostenimiento. Por lo tanto, el ministro de Instrucción Pública y Bellas Artes la imaginó con absoluta libertad académica, aunque sometida a la dependencia presupuestal del Estado, el que además decidiría el nombramiento de sus más altas autoridades y su adscripción a la dependencia gubernamental.

Rafael Altamira, afiliado al fin y al cabo al liberalismo, al igual que su colega mexicano reconocía que en la cátedra universitaria debería imperar la libertad de enseñanza; paulatinamente iría ganando terreno la descentralización universitaria, la cual se concretaría plenamente con la autonomía. Sin embargo, el catedrático ovetense muestra ciertas reservas hacia los peligros latentes de esta última condición; sería grave, opinaba, "salir de las manos del Estado para caer en intereses de grupos particulares".[49]

En un artículo escrito en 1916, Rafael Altamira volvía a la carga sobre el mismo tema y, entre otras interesantes reflexiones, expresó que si bien la autonomía jurídica era deseable, debía de analizarse con toda responsabilidad y detenimiento si verdaderamente las universidades deseaban conquistar su plena autonomía, puesto que esta condición no debería ser vista como la panacea que resolvería todos los problemas de las instituciones de educación superior.[50] En tono bastante crítico sostiene que la historia demostraba "que con autonomía o sin ella, las Universidades [sic], como todo en el mundo, dependen de cosas más hondas, y a veces muy complejas, que originan su prosperidad o su fracaso".[51] En última instancia, sentenciaba Altamira, de optar por la autonomía, sus integrantes -catedráticos y discípulos- tendrían que dedicarse íntegramente a sostenerla, pues entonces, más que nunca, se requeriría de todas sus energías, sus esfuerzos físicos y mentales, para afrontar los embates de sus enemigos: las corporaciones contrarias a la universidad, las facciones ultraconservadoras del gobierno, las pasiones personales, etc.[52]

* * *

---

49 María José Bono Guardiola, "Rafael Altamira. Ideario pedagógico ...", p. 191.

50 Rafael Altamira, "El problema de la autonomía en las universidades españolas", *Revista De La Universidad Nacional De Córdoba*, año VI, núm. 9-10, (1919), pp. 112-124, en particular p. 124.

51 Rafael Altamira, "El problema de la autonomía en las...", p. 112.

52 Rafael Altamira, "El problema de la autonomía en las...", p. 123.

A lo largo de este trabajo y de otros en los que me he referido al tema de la creación de la Universidad Nacional de México, he mencionado que los enemigos de Justo Sierra y del restablecimiento de este género de instituciones rápidamente saltaron a la escena pública para frenar y, de ser posible, destruir el proyecto educativo defendido con tanto ahínco por el ministro. Los motivos que se exponían en contra de la creación de una universidad nacional eran muy variados, unos le achacaban que representaba un atentado contra la libertad de pensamiento por su lealtad a la filosofía positivista y por la supuesta condición antirreligiosa que le atribuían. Otros la descalificaban porque presumían que con su fundación, la corriente positivista sufriría una grave desviación, que a su vez provocaría una imperdonable regresión en la evolución lógica de dicho sistema filosófico, considerado como la columna vertebral del programa educativo establecido por Gabino Barreda en 1867.[53]

Con motivo de la visita de Altamira y su labor en favor del establecimiento de una Universidad Nacional en México, las posiciones se recrudecieron; tanto la prensa católica como la positivista no se hicieron esperar para verter ácidas críticas en contra de tal proyecto, a punto de convertirse en una realidad; aunque al parecer, los más beligerantes fueron los católicos que, a través del diario *El País*, emprendieron una verdadera campaña de descrédito en contra del visitante español y, por supuesto, también contra el alto funcionario mexicano. No en vano escribió Claude Dumas: "no cabe duda de que *El País* aprovechó la ocasión para lanzar el mismo dardo al liberal Altamira y al positivista Justo Sierra, jefe de esa maldita escuela sin Dios".[54]

---

53 Con mayor detalle me he ocupado de los opositores al proyecto de la universidad y de su artífice en el capítulo V del libro: *La polémica en torno a...* Por otra parte, he recogido algunos textos representativos de esta oposición en mi libro *El proceso de creación de la Universidad...*, pp. 299-472.

54 Claude Dumas, *Justo Sierra y el México...*, p. 394. En esta ocasión no abundaré en la totalidad de las críticas negativas de las que fue objeto Altamira puesto

Con motivo de la *conferencia "El ideal de la Universidad"* dictada por Altamira en la Escuela Nacional Preparatoria, el mismo diario descalificó los argumentos del ovetense alegando que sólo se basaba en lugares comunes, y sostenía que era un gran error creer que el éxito de la enseñanza reposaba en el uso sistemático del método positivista. A juicio del editorialista, la cosecha de buenos frutos académicos dependía de una labor conjunta entre profesores, alumnos, libros y planes de estudio; sin embargo, afirmaba que cuando estos factores carecían de fuerza educativa, simplemente todo se derrumbaba, y ponía como ejemplo a la Escuela Nacional Preparatoria, su acérrima enemiga, plantel que precisamente había albergado a Rafael Altamira en una de sus conferencias.[55]

En cuanto a este último, las críticas también fueron muy variadas, en múltiples ocasiones se minimizó su autoridad en materia educativa, ya que, se decía, "estaba lejos de ser un Menéndez Pelayo", y sus ideas, carecían de toda novedad, estaban agotadas, pues habían sido expuestas tiempo atrás. Como era de esperarse, a la defensa de Altamira saltó el periódico *La Iberia,* lo cual desembocó en una polémica editorial que se prolongó casi durante toda la estancia del visitante e, incluso, después de su partida, *El País* mantuvo sus embates contra el proyecto de creación de la Universidad, enfrentamiento del que, finalmente, salió victorioso el ministro Sierra.[56] Al parecer fueron más delicados o "diplomáticos" los positivistas ortodoxos a cuya cabeza se encontraban Agustín Aragón y Horacio Barreda, quienes se abstuvieron de mencionar expresamente a don Rafael Altamira,

---

que ya han sido tratadas por Juan Manuel Ledezma, en "La primera visita de Rafael Altamira a México...", pp.111-125. Nuestro interés por abordar los ataques en su contra se relaciona con el tema de estudio que hemos venido desarrollando: Rafael Altamira y la Universidad Nacional.

55 "Punto y aparte", *El País,* 13 de enero de 1910, p. 1.

56 "Yo, el Rey", *El País,* 19 de mayo de 1910, p. 1 y "los nuevos sofistas", *El País,* 21 de mayo de 1910, p. 1.

por lo que sus dardos se dirigieron contra Sierra y su proyecto universitario. En principio afirmaban que no podía establecer una universidad mientras la escuela primaria se encontrara en condiciones absolutamente precarias; vaticinaban además que la universidad sería el cenáculo de una casta petulante -"pedantocrasia"-, e intelectualizadora, entre otros muchos argumentos igualmente duros. En este enfrentamiento de la lucha por la Universidad, Sierra salió airoso y contestó puntualmente a todos sus críticos en la magnífica pieza oratoria que pronunció con motivo de la ceremonia inaugural de la Universidad Nacional de México, el 22 de septiembre de 1910.[57]

Justo Sierra, fundador de la Universidad Nacional de México en 1910.
©IISUE-AHUNAM, colección Universidad, CU-005691

Escudo de la Universidad Nacional de México.
©IISUE-AHUNAM, colección Universidad, CU-004760

Rafael Altamira retornó a España sin haber presenciado la fundación de la Universidad de México, pero satisfecho de la ardua labor realizada en tierras americanas, en donde dio

---

57 "Discurso pronunciado por el señor licenciado don justo Sierra, ministro de Instrucción Pública y Bellas Artes en la inauguración de la Universidad Nacional", en *La Universidad Nacional de México 1910*, 2ª ed., México, Universidad Nacional Autónoma de México, Centro de Estudios Sobre la Universidad y la Educación, 1990, pp.109-134. (edición facsimilar de la de 1910).

muestras múltiples de su cálida personalidad, gran cultura y elocuencia, así como de un estilo sencillo con el que hacía llegar sus palabras a públicos muy diversos.[58] Fue recibido en medio del júbilo de su pueblo que laureaba la hazaña cultual sin precedente alguno que el ovetense había llevado a cabo a lo largo de su viaje. Pero como antes indiqué, México y Altamira no rompieron lazos, como tampoco lo hizo con la institución universitaria; a su partida, Justo Sierra lo persuadió para que retornara al país para dictar una cátedra sobre los nuevos estudios jurídicos en la joven Universidad Nacional.[59] Pero el ministro, posiblemente engolosinado con las magnas y prolongadas festividades del Centenario y quizás también con la miopía que a menudo provoca el ejercicio extremo del poder, no sospechó los derroteros que a poco habrían de tomar la república y el futuro de la élite gobernante en turno. Sólo unas semanas después de la inauguración de la polémica institución estalló la revolución, el gobierno de Porfirio Díaz cayó y la Universidad Nacional de México se enfrentó a una verdadera prueba de fuego por su supervivencia. Pero mientras este punto de quiebre llegaba, Altamira continuó la comunicación con sus colegas y amigos mexicanos,[60] siempre mostrando interés por el desarro-

---

58 Juna Manuel Ledezma, "Rafael Altamira en su segunda patria...", p.71.

59 "A Rafael Altamira y Crevea", en Justo Sierra, *Obras completas*, vol. XIV..., pp. 539 y 540. La carta que da constancia del pacto entre Sierra y Altamira de impartir cátedra en México fue escrita por Sierra el 29 de enero de 1910; forma parte del archivo privado de Rafael Altamira y se reprodujo en *Rafael Altamira 1866-1951...*, p. 115.

60 Testimonio del interés de Altamira por la Universidad de México y por algunos de sus profesores y dirigentes más destacados, es la siguiente carta dirigida a Justo Sierra y fechada el 8 de agosto de 1910: "Ya he visto que se discutió el proyecto de Universidad, ¿salió aprobado en todas sus partes? Yo no pierdo de vista mi futuro trabajo en ella y voy trabajando mi plan del curso de Historia del Derecho; pero por muchas razones no creo que en el inmediato septiembre lo pueda inaugurar. No me será hacedero salir de España sin dejar arreglados varios asuntos universitarios y de familia en que aún no puedo poner mano. A ese admirable subsecretario que U. tiene [Ezequiel A. Chávez], al Doctor

llo de la Casa de Estudios, en cuya gestación, de algún modo él había contribuido y en la que, con el paso del tiempo, no sólo florecerían muchas de sus ideas y consejos, sino que sería recibido por ella, cuando arribó exiliado a México, tras el golpe militar de Franco. En la universidad mexicana pasaría los últimos años de su vida. Fallecería en 1951.

Parra, al señor Martínez y a todos los compañeros de profesión docente (ellos y ellas) mis recuerdos afectuosos. Permita que le envíe un abrazo, su buen amigo Rafael Altamira. Véase: AHUNAM-IISUE, fondo Ezequiel A. Chávez, Sección Universidad, caja 8, documento 22, fols. 43 y 44. La carta también se reprodujo en Jaime del Arenal, "Las conferencias de Rafael Altamira en la Escuela Nacional de Jurisprudencia" estudio introductorio a Rafael Altamira, *La formación del jurista*, México, Universidad Nacional Autónoma de México, Facultad de Derecho, 2008, pp. 25-26. Mariano Peset, "Rafael Altamira en México: el final de un historiador...," pp. 321-347 y "El exilio de Rafael Altamira en México...," pp. 199-203; para su incorporación en la UNAM véase también el capítulo de Armando Pavón Romero, Yolanda Blasco Gil e Ignaci E. Blasco Blasco incluido en este libro.

Capítulo 12

LA CONFIGURACIÓN DE LA AUTONOMÍA UNIVERSITARIA EN LOS PRIMEROS AÑOS DE LA UNIVERSIDAD NACIONAL DE MÉXICO

DIEGO LENTZ VIRAMONTES
(Universidad Nacional Autónoma de México)

El Pueblo a la Universidad, la universidad al pueblo.
Por una cultura neohumanista de profundidad universal.
(David Alfaros Siqueiros)

La génesis de la Universidad Nacional de México configuró una serie de sentidos que han acompañado la vida nacional a lo largo de los siglos XX y XXI. Su configuración, sus cambios y permanencias incidieron profundamente en la vida cotidiana de los estudiantes universitarios, en el desarrollo de la ciencia y la investigación, así como en la vida cotidiana de algunos sectores de la sociedad mexicana. Identificar los sentidos que dieron sustento al proyecto pedagógico universitario abanderado por Justo Sierra en relación con las particularidades de su tiempo nos permite articular una categoría fundamental para caracterizar nuestros sistemas educativos contemporáneos: la de universidad y su tensión con el Estado.

La UNAM desde su gestación ha enfrentado una adaptación, a veces exitosa, atropellada, o bien, en ocasiones forzada, a las necesidades que el tiempo ha demandado. Es preciso señalar que buena parte de su ser y hacer responde a la delimitación que vio la luz con el proyecto de universidad de Justo Sierra, basado en los movimientos políticos e ideológicos del siglo XIX y su evolución en las décadas posteriores a la Revolución Mexicana al impactar en sus propias dinámicas internas y la responsabilidad social de la institución.

Si bien entre la Universidad Nacional de 1910 y la actual Universidad Nacional Autónoma de México existen 113 años de coyunturas y procesos que enmarcan una brecha de cambios, aun hay numerosos hilos conductores que nos unen al génesis de la institución. Ya que como señala Björn Wittrock: *"Las universidades existen con una capa sobre otra de legados muy divergentes, a pesar de lo cual han conseguido preservar un fuerte elemento de continuidad en medio de tanto cambio.*[1]

La universidad pensada por Justo Sierra como un cuerpo docente convocado a realizar la obra de la educación nacional mediante la conformación de un espacio de formación, de investigación y extensión de la cultura y la ciencia, sentó las bases para entender a la Universidad no solo como espacio formativo en sus diferentes aristas, sino como un proyecto pedagógico con dimensiones de Estado.

Justo Sierra fue un político de su tiempo que dirigió sus esfuerzos al logro educativo. Para la percepción que sostiene el presente texto es fundamental desmitificar su ethos pedagógico desde la noción pragmática de la educación, dado que su labor en torno a un proyecto que articuló las necesidades y carencia de la educación superior respondió al de un adelantado

---

1 Björn Wittrock, "Las tres transformaciones de la Universidad Moderna", en Sheldon Rothblatt y Björn Wittrock (coords.), *La Universidad europea y americana desde 1800,* Barcelona, Pomares-Corredores, 1996, p.333.

a su tiempo y a los criterios curriculares que el campo de la pedagogía demandaría más de medio siglo después de su tiempo.

En este sentido la educación resulta en un tema político, ya que la intención puesta sobre otro con el fin de configurar una serie de sentidos, finalidades, aptitudes, entre otros rasgos distintivos, resulta en una labor que necesariamente involucra la organización de las sociedades. La labor política de Justo Sierra más allá de los cabildeos puestos sobre la sociedad política y la sociedad civil, anteponen dos ejes transversales en su pensamiento, lo que dio pie a su labor pedagógica. En tal sentido, la intencionalidad pedagógica puesta sobre la universidad condensa los esfuerzos políticos y educativos de Justo Sierra propios de su trayectoria.

Justo Sierra articuló la crítica en torno a la existencia, necesidad y posición de una Universidad Nacional en el país, así como sus límites y posibilidades en el marco constitucional de su época abriendo las puertas a una condición institucional que resonaba ya en el modelo institucional de la Universidad de Berlín de 1810: la autonomía universitaria, lo que a la luz de nuestros días resulta en un gran acierto. Por ello, resulta provechoso contrastar en los orígenes de la Universidad Nacional de México la posición epistémica, las condiciones políticas y su síntesis pedagógica cifrada en la condición autónoma de la casa de estudio.

Sumando a lo anterior, la necesidad de identificar y cuestionar la autonomía universitaria en tanto categoría fundamental para dimensionar a la universidad, resulta una problematización necesaria para el campo pedagógico y sus líneas de estudio. La Universidad Nacional desde su apertura hasta nuestros días ha dirigido sus esfuerzos para generar una red institucional que permita el cumplimiento de sus finalidades: la docencia, la investigación y la extensión universitaria. No obstante, es necesario reconocer que la existencia de la Universidad Nacional y su condición autónoma ha marcado la pauta en la construcción de sujetos por más de un siglo en el país, función que precede el proceso formativo al dimensionar una serie de sentidos, características, necesidades y finalidades sobre determinadas personas.[2] Con base en lo mencionado es conveniente revisar la autonomía universitaria como un punto de inflexión que ha marcado las condiciones en las que la Universidad Nacional ha desarrollado sus finalidades, y con ellas la caracterización de los sujetos convergentes en la Educación Superior. Para ello, resulta necesario fundamentar la condición en tanto categoría vinculada a la propia historicidad de la Universidad al articular las problemáticas pedagógicas contemporáneas en los distintos periodos sugeridos para dar cuenta de la institución.[3]

Con los pies en la universidad moderna y los sentidos en la universidad contemporánea, resulta fundamental detenernos y cuestionar ¿cuál es el papel de la universidad hoy?, ¿cuáles son las fortalezas implícitas de nuestras instituciones universitarias? y para dar cuenta de ello, ¿cuáles fueron los puntos de inflexión en la configuración de la universidad en México? A la luz de nuestro tiempo resulta provechoso recapitular la inquietud que ha acompañado a los cautivos por la vetusta institución universitaria en territorio nacional, con base en el abanico disciplinar y metodológico que ha develado los rasgos velados en el proceso de conformación centenario de la Universidad Nacional Autónoma de México.

---

2 La Universidad de 1910 responde a un modelo universitario ligado a un contexto de elites. El acceso a otros estratos sociales sería paulatino y gradual. Incluso, hoy en día subsisten grupos sócales excluidos de la Universidad y de la Educación Superior. Visibilizar a los sujetos excluidos de la educación resulta una necesidad analítica relevante en los estudios de la educación y la pedagogía y para dar cuenta de ello es importante pensar a dichos sujetos en función de los cambios de la brecha social contemplada a larga data.

3 Véase el corte temporal señalado en Hugo Casanova, *La UNAM y su historia. Una mirada actual*, México, UNAM. 2016.

OCHO SIGLOS DE LA IDEA DE UNIVERSIDAD

La universidad es una institución milenaria que echó raíces en la Baja Edad Media en Europa Occidental adaptándose a los tiempos y contextos sociales a lo largo de ocho siglos, sobreviviendo hasta nuestros días acumulando una capa sobre otra de sentidos, simbolismos y finalidades. En su camino la idea universitaria se enfrentó a numerosos retos paradigmáticos que antagonizaron a la institución, movimientos sociales que cambiaron radicalmente el paisaje social y la cultura, y con ello las necesidades sociales en torno a la educación.

De acuerdo con Inés Dussel y Marcelo Caruso en el texto *La invención del aula. Una genealogía de las formas de enseñar* puntualizan que las reformas analíticas que dieron pie a las instituciones educativas en el siglo XIX, como el caso del modelo de Universidad de Berlín, o bien, el referente ideológico y teórico de la escuela moderna, referente paradigmático que revolucionó la enseñanza, los sujetos de la educación y los fines de la misma, contemplaron una serie de discusiones en torno a la condición social, el sexo, el gremio, el credo, entre otras condiciones propias de los individuos, mismas que los proyectos buscaban atender e, incluso, acentuar. Dicha condición focalizó una doble vertiente que caracterizó la división de clases en dicho siglo. Por un lado, se reconfiguraron una serie de privilegios para algunos sectores minoritarios vinculados a los medios de producción. Por otro lado, se agudizó la explotación de ciertos sectores en función del nuevo paradigma económico basado en la producción continua de bienes y servicios. En consecuencia, dicha brecha social constituyó el gran telón de fondo, al caracterizar las dinámicas educativas, al particularizar los espacios y los fines institucionales.

Dicha condición fue producto de una serie de transformaciones interpretativas vinculadas a los procesos históricos y contextuales del siglo XVIII respecto a la naturaleza, el orden social y la educación de los sujetos, nociones codificadas desde la Ilustración, la Revolución Industrial y los numerosos movimientos revolucionarios e independentistas que transformaron el orden de poder y la configuración de los Estados. Sumando a dichas condiciones, los procesos migratorios antepusieron a la ciudad nuevamente como el centro político, económico y laboral, distinguiendo con mayor claridad entre el entorno urbano y el entorno rural y con ello el centro y las periferias. En contraste con la precariedad del obrero, surgieron nuevas fortunas que indudablemente modificaron el poder político.

Desde las primeras décadas del siglo XIX los procesos de cambio configuraron una sombra sobre las universidades al ser juzgadas y señaladas desde la nueva realidad cultural y política. Esta crisis de sentidos formativos y una debilitada relación con los regímenes de gobierno, sumado al surgimiento de otros modelos pedagógicos que atendieron con efectividad la formación de sujetos durante el siglo XIX, sellaron el destino de la antigua idea de universidad, al preparar las condiciones para el surgimiento de un nuevo modelo universitario. Así, las universidades y sus fines fueron duramente señaladas al no articularse a las nuevas pretensiones de los Estados liberales, siendo juzgadas en consecuencia como instituciones perniciosas que privilegiaban una formación deficiente sobre un sector social acartonado: el clero y la clase burguesa.[4] En dicho orden de ideas, la institución se enfrentó a un panorama de reformulación total respecto a sus fines y sentidos para poder enfrentar los influjos de cambio descritos en las líneas anteriores. Lo cuál marcó el inicio de *la universidad moderna* y sus respectivos procesos de cambio.

---

[4] Al igual que las universidades en Europa y los territorios coloniales, lo propio ocurrió con los colegios de la orden jesuita distribuidos por todo el globo. Al perder la orden su puesto y preminencia en la cúpula del poder real, su función se vio superada ante los nuevos impulsos pedagógicos producto de la ilustración.

La universidad moderna compone una noción cuya temporalidad dio inicio desde finales del siglo XVIII, presente ya en el proyecto kantiano de universidad.[5] No obstante, la caracterización temporal propuesta por Björn Wittrock da cuenta del proceso en función de la transformación de la Universidad Alemana y sus fines a lo largo del siglo XIX. En las palabras de Wittrock, "solo durante ese periodo resucitan las universidades como instituciones principales de producción de conocimiento y llegó a predominar la idea de una universidad orientada hacia la investigación"[6] y posteriormente a la especialización. Así, la Universidad de Berlín de 1810 surge articulada a las necesidades intelectuales de los estados liberales, así, como a la reforma nacional posterior a la Invasión Napoleónica.

No sería aventurado pensar en la Universidad de Berlín en términos de una institución que desarrolló un sentido de pertenencia con el Estado, dada su tradición en la región y el influjo de teóricos del idealismo alemán, cuyo radio filosófico estructuró un plan de rejuvenecimiento y reforma de las universidades, el cual pretendía que la institución fuera entendida y convertida "en el centro del saber y de la enseñanza, con amplios límites de autonomía y autogobierno"[7] aunque claramente circunscritos a las necesidades del Estado.

Si bien la noción de universidad moderna que caracterizó el sueco Björn Wittrock se inclina a una lectura centrada en el norte de Europa, particularmente Escandinavia y la región de la actual Alemania, el cruce analítico desde la sociología histórica con el que caracteriza la idea de universidad y la dinámica en ciertas instituciones resulta sólido y da motivos para aproximar-

---

5 Willy Thayer, *La Crisis no moderna de la Universidad Moderna*, Santiago de Chile, Cuarto Propio, 1996, p. 32.

6 Björn Wittrock, "Las tres transformaciones de la Universidad Moderna"..., p. 333.

7 Björn Wittrock, "Las tres transformaciones de la Universidad Moderna"...

nos al estudio de instituciones como la Universidad Nacional y la paulatina configuración de su autonomía universitaria.

En occidente la autonomía universitaria responde a una extensa tradición que encuentra sus orígenes a la par del desarrollo de la institución universitaria. No obstante, la idea de autonomía universitaria alcanzó una configuración profunda y sistemática a partir del modelo clásico de la Universidad de Berlín, articulándose como una noción vinculada a la percepción institucional y sus funciones primarias: docencia, investigación y difusión cultural.[8] Cabe señalar que este modelo se adaptó a las necesidades de una nueva generación de universidades modernas surgidas desde las ultimas décadas del siglo XIX y las primeras décadas del siglo XX, vinculándose a una serie de valores, costumbres y la historia particular de las latitudes donde se desarrollaron nuevos proyectos universitarios. Lo que perfiló en la noción de autonomía universitaria rasgos puntuales propios de cada proyecto.

La historia universitaria en el actual territorio mexicano encuentra sus orígenes en la Real Universidad de México, institución virreinal construida a imagen de sus homónimas peninsulares en el naciente imperio español, prevaleciendo por cerca de tres siglos. Tras la guerra de independencia y la articulación del Estado mexicano como nación independiente, la universidad de México se enfrentó al movimiento liberal reformista de Valentín Gómez Farías, cuyo énfasis por separar la mano clerical de la educación e iniciar su secularización puso en la mira a la universidad por su herencia y lazos con la antigua institución virreinal y su halo escolástico. Así, en 1833 la universidad se enfrentó a un cierre efímero, ya que en 1834 fue restaurada por

---

[8] Es puntual el vínculo entre la autonomía universitaria y la universidad pública. Las iniciativas privadas si bien cumplen con un cometido puntual al cubrir la creciente demanda y cobertura en regiones concretas, se desarrollan en otra tónica normativa y administrativa que media sus relaciones con el Estado.

Antonio López de Santa Anna; no sería sino hasta 1867 que la universidad enfrentó su cierre definitivo tras la restauración de la república.

Para los liberales del siglo XIX la idea de una universidad mexicana resultaba problemática por el aun imaginario fresco de la institución vinculada al periodo colonial. Dicha preconcepción se agudizó con el auge creciente del paradigma positivista y su influencia en las instituciones educativas mexicanas. En dicho contexto un joven Justo Sierra iniciaría una trayectoria política, que resultaría en una síntesis pedagógica con impacto en la educación pública mexicana, particularmente en la educación superior.

En México la universidad moderna se configuró en el quiebre con la universidad colonial, la cual tras un complejo desarrollo fue clausurada definitivamente en 1867 tras ser señalada y cuestionada en repetidas ocasiones en el marco de los procesos y coyunturas que marcaron la vida nacional durante el siglo XIX. En dicho marco se articularon los ecos de la ilustración entorno al conocimiento y la estructura social, dando paso a continuas pugnas entre liberales y conservadores que impulsaban sus nociones y agendas especificas en función diversos procesos del Estado, entre ellos la educación sus tipos y modalidades. Lo que configuró un largo proceso de nociones y definiciones que eventualmente tuvieron efecto en la educación superior.

EL PROYECTO PEDAGÓGICO UNIVERSITARIO DE JUSTO SIERRA

Los primeros pasos de la Universidad Nacional de México se desarrollan en función de la idea de progreso generado en los países europeos a partir del siglo XIX. Fundamentados en una sólida industrialización producto del desarrollo científico de la época que ponía de manifiesto la necesidad por conformar comunidades científicas que permitieran un abordaje puntual y sistemático. Por ello La Universidad Nacional de México respondía a una idea particular, la de la universidad moderna y sus coyunturas sociales en torno a la docencia, a la investigación y la extensión universitaria.

La propuesta de universidad de 1881 de Justo Sierra, antecedente y génesis de la Universidad Nacional de México se presenta en un momento turbulento donde la corriente positivista, que había gozado de una preeminente posición en la política, la educación y la ciencia mexicana desde la restauración de la república, sufría embates contra su legitimidad y su posición en las decisiones del Estado. La propuesta se enfrentó al imaginario aun fresco en la vida política de la época en torno a la extinta universidad de México, herencia del colonialismo y sus prácticas, ya que solo unos años antes el presidente Benito Juárez había legitimado el cierre de la institución. Al respecto Lorenzo Luna señaló que:

> la Universidad no dejó de constituir un punto de discusión entre quienes se proponían organizar la Nación; el tema se cargó de tal manera de resonancias ideológicas, que la corporación vino a identificarse, sin más, con los intereses conservadores. Por lo que su desaparición se convirtió en uno de los dogmas del credo liberal mexicano. Para éstos últimos, la educación debía ser un medio eficaz para cambiar las conciencias, sacar las mentes del yugo religioso y alejarlas de los saberes ociosos, construyendo a su vez individuos capaces de ser buenos ciudadanos y productivos en función de las necesidades primarias del Estado.[9]

El periodo canónico del positivismo mexicano se dio con la restauración de la república, puesto que este grupo ostentó la rectoría del sistema de instrucción pública superior tras la

---

9 Lorenzo Luna, "La Universidad: historia académica", *Revista de la Universidad de México*, vol. XLI, 420 (1986), IX-XIII, en particular p.10.

conformación del Estado mexicano. Los positivistas mas ortodoxos eran contrarios a la idea de una universidad, desatando una serie de disputas políticas en torno a la educación superior del país. Dichas pugnas trascendieron en la sociedad mexicana con prevalencia al catolicismo, por lo que el régimen optó por disminuir el dominio paradigmático tanto en la Escuela Nacional Preparatoria, como en las escuelas e institutos que conformaban la educación superior. En respuesta a dicho conflicto Justo Sierra presenta su proyecto de universidad de 1881, el cual, de acuerdo con Edmundo O´Gorman, retomado por Javier Garciadiego, Sierra proponía "una universidad positivista y vinculada al gobierno aunque con independencia académica"[10]; por un lado se preservaba al positivismo en una institución importante para el Estado y se buscaba conservar la confianza en el régimen porfirista.

Es importante señalar la relación de Justo Sierra con otros positivistas de la época. Si bien la tesis de O´Gorman posiciona a Sierra como jerarca del positivismo y férreo defensor de la doctrina, en su momento fue señalado por su falta de rigor y apego a los limites paradigmáticos del positivismo. De acuerdo con Agustín Aragón, positivista mexicano, Sierra era "un metafísico que quiere a ratos seguir los senderos de la ciencia y a ratos sonríe a la teología catalogándolo como falso positivista que ignora las doctrinas positivistas"[11].

Edmundo O´Gorman señaló que la diferencia entre el proyecto de universidad de 1881 y la fundación de la universidad en el marco del centenario de 1910, responde directamente a

---

10 Javier Garciadiego, "De Justo Sierra a Vasconcelos. La Universidad Nacional durante la revolución mexicana", *Historia Mexicana*, vol. 46, 4 (1997), pp. 769–819, en particular p. 772.

11 Juan Hernández Luna, "Sobre la fundación de la Universidad Nacional. Antonio Caso vs Agustín Aragón" *Historia Mexicana*, vol. 16, 3, (1967), México, COLMEX, 1997, pp. 368–381, en particular p. 372.

la posición epistémica del ministro.[12] La obra publicada de Sierra refleja una evolución consistente con los influjos de cambio teórico propios de la segunda mitad del siglo decimonónico, revela la posición epistémica, y con ello su posición política, lo que resulta fundamental en la conformación de la perspectiva pedagógica del ministro a lo largo de su trayectoria. Es cierto, que la posición paradigmática de Justo Sierra marcaría no solo el ritmo de la propuesta de universidad, sino también el de toda su trayectoria atendiendo el problema del logro educativo nacional; también es verdad que el cambio analítico resulta una constante en Sierra al contrastar sus estructuradas participaciones en la prensa tras la restauración de la república y el inicio de su trayectoria en el servicio público, sus participaciones en el legislativo, la correspondencia directa, en ocasiones pública, con otros eminentes políticos e intelectuales del siglo XIX y las primeras décadas de XX, así, como su retórica discursiva a cargo del Ministerio de Instrucción. Finalmente, las pugnas sociales gestadas a lo largo del porfiriato cobrarían fuerza, conduciendo al estallido del movimiento revolucionario de noviembre de 1910 a escasos meses de la apertura de la Universidad Nacional de México. Con ello buena parte del pensamiento pedagógico del ministro se condensaría en un legado presente en la universidad, así como otras instituciones de herencia porfiriana, y sus defensores mimetizados en los aires del cambio revolucionario.

De acuerdo con el supuesto de Edmundo O´Gorman, más allá de una fundación, la de la universidad fue una recreación[13], un proceso que articuló una extensa red de instituciones educativas en el marco de una nueva configuración universitaria. En el sentido práctico podemos aceptar la posición de O´Gorman, ya que tanto la propuesta de 1881 como

---

12 Javier Garciadiego, "De Justo Sierra a Vasconcelos"..., p. 774.

13 Javier Garciadiego, "De Justo Sierra a Vasconcelos"..., p. 770.

la institución de 1910 reformularon los vestigios existentes de la universidad de México, la orbita de escuelas supervivientes al cierre de 1867 y la inclusión de nuevas instituciones dedicadas a la investigación. No obstante, la universidad propuesta por Justo Sierra antepuso en México un modelo universitario con una construcción pedagógica radicalmente distinta a sus homónimas al formular nuevas nociones de sujetos universitarios, una vinculación directa a las necesidades del Estado, y un diálogo moderado con el régimen de gobierno en el país. En otras palabras, una universidad nacional eminentemente laica y, aun para este periodo de génesis y fundación, una incipiente condición en tanto a sus garantías y libertades para determinarse bajo el escrutinio directo del gobierno.

La demanda de independencia académica era crucial, puesto que protegía al positivismo de los ataques de políticos y funcionarios en turno. Cabe decir que dicha independencia gestaría consigo la posición de una universidad capaz de orientar la defensa epistémica, en los límites de una orientación social de la universidad.

La Universidad Nacional Autónoma de México cuenta con una trayectoria centenaria datada a lo largo del siglo XX y las primeras dos décadas de nuestro siglo. No obstante, la síntesis pedagógica que dio cause a la casa de estudios se extiende a su génesis epistémico y la disputa política propia del siglo decimonónico. La obra de Justo Sierra como político, como humanista y educador, ha dividido la interpretación en torno a los fines que persiguió a lo largo de su trayectoria. Es cierto que el ministro fue un hombre de su tiempo y de su clase, él respondió a las necesidades propias del régimen porfirista que en buena medida buscó en la fundación de la universidad una lustrosa idea de progreso y modernidad del país ante el mundo. En palabras de Javier Garciadiego "la fundación obedecía más a la coyuntura político-diplomática que a demandas académicas o a necesidades socioeconómicas, pues el objetivo de don Porfirio era dar realce y solemnidad a los festejos por el centenario de la independencia, y demostrar que México era un país civilizado, de orden y progreso."[14] Sin embargo, también es cierto que los esfuerzos por articular una universidad moderna acompañaron a Justo Sierra desde periodos muy tempranos en su trayectoria, caracterizada por anteponer el problema educativo como tarea central para el Estado como denotó en las siguientes líneas al retomar a Ernest Renan[15]:

> Las sociedades actuales no pueden hoy continuar únicamente, como las de antaño, con las cualidades hereditarias de algunas familias escogidas, con instituciones tutelares, con mecanismos políticos; la cultura del individuo ha llegado a ser en nosotros una necesidad de primer orden. Lo que antes hacían la sangre heredada, los usos tradicionales, los hábitos de familia, hay que hacerlo hoy por la educación. Por este medio la importancia de la instrucción pública se ha triplicado. La lucha por la existencia se entabla ahora en el terreno de la escuela. La raza menos culta será infaliblemente suprimida, o lo que es lo mismo, a la larga será rechazada a un segundo término por la raza más culta. Así, el cuidado por la instrucción pública llegará a ser para los Estados una preocupación igual por lo menos a la del armamento o la producción de la riqueza.[16]

Si partimos de la premisa aristotélica que ciñe la naturaleza humana al ser político, la educación como un proceso donde se vierten una serie de finalidades, deseos, intencionalidades y referencialidades sobre los otros, por principio es un acto político. Es en esta condición irrenunciable que Justo Sierra dirige sus esfuerzos para construir un proyecto pedagógico que no

---

14 Javier Garciadiego, "De Justo Sierra a Vasconcelos"..., p.775.

15 Justo Sierra, "La educación nacional", en *Obras completas*, Tomo V, México, UNAM, 1977, p. 122. Descrito por Justo Sierra como el más sutil y delicado pensador que existe en Francia, "Contestación al Dr. Luís E. Ruiz", en cartas dirigidas a Justo Sierra publicadas con el título *Cartas pedagógicas* en *La Libertad* los días 5 y 6 de octubre de 1883, *La Libertad*, México, 26 de octubre y 13 de noviembre de 1883, p. 119.

16 Justo Sierra, "La educación nacional"...

solo dio cabida a la universidad, sino que puso en el centro de la discusión nacional el logro educativo como necesidad fundamental para la modernización. Tal acierto trascendió los conflictos propios de su tiempo y sentó las bases para la posterior organización del sistema educativo nacional abanderada por José Vasconcelos años más tarde.

La síntesis pedagógica para la propuesta de universidad de 1881 y su posterior concretización con la apertura de 1910 abanderó el legado pedagógico de Justo Sierra. Sus esfuerzos por conformar una universidad nacional llamada a colaborar con la resolución de las necesidades y problemáticas del país, constituyó un acierto que trascendió las pretensiones del régimen porfirista, al poner en marcha un proyecto universitario sensible a las dinámicas de cambio social; capaz de identificar las necesidades formativas en función del contexto al configurar un cuerpo docente y de investigación capaz de resolver y aportar a las necesidades del conocimiento inexistente en las diferentes áreas del conocimiento; vinculante con otras instituciones que albergan otros cuerpos de colegiados con características similares, métodos similares y una lectura del mundo basada en perspectivas analítica sustentadas en la razón.

Si bien los procesos globales son una condición plena de nuestro tiempo, a finales del siglo XIX la red establecida entre naciones, si bien incipiente, contaba con canales de comunicación que permitían el intercambio asincrónico de personas, bienes y recursos, y claramente ideas y posiciones, para la modernización de los estados independientes y sus sistemas educativos. En tal suerte no resulta ajeno el contexto universitario en América y Europa, como un referente para la codificación de la propuesta universitarita de 1881. Justo Sierra posicionaba en 1883 el siguiente balance respecto a las acciones establecidas por los tres grandes referentes de la época en torno a la instrucción:

> ¿Es una absurda preocupación la que domina en la Francia moderna, la de intentar resolver a fuerza de instrucción y más instrucción y siempre instrucción? No, por desgracia, ninguno de los grandes pueblos se equivoca. No se equivoca Alemania, cifrando su anhelo en mantenerse en el puesto indispensable y hasta hoy indisputado de la nación más sabia de la tierra; no se equivoca Francia, haciendo un maravilloso esfuerzo por compartir con su rival histórica ese puesto; no se equivocan los Estados Unidos consagrando sus recursos a la instrucción primaria y superior, pidiendo a la ciencia no solo sus riquezas materiales, sino un lugar de honor en el concurso de los pueblos de alta cultura. Nosotros somos los que nos equivocamos, nosotros somos los que perdemos el tiempo, nosotros somos los que manteniendo estacionaria la instrucción pública y declarándonos satisfechos con las mejoras materiales que otros se encargan de plantear en nuestro suelo, cometemos un delito de lesa-patria y de lesa-civilización.[17]

La idea de universidad moderna está caracterizada por su articulación particular con la cultura de cada latitud, con los procesos, conductas y simbolismos que cada sociedad desarrolla en torno a su realidad. Dicha especificidad se enmarca en los horizontes de la cultura occidental. Entender la noción de universidad en dichos términos nos da una perspectiva mucho más amplia de su sentido universal y sus matices más particulares, así como sus vínculos con el fomento instruccional en la educación inicial y las modalidades entre ésta y la formación universitaria.

En la primera década del siglo XX los impulsos de modernización en México y numerosas latitudes constituían una agenda que no sólo quedaba ceñida a la incorporación y reconstrucción de la infraestructura, ya que se contemplaban problemáticas concretas en ámbitos de salud, administración pública y producción agrícola. Dichas nociones no fueron ajenas al proyecto de universidad nacional que buscó incorporar a los universitarios en la modernización del país. Cabe señalar

---

17 Justo Sierra, "La educación nacional"..., pp. 122-123.

que "hacia 1910 la población total de estudiantes universitarios no llegaba a 1000 jóvenes, se tendrá que aceptar que la mayoría pertenecía a las clases alta y media-alta, y que incluso muchos estaban relacionados con las principales autoridades y funcionarios del régimen, lo que hacía que tales jóvenes fueran porfiristas devotos."[18]

En este marco se inscribe el pensamiento y acción de algunos personajes de la vida educativa y política del país. Cuya acción tuvo repercusiones fundamentales en la fundación de la universidad de México. De manera destacada en esta primera etapa, podemos nombrar a Ezequiel A. Chávez, Pedro Henríquez Ureña, Alfonso Reyes a José Vasconcelos, y particularmente a Justo Sierra, cuya labor por crear una universidad había iniciado tres décadas antes de la apertura en 1910. El proyecto inicial no tuvo buen recibimiento ante las problemáticas educativas básicas que enfrentaba el país.

La idea con la que se funda la universidad mexicana en 1910 fue la de constituir una institución encargada de realizar la obra de la educación nacional en su elemento superior:

> ... tratamos de -construir la Universidad- para que sea un centro de alta cultura científica, en consonancia con los programas modernos, y para que difunda el saber entre los que están encargados de transmitirlo, es decir, entre los maestros. Se ha dicho frecuentemente que la ciencia, como la luz, viene de lo alto, que sus verdades se elaboran, como la lluvia, en las regiones superiores. La Universidad desempeñará análoga misión, y distribuirá la ciencia como una eucaristía en todas las almas.[19]

Cabe señalar que el peso puesto sobre la docencia articulada en un cuerpo específico constituía el corazón de proyecto universitario, al relegar la investigación a un segundo plano. O

---

18 Javier Garciadiego, "De Justo Sierra a Vasconcelos"..., p.780.

19 Justo Sierra, "La educación nacional"..., p. 319. Sesión del 17 de enero de 1910. *Idea de la nueva Universidad.*

concretamente un plano articulado a la docencia como refirió el ministro en abril de 1910:

> ... llamar a la Universidad un cuerpo docente es indispensable; pero no me parece -que sea necesario- agregarle de investigación científica, porque no es toda la Universidad la que está llamada a la investigación científica: es la Escuela de Altos Estudios donde se concentrará la investigación científica y en los Institutos que forman parte de ella ... Los grandes investigadores no han sido más que profesores: lo que han encontrado en su laboratorio lo han llevado a sus alumnos, a un grupo de personas; ha sido una docencia constante la de Pasteur y de todos los grandes investigadores; todos ellos son comunicadores de la ciencia.[20]

Así, en el marco de los festejos del centenario del inicio de la gesta independentista, unificando diversas escuelas profesionales como: la Escuela Nacional Preparatoria y las escuelas nacionales de Jurisprudencia, Ingeniería, Bellas Artes, Medicina y de Altos Estudios, se abre la Universidad Nacional de México. Dicha incorporación fue justificada por Sierra unos meses antes de la siguiente manera: "la sustancia de esta Universidad está contenida en las escuelas que lo componen. Como lo dice el proyecto de ley, se trata de organizar de una manera más eficaz todavía los estudios superiores y de dar cima a la gran empresa de la educación nacional."[21] Sumado a ello Sierra fue contundente al concebir en la universidad una entidad viva:

> La Universidad está compuesta de órganos unidos entre sí, y a esto se llama un cuerpo. De manera que se trata de unificar los órganos que componen este cuerpo que se llama Universidad; no se trata tan solo de realizar una armonía entre ellos, no es el objetivo principal armonizarlos, sino unificarlos [...] cada escuela dentro de la Universidad se manejará de un modo distin-

---

20 Justo Sierra, "La educación nacional"..., p. 321. Sesión del 11 de abril de 1910, La Universidad, cuerpo docente.

21 Justo Sierra, "La educación nacional"..., p. 317. Sesión del 17 de enero de 1910. *Idea de la nueva Universidad.*

to, formando un todo unido y compacto. Solo de esta manera se puede realizar, no la armonía, sino la obra de la educación nacional, que es lo que tiene la Universidad que realizar.[22]

Justo Sierra insistía en la creación de una institución universitaria donde las esferas gubernamentales no tuvieran una injerencia demasiado directa. Ya que en su noción temprana del proyecto universitario se planteó la libertad necesaria para la creación de conocimientos nuevos. Sierra en el proyecto de 1881 reconoció la necesidad de definir ciertos márgenes de autonomía académica y de gobierno, así como las responsabilidades que el Estado debería tener para sostener a la universidad financieramente:

> A priori se puede afirmar que si alguna cosa debe estar exclusivamente dirigida por un cuerpo científico, es la instrucción, pero por su inmensa trascendencia y por su papel capital en la educación pública de interés supremo para la sociedad, es natural que el Estado marque las condiciones con que han de coadyuvar a sus fines primordiales y le facilite los medios con que ha de realizarlas.[23]

En esta misma línea es importante señalar que Sierra siempre buscó delimitar un proyecto universitario público, aunque debemos pensarlo en función de la configuración elitista ante las brechas sociales de la época en la sociedad mexicana.

> A mí no me repugna la idea del Estado educador, cuando no signifique esto una usurpación sobre las facultades naturales de la familia; pero en materia de educación el terreno va tomando tales proporciones, que se comprende que en muchas cosas la intervención del poder y de los recursos sociales son necesarios. Y nótese que en el caso de la creación de una gran institución universitaria sería una corporación civil más res-

---

22 Justo Sierra, "La educación nacional"..., p. 321. Sesión del 11 de abril de 1910, La Universidad, cuerpo docente.

23 Justo Sierra, "La educación nacional"..., pp. 65-69. *La Universidad Nacional: proyecto de creación*, 1881.

> ponsable, menos impersonal, digámoslo así, que el gobierno, la que haría este papel de educador.[24]

En otras palabras, se reconocía abiertamente que la institución no debería estar desligada de los fines perseguidos por el Estado.

LA AUTONOMÍA UNIVERSITARIA EN TANTO CONDICIÓN PEDAGÓGICA

En este orden de ideas la autonomía constituye una condición mediante la cual se regulan las relaciones entre una institución con atribuciones particulares y un proyecto de Estado concreto. Desde una mirada general la autonomía alude a las condiciones expuestas entre dos instancias para moderar las condiciones de su relación. En dicha lógica, la autonomía universitaria "se refiere a las relaciones de la universidad con el Estado[25]; es el sostén sobre el que se fincan las articulaciones entre ambos."[26] Lo que implica pensar a la autonomía universitaria como una conquista lograda en el proceso de construcción y consolidación de las instituciones universitarias, misma que media la relación entre éstas y los poderes públicos.

---

24 Justo Sierra, "La educación nacional"..., p. 76. Contestación al Dr. Luís Eulalio Ruiz (El proyecto de Universidad del Lic. Justo Sierra. *La Libertad,* 03 de febrero de 1881.) *La Libertad,* 18 de marzo, 1881.

25 Cabe apuntar que en dichos términos el Estado no solo se debe entender como una construcción política exclusiva, implica entenderlo como una construcción política, no estática, permeada por algunos ejes culturales, donde la sociedad civil y su posición ideológica articulan la composición, diversidad y dinámica dentro de un territorio históricamente articulado. *Vid.* Antonio Gramsci, *"Los cuadernos de la cárcel",* México, Ediciones Era-Benemérita Universidad Autónoma de Puebla, 1999, tomo. 4.

26 Humberto Muñoz, "La autonomía universitaria. Una perspectiva política", *Perfiles Educativos,* vol. XXXII, número especial, (2010), p.98.

Como se ve la institución modelada por Justo Sierra encuentra sus orígenes en las ideas que marcaron la noción y la vida cotidiana de los numerosos proyectos universitarios acuñados durante el siglo XIX en Europa y América. La propuesta de la universidad condensaba las preocupaciones que habían motivado a sus antecesores liberales y positivistas entendiendo la educación como una fuente fundamental de la conciencia nacional. Lorenzo Luna da luz al dimensionar a la universidad como: transmisora y creadora de cultura. Tal definición, puede aceptarse a condición de entender que la cultura y los medios por los cuales se crea y reproduce, son realidades históricas ligadas a lugar y tiempo determinados. Por lo cual la universidad no es inteligible sino en conexión con su situación histórica y con las demandas sociales y culturales que se le hacen, y cuya transformación cambia también la fisonomía de la institución. [27]

En tal suerte, la universidad moderna se ha posicionado en el imaginario contemporáneo como una serie de valores, prácticas, lineamientos y sentidos expresados en las múltiples dinámicas de las instituciones universitarias que prevalecen en nuestros días. Esta condición ha fomentado una suerte de espacio vinculante entre ciertos sectores sociales.

Los sentidos que las instituciones universitarias encarnan, al ser un referente cotidiano, se naturalizan en el imaginario al simbolizar toda una surte de conductas y normativas. La universidad articula una ventana al mundo, dado que como señala Wittrock "los fragmentos y trozos del conocimiento surgidos en la universidad se introducen constantemente en el discurso cotidiano de la sociedad, ofreciendo información para el debate público y, fundamentalmente, para las reconceptualizaciones básicas del orden social."[28] Este proceso puede entenderse con mayor claridad al ser leído como un *habitus,* descrito

---

[27] Lorenzo Luna, "*La Universidad: historia académica*"..., p. 10.

[28] Wittrock, "*Las tres transformaciones de la universidad moderna*", p. 331.

por Bourdieu como un esquema estructurado interiorizado, el cual es expresado por los sujetos inconscientemente mediante el actuar de sus cuerpos y su relación con el espacio.[29]

DISCUSIONES PARA ESTA DÉCADA

En esta década nos aproximamos al centenario de la concesión de la autonomía universitaria para la Universidad Nacional de México. Este hecho conmemorativo plantea numerosas preguntas y numerosos puntos suspensivos con miras al futuro de la institución en torno a dicha cualidad que rige la vida universitaria.

La autonomía universitaria en el imaginario conlleva una serie de implicaciones que van determinado las dinámicas de la universidad. Si bien la autonomía universitaria está determinada por los parámetros establecidos en su concesión mediante la ley orgánica, también es cierto que las implicaciones simbólicas que la comunidad ha vertido sobre ella juegan un papel determinante en la percepción y en la construcción del ethos universitario.

La autonomía universitaria constituye un elemento regulador de las dinámicas en ciertas instituciones de educación superior. Su vínculo con la universidad pública fue forjado durante la segunda mitad del siglo XIX y durante todo el siglo XX, llegando a nuestros días como un baluarte que debe ser defendido y trabajado. En dicha lógica, la autonomía universitaria se traduce en un tema que debe ser problematizado en la actual coyuntura de defensa de la educación superior pública.

---

29 Pierre Bourdieu, "La juventud no es más que una palabra", en *Sociología y Cultura*, México, Editorial Grijalbo. 1984, p. 59.

Capítulo 13

LA POLÉMICA CASO-LOMBARDO EN LA UNIVERSIDAD NACIONAL DE MÉXICO (1933): UNA HISTORIA DE EXCLUIDOS Y EXCLUYENTES[1]

MORELOS TORRES AGUILAR
(Universidad de Guanajuato)

Son muchos los autores que han abordado la polémica que sostuvieron Antonio Caso y Vicente Lombardo Toledano en 1933 sobre el rumbo ideológico y la orientación académica que debía tomar la Universidad Nacional Autónoma de México ese mismo año, y hacia su porvenir. Desde luego, representa un tema clave para los estudios sobre la institución universitaria, e incluso para las obras generales sobre la educación en México. Solana, Cardiel y Bolaños, por ejemplo, escriben al respecto, en *Historia de la educación pública en México (1876-1976)*:

> El Primer Congreso de Universitarios Mexicanos aprobó la ponencia presentada por Lombardo Toledano, en el sentido de que la Universidad Nacional Autónoma y los institutos de su tipo deberían contribuir a la 'sustitución del régimen ca-

---

1 Es importante aclarar que el título no hace referencia al concepto de "exclusión social", frecuente en el campo de la Sociología, sobre todo a partir de la década de 1970, sino a la definición de "excluir" de la Real Academia Española: "Del latín *excludere*. Quitar a alguien o algo del lugar que ocupaba, o prescindir de él o ello: Excluir a alguien de una junta o comunidad". O bien: "Dicho de dos cosas: Ser incompatibles", *Diccionario de la lengua española*: https://dle.rae.es/diccionario.

> pitalista por un sistema que socialice los instrumentos y los medios de la producción económica'. Antonio Caso impugnó la resolución en cuanto constreñía la libertad de cátedra a una sola tendencia doctrinaria, y se opuso a la declaración del colectivismo como credo de la universidad mexicana. Lombardo replicó que 'no es posible enseñar sin transmitir un criterio, y eso obligaba a la adopción de una postura en favor de las masas. Terció Luis Sánchez Pontón apoyando a Lombardo en la conclusión socializante y materialista. Aquella discusión del 14 de septiembre constituyó una de las batallas ideológicas más importantes para decidir la libertad de cátedra."[2]

Cabe recordar que un buen número de interpretaciones sobre la polémica y sus consecuencias coinciden por lo general en la "victoria" de los universitarios", y en "la preservación de la libertad de cátedra", aunque con diferentes matices. Gabriela Contreras, por ejemplo, considera que "Vicente Lombardo Toledano propuso que la Universidad debía ser dogmática dentro de la ideología socialista... los universitarios cerraron filas tras Antonio Caso ante la posibilidad de una nueva edición de otro positivismo", y señala que "el hecho de que la educación socialista se estableciera en la Universidad apuntaba a un deterioro de las funciones de la misma y con ello, al conservadurismo y estancamiento", e incluso pone en duda que la presión estudiantil hubiera obligado al rector Medellín Ostos a renunciar.[3]

En el mismo sentido, Virginia Aspe afirma que la Universidad "se debatía entre incorporar el modelo marxista como parte esencial de su tarea formativa... Manuel [Gómez Morín] pensaba que la incorporación de dicha filosofía amenazaba la esencial pluralidad de ideas que proclamó la Universidad,

---

2 Fernando Solana, Raúl Cardiel Reyes y Raúl Bolaños Martínez (coords.), *Historia de la educación pública en México (1876-1976)*, México, Fondo de Cultura Económica, 2011, p. 264.

3 Gabriela Contreras, *Los grupos católicos de la Universidad Autónoma de México (1933-1944)*, México, UAM Xochimilco, 2002, pp. 52-56.

desde su fundación en 1910".[4] Por su parte, Celia Ramírez expresa que muchas organizaciones estudiantiles y grupos de diferentes facultades y escuelas se manifestaron en contra de la posición de Lombardo porque "estaban preocupados desde la aparición del proyecto gubernamental; lo veían como una amenaza a la autonomía recién conquistada, y por la que tanto habían luchado".[5] Andrea Acle-Kreysing, por su parte, explica que Caso creía que, al consagrar el materialismo histórico como credo de la Universidad, "se atentaría en contra de la búsqueda constante de la verdad que le era característica, atándola de forma dogmática a una sola teoría". Y que Caso aceptaba que se ayudara a las clases proletarias del país, pero "sin preconizar el credo colectivo" y, sobre todo, sin sacrificar la libertad de enseñanza. Sin embargo, la misma autora advierte que, según Lombardo, la "libertad de enseñanza" no existía *per se*, pues -pensaba- "¿cuándo ha habido una institución que no preconice, abierta o subrepticiamente, una teoría social?"[6]

Desde otra perspectiva, José Alfonso Correa explica que el principal objetivo de Lombardo era "no era coordinar las nuevas verdades y el proceso de enseñanza; el *quid* de su argumento era problematizar qué papel debe jugar la universidad frente a la sociedad", y señala que, según el filósofo poblano, las instituciones educativas, incluso aquellas que parecen más distantes de las pugnas políticas, "son un elemento clave para la

---

4 Virginia Aspe Armella, "La imposición de la historia y las ideas filosóficas "oficiales" en México", *Estudios,* vol. XII, No. 109, verano 2014, p. 20

5 Celia Ramírez López, "La Universidad Autónoma de México (1933-1944)", en Renate Marsiske Schulte, *La Universidad de México. Un recorrido histórico de la época colonial al presente,* México, IISUE/Plaza y Valdés, 2010, p. 163.

6 Andrea Acle-Kreysing, "Cómo crear una clase obrera marxista y antifascista: la participación del exilio alemán en la Universidad Obrera de México en las décadas de 1930 y 1940", *Dimensión Antropológica,* año 25, vol. 74 (septiembre-diciembre, 2018), pp. 118.

reproducción de un modelo socioeconómico. Ser indiferente a lo que se enseña es ser indiferente al *statu quo*". Finalmente, afirma que "Caso evitó pronunciarse sobre la condición insatisfactoria de la situación nacional" y que parecía buscar "una cultura y una libertad aristocráticas"; así, cuando decía que "la educación socialista amenazaba tanto a la libertad como al pensamiento, tal vez debemos entender que eran la libertad y el pensamiento del intelectual consagrado las que corrían peligro".[7]

Ahora bien, lo que resulta claro es que, como consecuencia del movimiento universitario de 1933, las autoridades, profesores y alumnos progubernamentales y prosocialistas resultaron derrotados, como señala Javier Garciadiego: "Los triunfadores... rechazaron la implantación de la ideología socialista [y] aprovecharon la ocasión para proponer una nueva reforma universitaria, a partir de la obtención de la plena autonomía".[8] Sin embargo, Casanova y Rodríguez reconocen que, a la salida de Gómez Morín de la rectoría, en octubre de 1934, "sucedió un largo periodo de inestabilidad y conflictos universitarios, hasta la promulgación de la Ley Orgánica de 1944-1945".[9]

---

7 José Alfonso Correa Cabrera, "Acerca de la polémica Caso-Lombardo: un balance crítico sobre la relación entre educación y política en la década de los treinta en México", en Walter Raúl Martínez Hernández y Misael Martínez Ranero (coords.), *La Educación socialista en México: Una colección de estudios históricos* (1934-1940), México, Asociación Interdisciplinaria para el Estudio de la Historia de México, A.C., México, 2021, pp. 35-40.

8 Javier Garciadiego, "El rectorado de Manuel Gómez Morín: la defensa de la Universidad y de la libertad", *Revista Universidad de México*, nº. 602-603, (marzo de 2001), p. 72.

9 Hugo Casanova Cardiel y Roberto Rodríguez Gómez, La Universidad Nacional Autónoma de México: un siglo de vanguardia académica," en Roberto Rodríguez Gómez (coord.), *El siglo de la UNAM. Vertientes ideológicas y polítcas del cambio institucional*, México, UNAM, 2013, p. 75.

LA UNIVERSIDAD NACIONAL EN 1933

De acuerdo con Luis González, en 1933 la Universidad Nacional contaba con once escuelas de estudios profesionales y dos preparatorias. En los ciclos profesionales y subprofesionales había cerca de 6,500 alumnos; casi 2,000 en Medicina; poco más de 1,000 en Derecho [Derecho y Ciencias Sociales]; casi 700 en Filosofía y Letras; poco más de 600 en Enfermería y Obstetricia; casi 500 en Comercio y Administración; alrededor de 400 en Ingeniería; cosa de 350 en Música; apenas 340 en Ciencias Químicas [Ciencias e Industrias Químicas]; quizá 300 en Artes Plásticas; no más de 250 en Arquitectura, y con trabajos 70 en Veterinaria. La población estudiantil preparatoriana era de 1,650. En los cursos libres, veraniegos, el número de estudiantes de otros países subió de 145 en 1933 a 387 en 1934. En total, la UNAM reconocía en 1934 a 8,175 alumnos; 1,649 preparatorianos, 387 veraniegos, 707 subprofesionales y 5 432 profesionales.[10] Por su parte, Lourdes Velázquez añade otras dependencias que integraban también la Universidad de 1933: la Facultad de Odontología; las escuelas de Bellas Artes, de Educación Física y la Normal Superior; y también la Biblioteca Nacional, el Instituto de Biología, el Instituto de Geología y el Observatorio Astronómico.[11]

Sin embargo, más allá de su amplia infraestructura, y de los numerosos estudiantes que atendía, la Universidad Nacional de 1933 mostraba importantes problemas internos, de muy diversa índole. Uno de ellos era el considerable distanciamiento que guardaba hacia los gobiernos emanados de la Revolución. En 1929, tras haber elegido rector a Ignacio García Téllez, Emi-

---

10 Luis González y González, *Historia de la Revolución mexicana*, México, El Colegio de México, vol. 6, (1934-1940), 2015, pp. 64-65.

11 María de Lourdes Velázquez Albo, "El movimiento estudiantil en la UNAM, 1933", en *CISMA, Revista del Centro Telúrico de Investigaciones Teóricas*, n°. 1, 2° semestre (2011), p. 10.

lio Portes Gil se dirigió así a un contrariado Antonio Caso: "Yo no puedo nombrar a universitarios que tienen una larga carrera como catedráticos porque, con muy ligeras excepciones, como usted y Pedro de Alba, que no aceptaron, no comulgan con la Revolución".[12]

Pero algunas facultades de la Universidad mostraban también serios problemas académicos. Uno de ellos era la falta de rigor de las evaluaciones, que afectaba la calidad de la educación que se impartía. En 1926, cuando el rector Alfonso Pruneda propuso aplicar un nuevo sistema de reconocimientos para medir en forma eficaz el rendimiento de los estudiantes, su propuesta provocó movilizaciones inducidas por la Federación de Estudiantes de México, seguidas de la amenaza de "paralizar al conjunto educativo", y por esa razón, la nueva forma de evaluación se dejó como "opcional". A los intentos de evaluar mejor el rendimiento académico, los estudiantes de la Facultad de Derecho les llamaban "acción violenta de las autoridades". Como es sabido, una propuesta de este tipo, es decir un sistema de reconocimientos que debía ser aplicado a los estudiantes, consistente en tres pruebas escritas en el año -en lugar del consabido examen oral, que en ocasiones ni siquiera se realizaba-, junto con la exigencia de que los estudiantes tuvieran una asistencia mínima del setenta y cinco por ciento en cada una de las materias cursadas, dio origen al movimiento estudiantil de 1929.[13]

---

12 Engracia Loyo Bravo, "Ignacio García Téllez y la autonomía de la universidad", en María de Lourdes Alvarado; Leticia Pérez Puente (coords.), *Cátedras y catedráticos en la historia de las universidades e instituciones de educación superior en México. III. Problemática universitaria en el siglo XX,* México, IISUE-UNAM, 2008, p. 173.

13 Gerardo G. Sánchez Ruiz, "La autonomía de la UNAM y la creación del Instituto Politécnico Nacional, dos expresiones de la lucha ideológica por la educación en México", *CIAN-Revista de Historia de las Universidades,* 17/2, (2014), p. 206.

Otro problema era la notoria falta de disciplina. Sánchez Gudiño recuerda que el último año de rectorado de Alfonso Pruneda (1928) "estuvo caracterizado en la Facultad de Derecho y Ciencias Sociales, como se llamaba en esa fecha, por un descontento estudiantil y docente en todos los niveles". Las autoridades universitarias "se quejaron de la notoria indisciplina de los alumnos, de un relajamiento en su moral y del descuido de los estudios, sustituidos por el deseo de concluir la carrera de cualquier modo, usando procedimientos inadecuados". Los estudiantes se interesaban más por el deporte, y por asuntos sociales y políticos fuera de la universidad, que por sus clases. "Todavía era más grave la costumbre de los alumnos de suspender las clases con cualquier pretexto".[14]

Por lo anterior, en su discurso de toma de posesión como rector de la UNAM, el 12 de septiembre de 1932, Roberto Medellín Ostos menciona sin reparos los graves problemas que enfrenta la institución:

> ...el mayor bien que podemos hacer a la juventud es prepararla, sólidamente, para que pueda actuar dentro de la colectividad; pero esta preparación no puede obtenerse a base de transgresiones a los reglamentos, de complacencias injustas... la juventud no se educa por sólo tener al frente de sus instituciones destacadas figuras o brillantes personalidades, que piensan que su sola presencia basta para realizar el milagro de formar buenos ciudadanos... La discutida disciplina universitaria que ha llenado tantas columnas de la prensa y ha puesto espanto en muchas gentes, no es obra única de la bulliciosa juventud... en ella tienen parte algunos elementos dirigentes que han eludido el problema de mantener el orden aun a costa, si fuere necesario, de su dimisión...[15] Han intervenido de un

14 Hugo Sánchez Gudiño, *Génesis, desarrollo y consolidación de los grupos estudiantiles de choque en la UNAM (1930-1990)*, México, UNAM–FES Aragón / Miguel Ángel Porrúa, 2006, p. 151.

15 José Roberto Gallegos Téllez Rojo (ed.), *Discursos de toma de posesión de los rectores de la Universidad Nacional Autónoma de México, 1910 – 2011*, México, IISUE, 2014, p. 125.

> modo indirecto, pero decisivo, los profesores que, con su falta de interés e impuntualidad en el cumplimiento de sus obligaciones, han dado oportunidad a los alumnos para entregarse al desorden, que a veces degenera en graves faltas que mancillan el buen nombre de la Universidad...[16] ya es tiempo de que... todas las manifestaciones desordenadas, desaparezcan ...de que la indisciplina escolar que ha desbordado hasta la vía pública, poniendo alarma a la sociedad, lesionando intereses ajenos... toque a su fin... de que la credencial universitaria deje de ser una patente con que se atropella la razón y la sociedad, con que se infama el nombre de nuestra casa de estudios.[17]

Otro problema notorio era la falta de compromiso social de los egresados. Sánchez Ruiz cita un artículo de junio de 1929, publicado en *El Nacional Revolucionario*, donde Enrique Beltrán -destacado biólogo y profesor universitario- se queja de que la Universidad era vista como "...la incubadora de donde salía una casta vanamente infatuada, que entraba a la vida con privilegiadas armas de combate, y que, con aterradora frecuencia, no buscaba en las aulas la Ciencia para brindarla a la colectividad, sino el título que satisfacía su vanidad, o que tenía la esperanza de conquistar, con poco esfuerzo, una situación desahogada, una buena vida burguesa".[18]

Carreras como la de abogado no habían cambiado notablemente en veinte años, al parecer, porque Alfonso Reyes se llegó a quejar así de su propia generación universitaria: "No pocos optaban por la carrera de abogado, la más ostensible entonces, asiento de preferencia para el espectáculo de la inminente transformación social, asiento que permitía fácilmente saltar al escenario".[19]

---

16 José Roberto Gallegos Téllez Rojo (ed.), *Discursos de toma de posesión...*, p. 126.

17 José Roberto Gallegos Téllez Rojo (ed.), *Discursos de toma de posesión...*, p. 127.

18 Gerardo G. Sánchez Ruiz, "La autonomía de la UNAM...", p. 208.

19 Alfonso Reyes, "Pasado inmediato", en Reyes, Alfonso *et al.*, *Conferencias del Ateneo de la Juventud*, prólogo de Juan Hernández Luna; anejo documental de Fernando Curiel, México, UNAM, Coordinación de Humanidades, 2000, p. 191.

Pero la Universidad de 1933 enfrentaba -sin mucho éxito hasta el momento- otro reto importante: en términos generales, no preparaba el número de profesionales que el país requería y, además -por los problemas ya mencionados-, muchos de éstos no tenían la calidad necesaria para responder a las necesidades de la sociedad. Vicente Lombardo Toledano lo describió de manera cruda en un artículo publicado en *Excélsior*, en enero de 1930:

> Nuestra pobreza nacional se debe —en el fondo—a que no poseemos cincuenta físicos de primera, cincuenta químicos de primera, cincuenta agricultores de primera, cincuenta arquitectos de primera, cincuenta ingenieros de primera, cincuenta banqueros, cincuenta biólogos, cincuenta sociólogos, cincuenta industriales, cincuenta médicos, cincuenta veterinarios, cincuenta técnicos de bosques, cincuenta de hilados y tejidos, cincuenta ganaderos, cincuenta ferrocarrileros, cincuenta armadores de barcos... cincuenta hombres de primera en las disciplinas y en las actividades de las que depende la prosperidad integral del país. ¿Y en dónde habrán de formarse estos directores de México? La respuesta es única: en la Universidad.... [La Universidad actualmente] prepara profesionales de segundo orden, porque sólo da patentes de lucro, porque no investiga con profundidad, porque no publica obras de orientación nacional, serias, respetables, científicas, filosóficas, de índole artística; porque no obliga a estudiar; porque, en suma, se ha alejado de la alta cultura.[20]

Engracia Loyo recuerda que, en diciembre de 1932, “a raíz de un nuevo desorden en la Escuela Nacional Preparatoria por la disputa entre dos bandos por la presidencia de la Federación de Estudiantes Universitarios”, el presidente Abelardo R. Rodríguez amenazó con suprimir la autonomía. Ignacio García Téllez -quien a la sazón había terminado su período como rector- aconsejó al presidente que, en vez de suprimir la autono-

---

[20] Gerardo G. Sánchez Ruiz, “La autonomía de la UNAM...”, p. 207.

mía, debía "limitar las profesiones liberales y crear facultades o institutos de enseñanza técnica".[21]

Con este contexto previo, en 1932 la Presidencia de la República envió al Consejo Universitario una terna en la que figuraba en primer término el químico Roberto Medellín Ostos. De acuerdo con Lourdes Velázquez, Medellín "no era un político universitario, ni tampoco nacional, sino un hombre de energía probada en otros cargos que había desempeñado con honradez y dedicación". Pero, aunque había sido secretario general de la Universidad en el periodo anterior y, por tanto, conocía los problemas de la institución, según Julio Jiménez Rueda "su elección fue vista con recelo por los que ambicionaban el puesto. Médicos y abogados no veían con buenos ojos que gobernara el instituto persona que no perteneciera a una de estas dos profesiones".[22]

Lo anterior revela la existencia de otro problema en la Universidad de 1933: una dura competencia entre los gremios. A pesar de que la comunidad estudiantil más numerosa era la de Medicina, el poder real lo detentaba la Facultad de Derecho. En el período de quince años transcurrido entre 1929 y 1944 -año de la obtención de la autonomía, y de la aprobación de la Ley Orgánica vigente de la UNAM, respectivamente-, fueron nombrados rectores seis abogados -que acumularon aproximadamente once años de gobierno-, en comparación con tres profesionales de otras áreas -un químico y dos médicos-, que sumaron alrededor de cuatro años al frente de la institución.

Ahora bien, el 11 de enero de 1933 Vicente Lombardo Toledano fue designado director de la Escuela Nacional Preparatoria por segunda ocasión, "después de una agitada campaña

---

21 Engracia Loyo Bravo, "Ignacio García Téllez y la autonomía...", p. 181.

22 María de Lourdes Velázquez Albo, "El movimiento estudiantil en la UNAM"..., p. 9.

electoral que apasionó a toda la Universidad Nacional", y en la que venció por "una inmensa mayoría" a su contrincante, Antonio Díaz Soto y Gama. Apoyaron a Lombardo los dirigentes de la Sociedad de Alumnos de la Escuela Nacional Preparatoria -Carlos A. Madrazo y Ángel Veraza, entre otros-; los del Centro de Acción Social de Estudiantes Universitarios -Alejandro Carrillo, Constantino Rodríguez Castellanos, Luis Fernández del Campo, Efraín Escamilla-; y muchos otros líderes de las facultades de la Universidad.[23]

Con los nombramientos de Medellín y de Lombardo, la Universidad Nacional parecía ofrecer un proyecto renovador, de claro contenido social. Pero ambos funcionarios no calcularon el considerable peso que tenía en ese entonces el asunto de la ideología en el seno de la comunidad universitaria, ni conocían a fondo la fuerza de los grupos políticos que operaban al interior de ésta, así como los considerables riesgos que conllevaba el propósito de "refundar" la institución, sobre todo si al hacerlo se mostraba un franco alineamiento con la política educativa del gobierno federal.

LOS ACTORES Y LOS HECHOS

Si bien existen diversos y bien documentados trabajos que relatan y explican los acontecimientos que tuvieron lugar en la Universidad Nacional entre el 7 de septiembre y el 17 de octubre de 1933, cinco de ellos resultan reveladores, por su cuidado en la reconstrucción de los hechos, o por los matices que ofrece su interpretación: "El congreso universitario de 1933", de Jesús Nieto Sotelo -donde se aportan los nombres de

---

[23] Vicente Lombardo Toledano, *Escritos autobiográficos*, México, Centro de Estudios Filosóficos, Políticos y Sociales "Vicente Lombardo Toledano" (en adelante CEFPSVLT), 2004, p. 65.

los grupos, las corrientes y los personajes que tomaron parte en el proceso-; "El conflicto universitario de 1933 en la prensa mexicana", de Emilio García Bonilla" -que analiza tanto el papel desempeñado, como la información difundida por los periódicos-; "Prólogo a la polémica interna sobre la orientación ideológica de la UNAM", de Juan Hernández Luna -donde se describen detalladamente las fuerzas políticas que actuaron al interior de la Universidad durante el conflicto-; "La Universidad Autónoma de México (1933-1944)", de Celia Ramírez López; y "El rectorado de Manuel Gómez Morín: la defensa de la Universidad y de la libertad", de Javier Garciadiego.

Lerner advierte que desde agosto de 1933 se había formado una comisión de la XXXV Legislatura para estudiar la reforma educativa, y que en la Convención de Querétaro -diciembre de 1933- se publicó un proyecto que pretendía introducir el "socialismo científico" y extender el control del estado a todos los grados, incluyendo el universitario, si bien se aceptaba exceptuar a la Universidad Nacional.[24] En este contexto, la UNAM y por la Confederación Nacional de Estudiantes (CNE) emitieron la convocatoria para el Primer Congreso de Universitarios Mexicanos, que contó con la participación de veintiún delegaciones de centros de estudios superiores o profesionales del país, entre ellos las universidades Michoacana de San Nicolás de Hidalgo, Nacional del Sureste, de Guadalajara y de Nuevo León -que estaba en vías de creación-.[25] Asistieron también representantes de la Asociación de Universitarias Mexicanas, la Sociedad de Geografía y Estadística, el Centro Nacional de Ingenieros, la Sociedad de Ingenieros y Arquitectos, la Academia Nacional de Medicina, la Sociedad Científica Antonio Álzate,

---

24 Victoria Lerner, "La educación socialista y el grupo en el poder (1933-1934)", en *Historia de la Revolución Mexicana*, período 1934-1940, México, El Colegio de México, p. 72

25 Jesús Nieto Sotelo, "El congreso universitario de 1933", *Antropología. Boletín Oficial del INAH*, nº. 60, octubre-diciembre de 2000, p. 15

la Barra Mexicana de Abogados y el Departamento de Enseñanza Secundaria de la Secretaría de Educación Pública.[26]

Nieto Sotelo señala que los delegados del Congreso tenían cinco diferentes orientaciones ideológicas. La postura "centralista reguladora del proceso de reforma... constituida por nacionalistas y socialistas moderados", estaba representada por personajes como Roberto Medellín Ostos y Julio Jiménez Rueda. La orientación socialista, en tanto, integrada por la mayoría de los delegados de las universidades de Michoacán, Guadalajara y del Sureste -y en menor medida por los de la UNAM-, tenía como representantes destacados a "Mario Souza, Enrique Díaz de León, Alberto Terán" y sobre todo Vicente a Vicente Lombardo Toledano.

Frente a estas dos posturas de carácter socialista, se alzaban tres posturas antagónicas. La primera era la postura del "nacionalismo social", fundada en las tesis sostenidas por Caso, partidaria de las ideas de José Ortega y Gasset, que se caracterizaba por su defensa de la libertad de enseñanza, y por su oposición a la intervención del gobierno en la universidad. Destacaban en esta corriente personajes como Pablo González Casanova, Francisco de P. Erasti, Carlos Lazo y Guillermo Gándara. También existía una orientación "confesional católica", de tendencia claramente opositora al gobierno y a la rectoría, que tenía como divisas "la libertad de cátedra y la autonomía universitaria". De acuerdo con Nieto Sotelo, sus integrantes defendían la libertad de cátedra porque posibilitaba el pensamiento confesional, y la autonomía porque permitía orientar a la universidad "hacia una institución de carácter privado, buscando en el horizonte una independencia económica del régimen anticlerical de la Revolución".[27]

---

26 Jesús Nieto Sotelo, "El congreso universitario de 1933"..., p. 17

27 Jesús Nieto Sotelo, "El congreso universitario de 1933"..., p. 22

Por último, existía también una postura minoritaria, de ideología comunista, que se manifestaba "en franca oposición a la orientación socialista por su alianza, colaboración y participación en el régimen postrevolucionario".[28]

Como sabemos, el Congreso tuvo lugar entre el 7 y el 14 de septiembre de 1933, y según Celia Ramírez, tenía como objetivo "homogeneizar las actividades formales de las universidades mexicanas" y transformarlas, de acuerdo con el momento histórico; es decir, el propósito general era la modernización de la institución universitaria. Para ello, se abrieron discusiones sobre temas como los planes y los programas, los métodos, los grados académicos, los certificados y las revalidaciones. En una comisión del Congreso, presidida por Lombardo Toledano, se discutió la posición ideológica que debían tener las universidades frente a los problemas del país. Fue en esta comisión donde, a juicio de Ramírez, se produjo una ponencia que sostenía que tanto la UNAM como las instituciones educativas de nivel superior en el país, "debían adoptar la filosofía del materialismo histórico como orientación de sus tareas".[29]

La ponencia fue presentada en la sesión plenaria por Lombardo. Antonio Caso manifestó su desacuerdo, y presentó su propia ponencia, que se contraponía a la postura de Lombardo. Una vez terminado el debate, fueron votadas ambas ponencias por el pleno del Congreso. La de Lombardo recibió veintidós votos, y la de Caso, siete. Por ello, la propuesta de Lombardo fue incluida entre los resolutivos del Congreso.[30]

Dado que el complejo tema del movimiento de 1933 en la UNAM ya ha sido abordado minuciosamente por autores

---

28 Jesús Nieto Sotelo, "El congreso universitario de 1933", p. 22

29 Celia Ramírez López, "La Universidad Autónoma de México (1933-1944)…", p. 163

30 Hugo Casanova Cardiel y Roberto Rodríguez Gómez, "La Universidad Nacional…", p. 73

como los que ya han sido mencionados, sólo se apuntarán en forma esquemática los principales pasos del proceso que dio inicio con la organización del Primer Congreso de Universitarios Mexicanos, y que desembocó en la reforma aprobada por la Cámara de Diputados el 17 de octubre de 1933, la cual modificó la Ley Orgánica de la Universidad Nacional Autónoma de México de 1929. Para ello, nos apoyaremos en la obra de Fernando Solana *et al*:

1. Se realiza el Primer Congreso de Universitarios Mexicanos
2. Un grupo de universitarios se opone a acatar las resoluciones aprobadas en el Congreso, basados en la postura de Antonio Caso. El grupo opositor logra ampliarse
3. El rector Medellín Ostos acuerda que los resolutivos del Congreso sean discutidos por el Consejo Universitario de la UNAM
4. Los estudiantes de la Facultad de Derecho promueven una huelga contra el acuerdo firmado por el rector
5. Los miembros de la Confederación Nacional de Estudiantes son expulsados de las instalaciones de la Facultad de Derecho por estudiantes de ésta, y por su propio director, Rodulfo Brito Foucher
6. El Consejo Universitario destituye al director de la Facultad de Derecho.
7. Renuncia a la Universidad un grupo de profesores, entre ellos Antonio Caso
8. Un grupo de estudiantes promueve una huelga, primero en la Facultad de Derecho y después en otras facultades; exigen la renuncia del rector, y del director de la Escuela Nacional Preparatoria, Lombardo Toledano.

9. Estudiantes de algunas Facultades se enfrentan con estudiantes de la Escuela Nacional Preparatoria.
10. Renuncian a sus cargos el rector y el director de la Escuela Nacional Preparatoria.
11. Un grupo de estudiantes protestan y se movilizan contra Narciso Bassols, secretario de Educación.
12. El presidente Abelardo L. Rodríguez presenta a la Cámara de Diputados una iniciativa que reforma la Ley Orgánica de la Universidad de 1929.
13. "Victoria de los universitarios para preservar la libertad académica y la autonomía plena" de la institución.[31]

EL PROBLEMA DE LA IDEOLOGÍA BELIGERANTE

Las tres principales propuestas o tesis de Lombardo Toledano en el Primer Congreso de Universitarios Mexicanos fueron las siguientes:

Primera. Las universidades y los institutos de carácter universitario del país tienen el deber de orientar el pensamiento de la Nación Mexicana.

Segunda. Siendo el problema de la producción y de la distribución de la riqueza material, el más importante de los problemas de nuestra época, y dependiendo su resolución eficaz de la transformación del régimen social que le ha dado origen, las universidades y los institutos de tipo universitario de la Nación Mexicana contribuirán, por medio de la orientación de sus cátedras y de los servicios de sus profesores y establecimientos de investigación, en el terreno estrictamente científico, a la

31 Fernando Solana *et al.* (coords.), *Historia de la educación pública…*, p. 264-266.

sustitución del régimen capitalista, por un sistema que socialice los instrumentos de la producción económica.

Tercera. Las enseñanzas que forman el plan de estudios correspondiente al bachillerato obedecerán al principio de la identidad esencial de los diversos fenómenos del universo, y rematarán con la enseñanza de la filosofía basada en la naturaleza. La historia se enseñará como la evaluación de las instituciones sociales, dando preferencia al hecho económico como factor de la sociedad moderna y, a la ética, como una valoración de la vida que señale como norma para la conducta individual, el esfuerzo constante dirigido hacia el advenimiento de una sociedad sin clases...[32]

En contraste, Antonio Caso defendió las siguientes contrapropuestas:

Primera base. La Universidad de México... jamás preconizará oficialmente, como persona moral, credo alguno filosófico, social, artístico o científico.

Segunda. Cada catedrático expondrá libre e inviolablemente, sin más limitaciones que las que las leyes consignen, su opinión personal filosófica, científica, artística, social o religiosa.

Tercera... la Universidad de México ...tendrá el deber esencial de realizar su obra humana ayudando a la clase proletaria del país, en su obra de exaltación, dentro de los postulados de la justicia, pero sin preconizar una teoría económica circunscrita, porque las teorías son transitorias por su esencia, y el bien de los hombres es un valor eterno que la comunidad de los individuos ha de tender a conseguir por cuantos medios racionales se hallen a su alcance.[33]

---

[32] Hugo Casanova Cardiel y Roberto Rodríguez Gómez, "La Universidad Nacional...", p. 72

[33] Hugo Casanova Cardiel y Roberto Rodríguez Gómez, "La Universidad Nacional...", p. 73

Tal vez una de las mejores síntesis de la postura de Caso asoma en su texto "Las dos nobles hermanas. Diálogo platónico", publicado en el periódico *Excélsior* el 5 de octubre de 1933, donde se acusa: "Un Congreso de universitarios mexicanos, quizá desprovisto de autoridad intelectual y moral, se reunió ha poco, en la Capital de la República, para concebir la aciaga tesis de amordazar inquisitorialmente el pensamiento, imponiendo en las aulas de la Universidad, la enseñanza oficial del materialismo histórico".[34]

Aquí aparece entonces la pugna ideológica más obvia que se dio no sólo entre Caso y Lombardo, sino entre los grupos de universitarios que apoyaban a cada una de estas importantes figuras intelectuales: el materialismo histórico vs. la libertad de pensamiento. De un lado, un filósofo que pretendía imponer su forma de pensar, y "amordazar inquisitorialmente" el pensamiento de su adversario; del otro, un filósofo que pretendía evitar dicha imposición, y defender su libertad de pensar, y de enseñar sus propias verdades. Esa pugna, sin duda, es la que ha logrado trascender en el tiempo, y la que ha llegado hasta nuestros días.

De poco le sirvieron a Lombardo las aclaraciones que ofreció sobre estos temas en esas mismas fechas. Por ejemplo, durante el debate que se dio en el propio Congreso explicó: "El afirmar una opinión, el sustentar un credo, el tener un criterio, no significa tenerlo para la eternidad... nuestra creencia científica de hoy, nosotros mismos nos encargaremos de corregirla mañana... adoptaríamos una postura anticientífica si dijéramos que la verdad ya está hecha, pues nos pareceríamos en esto a los creyentes".[35]

---

34 Antonio Caso, *Nuevos discursos a la nación mexicana*, México, Librería de Pedro Robredo, 1934, p. 33

35 Juan Hernández Luna, "Polémica de Caso contra Lombardo sobre la Universidad", *Historia Mexicana*, vol. 19, núm. 1 (73), julio-septiembre 1969, p. 101.

Resulta interesante el análisis que hizo Lombardo sobre el tema de la "libertad de cátedra", pues en él revela los peligros ocultos que subyacen en un concepto aparentemente inatacable. El 20 de septiembre, en un artículo publicado en *El Universal*, señala: "La libertad de cátedra se ha convertido en muchos casos en refugio para ignorar los adelantos científicos... En otros casos esta libertad sirve para darle forma aparentemente científica a los prejuicios tradicionales de nuestro pueblo, o para insistir en la excelencia de las instituciones del pasado".[36] Más tarde, en su artículo "Bases de la Reforma Universitaria", que apareció en la revista *Futuro* en octubre de 1934, Lombardo revela que, según su experiencia:

> La mayoría de los estudiantes... opta por repetirle a cada profesor sus propios conceptos, simulando aceptarlos... al salir de la escuela no sabe la verdad en ninguna de las disciplinas de la cultura... por servirse de lo aprendido en citas literarias u oratorias... Simulador en la escuela, sigue siendo simulador en la vida, con una única preocupación: hacer fortuna o tener éxito personal en cualquier empresa... el problema de contribuir a crear un mundo mejor se convierte en causa de sonrisa escéptica y burlona o en un pequeño remordimiento que ahoga rápidamente con argumentos que siempre lo satisfacen. Éste es el saldo amargo de la libertad de cátedra en el instituto que en la universidad tiene la misión de trasmitir la cultura y de valorizarla, de orientar a las nuevas generaciones.[37]

Pero sería inexacto afirmar que la polémica Caso-Lombardo que tuvo lugar en 1933 se limitó a un simple debate entre el "pensamiento único" y la "libertad de cátedra" en la Universidad, como se le suele presentar en forma esquemática. En el

---

36 *Rumbo de la Universidad. Testimonio de la polémica Antonio Caso- Lombardo Toledano*, Colección Metropolitana, 1973, p. 100.

37 Vicente Lombardo Toledano, "Bases de la Reforma Universitaria", en Caso-Lombardo; Caso-Zamora, *Idealismo vs Materialismo. Polémicas filosóficas*, Masonería filosófica de Michoacán / CEFPSVLT / Asociación Francisco J. Múgica, 2008, p. 62

fondo, la postura de Lombardo se basaba en la postulación y la defensa del marxismo, y la de Caso, en el combate frontal contra el marxismo. Y todavía más: entre el pensamiento de uno y otro filósofo existía un verdadero abismo, en cuanto a la importancia que cada uno le otorgaba a "las masas" como factor histórico.

A diferencia del debate sobre la Universidad, donde Lombardo era la parte activa, en este debate ideológico el ponente decidido era sobre todo Antonio Caso, mientras que Lombardo mostraba más bien una postura reactiva, defensiva. Por ejemplo, en las "Conclusiones aprobadas por el Primer Congreso de Universitarios Mexicanos sobre la 'Posición Ideológica de la Universidad'", se hace una sutil referencia al propósito de "iniciar ante el Estado la organización de sistemas, de instituciones o de procedimientos que mejoren las condiciones económicas y culturales de las masas, hasta la consecución de un régimen apoyado en la justicia social".[38]

En cambio, la respuesta de Caso, en su trabajo "El marxismo y la universidad contemporánea", publicado en *Excélsior* el 29 de septiembre, es contundente, porque el maestro capitalino afirma:

> Nunca podrá contarse a Marx entre los grandes filósofos de la humanidad... Su ética la constituye ese anhelo judío primordial, de dar la mano a todo lo bajo, a todo lo caído, a cuanto sea mezquino y numeroso, para exaltarlo a la cima donde sólo pueden aspirar el aire puro los optímates de la inteligencia y de la voluntad... Parece a esta raza, que tan luminosos ingenios ha proporcionado y sigue proporcionando a la humanidad, que todo hay que igualarlo haciendo ascender, a costa

---

[38] "Conclusiones aprobadas por el Primer Congreso de Universitarios Mexicanos sobre la 'Posición Ideológica de la Universidad'", en Caso / Lombardo; Caso / Zamora, *Idealismo vs Materialismo. Polémicas filosóficas*, Masonería filosófica de Michoacán / CEFPSVLT / Asociación Francisco J. Múgica, 2008, pp. 24.

> de los superiores, a las masas desprovistas de conciencia y dignidad...[39]

Pero aquí se encuentra una primera contradicción en la tesis de Caso. Si las masas se muestran desprovistas de conciencia y dignidad, ¿cómo podrían tener, al mismo tiempo, inteligencia? ¿O es que "las masas" y "el pueblo" son para el filósofo conceptos distintos, incluso ajenos? Estas reflexiones vienen a cuento porque en su primera intervención en el Congreso de Universitarios Mexicanos, Caso afirma: "...el pueblo es la fuerza... el pueblo es la inteligencia suprema".[40]

Ahora bien, todavía es más enfática la tesis de Caso donde se propone que es el individuo -sobre todo el individuo "superior"-, y no las masas, quien determina siempre el curso de la historia:

> En la batalla de Wagram, lo importante es el plan estratégico que determinó el hecho de las armas, el número de muertos es un dato estadístico secundario, que sirve únicamente para fijar las proporciones del combate. Sólo puede tener historia lo individual. El número es un dato demográfico, no histórico... Las masas son el *substratum* de la historia, la materia sobre la cual se realizan los acontecimientos y se tallan las instituciones. La materia no es interesante sino por la forma que toma; y esta forma, es obra individual.[41]

Ante afirmaciones tan apodícticas, Lombardo ofrece una respuesta poco lógica, pero esperanzada, con la que pretende,

---

39 Antonio Caso, *Nuevos discursos a la nación mexicana*, p. 10

40 Antonio Caso, "Primera intervención del maestro Antonio Caso", en Caso / Lombardo; Caso / Zamora, *Idealismo vs Materialismo. Polémicas filosóficas*, Masonería filosófica de Michoacán / CEFPSVLT / Asociación Francisco J. Múgica, 2008, p. 29

41 Antonio Caso, *Nuevos discursos a la nación mexicana...*, p. 11

al parecer, vislumbrar el futuro: "La revolución social la harán las masas".[42]

Otra tesis muy conocida del Caso de la década de 1930 se refiere a la existencia del "hombre superior", llámese "sabio", "conductor", "caudillo" o "espíritu creador":

> La facultad fundamental del hombre superior es oponerse a la muchedumbre, vejarla si es menester, restregarle sus errores si encuentra una posición falsa. La inteligencia humana es la individualidad victoriosa, y esas individualidades victoriosas no se descubren por la historia, y se han ido llamando Buda, Jesús, Mahoma.[43] Saber es poder. Sólo el sabio puede; el ignorante, la masa, es naturaleza, no cultura. El rústico es el *hombre eterno*, como ha dicho Spengler, no el ciudadano...[44] Hoy día, en la época de la economía de masas, tráfico de masas, voto de masas, educación de masas y amasamiento de todas clases, se olvidan las profundas y misteriosas diferencias entre los hombres en su calidad de miembros de una cultura, pasando por alto lo más importante y magnífico de la sociedad y de la historia: el espíritu creador, el caudillo, el conductor.[45]

A esta tesis, Lombardo opone una frase desafiante, que dibuja muy bien el enfrentamiento existente entre ambas concepciones del mundo y de la sociedad: "Cuando los hombres que se dicen superiores han querido oponerse y enfrentarse a la masa, esos hombres de excepción, esos hombres superio-

---

42 Vicente Lombardo Toledano, "Respuesta del maestro Vicente Lombardo Toledano", en Caso / Lombardo; Caso / Zamora, *Idealismo vs Materialismo. Polémicas filosóficas*, Masonería filosófica de Michoacán / CEFPSVLT / Asociación Francisco J. Múgica, 2008, p. 48.

43 Antonio Caso, "Segunda intervención del maestro Antonio Caso", en Caso / Lombardo; Caso / Zamora, *Idealismo vs Materialismo. Polémicas filosóficas*, Masonería filosófica de Michoacán / CEFPSVLT / Asociación Francisco J. Múgica, 2008, p. 53

44 Antonio Caso, *Nuevos discursos a la nación mexicana...*, p. 37

45 Antonio Caso, *Nuevos discursos a la nación mexicana...*, p. 29

res, han sucumbido irremediablemente ante el empuje de las masas".[46]

Ahora bien, es relevante recordar que, en la década de 1930, el maestro Caso se mostró proclive al nacionalismo social -o nacional socialismo-. "Estamos "más allá del marxismo" -afirmaba-. "Ahora, el socialismo se combina en todas partes con un enérgico movimiento nacionalista guiado por grandes caudillos".[47] A juicio de Caso, la Revolución Mexicana debía desembocar en un gobierno enérgico de amplio sentido social, es decir, en un "nacionalismo social". "Esto es lo que ha realizado en Italia Mussolini, lo que hoy pretende lograr Hitler en Alemania. A ello mismo obedece la actitud del presidente Roosevelt en los Estados Unidos", afirmaba. Si la tesis había sido el desarrollo del nacionalismo, y la antítesis, el desarrollo del marxismo bolchevique, la síntesis, según Caso, no podía ser otra cosa que "el social-nacionalismo", y por tanto concluía: "¡Que el oriente de la Universidad sea el nacionalismo social mexicano, y no las teorías que se baten en retirada, dentro de las vicisitudes del momento histórico que alcanzamos!"[48]

Lombardo descubrió de inmediato la contradicción que encerraba esta última frase. Escribió a principios de octubre: "Llama la atención que el maestro Caso sostenga el "nacionalismo social" como doctrina de la Universidad y que, al mismo tiempo, proponga... "la Universidad -como comunidad cultural de investigación y de enseñanza- jamás preconizará oficialmente, como personal moral, credo alguno filosófico, social, artístico o científico".[49] Y aprovechó el tema para fustigar a

---

46 Vicente Lombardo Toledano, "Respuesta del maestro Vicente Lombardo...", p. 57

47 Antonio Caso, *Nuevos discursos a la nación mexicana...*, p. 29

48 Antonio Caso, *Nuevos discursos a la nación mexicana...*, p. 30

49 Vicente Lombardo Toledano, "Fascismo universitario", en Caso / Lombardo; Caso / Zamora, *Idealismo vs Materialismo. Polémicas filosóficas*, Masonería filosófica

Caso: "El fascismo es la dictadura burguesa sin la piedad y los límites de la democracia declamatoria y romántica... En un régimen fascista no habría sino dictadura cerrada en provecho de la burguesía, con una moral fascista, clerical y una escuela fascista, con su camisa blanca, azul o gris".[50] Para Lombardo, dentro del "nacionalismo social" sólo tenían cabida en México "los conservadores en política, filosofía, historia, ciencia". Y remataba: "Parece que lo que preocupa a los enemigos de la reforma universitaria, no es tanto la libertad de cátedra, cuanto la libertad de seguir siendo conservadores.[51]

Es importante señalar, en defensa de la objetividad, que Caso no fue el único pensador mexicano que defendió una postura ideológica de esta naturaleza durante la época, pues el ascenso del nacional socialismo en Alemania llegó a cautivar a importantes intelectuales como Nemesio García Naranjo, Gerardo Murillo -el Dr. Atl-, Rubén Salazar Mallén y, sobre todo, José Vasconcelos. Sin embargo, el filósofo mexicano no es mencionado en los trabajos que han escrito sobre el tema autores como Miguel Ángel Jasso y Rodrigo Ruiz.[52]. La proclividad de Caso hacia el nacionalsocialismo pudo haberse originado en su afanosa búsqueda de una ideología suficientemente sólida como para hacer frente y vencer al marxismo, del cual, como sabemos, era acérrimo enemigo.

Además, es cierto que la admiración que sintió en su momento Caso hacia las figuras de Hitler o de Mussolini fue menguando con el paso del tiempo. Como lo señala Guillermo

---

de Michoacán / CEFPSVLT / Asociación Francisco J. Múgica, 2008, p. 84

50 Vicente Lombardo Toledano, "Fascismo universitario"..., p. 86

51 Vicente Lombardo Toledano, "Fascismo universitario"..., p. 87

52 Miguel Ángel Jasso Espinosa, "La simpatía por el nacionalsocialismo y el fascismo en México", Tesis, México, UNAM, 2004; Ruiz Velasco Barba, Rodrigo, "El fascismo mexicano, ¿motivo de temor o espantajo?", *Bicentenario*, vol. 19, nº. 1 (2020), pp. 95-134

Hurtado, en su libro *La persona humana y el Estado totalitario* -publicado en 1941-, "en el momento más álgido de la Segunda Guerra Mundial, cuando el triunfo de los nazis era probable, es una defensa vigorosa de la democracia frente al fascismo y el bolchevismo".[53]

Pero Antonio Caso no se conformó con postular una ideología crítica. En su discurso, impulsa también una ideología beligerante. Prueba de ello son algunas frases que pronuncia y publica. Al referirse a la idea de una Universidad Nacional de índole marxista, escribe: "yo reniego de esa proterva Universidad enemiga de la cultura humana, y procuraré combatirla con todas las armas que a mi mano se encuentren".[54] O bien, al referirse a la propuesta de Lombardo de promover el marxismo en la Escuela Nacional Preparatoria, de la cual era director, afirma: "El marxismo no se implantará en la preparatoria, y si se implantare hoy, mañana lo arrancaremos de cuajo".[55]

Pero entonces, ¿Caso defiende o no la libertad de cátedra? ¿Qué pasa si un profesor decide impartir -o implantar- clases de marxismo en la preparatoria? ¿Qué pasa si un grupo de docentes apoyan la idea de que son las masas, y no los individuos o los seres superiores, los que determinan el curso de la historia? ¿Habrá que arrancarlos de la Universidad, de cuajo, a todos ellos?

Como veremos más adelante, un numeroso grupo de profesores y de estudiantes, enemigos del marxismo como Caso, entendieron precisamente eso: que era preciso combatir a los marxistas con todas las armas a mano, y arrancar de cuajo de

---

53 Guillermo Hurtado, *La Revolución creadora. Antonio Caso y José Vasconcelos en la Revolución mexicana*, México, UNAM, 2016, p. 367

54 Antonio Caso, *Nuevos discursos a la nación mexicana*..., p. 26

55 Antonio Caso, "El marxismo en la preparatoria", en Caso / Lombardo; Caso / Zamora, *Idealismo vs Materialismo. Polémicas filosóficas*, Masonería filosófica de Michoacán / CEFPSVLT / Asociación Francisco J. Múgica, 2008, p. 69

la Universidad no solamente esas "peligrosas" ideas de izquierda, sino también a los seres humanos que las postulaban, las predicaban o las defendían. Así, el hecho de equiparar "libertad de cátedra" con "antimarxismo" aproximó a la propia universidad, paradójicamente, a la noción de "pensamiento único", pues si bien la institución logró librarse de la extrema izquierda, quedó sujeta durante varios años, en sus decisiones importantes, a la extrema derecha.

EL PROBLEMA DE LA CIENCIA Y LA TECNOLOGÍA

Desde que tomó posesión como rector de la UNAM, el 12 de septiembre de 1932, Roberto Medellín Ostos hizo una clara referencia a la necesidad de desarrollar la ciencia y la tecnología desde la Universidad Nacional:

> Vamos a hacer de la Universidad lo que toda institución de esta naturaleza es en el mundo: una casa de estudios y un centro de investigaciones... [la Universidad debe dar] hombres cultos y técnicos competentes, conscientes de su responsabilidad individual y social; estudio de problemas nacionales en sus laboratorios y orientación de sus actividades hacia una mejor inteligencia de la vida nacional y universal, y una mejor adaptación del individuo a la vida colectiva[56] ...toda posibilidad de aristocracia intelectual desaparece como consecuencia de una cultura médica, social, constructiva... La buena orientación social, política y humana de la Universidad sólo es posible si se apoya en una cultura científica[57] ...vamos a recurrir a la ciencia, para conocer mejor lo que poseemos, tanto en el mundo orgánico como en el inorgánico... ese esfuerzo no quedará como un trofeo encerrado en torres de marfil: desbordará a todos los rumbos para que aprovechen el conocimiento nuevo quienes lo deseen. Los investigadores, por medio de conferencias, irán dando a conocer el resultado de sus investigaciones, se harán publicaciones periódicas para que

---

56 José Roberto Gallegos Téllez Rojo (ed.), *Discursos de toma de posesión...*, p. 122

57 José Roberto Gallegos Téllez Rojo (ed.), *Discursos de toma de posesión...*, p. 123

> estas conquistas científicas sean utilizadas en el mejoramiento de la vida... también dedicaremos atención a la ciencia pura, pues sin ella careceríamos de base para abordar los problemas prácticos.[58]

Sin embargo, los propósitos del rector Medellín seguramente no fueron del agrado de un grupo de profesores universitarios que en realidad no confiaban en la ciencia y la tecnología como ejes del trabajo universitario. El propio Antonio Caso, en el debate que sostuvo con Lombardo en el marco del Congreso, expresó acerca del "estado actual de la investigación científica":

> Es absolutamente imposible fundamentar la ética, el derecho, la economía en los conocimientos de la física... yo no voy a enseñar la identidad esencial de los diversos fenómenos del universo, ni voy a fundamentar mi doctrina moral en esta doctrina de los fenómenos del universo... el orden humano no se puede fundamentar en los postulados de las ciencias físicas... el ideal es eterno, y no puede fundamentarse en las contingencias de los laboratorios, ni quedarse a la merced de las investigaciones de los químicos.[59]

Es verdad que Caso admitía también, en esos mismos años, la importancia de la ciencia, cuando afirmaba:

> No es por el diario, ni por la instrucción primaria, como la humanidad podrá llegar a nuevas regiones, sino por la instrucción superior y, sobre todo, por las investigaciones científicas... el cultivo de las ciencias lleva, indeclinablemente, a la realización de una aristocracia legítima, porque se funda en la más amplia base democrática... ciertos conocimientos científicos estarán siempre vedados a la mayoría de los hombres... porque sólo una lenta, madura y difícil preparación es capaz de elevarnos a la cabal comprensión de las verdades científicas.[60]

---

58 José Roberto Gallegos Téllez Rojo (ed.), *Discursos de toma de posesión...*, p. 129

59 Antonio Caso, "Segunda intervención del maestro Antonio Caso...", p. 51

60 Antonio Caso, *Nuevos discursos a la nación mexicana...*, pp. 55-57

Sin embargo, en realidad Caso aspiraba vagamente al cultivo de la ciencia "pura", y no solía referirse a la tecnología, o a la "técnica". Probablemente, su recelo ante la ciencia -sobre todo la ciencia aplicada- se deriva de la deficiente formación científica que habían recibido los miembros de la Generación del Ateneo en las aulas de la Escuela Nacional Preparatoria, la cual es descrita jocosamente por Alfonso Reyes:

> No alcanzamos ya a la vieja guardia, los maestros eminentes de que todavía disfrutó la generación inmediata, o sólo los alcanzamos en sus postrimerías seniles, fatigados y algo automáticos... se oxidaba el instrumental científico. A nuestro anteojo ecuatorial le faltaba nada menos que el mecanismo de relojería y las lentes, de suerte que valía lo que vale un tubo de hojalata... la física y la química... tendían ya a convertirse en ciencias de encerado, sin la constante corroboración experimental que las mentes jóvenes necesitan... ¿Quién se ocupaba de ciencia pura? Sólo algunos beneméritos a quienes se tenía por chiflados.[61]

En cambio, la Generación de 1915 -a la que pertenecía Lombardo- disfrutó de profesores talentosos en las disciplinas científicas, según su propio testimonio:

> ...en el segundo año de estudios de la preparatoria quise ser ingeniero, porque era la disciplina que naturalmente me enseñaba una perspectiva y había despertado en mí una inquietud especial; en el tercer año, cuando empecé a tener contacto con otros problemas diversos de las matemáticas y de la física y en el cuarto, se despertó en mí una curiosidad no conocida totalmente por mí mismo, la de investigar otros aspectos, el biológico, y quise ser médico.[62]

---

[61] Alfonso Reyes, "Pasado inmediato...", p. 186-191

[62] Vicente Lombardo Toledano, "Homenaje a Gabino Barreda", en Vicente Lombardo Toledano, *Obra educativa, Vol. II. Política educativa nacional*, México, CEFPSVLT, 2015, p. 6

John Skirius corrobora esta tendencia de la generación de 1915, cuando afirma que los miembros de ésta "estaban dolorosamente conscientes del subdesarrollo tecnológico de México".[63] Por eso, como director de la Escuela Nacional Preparatoria, Lombardo intensificó el estudio de las disciplinas científicas,[64] y declaró en los primeros días de su cargo: "organizaremos la escuela preparatoria en cinco años... [crearemos] facultades nuevas que todavía no se piensa en ellas... [y prepararemos] técnicos que transformen la vida económica del país".[65]

Pero Lombardo tenía claro no sólo su objetivo, sino los medios para lograrlo. En febrero de 1933 propuso "una verdadera transformación en la enseñanza de las ciencias, por lo que toca a su parte experimental", mediante las prácticas de laboratorios. Para ello, concibió un plan mediante el cual dichas prácticas (en laboratorios de mecánica, física, química, biología y psicología) se debían realizar en las estaciones de ferrocarriles, en las fábricas manufactureras, en las fundiciones, en las plantas eléctricas, en los cinematográficos, etcétera. De esta manera, "no se necesitarán grandes sumas de dinero para instalar laboratorios en donde se reproduzcan... las máquinas y los aparatos científicos".[66]

Ahora bien, el entusiasmo de Lombardo respecto a la ciencia y la tecnología no era nuevo. Casi un año antes de ser nombrado director de la Escuela Nacional Preparatoria, explicaba:

---

63 John Skirius, "Los intelectuales en México desde la Revolución", *Texto Crítico*, vol. 3, nº. 37 (1982), p. 12.

64 Vicente Lombardo Toledano, *Escritos autobiográficos...*, p. 65

65 Vicente Lombardo Toledano, "En torno a una nueva universidad libre", en Vicente Lombardo Toledano, *Obra educativa*, vol. III. Estructura de la educación en México, México, CEFPSVLT, 2015, p. 111

66 Vicente Lombardo Toledano, "En torno a una nueva universidad libre"..., p. 112

"no es posible prescribir ni de la cultura ni de los planes de estudio de la Universidad o de cualquier otra institución de enseñanza en México, el conocimiento de todas las disciplinas científicas".[67]

Son numerosas las referencias a la ciencia y la tecnología en el pensamiento de Lombardo durante 1933. Afirma, por ejemplo, que "la técnica moderna... ha creado un sector social... que tiene el significado de haber dado mayor dignidad que nunca a las profesiones superiores, y que aspira en los actuales momentos a ser el eje de la vida social".[68] O bien, que

> ...nuestra época es la época de la técnica... Detrás o al lado de cada gobierno hay un grupo o un estado mayor de técnicos que observan los hechos sociales, los encauzan... En cada fábrica ha sido sustituido por un laboratorio el hombre de intuición o de carácter que antes la manejaba. En cada banco, en lugar del experimentado hombre de negocios hay uno o varios técnicos. En cada escuela, en vez del profesor con amor espontáneo a su trabajo, del apóstol romántico de otros tiempos que dirigía las conciencias y alentaba las voluntades, preside hoy las labores un técnico en el arte de enseñar... las escuelas superiores se reorganizan para formar técnicos, gobernantes de hecho, conductores obligados de la economía pública y jueces de los derechos individuales y colectivos.[69]

De este modo, en el debate con Caso -ya mencionado-, Lombardo siguió confiando plenamente en la ciencia:

> ...el progreso estupendo de las ciencias en los últimos años confirma los vínculos profundos de la vida humana con la vida del universo... gracias a la perfección de las matemáticas... se ha podido penetrar en el caos aparente de lo humano, de lo

---

67 Vicente Lombardo Toledano, "Homenaje a Gabino Barreda"..., p. 9

68 Vicente Lombardo Toledano, "La tragedia de los intelectuales", en Caso / Lombardo; Caso / Zamora, *Idealismo vs Materialismo. Polémicas filosóficas*, Masonería filosófica de Michoacán / CEFPSVLT / Asociación Francisco J. Múgica, 2008, p. 97

69 Vicente Lombardo Toledano, "La tragedia de los intelectuales"..., p. 98

> humano económico, de lo humano artístico, de lo humano ético, descubriendo las leyes que rigen no sólo los fenómenos y hechos homogéneos, sino también los hechos individuales.[70]

A lo largo del debate, Lombardo Toledano realizó un diagnóstico del estado de la educación y la ciencia en la universidad; desde su perspectiva, según Valencia, "la libertad de cátedra era un refugio para ignorar los avances científicos". Por eso afirmó que la Universidad debía sustentar "una doctrina científica y filosófica que orientara la conducta del alumno al servicio de un ideal colectivo, y la enseñanza e investigación tenían que... modificar la realidad del país". Su crítica hacia las universidades "aludía a una supuesta incapacidad para responder a los requerimientos que exigía la transformación económica, ideológica y sociopolítica de los siglos XIX y XX".[71]

Por ello, una de las bases de la convocatoria al congreso de 1933 proponía reflexionar sobre "qué carreras universitarias conviene implantar y fomentar,[72] y una de las conclusiones sobre la posición ideológica de la Universidad señala: "debe la universidad crear nuevas profesiones que por su carácter y por su objeto contribuyan a la realización de las funciones sociales, económicas y técnicas que incumben al Estado en la presente época".[73] Si consideramos que las profesiones científicas o tecnológicas que ofrecía la universidad eran escasas en ese entonces (Medicina, Enfermería y Obstetricia, Ingeniería, Ciencias Químicas, Odontología y Veterinaria), es claro que Lombardo tenía la intención de crear nuevas carreras científicas y tecno-

---

70 Vicente Lombardo Toledano, "Bases de la Reforma Universitaria...", p. 64

71 Abraham Valencia Flores, "En pos de organizar la educación técnica en México. La construcción del Instituto Politécnico Nacional", *Estudios de Historia Moderna y Contemporánea de México*, nº. 61 (enero-junio 2021), p. 294.

72 María de Lourdes Velázquez Albo, "El movimiento estudiantil en la UNAM"..., p. 4

73 Jesús Nieto Sotelo, "El congreso universitario de 1933"..., p. 20

lógicas, como lo muestra el proyecto de creación de la Escuela de Bacteriología, que fue presentado por el propio Lombardo en el Congreso.[74]

Al respecto, Valencia explica que, con la orientación social lombardista en torno a la educación y la ciencia, la Escuela de Bacteriología abrió sus puertas en enero de 1934; y que, a finales del mismo, se creó la Universidad Gabino Barreda (UGB) que habría de convertirse en enero de 1936 en la Universidad Obrera de México (UOM), y fue más tarde transferida al IPN como Escuela Nacional de Ciencias Biológicas".[75]

De acuerdo con Celia Ramírez Santos, durante el sexenio cardenista Lombardo siguió insistiendo en la necesidad de una reestructuración del "sistema educativo... desde la escuela primaria hasta las universidades y los institutos tecnológicos", para transformar "la vieja educación humanística y reaccionaria que los jóvenes recibían en instituciones como la Universidad Nacional, en una educación al servicio del 'desarrollo de la ciencia y de la técnica'".[76]

Valencia explica que, a comienzos de la década de 1930, el medio académico e intelectual había aceptado "una visión que apoyó la intervención estatal en la dirección, orientación y organización de la educación superior, la ciencia y la tecnología".[77] En este marco, Bassols propuso una concepción práctica sobre la educación superior:

---

74 Abraham Valencia Flores, "En pos de organizar la educación técnica en México...", p. 293

75 Abraham Valencia Flores, "En pos de organizar la educación técnica en México...", p. 296

76 Celia Alejandra Ramírez Santos, "Lombardo Toledano: marxismo y populismo en México y América Latina antes de Laclau", Tesis doctoral, Universidad Complutense de Madrid – Facultad de Filosofía, 2021, p. 335

77 Abraham Valencia Flores, "En pos de organizar la educación técnica en México...", p. 290

> III. Las enseñanzas serán eminentemente prácticas; no se crearán largas carreras inaccesibles para la mayoría de la población... IV. La educación no tenderá a impartir enseñanzas "de adorno", sino que siempre buscará el medio de proporcionar al mayor número posible de gente, una aptitud para ganarse la vida como asalariado en la industria o como elemento participante en la dirección de ella.[78]

De esta manera, durante la década de 1930 el Gobierno Federal se interesó en la postura de intelectuales como Lombardo, y se planteó la creación de instituciones como la Escuela Politécnica Nacional, que surgió en 1932 tras la reorganización del Departamento de Educación Técnica Industrial y Comercial (DETIC), en la Secretaría de Educación Pública, a instancias del secretario Bassols. Esto dio cauce a un conjunto de ideas sobre la educación tecnológica que "profesaban personajes como Luis Enrique Erro -jefe del DETIC-, el arquitecto y pintor Juan O'Gorman, Gilberto Bosques, encargado de las escuelas técnicas para mujeres, y los ingenieros Carlos Vallejo Márquez -quien había estudiado en el Politécnico de Zúrich, donde se graduó Albert Einstein-, José A. Cuevas y José Gómez Tagle".[79]

La Escuela Politécnica Nacional, compuesta por la Escuela Superior de Ingeniería Mecánica y Eléctrica (ESIME) y la Escuela Superior de Construcción (ESC) —posteriormente denominada Escuela Superior de Ingeniería y Arquitectura— sufrió sin embargo lo que Sánchez llama "ataques de la reacción". La Escuela Politécnica, por ejemplo, fue fustigada por Rodulfo Brito Foucher cuando éste era director de la Facultad de Derecho y Ciencias Sociales de la Universidad Autónoma de México-. Brito clasificó a las instituciones de educación superior en dos grupos: "Aquellas en donde predomina la libertad

---

[78] Gerardo G. Sánchez Ruiz, "La autonomía de la UNAM..." p. 211

[79] Gerardo G. Sánchez Ruiz, "La autonomía de la UNAM..." p. 210

del pensamiento: -la Universidad Nacional-, y aquellas en donde se enseña el criterio oficial de los hombres que detentan el Poder: la escuela de la esclavitud y la escuela de la libertad".[80]

UNA HISTORIA DE EXCLUIDOS Y EXCLUYENTES

En su ponencia sobre la "Posición ideológica de la Universidad", Lombardo había propuesto que las universidades orientaran "sus cátedras y los servicios de sus profesores y establecimientos de investigación, en el terreno estrictamente científico, a la sustitución del régimen capitalista por un sistema que socialice los instrumentos y los medios de la producción económica".[81] Esto fue entendido como la imposición del socialismo marxista en las aulas universitarias, y por tanto, como un intento de expulsión de las otras ideologías.

La postura que se mostró contraria a tal imposición fue la defensa de la libertad de cátedra, que como se ha visto, fue apoyada por diversos grupos y personajes. Sin embargo, la derrota del "pensamiento único" pretendido por Lombardo no tuvo como consecuencia la obtención de la propia libertad de cátedra, sino más bien la expulsión de los universitarios socialistas. La intención de excluir ciertas ideologías desembocó, finalmente, en la exclusión de ciertas personas.

De acuerdo con varios autores, apenas clausuradas las labores del Primer Congreso de Universitarios Mexicanos, los profesores y estudiantes católicos, "acaudillados por los licenciados Manuel Gómez Morín y Rodulfo Brito Foucher, se lanzaron en contra de Lombardo Toledano y de las resoluciones del congre-

---

80 Gerardo G. Sánchez Ruiz, "La autonomía de la UNAM..." p. 213.

81 Caso / Lombardo; Caso / Zamora, *Idealismo vs Materialismo. Polémicas filosóficas*, Masonería filosófica de Michoacán / CEFPSVLT / Asociación Francisco J. Múgica, 2008, p. 24.

so". Hernández Luna afirma que "de la discusión de las ideas se pasó a la acción violenta".[82] Campos y Velázquez revelan la existencia de grupos intransigentes como la Unión Nacional de Estudiantes Católicos (UNEC), herederos del movimiento cristero, que perseguían el propósito de "fomentar la cultura católica entre los universitarios".[83] La UNEC, formada por "varones jóvenes, estudiantes universitarios, pertenecientes a las clases medias de la provincia y de la capital de la República",[84] recrudeció su militancia católica en pleno movimiento, y ejerció una presencia considerable en la UNAM, tanto en materia de labor social como en cuestiones políticas, dirigida por "jesuitas formados en Francia y Bélgica".[85] García Bonilla también señala que el movimiento de 1933 dio lugar a que se posicionaran en la Universidad "grupos católicos como los jesuitas".[86]

La prensa de la época complementa y matiza esta versión, al informar que la huelga y la agitación estudiantil habían sido "instigadas y sostenidas por elementos católicos bajo la direc-

---

82 Juan Hernández Luna, "Prólogo a la polémica interna sobre la orientación ideológica de la UNAM", en Vicente Lombardo Toledano, *Escritos a la juventud. Orientación ideológica de la UNAM. Idealismo vs Materialismo,* México, Partido de la Revolución Democrática, 2018, p. 135.

83 José René Rivas Ontiveros, "Origen, evolución y consolidación del porrismo en la UNAM (1929-2019), *Cuadernos de Marte,* Año 10. Núm. 17, julio-diciembre 2019, p. 123.

84 Xóchitl Patricia Campos López y Diego Martín Velázquez Caballero, "Miguel Agustín Pro. Mártir y soldado del catolicismo", en Xóchitl Patricia Campos López; Diego Martín Velázquez Caballero (coords.), *La derecha mexicana en el siglo XX: Agonía, transformación y supervivencia,* Puebla, BUAP / Montiel & Soriano Editores, 2017, p. 116.

85 Xóchitl Patricia Campos López y Diego Martín Velázquez Caballero, "Miguel Agustín Pro...", p. 93.

86 Emilio García Bonilla, "El conflicto universitario de 1933 en la prensa mexicana", en María Fernanda García de los Arcos, *et al.* (coord.), *La fuente hemerográfica en la diacronía: variedad de enfoques,* México, UAM Azcapotzalco, División de Ciencias Sociales y Humanidades, Departamento de Humanidades, 2015. p. 282.

ción de los Caballeros de Colón... descontentos por la implantación del marxismo en la Universidad", habiéndose identificado entre los componentes del grupo católico a Miguel Palacios Macedo.[87]

También destaca la actuación de la "Federación de Estudiantes Revolucionarios" la cual publicó a mediados de octubre un pliego petitorio con sus exigencias, entre las cuales estaban la "depuración del profesorado", la "caída de Medellín, Lombardo Toledano y Jiménez Rueda", y "la caída de los cachorros de Lombardo Toledano".[88] En esas peticiones vemos reflejada esa tendencia excluyente que caracterizaba a un amplio sector de la comunidad universitaria en 1933, al cual no le bastaba con expulsar al marxismo de la institución: era preciso expulsar también a los marxistas, tanto a los estudiantes como a los profesores. "Depurar" como estrategia para homogeneizar a la casa de estudios.

De acuerdo con Rivas, la táctica de los grupos católicos consistía en "una intensa y agresiva campaña de ataques físicos y verbales de desprestigio y expulsiones de todos aquellos maestros y estudiantes" pro-socialistas.[89] Esto implicaba el uso de la fuerza, por parte de "los primeros grupos de choque que serían la semilla del pistolerismo estudiantil", de acuerdo con Sánchez Gudiño.[90] Un ejemplo de esto se dio cuando los dirigentes de la Confederación Nacional de Estudiantes -apoyados por Medellín-, se negaron a ceder ante las amenazas de los anti-marxistas, y a desocupar el local que ocupaban en la Facultad de Derecho. De acuerdo con Hernández Luna, la respuesta de los católicos, "azuzados por Brito", fue asaltar "las oficinas de la confederación": "...sacaron los muebles, prendieron fuego

87 Emilio García Bonilla, "El conflicto universitario de 1933...", p. 274.

88 Emilio García Bonilla, "El conflicto universitario de 1933...", p. 276.

89 José René Rivas Ontiveros, "Origen, evolución y consolidación...", p. 121.

90 Hugo Sánchez Gudiño, *Génesis, desarrollo y consolidación...*, p. 153.

al archivo, y recorrieron las calles de Argentina, Justo Sierra, El Carmen y San Ildefonso gritando mueras a Medellín, a Lombardo, a la universidad marxista, al gobierno, y vivas a Antonio Caso y a la libertad de cátedra".[91]

Esta violencia fue denunciada en su momento por Alberto Bremauntz: "...el rector y todos los rectores que aprobaron la tesis radical del Congreso de Universidades han sido perseguidos, han sido lapidados por la reacción organizada, dirigida por los intelectuales reaccionarios, que no están en la Universidad, sino que se valen de los estudiantes para conseguir sus fines".[92] García Bonilla coincide con esta versión, cuando afirma que el rector Roberto Medellín continuó en su cargo en octubre de 1933 "a pesar de que fue amenazado de muerte".[93]

Como lo explica Hernández Luna, la táctica de los grupos anti-marxistas consistió también en desprestigiar la actuación de Lombardo Toledano como director de la Escuela Nacional Preparatoria, acusar al rector Roberto Medellín de "prohijar las reformas marxistas aprobadas en el Primer Congreso de Universitarios Mexicanos", emprender una campaña de prensa contra la universidad marxista, "agitar las Academias de profesores y alumnos", así como exaltar y adular el magisterio de Antonio Caso, "el brioso paladín de la libertad de cátedra". Acorde con lo anterior, Manuel Gómez Morín acusó a Lombardo Toledano en *El Universal* de no dar las clases por las que cobraba un sueldo.[94]

---

91 Juan Hernández Luna, "Prólogo a la polémica...", p. 107.

92 Miguel Ángel Gutiérrez López, "Revolución y reforma universitaria en México: 1929-1940", en Esaú Márquez Espinosa, Rafael de J. Araujo González y María del Rocío Ortiz Herrera (coords.), *Estado-Nación en México: Independencia y Revolución*, Tuxtla Gutiérrez, Universidad de Ciencias y Artes de Chiapas, 2011, p. 188.

93 Emilio García Bonilla, "El conflicto universitario de 1933...", p. 273.

94 Juan Hernández Luna, "Prólogo a la polémica...", p. 106.

Celia Ramírez Santos señala que Lombardo siguió recibiendo ataques en el ámbito académico durante décadas, y que incluso se le negó la condición de filósofo: "Un tanto caricaturizado, su figura quedó en el recuerdo como la del marxista sectario que había intentado acabar con la libertad de cátedra y la 'autonomía universitaria' ...Lombardo suele aparecer en los textos como el epígono dogmático al que Antonio Caso derrotó brillantemente".[95]

De acuerdo con Rivas, tras la expulsión de Vicente Lombardo Toledano, y arropados por la autonomía universitaria, los conservadores "terminaron de apoderarse de la Universidad Nacional, convirtiéndola en un importante bastión político opositor a los gobiernos revolucionarios".[96] En el mismo sentido, Hernández Luna afirma que los profesores y estudiantes católicos, "con gran sentido de la circunstancia política del momento, vieron la oportunidad de... adueñarse de los puestos directivos de la universidad para imponerle una orientación católica".[97]

Así, a fines de 1933 la UNEC consolidó su presencia en la universidad y controló la Federación Estudiantil Universitaria (FEU), quedando sin opositores tras haber "expulsado violentamente de la institución tanto a maestros como estudiantes de tendencia liberal y de izquierda".[98] "Los conservadores quedaron dueños de la universidad", afirma Hernández Luna.[99]

Por otra parte, según Sánchez Gudiño, la determinación del gobierno federal de cesar su responsabilidad financiera hacia la universidad, y de entregarle un último aporte de 10 millo-

---

95 Celia Alejandra Ramírez Santos, "Lombardo Toledano...", p. 12.

96 José René Rivas Ontiveros, "Origen, evolución y consolidación...", p. 121.

97 Juan Hernández Luna, "Prólogo a la polémica...", p. 106.

98 José René Rivas Ontiveros, "Origen, evolución y consolidación...", p. 123.

99 Juan Hernández Luna, "Prólogo a la polémica...", p. 135.

nes de pesos, constituyó para el rector Manuel Gómez Morín, para Rodulfo Brito Foucher y los activistas de la UNEC, "un triunfo total contra el Estado y las doctrinas socialistas", pues de esa manera se abrió la oportunidad de promover la "libre empresa educativa", que permitía contar con una institución "neutral", de "buenas costumbres y credos", libre del fantasma social -"por supuesto, siempre y cuando el estudiante pudiera pagarla"-.[100] García Bonilla, por su parte, afirma que al llegar Gómez Morín a la rectoría, "la Universidad Nacional entró en una etapa oscura en la que sirvió a los intereses de empresarios y banqueros", pues éstos, al aportar donativos y financiar las actividades de la institución, pudieron influir en los contenidos de los programas de estudios de las escuelas y facultades.[101]

Gabriela Contreras agrega que, después de conseguida la autonomía, en 1933, muchos jóvenes estudiantes "procedentes de familias más o menos acomodadas" ingresaron a la Universidad. Muchos de ellos "provenían de colegios particulares" en los cuales se habían ideado "diferentes mecanismos de resistencia" a la educación socialista, para continuar impartiendo programas educativos "respetuosos del catolicismo".[102] De esta manera, se produjo una suerte de "selección natural" entre los aspirantes, quienes, por su alto perfil, engrosaron durante muchos años las filas de una universidad conservadora.

Hernández Luna afirma que, una vez que fue designado como nuevo rector, Gómez Morín "emprendió una política descaradamente clerical", por la cual eran nombrados profesores católicos en los puestos directivos de la universidad. "Al amparo del régimen los jesuitas comenzaron a intervenir en los asuntos internos de la universidad", y de este modo, "la tesis de la libertad de cátedra fue sustituida por la tesis de la universidad

---

100 Hugo Sánchez Gudiño, *Génesis, desarrollo y consolidación...*, p. 153.

101 Emilio García Bonilla, "El conflicto universitario de 1933...", p. 282.

102 Gabriela Contreras, *Los grupos católicos de la Universidad Autónoma...*, p. 81.

católica". El grupo "Proa", por ejemplo, dirigido por jesuitas, comenzó a publicar su revista y resolvía los asuntos estudiantiles con un criterio católico. Los jesuitas crearon también los grupos "Bios", "Lex" y "Labor", que hacían proselitismo católico y tomaban decisiones en las facultades.[103]

En la Facultad de Filosofía y Letras, por ejemplo, profesores como Jesús Guisa y Azevedo y Oswaldo Robles comenzaron a enseñar la filosofía de Santo Tomás -después de un siglo de ausencia-. Según Hernández Luna, aparecieron también "los conejos" y "los tecos" -procedentes del Colegio Francés Morelos y de la Universidad Autónoma de Guadalajara, respectivamente-, organizaciones de choque secretas dirigidas por jesuitas.[104] Por ello, Ignacio García Téllez entendía en 1934 la relación entre el gobierno y la Universidad Autónoma de México como una lucha frontal: "la pugna de la ideología revolucionaria, con la intelectualidad conservadora, y por otra parte la soberbia de una oligarquía estudiantil, aliada a profesores dóciles y posesionada de academias, del consejo y de las comisiones".[105]

Por todo lo anterior, Hernández Luna afirma que el movimiento universitario de 1933 entregó "los destinos de la Universidad Nacional de México a la Iglesia Católica".[106] En el mismo sentido, John Skirius señala que la Universidad se convirtió entonces en "el bastión de los católicos conservadores, en donde se estudiaban la educación clásica y las profesiones liberales, en una época de radicalismo oficial", y que "ahora le tocaba a la extrema derecha hacer la crítica a la imposición gubernamental de una doctrina".[107]

---

103 Juan Hernández Luna, "Prólogo a la polémica...", p. 110.

104 Juan Hernández Luna, "Prólogo a la polémica...", p. 110.

105 Engracia Loyo Bravo, "Ignacio García Téllez y la autonomía...", p. 183.

106 Juan Hernández Luna, "Prólogo a la polémica...", p. 110.

107 John Skirius, "Los intelectuales en México desde la Revolución"..., p. 11.

Ahora bien, un grupo de profesores excluidos, encabezados por Lombardo Toledano, fundaron en febrero de 1934 la Universidad "Gabino Barreda" para demostrar en la práctica la orientación socialista de la educación.[108] Al ser expulsado de la UNAM, Lombardo señaló que confiaba en que tarde o temprano "la revolución creará una escuela socialista, para tener técnicos que la organicen y desarrollen", declaró que no volvería a ocuparse de la Universidad ni de la Preparatoria, y que se dedicaría "a trabajar y a esperar".[109] La Universidad "Gabino Barreda" fue uno de los antecedentes del Instituto Politécnico Nacional, por lo que algunos excluidos de la UNAM resultaron incluidos en el proyecto de una institución de educación superior que, como lo había propuesto Lombardo en su momento, se habría de ocupar en buena medida del desarrollo tecnológico del país. Por eso Valencia considera que "Lombardo y Medellín... a su salida [de la UNAM] fueron promotores fundamentales de la educación técnica en México".[110]

Finalmente, Bassols sabía muy bien que la exclusión de este grupo de profesores había debilitado a la Universidad Autónoma de México, como se percibe en su discurso del 17 de octubre de 1933, donde afirma:

> El Gobierno de la República se queda, señores, con un renglón de actividad educativa que es indudablemente el de mayor trascendencia y significación para el grueso de nuestros habitantes: la educación técnica, la educación útil que enseña a mover la mano y a utilizar las fuerzas de la naturaleza, para crear productos capaces de elevar el estándar de vida de las grandes masas trabajadoras.[111]

---

108 Emilio García Bonilla, "El conflicto universitario de 1933...", p. 282.

109 Emilio García Bonilla, "El conflicto universitario de 1933...", p. 277.

110 Abraham Valencia Flores, "En pos de organizar la educación técnica en México...", p. 293.

111 Gerardo G. Sánchez Ruiz, "La autonomía de la UNAM...", p. 214.

* * *

Como hemos visto, la Universidad Nacional Autónoma de México atravesó en 1933 por una situación sumamente conflictiva, debido a que algunos profesores, autoridades y estudiantes, alineados con la política educativa del gobierno federal, se propusieron orientar las decisiones y las actividades universitarias hacia la militancia de izquierda, a través de la ideología del materialismo histórico. Algunos grupos políticos que formaban parte de la comunidad universitaria se alzaron entonces en contra de este propósito, tomando para sí la bandera de la libertad de cátedra, y lograron convencer a muchos estudiantes y profesores de adherirse a su movimiento.

Sin embargo, el conocimiento que tenemos sobre el movimiento universitario de 1933 presenta aún muchas zonas oscuras, muchos aspectos sobre los cuales aún faltan investigaciones que permitan complementar y matizar las certidumbres que se tienen hasta el momento sobre el tema.

En este trabajo se propone el estudio de tres de estos aspectos: la ideología subyacente en los discursos de los dirigentes, el papel de la ciencia y la tecnología en la Universidad de 1933, y la expulsión de los grupos y los universitarios de izquierda que tuvo lugar en la nueva institución autónoma. Y se aportan tanto datos como reflexiones, con el afán de contribuir, desde la perspectiva de la historia de la educación, no sólo al debate permanente que existe sobre la educación superior que desarrollada en México a lo largo del siglo XX, sino al muy vigente debate sobre la educación superior que existe y que se propone en nuestros días.

Seguramente la revisión de otros tantos aspectos nos ayudará a entender mejor el delicado proceso que vivió la Universidad de México durante las décadas de la posrevolución, y sobre cómo las decisiones que toman los individuos, los grupos y las comunidades que conforman las instituciones académicas tienen muchas veces consecuencias imprevistas, e incluso insospechadas.

Capítulo 14

CONFLICTOS ENTRE LA UNIVERSIDAD DE MÉXICO Y EL ESTADO

AMBROSIO VELASCO GÓMEZ
(Universidad Nacional Autónoma de México)

En *El conflicto de las Facultades* Kant planteó la inevitable confrontación entre el poder del Estado y la universidad pues una de sus principales misiones es promover la ilustración de la sociedad y con ello la autonomía y la libertad política frente al autoritarismo del poder. La historia de la universidad de México ofrece amplia evidencia del conflicto que Kant planteaba en el siglo XVIII. Desde su fundación, hace casi 5 siglos, hasta el presente el desarrollo histórico de la universidad de México ha estado marcado por tensiones y conflictos con el poder. En este trabajo nos centraremos en algunos conflictos de la universidad de México con el poder político que han tenido consecuencias importantes en los procesos de formación y desarrollo de la nación mexicana.[1] Estos momentos corresponden a la fundación de la universidad en los tiempos de la conquista, la formación de un proyecto de nación durante el periodo de dominación colonial, y el proceso de Independencia. En las conclusiones del trabajo se reflexiona sobre los retos actuales de la universidad de México y su urgente transformación.

---

1 Este trabajo se elaboró con apoyo de los proyectos PAPIIT IN 402022 y CONACYT 319475.

FUNDACIÓN Y SIGNIFICACIÓN DE LA REAL UNIVERSIDAD DE MÉXICO

Desde 1536, a escasos quince años de la conquista de México- Tenochtitlan, el primer obispo de la Nueva España Fray Juan de Zumárraga solicita a Carlos V la fundación de una universidad para que oriente la solución de los grandes problemas que se presentan en los procesos de evangelización y de colonización, "donde los errores son muy dañosos y cada día resultan más dudas y dificultades y no hay Universidad de letras a donde recurrir y ...erramos en lo que habemos de hacer, parece que no hay parte alguna de cristianos donde haya tanta necesidad de una Universidad"[2] En años subsecuentes se enviaron al Rey Carlos V otras varias peticiones para la creación de un universidad, tanto por parte de encomenderos, del Cabildo de la Ciudad de México y de dominicos y franciscanos. Aunque los intereses y motivos eran variados y hasta encontrados, coincidían en la necesidad de fundar una universidad a la cual accedió Carlos V desde 1941, pero la cédula de fundación no se emitió si no hasta el año de 1551, por conducto del príncipe Felipe II. En dicha cédula se lee: "... en dicha ciudad de México se fundase un estudio de universidad de todas ciencias donde los naturales y los hijos de españoles fuesen instruidos en las cosas de la santa fe católica y en las demás facultades..."[3]

La universidad de México inició cursos en junio de 1553 y uno de los catedráticos fundadores más destacados fue Alonso de la Veracruz, quien según Francisco Cervantes de Salazar es "el más eminente maestro en Artes y teología que hay en esta tie-

---

2 Fray Juan de Zumarraga, "Instrucciones a sus procuradores ante el Concilio Universal", México 1537, citado por Armando Pavón Romero, *El gremio docto. Organización corporativa y gobierno en la Real Universidad de México en el siglo XVI*, Valencia, Universitat de València, 2010, p. 32.

3 "Cédula Real de fundación de del 21 de septiembre de 1521"..., en Armando Pavón Romero, *El gremio docto...*, p. 328.

rra, catedrático de prima de esta divina y sagrada Facultad". En el primer curso que impartió como fundador de la universidad de México, Fray Alonso de la Veracruz, que se había formado en el humanismo de la universidad de Salamanca con Vitoria y Soto, discurrió sobre la legitimidad de la guerra de conquista y la dominación española y presento como reelección la obra *De dominio infidelium et justo bello*, en la que en coincidencia con sus maestros salmantinos pero con mayor firmeza condena la guerra de conquista, rechaza la legitimidad del dominio español sobre el Nuevo Mundo y defiende la plena racionalidad de los naturales y su derecho a gobernarse a sí mismos :

> Los habitantes del nuevo mundo no sólo no son niños amentes, sino que a su manera sobresalen del promedio y por lo menos algunos de ellos, son de lo más eminente. Es evidente lo anterior porque antes de la llegada de los españoles, y aún ahora lo vemos con nuestros ojos...Por lo tanto no eran incapaces de dominio propio.[4]

Después de analizar y refutar varios títulos legítimos de conquista y dominio sobre los pueblos del Nuevo Orbe, incluyendo la acusación de barbarie por practicar la antropofagia, Fray Alonso concluye su reelección *Sobre el dominio de los indios y la Guerra Justa* afirmando:

> ... que no hay razón justa para atacar a los infieles bárbaros recientemente descubiertos con base en que sean infieles, ni tampoco, con base en que por derecho sean súbditos del emperador, ni con base en que, si no quieren prestar obediencia ni someterse, deben ser compelidos. Esta razón, digo, no es suficiente; ya que por derecho no son súbditos, porque el emperador no es el señor de todo el orbe.[5]

---

4 Fray Alonso de la Veracruz, *Sobre el dominio de los indios y la guerra justa*, Traducción y notas de Roberto Heredia, México, UNAM, 2004, Cuestión X, p. 359.

5 Fray Alonso de la Veracruz, *Sobre el dominio de los indios y la guerra justa...*, Duda XI, p. 391.

En virtud del carácter injusto de la Conquista y el dominio del imperio español sobre las tierras, pueblos y reinos de América, Alonso de la Veracruz considera que el emperador y sus conquistadores deben reparar los daños causados a los naturales de estas tierras y a sus legítimos gobiernos "... está obligado el emperador a reparar todo el daño que han sufrido aquellos infieles que vivían pacíficamente, y a restituirles todo lo que les fue quitado. Y la misma obligación tienen todos los capitanes y soldados que tomaron parte en estos daños y despojos..."[6].

Si bien en su origen la conquista y dominación española fueron un injusto despojo y usurpación, Alonso vislumbra una posibilidad que el gobierno de facto pueda adquirir legitimidad si es reconocido libremente por los pueblos y gobiernos indígenas a cambio de que se reconozca autonomía para gobernarse con sus propias leyes y señores: "permaneciendo los antiguos reyes en su dominio, hubieran estado bajo el emperador" lo hubieran reconocido con cierto tributo, como hay muchos reyes bajo el emperador y otros señores bajo el rey. De esta manera se formaría una confederación de reinos y repúblicas indígenas articuladas en la figura de Carlos V, pero no bajo un dominio absoluto y arbitrario, sino fundado en el consentimiento de los pueblos indígenas y orientado al bien común. Como han señalado estudios recientes sobre la conquista, esta alternativa propuesta por fray Alonso desde la cátedra universitaria y también por Bartolomé de las Casas, se llevó a cabo en varios reinos y comunidades durante el siglo XVI. Al respecto señala Francisco Quijano: "Tras la conquista, las ciudades indígenas siguieron bajo la jurisdicción de sus propios gobernantes. Sin duda la llegada de los europeos trastornó el orden político de la urbe...Aun así, diversas prácticas e instituciones de gobierno se mantuvieron. La continuidad de las

---

6 Fray Alonso de la Veracruz, *Sobre el dominio de los indios y la guerra Justa...*, Cuestión X, p. 317.

ciudades indígenas fue fundamental para el mantenimiento de la capital y del reino de la Nueva España"[7]. Muchos de los *Altepeme*, comunidades políticas básicas mesoamericanas, se convirtieron en repúblicas de indios con sus respectivos cabildos y ayuntamientos, acorde al derecho indiano establecido por la Corona para acercar las instituciones y prácticas indígenas al derecho castellano. Como se verá más adelante la propuesta autonomista de Las Casas y de Alonso de la Veracruz, coincidió con proyectos posteriores relevantes de organización de la Nueva España, como la del Conde de Arana, e incluso de Independencia como la propuesta por el Ayuntamiento de la Ciudad de México en 1808 a raíz de la usurpación napoleónica de la Corona española y posteriormente en la llamada Independencia relativa que se trató de impulsar en las Cortes de Cádiz, por Fray Servando Teresa de Mier y algunos diputados americanos. Por eso no es casualidad que Mier llamara al padre Las Casas el primer héroe de la independencia de México.

El segundo curso de teología que impartió en el año académico 1554-1555 se centró sobre la obligación de los indios a pagar el diezmo. En la relección correspondiente *De Decimis* escrita y dictada en 1555, Alonso de la Veracruz consideró que los indios no tenían la obligación de pagar diezmo, pues ellos realizaban una enorme contribución en la construcción de iglesias y obras públicas. La crítica al poder imperial y eclesiástico que fray Alonso sostuvo en sus cátedras y relecciones propició la persecución del Obispo Montufar, quien en 1558 lo acusó ante un tribunal inquisitorial de herejía. Esta situación obligó a Alonso de la Veracruz a dejar la catedra e incluso a salir de Nueva España en 1562 para liberarse de la persecución del obispo y defenderse de los cargos inquisitoriales de los cuales fue absuelto. Su estancia en España se extendió por 10 años

7 Francisco Quijano Velasco, *La invención de la Nueva España*, México, Instituto de Investigaciones Históricas-UNAM, 2021, p. 49.

y durante este tiempo defendió con éxito a las órdenes religiosas de los embates de los obispos cuyo creciente poder veía con preocupación. El propio fray Alonso rechazó en tres ocasiones el nombramiento de obispo. Además, reunió en España más de 3000 volúmenes y numerosos instrumentos de observación y medición científicas que trajo consigo a regreso a México en 1572, después de la muerte de Montufar, para fundar la primera gran biblioteca en todo el continente americano en el convento agustino de San Pablo construido en un barrio indígena de la ciudad de México, donde continuó sus cátedras de Teología y artes en defensa de los indígenas hasta su muerte en 1584.

A mi juicio, fray Alonso fue el catedrático universitario más destacado en América del siglo XVI y me atrevería a decir, de todo el periodo colonial, cuando menos en México, precisamente por su crítica al poder autoritario de la Corona Española y su compromiso a favor de los indios en la solución de los más graves problemas generados por la conquista. Por ello su labor como profesor fundador de la Real Universidad de México fue señera en cuanto su misión crítica y emancipadora.

LA FORMACIÓN DE LA NACIÓN MEXICANA EN LA UNIVERSIDAD DE MÉXICO DURANTE EL PERIODO COLONIAL

Durante la dominación colonial los más destacados humanistas criollos desarrollaron una línea de pensamiento que en muchos aspectos retoma las críticas del siglo XVI a la Conquista y al imperio y construye una idea de nación mexicana, que reconoce la grandeza de los pueblos indígenas conquistados. En el siglo XVII destacan Juan Zapata y Sandoval, Carlos de Sigüenza y Góngora y Sor Juana Inés de la Cruz; en el XVIII, José Eguiara y Eguren y los jesuitas expulsos, y en el proceso de Independencia a principios del XIX fray Servando Teresa de Mier es el humanista más relevante. Varios de estos criollos retoman las ideas y argumentos de Bartolomé de las Casas y Alonso de la Veracruz en contra de la Conquista y a favor de los derechos de los naturales del Nuevo Mundo, conformando así una auténtica tradición humanista crítica del poder colonial.

Entre los humanistas del siglo XVII destacan Juan Zapata y Sandoval, mestizo de la orden de los agustinos, autor de *Sobre Justicia Distributiva* (1609), donde aboga por los derechos de los indígenas, en particular el de tener acceso a puestos públicos. En esta obra Zapata siguiendo la línea de argumentación de Fray Alonso a favor de los indios y refiriéndose a ellos señala:

> Pues habiendo sido de sus mayores aquellos reinos y posesiones no perdieron por la conversión su dominio ni el derecho de gobernarse a sí mismos y de administrarse justicia. En efecto, son ciudadanos de aquellas regiones. Y así, como el nacido en aquellas partes de España e Indias no puede ser privado de los privilegios y prerrogativas de la ciudad... del mismo modo y con mayor razón los indios no pueden ser defraudados de sus privilegios... Por lo cual en la distribución de los oficios y cargos seculares y eclesiásticos no deben considerarse con derecho diverso al de los españoles, inmigrantes y extranjeros ...[8]

Zapata y Sandoval, al reivindicar los derechos ciudadanos de los nacidos en América, anticipa ya la idea de una nación propia, al afirmar "diserto por la amada patria" y se identifica como un mexicano: "Si eres mexicano porque escuchas a un mexicano y a quien combate por ti..."[9] Zapata y Sandoval considera una injusticia dar prelación a los españoles en la ocupación de los cargos civiles y religiosos, por el sólo hecho de ser peninsulares, pues se trata de una exclusión y discriminación de los naturales de la Nueva España que son igual o más ca-

---

8 Juan Zapata y Sandoval, *Sobre la justicia distributiva,* citada por Roberto Heredia en el estudio introductorio "Después de Fray Alonso", en Alonso de la Veracruz, *Sobre el dominio de los indios y la Guerra Justa...*, p. 73.

9 Juan Zapata y Sandoval, *Sobre la justicia distributiva...*, p. 74.

paces para gobernar que los españoles. Es importante señalar que aquí ya ha cambiado el concepto de "naturales", pues no sólo se refiere a los indígenas, sino también a los criollos y mestizos. Con ello se enfatiza más el carácter multicultural de los mexicanos que tienen frente a los peninsulares el privilegio de ser naturales de América.

Otro humanista criollo del siglo XVI fue Carlos de Sigüenza y Góngora, profesor de matemáticas, astronomía y antigüedades mexicanas de la universidad de México, Entre sus obras destaca *Teatro de Virtudes Políticas*, escrita con motivo de la llegada del nuevo Virrey. Se trata de un original libro del género renacentista de "Espejo de príncipes", pero en lugar de proponer ejemplos de la antigüedad griega o romana como era costumbre, ofrece como modelo de virtudes políticas a los doce reyes mexicas, en un acto de reafirmación y orgullo de lo propio: "El amor hermoso de la virtud no debe ser buscado en modelos extraños; la alabanza doméstica mueva los ánimos, y es mucho mejor conocer los triunfos en casa."[10]

Pero la admiración al pasado indígena contrasta con la miseria en que los indios y mestizos viven en la grandiosa ciudad de México y por ello comprende sin justificar la rebelión que protagonizaron contra el virrey y el corregidor en 1692.[11] Sigüenza y Góngora es una clara expresión de un sector de los criollos que admira las civilizaciones indígenas del pasado pero al mismo tiempo desprecia a los indios vivos del presente, no obstante que en su tiempo la población indígena conformaba la mayor parte de los habitantes de la Nueva España. Este "indigenismo histórico", como lo denomina David Brading, conformará un eje central de idea de nación mexicana construida por una co-

---

10 Carlos de Sigüenza y Góngora, *Teatro de virtudes políticas*..., Seis *obras,* p. 174.

11 Véase Carlos Sigüenza y Góngora, "Alboroto y motín de México", en José Joaquín Blanco (comp.), *El lector novohispano,* México, Cal y Arena, 2003, pp. 426-487.

rriente del criollismo durante el periodo colonial, que terminará siendo predominante en la intendencia de México. [12]

Si bien esta contradicción indigenista está muy extendida en del criollismo, no todas figuras más destacadas la aceptan. La excepción más brillante es precisamente sor Juana Inés de la Cruz quien, a pesar de aspirar fervientemente a la universidad de México, no le fue posible acceder por ser mujer.

Durante el siglo XVIII el indigenismo histórico y el orgullo criollismo se cristalizan en la universidad de México en un sentimiento e idea nacionalista, como respuesta al creciente menosprecio de la Ilustración eurocéntrica hacia lo americano. Una expresión destacado del nacionalismo criollo en la universidad es la *Biblioteca mexicana* que Juan José Eguira y Eguren escribió como respuesta a un profesor de Alicante que "se atrevió a señalar a México como el sitio de mayor barbarie del mundo entero, como país envuelto en las más espesas tinieblas de la ignorancia y como asiento y residencia del pueblo más salvaje que nunca existió o podría existir en el futuro"[13] Desde 1745, un grupo de profesores de la universidad de México, encabezado por Eguiara y Eguren consagraron sus esfuerzos "a la composición de una biblioteca mexicana, en que nos fuese dado vindicar de injuria tan tremenda y atroz a nuestra patria y a nuestro pueblo".[14] Es importante enfatizar el calificativo de "mexicana" y no de novohispana en el título de la obra. El mismo Eguira explica el sentido del título:

> La razón de haber llamado mexicana a esta biblioteca, está declarada en su mismo título y refrendada por la costumbre

---

12 Véase David Brading, *Los orígenes del nacionalismo mexicano*, México, Ediciones Era, 1980, pp. 43-95, véase también David Brading, *De Orbe indiano*, México, FCE, 1998, pp. 483-500.

13 Juan José de Eguiara y Eguren, *Prólogos de la Biblioteca Mexicana*, México, FCE, 1996, Prólogo I, pp. 57-58.

14 Juan José de Eguiara y Eguren, *Prólogos de la Biblioteca Mexicana*..., p. 58.

> geográfica, en virtud de la cual se designa a toda esta región con el calificativo de mexicana, tomando el nombre de su más famosa y principal ciudad; sujetándonos nosotros a dicha costumbre y habiendo de tratar de los escritores que florecieron en la América Boreal. Intentaremos abarcarlos bajo el indicado título. [15]

La *Bibliotheca Mexicana* integra semblanzas de la vida y obra de cientos de destacados humanistas mexicanos de los siglos XVI, XVII y XVIII, tanto españoles que vivieron y escribieron en México como indios, mestizos y criollos, entre los que se encuentran todos los autores a los que nos hemos referidos. Ernesto de la Torre Villar considera que "...la *Bibliotheca* trata de ser una demostración de la identidad mexicana a través del examen espiritual e intelectual que la conforman"[16].

El nacionalismo criollo se radicaliza en la segunda mitad del siglo XVIII como respuesta al creciente absolutismo de los borbones y sus reformas autoritarias inspiradas en la ilustración eurocéntrica del siglo XVIII que expresan un irracional desprecio hacia lo americano. La centralización del poder político se llevó a cabo principalmente a través de las intendencias regionales en los virreinatos, que reforzaron los controles directos del rey e hicieron más eficiente el control militar, la administración y la recaudación, en detrimento criollos, indígenas y mestizos, cuya inconformidad con las reformas se manifestó de manera creciente, especialmente las crecientes rebeliones de pueblos indígenas, que constituían la mayor parte de la población de la Nueva España. Las rebeliones de pueblos indios se incrementaron notablemente. Por su parte la "inteligencia criolla" como la denomina Villoro como respuesta su creciente exclusión del ámbito gubernamental y eclesiástico expresaron

---

15 Juan José de Eguiara y Eguren, *Prólogos a la Biblioteca Mexicana...*, pp. 206–207.

16 Ernesto de la Torre Villar, "Estudio introductorio", en Juan José Eguiara y Eguren, *Historia de sabios novohispanos*, México, UNAM, 1998, p. XXXII

su repudio a las reformas borbónicas y al creciente eurocentrismo por medio de una producción humanista original y profundamente mexicanista. El punto extremo de estas reformas fue la expulsión de los jesuitas en 1767, que representó un ataqué directo al grupo de humanistas mexicanos más destacado. El bando de expulsión es una expresión elocuente del absolutismo despótico de la corona borbónica y su enorme desprecio a la cultura y habitantes de sus colonias:

> A todos los habitantes de este Imperio que el Rey nuestro Señor por resultas de las ocurrencias pasadas, y para cumplir la primitiva obligación con que Dios le concedió a la Corona de conservar ilesos los Soberanos respetos de ella, y de mantener los leales y amados pueblos en subordinación, tranquilidad y justicia, además de otras gravísimas causas que reserva en su Real ánimo: se ha dignado mandar a consulta de su Real Consejo y por Decreto expedido el veinte y siete de febrero último se extrañen de todos los Dominios de España, e Indias, Islas y Philipinas y demás adyacentes a los Religiosos de la Compañía...de una vez para venidero deben saber los súbditos del gran Monarca que ocupa el trono de España que nacieron para callar y obedecer; y no para discurrir, ni opinar en los altos asuntos del Gobierno. ("Marqués de Croix, "Bando de expulsión de los jesuitas 1767).

Con la expulsión de los jesuitas se intenta acabar con más de dos siglos de desarrollo del humanismo mexicano, que apenas una década atrás había documentado y elogiado con orgullo nacionalista Juan José de Eguiara y Eguren en su *Enciclopedia mexicana.* Si bien los jesuitas criollos acataron el decreto de expulsión sin resistencia, varios de ellos ya en el exilio, como Márquez, Alegre, Clavijero, Abad, Campoy elaboraron una gran obra humanística, no sólo de resistencia frente al despotismo borbónico, sino también de emancipación nacionalista. Como señala Gaos, la producción intelectual de los jesuitas expulsos representa la culminación del humanismo mexicano que antecede a la independencia política de principios del siglo XIX: "En los aludidos jesuitas mexicanos se encuentra la conciencia acabada de la mexicanidad, de la nacionalidad americana como distinta de la española. En los ilustrados de la América española se encarna, pues, la independencia espiritual de la colonia respecto de la metrópoli, respecto del pasado común, que iba a traducirse en la independencia política". [17]

Entre las obras de los jesuitas expulsos mexicanos destaca la *Historia antigua de México,* de Francisco Javier Clavigero, publicada originalmente en italiano en 1779. La obra está dedicada a la Real y Pontificia Universidad de México como el cuerpo literario más respetable del Nuevo Mundo: "Una historia de México escrita por un mexicano que no busca protección que lo defienda sino conductor que lo guíe y maestro que lo ilumine, debe sin duda consagrarse al cuerpo literario más respetable de ese Nuevo Mundo, como el más instruido en la historia mexicana y más apto para decidir el mérito de la obra y corregir los defectos que ella tenga".[18] A pie de página incluye una pequeña nota histórica sobre la universidad, donde resalta las figuras de Alonso de la Veracruz y de Francisco Cervantes de Salazar. Pero se lamenta de que no se haya conservado en la universidad el estudio de la historia de México, especialmente de los antiguos documentos y monumentos indígenas estudiados por profesores anteriores de la universidad, como Carlos Sigüenza y Góngora. Es decir, Clavigero echa de menos la falta de estudio y cultura de los antiguos indios, así como de los humanistas mexicanos que conocían y apreciaban la historia antigua de México y la reconocían como origen de la patria mexicana.

La obra cconstituye un manifiesto nacionalista frente a los europeos, pues además de defender la grandeza de los reinos antiguos en el estilo de los humanistas del siglo XVI y XVII, en

---

17 José Gaos, "Pensamiento de lengua española", en *Obras completas,* tomo VI, México, UNAM, 1990, p. 53.

18 Francisco Javier Clavijero, *Historia antigua de México,* Porrúa, México, 2003, p. XVII.

contra de las opiniones racistas de De Pauw, Buffon y Robertson sobre la degeneración natural América y el atraso cultural de sus pueblos originarios, Como señala Antonello Gerbi estas prejuiciadas y falsas opiniones fueron retomadas en la filosofía de la historia de Hegel y Kant para denostar las civilizaciones americanas. Frente a esta denostación de América, lo más importante de la obra de Clavigero fue dejar en claro que ni en lo cultural, ni en lo natural lo europeo es modelo para los americanos.

Con brillantes excepciones como sor Juana Inés de la Cruz, la actividad intelectual más significativa para conformar una idea o proyecto de nación mexicana la desarrollaron humanistas criollos en la universidad de México o que veían como Clavigero a la universidad de México como la institución emblemática de la nación mexicana.

LA UNIVERSIDAD DE MÉXICO Y LA INDEPENDENCIA

La tradición humanista republicana crítica de la Conquista que se originó en la universidad de Salamanca y de México en la primera mitad del siglo XVI alcanzó un momento de "esplendor" nacionalista en la segunda mitad del siglo XVIII que en opinión de José Gaos representa una independencia espiritual que antecede a la independencia política. Esta misma tesis la desarrolla con gran elocuencia Luis Villoro en su libro *La Revolución de Independencia* (1953). Posteriormente David Brading amplio esta tesis en su magna obra *El orbe indiano* y sostiene que no fue la ilustración europea, ni la revolución francesa las que proveyeron de motivos y argumentos la independencia de México y otras colonias hispanoamericana, sino que fueron los humanistas criollos quienes desarrollaron este pensamiento emancipador:

> De hecho, el patriotismo criollo floreció, formando una ideología que proponía un republicanismo católico y un nacionalismo insurgente... Por ello, el propósito de este libro es de-

> mostrar que, por mucho que la América española dependiera de Europa en materia arte, literatura y cultura general, sus cronistas y patriotas lograron crear una tradición intelectual que, por razón de su compromiso con la experiencia histórica y la realidad contemporánea de América fue original, idiosincrática y totalmente distinta de todo modelo europeo.[19]

Carmen Rovira y Roberto Heredia destacan la importancia que tuvo el seminario de San Nicolás con la figura de Pérez Calama profesor de Miguel Hidalgo y promotor del resurgimiento de la teología positiva de la Escuela de Salamanca, tema sobre el cual realizó un ensayo el propio Hidalgo, quien dirigió después esa insigne institución. En suma, el humanismo republicano cultivado en torno a la universidad de México y a algunos colegios y seminarios constituyó lasmás importante fuerza intelectual en el movimiento de independencia a través de figuras como Servando Teresa de Mier, Primo de Verdad, Azcárate, Carlos María Bustamante, Miguel Hidalgo, Ignacio Allende, José María Morelos, Carlos María Bustamante, entre otros.

Culminado el proceso de Independencia, la universidad de México no tuvo la capacidad de transformarse para responder a los problemas que afrontaba la nueva nación y el Estado mexicano. Quizás por este anquilosamiento durante el siglo XIX su relevancia educativa, cultural y política decayó a tal grado tal que fue clausurada varias veces por gobiernos liberales y conservadores, que abandonaron igualmente la tradición del humanismo republicano que había dado lugar al proceso de independencia. En su lugar se confrontaron ideologías conservadoras hispanistas con el pensamiento liberal anglosajón, ocasionando en términos de Edmundo O´Gorman un "trauma histórico". Para que el humanismo emancipador y la universidad volvieran a tener sentido era necesario refundar la universidad

---

19 David A. Brading, *De Orbe Indiano,* pp. 15-16.

para orientaran la construcción del nuevo proyecto de nación que requería la sociedad mexicana a principios del siglo XX. Este fue el proyecto de fundación de la Universidad Nacional de México encabezado por Justo Sierra. En su discurso inaugural en septiembre de 1910 Sierra señala: "La Universidad entonces, tendrá la potencia suficiente para coordinar las líneas directrices del carácter nacional y delante de la conciencia del pueblo mexicano mantendrá siempre en alto, para que pueda proyectar sus rayos en todas las tinieblas, el faro del ideal, de un ideal de salud, de verdad de bondad y de belleza..."[20]

COMENTARIOS FINALES: HACIA UNA UNIVERSIDAD REPUBLICANA

La transformación educativa, cultural, social y política que proponía el proyecto de la Universidad Nacional de México no pudo realizarse entonces, entre otras causas por el estallido de la revolución armada a escasos dos meses después de fundada. Pero esta misión tampoco se ha cumplido cabalmente en más de un siglo de vida institucional, a pesar de que se ha insistido una y otra vez en el compromiso social de la universidad con la nación mexicana. El rector Gómez Morín en uno de los momentos más críticos de la universidad acosada por el Estado a raíz de su autonomía señalaba en 1933:

> Autonomía no implica aislamiento como algunos argumentan. La universidad no vivirá distante de las necesidades y de los anhelos de los hombres, ni al margen de sus dolores o de su esperanza. Estará en medio de la vida social, sensible como ningún otro Instituto no sólo a las grandes fuerzas visibles que agitan a todos los hombres y a todas las mujeres, sino también

---

[20] Justo Sierra, "Discurso de inauguración de la Universidad Nacional de México", 22 de septiembre de 1910., en *Prosas*, México, UNAM, 2010, p. 174.

> a la creación, al descubrimiento y a la crítica individuales que han de tornarse después en fuerzas de la colectividad.[21]

Gómez Morín veía en la universidad fundada por Justo Sierra uno de los proyectos más importantes en la historia del México posrevolucionario que impulsaría la reconstitución de la nación e indirectamente, propiciara la democratización del Estado. Pero también reconocía que esta misión implicaba conflictos con el Estado: "En numerosos casos históricos, la razón de Estado ha prevalecido sobre la razón; más la experiencia histórica demuestra que, a pesar de la clausura o envilecimiento de la Universidad desfigurada, el pensamiento ha seguido cumpliendo su ley vital de crítica y de renovación hasta lograr de nuevo que la razón impere sobre la razón de Estado."[22]

Resulta urgente reflexionar críticamente sobre las causas y razones que han impedido que la universidad de México desarrolle su misión edificante y transformadora de la sociedad y la nación. Considero que una de las causas es precisamente la que señala Gómez Morín: el inevitable conflicto entre universidad y Estado ya vislumbrado por Kant y constatado en la historia de la Universidad Nacional de México, antes y después de su autonomía. Una forma de evitar el conflicto ha sido alejar a la universidad de su responsabilidad social, crítica transformadora y reducir su función a la formación de profesionistas que apoyen el desarrollo económico y las políticas sociales del Estado, en detrimento de la autonomía universitaria y sin priorizar el bienestar de la población mexicana con toda su diversidad y complejidad, sino sólo la de un reducido sector. Esta vía ha

---

[21] Manuel Gómez Morín, "La Universidad de México. Su función social y razón de ser de su autonomía", en *Tres ilustres de nuestro siglo: Manuel Gómez Morín, Jesús Reyes Heroles y Heberto Castillo,* México, INEHRM, Secretaría de Gobernación, 2003, p. 56.

[22] Manuel Gómez Morín. "La Universidad de México, su función social y razón de ser de su autonomía", en *Tres ilustres de nuestro siglo...*, p. 54.

sido impulsada constantemente desde el poder estatal y la universidad no siempre ha sido capaz de resistir estas presiones. Y cuando ha tenido la fuerza y voluntad de cumplir su misión de involucrarse con los problemas del país y contribuir a la formación de una conciencia nacional crítica y emancipadora, se han intensificado los conflictos con el Estado que han puesto en riesgo la autonomía universitaria y su misma existencia, como fueron los movimientos universitarios de 1968 y de años posteriores. Los intentos por resistir estas amenazas a través de una transformación radical de la universidad como la puesta en marcha en la corta rectoría de Pablo González Casanova no han tenido la continuidad necesaria e incluso para evitar estos conflictos se ha preferido en varias ocasiones renunciar al compromiso social o someterse a las directrices del Estado, en detrimento de la autonomía sin la cual la misma universidad pierde sentido y posibilidad de existencia.

¿Cómo superar este dilema? Si el conflicto entre universidad y Estado es inevitable será necesario reconocer las virtudes sociales y políticas de ese conflicto como una fuerza transformadora y progresista de la nación mexicana, como ocurrió en los momentos claves de la historia del periodo colonial a los que nos hemos referido: La resistencia de catedráticos como Alonso de la Veracruz contribuyó a una forma de organización política de la colonia menos autoritaria y violatoria de los derechos indígenas de lo que habría sido si el proyecto imperial no hubiera tenido esos serios cuestionamientos. Por su parte, los humanistas criollos del siglo XVII y XVIII resistieron el desprecio de la Ilustración eurocéntrica, desarrollaron una propia Ilustración en oposición al absolutismo borbónico y delinearon una idea y un proyecto de nación mexicana que resulto clave en el proceso de Independencia. Kant mismo, aún dentro del régimen monárquico en el que vivía, considero que para superar los conflictos que genera con el Estado el "uso público de la razón" que llevan a cabo los profesores universitarios, e requiere además de plena libertad de pensamiento, "El Estado también se reformase a sí mismo de vez en cuando y progresara continuamente hacia lo mejor ensayando la evolución en lugar de la revolución"[23] y la evolución política sólo puede tener el sentido de la libertad republicana. Como se ha visto, Justo Sierra también tuvo la esperanza de que la Universidad Nacional pudiera ser una fuerza educativa y cultural para democratizar al país. Pero para que esto pueda ocurrir es necesaria tanto la disposición del Estado a democratizarse republicanamente como la determinación de la universidad a transformarse autónomamente para cumplir con su responsabilidad social ante la nación, no ante el Estado. La primera condición está fuera de la acción directa de la universidad, pero la segunda condición es un imperativo moral de los universitarios.

Para concluir cabe preguntarse ¿cuáles son los ejes principales de transformación propia que tiene que seguir la universidad de la Nación para que pueda cumplir con su misión y responsabilidad social, a pesar de los conflictos que se puedan generar con el Estado?

Sólo a manera de hipótesis heurística diría que cuan condición fundamental es la democratización de la propia universidad en sentido republicano, pues de otra manera no podría contribuir ni siquiera indirectamente a la democratización social de la nación y del Estado. El espíritu republicano exige ante todo reconocimiento de la diversidad en todas sus manifestaciones, incluyendo la diversidad de saberes y conocimientos; inclusión de todos los grupos, clases sociales y comunidades de los beneficios de las ciencias, las humanidades y los conocimientos tradicionales (bien común) y equidad entre todos los saberes socialmente relevantes y de todas las comunidades. Este tipo de reconocimiento, inclusión y equidad implica una cambio radical del paradigma cognoscitivo predominante en

---

23 Manuel Gómez Morín, "La Universidad de México, su función social y razón de ser de su autonomía", en *Tres ilustres de nuestro siglo...*, p. 170.

nuestra universidad y en general en las sociedades capitalistas centradas primordialmente en las ciencias, las tecnologías y las tecnociencias y su sustitución por un paradigma intercultural, transdisciplinario y comunitario que responda prioritariamente a los diversidad de urgentes problemas sociales de nuestra nación y no a la acumulación del capital y a la dependencia científica y tecnológica de México[24]. Desde luego que el espíritu republicano también exige una reorganización interna de la propia universidad en la que se propicie la ampliación social de la cobertura universitaria en docencia, investigación y difusión, una descentralización administrativa y una mayor participación de los diferentes sectores de la comunidad universitaria en la toma de decisiones relevantes para la vida universitaria.

---

[24] Véase en Ambrosio Velasco Gómez, "Los desafíos de la pandemia al paradigma liberal tecno-científico neocolonialista y las sabidurías indígenas", en *Encuentros Revista de ciencias humanas, Teoría social y pensamiento crítico,* Universidad Nacional Experimental, Venezuela, n°. 14 (2021), pp. 107-120.

Capítulo 15

LA INTEGRACIÓN DE LAS MUJERES AL PROYECTO UNIVERSITARIO EN MICHOACAN: LA PRIMERA EXPERIENCIA COEDUCATIVA, 1920-1922

MIGUEL ÁNGEL GUTIÉRREZ LÓPEZ
(Universidad Michoacana de San Nicolás de Hidalgo)

La Universidad Michoacana fue establecida en 1917 como la institución responsable de administrar toda la educación superior. En el modelo con el que fue creada y en su primera ley orgánica, de agosto de 1919, la presencia de las mujeres quedó circunscrita principalmente a la Escuela Normal para Profesoras y a la Escuela Industrial para Señoritas. También pudieron acceder a otros espacios universitarios, aunque su participación fue marginal en los primeros años.

La integración de las mujeres al ámbito universitario tuvo un carácter disruptivo. Además de las consideraciones morales y de las discusiones sobre su capacidad para desempeñar diversos tipos de actividades y profesiones, lo que impactó a la sociedad de la época fue su presencia en el espacio público y en particular en ámbitos tradicionalmente reservados para los hombres. Por estas razones, la participación femenina en la educación superior estuvo acotada a ciertas áreas del conocimiento en las que en ese momento se consideraba aceptable o deseable su inclusión.

La tensión social que ocasionaba la presencia de las mujeres en las aulas universitarias se profundizó al inicio de los años veinte con la implementación de la coeducación, que implicó que ambos sexos accedieran a los mismos espacios escolares. Esta integración no significó que lo hicieran en igualdad de circunstancias y, en la práctica, se mantuvieron vigentes los criterios de diferenciación que afectaban a las mujeres; además, diversos sectores dentro y fuera de la universidad se pronunciaron en su contra.

La presión social y política llevó a que la implementación de la coeducación fuera pasajera y se mantuviera únicamente durante la administración estatal de Francisco J. Múgica y el rectorado de Ignacio Chávez Sánchez. En un corto periodo de tiempo, que inició en 1920 y terminó en 1923, se pasó de la propuesta y discusión a la implementación y cancelación del proyecto coeducativo en la Universidad. Múgica llegó al poder postulado por el Partido Socialista Michoacano y junto con Chávez impulsó una reforma universitaria profunda. Entre sus ideas promovieron y defendieron la coeducación y los planteles mixtos, lo que provocó diversas críticas, principalmente de los sectores católicos.

EN PROBLEMA DE LA COEDUCACIÓN

El término "coeducación" se utilizó inicialmente como referencia a las universidades en las que, bajo una sola dirección y administración, podrían matricularse estudiantes de ambos sexos, con el fin de ser instruidos por los mismos profesores, aunque siguiendo métodos distintos y estableciendo aulas separadas para uno y otro sexo. Este modelo fue conocido posteriormente como coeducación por *yuxtaposición*, porque, aun cuando los edificios y parte del equipo empleados en la formación académica fueran idénticos para ambos sexos, las secciones femeninas nunca se juntaban con las masculinas en las clases. Los primeros ejemplos de este modelo de escuelas se remontan al siglo XIX; entre los más significativos pueden señalarse: el Colegio Overlin, en los Estados Unidos (1837); el Queen's College de Londres, Inglaterra; y la Escuela de Matronas o Parteras de la Real y Pontificia Universidad de Santo Tomás, en Manila, Filipinas (1881).[1] Este modelo fue el que, en una medida importante, estuvo presente en la Universidad Michoacana, porque la propuesta de integración se limitó solamente a algunas actividades y en diversos cursos continuó la separación previa. Alumnas y alumnos coincidían en el mismo plantel, pero la formación que recibían y las actividades que realizaban eran diferentes por razones de sexo.

La implementación de la coeducación en la Universidad Michoacana coincidió con discusiones y preocupaciones similares en otros lugares del país. En el Primer Congreso Feminista, convocado por la Sección Mexicana de la Liga Panamericana de Mujeres, realizado en la Ciudad de México del 20 al 30 de mayo de 1922, se emitieron resoluciones y se hicieron solicitudes de carácter político, económico y educativo. En este rubro se demandó la creación de escuelas industriales y de artes y oficios; así como que en los planteles oficiales se impartieran conocimientos de biología, higiene y puericultura. También hubo pronunciamientos a favor de la coeducación y por el fomento de las organizaciones femeninas y sociedades cooperativas para obtener productos a precios ventajosos para el hogar.[2]

Las discusiones sobre la coeducación se acentuaron en los años siguientes. En la encíclica *Divini Illius magistri*, emitida el

1 Victoriano Vicente, "La primera universidad coeducacional de Oriente", *Revista Española de Pedagogía,* 104 (1968), pp. 349-361, en particular pp. 349-352.

2 Engracia Loyo, "De sierva a compañera: la imagen de la mujer en las publicaciones oficiales (1920-1940", en Lucía Melgar (coord.), *Persistencia y cambio: acercamientos a la historia de las mujeres en México,* México, El Colegio de México, 2008, p. 163.

31 de diciembre de 1929 por el papa Pío XI, se condenaron tres "errores" cometidos por el Estado en el campo educativo. Estas faltas correspondían con prácticas e ideas que la Iglesia buscaba evitar en sus escuelas y que también combatió en los establecimientos públicos: a) el naturalismo pedagógico, es decir, una educación que minimizara o excluyera la "formación natural cristiana"; b) la educación sexual; y c) la coeducación, educación simultánea de niños y niñas[3], considerada peligrosa por razones de diversa índole.

Las diferencias entre la Iglesia y el Estado ocasionadas por estas ideas se profundizaron con la reforma del artículo 3° constitucional en 1934, que dio sustento a la educación socialista, y con la *Ley de Educación* de 1938, en la que se señaló que la escuela tendería a la coeducación, que fue definida como "la convivencia de uno y otro sexo en el mismo medio escolar para obtener la cooperación en idénticas tareas y el respeto mutuo y la igualdad de oportunidades para intervenir en el proceso de integración social..."[4]

La posibilidad de implementar la coeducación fue una medida muy discutida por las autoridades de la Universidad Michoacana una vez que Ignacio Chávez llegó a la rectoría en 1920. El modelo escolar predominante en las escuelas oficiales y privadas se caracterizaba por la separación de hombres y mujeres en los espacios y planes educativos. Los miembros del Consejo Universitario consideraban que una medida de esta naturaleza causaría muchos inconvenientes en la sociedad moreliana. Además, también fue evidente que algunos de ellos eran contrarios a la idea de instituir planteles y programas mixtos en la Universidad. El rector defendió la propuesta y obtuvo

---

3 Valentina Torres Septién, *La educación privada en México, 1903-1976*, México, El Colegio de México-Universidad Iberoamericana, 1997, p. 39.

4 Engracia Loyo, "De sierva a compañera...", p. 175.

el apoyo de los consejeros para conseguir que algunas escuelas realizaran cambios y adoptaran un modelo mixto.[5]

La coeducación era el reflejo de un espíritu de renovación que planteaba una nueva organización de la enseñanza y una concepción diferente sobre los papeles y funciones que deberían cumplir hombres y mujeres en la escuela y en su posterior actividad profesional. En el inicio del siglo XX era una práctica minoritaria en los planteles oficiales, pero cada vez contaba con un mayor número de simpatizantes entre las comunidades académicas. No obstante, a pesar de su carácter vanguardista, la implementación de la coeducación también fue una respuesta a la precaria situación económica por la que atravesaban la Universidad y las arcas públicas; la unión de los alumnos en planteles y cursos mixtos permitía ahorros significativos de recursos humanos y financieros.[6]

LA COEDUCACIÓN Y LA PRESENCIA DE LAS MUJERES EN EL PROYECTO UNIVERSITARIO

En los primeros años de existencia de la Universidad y durante la mayor parte de los años veinte, el ingreso de las estudiantes a la enseñanza secundaria y preparatoria, que se impartía en el Colegio de San Nicolás, fue escaso y por momentos inexistente. Por lo tanto, el ingreso de las mujeres a la formación profesional de la abogacía y la medicina (médico cirujano y partero) fue prácticamente nulo.[7]

---

5 Adrián Luna Flores, *Los estudios de Comercio y Administración en la Universidad Michoacana, 1915-1961*, Morelia, Universidad Michoacana de San Nicolás de Hidalgo, 2018, pp. 116-117.

6 Adrián Luna Flores, *Los estudios de Comercio y Administración...*, p. 117.

7 Carmen Edith Salinas García, *Las estudiantes en la Universidad Michoacana, 1917-1939*, Morelia, Universidad Michoacana de San Nicolás de Hidalgo, 2005, p. 88.

Ante estas restricciones, las mujeres se integraron al proyecto universitario a través de escuelas y áreas del conocimiento concebidas específicamente para ellas. Estos espacios correspondieron a la educación técnica, representada por la Escuela Industrial para señoritas; la enseñanza normal, a través de la Escuela Normal para profesoras, y la formación profesional, donde en la Escuela de Medicina las mujeres podían cursar las carreras de obstetricia y farmacia.[8]

Con la llegada de Francisco J. Múgica a la gubernatura del estado y el inicio del rectorado de Ignacio Chávez, se implementaron cambios en la estructura y organización universitarias. Los cambios respondieron, según la justificación oficial, a medidas de orden pedagógico, económico y social. Por estas razones se fusionaron las Escuelas Normales para dar lugar a la Escuela Normal Mixta; la Academia de Bellas Artes también adquirió un carácter mixto; las secciones comerciales que se impartían desde 1917 en la Escuela Normal para Profesores y en la Escuela Industrial para Señoritas se fusionaron en la Escuela de Contadores, Taquígrafos y Telegrafistas, que en poco tiempo se convirtió en un plantel atractivo para la población estudiantil femenina. Con estos cambios se desvinculó de la Universidad a la Escuela Industrial para Señoritas. En la Escuela de Medicina, además de la carrera de Obstetricia se implementó la de Enfermería. El proyecto de las escuelas normales rurales fue otro sector de la educación superior donde se abrieron oportunidades de estudio para las mujeres,[9] aunque en los primeros años tuvieron una cobertura muy restringida.

El proyecto universitario integró a planteles donde se impartían conocimientos técnicos en las áreas industrial y comer-

---

8 Carmen Edith Salinas García, *Las estudiantes en la Universidad Michoacana…*, p. 63.

9 Carmen Edith Salinas García, *Las estudiantes en la Universidad Michoacana…*, p. 70.

cial. Por un breve periodo de tiempo, funcionó la Escuela Industrial para Señoritas. Además, también estaban en funciones tres secciones comerciales, una de éstas anexa al plantel anteriormente mencionado y las otras a la Escuela Normal para Varones y al Colegio de San Nicolás. Estas secciones se integraron, en 1921, para constituir la Escuela de Contadores, Taquígrafos y Telegrafistas, que posteriormente se transformó en la Escuela de Comercio. Después de la Escuela Normal este fue el plantel con mayor presencia estudiantil femenina.[10]

Algunos de los estudios que se impartían en la Escuela Industrial para Señoritas tenían dos finalidades: por una parte, respondían al interés del Estado por instruir a las mujeres, principalmente a las de sectores populares, para ejercer un oficio o especializarse en algunas tareas domésticas; a la vez, se buscaba despertar el interés por las industrias, principalmente de carácter doméstico, como parte de un proceso educativo que se pensaba incidiría en el desarrollo de la economía nacional.[11]

La Escuela Industrial para señoritas fue parte de la Universidad en los cursos de 1919 y 1920. En el primer año se impartieron las siguientes materias: Arte culinario y conservas alimenticias; Cerámica; Confección de lacas estilo Uruapan; Confección de sombreros de palma; Corte estilo sastre; Dulcería y repostería; Flores artificiales; Juguetería; Labores femeniles; Lavado, planchado y desmanchado; Repujado; Ropa interior; Tejidos de lana, algodón y seda; Tintorería; Tocado y trabajos de pelo; Trabajos de pluma; Trajes femeniles. En 1920 fueron los siguientes: Arte culinario; Cerámica; Corsetería; Corte de ropa; Corte estilo sastre; Desmanchado; Flores de lienzo; Labores; Planchado de lustre; Repujado; Ropa in-

10 Carmen Edith Salinas García, *Las estudiantes en la Universidad Michoacana...*, p. 105.

11 Carmen Edith Salinas García, *Las estudiantes en la Universidad Michoacana...*, p. 106.

terior de caballero; Sombreros de lujo; Trabajos de palma, fibra y seda; Trabajos femeniles. Estos cursos fueron impartidos por profesoras formadas, en su mayoría, en la Escuela Normal. Para el ciclo escolar de 1919, que se extendió del 7 de enero al 31 de agosto se inscribieron 227 alumnas. Este plantel tenía una Escuela Primaria Anexa y una sección comercial.[12]

Los estudios comerciales fueron otra alternativa para la población estudiantil femenina. En 1919, en la sección correspondiente a la Escuela Normal, se inscribieron 46 alumnos, de los cuales 21 eran mujeres; en el Colegio de San Nicolás había 15 alumnas.[13] El 28 de diciembre de 1920 se notificó al Poder Ejecutivo estatal la decisión del Consejo Universitario de crear la Escuela de Contadores, Taquígrafos y Telegrafistas. Esta medida recibió el respaldo de las autoridades, por lo que los cursos en el nuevo plantel iniciaron al año siguiente. La enseñanza comercial tuvo una alta demanda entre la población estudiantil y recibió a una de las matrículas universitarias más numerosas. En 1921 ingresaron 160 alumnos, distribuidos de la siguiente manera: taquimecanografía 68, telegrafía 51, contabilidad 41. Para el primer año se registraron 79 alumnas, que representaban prácticamente el 50% del total; en su mayoría se inscribieron en la carrera de Taquimecanografía.[14]

Otra alternativa formativa para las mujeres que ingresaron a la Universidad fueron los estudios artísticos, que estuvieron presentes desde el inicio, pero fueron integrados formalmente hasta 1920. La Academia de Bellas Artes fue un establecimiento con gran demanda en ese momento. En ese ciclo escolar la

---

12 Carmen Edith Salinas García, *Las estudiantes en la Universidad Michoacana...*, pp. 106-108.

13 Carmen Edith Salinas García, *Las estudiantes en la Universidad Michoacana...*, pp. 109-110.

14 Adrián Luna Flores, *Los estudios de Comercio y Administración...*, pp. 120, 129-130.

inscripción fue de 206 alumnas y 203 alumnos. Las clases de piano y solfeo fueron las más demandadas por las primeras, con un registro de 151 y 59 respectivamente. Por su matrícula este plantel era uno de los más concurridos.[15]

La matrícula disminuyó drásticamente en 1921, pero fue como consecuencia de la implementación de la enseñanza mixta. Originalmente, por la mañana asistían las mujeres y por la tarde los varones, pero al implementarse la coeducación todos debían concurrir en los mismos horarios. En 1922 la Academia contó con 22 alumnas y 26 alumnos, inscritos en las asignaturas de Dibujo, Solfeo y Piano. Ante esta situación, el Consejo Universitario acordó que el plantel funcionaría únicamente con las clases que tuvieran alumnos suficientes y que los recursos disponibles se utilizarían en pensiones para los profesores.[16]

La Escuela Normal para Profesoras o Escuela Normal Para Señoritas, como también era nombrada y conocida, y las escuelas normales rurales, fueron los espacios educativos donde se concentró la mayoría de la población estudiantil femenina en las primeras décadas de existencia de la Universidad. La carrera magisterial, como sucedió en el final del siglo XIX, continuó siendo la mejor alternativa para las mujeres que aspiraban a una profesión. Además, este tipo de estudios gozaban de aceptación social, lo que posibilitó su crecimiento y en la primera década de los estudios universitarios se inscribieron al menos

---

15 Archivo Histórico de la Universidad Michoacana de San Nicolás de Hidalgo [en adelante AHUM], fondo UMSNH, sección Educación Profesional, serie Academia de Bellas Artes, subserie comunicados, caja 98.

16 AHUM, fondo Consejo Universitario [en adelante CU], sección Secretaría [en adelante S], serie Actas [en adelante A], acta del 25 de enero de 1922. Miguel Ángel Gutiérrez López, *Los estudios musicales en la Universidad Michoacana, 1917*-1940, Morelia, Universidad Michoacana de San Nicolás de Hidalgo, 2002, p. 68. Carmen Edith Salinas García, *Las estudiantes en la Universidad Michoacana...*, p. 116.

550 alumnas.[17] Asimismo, la enseñanza normal fue una de las pocas áreas del conocimiento a las que se podían integrar con la garantía de obtener un título oficial.

En 1919 la población estudiantil de la Escuela Normal para Varones fue de 19 alumnos, cuando el ciclo anterior había sido de 52. Las razones de este descenso fueron diversas, pero la principal parece haber sido de carácter económico porque se suspendió el apoyo que los estudiantes recibían por parte de las autoridades estatales. Mientras tanto, en el plantel femenil estaban inscritas 118 alumnas; en 1920 fueron 102, por 31 alumnos en el plantel varonil.[18]

La existencia de dos escuelas normales respondía a la necesidad de separar a los estudiantes a partir de su sexo. Esta diferenciación empezó a ser cuestionada en 1920, cuando el gobernador Francisco J. Múgica designó rector al médico Ignacio Chávez y juntos impulsaron un proceso de reforma en la Universidad. En ese momento la Escuela Normal para Profesoras tenía un plan de estudios que había sido consensado en febrero, a partir de una propuesta de la Junta Facultativa del plantel:

- Primer año: Lengua Castellana, seis horas por semana; Solfeo, tres horas; Caligrafía, tres horas; Matemáticas, seis horas; Labores, tres horas; primer ciclo de Geografía, tres horas; Historia Patria, tres horas; Gimnasia, dos horas; Moral y Urbanidad, una hora; Trabajos Manuales, dos horas.
- Segundo año: Matemáticas, tres horas por semana; Raíces Griegas y Latinas, tres horas; Solfeo, tres horas; Di-

---

[17] Carmen Edith Salinas García, *Las estudiantes en la Universidad Michoacana...*, pp. 97, 99.

[18] Carmen Edith Salinas García, *Las estudiantes en la Universidad Michoacana...*, pp. 99-100.

bujo, tres horas; Lengua Castellana, seis horas; Labores, tres horas; Trabajos Manuales, dos horas; Física y Cosmografía, tres horas; Gimnasia, dos horas; segundo ciclo de Geografía, tres horas.

- Tercer año: Matemáticas, tres horas por semana; Historia Universal, tres horas; Química y Mineralogía, tres horas; Dibujo, tres horas, Anatomía y Fisiología, tres horas; Metodología y Pedagogía, tres horas; Francés, seis horas; Economía Doméstica, dos horas; Labores, tres horas; Gimnasia, dos horas.
- Cuarto Año: Pedagogía y Metodología de la Lengua Nacional, seis horas por semana; Dibujo, tres horas; Botánica y Zoología, tres horas; Psicología Pedagógica, tres horas; Literatura, tres horas; Labores, dos horas; Inglés, seis horas; Gimnasia, dos horas.
- Quinto Año: Enfermería e Higiene, tres horas por semana; Derecho Usual e Instrucción Cívica, tres horas; Pedagogía y Metodología, seis horas; Corte y Confección, tres horas; Ejercicios Prácticos Científicos, dos horas.[19]

Es significativo el número de horas, entre cuatro y seis, que en todos los años se dedicaban a actividades que eran consideradas propias de la formación de las mujeres, como las que se impartían en las clases de Economía Doméstica, Labores y Trabajos Manuales. La inclusión de estos contenidos marcaba una diferencia notable con los que recibían los alumnos del otro plantel.

Los esfuerzos por garantizar una formación rigurosa fueron una preocupación constante para las autoridades universitarias porque era notorio que la profesionalización de la enseñanza en las escuelas de nivel básico era aún muy incipiente.

---

[19] AHUM, CU, S, A, acta del 07 de febrero de 1920.

En julio de 1920, cerca de medio centenar de alumnas de la Escuela Normal pidieron el apoyo del Consejo Universitario para protestar ante la Dirección General de Instrucción Primaria porque se estaban otorgando "certificados de aptitud", como reconocimiento oficial, para ejercer el trabajo magisterial, a quienes no habían cursado estudios normalistas. Las estudiantes consideraban que la expedición de estos documentos atentaba contra sus intereses porque quienes los ostentaran podían competir laboralmente contra ellas, sin que tuvieran que demostrar el rigor que requerían la formación y el título que se obtenían en las aulas universitarias. Una queja similar había sido expuesta por los alumnos del establecimiento varonil.[20] A pesar de las circunstancias que provocaron estos reclamos, las Escuelas Normales ya estaban posicionadas como dos de los planteles con mayor demanda y aceptación social.

El inicio del rectorado de Ignacio Chávez, en noviembre de 1920, tuvo lugar en un escenario de conflictividad política debida a la sucesión en la gubernatura del estado y el inicio de la administración de Francisco J. Múgica. Una de las dependencias más afectadas por la inestabilidad social fue la Escuela Normal para Profesoras, en la que se suspendieron exámenes recepcionales y renunciaron la subdirectora y la secretaria.[21] La negativa de algunos docentes para colaborar con las nuevas administraciones estatal y universitaria fueron un problema que afectó la organización de las actividades para el año lectivo de 1921.[22]

En ese ambiente de inestabilidad política y polarización ideológica el 19 de noviembre empezó a discutirse en el Consejo Universitario el tema de la coeducación. La primera propuesta fue la de unir en un solo establecimiento las secciones

---

20 AHUM, CU, S, A, acta del 24 de julio de 1920.

21 AHUM, CU, S, A, acta del 03 de noviembre de 1920.

22 Véase: AHUM, CU, S, A, actas del 13 y 19 de noviembre de 1920.

de enseñanza comercial de las Escuelas Normales. La directora del plantel femenino expuso estar de acuerdo con la formación de uno mixto, aunque alertó que "la sociedad" atacaría el proyecto. El rector respondió que "[había] que enseñar a la juventud a convivir, puesto que no toda la vida [iban] a estar separados hombres y mujeres". El consejero Primo Serranía Mercado apoyó la postura del rector, pero también consideró que sería difícil llevarla a la práctica. La propuesta fue aprobada, después de declarar su intención de implantar la coeducación, "aun cuando para ello se [tuviera] que luchar con prejuicios arraigados". Por su parte, el consejero Adolfo Cortés agregó que: "por ahora se tropezaría, sobre todo, con las rancias costumbres de nuestro medio social; pero que, de todos modos, cuando el éxito no fuera completo, la Universidad debía sentirse orgullosa de haber dado un gran paso hacia el progreso, hacia el porvenir".[23]

El rector dio a conocer su propuesta de crear la Escuela Normal Mixta, con la fusión de los dos planteles existentes. Señaló que para ello tenía razones pedagógicas, económicas y sociales. Consideró que el proyecto podría llevarse a cabo porque los alumnos eran del "más alto nivel intelectual" y dio a conocer que, en la Ciudad de México; Saltillo, Coahuila, y otros lugares del país ya había experiencias similares. También señaló que no consideraba que solo en Morelia estuviera presente el "temperamento latino", que argumentaban quienes se oponían a la coeducación. Tras discutirse el asunto se aprobó la creación del nuevo plantel,[24] lo que implicó que iniciaría sus actividades académicas a partir del año siguiente.

El 11 de enero de 1921 se determinó que, en la Escuela Normal, se cursaran las carreras de profesor de educación rudimentaria, elemental y superior, con sus respectivos planes de

---

23 AHUM, CU, S, A, acta del 19 de noviembre de 1920.

24 AHUM, CU, S, A, acta del 19 de noviembre de 1920.

estudio. En las discusiones se estableció que la primera se mantendría mientras fuera necesario y posteriormente desaparecería para que el plantel se concentrara en una formación más completa para sus egresados.[25] Dos días después se nombró a los profesores; todos con el carácter de interinos. En el siguiente listado pueden verse las asignaturas y sus responsables:

- Aritmética, Algebra y Geometría: Jesús Magaña Soto.
- Lengua Nacional, 1°, 2° y 3°: Carlos Treviño.
- Geografía Patria: Nicolasa Mondragón.
- Geografía Universal: Jesús Andrade.
- Historia Universal: Adolfo Cortés.
- Labores, 1°: María Gil.
- Labores, 2°: Clementina Gil.
- Labores, 3°: Socorro Alvarado.
- Labores, 4°: Sofía Romero.
- Corte y Confección de Ropa: Luisa Ruíz.
- Metodología: Dolores Games.
- Documentación y Legislación Escolar: María Gutiérrez.
- Francés, 1° y 2°: George Godssels.
- Anatomía, Fisiología e Higiene: Rafael Morelos Z.
- Educación Cívica y Sociología: Alfredo Moreno.
- Gimnasia, 1ª sección: Juan Díaz V.
- Gimnasia 2ª sección: Emilia Ortiz
- Acompañamiento de Armonio: Ignacio Bremauntz

25 AHUM, CU, S, A, acta del 11 de enero de 1921.

- Dibujo, 1°: Rebeca Cárdenas.
- Dibujo, 2°: Guadalupe Granados.
- Pintura: Salvador Martínez Báez.
- Caligrafía: Alfonso Sereno.
- Botánica y Zoología: Ignacio Bremauntz.
- Química General: Salvador Franco López.
- Psicología Pedagógica: Jesús Díaz Barriga.
- Raíces Griegas y Latinas: Mariano de J. Calderón.
- Enseñanza Manual, 1° y 2°: Victoria Pardo.
- Física y Cosmografía: Fiacro Pérez.
- Pedagogía, 1° y 2°, e Historia de la Pedagogía: Sabino Fernández.
- Solfeo, 1° y 2°: Francisco Martínez Flores.
- Ejercicios Científicos Prácticos: Sabino Fernández
- Inglés, 1°: Jesús Castro Torres
- Inglés, 2°: Rafael Ramírez Jones (o Jesús Castro Torres).
- Economía Doméstica: M. Inés Sánchez.
- Las clases de Moral y de Urbanidad serían impartidas en forma de conferencias por el director de la Escuela Normal Mixta.[26]

La escuela, ahora mixta, fue en realidad la suma de dos planteles y en la práctica algunas clases y actividades siguieron divididas en varoniles y femeniles, como en el caso de Gimnasia, en que había dos secciones. En algunos otros, como en La-

[26] AHUM, CU, S, A, acta del 13 de enero de 1921.

bores y Economía Doméstica las actividades estaban enfocadas completamente en la población femenina.[27]

Para 1921 los requisitos de ingreso a la Escuela Normal Mixta fueron: tener una edad no menor de trece, catorce y quince años para cada una de las respectivas carreras: superior, elemental y rudimentaria; presentar un certificado médico de buena salud; "ser de buena conducta"; y, presentar certificado de instrucción primaria superior.[28]

La Escuela Normal Mixta contaba con dos planteles "modelos": Escuela Superior Anexa para niñas y la Escuela Superior Anexa para niños, que servían como centro de prácticas para los futuros profesores. Al discutirse el nombramiento de su planta docente, el consejero Felipe Aguilera Ruiz comentó que había "oído decir a los pedagogos que las escuelas de niños [debían] ser atendidas por profesores varones, y que como el personal que [proponía] la Dirección de la Normal, para la Escuela de Niños, [estaba] integrado por señoritas en su mayor parte, desearía saber las razones que para ello se tuvieron en cuenta". El director, Sabino Fernández, señaló que no veía inconveniente en que fueran "señoritas" quienes se encargaran de los cursos en los primeros tres años, pero que para los últimos sí serían "necesarios" "varones". También comentó la dificultad que tuvo para encontrar profesores porque solamente los directores de las escuelas oficiales estaban titulados y todas las plazas de auxiliares estaban ocupadas por "señoritas". Además, comentó que esa dificultad era mayor para encontrar a

---

[27] En 1919 y 1920 el plan de estudios de la Escuela Normal para profesoras fue similar al de varones, pero contó con asignaturas exclusivas para mujeres: Labores, Corte y Confección de Ropa, Enfermería Práctica y Economía Doméstica. La unión de los planteles en 1921 no cambió el sentido de estas asignaturas. Carmen Edith Salinas García, *Las estudiantes en la Universidad Michoacana...*, p. 101.

[28] AHUM, CU, S, A, acta del 13 de enero de 1921.

quien sería el secretario del plantel, ya que debería "tratar con señoritas y, sobre todo, ser de notoria moralidad".[29]

El 1 de marzo se anunció que, por instrucciones del gobernador del Estado, Sabino Fernández dejaba la dirección de la Escuela Normal Mixta para que su lugar fuera ocupado por Antonio Moreno. Éste, como su primera medida en el cargo, propuso que los estudios en el plantel se extendieran de cinco a seis años, argumentando que la ampliación era necesaria para proporcionar a los alumnos una mejor preparación y mayor tiempo para prácticas profesionales. También solicitó que se incorporaran asignaturas relativas a la enseñanza comercial. Ambas propuestas fueron aprobadas por el Consejo Universitario.[30]

El 16 de abril se actualizó la designación de los profesores de la Escuela Normal Mixta, para que correspondieran con las modificaciones al plan de estudios realizadas por el director del plantel con autorización del Consejo Universitario. Los nombramientos fueron los siguientes:

- Lectura Superior: Juan B. Sánchez.
- Aritmética: Carlos Treviño.
- Ejercicios de Lenguaje, primer año: Gregorio Ayala C.
- Ejercicios de Lenguaje, segundo año: Carlos Treviño.
- Geografía Universal: José Laguardia.
- Economía Doméstica y Urbanidad: María Mosiño.
- Enseñanza Manual y Ejercicios científicos Prácticos: Victoria Pardo.
- Gimnasia: Juan Díaz V.
- Francés, 1° y 2°: Adolfo Arreguín.

---

29 AHUM, CU, S, A, acta del 19 de enero de 1921.

30 AHUM, CU, S, A, acta del 1 de marzo de 1921.

- Taquigrafía, primera sección: Manuel Rivadeneyra.
- Taquigrafía, segunda sección: Arturo H. Rascón
- Metodología General: Antonio Moreno.
- Labores, 1°, 2° y 3°: Clementina Gil.
- Corte y Confección: Benilde Álvarez.
- Coros Escolares: Ignacio Bremauntz.
- Gramática Castellana, primer año: Alberto Coria.
- Gramática Castellana, segundo año: Adolfo Cortés.
- Historia Universal: Alfredo Moreno.
- Literatura y Composición: José Barriga Z.
- Educación Cívica y Economía Política: Rodolfo Chávez.
- Contabilidad: José García B.
- Dibujo y Pintura: Salvador Martínez
- Metodología Aplicada, primer año: Federico García.
- Metodología Aplicada, segundo año: Mónico Gallegos.
- Metodología Práctica, primer año: María Mosiño.
- Metodología Práctica, segundo año: José Sánchez C.
- Metodología Práctica, tercer año: Fiacro Pérez.
- Higiene y Puericultura: José Laris.[31]

María Mosiño fue designada subdirectora de la Escuela Normal Mixta el 30 de abril de 1921.[32] En este plantel, además de la matrícula femenil, también fue significativa, aunque

---

[31] Quedó pendiente el nombramiento del profesor de Principios Generales de Educación. AHUM, CU, S, A, acta del 16 de abril de 1921.

[32] AHUM, CU, S, A, acta del 30 de abril de 1921.

limitada, la presencia de mujeres en la planta docente y en el cuerpo administrativo y de dirección. Esta circunstancia, también puede considerarse un efecto de la coeducación, ya que las llevó a convivir en espacios y funciones universitarios que habían estado reservados para los hombres.

Como puede percibirse por la información previa, la fusión de las Escuelas Normales respondió al modelo de coeducación existente en la época, que en la práctica no correspondía con el ideal de integración expuesto originalmente, que postulaba la generación de un ambiente escolar en el que convivieran hombres y mujeres como parte de un proyecto educativo común. Más allá de la pertenencia a un mismo plantel, seguían presentes en el plan de estudios y en su implementación las mismas consideraciones que justificaban la existencia de una educación diferenciada por razones de sexo. Otras circunstancias notorias eran la inestabilidad de la planta docente y las frecuentes modificaciones en la organización de los estudios. Asimismo, la situación política en el estado y dentro de la Universidad propició la renuncia o destitución de profesores por razones ideológicas.

Como se mencionó previamente, la presencia de las mujeres los estudios secundarios, preparatorios y profesionales fue muy limitada y en los primeros años de vida universitaria fueron un privilegio para los hombres que podían acceder a la educación superior. En el Colegio de San Nicolás y en las escuelas de Derecho, Ingeniería y Medicina el ingreso de las alumnas se limitó a cursos o áreas muy específicos y en las que su participación era socialmente aceptada.

Los estudios secundarios y preparatorios que se ofrecían en el Colegio de San Nicolás correspondían a carreras que se consideraban inapropiadas para las mujeres. Entre 1919 y 1929 ingresaron en el plantel aproximadamente 90 alumnas, pero solamente cuatro de ellas realizaron, hacia el final de la década, los cursos secundarios y preparatorios necesarios para ingresar a una carrera en las escuelas de Medicina y Derecho. Todas las demás estudiantes se integraron al Colegio provenientes de otras dependencias universitarias y solo para tomar alguna clase; por ejemplo, en 1919 las normalistas del 4° año acudían a la de Tarasco; muchas otras cursaron únicamente materias comerciales. En el mismo periodo de tiempo también se incorporaron alumnas que tenían la intención de estudiar Farmacia en la Escuela de Medicina. En esa década solo 13 de ellas acreditaron la formación requerida para esa carrera.[33]

Los estudios a los que accedían las mujeres eran considerados de menor categoría respecto a los que se destinaban a los hombres. En 1921 se expuso en el Consejo Universitario que la profesión de farmacéutico era "casi una esclavitud"; además, el rector señaló que "no [serían] varones los que [quisieran] seguir esa carrera que [estaba] tan mal pagada o más que la de Profesores".[34] Las carreras de Enfermería y Obstetricia también fueron desdeñadas y se impartieron de manera irregular en esos años por falta de profesores y de presupuesto. En abril de 1921 se clausuraron los cursos de Farmacia por el resto del año por no haber alumnos inscritos.[35]

EL PROYECTO DE COEDUCACIÓN CUESTIONADO

El 7 de marzo de 1921, el rector Ignacio Chávez informó a los miembros del Consejo Universitario que una alumna del 5° año de la Escuela Normal Mixta estaba embarazada. Señaló que la gestación estaba avanzada, por lo que ya había sido percibida por profesores y alumnos del plantel y era un hecho

33 Carmen Edith Salinas García, *Las estudiantes en la Universidad Michoacana...*, pp. 121-122.

34 AHUM, CU, S, A, acta del 22 de enero de 1921.

35 AHUM, CU, S, A, acta del 30 de abril de 1921.

público y conocido. El rector declaró que, aun cuando la "falta", como se refirió al embarazo, había ocurrido antes de la fusión de las normales, estaba preocupado por el "nombre" del establecimiento. Por estas razones se convocó a una reunión extraordinaria, con carácter de urgente, para que la asamblea determinara el "castigo que [debería] imponerse a la inculpada y la forma de aplicarlo".[36]

Antonio Moreno, director de la Escuela Normal Mixta, manifestó, a instancias del consejero Alberto Bremauntz, que debía establecerse que el hecho no había sido producido por la fusión de los planteles y que por su importancia esta aclaración tenía que ser resuelta en primer término. Sobre el castigo expresó que no podía ser otro que la expulsión, para que se sentara un precedente, pero declaró no saber cuál podría ser la mejor forma de comunicar a los estudiantes esta decisión. El consejero Primo Serranía Mercado sugirió pedir la confesión de la alumna para saber la fecha del embarazo. También opinó que una vez acordada la expulsión se informara a los alumnos, pero para evitar escándalos se hiciera convocándolos por grupos a la dirección, donde se les daría a conocer el acuerdo del Consejo Universitario en formato de conferencia. Moreno manifestó que le parecía, hasta cierto punto inútil, aclarar la fecha de la concepción porque la Escuela Normal Mixta tenía apenas dos meses en funcionamiento y era evidente que el embarazo era anterior. Además, agregó que el "presunto culpable" había declarado que "esos contactos venían haciéndose desde hace año y medio". En cuanto al castigo se dijo partidario de la separación de la estudiante del plantel, "no por moral de cartujo ni mucho menos, sino por el prestigio de la Escuela y por evitar un peligro para las demás alumnas". Pidió que el castigo no le cerrara las puertas de la Universidad de manera definitiva a la acusada, por lo que sugirió que se le inhabilitara la matrícu-

---

[36] AHUM, CU, S, A, acta del 7 de marzo de 1921.

la, especificando las razones para ello y con la indicación de que el Consejo Universitario podría levantar esa cancelación cuando lo considerara conveniente y se comprobara su "rehabilitación". Señaló que le faltaban pocos meses para terminar la carrera y la perdería si la expulsión era definitiva. Consideró que se le debía separar de la escuela por necesidad, pero por justicia y humanidad solo debería cancelársele la matrícula por un tiempo no menor a cinco años, y correspondería al Consejo Universitario suspender el castigo cuando tuviera evidencia de que la alumna estaba "rehabilitada". En relación con la forma de dar a conocer la sanción propuso que para evitar publicidad innecesaria lo mejor sería transmitirla a los alumnos en conjunto una sola vez y que el acuerdo se colocara en los tableros un día. De esta manera, a la vez que se "[echaba] un velo compasivo sobre la falta de esta alumna, se [conseguiría] el saneamiento de la escuela y se [sentaría] un precedente".[37]

El consejero Ignacio Mier Arriaga apoyó la propuesta anterior. A su vez, Salvador Franco López pidió que se determinara la fecha del embarazo porque le preocupaba la predisposición social y del alumnado en contra del plantel mixto. Antonio Moreno también insistió en aclarar la fecha para combatir los rumores de que lo sucedido era producto de la fusión de las escuelas. Alberto Bremauntz indicó que sólo se trataba de un acto defensivo y no consideró necesaria la aclaración de la fecha solicitada. Señaló que como el presunto culpable no era alumno de la misma escuela y que si lo fuera sí sería necesario precisar la fecha. El rector preguntó cómo podría ser utilizado el dato que se discutía y el consejero Jesús Díaz Barriga sugirió tenerlo en reserva por si era necesario como recurso de defensa. Además, pidió que se nombrara un perito externo para que hiciera las investigaciones pertinentes y emitiera el certificado respectivo. Bremauntz consideró inútil el testimonio, pero

---

37 AHUM, CU, S, A, acta del 7 de marzo de 1921.

Franco López consideró que sí sería necesario. A su vez, Antonio Moreno sugirió que se pidiera a algún médico de Uruapan que recabara esos datos, puesto que sabían que la alumna se había trasladado a esa ciudad. No obstante, cuestionó en qué medida podían hacerse ese tipo de indagaciones. El rector recalcó que se haría todo lo posible por tener información del "culpable" y el Consejo Universitario acordó buscar datos para establecer la fecha de la concepción. Se consideró que estas indagaciones no eran perjudiciales y sí necesarias para proteger a la escuela de la "difamación".[38]

Después de discutir el carácter que tendría el castigo a la alumna, el Consejo Universitario determinó lo siguiente:

> Díctese expulsión de la Escuela Normal en contra de la alumna Socorro Romero, por faltas graves a la moral. Dicha expulsión no podrá ser menor de cinco años y sólo será susceptible de ser revocada cuando la alumna compruebe suficientemente, a juicio del H. Consejo Universitario, haber logrado su rehabilitación. Comuníquese este acuerdo a la Dirección del Plantel y a la interesada, y hágase así mismo del dominio de los alumnos de ese Establecimiento.[39]

También se acordó que para dar a conocer la información a los alumnos se fijaría por un día en los tableros del plantel.[40] En esta solución privó el interés institucional, expresado en la consideración de que se estaban defendiendo la reputación de la Universidad y la de la Escuela Normal Mixta en particular. También fueron notorios los argumentos morales que castigaban severamente las conductas de las mujeres que se consideraban fuera de las convenciones sociales aceptadas. El embarazo fue tratado como una falta grave y la alumna como una infractora que ameritaba una sanción ejemplar, aunque

38 AHUM, CU, S, A, acta del 7 de marzo de 1921.

39 AHUM, CU, S, A, acta del 7 de marzo de 1921.

40 AHUM, CU, S, A, acta del 7 de marzo de 1921.

también se consideró que merecía compasión, siempre y cuando mostrara señales de "rehabilitación". En ningún momento estuvo en duda su culpabilidad y todas las discusiones fueron para establecer sanciones y la forma de afrontar las posibles consecuencias ante la opinión y percepción públicas.

EL FINAL DE LA PRIMERA EXPERIENCIA COEDUCATIVA

Las reservas y temores de las autoridades universitarias se cumplieron y el proyecto de la coeducación enfrentó una gran resistencia dentro y fuera de los espacios educativos. Por consideraciones principalmente morales hubo niveles significativos de deserción escolar, alentados por padres de familia preocupados por la seguridad de sus hijas y por quienes consideraban que se estaba alentando a las mujeres a realizar actividades inapropiadas.

Tras el final de la gubernatura de Francisco J. Múgica[41] y del rectorado de Ignacio Chávez, las nuevas autoridades estatales intervinieron en la Universidad e iniciaron un proceso de rectificación de las medidas adoptadas en los años previos. La coeducación fue uno de los proyectos cancelados, con argumentos que remitían a consideraciones de orden moral y a la presión ejercida por diversos sectores sociales, principalmente católicos. En diversos rubros, como el de la organización de la enseñanza normal, se volvió al modelo previo que establecía planteles y planes de estudios específicos para cada sexo. En la Academia de Bellas Artes también se retomaron los cursos

---

41 Francisco J. Múgica pidió licencia para separarse del cargo de gobernador en 1922, orillado por diferencias con el presidente de la República, Álvaro Obregón, y por la presión que ejercieron las élites económicas y políticas en el estado. Su gestión, de orientación socialista, enfrentó críticas constantes por parte de terratenientes, empresarios y el clero católico.

diferenciados para hombres y mujeres: por la mañana asistirían las segundas y por las tardes los primeros.

En este contexto de hostigamiento hacia la Universidad, el 17 de noviembre de 1922 se discutió en sesión extraordinaria del Consejo Universitario la continuidad del proyecto de la Escuela Normal Mixta. El nuevo rector, Salvador González, expresó que no encontraba razones para justificar la separación. Además, señaló que hacerlo implicaría gastos innecesarios para la Universidad. También pidió a la asamblea que se permitiera la presencia y participación de Aureliano Esquivel, presidente del Consejo de Educación, que expresaría su opinión en defensa del proyecto coeducativo. Para exponer argumentos en favor de la separación se convocó a Jesús Romero Flores, pero no atendió a la invitación.[42]

Esquivel expuso que las razones para sostener el proyecto mixto eran de orden económico y educativo. En este aspecto destacó la necesidad de que ambos sexos se relacionaran en la escuela, porque posteriormente lo estarían en el trabajo. Además, consideró que de esta manera se solucionaría el "alejamiento" que habían vivido los estudiantes y que había "producido un gran atraso en materia de cultura social".[43]

El consejero alumno Ramón Chávez manifestó que, si bien él era partidario de que la Escuela Normal continuara con el carácter de mixta, sabía que la opinión de los diputados era la de separarla en planteles unisexuales y que sería inútil estar en desacuerdo porque la Universidad estaba supeditada a las disposiciones de las autoridades superiores. El rector contestó que era autónoma en su técnica y por lo tanto los legisladores no tenían injerencia en sus asuntos internos. Chávez indicó que los diputados estaban dispuestos a desvincular la ense-

---

[42] AHUM, CU, S, A, acta del 17 de noviembre de 1922.

[43] AHUM, CU, S, A, acta del 17 de noviembre de 1922.

ñanza normal de la Universidad si se determinaba mantenerla mixta. El rector indicó que en la Constitución estatal estaba indicado que la educación superior era dependiente de un Consejo Universitario. Con estos argumentos se realizó una intensa discusión que llevó a la aprobación, por mayoría absoluta, de un acuerdo que estableció que la Escuela Normal continuaría con el carácter de mixta.[44]

El 30 de diciembre el rector informó que la decisión del mantener el carácter mixto de la Escuela Normal había llevado a una confrontación entre algunos miembros del Consejo Universitario y la Cámara de Diputados. Los problemas escalaron y el Congreso estatal aprobó un proyecto de ley para eliminar el régimen de autonomía de la universidad y dar a los legisladores la autoridad para decidir sobre su organización interna. El proyecto aludido reformaría la Ley Orgánica universitaria y otras disposiciones en materia de educación superior. Ante esta situación, el rector propuso un acuerdo con el que esperaba anticipar la acción del Congreso y evitar las modificaciones legislativas. Después de escuchar los argumentos del rector, la asamblea aprobó lo siguiente: "Sepárese la Escuela Normal Mixta en planteles unisexuales si las condiciones del Erario del Estado lo permiten".[45]

Las autoridades universitarias cedieron ante la presión del Gobierno del Estado y el Congreso local y revirtieron la implementación de la coeducación en la enseñanza normal. Los legisladores expresaron su determinación de intervenir directamente en el manejo de la universidad[46] si no se reestablecía

---

44 AHUM, CU, S, A, acta del 17 de noviembre de 1922.

45 AHUM, CU, S, A, acta del 30 de diciembre de 1922.

46 Los legisladores amagaron con reformar los artículos 2, 3, 20 y 21 de la ley orgánica, con lo que afectarían la conformación de la Universidad y, su régimen autonómico y las atribuciones del Consejo Universitario. Los cambios limitarían la autonomía y permitiría que los legisladores intervinieran de

la educación unisexual. Ante la presión política, los consejeros universitarios tomaron la determinación de separar la Escuela Normal Mixta en planteles unisexuales. Esta medida no se aplicó en el caso de los estudios de comercio. En este caso, el plantel continuó con el formato mixto con el que fue establecido originalmente.[47]

El 13 de enero del año siguiente el rector informó que ante la decisión de organizar la enseñanza normal en planteles unisexuales el gobernador del estado, Sidronio Sánchez Pineda (1922-1924), manifestó su conformidad y expresó que era la decisión correcta para evitar "mayores tropiezos". El mandatario también le expresó que los diputados se habían comprometido a que el proyecto de ley que limitaría la autonomía universitaria quedaría sin efecto una vez que se había consumado la separación solicitada.[48]

* * *

La participación de las mujeres en la educación superior estuvo restringida por la legislación escolar y por la percepción imperante acerca de sus libertades y responsabilidades sociales. Estas ideas y la forma en la que se expresaban en el campo educativo persistieron y acompañaron al proceso de establecimiento de la Universidad Michoacana. La revolución mexicana y la promulgación de la Constitución política de 1917 sentaron las pautas para cambios sociales importantes, pero las transformaciones no fueron inmediatas y en el ámbito educativo fueron necesarios varios años para ver sus primeras manifestaciones significativas.

---

manera directa en la organización y el gobierno de la Universidad. Ángel Gutiérrez, *Leyes orgánicas de la Universidad Michoacana de San Nicolás de Hidalgo*, Morelia, Universidad Michoacana de San Nicolás de Hidalgo, 2001, pp. 33, 38-39.

47 Adrián Luna Flores, *Los estudios de Comercio y Administración...*, pp. 117-118.

48 AHUM, CU, S, A, acta del 13 de enero de 1923.

La vida matrimonial, la procreación y cuidado de los hijos y del hogar continuaron como los pilares del proyecto de vida ideal para la mujer. A la vez, persistió el rechazo a su inscripción al ámbito público, incluidos los espacios que ocupaba la educación superior.[49] Además, las mujeres que accedían a la universidad tenían menos alternativas para completar su formación y debían integrarse a estudios y escuelas que se consideraban adecuados para ellas.

La incorporación de las mujeres a la educación superior puede ser considerada desde diversas perspectivas, que resultan contradictorias entre sí en algunos aspectos. La formación en las aulas universitarias de profesoras de educación básica, de enfermeras y de parteras, fue presentada en los discursos institucional y oficial como parte de un proyecto de apertura del sistema educativo hacia sectores tradicionalmente marginados; además de que se les asignó protagonismo en la solución de algunos de los problemas sociales más apremiantes. Al mismo tiempo, la presencia femenina fue un factor disruptivo porque evidenció las características de un entorno social, educativo y laboral, en el que su participación estaba circunscrita a ámbitos visiblemente acotados y difíciles de traspasar. El rol social asignado a las mujeres y el modelo ideal con el que eran representadas trascendió las diferencias ideológicas y tanto los sectores conservadores como los que se asumían como liberales compartían ideas similares sobre el papel que les correspondía en la vida pública.

Algunos de los preceptos morales en los que se sustentaron estas ideas fueron compartidos por las autoridades uni-

---

49 En Michoacán, en 1925, se expidió la *Ley sobre relaciones familiares* que reafirmó la responsabilidad exclusiva de la mujer en el cuidado de los hijos y el hogar, lo que implicaba que debía contar con autorización de su esposo para trabajar o ejercer alguna profesión. Carmen Edith Salinas García, *Las estudiantes en la Universidad Michoacana...*, p. 87.

versitarias y sus críticos, sin importar las diferencias políticas o de filiación religiosa. Como resultado de estas circunstancias fueron constantes las contradicciones de un discurso que se pretendía moderno, de raíz liberal que, desde el siglo XIX y durante la Revolución, proclamaba la igualdad y reivindicaba principios democráticos, pero que en la práctica trataba como inferiores a grandes sectores de la población. En el discurso de las autoridades universitarias la coeducación se presentó como una muestra de "progreso", que en el contexto revolucionario quería dar la impresión de un rompimiento con el pasado y la apertura de una nueva etapa a partir de valores que cuestionaban la tradición y el "atraso". Sin embargo, ese cambio apenas afectó la imagen que se había construido sobre la mujer y su participación en ámbitos públicos como la educación y el ejercicio profesional.

La Universidad fue un espacio donde se expresaron y confrontaron estas ideas. La implementación de la coeducación fue cuestionada con argumentos de diverso tipo, entre los que predominaban los de carácter moral. Algunas posturas que discursivamente se presentaban con un lenguaje pedagógico también reproducían ideas preconcebidas sobre la capacidad de las mujeres para desempeñarse profesionalmente y como estudiantes universitarias. Desde la perspectiva católica, que constituía la principal oposición a las administraciones estatal y universitaria, la decisión de hacerlas convivir en las aulas con los hombres resultaba inaceptable y era percibida como el punto de partida para problemas mayores. Dentro y fuera de la Universidad la fusión de las Escuelas Normales fue vista como una acción innecesaria que ponía en peligro a los estudiantes al exponerlos a relaciones sociales consideradas inapropiadas.

La presencia de las mujeres en la educación superior también fue cuestionada dentro de la comunidad universitaria. Su participación era percibida y valorada a partir de criterios que ponían en duda su capacidad para cumplir con las responsabilidades adquiridas. Además, sus necesidades quedaron supeditadas a preocupaciones de orden institucional en las que se buscó defender el proyecto universitario ante cualquier posibilidad de crítica.

Más allá de sus contradicciones y limitaciones, el proyecto de coeducación impulsado durante el rectorado de Ignacio Chávez generó cambios en la forma en la que era vista y considerada la presencia femenina en la educación superior. El espíritu de esta propuesta fue retomado algunos años después durante la administración de Jesús Díaz Barriga (1926-1932). En esos momentos ya era visible la creciente participación de las universitarias en diversos ámbitos sociales.

Capítulo 16

DE LA GESTACIÓN DEL PROYECTO DE LA UNIVERSIDAD DEMOCRÁTICA, CRÍTICA Y POPULAR A LA UNIVERSIDAD DEL SIGLO XXI EN SINALOA[1]

DINA BELTRÁN LÓPEZ
(Universidad Autónoma de Sinaloa)

ANTECEDENTES: LA GESTACIÓN DE UN PROYECTO DE UNIVERSIDAD ALTERNATIVA, 1965-1977

En un ambiente nacional e internacional de reclamos por mayores libertades en México y el mundo, el 4 de diciembre de 1965, bajo la gubernatura de Leopoldo Sánchez Celis, se aprobó el decreto que otorgó su autonomía a la Universidad de Sinaloa naciendo así la Universidad Autónoma de Sinaloa. Sobre el nombramiento del rector en el instrumento legal se estableció que lo realizaría una Junta Gobierno[2].

---

1 El presente texto es una ampliación y profundización de un trabajo personal incluido en una obra colectiva (Dina Beltrán López, "Significados y usos de la autonomía en la institución rosalina:1918-2019", en Yolanda Blasco Gil (coord.), *Universidades libres, universidades silenciadas. Autonomía y exilio, dos aspectos en la historia de las universidades*, Valencia, Tirant Lo Blanch, 2020, pp. 103-133).

2 Archivo del H. Congreso del Estado de Sinaloa (AHCES), Decreto 10/1965, *El Estado de Sinaloa*, tomo LVII, 2da. Época, nº. 145, 7 de diciembre de 1965.

La aprobación del anterior decreto encendió el debate sobre la forma en que debían nombrarse las autoridades. Lejos de haber sido una medida que apaciguara el movimiento universitario que empezaba a tomar fuerza, la aprobación de la autonomía fue el catalizador para impulsar un largo proceso por la reforma universitaria[3].

Tres aspectos dejaban insatisfechos los anhelos de los estudiantes inquietos de la Universidad: el mecanismo para nombrar autoridades a través de una Junta de Gobierno, la ratificación como rector de la misma persona que venía ocupando el cargo cuando la institución no era autónoma (Dr. Julio Ibarra Urrea) y la desigual representación de maestros y alumnos ante los órganos de cogobierno (consejos universitarios y técnicos). Así, en junio de 1966, los estudiantes de la Escuela de Economía se declararon en huelga. Con las anteriores como diferencias de fondo, uno de sus principales reclamos fue que no se hubiesen nombrado hasta ese momento los directores de las distintas escuelas y facultades de la institución. La huelga culminó días después al resolverse esta demanda, pero se reinició al comenzar el nuevo ciclo escolar en septiembre de ese mismo año generalizándose ahora a toda la Universidad[4].

Detrás del movimiento había una pugna entre proyectos distintos de Universidad: por un lado, el oficial y conservador representado por el gobierno estatal, que contemplaba impulsar una institución con autonomía limitada en el que el nombramiento de autoridades lo realizara una Junta de Gobierno

---

3 Dina Beltrán López, «La educación en Sinaloa en la etapa posrevolucionaria, 1945-1980. Segunda parte. La educación superior: la Universidad Autónoma de Sinaloa y otras instituciones», en Miguel Ángel Rosales Medrano, Dina Beltrán López y Jorge Luis Sánchez Gastélum (coords.), *Historia Temática de Sinaloa, VI, Educación y Política Educativa*, Culiacán, Sinaloa, México, Instituto Sinaloense de Cultura, 2015, p. 213.

4 Dina Beltrán López, "La educación en Sinaloa en la etapa posrevolucionaria, 1945-1980...", p. 215.

que le permitiera seguir teniendo injerencia en el control de la institución universitaria; y, por otro lado, un proyecto enarbolado por estudiantes y profesores que, con una postura de izquierda o liberal, reclamaban ampliar los márgenes de autonomía. La huelga se resolvió con la renuncia del rector Julio Ibarra y el nombramiento por parte de la Junta de Gobierno del Lic. Rodolfo Monjaraz Buelna como rector sustituto, quien gozaba de la simpatía de los líderes estudiantiles del movimiento y de algunos integrantes de la Junta de Gobierno. Gracias a la actitud conciliadora de Monjaraz, vino un período de paz en la relación entre las autoridades universitarias y alumnos en el que mucho influyó que el rector apoyara las demandas estudiantiles, como el poner en la agenda del Consejo Universitario la discusión de un proyecto de ley orgánica logrando consensar uno que recogía las principales demandas del movimiento estudiantil apuntadas antes, mismo que se presentó ante el Congreso del Estado en enero de 1969[5].

Sin embargo, dado que este proyecto de ley no respondía a los intereses de la élite política gobernante, el Congreso no lo abordó a pesar de la fuerte presión que ejercieron los universitarios. A dos semanas de que concluyera el rectorado de Monjaraz Buelna (finalizaba el 24 de febrero de 1970), la legislatura aprobó una nueva ley orgánica en la que se mantenía, en esencia, el mismo mecanismo para el nombramiento de autoridades y la desigual representación de profesores y estudiantes ante los órganos de gobierno universitario[6]. La integración de la Junta cambió de siete a cinco miembros (artículo 6).

Desde luego que aprobar la ley orgánica que los universitarios exigían no era asunto fácil para el sector oficial, pues significaba desprenderse de un bastión importante de poder. Por ello, llegado el tiempo, la Junta de Gobierno nombró rector al

---

5 Dina Beltrán López, "Significados y usos de la autonomía...", p. 119.

6 Dina Beltrán López, "Significados y usos de la autonomía...", p. 120.

Lic. Gonzalo Armienta Calderón para el período 1970-1974[7], quien tenía una importante trayectoria en el Partido Revolucionario Institucional (PRI) y en la administración pública.

En la decisión anterior, se respetó la legalidad vigente pero no hubo legitimidad, ya que analizada en el contexto sociopolítico que se vivía, fue incompatible con los aires democráticos que soplaban en Sinaloa, en México y en el mundo. Los hechos que se vivieron enseguida así lo confirman[8].

Un fuerte rechazo recibió Armienta Calderón desde el inicio de su gestión rectoral: impedimento para que tomara posesión del cargo bajo el protocolo acostumbrado, marchas y mítines de protesta que se volvieron cotidianos, encarcelamientos diversos, paralización de las labores académicas y administrativas de la institución, dificultad para rendir los informes rectorales, intervención de la policía para deshacer manifestaciones de inconformidad, etcétera. En suma: un rechazo del movimiento a que condujera la UAS una persona a la que consideraban impuesta, ajena a la institución y sin el perfil para impulsar un proyecto de nueva universidad[9].

Después de casi 26 meses de una controvertida gestión rectoral, el 7 de abril de 1972 el Lic. Armienta presentó su renuncia, luego del lamentable asesinato de dos estudiantes de preparatoria tras la intervención de la policía y el ejército para disolver una gran manifestación que se realizó ese día[10]. Has-

---

7 Archivo Histórico de la UAS (AHUAS), Fondo Universidad Autónoma de Sinaloa (UAS), Sección Consejo Universitario (CU), libro de actas, nº. 73, 25 de febrero de 1970, fs. 6-8.

8 Dina Beltrán López, "Significados y usos de la autonomía…", p. 120.

9 Dina Beltrán López, *La autonomía universitaria en la institución rosalina: (1872-2006)*, tesis de licenciatura, Centro de Investigaciones y Servicios Educativos de la UAS, 2007, p. 122.

10 Liberato Terán Olguín, *Sinaloa: estudiantes en lucha*, México, Ediciones de Cultura Popular,1973, p. 211.

ta la fecha, este crimen permanece sin esclarecer y las versiones que circularon son diversas, pero lo cierto es que ni las autoridades estatales ni las universitarias hicieron una lectura adecuada del contexto para tomar la decisión correcta en el momento oportuno, de acuerdo a los nuevos tiempos que se vivían en el país. Y quedan en evidencia, además, las pugnas por el poder a nivel universitario y de las élites del PRI, tema en el que hace falta estudiar más[11].

Así las cosas, el mismo 7 de abril se nombra rector interino al Dr. Jesús Rodolfo Acedo Cárdenas[12], quien fungía como director de la Escuela de Trabajo Social[13].

Con estos sucesos como catalizador, de manera inmediata la Legislatura reabrió el expediente de la propuesta de ley orgánica. Aprobada el 10 de abril de 1972, la nueva ley recoge la esencia de las demandas del movimiento universitario: la paridad en la integración de los órganos de gobierno universitario y la desaparición de la Junta de Gobierno, por lo que en lo sucesivo la facultad para nombrar autoridades recaería en el Consejo Universitario, quien nombraría al rector titular, interino o sustituto; conocería de su renuncia; y lo removería por causa grave, con el voto aprobatorio en todos los casos de al menos dos terceras partes de los consejeros (fracción II del artículo 13)[14].

Una nueva etapa se inauguró con esta Ley porque sentó las bases para iniciar una práctica más democrática en la elección de autoridades. Al amparo de esta, el 25 de mayo de 1972 el Consejo Universitario nombró rector al Lic. Marco César Gar-

---

11 Dina Beltrán López, "La educación en Sinaloa en la etapa posrevolucionaria, 1945-1980...", pp. 220-221.

12 AHUAS, Fondo UAS, Sección CU, libro de actas de sesiones 19bis, f. 403.

13 AHUAS, Fondo UAS, Sección CU, libro de actas de sesiones 19, fs. 636-638.

14 AHCES, Decreto 27/1972, *El Estado .de Sinaloa*, tomo LXIV, Segunda Época, nº. 44, 11 de abril de 1972.

cía Salcido[15], quien se había distinguido por su militancia y liderazgo en el Francisco I. Madero, grupo que impulsó en los años sesenta en Sinaloa una reforma democratizadora al interior del PRI en la lucha nacional que encabezó Carlos Alberto Madrazo.

Los hechos que sucedieron después son material suficiente para otro análisis, pero pueden resumirse en que con esta nueva forma de nombrar autoridades comienza una etapa en la que lucha por las posiciones de poder al interior de la Universidad es entre las fuerzas de izquierda.

Conquistada la dirección de la Universidad por los grupos reformistas, los líderes del movimiento se vieron urgidos a definir un proyecto pues lo que tenían eran solo ideas generales sobre los cambios que debían impulsarse para dar vida a una universidad vinculada al pueblo y dirigida democráticamente. Sin embargo, pronto afloraron las dificultades porque no se tenían claros ni consensuados los mecanismos para lograr ese propósito y porque pronto comenzaron a manifestarse las disputas por los puestos en la administración central y en los órganos de cogobierno[16].

En este clima de indefinición, en un contexto nacional muy complejo en el que la represión gubernamental era la constante, un elemento que funcionó como agravante fue la aparición de un grupo radical o ultra izquierdista que se conoció como *los enfermos*, conformado con estudiantes que desertaron del Partido Comunista Mexicano (PCM) luego de reconocer sus diferencias ideológicas con él. De hecho, el germen de este fenómeno se empezó a incubar desde finales del rectorado de

---

15 AHUAS, Fondo UAS, Sección CU, libro de actas de sesiones nº. 19bis, 1970-1973, fs. 417-419.

16 Dina Beltrán López, "La educación en Sinaloa en la etapa posrevolucionaria…", p. 221.

Armienta Calderón y se manifestó en otras latitudes del país y en otros países latinoamericanos[17].

Con una interpretación mecanicista y dogmática de la teoría marxista-leninista, el grupo de los *enfermos* promovió intensamente la idea de una universidad militante en la que se proponía abandonar el pensamiento reformista y que la institución se convirtiera en un ariete que golpeara al Estado burgués hasta derribarlo. Estos principios abonaron el terreno para la recepción de lo que en seguida se convertiría en su piedra angular: la tesis de la Universidad-Fábrica[18].

Esta tesis constituyó el sustento ideológico de los *enfermos* y postulaba que al jugar la Universidad un papel importante como una rama más del capitalismo, había que destruirla; sus principios fueron divulgados en el periódico *Caminemos*, órgano de difusión de esta agrupación. Con este discurso en las aulas universitarias, este grupo radical empezó a ganar adeptos entre el estudiantado que, en buena medida, se trataba de jóvenes «que tenían los pies en la ciudad y el sentimiento en la labor»[19] y pronto dominaron los espacios de dirección de la organización estudiantil. Con el avance de este fenómeno la Universidad sufrió, como nunca, los peores embates en su historia y su razón de ser institucional fue gravemente tergiversada[20].

---

17 Carlos Calderón Viedas, Jorge Medina Viedas y Liberato Terán, *La utopía corrompida. Radicalismo y reforma en la Universidad Autónoma de Sinaloa*, México, Editorial Océano de México, 2009, p. 49.

18 Rafael Santos Cenobio, *Los enfermos: un movimiento político-armado en Sinaloa (1972-1976)*, tesis de maestría en Historia de México, Centro Universitario de Ciencias Sociales y Humanidades de la Universidad de Guadalajara 2007, pp. 309-310.

19 Melchor Inzunza, "Lo que el izquierdismo se llevó", en *Buelna*, nº. 5, 2ª. Época, Culiacán, Sinaloa, UAS, 1983-1984, p. 4.

20 Miguel Ángel Rosales Medrano, *Altibajos. La UAS: vicisitudes de su desarrollo*, Culiacán, Sinaloa, Universidad Autónoma de Sinaloa,1994, p. 120.

Con motivo del centenario de la fundación del Liceo Rosales[21], el 5 de mayo de 1973 el Consejo Universitario realizó una sesión extraordinaria en la que el rector García Salcido leyó un discurso alusivo a la efeméride. El acto fue interrumpido varias veces por los *enfermos*, que no veían razón para que la institución hiciera tal celebración. En esa misma sesión, a propuesta del rector, se acordó la expulsión de varios integrantes de este grupo por tratarse de estudiantes y maestros que alteraban el orden institucional[22].

La anterior medida y el recorte del subsidio a las casas del estudiante (que era donde se albergaba parte importante de los *enfermos*), contribuyó a enardecer más los ya de por sí encendidos ánimos[23]. El 17 de mayo ocurre otra tragedia pues ese día cayeron muertos a balazos Carlos Humberto Guevara Reynaga y Pablo Ruiz García. El primero pertenecía al grupo José María Morelos (conocidos como los *chemones*), estudiaba Economía y era coordinador del Departamento de Difusión Cultural y Extensión Universitaria; y Pablo Ruiz García estudiaba Derecho y pertenecía a los *enfermos*.

Al fallar en su intento de erradicar a los *enfermos* para reordenar la vida académica y administrativa de la institución, Marco César García Salcido renuncia en junio, al igual que la mayoría de los miembros de su administración, lo que significó la derrota de los *chemones*. Con este suceso, el conflicto universitario se redimensionó pues las acciones de los *enfermos* se intensificarán de manera significativa hacia el exterior de

---

21 Primer antecedente de la actual Universidad Autónoma de Sinaloa.

22 AHUAS, Fondo UAS, Sección CU, expediente 109, acta de la sesión del 5 de mayo de 1973.

23 Samuel Octavio Ojeda Gastélum, "Entre enfermedades, sueños y pesadillas: radicalidad estudiantil en la Universidad Autónoma de Sinaloa en la primera mitad de los setenta", en *Politeia*, Culiacán, nº. 66, Año 7, noviembre del 2012, p. 31.

la UAS, sobre todo a partir de la adhesión de muchos de ellos a la Liga Comunista 23 de Septiembre, organización armada fundada en 1973 que se planteó convertirse en un grupo aglutinador de todas las guerrillas urbanas y rurales del país bajo la consideración de que la revolución socialista era necesaria, posible e inevitable[24].

Fuera García Salcido de la rectoría, el 26 de junio de 1973 el Consejo Universitario ratificó al Lic. Arturo Campos Román como secretario general. En los días siguientes se ordena la baja de Marco César García Salcido como catedrático de la Universidad.

En las siguientes sesiones del Consejo Universitario no hubo el quórum para nombrar rector sustituto a causa de la situación difícil que se vivía pues, por un lado, continuaba el movimiento de los *enfermos* que había rebasado las fronteras de la Universidad y, por el otro, estaban al día las pugnas por el poder entre éstos, los *chemones* y los *pescados*[25]. Con 56 votos a favor y 8 abstenciones, el 15 de octubre el Consejo designó rector a Campos Román, lo que fue posible por el apoyo que este tuvo de un sector del PCM. En los hechos, Campos había asumido el cargo desde finales de junio tiempo durante el cual, al margen de esta organización política, promovió sus aspiraciones a la rectoría en las diversas escuelas y facultades de la institución[26].

Ya como rector, Campos dio la espalda al PCM e hizo alianza con los *enfermos*, dando lugar a uno de los periodos más difíciles de la historia de la institución en el que privó el desorden

---

24 Sergio Arturo Sánchez Parra, *Estudiantes en armas. Una historia política y cultural del movimiento estudiantil de los enfermos (1972-1978)*, México, UAS–Academia de Historia de Sinaloa, 2012, pp. 318 y 346.

25 Así se les llamaba a los miembros del PCM.

26 Ronaldo González Valdés, *U.A.S.: Un discurso rampante*, México, SUNTUAS Académico, 1992, p. 93.

de todo tipo y la academia fue sustituida por el discurso político esquemático, desdibujándose con ello la esencia institucional[27]. De hecho, se reconoce la alianza de Campos Román con el *enfermismo* como un factor importante para que esta variante ultra izquierdista del movimiento universitario continuara fortaleciéndose[28].

Campos se mantuvo en la rectoría hasta mediados de 1977. Aunque su gestión finalizaba el 15 de octubre de 1976[29] las fuerzas políticas presionaron para que concluyera antes pero, de nuevo, se presentaron dificultades para que alguno de los candidatos reuniera el voto de las dos terceras partes del Consejo como lo estipulaba la Ley. En este contexto se da la contienda entre Campos Román y Eduardo Franco, que eran quienes mayores posibilidades tenían de acceder a la rectoría y, otra vez, se hizo presente la tragedia por el enfrentamiento entre los seguidores de ambos, de la que resultó muerto un estudiante de la Preparatoria de Guasave[30].

El lamentable acontecimiento fue un llamado de atención para que campistas y franquistas dialogaran para decidir quién debía conducir de la Universidad. El acuerdo tomado fue que el Lic. Hugo Federico Gómez Quiñónez se hiciera cargo de la rectoría para concluir el periodo de Campos, y que Franco ocupara la secretaría general[31].

El 14 de enero de 1977 el Consejo Universitario se reunió para nombrar rector de la institución. De nueva cuenta nadie tuvo la cantidad requerida de votos. Sin alternativa, y previo

---

27 Miguel Ángel Rosales Medrano, Altibajos. La UAS…, pp. 114-115.

28 Rafael Santos Cenobio, "Los enfermos: un movimiento…", pp. 372-373.

29 AHUAS, Fondo UAS, Sección CU, expediente nº. 116, 15 de octubre de 1973, f. 6.

30 Ronaldo González Valdés, *U.A.S.: Un discurso rampante*, p. 102.

31 Dina Beltrán López, "La educación en Sinaloa en la etapa posrevolucionaria…", p. 225.

acuerdo de los dos contendientes, el Consejo sometió a votación las candidaturas de Arturo Campos y Eduardo Franco, ganando el primero por mayoría simple, con un voto de diferencia. Serán los últimos meses de la administración campista en virtud de que, con el acuerdo del gobierno de Alfonso G. Calderón Velarde, se preparó una reforma de la ley orgánica de la UAS para cambiar el mecanismo de nombramiento de autoridades universitarias, con la clara intención de eliminar a Campos Román de la jugada y preparar el acceso a la rectoría a otros actores de la izquierda sinaloense[32].

EL NACIMIENTO DE LA UNIVERSIDAD DEMOCRÁTICA CRÍTICA Y POPULAR EN SINALOA (1977-1981), UN PROYECTO DE LA IZQUIERDA

Así, en abril de 1977 se aprueba una nueva reforma a la ley orgánica que modifica el mecanismo de elección de autoridades. Ahora, la facultad del Consejo Universitario sería solamente nombrar rector interino o sustituto mediante el voto de la mayoría de los consejeros presentes, en votación nominal —ya no de las dos terceras partes como se establecía en la Ley de 1972—; en tanto que el rector titular sería electo «por mayoría en votación directa, universal y nominal de estudiantes y profesores (...) correspondiendo del total de la votación el cincuenta por ciento a los estudiantes y el cincuenta por ciento a los profesores»[33]. Con esta reforma, ratificada en junio de 1978[34], se inició una era de la vida universitaria en la que el

---

32 Dina Beltrán López, "La educación en Sinaloa en la etapa posrevolucionaria...", p. 226.

33 AHCES, Decreto 198/1977, publicado en *El Estado de Sinaloa*, 13 de abril de 1977 (artículos 13 y 16).

34 AHCES, Decreto 26/1978, publicado en *El Estado de Sinaloa*, 30 de junio de 1978.

nombramiento de rector se da a través de procesos de elección abiertos a la comunidad universitaria.

El cambio legislativo que representó involucrar la participación de la comunidad universitaria en el nombramiento del rector, requirió de la alianza entre el gobierno estatal y los grupos de izquierda actuantes al interior de la UAS, que para entonces estaban claramente definidos, pero sobre todo el PCM que había asumido el liderazgo en promover la iniciativa para la formación del Sindicato de Profesores e investigadores (SPIUAS). Este último, junto al Partido Mexicano de los Trabajadores (PMT, antiguos *chemones*) y la Corriente Socialista (ex *enfermos* que seguían avanzando en su proceso de rectificación) integraron la Coalición de Fuerzas Democráticas, Progresistas y de Izquierda (CFDPI) que postuló como su candidato a Eduardo Franco[35], quien había egresado en 1975 de la carrera de ingeniería de la UAS.

Realizadas las elecciones en mayo de 1977, resultó triunfador el candidato de la CFDPI quien asumió la rectoría el 8 junio. En la primera parte de su rectorado el secretario general fue el Lic. Hugo Federico Gómez Quiñónez, quien el 24 de abril de 1979 fue sustituido por el Lic. Jorge Medina Viedas[36].

Para reencauzar la vida institucional, la CFDPI propuso el proyecto de la Universidad Democrática, Crítica y Popular (UDCP) que se conformó con la crítica y autocrítica al pasado reciente, y que, lejos de tener líneas de acción específicas para concretar el nuevo modelo universitario, se limitaba a dar ideas generales para justificar la presencia de la izquierda en

---

35 Miguel Ángel Rosales Medrano, *Altibajos. La UAS...*, pp. 110-111.

36 Dina Beltrán López, *Currículum y educación media superior en la institución rosalina. Un estudio desde la historia cultural*, tesis doctoral en Educación Basada en Competencias, Centro Escolar del Mar de Cortés, 2015, Culiacán, Sinaloa, México, p. 227.

la conducción de la UAS[37]. Por ejemplo, en una editorial de la revista *Buelna* se señalaba la aceptación de la libre participación de todos los partidos políticos y se reconocía el derecho de los universitarios de formar parte o no de la agrupación política de su elección. Respecto a en qué consistiría dicha participación, se apuntó:

> Los partidos políticos están obligados a actuar en el seno de la UAS divulgando sus puntos de vista sobre los sucesos nacionales y mundiales, elaborando y tratando de realizar sus proyectos, especialmente los educativos, ganando adeptos e instruyendo en el ejercicio de la democracia. Los partidos deben establecer las formas específicas de su relación con la Universidad, evitando limitar su práctica al mero control administrativo que sólo busca convertir a las instituciones en apéndices de consignas e intereses. Por lo contrario, (...) han de asumir el elevado compromiso de garantizar y profundizar el carácter, el contenido y la orientación universal, democrática, plural, científica y crítica de la educación universitaria[38].

Obviamente la referencia «a todos» los partidos, se circunscribía a los de izquierda. Cabe subrayar que desde 1974, el PCM había elaborado y puesto en circulación un documento en el que presentaba una preocupante radiografía sobre la situación de la UAS. Entre otras cosas, señalaba:

> Si la situación de las universidades del país ... es deplorable, la de Sinaloa es todavía más deprimente. La impreparación del personal docente, y en consecuencia el bajo nivel académico, la carencia casi absoluta de investigación científica, la inexistencia práctica de órganos de cogobierno que respondan realmente a los intereses de los estudiantes y maestros, la desorganización del movimiento estudiantil y magisterial, la penuria económica, son sus características en términos generales. Que hoy la Universidad lleva una vida rutinaria; que se encuentra aislada de las luchas del pueblo; que el Consejo Universitario

---

37 Miguel Ángel Rosales Medrano, *Altibajos. La UAS...*, p. 122.

38 *Buelna*, Revista de la Universidad Autónoma de Sinaloa, Editorial, año 1, n°. 2, julio de 1979, p. 1.

> sea un cuerpo burocratizado supeditado a la administración, sin representatividad de la mayoría ni apoyo de los estudiantes y maestros; que el aparato administrativo carece de una definición política revolucionaria y que se manifiesten en él serios rasgos de corrupción ...[39]

Para enfrentar esta situación se planteó el proyecto de la UDCP el cual se retomó de la Universidad Autónoma de Puebla, en donde las fuerzas de izquierda de aquel lugar habían puesto en operación un proyecto similar en 1975, inclusive con el mismo nombre; también hubo otro ensayo de universidad alternativa en Guerrero que se conoció como universidad-pueblo[40]. En los propósitos del proyecto de la UDCP fueron ampliamente reconocidos los principios de autonomía y de libertad como indispensables para el adecuado funcionamiento de la Universidad. Entre otros, estaban los siguientes:

> Garantizar la independencia política de la UAS respecto del Estado, haciendo que se respete la autonomía y haciendo funcionar los órganos de cogobierno.
> Rechazar en forma absoluta todo tipo de acción gubernamental tendiente a reprimir o entorpecer las labores académicas o administrativas, con lo cual generalmente se trata de obstaculizar el desarrollo independiente y democrático de la discusión académica, política e ideológica (...)
> Evitar que a los puestos de administración o dirección de la Universidad, órganos de cogobierno y organizaciones sindicales y estudiantiles lleguen personas comprometidas con las fuerzas gubernamentales.
> Evitar que se use la membresía de la Universidad para fines ajenos a los intereses de la misma.
> Garantizar en forma absoluta la libertad de discusión, de la actividad política e ideológica de todos y cada uno de los sec-

---

39 Partido Comunista Mexicano, *La Universidad, sus fuerzas políticas y la política del Partido Comunista en Sinaloa*, Culiacán, Sinaloa, 1974, pp. 15-16.

40 Saúl Reyes Gallegos, *Modelos de universidad y movimiento estudiantil en la UAS (1966-1985)*, tesis de maestría en educación, Facultad de Ciencias de la Educación de la UAS, Culiacán, Sinaloa, 2009, p. 134.

> tores que forman la comunidad universitaria, rechazando las acciones impositivas, amenazantes y violentas que tiendan a impedir la discusión libre de los problemas universitarios.
> Impulsar entre los diferentes sectores universitarios el interés y la discusión, el cuestionamiento permanente de los problemas políticos, sociales y económicos.
> Garantizar la libertad para que cada una de las escuelas e institutos de investigación discutan y realicen en forma responsable su transformación académica[41].

La propuesta académica derivada del proyecto de la UDCP fue el Plan de Perfeccionamiento del Personal Académico (PPPA), que tuvo como objetivo capacitar y profesionalizar a una planta magisterial que, en su mayor parte, tenía pocos o nulos conocimientos sobre el trabajo docente. El proceso de masificación de la matrícula que se registró en las dos últimas décadas, aunado a la renuncia masiva de profesores ocurrida en 1972, coadyuvó a que la institución improvisara a sus maestros con el consecuente problema de la baja calidad de los procesos de enseñanza. Sobre este particular, en la parte introductoria del documento se establecía:

> Toda la actividad magisterial arrastra el lastre de la improvisación. Ante las crecientes demandas que surgen de la revolución científico-tecnológica y la masificación de la Universidad, se evidencia la falta de mecanismos para capacitar las plantas de catedráticos y la escasez de recursos económicos para realizar programas de formación de maestros, en ese orden la Universidad se ve obligada a improvisarlos a partir de los recursos humanos con que cuenta, que son sus propios egresados, situación que crea un círculo en el que se reproducen las deficiencias[42].

---

41 Eduardo Franco, *Declaraciones Universitarias,* Situaciones-9, Universidad Autónoma de Sinaloa, 1978, pp. 17-25.

42 Universidad Autónoma de Sinaloa, *Plan de perfeccionamiento Académico,* Culiacán Rosales, Sin., 1978, pp. 3-4.

El PPPA fue el primer esfuerzo para reencauzar la vida académica institucional el cual tenía elementos contradictorios tanto en él mismo como con relación al discurso del proyecto de la UDCP, pues mientras en ambos se enfatizaba el papel de la UAS en la transformación social y económica del país, el sustento del PPPA era el modelo norteamericano positivista de hacer y enseñar la ciencia pues se recurría a la tecnología educativa como corriente pedagógica, al conductismo como teoría psicológica y al funcionalismo como enfoque epistemológico[43]. Es decir, de manera paradójica se declaraba la pretensión de que la Universidad coadyuvara a cambiar el estatus quo con un modelo que promovía la reproducción de la situación imperante de desigualdad e injusticia, todo ello desde una visión particular de la teoría marxista[44].

En cuanto a los conceptos de libertad y autonomía que debían prevalecer en la vida institucional, en el documento en cuestión se señalaba que: "… la vida académica debe realizarse en un ambiente pleno de libertad, donde la confrontación y la decantación de ideas garanticen un proceso de superación constante y den la base necesaria para la participación de la comunidad universitaria en la toma de decisiones, y se cumplan así los derechos y responsabilidades que sustentan la autonomía"[45].

Pese a las contradicciones señaladas, se reconoce al PPPA como una respuesta intensiva y diversificada al problema de la masificación de la enseñanza, misma que fue calificada en

---

43 Miguel Ángel Rosales Medrano, *Altibajos. La UAS…*, p. 126.

44 Como muestra de esto, veamos un ejemplo: en una antología sobre teoría y metodología de la investigación resguardada en el AHUAS, entre la bibliografía incluida están *Teoría marxista de la educación* de B. Suchodolski, *Contribución a la crítica de la economía política* e *Introducción a la crítica de la economía política* de Marx, *Fundamentos de filosofía marxista leninista* de Konstantinov, Rosental y otros; y *Los métodos en pedagogía* de Guy Palmade.

45 Eduardo Franco, *Declaraciones universitarias…*, p. 5.

su momento como «la utopía de lo posible», porque -se decía- podía "parecer utópico que una Universidad ... enuncie una alternativa válida para resolver los complejos problemas de la educación superior actual, sin más recursos que su personal académico y el compromiso de dar a su pueblo la Universidad crítica y científica que lo interprete genuinamente"[46]. Compromiso bien planteado, pero imposible de cumplir con las herramientas teóricas de la tecnología educativa, pues lo científico se limitaba a reconocer como una de las funciones primordiales de la institución "continuar en la tarea de descubrir las leyes que explican la naturaleza del movimiento de la realidad biológica y social en que se desenvuelve el hombre"[47] y lo crítico se reducía a la actitud contestataria de la Universidad a la política oficial. Sobre esto último, López Zavala sostiene que:

> ... la crítica «fraterna» para la izquierda que había asumido el poder universitario, y la crítica «sin concesiones» contra los enemigos de la UDCP, formaban parte del discurso del proyecto alternativo, pues para no ponerlo en riesgo se mantenían espacios y saberes intocados por la crítica; y así salvaguardar a la UAS como una institución fuerte al servicio de sectores políticamente desfavorecidos en la entidad[48].

Con un presupuesto inicial superior a los tres y medio millones de pesos, la primera fase del PPPA se programó para operar del 23 de enero de 1978 al 2 de febrero de 1979, y comprendió un total de 129 actividades académicas, de donde surgió la idea de difundirlo con el slogan de "ACA-129". Sin embargo, este programa de formación docente se extendió hasta 1980 y fue el antecedente del Centro de Investigaciones y Servicios Educativos (CISE) y de la Dirección de Planeación y Estadística en

---

46 *Excélsior*, 27 de febrero de 1978.

47 Eduardo Franco, *Declaraciones Universitarias*, p. 21.

48 Rodrigo López Zavala, *Utopía y Universidad. El discurso educativo en la UAS 1977-1989*, Culiacán Rosales, Sinaloa, México, Universidad Autónoma de Sinaloa, 1995, p. 110.

el rectorado siguiente; la estructura de ambos se delineó desde octubre de 1980[49].

El PPPA contempló la atención especial al bachillerato el cual presentaba, al igual que los otros niveles educativos, agudos problemas como la indefinición de sus fines, la deficiente preparación y diversidad de ocupaciones de la planta docente, la falta de programación del trabajo en las escuelas, una infraestructura insuficiente e inadecuada y fuertes problemas de indisciplina, entre otros. Para avanzar en su solución, en septiembre de 1978 se realizó el I Foro Estatal de Escuelas Preparatorias en el que se discutió la necesidad de unificar los planes y programas de estudio y de dar cuerpo a la Dirección General de Escuelas Preparatorias (DGEP) como dependencia coordinadora del desarrollo académico del nivel medio superior[50].

Después de dos años, el desempeño de la DGEP fue valorado en el Foro Académico Universitario que se realizó del 26 al 30 de octubre de 1980. Además de reconocerse los avances, se aprobó una propuesta para su reestructuración, fue definida una nueva agenda de trabajo y se identificaron muchas de las tareas inconclusas, entre ellas el análisis del plan de estudios que se consideraba una de las más complejas.

El Foro Académico Universitario señalado en el párrafo anterior fue un evento que tuvo como propósitos caracterizar el desarrollo académico de la institución, evaluar los cambios recientes más significativos, definir los lineamientos de una política académica y proponer una estructura de racionalización y optimización del trabajo académico. Sobre el PPPA en dicho Foro se hicieron las siguientes valoraciones:

---

49 Universidad Autónoma de Sinaloa, *Acuerdos del Primer Foro Académico Universitario*, Culiacán, Sinaloa, 1980, pp. 123-130 y 150-159.

50 Universidad Autónoma de Sinaloa, *Acuerdos del Primer Foro...*, p. 63.

> ... es posible observar la presencia del Plan en gran parte de las actividades universitarias que han tenido como resultado la modificación de procedimientos, formas y modelos de trabajo académico de la misma. El Plan ha estado en contacto con todas las escuelas y direcciones y ha prestado servicios educativos, ya sea a nivel de asesoría, de capacitación o de ejecución en los foros académicos, en las comisiones para modificación de planes y programas de estudio, de elaboración de materiales audiovisuales, de selección de contenidos bibliográficos, de producción de materiales de apoyo, etc.[51].

La ideología de la izquierda permeó todo el quehacer institucional. Así, por ejemplo, tuvo lugar el Coloquio Internacional sobre Mariátegui y la Revolución Latinoamericana y se entregó el doctorado *Honoris Causa* a cuatro intelectuales mexicanos de pensamiento progresista: Carlos Monsiváis, Elena Poniatowska, José Emilio Pacheco y Juan de la Cabada. Además, se creó la Dirección del Servicio Social para coordinar las actividades que los estudiantes de las diversas carreras debían realizar en el último año de su proceso formativo, mismo que se promovió bajo un enfoque multidisciplinario y con una orientación social que no se tuvo en la década anterior, en el sentido de atender las necesidades de los sectores sociales más desprotegidos[52].

Mientras esto ocurría en la UAS, el Centro de Estudios Superiores de Occidente (CESO) -creado en 1973 por quienes resultaron perdedores en los movimientos de 1966 y de 1972-, continuaba creciendo y fortaleciéndose. A partir de agosto de 1977 se fundó como escuela dependiente de este el Colegio de Bachilleres de Culiacán, pues conforme se maduraba la idea de fundar una institución universitaria estatal, se percibía la necesidad de tener un bachillerato propio que alimentara las carreras profesionales que se tenían y las nuevas que se abrie-

---

[51] Universidad Autónoma de Sinaloa, *Acuerdos del Primer Foro...*, pp. 35-36.

[52] Miguel Ángel Rosales Medrano, *Altibajos. La UAS...*, p. 125.

ran. De igual manera, a finales de 1977 se fundó como parte de este proyecto educativo la Escuela de Ciencias Básicas y de Ingeniería[53]. Guamúchil fue otro lugar en el que se dio impulso al CESO, pues funcionaba en esta ciudad un Colegio de Bachilleres y la Escuela de Administración Agropecuaria.

Y así, paso a paso, se fueron generando las condiciones para crear la Universidad de Occidente. Su apertura se hizo en septiembre de 1980 con las licenciaturas en administración pública, ingeniería civil, administración agropecuaria y psicología; pero también se presentaban como opciones de ingreso las tres escuelas libres de Derecho (de Culiacán, de Mazatlán y de Los Mochis), la Escuela Libre de Contabilidad y Administración Pública y el Centro Universitario de Mazatlán[54]. Ello fue posible por el respaldo económico que otorgaron diversas corporaciones públicas y privadas.

En octubre de 1979 se emprendió la reforma al artículo tercero constitucional. El presidente de México José López Portillo envió al Congreso de la Unión una iniciativa para dar rango constitucional a la autonomía universitaria. Mediante procesos específicos que tuvieron lugar en diversas entidades del país y apoyados por legisladores federales y locales, desde la segunda mitad del siglo XX varias universidades habían logrado un régimen de autogobierno, por lo que la propuesta del Ejecutivo federal solo formalizaba algo que era una realidad. La controversia se dio, entonces, en torno a la precisión de los alcances de un principio que ya se admitía[55].

---

53 Ronaldo González Valdés, *U.A.S.: un discurso rampante*, pp. 119-120.

54 Gilberto López Alanís y Margarita L. Armenta, *Historia de la educación en Sinaloa: línea del tiempo sobre educación en Sinaloa 1900-2000*, Culiacán, Sinaloa, México, Colegio de Bachilleres del Estado de Sinaloa, 2000, pp. 116-117.

55 Sergio García Ramírez, *La autonomía universitaria en la Constitución y en la ley*, México, Universidad Nacional Autónoma de México, 2005, p. 87.

Después de amplios debates en la Cámara de Diputados y en el Senado, el 9 de junio de 1980 la autonomía universitaria adquiere rango constitucional al agregarse la fracción VIII al artículo tercero. La UAS participó en esta discusión y, entre otras cosas, exigió que se hiciera una consulta pública para legislar el precepto, que se respetaran de manera plena los derechos laborales de los trabajadores y que el Estado mexicano se comprometiera a destinar a la educación el 8% del Producto Interno Bruto. En un documento difundido en la prensa nacional, las autoridades universitarias sinaloenses -inspiradas en el *Manifiesto Liminar* de los estudiantes argentinos en 1918- demandaban que la "adición del Artículo Tercero no sea una libertad menos y una vergüenza más"[56].

La postura de la UAS ante esta reforma ocurrió en un marco más amplio en el que la institución reivindicó diversas demandas populares como un acto de congruencia con su compromiso militante. Así, por ejemplo, se apoyó la lucha por la amnistía de los presos y perseguidos políticos, se solidarizó con diversas demandas de obreros y campesinos en la entidad, y fue presentada una propuesta alternativa para la reforma al Artículo 123 de la Ley Federal del Trabajo que posibilitara a los trabajadores universitarios organizarse en un sindicato nacional[57].

En diciembre de 1980 termina la etapa de relaciones cordiales y de colaboración entre la élite dirigente universitaria y la burocracia gobernante en el estado, pues en ese mes concluye la gestión de Alfonso G. Calderón Velarde e inicia la de Antonio Toledo Corro. La creación oficial de la Universidad de Occidente, vetada en el gobierno calderonista, vislumbrará nuevos horizontes pues el grupo impulsor del CESO era afín al nuevo gobierno. La UAS, por su parte, enfrentará con el

---

56 ANUIES, *La adición del Artículo 3ro. Constitucional y la autonomía universitaria*, tomo I, México, ANUIES (S/A), p. 225.

57 Rodrigo López Zavala, *Utopía y Universidad...*, p. 148.

gobierno de Toledo una larga lucha por la defensa de sus escuelas preparatorias, pues una de las primeras acciones de este fue expedir, mes y medio después de haber tomado posesión, una nueva Ley de Educación para la entidad en la que se contemplaba como facultad del Estado la impartición de la enseñanza media superior[58]. A cuatro meses de que concluyera el rectorado de Franco, la sospecha que desde meses atrás tuviera la clase dirigente universitaria se confirmó y una nueva configuración de las relaciones de poder tendría lugar.

Vale apuntar que en la década de 1970 la institución vivió de manera muy fuerte el fenómeno de la masificación que ya se venía observando, mismo que se agudizó de manera significativa en el lustro de 1975 a 1980. Solo del año escolar 1974-1975 (15,886 alumnos) para el siguiente (21,051) el incremento fue del 32.5%, pero si se compara la matrícula estudiantil al inicio de la década de 1970 (8,876) con la del cierre de la misma (53,036) el aumento fue cercano al 500%. Esta tendencia de crecimiento de la matrícula ocurría no sólo en Sinaloa, sino que era un fenómeno a nivel nacional; la Universidad Autónoma de Guerrero, por ejemplo, de tener en 1971 una población de 5,871 alumnos, pasó a 63,631 en el ciclo 1981-1982[59].

LA SUPERACIÓN CRÍTICA DEL PROYECTO DE LA UDCP: LA GESTIÓN DE JORGE MEDINA VIEDAS (1981-1985)

Al acercarse el fin del rectorado de Eduardo Franco (junio de 1981) la Universidad empezó a preparar el proceso de relevo de autoridades. Aprobado el reglamento respectivo el 31

---

58 AHCES, Decreto 16/1981, Periódico Oficial *El Estado de Sinaloa*, 16 de febrero de 1981.

59 Saúl Reyes Gallegos, *Modelos de universidad...*, p. 135.

de marzo de 1981, los grupos de izquierda registraron candidatos e iniciaron sus campañas: Jorge Medina Viedas fue apoyado por el Partido Socialista Unificado de México (PSUM)[60] (que apareció como Unidad Democrática) y por la Corriente Socialista (bajo el nombre de Movimiento 7 de abril), José Guadalupe Meza Mendoza por el PMT (que apareció como Movimiento Buelna), y Francisco López Orduño por el Frente Universitario Revolucionario (FUR), respaldado por el ex rector Arturo Campos Román. También se registró Juan Eulogio Guerra Aguiluz de manera independiente[61]. En el programa de transformaciones divulgado en su campaña, Unidad Democrática manejó como lema "Por la superación crítica del proyecto de la UDCP", en el cual se reconocieron los logros y errores de la administración antecesora. Sobre estos últimos, apuntó:

> ... no ha existido en la administración un método de discusión colectiva que permita recoger la opinión de este cuerpo y generar formas coordinadas y eficaces de acción, la ausencia de una política financiera, ocultadas por acciones de técnicas contables y administrativas, generó anarquía en la asignación de recursos y conflictos con diversos sectores de la Universidad ..., persiste el burocratismo, hay deficiencias en las relaciones administración-sindicato ...; ha faltado precisión y claridad en la política de servicios asistenciales, ... la participación de los maestros y estudiantes en el Consejo Universitario y en los consejos técnicos no ha sido suficiente en cantidad y calidad ...; los errores en la lucha por el subsidio también se han expresado ...[62]

Algunos de estos problemas ya los había reconocido el rector Eduardo Franco en la inauguración del Foro Académico

---

60 El PSUM fue creado en 1981 a partir de la fusión del PCM con otras organizaciones de izquierda.

61 Dina Beltrán López, *La autonomía universitaria...*, p. 128.

62 Unidad Democrática, *Programa de Transformaciones de la Universidad Democrática, Crítica y popular (1981-1985). Jorge Medina (rector)*, 1981, pp. 4-5.

Universitario realizado en octubre de 1980[63]. Así mismo, en lo concerniente a la superación crítica en el ámbito político, Unidad Democrática refrendó la vigencia en la aplicación del precepto de autonomía, en tanto «condición para el funcionamiento de la Universidad y para que esta cumpla con la misión» de educar que la sociedad le ha encomendado. Pero, ¿cómo se aterrizaba en el documento en cuestión el precepto autonómico? La organización política fue clara, al señalar que la autonomía se fundamenta por los siguientes siete aspectos:

- El derecho al cogobierno democrático con la participación de todos los sectores, sin interferencias del poder público.
- La libertad para el desarrollo de la ciencia y la enseñanza.
- La libertad de investigación.
- La libertad de expresión y manifestación pública de las ideas, excepto aquellas que atentan contra la fundamentación democrática de la institución.
- La libertad de la Universidad para determinar el ejercicio y aplicación de su presupuesto.
- Libertad para disentir y para actuar respecto al Estado, sin más límites que los que marca la institución.
- Capacidad de la Universidad para debatir críticamente los problemas económicos y políticos de Sinaloa y del mundo[64].

Complementa lo anterior, el pronunciamiento respecto a que en el contexto de relaciones de respeto mutuo entre la Universidad y el Estado, este último debe "cumplir en forma oportuna con sus obligaciones financieras para con la Univer-

---

63 Universidad Autónoma de Sinaloa, *Acuerdos del Primer Foro...*, p. 22.

64 Unidad Democrática, *Programa de Transformaciones de la Universidad...*, p. 7.

sidad", evitando con ello la "peregrinación anual de los universitarios en la lucha por el subsidio"[65].

Realizadas las elecciones en mayo, triunfó Jorge Medina Viedas quien el 8 de junio tomó posesión del cargo[66]. El rector electo se había destacado como líder estudiantil en el movimiento universitario de la UAS en los sesenta, siendo estudiante de Derecho; ya en su condición de maestro y como director del Bufete Jurídico Estudiantil había sido dirigente del Frente de Defensa Popular, organismo creado por el movimiento popular estatal contra los impuestos al desarrollo urbano; y había sido secretario de rectoría de la Universidad Autónoma de Puebla y era, a la sazón, director del Instituto de Ciencias y Humanidades de la UAS[67].

El rectorado de Jorge Medina estuvo marcado por una aguda confrontación con el gobierno de Antonio Toledo Corro a causa de la ley de educación ya mencionada, con la que se pretendía quitarle las preparatorias y hacer una reducción drástica del subsidio universitario. En una valoración de su gestión rectoral varios años después, Medina rememora:

> ... los grupos desplazados en la década anterior, apoyados por el gobierno local, atizaron un nuevo conflicto contra la institución: se ordena la desaparición de las preparatorias; se le cercena el subsidio; se hace efectiva la creación de la Universidad de Occidente; se ponen en marcha preparatorias del gobierno... y se declaran nulos los estudios de las prepas de la UAS. Con un denominador común: en todas estas agresiones vuelven a hacerse presentes los actores derrotados en las pugnas interuniversitarias de 1966 y 1972[68].

---

65 Unidad Democrática, *Programa de Transformaciones de la Universidad...*, p. 8.

66 AHUAS, Fondo UAS, Sección CU, Libro de actas de sesiones nº. 173, 8 de junio de 1981.

67 AHUAS, Colección Jorge Medina Viedas, currículum vitae.

68 Jorge Medina Viedas, "Memoria de la Universidad (1981-1985)", conferencia dada el 21 de enero de 1999, en el ciclo de conferencias *La Universidad a través de sus rectores*, organizada por el AHUAS, p. 5.

Después de una ardua lucha de los universitarios, el proyecto de ley educativa se corrigió y el gobierno aceptó que la UAS conservara su bachillerato con la condición de que realizara una reforma curricular integral que incluyera extenderlo de dos a tres años, como era en la mayor parte del país. El gobierno, por su parte, creó su propio sistema de bachillerato: el Colegio de Bachilleres del Estado de Sinaloa (COBAES)[69].

En el aspecto financiero y en otros, el gobierno estatal le pasó una fuerte factura a la UAS, pues durante el sexenio la sometió a una política de enfrentamiento que se expresó en «la ausencia casi total de apoyo financiero; las innumerables acciones de provocación que iban desde la represión física contra personal universitario; toma de oficinas por las bandas a sueldo del gobierno; las exigencias y condicionamientos absurdos para la entrega del escaso subsidio; hasta las medidas anticonstitucionales para minar la autonomía...»[70]. Con todo ello se violaba la fracción VIII del artículo tercero constitucional relativo al régimen de autonomía de las universidades.

Un eje central del Plan Universitario de Desarrollo implementado por Medina fue la autonomía universitaria, la cual implicaba el desarrollo de la institución en un ambiente de libertad y democracia en el que los intereses institucionales estuvieran en el centro. Además de principio fundamental que orientó la defensa de la Universidad, la autonomía «fue también el *ethos* que guio los propósitos de superación y excelencia académica»; y, en este sentido, fue "una categoría moral y espiritual para desplegar las potencialidades del saber sin interferencias del poder político, y para llevar adelante un proyecto de transformación y excelencia académica que disfrutaba de un amplio consenso"[71].

---

69 Dina Beltrán López, *La autonomía universitaria...*, p. 129.

70 Jorge Medina Viedas, "Memoria de la Universidad...", 6.

71 Carlos Calderón Viedas y otros, *La utopía corrompida...*, pp. 71-72.

Partiendo de la revisión crítica del proyecto de la UDCP el rector planteó pasar de la fase política a la del despliegue académico para promover una verdadera revolución en todos los ámbitos. Ello requería que los universitarios enfrentaran como unidad al gobierno considerado el enemigo exterior[72], tarea que enfrentó muchas vicisitudes:

> En la recuperación académica ... se recogieron importantes experiencias del periodo precedente, como el Plan de Perfeccionamiento del Personal Académico (PPPA); se buscó orientar decididamente el rumbo de la Universidad hacia carreras más vinculadas con el entorno económico y social de la entidad para responder con mayor eficacia a los requerimientos de calificación profesional en el mercado laboral; se celebraron foros de discusión sobre docencia, difusión e investigación[73].

EL VIRAJE A LA DERECHA DE LA UAS: DE AUDÓMAR AHUMADA QUINTERO (1985-1989) A HÉCTOR MELESIO CUÉN OJEDA (1985-2009)

Al acercarse el fin de la administración rectoral de Medina Viedas los grupos políticos empezaron a prepararse para la contienda. Conforme avanzaba la gestión de Medina, se empezaron a tensar las relaciones al interior del PSUM y de Unidad Democrática por el tema de la sucesión, ya que el candidato del rector era el licenciado Liberato Terán Olguín, opinión que no compartían quienes dominaban el aparato partidario pues estos consideraban que era Audómar Ahumada Quintero quien debía encabezar. El trasfondo de estas diferencias era si se daría continuidad al proyecto académico instaurado por Medina Viedas con la candidatura de Liberato Terán o, por el contrario, si se lanzaría a Audómar Ahumada quien por tener

---

72 AHUAS, Fondo UAS, Sección CU, libro de actas de sesiones, No. 173, 8 de junio de 1983 (2do. informe rectoral de Jorge Medina Viedas), fs. 37 y 42.

73 Carlos Calderón Viedas y otros, *La utopía corrompida...*, p. 74.

un perfil político, ponía en riesgo la consolidación de un proyecto académico de largo plazo[74].

Al no lograrse el acuerdo entre las dos posturas señaladas, en las filas de Unidad Democrática surgió una tercera posición que propuso desechar las propuestas de Audómar y Liberato, y que se considerara la opción de un tercero. No obstante, Liberato Terán decidió desertar de Unidad Democrática para lanzarse como candidato a la rectoría por una agrupación que se llamó Movimiento Rosalino, la cual recibió el respaldo del Bloque de Fuerzas Independientes que fue el nombre con que participó el Movimiento Estudiantil Proletario, el cual era un pequeño grupo de izquierda que tenía presencia en algunas escuelas[75].

Por su parte, al interior de Unidad Democrática se llevó a cabo un proceso interno para legitimar la decisión que ya había tomado la dirigencia del PSUM de que fuera Audómar Ahumada el candidato. Y fue a partir de esto que Ahumada Quintero contendió contra dos precandidatos «terceristas», el Dr. Rafael Valdez Aguilar y el Ing. Pedro Valenzuela, imponiéndose en el resultado Ahumada con un margen muy amplio[76].

Aprobado el reglamento para la elección de rector por el Consejo Universitario, se registraron cuatro candidatos: el licenciado Audómar Ahumada Quintero, por Unidad Democrática, el licenciado Liberato Terán Olguín, por el Movimiento Rosalino y el Bloque de Fuerzas Independientes; el ingeniero

---

74 Dina Beltrán López, *La autonomía universitaria...*, p. 130.

75 Así como el Movimiento Estudiantil Proletario, hubo también otros grupos como el Movimiento Revolucionario del Pueblo (MRP), la Unión de Estudiantes Revolucionarios del Pueblo (UERS), el Iskra, la Corriente Estudiantil Democrática (CED) y el Grupo Comunista Espartaco (GCE), entre otros. Ronaldo González Valdés, *U.A.S.: un discurso rampante...*, pp. 119-120, 138.

76 Dina Beltrán López, "La educación en Sinaloa en la etapa posrevolucionaria...", p. 362.

David Moreno Lizárraga, por el Movimiento 7 de abril; y el Movimiento Buelna; y Carlos Morg Patiño de manera independiente[77].

Realizadas las elecciones, el candidato triunfador fue Audómar Ahumada Quintero quien tomó posesión el 8 de junio de 1985. Su gestión rectoral fue difícil lo cual se debió a factores internos y externos. Entre los primeros, estaban:

> ... un ambiente político poco adecuado, caracterizado por un enfrentamiento entre corrientes; una aguda conflictiva laboral, producto de la insatisfacción de diversas demandas no atendidas puntualmente, y la exigencia permanente de atención a peticiones que excedían los límites y posibilidades reales de la Universidad; y la ausencia de criterios precisos para abordar la reforma académica[78].

Según el rector Ahumada Quintero, entre los factores externos que limitaron el desarrollo institucional destacaba el conflicto en la relación con las autoridades estatales

> ... que trataban ... de cancelar las conquistas importantes del movimiento universitario; que buscaban ... impedir el despliegue de las potencialidades académicas de la institución, que bloquearon ... nuestros esfuerzos para asegurar condiciones presupuestales mínimas que permitiesen un desarrollo académico normal; que llevaron al extremo la política de estrangulamiento financiero, al reducir prácticamente al uno por ciento las aportaciones estatales al presupuesto, y que, en el campo de las obras materiales no permitieron contar con el apoyo del gobierno federal para nuestro sistema de bachillerato[79].

Con dificultades para atenuar las debilidades institucionales y enfrentar las amenazas externas, la administración de Ahu-

---

77 Dina Beltrán López, *La autonomía universitaria...*, p. 130.

78 Audómar Ahumada Quintero, *IV informe rectoral*, Culiacán, Sinaloa, 6 de junio de 1989, p. 5.

79 Audómar Ahumada Quintero, *IV informe...*, p. 6.

mada finalizó con una fuerte autocrítica a la izquierda universitaria. Evaluó la autonomía y vocación democrática como «insuficientes todavía para imponer la dinámica que la creación de nuevas formas del quehacer académico requiere»; y sobre la responsabilidad en ello de las fuerzas democráticas de izquierda señaló sus desviaciones, errores y fallas, "que se han agudizado a partir de las severas restricciones financieras ... de la presente década"[80]. El propio Audómar terminó, pues, dando la razón al rector antecesor y al Movimiento Rosalino.

En realidad, la parte más difícil del rectorado de Audómar fue el primer año y medio que coincidió con la parte final del sexenio de Toledo Corro. Con el arribo a la gubernatura de Sinaloa del Lic. Francisco Labastida Ochoa en enero de 1987, la situación de la Universidad cambió sensiblemente, logrando limar las asperezas al grado de que, en septiembre de ese año, rector y gobernador cortaron juntos el listón para inaugurar el nuevo edificio de la Biblioteca Central "Lic. Eustaquio Buelna", en Ciudad Universitaria de Culiacán; obra cuya construcción fue avanzada de manera significativa por la administración de Medina. Posterior a esto, las visitas del ejecutivo estatal a la UAS se hicieron frecuentes. De hecho, desde su campaña política Labastida había sido entrevistado en los estudios de Radio UAS[81].

En 1989 se da un nuevo proceso para renovar las autoridades universitarias. En esta ocasión, los candidatos que se registraron fueron el ingeniero David Moreno Lizárraga, por el Frente Democrático Universitario; el licenciado Francisco Álvarez Cordero, por Unidad Democrática; y el ingeniero Carlos Alfaro Morales como candidato independiente. El Frente Democrático Universitario representó un grupo producto de la alianza del Movimiento 7 de abril con una fracción impor-

---

80 Audómar Ahumada Quintero, *IV informe...*, p. 76.

81 Dina Beltrán López, *La autonomía universitaria...*, pp. 131-132.

tante de Unidad Democrática, que si bien se había mantenido en ella en el proceso electoral anterior, lo hizo con diferencias que fueron creciendo hasta llegar a la ruptura. Se trató de la fracción inconforme de Unidad Democrática que agrupó a quienes apoyaron a Rafael Valdez y a Pedro Valenzuela en la elección interna de 1985; estos, sumados a los líderes del Movimiento Rosalino, conformaron la agrupación Convergencia Universitaria[82].

La candidatura de Carlos Alfaro Morales representó otra escisión interna de Unidad Democrática por la inconformidad de este en el proceso interno de Unidad Democrática para seleccionar candidato, proceso en el que habían contendido Francisco Álvarez Cordero, Guillermo Ibarra Escobar y el propio Alfaro[83].

El triunfador en esta elección fue David Moreno Lizárraga, quien tomó posesión el 8 de junio de 1989 y nombró como secretario general a Rubén Rocha Moya[84].

En el rectorado de Moreno Lizárraga se impulsó la discusión para reformar la ley orgánica de la universidad. Durante el proceso, hubo diferencias entre el rector y el secretario general sobre los cambios a promover en la legislación universitaria. Después de que Rubén Rocha ventiló tales diferencias en la prensa local, la consecuencia fue que el rector le pidió su renuncia como secretario general; con él renunció, también, la mayoría de los funcionarios que pertenecían a su grupo[85].

---

82 Miguel Ángel Rosales Medrano, "La educación en Sinaloa durante el periodo 1980-2010", en Miguel Ángel Rosales Medrano, Dina Beltrán López y Jorge Luis Sánchez Gastélum (coords.), *Historia Temática de Sinaloa, VI, Educación y Política Educativa*, Culiacán, Sinaloa, México, Instituto Sinaloense de Cultura, 2015, pp. 273-415, p. 367.

83 Miguel Ángel Rosales Medrano, "La educación en Sinaloa..."

84 Dina Beltrán López, *La autonomía universitaria...*, p. 132.

85 Dina Beltrán López, *La autonomía universitaria...*

Moreno continuó con la reforma universitaria, impulsando al efecto un largo proceso de preparación alrededor de la convocatoria al Congreso Universitario para la Reforma, pero no la concretó en un nuevo instrumento normativo, entre otras razones, porque se le vino encima el tiempo del relevo rectoral y porque el asunto se contaminó con el rumor de sus intenciones de reelegirse[86].

Sobre la concepción-praxis de la autonomía durante el período 1989-1993, Moreno Lizárraga expresó que había establecido el compromiso de "hacer plenamente vigente su *autonomía* e institucionalidad democrática, en un marco de tolerancia y concertación de voluntades por la Universidad, pero no permitiendo más la superposición de intereses de grupos o sectores al interés superior de la Institución y su compromiso académico y cultural con el pueblo de Sinaloa"[87]. En este comentario se observa una disminución del tono de confrontación que había caracterizado a las administraciones anteriores, ganando espacio ahora los términos tolerancia y concertación. De hecho, en la parte final del documento se confirma esto que se señala, en la que el rector expresó: "A las autoridades federales, estatales, municipales y a las organizaciones sociales que nos dieron su apoyo decidido, mi reconocimiento y el de la comunidad universitaria"[88].

En 1993 llegan nuevamente los tiempos de cambio de las autoridades universitarias. Abierto el proceso, se registraron cinco aspirantes: el doctor Cuauhtémoc Reyes Moreno del grupo Universidad y Reforma, el maestro en ciencias Rubén Rocha Moya del Movimiento Académico Sinaloense Universitario, el licenciado Jaime Palacios Barreda del Movimiento Universita-

---

86 Dina Beltrán López, *La autonomía universitaria...*

87 David Moreno Lizárraga, *IV informe rectoral*, Culiacán, Sinaloa, junio de 1989, pp. 1-2.

88 David Moreno Lizárraga, *IV informe rectoral...*, p. 14.

rio Siglo 21, el doctor Emiliano Paredes y el contador público José Alonso Ochoa Casillas. Realizadas las votaciones, el 20 de mayo la Comisión Electoral dio a conocer los resultados de la votación: Rocha Moya, obtuvo 30,098 votos; Reyes Moreno, 15,487; Palacios Barreda, 2,070; Paredes, 402; y Ochoa Casillas, 479[89].

¿De dónde provenía el apoyo de Reyes Moreno y de Rocha Moya, los dos candidatos punteros? El primero venía del ya muy desgastado Movimiento 7 de Abril, en tanto que Rocha representó la candidatura del grupo Convergencia Universitaria en alianza con una serie de grupos que habían quedado fuera de la administración central de Moreno, sobre todo, las fracciones inconformes de Unidad Democrática[90].

El 8 de junio de 1993 tomó posesión como rector el maestro en ciencias Rubén Rocha Moya. El enorme desgaste que ocasionaban los procesos de elección de rector cada cuatro años, además de los procesos locales que cada dos años se realizaban en escuelas y facultades para renovar directores, fue factor decisivo para que el nuevo rector y su grupo propusieran una reforma legal que frenara esta situación. Aprovechando la experiencia del rectorado anterior, la administración de Rocha promovió y logró que tal reforma se hiciera al inicio del periodo. Después de una serie de debates, primero al interior de la UAS, y después en la legislatura local, en diciembre de 1993 se aprobó una nueva ley orgánica (decreto 230). Las modificaciones más importantes se relacionan con los puntos neurálgicos del debate político universitario desde mediados de los sesenta: la elección de rector y de directores de escuelas y facultades[91].

---

89 Miguel Ángel Rosales Medrano, "La educación en Sinaloa...", p. 373.

90 Miguel Ángel Rosales Medrano, "La educación en Sinaloa...", p. 371.

91 Dina Beltrán López, *La autonomía universitaria...*, p. 133.

En esta Ley, se establece como facultad del Consejo «nombrar rector titular, interino o sustituto, con el voto aprobatorio de la mayoría absoluta de los consejeros presentes, en votación nominal y abierta, en los términos que fije el Estatuto General y el Reglamento Interior del Consejo»; especificando que, en el caso del rector titular, sería "electo de una terna que, previa auscultación entre los diferentes sectores de la comunidad universitaria, presentará la Comisión de Méritos Académicos y Universitarios". Tal auscultación, precisaba la Ley, "en ningún momento significará una elección directa o universal del rector"[92].

Respecto al nombramiento de directores de escuela, facultad o centros de investigación, se mandataba que la haría el Consejo Universitario de una terna que le presentarían los consejos técnicos respectivos. Además, se amplió el periodo de estos de dos a tres años[93].

Otra novedad de la Ley fue que instituyó la Contraloría Social Universitaria, como organismo para vigilar el manejo y aplicación correcta de los recursos financieros. Se integraría con cinco representantes externos a la institución y seis representantes universitarios de los cuales dos serían estudiantes[94]. Este organismo generó algunos comentarios negativos ya que -se decía- al incluir representantes externos se violaba la autonomía universitaria, a lo que el rector replicó:

> Por mucho tiempo, al amparo de la autonomía universitaria ... en esta Institución no solo hubo simulación académica, excesos y perversión de la democracia, desprecio a la legalidad; también y en forma evidente, desorden en el manejo de los recursos económicos. Tales desviaciones terminaron por lesionar la autoridad moral de la casa de estudios, al grado de ser

---

92 AHCES, Decreto 230/1993, publicada en *El Estado de Sinaloa*, tomo LXXXIV, 2da. Época, nº. 153, 22 de diciembre de 1993 (Artículos 26, fracción III; y 37).

93 AHCES, Decreto 230/1993, (artículos 26 y 57).

94 AHCES, Decreto 230/1993, (artículos 81 y 85).

> objeto de repetidos cuestionamientos, que nos restaban credibilidad y confianza ante la sociedad... lo que estaba en el fondo de esta conducta de ocultamiento era la idea de que no debíamos admitir en público los malos manejos, para no hacerle el juego a la supuesta o real animosidad universitaria...[95]

De manera que, de lo anterior, se concluye que el proceso de acercamiento-colaboración entre la UAS y el sector oficial que inició en la gestión de Audómar Ahumada y que continuó en la de David Moreno Lizárraga, después de haber vivido un proceso de abierta confrontación, encontró expresión legal en la nueva Ley Orgánica.

Con tiempo la administración de Rocha empezó a preparar el proceso de sucesión rectoral y el 18 de julio de 1996, el Consejo aprobó el Reglamento que regiría el proceso. Los parámetros que se evaluarían a los candidatos para determinar la terna, serían: consulta universitaria (60%); el *currículum vitae* (30%); y el proyecto institucional (10%)[96].

Para nombrar directores de escuelas y facultades, desde el 17 de marzo el Consejo Universitario había aprobado el reglamento, el cual incluía especificaciones similares a las del nombramiento del rector, instituyendo para dirigir el proceso la Comisión Local de Méritos Académicos[97].

En 1997, al amparo de la nueva ley orgánica, pero repitiendo la práctica de alianzas de grupos políticos y de campañas dispendiosas, ocurre el relevo de autoridades. En esta ocasión, los candidatos fueron: el maestro en ciencias Jorge Luis Guevara Reynaga y los doctores Guillermo Ibarra Escobar y Emiliano Paredes. El primero, con una historia de militancia en el

---

95 Rubén Rocha Moya, *I informe rectoral*, Culiacán, Sinaloa, junio de 1994, pp. 17-18.

96 Dina Beltrán López, *La autonomía universitaria...*, p. 135.

97 Dina Beltrán López, *La autonomía universitaria...*, p. 135.

PMT (Movimiento Buelna al interior de la UAS), había sido el secretario general en la administración anterior y, desde siempre, se asumió como el candidato natural para relevar a Rocha Moya. Ibarra Escobar, por su parte, tenía afinidad con el PCM, el PSUM y el PRD; su candidatura fue apuntalada por la rama académica del aparato sindical universitario, a través de su dirigente Aarón Quintero Pérez, representando este último, reminiscencias de la extinta Unidad Democrática. Emiliano Paredes se registró como candidato independiente[98].

Realizado el proceso en mayo de 1997, resultó triunfador Jorge Luis Guevara Reynaga. En dicha elección fue violentado sin el menor escrúpulo el marco normativo al repetir las prácticas viciadas de los anteriores procesos electorales, por lo que en el cierre de su gestión, Rocha Moya no tuvo más remedio que admitir que:

> ... el consenso que habíamos logrado en torno a la legalidad, no pudo mantenerse en la dinámica de las campañas por la rectoría ... [pues] no todos estuvieron dispuestos a sostener el contexto favorable a su observancia ... Se prefirió modificar ciertas reglas y actuar bajo esquemas e inercias de un pasado ... Hubo, pues, una reforma legal, *pero no una reforma en las conciencias* ... Digamos, sin eufemismos, que la *auscultación* o *consulta* fue en realidad una *elección directa*, en urnas fijas y movibles. Y que fue éste el factor determinante que, de hecho, minimizó y desdeñó los parámetros de evaluación establecidos en el Reglamento[99].

El período rectoral de Guevara Reynaga (1997-2001) coincidió con dos gobiernos de Sinaloa: el de Renato Vega Alvarado (1993-1998) y el de Juan S. Millán (1999-2004); cultivando con ambos una relación de cordialidad, respeto y colaboración[100].

---

98 Dina Beltrán López, *La autonomía universitaria...*, 136.

99 Rubén Rocha Moya, *IV informe rectoral*, Culiacán, Sinaloa, junio de 1997, p. 15. (Itálicas en el original).

100 Dina Beltrán López, *La autonomía universitaria...*

En sus informes rectorales, Guevara tuvo siempre como invitados especiales a representantes de los tres poderes del Estado, ocupando el ejecutivo estatal el primer lugar. En su primer informe, le agradeció al gobernador Renato Vega y al Comité Administrador del Programa Federal de Construcción de Escuelas (CAPFCE), los apoyos brindados para continuar las obras de construcción del Polideportivo iniciadas en la administración de Rocha Moya, y, después de llamarle «hijo agradecido de esta Universidad», le reconoció estar siempre «atento a los proyectos y buena marcha de la institución con su entusiasmo y mano amiga». También se refirió al proceso electoral a celebrarse en Sinaloa en noviembre de ese año para renovar la gobernatura, presidencias municipales y diputaciones locales, manifestando que la Universidad tendría ante dicho proceso apertura de "análisis académico de toda forma de hacer política, y exigiendo respeto a la *integridad de la autonomía*."[101] Se trataba, desde luego, de un concepto de autonomía universitaria distinto del que se pregonara en aquellos álgidos años de los sesenta, los setenta y todavía primera mitad de los ochenta.

Llega mayo del 2001 y con él la vorágine de las elecciones universitarias para nombrar nuevo rector. Repitiendo la experiencia, durante el proceso se presentaron todos los vicios y desviaciones señalados siempre por el rector saliente. En esta ocasión, los candidatos que se registraron fueron el ingeniero Gómer Monárrez González, el licenciado Aarón Quintero Pérez y el doctor Rafael Valdez Aguilar, los tres personajes públicos en la vida política universitaria, de los que solo el tercero poseía perfil académico. Después de una enconada contienda, triunfó Monárrez González, quien había sido director de Servicios Escolares en 1993-1997 y secretario general en 1997-2001. La trayectoria política del nuevo rector había sido en las filas

---

101 Jorge Luis Guevara Reynaga, *I informe rectoral*, Culiacán, junio de 1998, pp. 17-18. (Las itálicas son nuestras).

del PMT y, académicamente, tenía un pobre respaldo, pues sus antecedentes universitarios eran en el área deportiva[102].

La administración de Gómer Monárrez, presionada por el sector oficial, por la sociedad y por algunos sectores de la propia Universidad, se propuso en su plan institucional de desarrollo llevar a cabo una reforma universitaria integral que debía incluir, además de los aspectos legislativos, los de naturaleza académica, política y cultural.

Para realizar dicha reforma, por mandato del Consejo Universitario se nombró una comisión central que promoviera y organizara diversas actividades mediante un proceso participativo e integral que desembocara en un gran foro[103]. Después de un amplio y arduo trabajo de esta comisión, la reforma integral prometida por Monárrez se redujo a un conjunto de documentos y acuerdos que se derivaron de los diversos foros, y a una iniciativa de ley orgánica aprobada por el Consejo Universitario que fue puesta a disposición de la legislatura local[104]. Con la efervescencia de las campañas políticas por la rectoría, los legisladores evadieron el tema y archivaron la propuesta.

En la sucesión rectoral del año 2005 hubo tres candidatos: el maestro en ciencias Héctor Melesio Cuén Ojeda, el licenciado Aarón Quintero Pérez y el doctor Guillermo Ibarra Escobar. Cuén Ojeda, hombre de empresa de Culiacán, había iniciado su carrera política universitaria como director de la Facultad de Ciencias Químico-Biológicas y, en las administraciones rectorales 1997-2001 y 2001-2005 se había desempeñado como director de Bienes e Inventarios, en donde estuvo en permanente campaña[105]. Quintero Pérez e Ibarra Escobar

---

102 Dina Beltrán López, *La autonomía universitaria...*

103 Gómer Monárrez González, *I informe rectoral*, Culiacán, Sinaloa, junio del 2002, p. 21.

104 Gómer Monárrez González, *I informe rectoral...*, s/p.

105 Miguel Ángel Rosales Medrano, «La educación en Sinaloa..., p. 389.

ya habían competido en procesos anteriores y ambos venían de las filas de Unidad Democrática, solo que el primero con amplia trayectoria como dirigente sindical e Ibarra con perfil más académico.

Realizadas las elecciones después de una turbulenta campaña, triunfó la candidatura de Cuén Ojeda. En esta ocasión, a diferencia de los rectores anteriores, Gómer Monárrez no hizo la acostumbrada crítica como rector saliente a propósito de la reforma institucional pendiente. Al contrario, en actitud triunfalista, expresó: "Por primera ocasión, en muchos años, el proceso se desarrolló con toda normalidad, evitándose el derroche, la descalificación y la interrupción injustificada de nuestras jornadas académicas y administrativas, al no permitirse los actos masivos de registro y cierre proselitistas"[106]. Ciertamente, como dijo Monárrez, se anularon tales actos masivos, pero, de ahí en fuera, todo lo demás se permitió.

El 8 de junio del 2005 inició la administración rectoral de Héctor Melesio Cuén Ojeda. Un compromiso establecido en el plan institucional de desarrollo fue, otra vez, realizar una reforma profunda de la Universidad.

Como producto de la gestión y presión de las autoridades universitarias, apoyadas por los sectores oficiales y los medios informativos, el 26 de julio del 2006 el Congreso local aprobó una nueva ley orgánica para la institución que contiene cambios substanciales para el funcionamiento de la misma[107]. El más importante tiene que ver con el tema central del debate político universitario desde la segunda mitad de los sesenta: el nombramiento de rector y de directores. La aprobación de la

---

106 Gómer Monárrez González, *4to. informe rectoral*, Culiacán, Sinaloa, junio del 2005, p. 11.

107 Universidad Autónoma de Sinaloa, *Ley Orgánica y Estatuto General*, México, UAS, 2011, p. 56.

misma se hizo en medio de señalamientos de que se legislaba de espaldas a la Universidad y los universitarios.[108].

Hay elementos que permiten afirmar que con la ley aprobada la institución regresa al marco legal que tuvo en diciembre de 1965, lo cual se fundamenta en dos elementos. El primero es que instituye la Comisión Permanente de Postulación (CPP), organismo facultado para proponer una terna al Consejo Universitario para el nombramiento de rector y de directores de escuelas y facultades[109]. Esta CPP ejerce las funciones propias de una junta de gobierno que tienen otras instituciones como la UNAM.

El segundo elemento es que desaparece el principio de igualdad en la representación entre estudiantes y profesores (Artículo 20), ya que acentúa la desigual representación entre estos dos sectores, al agregar, con respecto a la ley orgánica de diciembre de 1965, a los vicerrectores de Unidad Regional, los directores de Colegios Regionales de Bachillerato y los representantes de las secciones académica y administrativa del SUNTUAS[110]. Aunque, hay que precisar, los representantes sindicales forman parte del Consejo Universitario desde el nacimiento de estas organizaciones.

Otro elemento a destacar de la ley aprobada es que se instituye que el rector se nombre por el Consejo Universitario en votación secreta y por cédula, de la terna que le presente la citada CPP (artículo 36)[111]; punto que se aleja de las tradiciones de apertura y claridad que han caracterizado a la comunidad rosalina.

---

108 Dina Beltrán López, *La autonomía universitaria…*, p.137.

109 Ley Orgánica de la Universidad Autónoma de Sinaloa, aprobada el 27 de julio del 2006 (artículos 36 y 37). Recuperada de: https://agral.uas.edu.mx/documentos/reglamentacion/LEY_ORGANICA.pdf

110 Ley orgánica de la universidad… (artículo 26).

111 Ley orgánica de la universidad… *Ibid.*: (Artículo 36).

Veamos ahora las repercusiones que han tenido lugar con el cambio en la forma de elegir autoridades. Desde mayo de 2007 se integró la CPP y se aprobó su reglamento. A finales de ese mismo año se renovaron las direcciones de varias unidades académicas aplicando las nuevas reglas. Era la primera prueba para la nueva legislación y, aunque se ventilaron diversos problemas, todo indicaba que la UAS había entrado a un nuevo esquema de gobernabilidad[112]. Casos representativos de protesta fueron las facultades de Estudios Internacionales y de Derecho de Culiacán. Sobre el primer caso, la reconocida investigadora Ana Luz Ruelas señaló que el nombramiento de director había sido "arbitrario y antidemocrático» al imponer el rector «como director a un incondicional, por encima de mejores aspirantes"[113].

Por su parte, Guillermo Ibarra Escobar acusó al grupo liderado por el rector Cuén de que, al gozar de todas las condiciones y prerrogativas, cambió de molde a la UAS, ya que convirtió al Consejo Universitario y a los consejos técnicos en órganos de trámite, "conformó una plantilla de directores desarraigados de sus comunidades, empoderados con una legislación y un terror laboral vigente para actuar arbitrariamente en sus escuelas" con la condición de que trabajaran en su proyecto político[114].

---

112 Gallagher entiende la gobernabilidad como la estructura de relaciones que dan coherencia a la organización, legitiman las políticas, planes y decisiones institucionales, dan cuenta de las relaciones de costo-beneficio de las acciones y de la probidad en el ejercicio de los recursos (citado en Romualdo López., Óscar Manuel González, Javier Mendoza y Judith Pérez, "El rol de los rectores en la gobernabilidad de las universidades públicas mexicanas", *Revista Mexicana de Investigación Educativa*, vol. 16, nº. 51 (2011), p. 1022. Disponible en: http://www.redalyc.org/articulo.oa?id=14019203002).

113 Ana Luz Ruelas, *Crisis universitaria y ratio legis en Sinaloa*, México, Juan Pablos Editor y Consejo Estatal de Ciencia y Tecnología, 2010, p. 103.

114 Guillermo Ibarra, "Prólogo: El vaciamiento institucional de la UAS", en Ana Luz Ruelas, *Crisis universitaria...*, p. 17.

LA INSTAURACIÓN DE UN SISTEMA DE UNIVERSIDAD PARTIDO (2009-2021)

Si bien la elección de directores ofreció un adelanto de lo que sería el nuevo clima político, la prueba mayor para la nueva Ley la constituyó el nombramiento del sucesor de Cuén Ojeda. Como la normatividad establecía el requisito de que los aspirantes no debían haber sido funcionarios públicos o de la administración central de la UAS en los 18 meses previos, con las licencias solicitadas enseguida la comunidad universitaria conoció los nombres de los aspirantes a ocupar la silla rectoral[115].

Llegado el plazo, la CPP presentó al Consejo Universitario la terna que se integró con la Dra. Sylvia Paz Díaz Camacho y los doctores Víctor Antonio Corrales Burgueño y Gonzalo Armienta Hernández. Corrales Burgueño había renunciado a la Coordinación General de Investigación y Posgrado, Díaz Camacho a la Secretaría Académica de Rectoría y Armienta Hernández a la dirección de la Facultad de Derecho de Culiacán. Concluido el proceso, en sesión del 14 de mayo del 2009 el Consejo acordó que el nombramiento recaía en Corrales Burgueño con 207 votos, contra 34 de Díaz Camacho y uno de Armienta Hernández (hubo dos abstenciones)[116].

En menos de dos horas se efectuó el protocolo diseñado para el nombramiento del nuevo rector y con ello se pretendió mostrar que la nueva ley orgánica salía airosa al realizarse un proceso "pacífico y ordenado". No obstante, este discurso de la élite dirigente universitaria tuvo su contraparte crítica, en un sector que, aunque pequeño, tenía peso académico. Ruelas Monjardín, por ejemplo, señaló que:

---

115 Dina Beltrán López, *Currículum y educación media...*, p. 290.

116 Secretaría General, *Sursum Versus*, Boletín del H. Consejo Universitario, Año 5, nº. 8, Culiacán, Sinaloa, UAS (marzo-mayo 2009), p. 666.

> El nombramiento de rector 2009-2013 fue un montaje acordado por Cuén con los grandes empresarios, el gobernador Jesús Aguilar y su candidato Jesús Vizcarra, para instalar a alguien que se subordinara a sus planes. Antonio Corrales Burgueño resultó impuesto y, al contrario de lo que pregonaron algunos de sus amigos ex comunistas, aceptó ser parte de la jugada[117].

La noticia causó sorpresa porque desde antes de que renunciaran los aspirantes, se comentó que la favorita era Díaz Camacho, reconocida investigadora en el campo de las ciencias químico-biológicas tanto a nivel estatal como nacional. Pero, al parecer, para las pretensiones políticas futuras de Cuén Ojeda el perfil de Corrales Burgueño era más apropiado y por ello cambió la orientación de la votación del Consejo Universitario a favor del primero, decisión en la que tuvo el apoyo de empresarios sinaloenses a quienes anunció sus pretensiones de iniciar su carrera política fuera de la UAS[118].

Es indudable que el cambio en las reglas políticas para nombrar rector y directores en la UAS ha dado lugar a un nuevo arreglo institucional en el que se han reconfigurado las relaciones de poder. Antes de la Ley Orgánica de 2006, el control de la institución lo tenían los grupos políticos herederos de las otrora corrientes de izquierda que se disputaban los diversos puestos de la estructura universitaria; después de esta reforma legislativa se gestó la conformación de un solo grupo político liderado por el exrector Héctor Melesio Cuén, el que de manera lamentable hoy se ha consolidado como el gran decisor en parte importante de los asuntos institucionales[119].

Pero más lamentable aún es que haya diseñado y puesto en operación una estrategia que le ha permitido usar abiertamente la estructura de la UAS para contender en cuanto proceso

---

117 Ana Luz Ruelas, *Crisis universitaria...*, p. 153.

118 Dina Beltrán López, *Currículum y educación media superior...*, p. 291.

119 Dina Beltrán López, *Currículum y educación media superior...*, p. 292-293.

electoral tiene lugar; lo cual ha sido posible gracias a que la burocracia oficial le ha otorgado las condiciones para ello[120]. Así, en alianza como asociación civil ("Cuenta Conmigo", creada en 2009) con el PRI en las elecciones de 2010 ganó la presidencia municipal de Culiacán, aunque el candidato a la gubernatura Jesús Vizcarra perdió ante su contrincante Mario López Valdez impulsado por el Partido Acción Nacional (PAN). En 2012, previa renuncia a la presidencia municipal, Cuén Ojeda fue postulado por el Partido Nueva Alianza para competir por una senaduría, pero fracasó. En los comicios locales de 2013, ya como Partido Sinaloense (PAS)[121], se posicionó como tercera fuerza electoral, obteniendo cuatro diputaciones de representación proporcional[122].

Llegó el tiempo del relevo rectoral de 2013 y en la sesión del Consejo Universitario del 31 de mayo el nombramiento recayó en el doctor Juan Eulogio Guerra Liera con un total de 189 votos, contra 22 del doctor Juan Ignacio Velázquez Dimas y 11 del doctor Fidencio López Beltrán (hubo 7 abstenciones)[123]. Dos aspirantes más no incluidos en la terna fueron los doctores Juan Carlos Ayala Barrón y Ambrosio Monjardín Heráldez. De todos los contendientes solo Monjardín Heráldez fue crítico de los excesos cometidos por el grupo en el poder señalando la intromisión de intereses ajenos a la institución y la falta de transparencia del proceso[124].

---

120 Dina Beltrán López, *Currículum y educación media superior…*, p. 293.

121 Este partido político se constituyó el 14 de agosto del 2012

122 Ernesto Hernández Norzagaray, *Las elecciones concurrentes en Sinaloa. La antesala del 2021*, México, 2020, pp. 75-76.

123 Secretaría General, *Sursum Versus*, Boletín del H. Consejo Universitario, Culiacán, Sinaloa, Año 4, No. 8, (marzo-mayo 2013), p. 445.

124 Marco Antonio Lizárraga, "Juan Eulogio Guerra, nuevo rector de la UAS", *Entre Veredas*, 1 de junio 2013. Recuperado de: https://www.entreveredas.com.mx/2013/06/juan-eulogio-guerra-liera-nuevo-rector.html

Previo a este proceso, hubo un intento de reformar la ley orgánica para que el rector Corrales Burgueño pudiera reelegirse por un periodo más y reducir de 18 a cuatro meses el tiempo en que debían renunciar los funcionarios para poder aspirar al cargo. La propuesta de momento no prosperó, pero pasada la turbulencia de la renovación rectoral, la legislatura local aprobó los cambios el 16 de agosto del 2013[125].

Con la administración rectoral encabezada por Guerra Liera (2013-2017) concluyó el plazo de los doce años de trabajo planeados en el Plan Buelna de Desarrollo Institucional puesto en operación en 2005. Al amparo de la reforma a la Ley Orgánica de noviembre de 2013 Guerra fue reelecto para el periodo 2017-2021. Antes, a petición del rector, el Consejo Universitario modificó el Estatuto General para adelantar el nombramiento de rector para la primera quincena de enero de 2017, excluyendo con ello la posibilidad de competidores y pasando por encima de la CPP[126]. En los ocho años al frente de la rectoría de Juan Elogio Guerra, la estructura del PAS siguió extendiéndose y fortaleciéndose sin obstáculos a lo largo y ancho del estado.

Tres procesos electorales externos tuvieron lugar durante la gestión de Guerra Liera. En 2015 hubo elecciones federales en el país para renovar las cámaras de diputados y de senadores, proceso en el que entró en vigor la recién aprobada figura de candidatos independientes, la cual aprovechó Cuén Ojeda para postular a miembros del PAS dado que ambigüedades en la ley dejaban la puerta abierta para que los militantes de partidos estatales participaran al cobijo de esta figura. Así, el PAS postuló candidatos en cuatro distritos (2, 6, 7 y 8) con un

---

125 Universidad Autónoma de Sinaloa, *Ley Orgánica y Estatuto General*, México, UAS, 2013, p. 11.

126 AHCES, Iniciativa 342 de reforma a la ley orgánica de la Universidad Autónoma de Sinaloa, 2017.

resultado desfavorable porque, como afirma Hernández Norzagaray (2020), "solo unos miles se tragaron la píldora de que eran candidatos independientes"[127].

En 2016 se renovaron el Poder ejecutivo estatal y la legislatura local, proceso en el que Cuén se postuló para la gubernatura y aunque logró una votación que lo colocó como la segunda fuerza, quedó lejos de la del candidato priísta Quirino Ordaz Coppel; no obstante, en esta elección el PAS logró seis de las 40 curules del Congreso del Estado[128].

Veamos ahora el proceso para la renovación del Poder Ejecutivo federal de 2018 el cual fue interesante por la perspectiva de cambio que se abrió para el país, y en particular porque representó la posibilidad de sanear la vida interna de las universidades públicas urgidas de reformas como es el caso de la UAS. En este proceso, el PAS hizo alianza con el PAN cuyo candidato fue Ricardo Anaya, contendiendo Cuén Ojeda como cabeza de fórmula de mayoría al Senado de la República. El resultado fue otra derrota (solo logró una diputación plurinominal que ocupó su esposa Jesús Angélica Díaz) en virtud del «tsunami» lopezobradorista que sacudió al país, lo que le llevó a declarar a los medios que en las elecciones de gobernador de 2021 no aparecería en la boleta[129].

El proceso de relevo de Guerra Liera como rector se empató con la elección estatal de 2021, en la que se renovaron la gubernatura, la legislatura local y los 18 ayuntamientos. La atención del PAS se enfocó en detectar al candidato con mayores posibilidades de triunfo. Aunque se postularon varios, se reconocieron como punteros el candidato del PRI Mario Zamora y el del Movimiento de Regeneración Nacional (Morena) el

---

127 Ernesto Hernández Norzagaray, *Las elecciones concurrentes…*, p. 76.

128 Ernesto Hernández Norzagaray, *Las elecciones concurrentes…*

129 Ernesto Hernández Norzagaray, *Las elecciones concurrentes…*, pp. 77-78.

exrector de la UAS Rubén Rocha Moya, ambos senadores con licencia. Al final de las negociaciones, se puso en operación el más puro de los pragmatismos: el PAS, concertó alianza con Morena, en tanto que el PRI, el PAN y el PRD decidieron lanzarse juntos. Celebrada la elección el resultado fue el triunfo arrollador de la fórmula Morena-PAS[130], hecho que significó un cambio discursivo en Rubén Rocha Moya, quién de haber sido un agudo crítico durante su campaña por la senaduría en 2018 del cacicazgo de Cuén Ojeda en la UAS, se transformó en su defensor.

Es oportuno subrayar la confluencia en esta alianza Morena-PAS de dos ex rectores de la UAS con llamativas trayectorias políticas: Héctor Melesio Cuén, de quien ya nos hemos ocupado, y Rubén Rocha quien fue rector en el periodo 1993-1997. Egresado de la Escuela Normal Rural «Plutarco Elías Calles» de Sonora (conocida como el Quinto), Rocha ya había sido candidato a la gubernatura: en 1985 por el Movimiento Popular Sinaloense que agrupó a militantes de izquierda y en 1997 por el PRD, resultando perdedor en ambos; otro dato a resaltar de su trayectoria es su participación como coordinador de asesores de dos gobiernos sinaloenses priistas: con Jesús Aguilar Padilla (2005-2010) y con Quirino Ordaz Coppel (2017-2021)[131]. Ostentaba este último cargo cuando Andrés Manuel López Obrador lo invitó a participar como candidato a la senaduría por el estado, en fórmula con Imelda Castro. La comunidad universitaria tomó nota de sus discursos de campaña en los que fue reiterativo en su compromiso de rescatar a la UAS del secuestro de que era objeto por parte de Héctor Melesio Cuén y del PAS.

---

130 Irene Medrano Villanueva, "Rubén Rocha Moya, virtual ganador electo a la gubernatura de Sinaloa", *El Sol de México*, 7 de junio del 2021. Recuperado de: https://www.elsoldemexico.com.mx/republica/politica/ruben-rocha-moya-virtual-ganador-electo-a-la-gubernatura-de-sinaloa-6812472.html

131 Ernesto Hernández Norzagaray, *Las elecciones concurrentes…*, pp. 108-112.

Al acercarse la fecha del final del segundo periodo rectoral de Guerra Liera, de nuevo se puso en marcha el mecanismo para nombrar al sucesor. Emitida la convocatoria se registraron cuatro candidatos: los doctores Jesús Madueña Molina (quien renunció a la Secretaría General para estar en condiciones de ser candidato), Gonzalo Armienta Hernández (de la Facultad de Derecho Culiacán) y Santiago Inzunza Cázares (profesor e investigador de la Facultad de Informática), y la Dra. Soila Maribel Gaxiola Camacho (de la Facultad de Medicina Veterinaria y Zootecnia)[132]. La terna seleccionada por la CPP se integró con Madueña, Inzunza y Gaxiola misma que se presentó al Consejo Universitario, resultando electo Madueña Molina[133]. Con esto último Cuén mandó a Rubén Rocha y a Morena el mensaje de que, aunque el PAS y Morena competían juntos en las elecciones estatales, en los asuntos de la UAS Morena no tenía injerencia.

* * *

En este trabajo hemos mostrado la fragilidad de la UAS para ser usadas por los poderes fácticos para fines distintos a los que la sociedad le tiene encomendados. En el proyecto de la UDCP revisamos la manera como la izquierda partidaria logró hacerse de la dirección del Alma Mater de los sinaloenses y cómo a partir de 1985 fue degenerando la esencia académica de la institución con la politización de que se le hizo objeto.

---

[132] César Hernández, "Estos son los perfiles y propuestas de los aspirantes a la rectoría de la UAS", en *Espejo*, 6 de mayo del 2021. Recuperado de: https://revistaespejo.com/2021/05/06/estos-son-los-perfiles-y-propuestas-de-los-aspirantes-a-la-rectoria-de-la-uas/

[133] Irene Sánchez y Cristian Díaz, "Jesús Madueña, nuevo rector de la Universidad Autónoma de Sinaloa", *La Jornada*, 21 de mayo de 2021. Recuperado: https://www.jornada.com.mx/notas/2021/05/21/sociedad/jesus-maduena-molina-nuevo-rector-de-la-universidad-autonoma-de-sinaloa/

Al tocar fondo la institución con las dispendiosas campañas para elegir rector y directores de 1981 a 2005, en 2006 se forjaron las condiciones para desaparecer el esquema de elecciones abiertas a la comunidad universitaria y sustituirlo por el nombramiento a través del Consejo Universitario en un proceso dirigido por la CPP. De nuevo, el sentido del cambio se tergiversó y hoy tenemos una institución aparentemente «estable» en lo político, pero con su esencia académica devaluada a través del partido creado por el exrector Cuén Ojeda y la libertad intelectual de su personal menoscabada. Pasamos, pues, de una forma de politización a otra, siendo el común denominador de ambas que no es la academia, sino la política, lo que está en el centro de su quehacer.

Poner fin a la intromisión del PAS para emprender esfuerzos que le restauren su esencia académica fue un compromiso de campaña de Morena, partido político que tiene mayoría en el Congreso local desde el 2018. Cuando parecía que en este nuevo escenario político se habían abierto los canales para incluir en la agenda legislativa la reforma a la ley orgánica de la máxima Casa de Estudios superiores de los sinaloenses, los sueños de impulsar una transformación de la UAS se esfumaron cuando se concretó la alianza entre Morena y el PAS para la lucha por la gubernatura en 2021.

En el Congreso del Estado actualmente hay cuatro proyectos de reforma de la ley orgánica de la UAS presentados por diversos equipos que esperan ser puestos en la mesa del debate. De estas iniciativas dos plantean regresar al mecanismo de votaciones abiertas para elegir autoridades[134] y las otras dos proponen que, previo a un proceso de auscultación a estudiantes y

---

134 AHCES, iniciativas 502 y 358 de reforma a la ley orgánica de la Universidad Autónoma de Sinaloa.

trabajadores conducido y regulado por un órgano ex profeso, el nombramiento de estas lo realice el Consejo Universitario[135].

De momento hay que señalar que no se observan condiciones ni disposición para que lo anterior ocurra en un corto-mediano plazo, pues la historia de nuestra Alma Mater es prolífica en ejemplos de que las iniciativas de reforma se discuten no cuando el deber ser indica, sino cuando los poderes legales y fácticos lo deciden. Aunque, por otra parte, también hay que apuntar qué si bien la reforma a la ley orgánica es una condición necesaria para rescatar la esencia académica de la UAS, esta es insuficiente para lograr cambios de gran calado. Con las seis leyes orgánicas que hemos tenido de 1965 a la fecha, los universitarios rosalinos no hemos aportado a la sociedad una institución que garantice la formación integral de los profesionistas que se requieren en el siglo XXI, pues en vez de dar prioridad al interés general de la institución se han colocado en el centro los intereses políticos.

Por ello, a la par de la reforma legislativa, urge que repensemos acerca de qué manera podremos rehacernos como institución académica y de cultura que coadyuve a un cambio social que se exprese en la construcción de una buena o mejor sociedad, menos injusta y desigual; ya que, como lo sostiene John Kenneth Galbraith (1996) "el tiempo apremia y la acción se ha demorado demasiado"[136].

---

135 AHCES, iniciativas 903 y 342 de reforma a la ley orgánica de la Universidad Autónoma de Sinaloa.

136 John Kenneth Galbraith, *Una sociedad mejor*, Barcelona, España, 1996, Crítica, p. 169.

Capítulo 17

LUIS RECASÉNS SICHES, DE LA PERSECUCIÓN FRANQUISTA AL EXILIO EN AMÉRICA

EVA ELIZABETH MARTÍNEZ CHÁVEZ
(Universidad de Guadalajara)

España vivió una cruenta guerra civil (1936-1939) en la que resultó ganador el bando que se autodenominó nacional, el que se caracterizó por una sistemática represión del enemigo. Los republicanos vencidos vieron en el exilio su única posibilidad, pues en su patria los esperaba la represión en diversas formas: en el peor de los casos la prisión y la muerte; en sus representaciones más benévolas se les aplicaban sanciones económicas y laborales. Ante este panorama cientos de miles salieron del país buscando asegurar la vida y la libertad, principalmente.

Los exiliados españoles se dispersaron por continentes y países. Interesa ahora hablar sobre un catedrático universitario de filosofía del derecho exiliado en México, Luis Recaséns Siches. Este intelectual fue uno de cientos de estudiosos del derecho que buscando escapar de las garras del franquismo se trasladaron a territorio americano y se asentaron en países como Argentina, Panamá, Cuba, Puerto Rico, Estados Unidos, Venezuela y México, a este último país llegaron más de tres centenares de licenciados en derecho, aunque la mayoría de ellos se dedicó a actividades que no tenían relación con su profesión.

A través de Recaséns se busca mostrar una problemática que compartieron los profesores universitarios del exilio: encontrar un espacio laboral en los lugares en los que asentaron su residencia. También se abordan las limitaciones políticas con las que se encontraron en los países que los acogieron, situación nada menor si consideramos que los defensores y simpatizantes de la Segunda República española eran, en términos generales, un colectivo muy activo políticamente. Asimismo, se reconstruye la ruta que siguió para arribar a territorio mexicano y las redes a las que se incorporó en América.

LA VIDA EN ESPAÑA ANTES DEL EXILIO

Luis Pedro Alejandro Recaséns Siches nació en la ciudad de Guatemala, República de Guatemala, el 19 de junio de 1903. Fue hijo legítimo de Pedro Recaséns Girol y Concepción Siches Gils, ambos originarios de España. A los dos años lo llevaron al país de origen de los padres, en donde se formó intelectual y espiritualmente.[1] Décadas después regresaría a América en calidad de exiliado y retomaría los lazos con su país de nacimiento, ya que durante gran parte de su exilio asentó su residencia en México. La cercanía entre su país natal (Guatemala) y el de exilio (México) facilitó las relaciones con intelectuales guatemaltecos y con las instituciones de ese país, como veremos más adelante.

---

1 Eva Elizabeth Martínez Chávez, "Recaséns Siches, Luis (1903-1977)", en Carlos Petit (ed.), *Derecho ex cathedra. 1847-1936. Diccionario de catedráticos españoles*, Madrid, Dykinson, 2019, p. 378. Un trabajo anterior, Yolanda Blasco Gil y Mª Fernanda Mancebo Alonso, "Pere Bosch Gimpera y Luis Recasens Siches. Profesores exiliados y provisión de sus cátedras", *Estudios y testimonios sobre el exilio español en México. Una visión sobre su presencia en las Humanidades*, Armando Pavón Romero, Ambrosio Velasco y Clara Ramírez (coords.), México, Bonilla Artigas-CONACYT, 2016, pp. 311-334.

En España Recaséns fue un estudiante sobresaliente que, con el paso del tiempo, se convirtió en un destacado intelectual y profesor universitario. Sabemos que se matriculó en el doctorado en derecho en la Universidad Central de Madrid. En esa institución cursó las materias que correspondían al programa de doctorado, del plan vigente de 1900: Historia del derecho internacional, Legislación española, Historia de la literatura jurídica española y Filosofía del Derecho, en las que se matriculó en el curso de 1924-1925. Su memoria doctoral la realizó sobre la *Contribución a la historia de la filosofía jurídica del pensamiento católico (con especial consideración de la obra de Francisco Suárez).* En su examen doctoral obtuvo la nota de sobresaliente, en marzo de 1927. [2]

Con el título de doctor y estancias al extranjero para ampliar sus estudios, Recaséns consiguió, a una temprana edad (24 años), la preciada cátedra, el peldaño más alto en la estructura universitaria. Se desempeñó como catedrático en las facultades de derecho de las universidades de Santiago, Salamanca, Valladolid y Madrid,[3] esta última la más importante del país.[4]

Recaséns fue uno de los profesores universitarios que colaboró abiertamente con la Segunda República (1931-1939). Durante este periodo fue Director General de Administración Local en el Ministerio de la Gobernación (1931).[5] Ese mis-

---

2 Archivo General de la Administración (AGA). (5) 20 32/14077. Expediente del título de doctor en Derecho de Recasens Siches, Luis.

3 Gaceta de Madrid, nº. 119, de 28/04/1932, p. 726. Orden nombrando a D. Luis Recaséns y Siches Catedrático numerario de Filosofía del Derecho, del período del Doctorado, de la Facultad de Derecho de la Universidad Central. En https://www.boe.es/datos/pdfs/BOE//1932/119/A00726-00726.pdf

4 AGA (5) 1.19 32/13555, exp. 1. Oposiciones. Trabajos presentados por Luis Recaséns Siches a las oposiciones y AGA (5) 1.19 32/13556, exp. 1. Oposiciones. Trabajos presentados por Luis Recaséns Siches a las oposiciones.

5 Gaceta de Madrid, No. 289, de 16/10/1931, p. 300. Decreto admitiendo la dimisión del cargo de director general de Administración a D. Luis Recaséns Siches. En https://www.boe.es/datos/pdfs/BOE//1931/289/A00300-00300.pdf

mo año fue nombrado vocal de la Comisión encargada de los Patronatos de la Extinguida Real Casa; vicepresidente primero del Consejo Superior de Protección a la Infancia; vicepresidente del Tribunal de Apelación de los Tribunales Tutelares de Menores;[6] vocal electivo del Consejo Superior de Protección a la Infancia. Resultó electo diputado durante la legislatura 1931-1933 por la circunscripción de Lugo, apoyado por Derecha Liberal Republicana y la Federación Gallega Republicana. La fecha de alta fue el 9 de julio de 1931 y la baja el 24 del mismo mes y año; en esta última fecha se acordó la nulidad de la elección. En la elección parcial del 23 de agosto de 1931 resultó nuevamente electo diputado para la legislatura 1931-1933 por la circunscripción de Lugo, representando a la fracción política Republicano Progresista. Nuevamente, fue electo diputado por la circunscripción de Lugo para la legislatura 1933-1935. También se desempeñó como subsecretario de Industria y Comercio, nombrado el 21 de febrero de 1936.[7] Renunció al encargo en septiembre del mismo año.[8]

---

6 Gaceta de Madrid, nº. 291, de 18/10/1931, p. 340. Orden nombrando a D. Félix Álvarez Santullano y don Luis Recaséns Siches para los cargos de presidente y vicepresidente del Tribunal de Apelación de los Tribunales tutelares de menores, https://www.boe.es/datos/pdfs/BOE//1931/291/A00340-00340.pdf

7 Su nombramiento se dio de acuerdo con el Consejo de Ministros y a propuesta del Consejo de Industria y Comercio. Resulta interesante destacar las personas que firman su nombramiento, los también juristas Niceto Alcalá Zamora y Torres y Mariano Ruiz Funes (Ministro de Industria y Comercio). Los tres juristas referidos terminaron exiliados en América al triunfo del franquismo. Alcalá-Zamora y Torres en Argentina, Recaséns y Ruiz Funes en México. El nombramiento se puede consultar en la Gaceta de Madrid, nº. 57, 26 de febrero de 1936, p. 1614, https://www.boe.es/datos/pdfs/BOE//1936/057/B01614-01614.pdf

8 Eva Elizabeth Martínez Chávez, *España en el recuerdo, México en la esperanza. Juristas republicanos exiliados en México*, tesis de doctorado, Universidad Internacional de Andalucía, 2016, pp. 491-493.

El mismo Recaséns plasmó en papel su "lealtad y devoción" a la Segunda República al escribir al Ministerio de Instrucción Pública y Bellas Artes:

> Se complace [se refiere a él mismo] en hacer constar a V. E. una vez más, su absoluta lealtad y devoción a la República, a sus Gobiernos legítimos, en todo momento, y a la causa de su defensa contra los facciosos que se alzaron en armas agrediendo al Poder Legítimo del Estado Republicano. Esta su conducta es pública y notoria -por los cargos políticos que ha desempeñado y por su constante actuación al servicio de la República- y la ha justificado en sus instancias de readmisión a los efectos del Decreto de 27 de septiembre de 1936.[9]

Como era de esperarse, sus actividades durante la Segunda República lo convirtieron en un personaje visible para los franquistas y debió salir del país para evitar las diversas manifestaciones represoras de los vencedores de la guerra, como muchos de sus compatriotas, en un primer momento eligió un país europeo como lugar de exilio (Francia), sin embargo, decidió cruzar el Atlántico y ponerse a salvo en una patria que se convertiría en el lugar en el que vería llegar el fin de sus días (México), cuyo presidente, Lázaro Cárdenas del Río, había dado muestras de simpatía y apoyo por la Segunda República y los republicanos.

INICIO DE LA REPRESIÓN POR LOS VENCEDORES DE LA GUERRA

Una de las múltiples formas en que se reprimió a los republicanos fue formándoles un expediente de depuración, para determinar el nivel de peligrosidad, esto según el régimen

---

9 Archivo del Ministerio de Educación y Ciencia (AMEC), caja 92060, exp. 36, expediente personal del catedrático Luis Recaséns Siches.

franquista o *nacional*. En el expediente de depuración formado a Recaséns Siches se menciona que era:

> individuo ultra-rojo. Fue Director de Administración Local con Miguel Maura y después de las elecciones del año 1936 se hizo de Martínez Barrio. Masón muy activo y fundador en Valladolid de la F.U.E. en el año 1931 a la que dio un carácter marcadamente comunista. Fue Diputado del Frente Popular. Se encuentra en Francia haciendo gestiones para poder entrar en la España Nacional y está moviendo influencias, a este fin, aparentando un arrepentimiento que está muy lejos de ser sincero. Salamanca 15 de julio de 1938.[10]

La información que se plasmó en el anterior informe era, al menos en parte, inexacta ya que para esa fecha Recaséns Siches se encontraba en territorio mexicano y, por la documentación localizada en dicho país, su intención era permanecer en él. Finalmente, por Orden de 4 de febrero de 1939, aparecida en el Boletín Oficial del Estado de 7 de febrero de 1939, el Ministerio de Educación Nacional determinó que dados "los antecedentes completamente desfavorables y en abierta oposición con el espíritu de la Nueva España", resolvía separarlo definitivamente del servicio y darlo de baja en su respectivo escalafón.[11]

EXILIO EN EUROPA

Recaséns, como miles de republicanos, buscó refugio en Francia ante la violencia de la Guerra Civil. En ese país desem-

---

10 AMEC, Expediente de depuración de catedráticos de universidad, Luis Recaséns Siches, caja 92666, exps. 10 y 11. También en AMEC, caja 93.968-1. Depuración de Catedráticos. Minutas del archivo de la oficina de depuración. (Catedráticos de Universidad). Recaséns Siches, Luis.

11 AMEC, exp. 92060, exp. 36, expediente personal del catedrático Luis Recaséns Siches.

peñó funciones de abogado-consultor del Consulado General de la República Española en París. Durante su periodo francés también realizó trabajos de investigación y colaboró con el *Institut de Droit Comparé*, la Facultad de Derecho de París, el *Institut de Sociologie* de la Facultad de Letras de París, el *Institut International de Philosophie du Droit et Sociologie Juridique.* Todas estas labores las realizó desde mediados de octubre de 1936, fecha en que terminó la misión oficial de "explicar el problema español en París",[12] la cual desempeñó como miembro de la Delegación del Frente Popular, que le había conferido el gobierno de la Segunda República.

Desde París empezó a organizar su viaje a México, país en el que viviría la mayor parte de su exilio americano. La ficha migratoria que sobre Recaséns se conserva en el Archivo General de la Nación de México nos permite conocer sus características físicas: 1.68 metros de estatura, complexión delgada, tez blanca, de cabello castaño y ojos azules.[13]

Recaséns, el 18 de mayo de 1937, escribió al Ministerio de Instrucción Pública republicano para informar que había recibido una invitación oficial de la Universidad Nacional Autónoma de México para impartir unos cursos extraordinarios de Filosofía del Derecho, Sociología y Teoría General del Estado y tenía la intención de marchar a ese país para dar cumplimiento a dicha invitación y que solicitaba la confirmación y beneplácito del Ministerio de Instrucción Pública para llevar a cabo las mencionadas labores. La solicitud le fue autorizada y le permitieron residir en el extranjero dedicado a sus estudios

---

[12] Vicente González Radío, "Recaséns Siches: Filosofía del Derecho y Sociología", en *Revista Galego-Portuguesa de Psicoloxía e Educación*, nº. 10, vol. 12, año 9º (2005), p. 144.

[13] Archivo General de la Nación (México) (AGN), Secretaría de Gobernación, Siglo XX, Departamento de Migración, Serie Españoles, caja 198, expediente 127, Luis Recaséns Siches.

particulares, aclarando que dicha autorización "caducará tan pronto como se reanuden las actividades docentes en la Facultad de Derecho o este Ministerio estime oportuno utilizar los servicios profesionales del referido Catedrático".[14]

La orden de reanudación de las actividades en los centros universitarios españoles llegó meses después, el 28 de agosto de 1937, en ella se disponía la presentación de todos los catedráticos en la Secretaría General de la Universidad de Valencia para quedar a disposición de los decanos de sus facultades respectivas. Recaséns Siches conoció el contenido de dicha orden el 2 de octubre de 1937, cuando se encontraba ya en territorio mexicano, e inmediatamente se dirigió a la Embajada de la República Española en México para que, por su medio, se consultara si a él también le afectaba la citada orden de 28 de agosto, pues había sido autorizado a trasladarse a México y pedía el oportuno permiso para continuar los cursos y trabajos científicos extraordinarios que le había encomendado la Universidad Nacional Autónoma de México. La respuesta del gobierno republicano fue que debía regresar debido a que estaban funcionando las universidades en España y él era parte de ellas.[15] No obstante que se le ordenó regresar, Recaséns decidió permanecer en México y esta decisión ocasionó que el gobierno republicano (orden del 2 de diciembre de 1937)[16] lo incorporara a una lista de catedráticos sancionados por abandono de destino.

El subsecretario de Instrucción Pública, el también catedrático de universidad, Wenceslao Roces, intentó que Recaséns regresara a España y se reincorporara a sus actividades uni-

---

[14] Eva Elizabeth Martínez Chávez, *España en el recuerdo, México en la esperanza…*, 2016, pp. 493-494.

[15] Eva Elizabeth Martínez Chávez, *España en el recuerdo, México en la esperanza …*, 2016, pp. 493-494.

[16] AMEC, caja 92060, exp. 36; expediente personal del catedrático Luis Recaséns Siches.

versitarias. El 4 de diciembre de 1937, solicitó por medio de un telegrama que se le ordenara al Embajador de España en México "comunique Profesor Recaséns Siches que habiendo aparecido en la Gaceta de hoy una orden de este Ministerio incluyéndole entre los profesores que han incurrido en abandono de destino con arreglo al artículo 171 de la vigente Ley de Instrucción Pública tiene un mes de plazo para incorporarse a su cátedra en la Universidad de Valencia".[17] Nuevamente Recaséns se resistió a regresar a España y permaneció en México, asumiendo las consecuencias de su decisión. Así, tenemos que tanto el bando franquista como el republicano lo sancionaron laboralmente, los franquistas lo depuraron al considerarlo contrario a su régimen y los republicanos lo sancionaron por abandonar su puesto en la universidad.

EL VIAJE A AMÉRICA

Ya mencionamos que el primer destino para Recaséns fue Francia, país en el que recibió la invitación del gobierno mexicano para colaborar en sus instituciones educativas. Sobre el viaje de Recaséns a los Estados Unidos Mexicanos, se sabe que el 8 de mayo de 1937 el Consulado General de México en París le expidió la Tarjeta de Identificación para que pudiera ingresar a territorio mexicano, al que arribó por Nuevo Laredo, Tamaulipas, el 28 de junio de 1937. Dio como referencia en México a Alfonso Reyes y al licenciado José Rivera. Al igual que la mayoría de sus compatriotas que arribaron en tiempos posteriores, Recaséns ingresó a México con la calidad de inmigrante por un año, en su caso, como invitado para que dictara conferencias sobre filosofía del derecho en la UNAM. Al perder las esperanzas de

---

17 AMEC, caja 92060, exp. 36; expediente personal del catedrático Luis Recaséns Siches.

que el franquismo cayera en España decidió naturalizarse mexicano, lo cual realizó el 8 de septiembre de 1955.[18]

LA INSERCIÓN LABORAL EN MÉXICO

Al llegar a México Recaséns Siches se unió a la planta de profesores de la Universidad Nacional Autónoma de México. Su llegada no pasó desapercibida para la sociedad mexicana. En los periódicos más importantes se llegó a anunciar su presencia en el país. *El Universal* publicó una nota, el 28 de junio de 1937, a la que tituló "Recaséns en México", firmada por el licenciado José Rivera P. C. Las altas expectativas que se tenía sobre su presencia en suelo mexicano se pueden percibir claramente en la menciona nota

> La Universidad Nacional de México ha invitado a un distinguido jurista, el doctor Luis Recaséns Siches, a dar cursos breves en las materias de su especialidad. El doctor Recaséns iniciará sus labores en México a principio del próximo mes de julio y mucho puede esperarse de su estadía entre nosotros.
> En efecto, la obra escrita y el trabajo docente llevados a cabo por el doctor Recaséns, lo tienen ampliamente acreditado en las universidades e institutos de Filosofía Jurídica, como el más eminente de los pensadores contemporáneos de nacionalidad española dedicados a esta disciplina, y es seguro que en México rendirá los frutos de su saber y su cultura, durante el desarrollo de los cursos que profesará en la Universidad.
> Resulta especialmente importante para México la presencia del distinguido filósofo, por el impulso que imprimirá a los estudios de Derecho.[19]

---

18 AGN, Secretaría de Gobernación, Siglo XX, Departamento de Migración, Serie Españoles, caja 198, expediente 127, Luis Recaséns Siches.

19 Archivo Histórico de El Colegio de México (AHCM), Fondo La Casa de España, caja 20, expediente 5. Luis Recaséns Siches.

No estaba equivocado el licenciado Rivera sobre las aportaciones de Recaséns al país, sólo que aquella invitación para impartir cursos breves se convertiría en una invitación para fijar su residencia definitiva en México. Al año siguiente de la llegada del jurista español (1938) se creó la Casa de España en México, la que cambió posteriormente su nombre a El Colegio de México (1940), institución a la que se incorporó Recaséns como miembro residente.[20]

Las gestiones y el entendimiento entre las instituciones mexicanas para concretar la inserción laboral de Recaséns no fueron complicadas, debido a que en el momento en que se debieron tomar decisiones sobre el particular las personas involucradas colaboraban de forma cercana. En 1938, cuando se crea La Casa de España, Recaséns se encontraba colaborando con la Universidad Nacional Autónoma de México. El rector de esa universidad era el doctor Gustavo Baz Prada, quien también era miembro del Patronato de la recién creada Casa de España. Así, tenemos que Daniel Cosío Villegas en 1938 era el secretario de la Casa de España y en estas funciones escribe (21 de octubre de 1938) al rector de la UNAM (Baz) para afinar los detalles de la colaboración de Recaséns con La Casa

> De acuerdo con las conversaciones que he tenido con Usted, en su doble carácter de miembro del Patronato de la Casa de España en México y Rector de la Universidad Nacional, sobre el traslado a la primera del Profesor Luis Recasens y Siches, que desde que llegó a México ha estado trabajando en la Universidad por cuenta de ella, quiero informar a Ud. Que dicho profesor ha sido incorporado a la Casa de España en México y que, por consiguiente, desde el 1. de octubre depende de ella.[21]

---

20 Clara E. Lida, *La Casa de España en México*, México, El Colegio de México, 1988, p. 124.

21 AHCM, Fondo La Casa de España, caja 20, Expediente 5. Luis Recaséns Siches.

Como miembro residente de la Casa de España Recaséns tenía que entregar un informe anual de las actividades que debía realizar. En el primer año de su incorporación a esta institución planteó

> 1º.- Un curso de "Filosofía del Derecho" (tres horas por semana) en la Universidad Nacional [Autónoma] de México.
> 2º.- Un curso de "Metafísica según los principios de la razón vital" (dos horas por semana) en la Facultad de Filosofía y Letras de la Universidad Nacional [Autónoma] de México.
> 3º.- Un curso de "Teoría General del Estado" (tres lecciones semanales) en la Universidad Nacional [Autónoma] de México.
> 4.- Un curso breve de nueve lecciones sobre "Derecho y Sociedad en la vida humana" en la Universidad de Morelia (Michoacán) [Universidad Michoacana de San Nicolás de Hidalgo] Año. 1939.[22]

Recaséns fue de los primeros miembros de La Casa de España, por tanto, su incorporación se rigió por las Normas que regulaban el funcionamiento de esta institución. Los miembros de La Casa en 1939 se clasificaban en: Residentes, se consideraban como tal a aquellos que eran contratados y remunerados de un modo regular por La casa; es decir, los que se dedicaban por entero a colaborar para La Casa. Los honorarios, sólo eran remunerados por trabajos especiales y no estaban vinculados de forma permanente con La Casa. Los especiales, que trabajaban por cuenta de otras instituciones, pero que podían vincularse a aspectos parciales de los trabajos de La Casa. También se consideraron a los becarios y dar auxilios transitorios a los "intelectuales españoles que, sin ser miembros de La Casa, puedan emprender trabajos y prestar servicios para los fines de la institución".[23]

---

[22] AHCM, Fondo La Casa de España, caja 20, expediente 5. Luis Recaséns Siches.

[23] Clara E. Lida, *La Casa de España en México*, México, El Colegio de México, 1988, p. 124.

La Casa de España le permitió a Recaséns seguir prestando sus servicios en la Máxima Casa de Estudios mexicana. En la UNAM colaboró como profesor de la Escuela Nacional de Jurisprudencia, actual Facultad de Derecho, en la Facultad de Filosofía y Letras y en la Escuela Nacional de Economía.[24]

La Casa de España organizaba sus actividades anualmente. Al año siguiente de su creación (1939) se realizaron las gestiones para concretar la colaboración con la UNAM, en el caso particular de Recaséns. El 18 de enero de 1939 Daniel Cosío Villegas le escribía al licenciado Agustín García López, director de la Facultad de Derecho de la UNAM, en los siguientes términos:

> El Patronato de la Casa de España en México trató oportunamente con el Señor Rector de la Universidad Nacional sobre la colaboración que en esta institución podrían ofrecer los miembros Residentes de aquélla en los cursos académicos del año 1939. Habiendo conducido las gestiones necesarias con otras Facultades, en las cuales nuestros Miembros Residentes trabajarían por la primera vez, desearía tratar este asunto con Ud. Ahora por lo que toca al curso de Filosofía del Derecho, que el Doctor Recaséns ha profesado ya en esa Facultad y que la Casa de España ofrece a ella nuevamente.[25]

Como era de esperarse, la colaboración ofrecida por La Casa fue "aceptada con agrado" el 26 de enero de 1939. Sólo quedaba pendiente afinar los días y horas en que el curso se llevaría a cabo, lo que se resolvió sin mayores dificultades.[26]

Como había planteado en su plan de trabajo entregado a La Casa en 1938, Recaséns viajó a Morelia en 1939. El 29 de junio

---

24 Eva Elizabeth Martínez Chávez, *España en el recuerdo, México en la esperanza...*, 2016, p. 494.

25 AHCM, Fondo La Casa de España, caja 20, expediente 5. Luis Recaséns Siches.

26 AHCM, Fondo La Casa de España, caja 20, expediente 5. Luis Recaséns Siches.

de 1939 escribía al presidente de La Casa, Alfonso Reyes, para mencionarle que había llegado el 27 de junio a Morelia y ese mismo día había comenzado en la Universidad Michoacana de San Nicolás de Hidalgo Un cursillo sobre *Valores vida humana e historicidad* "habiendo contado hasta ahora con un número muy grande de oyentes, que parece se encuentran satisfechos. Además de las conferencias, que son diarias y tienen lugar a última hora de la tarde, he organizado un Seminario-coloquio, también cotidiano, lo que ha complacido mucho a los estudiantes".[27] Como se puede apreciar, las actividades académicas de Recaséns fueron valoradas y recibidas con agrado en las diversas instituciones mexicanas en las que colaboró, tanto las que se encontraban en la Ciudad de México, como las de los estados a los que se trasladó.

Es importante mencionar que el camino que recorrió Recaséns para encontrar un espacio laboral en México no fue el mismo que debieron seguir la mayoría de sus compatriotas. Recaséns llegó a México con una invitación para incorporarse a la universidad más importante de ese país, la UNAM, posteriormente se incorporó a La Casa de España, una institución que se creó para albergar a los intelectuales más destacados del exilio. Por otro lado, la gran mayoría de los estudiosos del derecho que llegaron a territorio mexicano lo hicieron sin contar con un espacio laboral al cual incorporarse, algunos debieron desempeñar actividades que no tenían relación con su giro profesional antes de conseguir un espacio en las diversas instituciones educativas mexicanas, las que se encontraban en la Ciudad de México y las de los diferentes estados que integran la república mexicana.

---

[27] AHCM, Fondo La Casa de España, caja 20, expediente 5. Luis Recaséns Siches.

LIMITACIONES POLÍTICAS A LOS EXTRANJEROS EN MÉXICO

México consiguió su independencia de España en 1821. Desde ese momento han existido tres constituciones federales: la de 1824, la de 1857 y la de 1917, esta última era la que regía a la llegada de los españoles exiliados y que sigue vigente hasta el día de hoy. La Constitución Política de los Estados Unidos Mexicanos de 1917, en su capítulo III, artículo 33, reguló la permanencia de los extranjeros en el país. El artículo 33 establecía:

> Son extranjeros los que no posean las calidades determinadas en el artículo 30. Tienen derecho a las garantías que otorga el Capítulo I, Título Primero,[28] de la presente Constitución; pero el Ejecutivo de la Unión tendrá la facultad exclusiva de hacer abandonar el territorio nacional, inmediatamente y sin necesidad de juicio previo, a todo extranjero cuya permanencia juzgue inconveniente.

LOS EXTRANJEROS NO PODRÁN DE NINGUNA MANERA INMISCUIRSE EN LOS ASUNTOS POLÍTICOS DEL PAÍS.[29]

El mencionado artículo 33 estaba vigente cuando el presidente Lázaro Cárdenas (1934-1940) abrió las puertas de su país a todos los republicanos que desearan trasladarse a su territorio. Fue también este presidente el que marcó un cambio

---

28 El título primero, capítulo I, trata de las garantías individuales. En su artículo primero establecía: "En los Estados Unidos Mexicanos todo individuo gozará de las garantías que otorga esta Constitución, las cuales no podrán restringirse ni suspenderse sino en los casos y con las condiciones que ella misma establece". *Constitución Política de los Estados Unidos Mexicanos*, 1917, p. 2, https://constitucion1917.gob.mx/es/Constitucion1917/Constitucion_1917_Facsimilar

29 *Constitución Política de los Estados Unidos Mexicanos*, 1917, p. 48. Las negritas son mías.

de rumbo en la aplicación del artículo 33, pues fue durante su periodo presidencial cuando menos órdenes de expulsión de extranjeros se expidieron. Cárdenas inauguró una práctica que encontró continuidad en subsecuentes gobiernos, esto es, el uso excepcional del artículo 33, junto a una permanente invocación más con fines de disuadir que de expulsar.[30]

Como indicamos, la Constitución federal establecía la prohibición que tenían los extranjeros en México para participar en política e, incluso, por los testimonios que localicé en documentación histórica, es posible que la prohibición se extendiera también para la política universitaria. El caso de Luis Recaséns Siches nos sirve para respaldar lo antes dicho. Como ya indicamos, colaboró en la UNAM y en La Casa de España-El Colegio de México. Al parecer Recaséns no se resistió a participar en la vida política de la UNAM y Alfonso Reyes, presidente de El Colegio de México, se vio en la necesidad de sugerirle, mediante una misiva, que se abstuviera de dichas actividades. En el mencionado escrito Reyes le expresaba a Recaséns que ya en una ocasión anterior la Junta de Gobierno de El Colegio de México le había sugerido la conveniencia de que, en sus actividades como catedrático de la UNAM, y dada su condición de profesor extraordinario así como su especial dependencia de El Colegio de México, "se limitara usted a la parte docente, absteniéndose de intervenir en cuanto se refiere a nombramientos de catedráticos y demás puntos de régimen interior de la respectiva Facultad en que usted colabora".[31] Al parecer Recaséns había continuado con su participación en estas actividades pues el documento antes aludido menciona que se le ofrecían las mismas razones para que se limitara a la parte

---

30 Pablo Yankelevich, *¿Deseables o inconvenientes?: Las fronteras de la extranjería en el México posrevolucionario*, México, Bonilla Artigas Editores, 2011, pp. 91, 104.

31 AHCM, Fondo La Casa de España, caja 20, expediente 6. Luis Recaséns Siches.

docente y no interviniera en las elecciones universitarias para academias, decanatos y rectoría.[32]

La prohibición para participar en política en México ocasionó que algunos catedráticos y profesores de universidad españoles cambiaran sus líneas de investigación al llegar a México, como sucedió con José Miranda González, quien antes de exiliarse se desempeñara como secretario general de la Universidad Central de Madrid.[33] También fue ayudante de la cátedra de derecho político en la facultad de derecho de la mencionada universidad. En México encontró una fecunda veta de investigación en la historia del derecho y las instituciones.[34]

REDES

Luis Recaséns fue un jurista sobresaliente en España y América, antes y durante su exilio. Su pertenencia a infinidad de asociaciones académicas en numerosos países, europeos y americanos, lo confirma. En México eran frecuentes sus viajes para impartir conferencias y cursos en diversas instituciones académicas de los estados que componen la república. Si pasamos al plano internacional tenemos que colaboró con instituciones académicas de diversos países, entre las que se encuentran: la universidad de La Habana (1938, 1945); la Institución Hispano-Cubana de Cultura, el Colegio de Abogados de La Habana (1945); el Centro de Estudios Superiores de Santiago de Cuba

---

32 AHCM, Fondo La Casa de España, caja 20, expediente 6. Luis Recaséns Siches.

33 Gaceta de Madrid, nº. 275, de 01/10/1936, p. 5. Orden nombrando secretario general de la Universidad de Madrid a D. José Miranda González, https://www.boe.es/datos/pdfs/BOE//1936/275/B00005-00005.pdf

34 Andrés Lira González, "Prologo", en *José Miranda González, Las ideas y las instituciones políticas mexicanas. Primera parte. 1521-1820,* 2ª ed., México, UNAM, 1978, pp. VII-XV.

(1945); la Asociación de Funcionarios del Poder Judicial de Cuba (1945); la Universidad Nacional de Guatemala (1943); la Universidad Nacional de El Salvador (1943); la Universidad Central de Tegucigalpa, Honduras (1943). Fue profesor honorario de la Universidad Nacional de El Salvador (1947), de la Universidad de Santiago de Chile (1956) y de la Universidad de San Marcos de Lima (1957). Profesor visitante en Puerto Rico (1953) y Texas (1962, 1969). Conferencista huésped en las universidades de Nicaragua, Costa Rica, Panamá, Argentina, Uruguay, Venezuela, Perú, Brasil, Alemania Occidental, Francia, Italia y España.[35]

Vamos a analizar las redes en las que participaba Recaséns a través de un caso concreto, la publicación de su libro *Vida humana, sociedad y derecho. Fundamentación de la filosofía del derecho.* Esta obra se publicó en 1939, por La Casa de España. Recaséns cedió la propiedad literaria del mencionado libro a La Casa para que esta institución lo publicara en sus ediciones, como efectivamente sucedió. La cesión se otorgó para una sola edición, de dos mil ejemplares. La posibilidad de una o varias reediciones de la obra serían objeto de un nuevo arreglo entre las partes (Recaséns y La Casa). El autor recibió la cantidad de mil quinientos pesos como anticipo sobre los derechos de la obra.[36]

Vida humana, sociedad y derecho fue el primer libro que publicó Recaséns en México.[37] Ya pusimos de manifiesto las altas expectativas que se tenían en el país de asilo sobre su trabajo,

---

35 Eva Elizabeth Martínez Chávez, *España en el recuerdo, México en la esperanza...*, 2016, p. 495.

36 AHCM, Fondo La Casa de España, caja 20, expediente 6. Luis Recaséns Siches.

37 García Máynez, Eduardo, reseña a *Vida humana, sociedad y derecho. Fundamentación de la filosofía del derecho,* de Luis Recaséns Siches, *Revista de la Escuela Nacional de Jurisprudencia,* tomo II, nº. 5, p. 115.

por tanto, no es extraño que el libro mereciera reseñas en el país en que se publicó y en el extranjero.[38] Pero, lo que me resulta más interesante sobre esta publicación es la lista de personas a las que se les obsequió un ejemplar de la misma. Esta lista incluye individuos radicados en México (mexicanos y extranjeros), así como diversos intelectuales asentados en diversos países de América y Europa y permite conocer algunas de las redes en las que se manejaba, a las que se sumaban aquellas de las autoridades de la institución en la que se publicó el libro. La "lista de cortesía de La Casa de España en México" se dividió por países. En México el libro se obsequió a Alfonso Reyes, Manuel Flores, Gustavo Baz (rector de la UNAM), Enrique Arreguín Jr., licenciado Gonzalo Vázquez Vela (Secretaría de Educación Pública), licenciado Agustín Leñero (Presidencia de la República), doctor Antonio Caso (director de la Facultad de Filosofía y Letras de la UNAM), licenciado Manuel Gual Vidal (director de la Facultad de Derecho de la UNAM), licenciado Mario de la Cueva (secretario general de la UNAM), Biblioteca Nacional (2 ejemplares), Biblioteca del Congreso (2 ejemplares), Dr. José Medina Echavarría, Dr. Manuel Pedroso, Dr. Juan Pérez Abreu, licenciado Natalio Vázquez Pallares (rector de la Universidad Michoacana), licenciado Constancio Hernández A. (rector de la Universidad de Guadalajara), licenciado Eduardo García Máynez (profesor de Filosofía del Derecho de la UNAM), Eduardo Villaseñor y Dr. Joaquín Xirau.[39]

Como ya se indicó, el libro se obsequiaría a personas radicadas en México y otros países. En argentina se enviaría al Dr. Ramón M. Alsina (profesor de Filosofía del Derecho en la Universidad de Buenos Aires), Dr. Enrique R. Aftalión (pro-

---

[38] El 12 de agosto de 1940 apareció una nota sobre la publicación del libro en *El Heraldo* de Caracas, firmada con las iniciales R. B. AHCM, Fondo La Casa de España, caja 20, expediente 6. Luis Recaséns Siches.

[39] AHCM, Fondo La Casa de España, caja 20, expediente 6. Luis Recaséns Siches.

fesor de Filosofía del Derecho en la Universidad de Buenos Aires), Dr. Carlos Cossío (profesor de Filosofía del Derecho en la Universidad de La Plata), Dr. Martín T. Ruiz Moreno (profesor de Filosofía del Derecho en la Universidad de Buenos Aires), Dr. Francisco Romero (profesor de la Universidad de Buenos Aires y La Plata), Dr. Renato Treves (profesor de Filosofía del Derecho en la Universidad de Tucumán), Dr. Enrique Martínez Baz (profesor de Filosofía del Derecho en la Universidad de Córdoba). En Uruguay viajaría a las manos del Dr. Antonio M. Grompone (catedrático de Filosofía del Derecho en la Universidad de Montevideo) y al Dr. Juan Llambias de Azecedo (profesor de Filosofía del Derecho en la Universidad de Montevideo).[40]

Como ya se puso de manifiesto, Cuba fue un país que Recaséns visitó en varias ocasiones, por lo que no resulta extraño que solicitara el envío de ejemplares de su libro a sus contactos en la isla, entre ellos el Dr. Enrique Fernández Camus (profesor de Filosofía del Derecho en la Facultad de Derecho, La Habana) y el Dr. Miguel Jorrín (profesor de Filosofía del Derecho en la Academia de Derecho, La Habana).[41] Lo mismo sucedió con el Licenciado Ricardo Peralta (profesor de la Facultad de Ciencias Jurídicas y Sociales en la Universidad de Guatemala, director de la Revista de Ciencias Jurídicas y Sociales, Universidad Nacional) y el Dr. Cecilio Baez (profesor de Filosofía del Derecho, Facultad de Derecho, Asunción, Paraguay).[42]

En el archivo histórico de El Colegio de México existe otra lista (de 6 de abril de 1940) que da cuenta del número de

---

[40] AHCM, Fondo La Casa de España, caja 20, expediente 6. Luis Recaséns Siches.

[41] AHCM, Fondo La Casa de España, caja 20, expediente 6. Luis Recaséns Siches.

[42] AHCM, Fondo La Casa de España, caja 20, expediente 6. Luis Recaséns Siches.

ejemplares que se enviaría a cada país, pero no proporciona los nombres de las personas a las que se le enviarían, por tanto, sólo me es posible reproducir el destino y el número de ejemplares enviados, los que fueron entregados a la editorial Fondo de Cultura Económica para su envío, recordemos que entre El Colegio y el FCE existió una estrecha relación, ya que varias de las personas que laboraban en El Colegio también lo hicieron en el FCE. Tenemos que se asignaron 28 ejemplares para ser repartidos en el Distrito Federal (actual Ciudad de México), 2 para los estados, 15 para Cuba, 1 para Guatemala, 1 para Puerto Rico, 13 para Argentina, 4 para Uruguay, 1 para Paraguay, 3 para Estados Unidos y 10 para Europa.[43]

Las listas de repartición de *Vida humana, sociedad y derecho* permiten conocer los alcances de las redes que logró tejer Recaséns. Los miembros del patronato de la Casa de España recibieron un ejemplar de la obra, esto no es de extrañarse debido a que fue esta institución la que la publicó. En México también llegó a manos de otros españoles exiliados, algunos de ellos colaboradores también de La Casa. El libro, como el propio Recaséns, viajó a través del continente americano y llegó a varios de los países que el autor visitó físicamente, en estas patrias lo recibieron juristas nacidos en esos países o aquellos que como Recaséns debieron abrazar el exilio para escapar de la represión y el peligro que vivían en sus países, como es el caso del italiano Renato Treves, exiliado en Argentina.

Como indicamos, Recaséns nació en Guatemala, su exilio en México le permitió una cercanía física e intelectual con su país de nacimiento. Mantuvo una relación cercana con investigadores e instituciones guatemaltecas. La Universidad de San Carlos, en Guatemala, le confirió el título de doctor Honoris Causa, el 24 de octubre de 1943. En este país también fue nom-

---

43 AHCM, Fondo La Casa de España, caja 20, expediente 6. Luis Recaséns Siches.

brado Miembro Honorario de la Asociación Universitaria *El Derecho* (1943). Cuando se organizaba la creación de la Facultad de Humanidades de la Universidad de San Carlos de Guatemala, a principios de 1945, el Consejo Superior Universitario tomó varias decisiones sobre la organización de la futura facultad. Entre ellas "ultimar las cuestiones necesarias" para la venida a Guatemala del doctor Luis Recaséns Siches "a organizar la Facultad de Humanidades" y dejar para esa oportunidad, de acuerdo con él, el nombramiento de los miembros de la Junta Directiva.[44] No tengo mayores noticias sobre su participación en la organización de esta facultad; sin embargo, la presencia de Recaséns en Guatemala es un tema del que planeo ocuparme a la brevedad.

Otro espacio importante en el que Recaséns colaboró fue la Organización de Naciones Unidas (ONU), por lo que durante algunos años trasladó su residencia a Estados Unidos. Se desempeñó como alto funcionario del Secretariado de las Naciones Unidas (New York) en las divisiones de derechos humanos y bienestar social (febrero de 1949 a diciembre de 1954). Durante los años mencionados impartió cursos de filosofía del derecho, filosofía social, metafísica, historia del pensamiento hispano-americano y ontología social en la *Graduate Faculty de la New School for Social Research*, New York; filosofía del derecho en la *Graduate Division* de la Escuela de derecho de New York City (1953 y 1954) y filosofía comparada del derecho en el Instituto de derecho comparado de la Escuela de derecho de Tulane, *University of New Orleans* (1953).[45]

---

44 Jorge Luján Muñoz, "La primera generación de historiadores graduados de la Facultad de Humanidades de la Universidad de San Carlos de Guatemala, 1945-1958", *Revista Universidad del Valle de Guatemala*, nº. 12 (2002), p. 30.

45 AHCM, Fondo La Casa de España, caja 20, expediente 6. Luis Recaséns Siches.

La relación con México y sus instituciones no cesó durante los años que Recaséns vivió en Estados Unidos. En la Universidad Nacional Autónoma de México consiguió un puesto laboral estable y vivió en ese país hasta los 74 años. Murió en su domicilio, ubicado en la casa número 35 de la calle Vicente Lombardo Toledano, Villa Obregón, en la ciudad de México. Su muerte se declaró a las 4:00 horas el día 4 de julio de 1977, a causa de un infarto al miocardio-insuficiencia respiratoria no traumática. Sus restos fueron inhumados en el panteón Jardín.[46]

* * *

Luis Recaséns Siches fue uno de los cientos de juristas que se vio obligado a dejar su patria a causa de la guerra civil, también fue uno de los miles de españoles que murió lejos de la tierra de nacimiento de sus padres y la que también consideró suya. Un estudioso del derecho que alcanzó fama internacional, pues si ya en América era conocido antes de su exilio, su presencia en suelo americano permitió que su obra fuera conocida, en muchas ocasiones a través de la propia boca de su autor, ya que sus continuos viajes de trabajo a través del continente le permitieron una movilidad personal y una mayor circulación y difusión de su trabajo jurídico. La huella que dejó en estos países es un tema que aún está en espera de ser estudiado.

Más de 40 años han pasado desde que Recaséns falleció y su obra sigue siendo utilizada por universidades mexicanas, instituciones tan importantes como la universidad de Guadalajara y la universidad Michoacana de San Nicolás de Hidalgo continúan considerando sus libros como material de consulta en sus diferentes programas de licenciatura y maestría.

---

46 Archivo Histórico de la Universidad Nacional Autónoma de México, Dirección General de Personal Académico y Administrativo, expediente 20/131/4593, Recaséns Siches, Luis.

Capítulo 18

EL MUNDO DE LA MUJER, UN PROYECTO PARA LA DIFUSIÓN EN ESPAÑOL DEL PENSAMIENTO LIBRE DE LAS MUJERES DURANTE EL SIGLO XX

CLAUDIA SILVIA LLANOS DELGADO
(Universidad Nacional Autónoma de México)

> *También puede sugerirse que la contribución potencial de las mujeres a la vida de la sociedad está en la esfera de las relaciones humanas, campo que todavía no se ha elegido efectivamente como un área para la investigación metódica y los descubrimientos. Si el desarrollo de las ciencias de las relaciones humanas será capaz de suscitar una contribución por parte de las mujeres diferente de la de los hombres y comparable en calidad a la contribución de los hombres a las ciencias naturales y a las artes, es cosa que depende, al menos en parte, del desarrollo de formas de civilización en las que las mujeres sean efectivamente diferenciadas como los hombres lo han sido en el pasado.*
>
> (Margaret Mead)

AIRES DE LIBERTAD

Quiero hacer de esta reflexión un puente entre la libertad de las mujeres de los años veinte que vivían en Europa y las que vivían en América. Ese puente de continuidad es, en este caso, Joaquín Díez-Canedo, un joven protagonista de la guerra civil española, y quien sería crisol, ya en América, de una de las mejores editoriales en lengua española de su tiempo. Él era un hombre que creía en las relaciones libres, por lo que supo reconocer el valor de las mujeres en las dos orillas del Atlántico a través de su apuesta editorial. La obra que articula la presente reflexión es *El mundo de la mujer*, publicada por el editor en 1968 en Tláloc, filial de Joaquín Mortiz.

El pensamiento libre de las mujeres es un continuo en el tiempo humano. Los fecundos trabajos de muchas investigadoras han ido mostrando cómo esa libertad se ha manifestado a lo largo de los siglos. Si bien hay modos de nombrar la política y el pensamiento de las mujeres, hay un común acuerdo en que la difusión de las ideas en torno a la educación de las mujeres, de su incorporación al trabajo remunerado y de su presencia en la vida pública, así como de su responsabilidad como educadoras de sus hijas e hijos,[1] comenzó durante la primera mitad del siglo XIX en Europa y en Estados Unidos, en lo que será conocido después como feminismo. La *Declaración de Seneca Falls*, firmada tras la convención de mujeres en esa ciudad norteamericana, el 19 de julio de 1848, se considera un antes y un después en la puesta en común de un acuerdo para la política de las mujeres: la emancipación. Los ideales de ese documento se extendieron rápidamente por la joven unión americana en pro de los derechos civiles de las mujeres.[2]

El pensamiento libre de las mujeres tuvo un gran momento de esplendor que se extendió por toda Europa y por gran parte del continente americano; el feminismo fue un signo del siglo

---

1 Isabel Pérez-Villanueva Tovar, "La Residencia de Señoritas. Mujeres y Universidad", en *La Residencia de Señoritas y otras redes culturales femeninas*, Josefina Cuesta, María José Turrón, Rosa María Merino, eds. Salamanca, Ediciones Universidad de Salamanca/Fundación José Ortega y Gasset-Gregorio Marañón, 2ª. ed., 2016, p. 135.

2 "Declaración de Seneca Falls [1848]", en Amalia Martín-Gamero, *Antología del feminismo*, s.l., Instituto Andaluz de la Mujer (Hypatia, 3), 2002, p. 047.

XIX en las luchas obreras del sur americano.[3] En México, una de las primeras veces que aparece la palabra *feminismo* en la prensa es en 1897, y la opinión expresada denosta los avances alcanzados por las mujeres, como denunciar las leyes inequitativas y los sufrimientos que padecen: "suscitan graves acusaciones sociales [...] agobian con su odio trascendental a los mysoginos [sic] irreductibles como Strindberg y Nietzche".[4]

Como señala Ana María Gamero en la presentación a la "Declaración de Seneca Falls", coincidió que el movimiento feminista en general en el mundo occidental y occidentalizado estuvo unido al liberalismo: "pese a que el movimiento feminista era apolítico, no cabe duda de que respondía a un ideal de igualdad que podía parangonarse con los otros movimientos mundiales que enarbolaban, aunque no fuese más que en teoría, la bandera de la libertad".[5]

Dentro de esas voces liberales apareció una en especial que daría características singulares al liberalismo español en su política sexual: Karl Christian Friedrich Krause, quien también fue franc-masón. La primera y segunda repúblicas españolas estuvieron marcadas por ideales krausistas en relación con la autonomía de la ciencia y la educación, la igualdad entre mu-

---

3 Véase un panorama amplio sobre el feminismo en América Latina a finales del siglo XIX y principios del XX en "Parte IX. Transformaciones en las vidas de las mujeres. América Latina", Dora Barrancos y Gabriela Cano (coords.), en *Historia de las mujeres en España y América*, tomo IV: *Del siglo XX a los umbrales del XXI*, Isabel Morant, dir., Madrid, Cátedra, 2006, pp. 497-995, *passim.*

4 "La evolución del feminismo según el *Journal de Díbats*", sección de la columna *Revista de Revistas*, en *La Voz de México*, sábado 7 de agosto de 1897, primera plana. Disponible en https://bit.ly/3RjxSFC. Consultado el 27 de septiembre de 2022.

5 "Declaración...", presentación de Amalia Martín-Gamero, en *Antología*..., p. 047.

jeres y hombres, los derechos de la infancia y los derechos de la naturaleza.[6]

El liberalismo y la franc-masonería se unieron hasta casi fundirse en uno solo, lo que inspiró a hombres que pensaban en su libertad, y a partir de su ser hombres, en la necesidad de "la educación de las mujeres" para que su libertad quedara en sintonía dentro de la pareja. Muy pronto en el siglo XIX, diferentes hombres liberales desde sus tribunas en la política, con poder, llamaron a la formación de la mujer para hacer de ella la acompañante ideal en la tarea de la libertad como compañera de su marido y madre de sus hijos. En ese sentido, los seguidores de Krause justificaban la educación de las mujeres: "en primer lugar, por su decisiva influencia como madres en la educación de sus hijos, y en segundo lugar porque unas mujeres educadas" compañeras en todos los aspectos de la vida, ayudarían a los hombres "'en la renovación religiosa e intelectual, social y política, moral y económica' que pretendían".[7]

Emilia Pardo Bazán se sumó para impulsar la educación de las mujeres españolas, pero a diferencia de los liberales krausistas, propugnó para que esa educación adquirida fuese ejercida plenamente por ellas, no exclusivamente para la educación de sus hijos, sino sobre todo como para obtener un trabajo digno, cuya fuente de ingresos fuera para su independencia económica; pidió a los liberales reconocer que:

> [...] la mujer tiene destino propio, que sus primeros deberes naturales son para consigo misma, no relativos y dependientes de la entidad moral de la familia en que en su día podrá constituir o no constituir; que su felicidad y dignidad personal tienen

[6] Isabel Pérez-Villanueva en su artículo sobre las mujeres de la Residencia en la universidad, advierte que las ideas de Krause rechazaron la política sexual de su tiempo; si bien el filósofo advertía diferencias entre mujeres y hombres, ello no suponía para él ni superioridad ni inferioridad en una dirección o en otra. En "La Residencia de Señoritas..., p. 134.

[7] Isabel Pérez-Villanueva Tovar, "La Residencia de Señoritas...", p. 208.

> que ser el fin esencial de su cultura, y que por consecuencia de ese modo de ser de la mujer, está investida del mismo derecho a la educación que el hombre, entendiéndose la palabra educación en el sentido más amplio de cuantos puedan atribuírsele.[8]

Ambas posturas contribuyeron notablemente a que las mujeres jóvenes, hacia finales del siglo XIX y los primeros del siglo XX, hicieran de las relaciones entre mujeres un hecho político sin precedentes en la historia española reciente, y quizá por eso mismo en la mira de lo que sería la intervención violenta del fascismo que intentó acallar esos cambios.

Sin embargo, los cambios sociales son cambios, y aunque intenten ser borrados, se mantienen vivos en quienes fueron protagonistas de una vuelta de tuerca en el pensamiento de mujeres y de hombres.

En los últimos años, se ha ido develando ante nuestros ojos la urdimbre intelectual de la que formaron parte mujeres y hombres durante los siglos XIX y XX en el mundo occidental; es muy fácil darse cuenta de la efervescencia de ideas en esos años motivados en gran parte por la acción visible de la política de las mujeres durante ese tiempo, y de la divulgación del pensamiento libre femenino. Estoy convencida de que siempre que la libertad de las mujeres y la libertad de los hombres se dirime libremente, surgen enemigos violentos vinculados a la política con poder determinados a acabar con esa libertad.

---

8 Emilia Pardo Bazán, "La educación del hombre y de la mujer. Sus relaciones y diferencias", *La mujer española y otros artículos feministas*, Madrid, Editora Nacional, 1976, pp. 71-102. Citado en *Textos para la historia de las mujeres en España*, Ana M.ª Aguado *et al.*, compiladoras, Madrid, Cátedra, 1994, pp. 344-346.

LIBERTAD PARA LAS MUJERES

La libertad alcanzada por las mujeres durante esos siglos en España dio muestras de su esplendor durante los primeros años del siglo XX a través de diversas maneras de hacer política, ya dentro de la Residencia de Señoritas,[9] sección femenina de la Residencia de Estudiantes, así como en intercambio libre con otras instituciones, como el Ateneo de Madrid, la misma Residencia de Estudiantes y la Universidad Central de Madrid. Estas instituciones tenían ya una autoridad intelectual adquirida, y con base en ese aprendizaje, las mujeres que asistían también a esos espacios conformaron a su vez lugares propios para el intercambio libre entre mujeres. El libro compilado por Josefina Cuesta, María José Turrón y Rosa María Merino sobre la Residencia de Señoritas y otras redes femeninas,[10] muestra los datos contenidos en el archivo de la institución, creada en 1915 por María de Maeztu, en colaboración con la Junta de Ampliación de Estudios. En su archivo quedó plasmada la memoria del enorme vigor de las mujeres que fundaron diversas

---

9 Sólo recientemente se conoce el nombre del plantel femenino de la Residencia de Estudiantes, la Residencia de Señoritas, fundada en 1915; en el edificio que albergaba la Residencia está asentada la Fundación José Ortega Gasset / Gregorio Marañón (FOM). Como se puede leer en el artículo de Rosa María Capel ("El archivo de la Residencia de Señoritas", *CEE Participación Educativa*, 11, julio de 2009, p. 159), Vicente Cacho Viu y Soledad Ortega, con la colaboración posterior de la misma Rosa María Capel y de Alicia Moreno, recuperaron el acervo documental de la Residencia de Señoritas que se salvó de acabar en la basura. Actualmente forma parte de los fondos documentales de la FOM. Véase Residencia de Señoritas, en FOM (Fundación Ortega Marañón). Disponible en https://ortegaygasset.edu/legados/residencia-de-senoritas/. Consultado el 22 de agosto de 2022.

10 Josefina Cuesta, María José Turrón y Rosa María Merino, "Dos residencias universitarias femeninas en España, 1914-1915", en *La Residencia de Señoritas y otras redes culturales femeninas*, Josefina Cuesta, María José Turrón, Rosa María Merino, eds., Salamanca, Ediciones Universidad de Salamanca/Fundación José Ortega y Gasset-Gregorio Marañón, 2ª. ed., 2016, p. 135.

agrupaciones políticas femeninas. La Asociación Nacional de Mujeres Españolas, fundada por María Espinosa de los Monteros, fue una agrupación centrista, y la primera que se definió por la defensa de los derechos de la mujer. Hubo también colectivas de mujeres, como La Mujer del Porvenir, La Progresiva Femenina, la Liga Española para el Progreso de la Mujer, el Consejo Superior Feminista de España y la Unión del Feminismo Español. Algunas de estas agrupaciones eran laicas, y otras católicas, como la Asociación Femenina para la Educación Cívica, dirigida por María Lejárraga.[11] Muchas otras también se crearon al fragor de este impulso.[12]

Uno de los centros de reunión más importante para la relación libre entre mujeres fue el *Lyceum Club*, asociación de mujeres para la educación y la cultura de las mujeres, su promoción, el de su trabajo, y el intercambio libre de ideas entre mujeres en diversas partes de Europa y de América. Fue la primera agrupación donde no hubo intervención de alguna institución educativa oficial. Esa fue su grandeza. Los hombres eran aceptados como público en las conferencias, y en el salón de té. Llegó a contar con 400 asociadas en Madrid,[13] y en todo el país, llegó a tener mil quinientas asociadas.[14]

---

11 Matilde Eiroa San Francisco, "El Lyceum Club. Cultura, feminismo y política fuera de las aulas", en *La Residencia...*, p. 200.

12 Está por hacerse una historia completa de las diversas agrupaciones de mujeres creadas en ese tiempo, a partir sobre todo de finales del siglo XIX. Juan Aguilera Sastre, de la Universidad de Zaragoza, ha hecho acercamientos a esta historia: "Para una historia de las asociaciones femeninas en España. La Asociación Nacional de Mujeres Españolas y la Unión de las Mujeres de España: similitudes y discordancias (1918-1921)", en *Feminismo/s* núm. 37, January 2021, pp. 131-160.

13 Matilde Eiroa San Francisco, "El Lyceum Club...", p. 206.

14 Esmeralda Broullón-Acuña, "Concha Méndez: poeta, impresora, editora y divulgadora cultural. Del *Lyceum Club* a la sombra de sus contemporáneos en el exilio (Madrid, 1898-México, 1986)", en *No solo musas. Mujeres creadoras en*

Las instalaciones estaban en la mansión del siglo XVI conocida como Casa de las Siete Chimeneas, en la calle de Plaza del Rey, muy cerca del Círculo de Bellas Artes y del Ateneo de Madrid. La cercanía de otros sitios culturales e intelectuales era también muy provechosa, como el Palacio de Cristal del parque el Retiro, así como la Universidad Central de Madrid; quizá un poco más lejos, estaban la Residencia de Señoritas y la Residencia de Estudiantes. La ruta por donde circulaban las mujeres y hombres dedicados a las letras en el Madrid finisecular y durante las siguientes tres décadas del siglo XX se vería más o menos como aparece en la imagen anexa, sin tener en cuenta los cafés o bares donde se harían las tertulias, y tantos otros sitios de reunión más:

El hecho de que las jóvenes estudiantes de la Residencia de Señoritas compartieran múltiples espacios, y pudieran además tener el suyo propio, como el Lyceum Club, cumplía uno de los fines que arguyó María de Maeztu para la fundación de la Residencia:

---

el arte iberoamericano, Eunice Miranda Tapia, ed., Sevilla, Atrio/Universidad Pablo Olavide (Monográfico Atrio, 1), p. 28, n. 1.

> Un lugar cómodo y agradable [...] pero también facilitar a las mujeres españolas, hasta ahora recluidas en sus casas, el mutuo conocimiento y la mutua ayuda. Queremos suscitar un movimiento de fraternidad femenina, que las mujeres colaboren y se auxilien.[15]

La amistad y la relación en libertad entre las mujeres del 27 español

Entre las fundadoras y socias de Lyceum Club Femenino[16] se encontraba Concha Méndez, mujer de su época, en busca de su propia libertad impedida por el rechazo familiar a que estudiara. La colaboración y la ayuda entre mujeres era también otro propósito de la época, como se puede leer en María de Maeztu, relación fecunda de sostén y auxilio. La propia María de Maeztu le dio una carta de recomendación a Concha Méndez para cuando llegara a Buenos Aires, en 1929. Fue el

15 "El primer club de mujeres de España", *Heraldo de Madrid*, 5 de noviembre de 1926, primera plana. Citado en Matilde Eiroa San Francisco, "El Lyceum Club...", p. 203.

16 Los nombres de muchas de ellas se encuentran en la compilación sobre la Residencia de Señoritas antes citada; por ahora, anoto los nombres dados por Matilde Eiroa en su artículo sobre el *Lyceum Club* (*passim*): María de Maeztu, presidenta; Isabel Palencia y Victoria Kent, vicepresidentas. Presidencia de honor: reina Victoria Eugenia y María del Rosario de Silva duquesa consorte de Alba. Hellen Phillips, secretaria; Zenobia Camprubí, vicesecretaria; Amalia Galarraga, tesorera. Estaba dividida en secciones, y eran los que ocupaban Concha Méndez, Josefina Blanco, Matilde Huici, María Teresa León, Carmen Baroja (Arte), María Lejárraga (Literatura), María Martos (Biblioteca), Magda Donato (Carmen Eva Nelken), María Luisa Navarro (Ciencias). Entre las socias se encontraban Clara Campoamor, abogada, y quien perteneció a la Juventud Universitaria Femenina, además de haber fundado la Federación Internacional de Mujeres de Cámaras Jurídicas y de la Liga Femenina por la Paz, en 1930, junto con otras integrantes del Lyceum. María Espinosa de los Monteros, Ernestina de Champourcin, Maruja Mallo, Matilde de la Torre, Matilde Huici, Elena Fortún, Trudy Graa, Dolores Cebrián, Mabel Rick, María Fidelman, Dolores Moya, Benita Asas, Rosario Lacy, Nieves Barrio y Ascensión Madariaga.

segundo viaje que hizo Concha con sus propios medios y sin decirlo directamente a sus padres.[17]

Las jóvenes conocidas como las Sinsombrero fueron esa generación que se benefició de los cambios políticos que venían fecundándose décadas atrás, especialmente por la circulación libre del pensamiento, resultado de la promoción del feminismo que al propio liberalismo convenía. Es importante separar feminismo y liberalismo para comprender cómo éste último instrumentalizó la educación de las mujeres en beneficio de su proyecto político. Lo hizo, además, incorporando a las mujeres a cargos ministeriales durante la segunda república. Así, el liberalismo impulsó la educación y el acceso a cargos, pero no necesariamente fomentó el pensamiento libre de las mujeres.

El feminismo español tuvo características propias, y muchas veces las pensadoras evitaban pronunciarse al respecto, como la filósofa María Zambrano o la propia escritora y editora Concha Méndez. El pensamiento de María Zambrano renovó la visión filosófica de su tiempo reconociendo la experiencia como la razón poética, como un saber del alma, para una filosofía de la vida; ese pensamiento es la base de la práctica y el pensamiento de la diferencia sexual; sin embargo, ella no se llamó feminista. Tampoco Concha Méndez se dijo feminista. A pesar de no poder estudiar en ninguna institución de enseñanza por oposición de su familia, vivió en medio de ese mundo de libertad que le dio la certeza de su propio camino como viajera, y como mujer que se formó más allá de las instituciones.

He ido conociendo a las protagonistas de esa amalgama de pensamiento femenino poco a poco. De esa generación, conocí a María Zambrano por Angelina Muñiz-Huberman, quien

---

[17] Concha Méndez, *Memorias habladas, memorias armadas*, presentación de María Zambrano, ed. Paloma Ulacia Altolaguirre, Sevilla, Renacimiento, 2ª. ed., 2018, p. 74.

fue mi profesora durante la maestría en Letras, y es gran conocedora de la filósofa malagueña. Por ella, supe que María Zambrano fue una de las grandes protagonistas, junto con otras mujeres y hombres de su generación, de la mayor apertura intelectual que haya tenido España en su historia más reciente.

Varios años después de conocer a María Zambrano supe de las Sinsombrero, y conocí más de la escritora Rosa Chacel, de la poeta y actriz Josefina de la Torre, de la pintora Maruja Mallo, de la ilustradora y escultora Marga Gil-Roësset, de la poeta Ernestina de Champourcín y de las escritoras Concha Méndez y María Teresa León,[18] todas ellas fueron socias, conferenciantes, promotoras del *Lyceum Club* femenino, centro de reunión del pensamiento libre de las mujeres. También supe que Maruja Mallo y Concha Méndez fueron las mejores amigas de María Zambrano.

De las intelectuales de esa época cada vez se sabe más, así como del intercambio en tiempo y espacio de relaciones libres con sus compañeros de generación, conocida como la Generación del 27, así como con algunos de generaciones anteriores, la de 1898 y la de 1914. Entre quienes formaron parte de ese intercambio estuvo una figura masculina cada vez más conocida, Enrique Díez-Canedo y Reixa, padre de Joaquín Díez-Canedo.[19]

---

18 Han sido ya muchas las iniciativas para rescatar la historia de esas mujeres. Una de ellas es el documental "Las Sinsombrero", transmitido por RTVE en su serie Imprescindibles; en el documental se reveló por primera vez que las mujeres de la generación del 27 contribuyeron con sus ideas a que la segunda república española fuera un doble despertar, a un marco político lleno de libertades, que ellas mismas contribuyeron a implementar, y a un despertar vital e intelectual de las mujeres. Las Sinsombrero. Imprescindibles de RTVE, 2015. Documental. Dir., producción y guion: Tània Balló Colell, Manuel Jiménez Núñez, Serrana Torres. Duración: 0:59:03. Disponible en https://youtu.be/DXwgReVkrtQ. Consultado en octubre de 2022.

19 En la obra sobre el fundador de la editorial Joaquín Mortiz hago ver cómo Enrique marcó sin duda el rumbo de la vida de Joaquín en México. Véase Claudia Llanos, *Joaquín Díez-Canedo...*, pp. 46-62.

María Zambrano, de quien Ortega reconoció ante Concha Méndez[20] que ninguno de sus alumnos tenía su brillantez intelectual, fue amiga y colaboradora de Enrique Díez-Canedo. Él era conocido como el "amigo de América", o el "americano de España", por su profundo conocimiento de la literatura hispanoamericana que habitaba su amplia biblioteca. Alfonso Reyes, quien fue introducido por Enrique al ambiente intelectual español de aquella época, fue su amigo personal y el de María; cuando fue necesario, Alfonso cuidó de María durante su exilio mexicano procurándole ayuda para impartir clases.[21]

Quienes fueron alumnas y alumnos en México y en Cuba de María Zambrano afirmaron que las sesiones de clase con ella fueron un espacio mental donde se podía vivir en paz, en libertad y en tranquilidad moral.[22] María Zambrano y Alfonso Reyes conocieron a Joaquín, el hijo de Enrique Díez-Canedo y Reixa.

CONCHA MÉNDEZ: AUTODIDACTA, POETA Y EDITORA

Concha Méndez, amiga de María Zambrano, no tuvo el mismo apoyo de su familia que muchas de su generación tuvieron. Ella misma, según cuenta en su autobiografía,[23] escapó varias veces de la casa de sus padres para poder conocer el mundo. En casa no le permitían leer, lo que ella hacía a escondidas. Su valentía y decisión le dieron relevancia entre las Sinsombrero. En el documental transmitido por RTVE sobre las Sinsombrero hay una riqueza de imágenes que, desgraciadamente, no tie-

20 Las Sinsombrero, 0:49:04 a 0:49:09.

21 Sobre la larga amistad y proyectos compartidos entre Enrique y Alfonso, véase C. Llanos, *Joaquín Díez-Canedo...*, pp. 46-56.

22 Las Sinsombrero..., 0:52:07 a 0:52:15.

23 Concha Méndez, *Memorias habladas...*, pp. 48 y 62.

nen pies de foto. En varias de ellas es evidente el intercambio entre las mujeres y los hombres del grupo cultural de los años veinte en Madrid. En muchas de esas imágenes se ve a Maruja Mallo, a María Zambrano y a Concha Méndez.

María Zambrano escribió la presentación a la autobiografía de Concha Méndez que editó su nieta Paloma Ulacia Altoalaguirre. A María, la pintora Maruja Mallo le hizo un retrato. La amistad era parte de esa red cultural.

Concha, sin conocer a ninguna de ellas, ya había conocido a Luis Buñuel en San Sebastián, donde ambos veraneaban con sus familias; se hicieron novios, mantuvieron una larga relación, pero él se fue a Francia. A partir de ahí se vieron muy poco; fue él quien le habló de la Residencia de Estudiantes y de quiénes estaban ahí: Concha, de entre ellos, al único que quería conocer era a Federico García Lorca, lo que sucedió en 1924:

> Como seguí manteniendo relaciones con la familia de Buñuel, un día su madre me llamó para decirme que se encontraba enfermo en París; entonces se me ocurrió que, bajo el pretexto de informarme sobre su salud, podría llamar a la Residencia de Estudiantes, quería conocer a García Lorca. Llamé. La suerte de que Federico contestara el teléfono me llevó a conocerlo: "Hola, habla la novia desconocida de Buñuel". Como era la novia conocida por referencias, le interesé y nos citamos en mi casa una tarde. Llegó la tarde aquella. Para recibirlo, me puse un batín morado de corte oriental y me pinté la cara como en las películas mudas. Llegó. Lo pasé al despacho de mi padre, que era una habitación independiente del resto de la casa, tenía los sillones tapizados en terciopelo azul y dos grandes balcones que daban a la calle. En el ángulo del cuarto encendí una lucecita, que creaba una atmósfera en claro oscuro. De morado, sobre el sillón azul, sofisticada, le conté las cosas que sabía de la Residencia; todo lo que viví sin vivir durante años. Fui entonces el mundo secreto de Buñuel que se revelaba ante su mundo. Federico y yo nos hicimos amigos.[24]

---

[24] Concha Méndez, *Memorias habladas...*, p. 46.

Sin embargo, Concha, quien quería conocer el mundo, y ya había hecho contacto con mujeres y hombres decisivos en su camino vital, se hallaba constreñida, sometida por padre y madre, quienes, aunque eran personas adineradas, jamás accederían a brindarle apoyo a Concha para ir sola en su viaje de exploración del mundo, su más grande deseo.

Es muy probable que el poco dinero que su familia le daba lo haya empleado para hacerse socia del *Lyceum Club* femenino, donde conoció a sus dos amigas, María Zambrano y Maruja Mallo, quienes le harían ver que era posible tomar la vida en sus manos, como mujer, y encontrar la libertad de ser y hacer lo deseado. Concha dice sobre el *Lyceum*:

> En 1926 se fundó en Madrid el Liceo Club femenino. Era una asociación de señoras que se preocupaban por ayudar a las mujeres de pocos recursos, creando guarderías y otras cosas. Pero sobre todo era un centro cultural con biblioteca y un salón para espectáculos y conferencias. Yo fui una de las fundadoras; la directora era María de Maeztu [...] era yo la más joven y la única que escribía. [...] Yo invité a García Lorca y a Rafael Alberti a dar una lectura de poemas. [...] Todas estas personas que empecé a encontrar me abrían las puertas a una realidad que favorecía mi espíritu; de un solo salto entré al medio artístico de mi tiempo, al mundo de los libros, a las referencias a los poetas antiguos que yo no había podido leer".[25]

Ella, vinculada por su familia a la riqueza y el poder, señorita de sociedad como muchas de las asociadas,[26] nunca tuvo

---

25 Concha Méndez, *Memorias habladas...*, pp. 49-50.

26 Esmeralda Broullón-Acuña afirma que pese al rechazo social contra las fundadoras y socias del *Lyceum*, ello no impidió que "[...] durante los años veinte y treinta del pasado siglo XX un grupo de mujeres, pertenecientes a la burguesía y a la aristocracia, destacaran con notoriedad en el panorama intelectual español, tan a nivel cultural como político, entre los diversos grupúsculos femeninos que se debatían a favor de la igualdad y la justicia social, abriéndose vetas para cuestionar las diferencias de acceso a de oportunidades entre hombres y mujeres". En Concha Méndez, *Memorias habladas...*, p. 28.

miedo a viajar sola, y posiblemente sus amigas fueron el gran apoyo que buscaba para iniciar su propia vida. Concha Méndez tenía una formación autodidacta que le permitiría encontrar trabajo; además, empleó también los contactos ya hechos en el mundo cultural que la impulsó. Así, decidió escabullirse de la casa familiar en cuanto pudo:

> La última noche que pasé en casa, me miré en todos los espejos y vi que cada uno reproducía una imagen mía diferente. Me fugué como el que sale a dar un paseo. Una mañana pasó a buscarme un señor, Soto y Aznar, de Bilbao, con un amigo, sin saber que me ayudaban a salir, a huir para emanciparme, trabajar y viajar. Dejé una carta en casa de un señor viudo que había sido nuestro vecino en la casa de departamentos; se la dejé y él prometió que trataría de persuadir a mi padre, explicándole que mi carácter aventurero lo había heredado de él, él que había salido de un pueblo para ir a Madrid, y yo que dejaba Madrid para conocer el mundo. Este señor era magistrado del tribunal supremo, y cuando éramos vecinos, algunas tardes me mandaba llamar para que tomáramos el té juntos; él me prestó la *Decadencia de Occidente*. Para mis padres fue vergonzoso que me fugara de la casa y se vengaron de mí en el retrato que había pintado Maruja Mallo, aquél en el que estaba reclinada con un fondo de cipreses. Lo que no me pudieron hacer a mí, se lo hicieron al cuadro: lo acuchillaron. Años después me lo contó el chofer de la casa.[27]

La obra de Concha Méndez se sitúa entre lo mejor de la Generación del 27, aunque sólo ahora comienza a ser más ampliamente difundida. Al lado de las y los creadores en torno a la Residencia de Estudiantes y de la Residencia de Señoritas, y otros lugares de reunión, Concha editó en su propia imprenta sus poemas, así como revistas y libros de otras y otros integrantes de la Generación del 27. Estuvo asociada con quien sería su marido, Manuel Altolaguirre, también poeta e impresor.[28]

---

[27] Concha Méndez, *Memorias habladas...*, p. 62.

[28] En 2008, Julio Neira publicó un libro compilatorio de la obra como impresor y editor de Manuel Altolaguirre. Al menos dedica un capítulo entero a la

La llamada Generación del 27 continuó con la tradición de escribir y editar sus obras, como lo habían hecho, y lo seguían haciendo, las generaciones anteriores. Juan Ramón Jiménez, por ejemplo, no sólo fue un gran poeta, sino además un reconocido impresor y editor, labor que compartía con su esposa Zenobia Camprubí, quien además era traductora. Juan Ramón Jiménez fundó con su amigo Enrique Díez-Canedo la revista *Índice*,[29] publicación que se volvió uno de los referentes más importantes para las jóvenes generaciones. Juan Ramón y Enrique pertenecían a la llamada Generación del 14, y habían sido tutelados por la generación anterior, conocida como la del 98. A su vez, ellos acompañaron, tutelaron y promovieron a creadoras y creadores de la Generación del 27.

Concha y Federico, en especial, fueron los protagonistas de la liberación de los sombreros: un día, caminando por las calles de Madrid bajo un intenso sol, Federico García Lorca y Maruja Mallo se quitaron sus sombreros. La gente a su alrededor los insultó, y los acusó de ser maricones. Desde entonces, como forma de rebelión, se hizo costumbre entre ellas, y algunos de ellos, quitarse el sombrero. Como consta por el testimonio de Concha, su amistad con Federico estaba llena de amor y creación. Aunque se considera a Concha Méndez discípula de Federico, es muy probable que haya existido una relación estimulante de parte y parte.

---

colaboración entre Concha Méndez y Manuel Altolaguirre en las labores editoriales, tras conocerse en 1932. Vale la pena destacar de este libro las imágenes de las portadas de las revistas y libros que publicaron Manuel Altolaguirre, y luego Manuel Altolaguirre con Concha Méndez antes del alzamiento militar de 1936. El catálogo se extiende hasta el exilio en La Habana y México; en México, Concha no vuelve a imprimir con él. Julio Neira, *Manuel Altolaguirre. Impresor y editor*, Málaga, Universidad de Málaga/ Publicaciones de la Residencia de Estudiantes, 2008.

29 C. Llanos, *Joaquín Díez-Canedo...*, p. 52.

Concha Méndez llegó tarde a la poesía, pero se sumó de inmediato a su generación dada la originalidad de sus creaciones. Ella misma en su autobiografía reconoce que la mayoría de sus coetáneos ya había escrito y publicado. Al llegar al grupo de mujeres y hombres jóvenes que le inspiraron la escritura poética, comenzó a escribir poesía, y en muy poco tiempo fue reconocida su autenticidad y su talento. Todo empezó cuando quedó deslumbrada en un recital de Federico García Lorca en un momento muy reciente de su amistad. Ella misma dice que después de eso comenzó a escribir sus primeros poemas:

> Tiempo después, en el Palacio de Cristal del Retiro se presentó una exposición de pintura iberoamericana, en cuya inauguración Federico ofreció una lectura de poemas. En aquel espacio transparente, con vista a la parte alta de los árboles, a las copas frondosas, ahí se transformó mi mundo. Federico recitaba expresándose con las manos; no era sólo de la voz de donde emanaba la poesía, sino de todo su cuerpo. Yo iba vestida con un traje blanco, sin mangas, de seda gruesa, en la cabeza un sombrerito de fieltro morado; lo recuerdo porque mientras escuchaba a Lorca, empecé a sudar: "Esto también lo hago yo", me decía. Tuve una convulsión terrible. Sufrí tal descubrimiento que me quedé encharcada. Al terminar, le entregué un ramo de flores que había llevado conmigo y él las fue repartiendo entre las gentes: "Las regalo porque el recuerdo será más hermoso que las flores mismas". Quedé contentísima. Y fue esa noche, cuando al volver a casa en silencio, por la alegría, escribí mis primeros poemas.[30]

Además de Federico, Rafael Alberti tuteló también a Concha Méndez:

> En el Palacio de Cristal conocí a otros artistas. A la mañana siguiente me encontré con Rafael Alberti y le mostré mis cosas. "Pero ¿cuándo has empezado a escribir?", me preguntó. "Fue anoche, al volver a casa". Se quedó asombrado; pero mi asombro era mayor porque los poemas me salían involuntaria-

30 Concha Méndez, *Memorias habladas...*, pp. 46-47.

> mente. Rafael y yo nos citamos para leer nuestras cosas en el banco de un parque.[31]

En 1929, Concha Méndez llegó a Buenos Aires y Federico García Lorca estrenó en Granada su obra *Mariana Pineda*, montaje de la compañía de Margarita Xirgu, para después marcharse a vivir a Nueva York.[32] Entre tanto, Joaquín Díez-Canedo tenía doce años y vivía en Madrid. Como hijo de Enrique, el americano de España, Joaquín estaba en contacto permanente con Concha y Federico, así como con otras y otros intelectuales que frecuentaban a su padre.

Concha y Federico fueron ejemplares entre su generación, entre el círculo de las familias ricas de Madrid, y entre los intelectuales cercanos a la segunda república; mujeres y hombres jóvenes con otros horizontes de vida para la época.

Años después, en 1970, en México, Joaquín publicaría la obra de Federico García Lorca, *El público*,[33] en la colección

---

31 Concha Méndez, *Memorias habladas*..., p. 47.

32 Es importante destacar que durante esa estancia en Nueva York (F. García Lorca, *Epistolario*..., p. 664), Federico García Lorca conoció a Antonieta Rivas Mercado (Tayde Acosta Gamas, "Antonieta Rivas Mercado y su viaje por los grupos Ulises y Contemporáneos", en *Los contemporáneos y su tiempo*, catálogo de la exposición, México, INBA, 2016, p. 198.), con quien probablemente se había visto en algún lugar de Madrid, en un viaje que Antonieta realizó entre 1923 y 1926, acompañada de su hijo, con su padre y sus hermana y hermano, Alicia y Mario (Ana Lilia Cepeda, *La casa Rivas Mercado. Una historia detrás de la historia*, México, Ink/Atrament/Fundación Conmemoraciones, p. 180-181). Está por documentarse las relaciones que Antonieta tenía con el mundo cultural de aquella época, como consta en la carta que dirige a Alfonso Reyes (T. Acosta Gamas, "*Antonieta*..., p. 178) cuando era ministro plenipotenciario en París, haciendo referencia a la futura diplomática Palma Guillén, quien se encontraba también en esa ciudad.

33 Joaquín Mortiz publicó en 1974 esta obra. Contiene la pieza de teatro inconclusa de Federico García Lorca hasta entonces inédita en español, *El Público*. El

Confrontaciones de la editorial Joaquín Mortiz, así como una *Antología poética*, de Concha Méndez, en la colección de su editorial Las Dos Orillas, aún en vida de la autora, en 1976; se incluye en la *Antología...* el siguiente poema, escrito por Concha en 1928. Sin duda la poeta marca el sentir de una generación de mujeres, desplegándolo así mismo para muchas otras:

> Mapas
> los mapas de la escuela,
> todos tenían mar,
> todos tenían tierra.
>
> ¡Yo sentía un afán
> por ir a recorrerla...!
>
> Soñaba el corazón
> con mares y fronteras,
> con islas de coral
> y misteriosas selvas...
>
> Soñaba el corazón...
> ¡Oh, sueños de la escuela![34]

ENTRE ESPAÑA Y MÉXICO. EL LEGADO CULTURAL DE LA LIBERTAD

Federico García Lorca fue una figura relevante en la vida de Joaquín; además de ser un amigo muy cercano a su padre, Federico tuvo a bien tutelar, como lo habían hecho con él, junto

manuscrito de esta obra fue entregado por el poeta granadino a su amigo Rafael Martínez Nadal, el día que desde Madrid partió a Granada en 1936, donde fue apresado y luego asesinado. En Rafael Martínez Nadal, El Público. *Amor y muerte en la obra de Federico García Lorca*, México, Joaquín Mortiz (Confrontaciones. Los críticos), 2.ª ed., 1974, pp. 9-14. La primera edición de esta obra fue publicada en inglés en 1970 (The Dolphin Book Co., Ltd., Oxford).

34 Concha Méndez, "Mapas" [*Surtidor*, 1928], en *Antología poética*, México, Joaquín Mortiz, 1976, p. 16.

con otros, el proyecto de revista que Joaquín y Francisco Giner de los Ríos Morales hacían cuando eran estudiantes en la Universidad Central de Madrid, *Floresta de prosa y verso.* Para el número 2 de la revista, publicada en febrero de 1936, Federico ya era un consagrado poeta y le obsequió a *Floresta...* un poema titulado *Casida de la huida*, que abrió el ejemplar.[35]

Para Federico García Lorca, Enrique Díez-Canedo fue quien le abrió un camino por donde anduvo como en casa: primero, le pidió que escribiera para una nueva colección al lado de escritores consagrados. Por desgracia, la obra de Federico no se publicó.[36] También, Enrique Díez-Canedo escribió en una reseña que la obra poética de Federico García Lorca despuntaba de su generación por interesante: "Los poetas novísimos apenas han hecho su aparición; pero el ejemplo de García Lorca es interesante".[37] En una carta escrita por Federico a su familia, les cuenta que Melchor Sánchez Almagro, cercano amigo suyo, Díez-Canedo y Pedro Salinas leyeron su obra *Mariana Pineda*, y se quedaron impresionados.[38] También Federico cuenta que Díez-Canedo, Sánchez Almagro y Cipriano Rivas Cherif fueron

---

35 Se publicaron seis números de la revista, de enero a junio de 1936, publicación que muy probablemente se paralizó con el estallido de guerra de los militares al mando de Francisco Franco. Sobre la entrega de Federico García Lorca de la *Casida de la huida* a Francisco Giner, amigo de Joaquín y coeditor de la revista, en C. Llanos, *Joaquín Díez-Canedo...*, pp. 71-72.

36 Antonio Marco García, "La propuesta estética de la colección *Cuadernos Literarios* de la editorial La Lectura", *Actas del XIII Congreso de la Asociación Internacional de Hispanistas: Madrid, 6-11 de julio de 1998. Tomo IV. Historia y sociedad. Literatura comparada y otros estudios*, Madrid, Castalia, 2000, p. 431. Véase también la referencia a esta publicación en la correspondencia de Federico García Lorca, editada por Andrew A. Anderson y Christopher Maurer, en Federico García Lorca, *Epistolario completo*, Madrid, Cátedra, 1997: Carta a su familia (53), ... [Madrid, noviembre o comienzo de diciembre, 1923], p. 215, n. 623.

37 Enrique Díez-Canedo, "El verso en el teatro", 22 de marzo de 1928, p. 5. Citado en Federico García Lorca, *Epistolario...*, p. 564, n. 448.

38 Federico García Lorca, *Epistolario...*, p. 254.

invitados por el poeta a leer la obra *La zapatera prodigiosa* antes de ser publicada.[39]

La amistad que Federico tenía con Enrique Díez-Canedo fue sobre todo de tutela y afinidad. Conocía a los hijos de Enrique porque solía comer con su familia, o pasar de vez en cuando a tomar el té.[40] En una carta escrita en 1924, dirigida a sus padres y hermanas, Federico le pide a su madre que por favor "[...] no se te olvide mandar una caja de dulces de monja bien surtida para los niños de Canedo [sic], que se porta conmigo de la manera más cariñosa y simpática que hay en el mundo".[41] Joaquín tenía entonces siete años. Además, como se puede ver en el epistolario del poeta, Enrique Díez-Canedo fue un puente entre autores, y Federico fue parte de ese proceso. Durante su estancia en Buenos Aires en 1934, Federico fue invitado por Díez-Canedo a Uruguay, donde era embajador, para una serie de charlas en Montevideo; el poeta se hospedó en la Legación española, y se mostró contento por su estancia en esa ciudad.[42]

Así mismo, la amistad entre Teresa Manteca, madre de Joaquín, y Vicenta Lorca, madre de Federico, se fue haciendo estrecha. Probablemente en esa amistad influyó la presencia del granadino en Montevideo:

> [Buenos Aires, 17 febrero 1934]
> Queridísimos todos:
> Hoy he regresado de Montevideo, preciosa ciudad llena de playas, donde he descansado unos días. He vivido en la Legación de España, donde [Enrique] Díez-Canedo ha tenido para mí atenciones inolvidables.
> Hubo una recepción, en la asistencia todos los escritores del Uruguay, habló Canedo y su mujer Teresa [Manteca Ortiz] en

39 Federico García Lorca, *Epistolario...*, p. 564.

40 Federico García Lorca, *Epistolario...*, p. 346.

41 Federico García Lorca, *Epistolario...*, p. 222.

42 Federico García Lorca, *Epistolario...*, pp. 798-800.

> un brindis donde os nombraron mucho. La mujer de Canedo es un encanto, y desde luego escribió a mamá mandándole recortes de los diarios. Aquí he repetido mis conferencias a teatro lleno y he ganado mucho. Recibiréis 15 mil pesetas que os pude mandar, y hoy os giraré unas ocho mil, producto de mis conferencias en Montevideo.
> Este dinero podéis naturalmente disponer de él, porque es vuestro, y mamá y papá pueden gastarlo todo si les viene en gana.
> Bastante habéis gastado vosotros en mí. Ahora estoy dirigiendo *La niña boba*, de Lope [de Vega] para la compañía argentina de Eva Franco. Me conviene, pues yo la he arreglado, y así cobraré los derechos que serán bastantes pesetas.
> Dentro de unos días se celebrará una función en mi homenaje y como despedida. Se pondrá un acto de las obras que he estrenado, y después yo haré el *Perimplín*. Ya hay casi todo el teatro vendido para ese día.
> Y definitivamente el día 6 de marzo embarcaré, que ya tengo el pasaje para estar con vosotros. Me voy contento por veros, pero triste de abandonar estas grandes ciudades donde he tenido verdaderas apoteosis que nunca olvidaré y donde tengo mi porvenir económico, pues aquí puedo ganar el dinero que jamás ganaré en España.
> Lo de Montevideo ha sido un éxito enorme. Fui al desfile en el Carnaval y me tuve que ir a mi casa, porque la gente me aplaudía en las calles. "Ahí va Lorca." La mujer de Canedo me decía: "cuánto daría que viera esto tu madre". Por mucho que diga, nunca os lo podréis imaginar. Besos de vuestro hijo que tanto os quiere.
> Federico[43]

La relación entre la familia Díez-Canedo Manteca y la familia García Lorca pervivió incluso durante el exilio en México.[44]

---

43 Federico García Lorca, *Epistolario...*, pp. 799-800.

44 El mejor amigo de Joaquín, Francisco Giner de los Ríos Morales, se casó con una de sus hermanas, María Luisa. De ese matrimonio nació Bernardo, estrecho colaborador de Joaquín en su editorial Joaquín Mortiz, como ya he dicho en otra ocasión (Claudia Llanos, *Joaquín Díez-Canedo*, en especial, el capítulo 4). Francisco Giner de los Ríos Morales estaba vinculado a la familia de Federico García Lorca porque su prima, Laura de los Ríos Giner, casó,

Sería muy impreciso explicar en pocas palabras la obra de Federico García Lorca. Lo que sí puedo decir es que la sensación de Concha Méndez al oír a Federico recitar sus poemas explica muy bien la forma entrañable, de las entrañas, como sugiere María Zambrano, que el poeta transmite en sus versos.

En el poemario *Surtidor*, Concha Méndez integra de una manera muy propia el uso entrañable y sencillo de la lengua materna, y lo hace de manera muy cercana a como lo hace Federico:

---

ya en el exilio, en 1942, con Francisco García Lorca, hermano de Federico. Laura era hija de Gloria Giner García y Fernando de los Ríos Urruti, y era muy amiga de las hermanas Concepción e Isabel García Lorca, como consta en la biografía de esta última (Isabel García Lorca, *Recuerdos míos*, Ana Gurruchaga, ed. Claudio Guillén, prólogo, Madrid, Tusquets, 2002). Fernando de los Ríos era profesor universitario, y tuvo como ayudante a Francisco García Lorca en su época de estudiante, entre 1923 y 1924. Los apellidos Giner y De los Ríos están asociados a toda una propuesta cultural diferente de la mano del pensamiento republicano, inspirado a mediados del siglo XIX en el estado español por el krausismo. Se sabe que la Institución Libre de Enseñanza de Francisco Giner de los Ríos fue el antecedente de la Residencia de Estudiantes por donde pasaría lo mejor de las jóvenes generaciones de mujeres y hombres, de las más creativas y propositivas, vinculadas con una historia cultural en libertad. Todo ello intentó ser borrado por las fauces fascistas. Véase para la cronología del pensamiento krausista en esa época la página de la Fundación Francisco Giner de los Ríos / Instituto Libre de Enseñanza. Disponible en https://www.fundacionginer.org/giner.pdf. Consultado el 17 de agosto de 2022. Para la cronología de Federico García Lorca véase Cronología de Federico García Lorca, en Biblioteca Virtual Miguel de Cervantes. Disponible en https://bit.ly/3cbemwA. Consultado el 22 de agosto de 2022. Para la cronología de Francisco García Lorca, hermano de Federico, véase Francisco García Lorca, en Real Academia de la Historia, en línea. Disponible en https://bit.ly/3Ad8ICk. Consultado el 22 de agosto de 2022. Véase también la cronología de la hermana de Federico, Isabel, feminista e impulsora de la memoria de Federico García Lorca, y de la que hablaré más adelante: Isabel García Lorca, en Real Academia de la Historia, en línea. Disponible en https://bit.ly/3QKFiSO. Consultado el 22 de agosto de 2022.

Verde luna

Atardecer. Verde luna.
Verde luna y claro viento.
Ya el día por los jardines,
se va durmiendo, durmiendo...

Atardecer. En mi alma
Yo no sé qué es lo que siento
Debe ser la amargura
de otro día que se ha muerto

Escalas de luz y sombra
viene la luna tendiendo.
(Mi corazón tendió escalas
que me lo van desprendiendo...)

Atardecer. Verde luna.
Verde luna y claro viento.[45]

El joven Joaquín Díez-Canedo creció en medio de ese ambiente de libertad intelectual; el intercambio libre del pensamiento entre mujeres y hombres, primero en casa y luego en el circuito cultural de Madrid, alimentaron en él la posibilidad de ser, en su caso, hombre libre. Además, también le permitió decantarse por un estilo propio al editar revistas y libros, con el fin de mostrar la afinidad con los proyectos editoriales que conoció durante su juventud en Madrid; como él mismo reconoció,

> Antes de llegar a México, en España había tenido cierta familiaridad con el mundo editorial. Las revistas y publicaciones periódicas de Juan Ramón Jiménez las tenía en muy alta estima; su gusto por la composición tipográfica era muy refinado. Después, los trabajos editoriales de José Bergamín también me mostraban un gusto similar, primero en la revista Cruz y raya y, después en México, en la editorial Séneca.[46]

---

45 Concha Méndez, "Verde luna" [*Surtidor*, 1928], en *Antología poética*, p.14.

46 Víctor Díaz Arciniega, "Don Joaquín en primera persona", en *La Gaceta del FCE*, núm. 270, junio de 1990, pp. 46-50. Citado por C. Llanos, Joaquín Díez-Canedo..., p. 69.

Ahora se sabe que los libros publicados por José Bergamín para su editorial Árbol de su revista *Cruz y Raya*, en la que colaboraba María Zambrano, fueron editados en la imprenta de Concha Méndez y Manuel Altolaguirre.[47]

La búsqueda de algo diferente acompañó a Joaquín durante toda su vida, le dio razones para vivir, y lo llevó también a su tarea editorial. La guerra le impidió continuar estudiando, y aunque lo hizo en México, muy pronto se decantó por ser editor. Sus años en el Fondo de Cultura Económica, entre 1942 y 1961, donde desarrolló su trayectoria fueron insuficientes para publicar libremente, por lo que creó su propia editorial, Joaquín Mortiz, pues ante todo quería libertad para hacer lo que le gustaba, la libertad como signo de vida. Como Joaquín mismo afirmó en una encuesta para la CANIEM sobre la política editorial de Joaquín Mortiz: "Nuestra política editorial ha sido siempre el logro de una completa autonomía, esto es, una no dependencia en la realización de programas de signo principalmente literario".[48]

La libertad intelectual de Joaquín, si bien le trajo pesadumbres económicas, le supuso la satisfacción de crear libros de calidad, tanto en su contenido como en su diseño. Así lo dice Vicente Rojo, pintor, ilustrador y también editor:

> [...] un editor, como lo era Joaquín, [apostó] por lo bueno, por lo que se considera bueno [...] si un libro es bueno, primero hay que publicarlo, y segundo, que a la larga sea un *long-seller*, que se va a seguir vendiendo eternamente. Creo que [la venta lenta] es un problema de calidad y él [Joaquín Díez-Canedo] iba por la calidad, si además era un éxito, pues maravilloso, ¿no?[49]

---

47 Julio Neira, *Manuel Altolaguirre...*, p. 291.

48 Claudia Llanos, *Joaquín Díez-Canedo...*, anexos capítulo 2, p. 239.

49 Claudia Llanos, *Joaquín Díez-Canedo...*, anexos capítulo 4, p. 308.

LA CIRCULACIÓN DEL PENSAMIENTO DE LAS MUJERES. EL CASO DE EL MUNDO DE LA MUJER DE EDITORIAL TLÁLOC, 1968

Más o menos un año después de haber fundado Joaquín Mortiz, Díez-Canedo fundó, en 1963, con su amigo el encuadernador Francisco Suari, la editorial Tláloc; como filial de Joaquín Mortiz, Tláloc tiene entidad documental entre los expedientes que se encuentran o se encontraban en el Archivo Joaquín Mortiz. En uno de ellos existe una carpeta con un juego de fotocopias del acta constitutiva de la editorial Tláloc; la documentación administrativa de la editorial aparece junto con la de Mortiz, así como asuntos contables y de afiliación al seguro social, entre otros impresos.[50] Tláloc, desde donde Joaquín realizó muy variadas ediciones, fue la oportunidad para sostener durante algún tiempo importante la editorial Joaquín Mortiz. El catálogo de Tláloc es disímbolo, y era importante ese rol, porque su misión era publicar ediciones buenas de diversos temas, y de amplia difusión en el mercado.

En este apartado me centraré en *El mundo de la mujer*,[51] obra publicada en tres tomos por la editorial Tláloc en 1968 a partir de su original en francés de 1965. La impresión de la edición en español de *El mundo de la mujer* fue realizada en Israel, en la imprenta Massadah, el 15 de septiembre de 1968, y tuvo un tiraje de 5 mil ejemplares, como se indica en el colofón de la obra.[52]

De entre los artículos de autoras en la enciclopedia, he escogido especialmente el texto escrito por Margaret Mead, y he

---

[50] Claudia Llanos, *Joaquín Díez-Canedo...*, anexos capítulo 4, pp. 332 y 347 donde se encuentran las copias; pp. 348 y 351 donde están la mayoría de los expedientes de la editorial Tláloc.

[51] *El mundo de la mujer*, 3 vols., México, Editorial Tláloc, 1968. Vol. I: *La mujer en la historia*. Vol. II: *La mujer en la sociedad*. Vol. III: *La mujer, hoy*.

[52] *El mundo de la mujer*, tomo II: "La mujer en la sociedad", p. 283.

dado alguna pincelada sobre otras autoras en la obra, como Genevèive Tabouis, Anna Muriá y Helena Rubinstein. Las autoras que participan en esta obra representan el pensamiento más libre para la época sobre la mujer moderna, ya emancipada, y el esfuerzo por rescatar su propia genealogía como mujer. Entre las autoras hay una variedad de profesiones, que abarcan varias ciencias, como la antropología o la medicina.

El proyecto en francés y en español de *El mundo de la mujer* fue dirigido por Noël Schumann, de quien hay escasa información.[53] La versión al español de la obra fue realizada por un equipo de colaboradoras, al frente de quienes estaba Anna Muriá: Angelina Muñiz-Hubermann, Blanca Chacel, hermana de Rosa Chacel; Valentina Bastos y Odette Desvignes. En la entrevista que le realicé a Angelina Muñiz-Hubermann para la biografía editorial de Joaquín, ella remarca la importancia que tuvo para él la edición de estos tres tomos: "Joaquín me entregó, como un gran tesoro, *El mundo de la mujer* [...] para que hiciera una revisión final, corrección y unificación de estilo y para que redujera su extensión".[54]

En este gran tesoro que Joaquín publicó participaron mujeres que ya tenían reconocimiento y fama. Geneviève Tabouis escribió para el primer tomo, subtitulado *La mujer en la historia*, junto con André Maurois.

Geneviève Tabouis[55] nació en Francia en 1892; fue conocida como Madame Tabouis; periodista, historiadora, escritora y conductora radiofónica. Como periodista, tuvo la oportunidad de percatarse del ascenso del fascismo en Europa, y del rearme

---

[53] Al parecer, Noël Schumann editó muchas obras, y escribió algunas. La información disponible sobre Schumann se halla en los buscadores en lengua francesa.

[54] Claudia Llanos, *Joaquín Díez-Canedo...*, anexos capítulo 4, p. 324.

[55] Geneviève Tabouis, en Wikipedia. La enciclopedia libre. Disponible en https://es.wikipedia.org/wiki/Geneviève_Tabouis. Consultado el 2 de octubre de 2022.

de Alemania encabezado por Hitler, hechos que difundió en sus colaboraciones periodísticas. Sus detractores de la derecha y de la ultraderecha, como el mismo Hitler, le llamaron clarividente, pitonisa, como lo hicieron hacia las mujeres periodistas que se habían incorporado a las secciones de política en diversos medios, sobre todo en la prensa, desde finales del siglo XIX, como lo narra Marie-Eve Thérenty para el caso francés:

> Otra postura contemporánea busca hacerse conceder un estatus de excepción. Las publicistas o las Casandras son las pocas mujeres, un puñado, que en el siglo XIX no renunciaron a la opinión política en el periódico. Esta postura concierne esencialmente a las mujeres que pertenecen a la elite, independientes económica y culturalmente, que insisten en que su estatus de menores de edad les proporciona una lucidez suprema sobre el juego político y una forma de superioridad. Se trata de George Sand, Marie d'Agoult o Juliette Adam. En nombre de su estatus de excepción, logran que se les ofrezca un magisterio político en el seno del periódico. Ahí pondrán en escena una voz lírica, profética y apocalíptica que colocarán bajo la autoridad de Casandra, augurando, como Marie d'Agoult, el fracaso de la revolución de 1848; como Juliette Adam, la guerra contra Alemania, o, como Geneviève Tabouis, el ascenso del fascismo. Marguerite Duras asume por cierto, en el artículo "*Sublime, forcément sublime*", una parte de la dimensión profética y apocalíptica de la Casandra periodista.[56]

Por sus escritos abiertamente a favor de la defensa de la segunda república española contra Franco, Geneviève Tabouis fue despedida de uno de los diarios en los que colaboraba, y del otro ella se fue cuando le pidieron que bajara el tono de sus textos. Los diferentes dueños de los rotativos se habían aliado abiertamente al fascismo. Geneviève tuvo que exiliarse fuera

---

56 Marie-Eve Thérenty, *La historia cultural y literaria de la prensa cuestionada*, México, Instituto Mora, 2018. Edición de Kindle, pp. 26-27.

de Francia en 1940 tras la rendición ante Alemania, abandonando a su marido y a sus hijos.[57]

El segundo tomo de la versión al español de *El mundo de la mujer*, subtitulado "La mujer en la sociedad", recoge la obra de Margaret Mead, Hélène Deutsch, Henri Perruchot, Anna Muriá, Dorothea Waley-Singer y Paul Lorenz.

Margaret Mead es la autora más destacada del segundo tomo, pues su artículo da nombre al volumen. Margaret nació en 1901. Fue antropóloga y poeta. Como antropóloga tuvo un papel relevante en la difusión del pensamiento libre femenino, pues introdujo la diferencia sexual en la ciencia antropológica, y de ahí en la academia universitaria masculina. Su visión sobre los grupos humanos no occidentales a los que dedicó su vida le abrió también a la exploración de la política sexual practicada en esos grupos. Observó a mujeres y hombres de esas culturas, y comparó sus comportamientos con las relaciones políticas sexuales en occidente. Margaret Mead apunta que en occidente aún se asocia la subordinación política de las mujeres como contingente de su naturaleza como madre, y de ahí la incivilidad en la que se les sitúa frente a las leyes, igual que a la infancia y a otros grupos sociales.[58]

A Margaret Mead se le considera piedra angular del movimiento de emancipación de las mujeres porque su prestigio como antropóloga hizo que sus palabras llegaran a muchas mujeres norteamericanas, y de otras partes del mundo. Su primer

---

[57] Vivió en Inglaterra y en Estados Unidos, hasta que regresó a Francia después de la guerra. Entre 1957 y 1981 condujo un programa de radio en Radio Luxembourg que llegó a ser célebre por las palabras con que iniciaba su transmisión: "*Geneviève Tabouis. Les dernières nouvelles de demain... Mesdames et messieurs, attendez-vous à savoir...*" ("Geneviève Tabouis. Las últimas noticias de mañana... Señoras y señores, esperen para saber..."). Genevèive murió en París en 1985 a los 92 años. Geneviève Tabouis, en Wikipedia. La enciclopedia libre.

[58] Margaret Mead, "La mujer en la sociedad", en *El mundo de la mujer*, 3 vols. Vol. II: *La mujer en la sociedad*, México, Tláloc, p. 22.

artículo fue ampliamente acogido, *Adolescencia, sexo y cultura en Samoa*, publicado en 1928, durante la época de efervescencia de pensamiento libre femenino por América y por Europa; sus ideas se situaron como parte de ese colectivo de preguntas y respuestas en las que estaban también muchas mujeres en España. En su obra más conocida, *Sexo y temperamento en tres sociedades primitivas*, resultado de varios años de investigación, fue publicada en 1939. En ella, Margaret Mead, muestra de manera contundente cómo los comportamientos de hombres y mujeres están asociados a normas de comportamiento adquiridas de su propia comunidad, y varían según la comunidad:

> Las diferencias tipificadas de la personalidad, que se dan entre los sexos, son de este orden; consisten en creaciones culturales, educándose a los hombres y las mujeres de cada generación para adaptarse a ellas. Persiste, sin embargo, el problema del origen de estas diferencias, socialmente estandarizadas.[59]

Las ideas de Margaret Mead resonaron mucho entre las generaciones de mujeres en Estados Unidos que buscaban la libertad de ser sí mismas; como ya he dicho, la *Declaración de Seneca Falls* de 1848 suscitó un despertar entre las mujeres de toda la Unión Americana. Es muy probable que Margaret Mead haya sido una de ellas, y antes su profesora Ruth Benedict, con quien entabló un fuerte vínculo.[60]

Margaret Mead es ampliamente conocida por mostrar una forma diferente de abordar la antropología desde la diferencia sexual. Sin negar esa diferencia, Margaret destaca que el cerebro humano es moldeable en sus percepciones, y que cada cultura dará a sus integrantes aquellas características de ser hombre o de ser mujer en un acuerdo quizá arbitrario, y muy diferente incluso del común en occidente. Tras el estudio so-

---

59 Margaret Mead, *Sexo y temperamento en tres sociedades primitivas* [1939], Barcelona, Paidós, p. 195.

60 Ruth Benedict, *An Anthropologist at Work*, Londres, Routledge, 2011.

bre las tribus arapesh, mundugumor y tchambuli, cuyos resultados de investigación están contenidos en su obra de 1935, Mead concluye que diversos aspectos de las culturas humanas, como la diferencia sexual vista o asumida, y los comportamientos atribuidos a cada sexo según su cultura, así como quienes no se adaptan a su cultura, son arbitrarios, y que cada cultura puede distinguirlos y asumirlos, o solo asumirlos.[61]

Margaret Mead, para "La mujer en la sociedad", en 1965, muestra el mismo pensamiento, ya condensado desde 1929. La antropóloga señala que la falta de libertad de las mujeres se reflejaba en infinidad de situaciones de contradicción cultural, lo que la hace ver que el desarrollo de la humanidad no corresponde con la situación en la que se encuentran las mujeres. Además, niega que haya rastros de ningún matriarcado, por lo que su suposición no existe más que en la mente de los hombres que asumen la paternidad, la que está ligada con la propiedad.[62]

Agrega que existen relaciones políticas donde participan ampliamente las mujeres. Apunta, sin embargo, que la mayoría de las "instituciones" matrilineales no han sido dominantes, aunque puedan ser comunes, y ocurren en pueblos bastante desarrollados y avanzados. No existe, sin embargo, observa Margaret, ninguna prueba de que tales instituciones hayan aparecido en alguna etapa remota de la diferenciación social. Fundamentalmente, lo que ella observó es que esas instituciones matrilineales son formas de organización social que estrecha lazos, y del que las mujeres se benefician porque es menos compatible con la poligamia que las diversas instituciones patrilineales.[63]

En el mundo que le tocó vivir, Margaret Mead observó el dominio de una forma de pensamiento que impide libertad a

---

61 Margaret Mead, *Sexo y temperamento...*, p. 207.

62 Margaret Mead, "La mujer en la sociedad"..., pp. 22-24.

63 Margaret Mead, "La mujer en la sociedad"..., p. 24.

las mujeres, donde han obrado normas y disposiciones sociales para limitar esa libertad. Advierte que esas normas sólo protegen a los grupos masculinos, y que el aislamiento en el que están las mujeres las mantiene desorganizadas, impidiendo la cooperación real entre ellas.[64]

Ante el binomio *realización* igual a *tarea masculina* que oculta las aportaciones de las mujeres a la cultura humana, sugiere "una explicación psicobiológica basada en la necesidad diferencial que tienen los hombres de realizaciones culturales reconocibles frente a la conspicua realización biológica de las mujeres al reproducir la raza humana".[65] Apunta que las restricciones a la libertad de las mujeres son perjudiciales a la humanidad, pues a diferencia de los hombres que "no propagan civilización", es perjudicial que esto pase entre mujeres, porque no implica sólo una disminución de la natalidad, sino una posible inadaptación psicofísica para ser madre. De todo ello concluye lo siguiente:

> Las posibles ventajas de encauzar las potencialidades de todo el sexo femenino, sin embargo, parecen suficientemente grandes para que resulten prometedores los progresos actuales en la situación de la mujer. Esto es especialmente importante cuando se reconoce que las sociedades que han mostrado una mayor continuidad y equilibrio durante largos periodos de tiempo, por ejemplo, las culturas de los indios Pueblo del sudoeste de los Estados Unidos y la de China entre las grandes naciones del mundo, han sido precisamente aquellas en las que la organización social ha permitido a las mujeres representar papeles importantes y honrosos.[66]

Las palabras de Margaret Mead formaban parte de la suma de pensamientos de mujeres a coro, sobre todo en occidente, que buscaban la libertad, superando las guerras, la posguerra y

---

64 Margaret Mead, "La mujer en la sociedad"..., p. 35.

65 Margaret Mead, "La mujer en la sociedad"..., p. 36.

66 Margaret Mead, "La mujer en la sociedad"..., pp. 35-36.

el armamentismo... María Milagros Rivera Garretas señala que la primera mitad del siglo XX ha sido la más sanguinaria de todas las épocas sanguinarias de la humanidad. En todo momento se intentaron apaciguar las voces femeninas de protesta. Muchas mujeres que quisieron marchar al frente hicieron también de todo, incluso a pesar de que estaban en contra, y contaran con un arma para defenderse sin usarla, como Simone Weil.

Margaret Mead dejó su grandeza en la sexuación de la humanidad, y en cómo deshacernos de comportamientos que sólo nos aniquilan. En ese sentido, apostó siempre por la libertad, con conocimiento libre de sí, sin seguir a nadie en especial, pero si en sintonía de libertad y Amor. Así lo hace sentir Margaret en el poema dedicado a su hija Mary:[67]

That I be not a restless ghost Who haunts your footsteps as they pass Beyond the point where you have left Me standing in the newsprung grass,	Que yo no sea un fantasma inquieto Que ronde tus pasos cuando vayan Más allá del punto donde me has dejado De pie sobre la hierba recién crecida.
You must be free to take a path Whose end I feel no need to know, No irking fever to be sure You went where I would have you go.	Que seas libre de tomar un camino cuyo fin no siento necesidad de conocer, ni la ansiedad febril de estar segura de que vas a donde yo hubiera querido que fueras.
Those who would fence the future in Between two walls of well-laid stones But lay a ghost walk for themselves A dreary walk for dusty bones.	Aquellos que encierran el futuro entre dos muros de piedras bien dispuestas sólo echan un fantasma a andar por ellos un lóbrego camino para huesos polvorientos.
So you can go without regret Away from this familiar land, Leaving your kiss upon my hair And all the future in your hands.	Que puedas pues partir sin remordimientos y dejar este país familiar con un beso sobre mis cabellos y todo el futuro entre tus manos.

67 El poema es parte de un artículo publicado por Wilton S. Dillon, alumno de Margaret Mead, para el centenario del natalicio de la antropóloga: "Margaret Mead (1901-1978)", en *Perspectivas: revista trimestral de educación comparada*, vol. XXXI, n° 3, septiembre 2001, pp. 501-517; pp. 17-18.

Otros artículos del segundo tomo adquieren gran importancia para ser considerados en otra ocasión. Quiero destacar, sin embargo, el artículo de Anna Muriá, la única de habla hispana que participó en la enciclopedia. Anna Muriá nació en 1904, y formó parte activa de los movimientos de mujeres y de otras organizaciones mixtas en Catalunya durante la segunda república y la guerra civil. Se exilió en Francia tras la derrota republicana; ahí conoció a Agustí Bartra, quien fue su compañero de vida. Luego se fueron a Cuba, tiempo después a República Dominicana, y finalmente llegaron a México en 1941. Durante su exilio, colaboró en diversas publicaciones de los exiliados catalanes. A partir de 1970 regresó de forma permanente a Catalunya, donde vivió hasta su muerte acaecida en 2002. La revisión que hace en su artículo sobre "La mujer en la literatura" es probablemente la mejor de su tiempo; además de extensa, incluye a escritoras de diversas partes del mundo, de todas las épocas, en diferentes idiomas.

El tomo tres de *El mundo de la mujer*, "La mujer, hoy", contiene los textos de Clifford R. Adams, G. Fanconi, Helena Rubinstein, Zoltan Duckstein, Goodrich C. Schauffer, Claude Pasteur y Genevèive Dormann. De estos artículos, llama mi atención el de Helena Rubinstein, a quien se le considera una pionera en hacer del mundo de la belleza y sus secretos una firma internacional con gran éxito. Pretendo así dar ciertos apuntes sobre lo que significaba ser mujer en la política sexual de los años sesenta, especialmente en 1968, en México.

Helena Rubinstein escribió para la enciclopedia un artículo titulado "La mujer y la belleza".[68] La cosmetóloga que fundó un imperio a principios del siglo XX, nació con el nombre de Chaja en una familia donde ella era la mayor de ocho hijas en Cracovia, Polonia, en 1872. Como lo explica su más reciente

---

68 Helena Rubinstein, "La mujer y la belleza", en *El mundo de la mujer*, 3 vols., Vol. III: *La mujer, hoy*, pp. 63-117.

biógrafa, Michèle Fitoussi, ella se interesó en Helena Rubinstein por su impactante historia de vida:

> In this case, I knew nothing about other than name on beauty products that I didn't use, but the opening lines of her life story were enough: she was born in 1872 in Kazimiera, the Jewish quarter of Kraków; she had seven younger sisters -Pauline, Rosa, Regina, Stella, Ceska, Manka and Erna; and at the age of twenty-four she set off on a journey to Australia, armed with a parasol, twelve jars of cream, and an inexhaustible supply of *chutzpah* [audacia].[69]

Helena emigró a Australia en 1902 a vivir con un tío en uno de los sitios más grandes de ganado ovino en Victoria, donde fue maestra rural. Ahí descubrió que la crema que había llevado consigo, que fabricaba con lanolina o cera de oveja, suavizada con otros ingredientes naturales, resultaba benéfica a la piel de los de su comarca, e ideó la manera de comercializar su crema, la que perfeccionó. Encontró a un farmacéutico que le ayudó a mejorar la fórmula, y quien financió su proyecto, y en muy poco tiempo la crema se vendía sólo salir su producción. Ese fue el comienzo de lo que es hasta el día de hoy el imperio cosmético de Helena Rubinstein.

---

69 ["En este caso, [yo] no sabía nada más que el nombre de los productos de belleza que no usaba, pero las primeras líneas de su historia de vida fueron suficientes: nació en 1872 en Kazimiera, el barrio judío de Cracovia; tenía siete hermanas menores: Pauline, Rosa, Regina, Stella, Ceska, Manka y Erna; y a la edad de veinticuatro años emprendió un viaje a Australia, armada con una sombrilla, doce tarros de crema y una provisión inagotable de *chutzpah.*"]. En Michèle Fitoussi, *Helena Rubinstein: The Woman who Invented Beauty*, trad. al inglés de Kate Bignold y Lakshmi Ramakrishnan Iyer, London, Gallic Books, 2013, p. ix. En su obra, Fitoussi da cuenta de cuatro autobiografías de Helena Rubinstein, más seis biografías escritas en diferentes años, así como de una gran cantidad de obras donde aparece el nombre de la cosmetóloga, en Michèle Fitoussi, *Helena Rubinstein...*, pp. 359-363. La información aquí expuesta se puede consultar también en el portal de la firma Rubinstein, disponible en https://www.helenarubinstein.es/la-marca/the-brand.html. Consultado el 8 de octubre de 2022.

La marca de Helena fue acompañada de la promoción de una mujer emancipada, que tuvo gran éxito entre las mujeres de los años 20 a los 60 del siglo XX, quienes seguían una moda, la de la mujer moderna bajo el cuidado de sí, pero sin dejar de ser la compañera leal del que fuera su marido en ese momento. La misma Helena Rubinstein fue una mujer que promovió un tipo de mujer libre, elegante, culta y mecenas de arte, que marcaría a muchas otras de su tiempo. También, fue conocida por su filantropía, la que prosiguió hasta el fin de su vida, así como su actividad en su empresa, la que tampoco dejó hasta su último aliento.

Ella promovió, en cierto sentido, la libertad de las mujeres desde el cuidado de sí a partir de la recuperación de una herencia de saber femenino, los tratados para mujeres o manuales para mujeres, que fueron muy comunes en la época medieval tras la herencia de la conocida tratadista Trótula o Trotula. La historiadora María Milagros Rivera Garretas, en su obra *Textos y espacios de mujeres*,[70] da cuenta de la pensadora y de su tradición en el conocimiento de su ciencia para las mujeres, *De mullierum passionibus* (*De las enfermedades de las mujeres*), escrito en el siglo XI; como muestra María Milagros Rivera, Trotula dejó huella en los tratados que se hicieron sobre el adorno, el cultivo de la belleza del cuerpo femenino, en toda la época medieval, tanto para autores como para diversas autoras.[71] Su nombre fue en algún momento olvidado, e incluso trocado, y su tratado adjudicado a un hombre. También, como en la Querella de las mujeres, la discusión sobre el adorno femenino estuvo presente.[72]

---

70 María Milagros Rivera Garretas, "Trótula: cuerpo de mujer", en *Espacios y textos y textos de mujeres*, Barcelona, Icaria, 1995, pp. 105-129.

71 *Manual de mugeres en el qual se contienen muchas y diversas reçeutas muy buenas*, Alicia Martínez Crespo, estudio, edición y notas, Salamanca, Universidad de Salamanca, 1ª. reimpr., 1996.

72 María Milagros Rivera Garretas, "La querella de las mujeres: una interpretación desde la diferencia sexual", en *Política y Cultura*, no. 6, 1996, pp. 25-39. En

El tratado *De mullierum passionibus*, escrito por Trotula está dividido en tres partes, tienen diversos contenidos: "las dos primeras tratan sobre todo de temas relacionados con la salud de las mujeres; la tercera parte trata exclusivamente del cuidado de la belleza del cuerpo femenino".[73] Aunque también la segunda parte mezcla los dos contenidos, "si es que la medicina y la cosmética se separaban hace nueve siglos".[74]

Así pues, por lo que puede apreciarse en el contenido del artículo de Helena Rubinstein para *El mundo de la mujer*, también la tratadista del siglo XX comprendía del cuidado de la belleza del cuerpo femenino, y actualizó para principios de ese siglo un saber que, por lo que se conoce, se ha transmitido a lo largo de la historia entre mujeres, sobre todo. Ahora bien, Helena cree que el adorno y la perfección del rostro y del cuerpo es una lucha sufrida por las mujeres por "el violento deseo femenino de hacerse más bella".[75] Y aunque en ella parezca una especie de manda o decreto, palabras adelante en realidad suaviza lo que dice, y muestra, más bien, qué, cuándo y cómo las mujeres han usado diversas maneras de mantener el cuidado de la belleza de su cuerpo.

Comienza con la reina sumeria de Shub-Ad, y termina después de la segunda guerra, donde expresa convencida que fue la incorporación al trabajo remunerado, fuera de casa, lo que llevó a las mujeres a aumentar la demanda de cosméticos.[76] Además, argumenta que para el momento del artículo, mediados de los años sesenta, "Ya no se consideran los afeites como un accesorio frívolo de la feminidad"; por el contrario, no sólo

---

Redalyc. Disponible en https://www.redalyc.org/articulo.oa?id=26700603. Consultado el 21 de octubre de 2022.

73 María Milagros Rivera Garretas, "Trótula...", pp. 106-107.

74 María Milagros Rivera Garretas, "Trótula...", p. 107.

75 Helena Rubinstein, "La mujer...", p. 65.

76 Helena Rubinstein, "La mujer...", p. 81.

inciden en la psicofísica de la mujer, sino que además, la autora sabe que es una herramienta útil: "Quizá cuando los labios pálidos florecen como una rosa, comprende una mujer la fuerza potencial de que dispone y se decide a emplearla en su totalidad".[77]

Más adelante, en el apartado titulado "Los secretos de la belleza a través de los siglos", Helena Rubinstein hace un recorrido sobre los usos de productos para el cuidado del cuerpo, desde los baños, los cuidados de la piel, el uso de cosméticos, el cuidado de los ojos, el cuidado de los dientes, el del cabello, así como el de las manos, y el de las piernas y de los pies; luego, introduce cómo deben ser los portes y las maneras, el uso de perfumes, así como la belleza joven, y finaliza con cómo es la seducción de los cuarenta años.

Es importante decir que a lo largo de toda la enciclopedia en tres tomos se hallan ilustraciones, fotografías de mujeres y de objetos adornados relacionados con mujeres en las diversas actividades descritas en el contenido de la obra. La que corresponde al artículo de Helena Rubinstein trae consigo una serie de ilustraciones egipcias o griegas, junto con fotografías, sobre el adorno femenino, documentos que quizá fueron publicados por primera vez como conjunto para un artículo de difusión; entre ellas, está una serie donde se muestra cómo debe ser la postura adecuada para el cuerpo de una mujer estando de pie.[78]

Helena Rubinstein murió en 1965, justo el mismo año en el que fue publicada la edición francesa de *El mundo de la mujer*. Es probablemente el único escrito de difusión sobre la historia del cuidado de la belleza del cuerpo de la mujer que existe de la empresaria cosmetóloga de fama mundial.

---

77 Helena Rubinstein, "La mujer…", p. 81.

78 Helena Rubinstein, "La mujer…", pp. 110-111.

Las mujeres que aparecen en los tres tomos de *El mundo de la mujer* son consideradas grandes pensadoras en los años previos a las revueltas del 68, movimiento político en el que, como señala la historiadora María Milagros Rivera Garretas, "debajo y antes de los adoquines estuvo el feminismo. El feminismo fue su mar de fondo".[79] Como se puede ver, el feminismo de los años veinte y treinta del siglo veinte, que buscaba la emancipación de las mujeres, fue fuertemente golpeado por la aparición del totalitarismo de aquella época, en occidente sobre todo. La aparición de los totalitarismos se ensaña especialmente contra las mujeres, naturalizándolas, incivilizándolas, y entorpeciendo su acceso a la vida pública.

Las revueltas feministas de los años sesenta están lejos de ser espontáneas, pues su gesta ha sido siempre constante, de larga genealogía femenina, que se cuenta sola, más allá de las academias que pretenden comprenderlo todo.

LA DIFUSIÓN DEL SABER DE LAS MUJERES PARA ENRIQUECER EL CONOCIMIENTO HUMANO

Joaquín Díez-Canedo fue educado en el feminismo de finales del siglo XIX y principios del XX, el de la emancipación de las mujeres por la educación pública y por un trabajo remunerado. El joven editor supo de las mujeres que fundaron las diferentes asociaciones femeninas en el ambiente cultural donde

---

79 María Milagros Rivera Garretas, *La reacción contra la libertad femenina del mayo francés,* comunicación presentada en la mesa redonda "Pensar la Violencia tras mayo del 68: Resistencias, Imaginación y Afirmación de Posibilidades Otras, en el Congreso *Mayo 2018-1968. Debajo de los adoquines está el feminismo*". Disponible en https://bit.ly/3Mof7jq. Consultado el 22 de noviembre de 2021. El texto puede ser descargado en la página de Duoda. Recerca de Dones, de la Universidad de Barcelona. Disponible en http://www.ub.edu/duoda/web/es/textos/1/220/, p. 1.

creció. Vivió de cerca también los alcances del feminismo de aquellos años, y vio cómo aumentó la presencia de mujeres en las universidades, por ejemplo, o su presencia como empleadas en diversos lugares, y hasta como diputadas y ministras.

Estaba bien, entonces, para su generación, incluir a mujeres escritoras en las revistas que, como jóvenes en la universidad, comenzaron a publicar a imitación de las generaciones anteriores, como lo fue *Floresta de prosa y verso*. Era correcto evidenciar el pensamiento de las mujeres para construir un mundo diferente, donde ganáramos con ese conocimiento.

En el caso de *El mundo de la mujer* de editorial Tláloc percibo una especie de apertura y cierre por parte del editor, como saldar una deuda histórica con su pasado en España, y abrir el camino a un futuro, que ya antes había sido promisorio, en el que las mujeres participarían con su conocimiento.

Supo que tenía entre manos un tesoro, *El mundo de la mujer*, porque conocía la obra de las pensadoras incluidas, confiaba en su difusión como una forma de colocarse desde su editorial ante los nuevos tiempos, como la promoción del pensamiento libre femenino en un momento trascendente de la relación política entre los sexos, los años sesenta.

Es importante recordar que la aparición del feminismo durante los años sesenta en distintas partes del mundo puso el debate abierto sobre la búsqueda de libertad sexual para las mujeres. Ya las mujeres o muchas jóvenes al menos estaban emancipadas; muchas vivían fuera de la casa familiar e incluso muchas trabajaban para mantener sus estudios.

Durante los años sesenta la emancipación fue insuficiente, como muestra María Milagros Rivera Garretas: era necesario exigir seguridad contra embarazos no deseados ante la práctica libre de la sexualidad. Esta búsqueda, sin embargo, se interpretó desde la política masculina como el libre acceso al cuerpo de las mujeres, y ponderó la promiscuidad, lo que muestra los cambios acaecidos en la política sexual del momento, así como los primeros abusos "consentidos" contra las mujeres. Ese acecho y el poco o nulo cuestionamiento a la masculinidad revolucionaria provocó la ruptura de muchas mujeres con organizaciones de izquierda. En relación política formaron los primeros grupos de autoconciencia para mujeres de los años sesenta.[80]

La publicación de *El mundo de la mujer* fue la apuesta por sacar a la luz una obra de altísima calidad en el momento en que la política de las mujeres a través del feminismo se lanzó a la libertad más allá del patriarcado. El compromiso de Joaquín con la libertad intelectual, así como su formación en torno a la circulación del pensamiento libre de mujeres y de hombres de la segunda república española, hizo eco en la edición de *El mundo de la mujer,* en 1968, en México.

Joaquín Díez-Canedo desde muy pronto en su desarrollo editorial incluyó mujeres en sus proyectos, como las autoras de *Floresta de prosa y verso,* en 1936;[81] en México, en 1949, publicó la obra de Guadalupe Amor, *Polvo,* en la colección Nueva Floresta de editorial Stylo.[82] En la colección Letras Mexicanas del Fondo de Cultura Económica publicó otras obras de Guadalupe Amor, así como algunas de Rosario Castellanos, entre otras autoras.[83]

---

80 María Milagros Rivera Garretas, *La reacción contra la libertad femenina del mayo francés,* p. 3.

81 Nieves de Madariaga, Carmen de Zulueta, Dolores Catarineu y Juana Mendoza de Castro aparecieron cada una con su obra en diferentes números de la revista. Véase C. Llanos, *Joaquín Díez-Canedo...*, p. 71.

82 C. Llanos, *Joaquín Díez-Canedo...*, p. 253 (anexos).

83 La creación de la colección Letras Mexicanas fue idea de Joaquín Díez-Canedo durante su estancia en el FCE; así mismo, él retomó la colección Tezontle (creada por la tertulia literaria de las oficinas del Fondo) y publicó ahí aquello que no cabía en otra colección. Véase En C. Llanos, *Joaquín Díez-Canedo...*, pp. 119-123.

En 1968 el catálogo de Joaquín Mortiz tenía en su oferta de libros, a bajo costo y de cómodo formato, a muchas autoras. Elena Garro había ganado el premio Xavier Villaurrutia por *Recuerdos del porvenir*, y muchas otras figuraban en reseñas y notas periodísticas.[84] Así entonces, la presencia de mujeres desde 1962 en el catálogo de su editorial fue acompañada por la visión teórica de lo que significaba la presencia de las mujeres en la participación política, desde su ser mujeres. La herencia que Joaquín obtuvo de su infancia, adolescencia y el comienzo de su edad adulta en Madrid, especialmente, lo llenó de presencia de mujeres y hombres en relaciones libres de intercambio de ideas. En este sentido, la edición de *El mundo de la mujer* para Joaquín Díez-Canedo fue una declaración política por la libertad intelectual, y sobre todo por la libertad de las mujeres, saber que garantizaba en ese momento la promoción del pensamiento libre para el conocimiento humano.

84 Véase Claudia Silvia Llanos Delgado, "Escritoras en el catálogo de Joaquín Mortiz de 1981", en *Universidades libres. Universidades silenciadas. Autonomía y exilio, dos aspectos en la historia de las universidades*, México, Tirant lo Blanch, pp. 323-349.

Capítulo 19

PROFESORES ESPAÑOLES EXILIADOS EN LA FACULTAD DE FILOSOFÍA Y LETRAS DE LA UNAM

ARMANDO PAVÓN ROMERO
(Universidad Nacional Autónoma de México)
YOLANDA BLASCO GIL
(Universitat de València)
IGNACI E. BLASCO BLASCO
(Universidad CEU-UCH)

Son muchos los estudios realizados sobre el exilio, pero su significación, la vida y obra de los exiliados, puede abarcarse de manera transdisciplinar, a pesar del campo de actuación de los protagonistas.[1] Se necesitan estudios de conjunto sobre el

---

1 La bibliografía es extensísima en una y otra orilla. Entre otros, José Luis Abellán (dir.), *El exilio español de 1939*, 6 vols., Madrid, Taurus, 1976-1878, III; *El exilio filosófico en América. Los transterrados de 1939*, Madrid, FCE, 1998. Hartmut Heine, *La oposición política al franquismo*, Barcelona, Crítica, 1983. Clara Lida y José Antonio Matesanz, *La Casa de España en México*, México, El Colegio de México, 1988; *El Colegio de México: una hazaña cultural 1940-1962*, México, Colegio de México, 1990. Alicia Alted Vigil, *La voz de los vencidos*, Madrid, Aguilar-Santillana, 2005. Mª Fernanda Mancebo, *La España de los exilios. Un mensaje para el siglo XXI*, Valencia, Universitat de València, 2008. Eva Elizabeth Martínez Chávez, *España en el recuerdo, México en la esperanza: Juristas republicanos del exilio*, Madrid, Dykinson, 2020. Yolanda Blasco Gil y Armando Pavón Romero, "El exilio en tiempos difíciles. Las universidades de México y España, vinculadas y separadas", *Universidades libres, universidades silenciadas. Autonomía y exilio, dos aspectos de la historia de las universidades*, Valencia, Tirant lo Blanch, 2021, pp. 155-186.

exilio español producido por la guerra civil. Así como investigaciones concretas sobre el grupo de profesores universitarios exiliados valorados en cada una de sus facultades, como derecho, filosofía y letras..., para realizar un estudio global de lo que supuso ese exilio en las distintas disciplinas o materias de estudio. Después de analizar en otros trabajos las trayectorias individuales, se impone hacer una valoración de lo que significaron estos exilios en las distintas facultades de los países de acogida.[2] Para ello, nos hemos centrado en la Universidad Nacional Autónoma de México. Empezamos por derecho[3] y seguimos ahora con este trabajo en filosofía y letras, esperando completar el resto de facultades o institutos de investigación. Presentaremos unas valoraciones, con los distintos indicadores seguidos en los estudios prosopográficos de Pierre Bourdieu, en su *Homo Academicus...*,[4] ya utilizados en otras ocasiones. En algunos trabajos se estudia la obra de los refugiados, pero ahora intentaremos identificar y caracterizar al grupo.

El trabajo que ahora se presenta trata sobre los profesores republicanos exiliados en filosofía y letras de la UNAM, tras la guerra. Reunidos sus expedientes, descritos y analizados de manera individual, hacía falta preguntarse una serie de cuestiones para entender el tema de este exilio universitario de ma-

2 Dolores Pla Brugat (coord.), *Pan, trabajo y hogar. El exilio republicano español en América Latina*, México, Instituto Nacional de Migración/ Centro de estudios migratorios/Instituto Nacional de Antropología e Historia/DGE Ediciones, 2007.

3 Yolanda Blasco Gil, "Académicos derrotados. Juristas exiliados en la UNAM", *Teoría y Derecho, revista de pensamiento jurídico*, 20 (2016), pp. 217-240; "La UNAM, receptora de profesores españoles exiliados: una valoración de la Escuela Nacional de Jurisprudencia" en *Universidades de Iberoamérica: ayer y hoy*, Hugo Casanova, Enrique González y Leticia Pérez (eds.), México, UNAM-IISUE, 2019, pp. 389-423.

4 Pierre Bourdieu, *Homo academicus*, Madrid, siglo XXI, 2008.

nera conjunta. Otra manera de abordar la cuestión...[5] La idea sería recoger todos los datos acerca de estos profesores sobre sus trayectorias académicas, políticas y sociales -con diversos indicadores que van desde sus carreras académicas -también por quienes fueron cubiertas sus cátedras-, sus ideologías y participación política. Asimismo puede verse sus relaciones sociales y, por ejemplo, con quién se casaron, sus hijos... Estos datos servirán para tener un perfil cada vez más completo de los profesores en su totalidad. El trabajo constituye una primera valoración sobre la presencia de los emigrados en humanidades de la UNAM. Se estructura, primero, con el recuento de los profesores exiliados que desempeñaron diversas asignaturas. Luego, a través de unas tablas realizadas se intentará ver cuestiones tales como si formaron o no un grupo homogéneo...

---

5 Distintos autores han abordado el exilio desde diversas ópticas, desde su obra como, entre otros, Mariano Peset, "Rafael Altamira en México: el final de un historiador", *Estudios sobre Rafael Altamira*, Alicante, Instituto de Estudios "Juan Gil-Albert", Diputación Provincial, Caja de Ahorros Provincial, 1987, pp. 251-273. Desde el exilio en un primer escenario concreto, Consuelo Naranjo Orovio, *Cuba, otro escenario de lucha: la guerra civil y el exilio republicano español*, Madrid, CISIC, 1988. Desde las revistas del exilio, como Francisco Caudet, *El exilio republicano en México. Las revistas literarias (1939-1971)*, Alicante, Universidad, 2006. Jorge de Hoyos Puente, *La utopía del regreso. Proyectos de Estado y sueños de nación en el exilo republicano en México*, México-Santander, El Colegio de México-Universidad de Cantabria, 2012. José María López Sánchez, "El exilio de la Nueva España: reflexiones sobre la españolidad republicana en México", en Miguel Cabañas Bravo, Dolores Fernández Martínez, Noemí de Haro García e Idoia Murga Castro (coords.), *Analogías en el arte, la literatura y el pensamiento del exilio español de 1939*, Madrid, CSIC, 2010, pp. 327-340; *Los refugios de la derrota. El exilio científico e intelectual republicano de 1939*, Madrid, CSIC, Catarata, 2013. Desde la correspondencia, Gutiérrez Coto, "Izquierda cubana y republicanismo español", *El Atlántico como frontera. Meditaciones culturales sobre Cuba y España*, 2014, pp. 69-90. Aurora Díez-Canedo F. (ed.), *Enrique Díez Canedo y Alfonso Reyes, Correspondencia 1915-1943*, México, Fondo Editorial de Nuevo León, 2010; recientemente ha publicado *Senderos que se bifurcan, Carlos Pereyra, Alfonso Reyes, Cartas 1911-1933*, edición y estudio introductorio de Aurora Díez-Canedo, México, UNAM, 2021.

En este sentido, cabe señalar que cuando apareció el libro sobre el exilio coordinado por Armando Pavón, Clara Ramírez y Ambrosio Velasco, *Estudios y testimonios sobre el exilio español. Una visión sobre su presencia en las Humanidades* (2016),[6] tomamos conciencia de la importancia que tuvo aquel congreso de 2009 celebrado en México, en el que nos reunimos un amplio grupo de profesores de distintas disciplinas e investigadores para celebrar los 75 años del exilio en México. No pensábamos que el libro, reposado y sosegado, que años después surgiría de ese congreso supondría un espléndido legado de personas e investigadoras del exilio, algunas ya fallecidas. Sin duda, son muchos los especialistas que han escrito sobre este tema, y este volumen que conmemora los años del exilio en México da cuenta de la valía de aquellos profesores emigrados y, al mismo tiempo, del gran número de estudiosos que han dedicado su vida al tema. Modestamente el trabajo que ahora presentamos está dedicado a la memoria de los exiliados y sus estudiosos ya fallecidos, que con su valía y aportaciones han contribuido a explicar ese proceso histórico y a recuperar en parte la memoria histórica.

EL EXILIO EN FILOSOFÍA Y LETRAS DE LA UNAM

En el exilio acabaron muchos de los mejores profesores, cuyas cátedras, tras la guerra y la victoria franquista, empezaban a cubrirse con urgencia en España, en 1940, mediante las llamadas "oposiciones patrióticas". Contaban más los méritos favorables al nuevo régimen fascista que las propias obras o

---

6 VVAA., *Estudios y testimonios sobre el exilo español en México. Una visión sobre su presencia en las Humanidades*, Amando Pavón Romero, Clara Inés Ramírez González y Ambrosio Velasco Gómez (coords.), México, Bonilla Artigas editores, 2016.

calidad científica de los aspirantes.[7] Intentaremos hacer una valoración, a través de unos indicadores comunes, del cuerpo de profesores de filosofía y letras que con la guerra marcharán al exilio forzoso.[8] Resulta de capital importancia analizar la trayectoria de estos profesores, que dejaron sus puestos vacantes en las universidades españolas.[9] Nos centraremos en México y, para ser más precisos, en la UNAM, revisando la facultad de filosofía y letras. Para comprobar cómo la represión franquista contra profesores universitarios afectó a muchos de ellos, quizá los mejores; de qué manera y por quiénes se cubrieron sus plazas vacantes en los años cuarenta, con las oposiciones "patrióticas". Interesa ver el exilio de los profesores que se incorporaron a la UNAM, para valorar la ciencia que perdió la universidad española y la que consiguió el país de acogida.[10]

Por su parte, con la llegada de los profesores republicanos, la UNAM reguló la contratación del profesorado universitario.

---

7 Yolanda Blasco Gil y Mª Fernanda Mancebo, *Oposiciones y concursos a cátedra de historia en la universidad de Franco (1840-1951)*, València, Universitat de València, 2010.

8 Jaume Claret Miranda, *El atroz desmoche. La destrucción de la Universidad española por el franquismo, 1936-1945*, Barcelona, Crítica, 2006.Yolanda Blasco Gil, "Soporte jurídico de las depuraciones", en Josefina Cuesta (dir.), *La depuración de funcionarios bajo la dictadura franquista (1939-1970)*, Madrid, Fundación Largo Caballero, 2009, pp. 28-49; "Los costes de franquismo para la universidad española y para los profesores exiliados. El caso de Pere Bosch Gimpera, *Historiografías, revista de historia y teoría*, 3 (2012), pp. 45-61. Sobre este autor, Yolanda Blasco Gil y Armando Pavón Romero, "El exilio y el descubrimiento de una vocación antropológica", *Estudios y testimonios sobre el exilio español el México. Una visión sobre su presencia en las humanidades*, México, Bonilla Artigas-CONACYT, pp. 335-372. Alberto Carrillo-Linares (ed.), *Depurados, represaliados y exiliados. La pérdida universitaria durante el franquismo*, Granada, Editorial Comares, 2021.

9 Archivo General de la Administración de Alcalá de Henares (AGA), serie educación, expedientes profesores.

10 Archivo de la Dirección general de personal académico y administrativo de la UNAM, en adelante DGPA.

La ley orgánica de 1945 estableció las categorías de profesores vinculados a la universidad. Dos años antes, en 1943, el catedrático de derecho penal, también exiliado, Mariano Ruiz-Funes hizo un informe sobre el reglamento del profesorado universitario, para mejorar la regulación de la contratación profesional del profesorado y dar validez a las titulaciones españolas.[11]

Podemos ir recomponiendo parte de la historia de estos profesores en España y en México, en especial, sus contrataciones en la UNAM, gracias a los expedientes académicos, localizados en diversos archivos, como el Archivo General de la Administración, AGA, si buscamos su trayectoria en España y, para la parte mexicana, resulta importante el archivo de la dirección general de personal académico y administrativo de la UNAM.

Nos centramos en un exilio en particular, el de los profesores -catedráticos y auxiliares o ayudantes a las puertas de alcanzar las cátedras al estallar la guerra-, en general de filosofía y letras, que habían realizado sus carreras en España cuando les sorprendió la guerra y, en el exilio, acabaron vinculándose

---

11 Celia Ramírez López, "La Universidad Autónoma de México (1933-1944)", en Renate Marsiske Schulte (coord.), *La Universidad de México: un recorrido histórico de la época colonial al presente*, México, ISSUE, Plaza y Valdés editores, 2010, pp. 163-185. La información informe sobre el reglamento del profesorado universitario que realizó Ruiz-Funes se recoge en Yolanda Blasco Gil y Tomás Saorín Pérez *Las Universidades de Mariano Ruiz-Funes. La lucha desde el exilio por la universidad perdida*, Murcia, Ediciones de la Universidad de Murcia, 2014, pp. 196-205. La fuente consultada en el Archivo Universitario de la Universidad de Murcia, Fondo Mariano Ruiz-Funes (AUUM, FMRF), documentos caja 33. Acerca de este profesor, "Aproximación a la denuncia de la universidad franquista por Mariano Ruiz-Funes y las propuestas de política educativa republicana, *CIAN-Revista de Historia de las Universidades*, 17/2 (2014), pp. 223-249; "Universidad e hispanidad. Tres décadas de trayectorias entrecruzadas del ministro José Ibáñez Martín y el catedrático exiliado Mariano Ruiz-Funes", *Revista de Indias*, vol. LXXVII, nº. 269 (2027), pp. 263-304. Beatriz Gracia Arce, *Trayectoria política e intelectual de Mariano Ruiz-Funes: República y exilio*, Murcia, Ediciones de la Universidad de Murcia, 2014.

a la UNAM. No estudiaremos aquellos que se exiliaron siendo jóvenes y comenzaron sus estudios en México, donde varios de ellos realizaron sus carreras académicas. El fin, como hemos dicho, es sopesar en conjunto el bagaje, el prestigio y la formación de que disponían los profesores exiliados.

Para ello hemos realizado un listado y tabla de estos profesores. Conforman un conjunto de 15 personas[12]:

Altamira Crevea, Rafael: expediente Dirección General de Personal (DGPA) de la UNAM 21161
Bosch Gimpera, Pere: expediente 7039
Castro Quesada, Américo: expediente 5421
Gallegos Rocafull, José M.: expediente 12485
Gaos González Pola, José: expediente 5702
García Bacca, Juan David: expediente 6540
González de la Calle, Pedro Urbano: expediente 10092
Mantecón Navasal, José Ignacio: expediente 12987
Medina Echevarría, José: expediente 6348
Millares Carlo, Agustín: expediente 5704
Miranda González, José: expediente 6612
Nicol Francisca, Eduardo: expediente 5741
Roces, Wenceslao: expediente 8848
Roura Parella, Juan: expediente 19304
Xirau, Joaquín: expediente 19324

---

12 Mauricio Fresco, *La emigración republicana española. Una victoria de México,* México, Editores Asociados, 1950, recoge una relación de profesores exiliados por facultades. VVAA., *El exilio español en México 1939-1982,* México, FCE, 1982, índice biográfico. También José María López Sánchez, "El exilio científico republicano en México: La respuesta a la depuración", en Luis Otero Carvajal (dir.), *La destrucción de la ciencia en España. La depuración universitaria en el Franquismo,* Madrid, Universidad Complutense, 2006, pp. 177-239. Una lista completa en Yolanda Blasco Gil y Armando Pavón Romero, "Las mujeres de la UPUEE, en México. Universidad, derecho y sociedad", *Anuario de Historia del Derecho Español,* 90 (2020), pp. 559 601, donde se recoge una lista completa del profesorado exiliado. Fuentes utilizadas: Archivo General de la Administración de Alcalá de Henares (AGA), Archivo de la Dirección general de personal académico y administrativo, expedientes del personal académico de la UNAM.

Nombre profesor	Cátedra, última plaza y cargo en España	Lugar y año de nacimiento y muerte; edad	Llegada a México	Consorte e hijos	Comienzan a impartir docencia en Filosofía y Letras (FyL) UNAM y tiempo desde llegada	Provisión cátedras vacantes, 1940-1944[13]
Altamira Crevea, Rafael	-Ingresó como catedrático de Historia del Derecho Universidad de Oviedo / 1897 (31 años) -Catedrático de Historia de las Instituciones Políticas y Civiles de América en la Universidad Central de Madrid / 1914 (48 años).	Alicante, 1866-México, 1951; a los 85 años.	A los 78 años, en 1944.	Esposa: Pilar Redondo Tejerina. Hijos: 3, Rafael, Pilar y Nela.	A los 79 años, en 1945, 1 año.	En 1944, Alfonso García Gallo ocupó la cátedra de Historia de las Instituciones Políticas y Civiles de América de Doctorado de las Facultades de Derecho y FyL de la Universidad de Madrid, por oposición desde el 9 de agosto de 1944 a octubre del 1955 en que se suprimió.
Bosch Gimpera, Pere	-Catedrático de Historia Universal antigua y medieval de Barcelona 1916 (25años).	Barcelona, 1891. Muerte en México en 1974 a los 83 años.	A los 50 años, en 1941.	Esposa: Josefina García Díaz. Hijos 4: Pere-Eugeni, Carles, Pere y María.	A los 51 años, en 1942, 1 año.	En 1944 Antonio Palomeque Torres ocupó la cátedra de Historia Universal en la Universidad de Barcelona.

13 Fuentes: Escalafón de catedráticos numerarios de universidad de 1948. Junto con la lista de relaciones de catedráticos universitarios de 1940-1941 en la Revista *Información Universitaria.* Señalamos la provisión de cátedras hasta 1944, estableciendo el límite aproximado con la aparición de la nueva ley de ordenación universitaria de 1943.

Nombre profesor	Cátedra, última plaza y cargo en España	Lugar y año de nacimiento y muerte; edad	Llegada a México	Consorte e hijos	Comienzan a impartir docencia en Filosofía y Letras (FyL) UNAM y tiempo desde llegada	Provisión cátedras vacantes, 1940-1944[13]
Castro Quesada, Américo	-Catedrático de Historia de la lengua española en la universidad de Madrid (1915).	Brasil, 1885. Muere en Gerona 1972 a los 87 años.	Profesor honorario en países de Latinoamérica y México en la UNAM. Después viajará a Estados Unidos.	Esposa: Carmen Castro Madinaveitia		
Gallegos Rocafull, José M.	Profesor auxiliar de filosofía en la universidad central de Madrid en 1935.	Cádiz, 1899. Muerte en México 1963, a los 64 años.	A los 40 años, en 1939.		A los 40 años, en 1939. Inmediato.	
Gaos González Pola, José	-Catedrático de Filosofía, Universidad de Zaragoza, 1930. -Catedrático de filosofía 1933 y	Gijón, 1900. Muerte en México 1969 a los 69 años.	A los 38 años, en 1938.	Esposa: Ángeles. Hijas: Ángeles y Paloma	A los 39 años, (1939-1966), 1 año.	
García Bacca, Juan David	Profesor de filosofía y lógica en la Universidad de Barcelona entre 1933-1937. Ganó cátedra en febrero de 1936 en Santiago de Compostela, pero no la ocupó por inicio guerra civil.	Pamplona, 1901. Muerte en 1992 en Quito, Ecuador.	En 1939 llega a Ecuador. A los 41 años, en 1942, llega a México y después a Venezuela en 1946.	Esposa: Fanny Palacios Vasconey. Hijos: Francisco, Ana Rosa y María Cristina.	De 1942 a 1946. Dio clases en la Morelia en la Universidad Michoacana. Tiempo desde que llegó fue inmediato.	

Nombre profesor	Cátedra, última plaza y cargo en España	Lugar y año de nacimiento y muerte; edad	Llegada a México	Consorte e hijos	Comienzan a impartir docencia en Filosofía y Letras (FyL) UNAM y tiempo desde llegada	Provisión cátedras vacantes, 1940-1944[13]
González de la Calle, Pedro Urbano	Catedrático de lengua y literatura latinas. Ingresó en 1904 en Salamanca. Catedrático de la Universidad de Barcelona en 1935.	Madrid, 1879. Muerte en México en 1966 a los 87 años.	A los 70 años, en 1949.	Esposa: Angelita	En 1949 a los 70 años, como investigador de El Colegio de México y luego como profesor de Lingüística general y Sánscrito. El tiempo transcurrido fue Inmediato.	En 1940 la cátedra de Filología románica en Madrid fue provista en Dámaso Alonso y Fernández de las Redondas.
Mantecón Navasal, José Ignacio	Historiador aragonés, en 1924 opositó al cuerpo de Archiveros, bibliotecarios y arqueólogos. destinado en el Archivo de Indias de Sevilla. Director del Archivo de la Delegación de Hacienda de Sevilla 1934-1935.	Zaragoza, 1902. Muerte en México a los 80 años, 1982.	A los 38 años, en 1940.	Esposa: Concepción de la Torre Bayona. Hijas: María Concepción y Matilde.	Investigador de El colegio de México 1943- 1946, maestro. emérito de la Escuela Nacional de Bibliotecarios y Archivistas. Tiempo 3 años.	

Nombre profesor	Cátedra, última plaza y cargo en España	Lugar y año de nacimiento y muerte; edad	Llegada a México	Consorte e hijos	Comienzan a impartir docencia en Filosofía y Letras (FyL) UNAM y tiempo desde llegada	Provisión cátedras vacantes, 1940-1944[13]
Medina Echavarría, José	Catedrático de filosofía del derecho en Murcia en 1935.	Castellón de la Plana, 1903-Santiago de Chile, 1997; a los 74 años.	A los 36 años, en 1939.	Esposa Nieves Rivaud Valdés. Hijo: José	A los 36 años, en 1939, "plaza provisional" de sociología en ENJ. Inmediato. También dará clases en la Escuela Nacional de Economía y en 1940 un curso de psicología social en la FFyL[14]	En 1946 la cátedra de Filosofía del derecho en Murcia fue ocupada por Antonio Truyol Serra, hasta 1957.
Millares Carlo, Agustín	Catedrático de paleografía. -En 1921 catedra en la universidad de Granada. –En 1926 Catedrático de paleografía, diplomática, latín medieval en Madrid.	Las Palmas, Canarias, 1893. Muere en Mallorca- Baleares a los 85 años, 1978.	A los 45 años, 1938.	Esposa e hijas	Desde 1939, 1 año. De 1939 a 1958.	
Miranda González, José	no consiguió plaza en España	Gijón, 1903-Sevilla, 1967; a los 64 años.	A los 40 años, en 1943.	Esposa: María Teresa Fernández	A los 41 años, en 1944, 1 año.	

14 Gina Zabludovsky, "José Medina Echavarría y la sociología en Max Weber en México: Historia de un desencuentro", en *Estudios y testimonios sobre el exilo español en México...*, pp. 373-392.

Nombre profesor	Cátedra, última plaza y cargo en España	Lugar y año de nacimiento y muerte; edad	Llegada a México	Consorte e hijos	Comienzan a impartir docencia en Filosofía y Letras (FyL) UNAM y tiempo desde llegada	Provisión cátedras vacantes, 1940-1944[13]
Nicol Francisca, Eduardo	Profesor de filosofía. En 1934 ayudante en la facultad de filosofía y letras de la Universidad Autónoma. de Barcelona. Tras el exilio obtuvo el doctorado en FyL UNAM.	Barcelona, 1907. Muerte en México 1990 a los 82 años.	A los 32 años, en 1939.	Esposa: Alicia Nicol	Desde 1940, a los 33 años, 1 año.	
Roces, Wenceslao	-Profesor de Derecho Romano. En 1922 catedrático de Instituciones de Derecho Romano en la Universidad de Salamanca (contaba 30 años); después pasó a Murcia, Madrid y Sevilla.	Soto de Sobrescobio (Oviedo), 3 de febrero de 1897. Muere en Ciudad de México, 28 de marzo de 1992.		Esposa: Carmen Dorronsoro (actriz y pianista). Hijos: Elena y Carlos.		En 1940 Francisco Pelsmaeker Iváñez ocupó la cátedra de derecho romano en Sevilla[15].

15 "Relación por orden alfabético de catedráticos de universidad", Revista *Información Universitaria* (Revista de educación nacional), Madrid, año II, nº 40 (7-01-1941), pp. 51-61, la provisión de la cátedra de romano de Sevilla en Francisco Pelsmaeker Iváñez en p. 59. Este primer número de la revista es muy interesante porque es un resumen de la labor urgente desempeñada en la provisión de cátedras universitarias en 1940.

Nombre profesor	Cátedra, última plaza y cargo en España	Lugar y año de nacimiento y muerte; edad	Llegada a México	Consorte e hijos	Comienzan a impartir docencia en Filosofía y Letras (FyL) UNAM y tiempo desde llegada	Provisión cátedras vacantes, 1940-1944[13]
Roura Parella, Juan	Maestro de escuela normal. Filósofo. Activo miembro del Seminario de enseñanza de la universidad de Barcelona, en la que se doctoró en 1937.	Tortellà (Cataluña), 1897. Muerte en Estados Unidos en 1983 a los 86 años.	A los 42 años, en 1939. En 1945, con 48 años, marchó a Estados Unidos.	Esposa: Teresa Ramón Llise.	A los 42 años, en 1939. Inmediato	
Xirau Palau, Joaquín	-Profesor de filosofía en las universidades de Salamanca, Zaragoza y Barcelona, en 1928.	Gerona, 1895. Muere en México a los 51 años en 1946.	A los 44 años, en 1939.	Esposa: Pilar Subías Hijos: Ramón Xirau.	En 1939. Inmediato	La cátedra de Introducción a la filosofía en Barcelona fue provista en Emilio Huidobro de la Iglesia, que en 1941 había obtenido la de Murcia.

Fuentes tablas: Elaboración propia a partir de los *Escalafones de profesores de universidad*, expedientes del Archivo General de la Administración en Alcalá de Henares y Archivo de la Dirección General de Personal, Gonzalo Pasamar Alzuria e Ignacio Peiró, *Diccionario Akal de historiadores españoles contemporáneos* (2002), AHUAM y AGN.

Sobre la trayectoria académica en España y en el exilio en México, véanse tablas adjuntas –sus trayectorias en España y en México- que resumen las plazas en España, en el exilio su contratación en la UNAM, y cuando alcanzan por fin la plaza en propiedad –plaza similar a la que tenían en España-. Así como su movilidad en otras universidades extranjeras, cargos académicos y profesionales desempeñados, participación en política, asociaciones a las que pertenecieron, premios o distinciones varias que recibieron a lo largo de sus vidas y por último sus publicaciones, que serían el capital del académico exiliado. En definitiva, una visión en conjunto de la formación, prestigio académico y poder social del profesorado, antes y después del exilio.

TRAYECTORIA ESPAÑA ANTES DEL EXILIO

Nombre	Cátedra/edad	Becas/ movilidad	Nombramientos académicos	Nombramientos profesionales	Ideología, militancia y participación política	Asociaciones, premios	Algunas de las principales publicaciones
Altamira Crevea, Rafael	-Catedrático de Historia del Derecho Universidad de Oviedo / 1897 (31 años) -Catedrático de Historia de las Instituciones Políticas y Civiles de América en la Universidad Central de Madrid / 1914 (48 años)	-Francia, Inglaterra, Bélgica, Holanda y un gran número de Universidades Americanas como Uruguay, Argentina, Chile, Perú, México, Estados Unidos y Cuba, en las que dio más de 300 conferencias (1909- 1910) -Prof. Invitado de Historia del derecho México (1910).	-1 de julio de 1910 (profesor de la Escuela Nacional de Altos Estudios en México) -Decano de la Facultad de derecho de la universidad central.	Elegido Juez del Tribunal Permanente de Justicia Internacional de La Haya en 1921 y reelegido en 1930.	Republicano, partido republicano centralista y partido liberal	-Presidente de la sección de ciencias históricas... del ateneo de Madrid. -En 1904 Oficial de la orden de la corona de Italia. -1910 Gran cruz de la orden civil de Alfonso XII -Es nombrado doctor honoris causa, en 1909, por la Universidad de la Plata, por la Universidad de Santiago de Chile y por la Universidad de Lima; y en 1910, por la Universidad Nacional de México.	-*Historia de España y de la civilización español* (1900- 1911) -*Psicología del pueblo español y la Historia del Derecho español* (1902) -*La huella de España en América* (1924)

Nombre	Cátedra/edad	Becas/ movilidad	Nombramientos académicos	Nombramientos profesionales	Ideología, militancia y participación política	Asociaciones, premios	Algunas de las principales publicaciones
Bosch Gimpera, Pere	-Catedrático de Historia universal antigua y medieval de Barcelona 1916. (25años)	Pensionado en Berlín por la Junta para Ampliación de Estudios, para profundizar en el tema de los griegos y su mitología para completar sus estudios de Filología (1913) -Profesor Huésped de la Universidad de Oxford 1939- 1940.	-En la Universidad de Heidelberg, Alemania. nombrado Doctor Honoris causa en 1936 -Decano de la Facultad de letras durante la República, 1931- 1933 -Rector de la Universidad de Barcelona 1933-1939.		Republicano de Acció Republicana -1937, participa en el gobierno de la Generalitat (durante la Guerra Civil): Consejero de la Generalitat de Cataluña (1937- 1939).	-Miembro honorario del Royal Antropological Institute of Great Britain and Ireland -Miembro honorario de la Society of Antiquaries de Londres -Miembro honorario del Institut d'Estudis Catalans de Barcelona -Miembro honorario del Deutsches Archaeologisches Institut de Berlín -Miembro honorario de la Hispanic Society of America de Washington -Miembro correspondiente de l'Académie des Inscriptions et Belles Lettres de París -Miembro correspondiente de la Pontificia Academia Romana di Archeologia de Roma	-L´Etat de la Pedra, Barcelona, 1916. -La historia catalana (1919) -La arqueología preromana hispánica (1920) -Historia de la Antigüedad. Historia de Oriente (1926) -Etnología de la Península Ibérica (1932)

Nombre	Cátedra/edad	Becas/ movilidad	Nombramientos académicos	Nombramientos profesionales	Ideología, militancia y participación política	Asociaciones, premios	Algunas de las principales publicaciones
Castro Quesada, Américo	-Catedrático de la Universidad Central de Madrid de Historia de la Lengua Española, 1915.	-Estudió en Francia, Sorbona 1905-1907. -Prof. Honorario de la Universidad de la Plata, Santiago de Chile, México	-Nombrado profesor emérito de la Universidad de Princeton en 1953.		Republicano liberal -Nombrado embajador en Berlín en 1931. -Nombrado cónsul de Hendaya,1936-1937.	Ayudó a organizar el Centro de estudios Históricos en Madrid, 1910 (donde fue jefe del departamento de lexicografía) Miembro de la Academia Estadounidense de las Artes y las Ciencias Miembro de la Unión Ibero-Americana. Distinción como oficial de la Legión de Honor y académico de la de Buenas Letras de Barcelona.	*Vida de Lope de Vega (1919)* - *El pensamiento de Cervantes (1925).* -*España en su historia. Cristianos, moros y judíos (Buenos Aires, 1948)*, refundido bajo *el título La realidad histórica de España (México, 1954)* -El elemento extraño en el lenguaje (Bilbao, 1921), -La enseñanza del español en España (Madrid, 1922), -Lengua, enseñanza y literatura (Madrid, 1924), -El nuevo Diccionario de la Academia Española (Madrid, 1925), -Don Juan en la literatura española (Buenos Aires, 1924), -Juan de Mal Lara y su «Filosofía vulgar» (Madrid, 1923),

Nombre	Cátedra/edad	Becas/ movilidad	Nombramientos académicos	Nombramientos profesionales	Ideología, militancia y participación política	Asociaciones, premios	Algunas de las principales publicaciones
Gallegos Rocafull, José M.	-Licenciado en teología por la Universidad Pontificia de Toledo, en 1920. -Licenciatura en Filosofía y letras, en Madrid por la Universidad Central. -Prof. de Filosofia y teología en la Universidad Central de Madrid.	-Conferencias en Bélgica, Francia		-Canónigo de la Catedral de Córdoba -Canónigo lectoral del seminario de Granada	Republicano -Conferencias en el exterior en apoyo a la legalidad republicana (Francia y Bélgica, principalmente). -En 1937 fue suspendido *a divinis* por el Obispo Adolfo Pérez. Fue leal a la República.	-Colaborador de la revista Cruz y Raya. -Miembro de las ediciones ESPRIT, órgano de comunicación de la izquierda católica francesa.	-Una causa justa. Los obreros en los campos andaluces, 1929. -El misterio de Jesús. Ensayo de cristología bíblica, 1931 (Tesis doctoral en Teología) -El orden social según la doctrina de Sto. Tomás de Aquino, 1935.
Gaos González Pola, José	-Lic. en Filosofía, en 1923. A los 23 años. Catedrático de Filosofía en el instituto de León, 1928. -Doctor en Filosofía por la Universidad de Madrid, 1928. -Catedrático de Filosofía, Universidad de Zaragoza, 1930. -Catedrático de Filosofía y Rector de la Universidad de Madrid, 1939		-Rector de la Universidad de Madrid, 1936-1938.		Republicano PSOE	-Presidente de la Junta de Relaciones Culturales de España con el Extranjero, 1936- 1938. -Miembro de la Legión de Honor de Francia desde 1938. -Miembro correspondiente de la Academia de Bellas Letras y Nobles Artes de Córdoba, España: 1935- 1939.	-Chamisso. *Historia maravillosa de Pedro Schlehmil*. Editorial Calpe. -*Wolters y Petersen.* Leyendas heróicas de los germanos. Editorial Revista de Occidente. - Kant, *Antropología*, Edit. Revista de Occidente. -Celms, *El idealismo fenomenológico de Husserl.*

Nombre	Cátedra/edad	Becas/ movilidad	Nombramientos académicos	Nombramientos profesionales	Ideología, militancia y participación política	Asociaciones, premios	Algunas de las principales publicaciones
García Bacca, Juan David	-Licenciatura en Filosofía en la Universidad de Barcelona, 1934. -Doctor en Filosofía y Letras por la Universidad de Barcelona, 1936. -Catedrático de Introducción a la filosofía, Universidad de Santiago de Compostela, 1936.				Republicano	-Miembro del Círculo de Viena (1934- 1936) -Société pour l´histoire des sciences, Paris. -Sociedad Matemática de Madrid.	-*Introducció* a la logística *amb aplicacions a la filosofía i a les matemàtiques.* 1934, Barcelona. -*Lógica matemática,* Vol 1. Barcelona; 1934, vol. 2, 1935. -*Introducción al filosofar (incitaciones y sugerencias).* Tucumán (Argentina Imprenta Miguel Violetto, Universidad Nacional de Tucumán, 1939.) - *Interpretation historique de la logique classique et moderne.* París: Hermann (Actualités scientifiques), 1939.

Nombre	Cátedra/edad	Becas/ movilidad	Nombramientos académicos	Nombramientos profesionales	Ideología, militancia y participación política	Asociaciones, premios	Algunas de las principales publicaciones
González de la Calle, Urbano	-Catedrático de la Universidad de Salamanca en 1904, de la Universidad Central de Madrid en 1935 y en 1936 Valencia donde enseñó sanscrito, y en Barcelona.		-Decano de la universidad de Salamanca.		Republicano de Acción e Izquierda Republicana.	-Colaborador del Instituto Caro y Cuervo. -Fue miembro de la Société des Études Latines de París y Corresponding Number de la Hispanic Society of America.	-*La obra inédita de Marcial.* Análisis métrico del Carmen 84 de Catulo. Revista de archivos, Madrid.
Mantecón Navasal, José Ignacio	-Licenciado en Derecho, Universidad de Zaragoza, años 1916- 1922. -En 1925, obtiene su doctorado en la Universidad Central de Madrid (1923). -Gana oposición al cuerpo de Archiveros, Bibliotecarios y Arqueólogos de Madrid (1924); gana una plaza en el Archivo de Indias de Sevilla (1924-1933).			-Director del Archivo de Hacienda Sevilla en 1934.	Republicano IR, PCE -Ayudó a formar las milicias aragonesas, durante la Guerra Civil, Comisario del Ejército del Este, Gobernador General de Aragón, provincias de Zaragoza, Huesca y Teruel en 1937, Secretario General del SERE (Servicio de Evacuación de los Refugiados Españoles) París 1939-1940.	-Premio extraordinario del grado de Licenciatura, años 1916- 1920.	-*El régimen municipal de la comunidad de Albarracín en los S. XIII al XV*, Madrid, 1924

Nombre	Cátedra/edad	Becas/ movilidad	Nombramientos académicos	Nombramientos profesionales	Ideología, militancia y participación política	Asociaciones, premios	Algunas de las principales publicaciones
Medina Echavarría, José	-Catedrático de filosofía del Derecho en Murcia en 1935 (a los 32 años) -Cátedra provisional de Sociología en 1939 / 36 años.	Se exilió a Colombia, Puerto Rico,, Chile y México.			Republicano -Oficial letrado en el Congreso de los Diputados en la II República Española en 1932 (a la edad de 29 años) hasta 1937		-*La situación presente de la filosofía jurídica* (1935) -Primer traductor al español de *Economía y sociedad* de Max Weber. -*Introducción a la sociología contemporánea* (1936)
Millares Carlo, Agustín	-Doctor en Filosofía y Letras por la Universidad de Madrid. -Obtiene cátedra de paleografía en Granada, en 1921. -Conservador para el archivo municipal, Madrid 1923. -En 1926 -1936 obtiene cátedra en Madrid, aunque abandona debido a la guerra, se adscribe a la de Valencia.		-En 1923 es nombrado director del Instituto de Filología de la Universidad de Buenos Aires.	-Nombrado director del Archivo- Biblioteca del Ayuntamiento de Madrid.	Republicano de Acción Republicana Nombrado vocal de la junta central del J.C.E -Diputado por Acción republicana 1931- 1933.		-*Paleografía española: Ensayo de una historia de la escritura en España desde el siglo VIII al XVII*. Colección Labor: Ciencias históricas. Editorial Labor, 1929. -*Contribución al "Corpus" de codices visigóticos*, Madrid 1931.

Nombre	Cátedra/edad	Becas/ movilidad	Nombramientos académicos	Nombramientos profesionales	Ideología, militancia y participación política	Asociaciones, premios	Algunas de las principales publicaciones
Miranda González, José	-Prof. De Derecho público, Universidad de Madrid.	-1930- 1935 cursó estudios de historia y ciencias políticas (Paris, Berlín y Tubingen) -Emigró a Chile por la guerra civil española. En 1943 llega a México	Fue doctor en Derecho y Ciencias Sociales por la Universidad de Madrid.	-Secretario General de la Universidad de Madrid	Republicano		
Nicol Francisca, Eduardo	-Lic. en Filosofía. Universidad de Barcelona, 1933. -Secretario General de la Fundación Bernat Metge, Barcelona, 1928-38 -Catedrático de filosofía por oposición del Instituto Salmerón, Barcelona, 1933. Y Director del mismo. -Profesor encargado de curso en la Facultad de Filosofía y Letras, Universidad de Barcelona, 1935.		-Estudios especiales: Universidad Internacional de Santander, 1933-1934; Universidad de Barcelona, 1934-1935		Republicano		

Nombre	Cátedra/edad	Becas/ movilidad	Nombramientos académicos	Nombramientos profesionales	Ideología, militancia y participación política	Asociaciones, premios	Algunas de las principales publicaciones
Roces, Wenceslao	-Licenciado en Derecho con premio extraordinario por la universidad de Oviedo en 1919; un año después en la universidad central de Madrid recibió el premio extraordinario de doctorado en 1920, con la tesis: "El caso fortuito en el derecho de obligaciones". -Catedrático de Instituciones de derecho romano en Salamanca en 1922-1924; después pasó a Murcia, Madrid y Sevilla.	-Beca de la JAE en Alemania donde trabajó con Rudolf Stammler.		-Subsecretario del Ministerio de Instrucción Pública y Bellas Artes en 1936.	Republicano partido PCE desde 1931. Fue miembro de su Comité Central		Traductor prolífico

Nombre	Cátedra/edad	Becas/ movilidad	Nombramientos académicos	Nombramientos profesionales	Ideología, militancia y participación política	Asociaciones, premios	Algunas de las principales publicaciones
Roura Parella, Juan	-Título de maestro de la norma en 1923. -Entre 1923 y 1932, fue profesor en Las Palmas de Gran Canaria -Profesor agregado en la universidad de Barcelona entre 1929-39. -Se doctora en la universidad de Barcelona en 1937.	-Estudios universitarios en Barcelona, Madrid y Berlín. -En 1930 marcha a Berlín; allí asiste a los cursos y seminarios de Eduard Spranger.			Republicano		
Xirau, Joaquín	-Doctor en Filosofía y Letras y en Derecho -Prof. del Instituto de Lugo y de las Universidades de Salamanca, Zaragoza, Barcelona	-Estudia en París, Bruselas, Ginebra, Lovaina y Cambridge.	-Director del seminario de Filosofía y Pedagogía de la Universidad de Barcelona. -Decano de esa universidad entre 1933-39.		Republicano	Miembro del consejo permanente de los Congres de Philosophie -Miembro del comité organizador del Congreso de filosofía Descartes de París -Miembro del consejo del Instituto Internacional de Cooperación filosófica de la Sorbona	-*Las condiciones de la verdad eterna de Leibniz (1921)* -*Rousseau y las ideas políticas modernas (1923)* -*Descartes y el idealismo subjetivista moderno (1927)* -*El sentido de la verdad (1927)*

TRAYECTORIA EN MÉXICO DESPUÉS DEL EXILIO

Nombre	Plazas/ puestos	sueldos	Becas /Movilidad	nombramientos académicos	pertenencia a asociaciones	premios o distinciones	Algunas de las principales publicaciones
Altamira Crevea, Rafael	Prof. Historia de la civilización española, México (1945)	Empezó a cobrar 150 pesos mensuales (1945), y entre 600 y 900 pesos (1946)	-Profesor huésped de la Universidad de la Sorbona en 1951. -En 1966 de la Universidad de Heidelberg, Alemania.	-Nombrado profesor extraordinario de la facultad de filosofía y letras de la UNAM		1947 «Premio de Historia de América» (Revista) -Medalla de Plata de la Hispanic Society of America, en 1909. -Medalla de Oro de la ciudad de Lima (Perú), en 1909	-*Estudios sobre las fuentes del conocimiento del derecho indiano*, México, 1947-48. - *Proceso histórico de la historiografía humana*, México. 1948.

Nombre	Plazas/ puestos	sueldos	Becas /Movilidad	nombramientos académicos	pertenencia a asociaciones	premios o distinciones	Algunas de las principales publicaciones
Bosch Gimpera, Pere	-Prof. Adscrito a la Escuela de Verano de la Facultad de Filosofía y Letras (1942). -Prof. de la Facultad de Filosofía y Letras (1947-1974) -Seminario de Historia general 1947-48, Seminario de arqueología del doctorado en Antropología en la Facultad de Filosofía y Letras, desde 1959, Seminarios de Historia de Oriente y prehistoria para la preparación de la tesis, 1965.	Sueldo mensual de $2017.67.	Guatemala, 1945. Profesor y fundador de la Facultad de Humanidades, Universidad de San Carlos.		-Miembro de la Comisión Nacional Mexicana para la UNESCO (1945-1966) -Presidente del Consejo Mexicano de Instituciones Humanísticas desde 1960. -Asesor del Museo de las Culturas desde 1967.	- Investigador emérito de la Universidad Nacional Autónoma de México,1967.	-*El poblamiento antiguo y la formación de los pueblos de España* (1945) -*The Celtic Waves in Spain*, Londres, Academia Británica, 1942. -*Todavía el problema de la cerámica ibérica*, México, UNAM, 1960. -*El problema del Indoeuropeo*, México, UNAM, 1965. -*Historia de Oriente* (1971) -*La América precolombina* (1971) -*Las raíces de Europa* (1974) -*La América prehispánica* (1974)

Nombre	Plazas/ puestos	sueldos	Becas /Movilidad	nombramientos académicos	pertenencia a asociaciones	premios o distinciones	Algunas de las principales publicaciones
Castro Quesada Américo	-Profesor extraordinario de filología, en 1928.		-Estados Unidos profesor de la University of Wisconsin, 1937-1939. -University of Texas, 1939- 40. Princeton University, 1940.				-*Los prólogos al Quijote* (Buenos Aires, 1941 *Iberoamérica, su presente y su pasado*. New York. Dryden Press. 1941. 267 p. -*The meaning of spanish civilization*. Princeton, New Jersey. Princeton University Press, 1941. -*La peculiaridad lingüística rioplatense y su sentido histórico*. Buenos Aires. Editorial Losada. 1941 - *Lo hispánico y el erasmismo* (Buenos Aires, 1942), -*Castilla la gentil*. México, Editorial cultura, 1944. -*España en su historia*. Buenos Aires. Editorial Losada, 1945. -*Antonio de Guevara*, Princeton, 1945 -*Semblanzas y estudios españoles* (1956), -*Hacia Cervantes* (1958) -*Origen, ser y existir de los españoles* (Madrid, 1959). -*De la edad conflictiva* (Madrid, 1961)

Nombre	Plazas/ puestos	sueldos	Becas /Movilidad	nombramientos académicos	pertenencia a asociaciones	premios o distinciones	Algunas de las principales publicaciones
Gallegos Rocafull, José M.	-Catedrático de Filosofía de la UNAM, Universidad de Michoacana de San Nicolás de Hidalgo y en la Universidad Iberoamericana.	-Prof. de filosofía de la historia, 2 hrs semanales, 1954, 200.00 pesos de salario. con 59 años. -De 1955 al 1962 es profesor de Filosofía de la Historia en la Facultad de FyL con un sueldo que va de los 220.00 a 266.00 pesos.	- Hay un contrato de beca con la UNAM (1950), en el centro de Estudios Filosóficos.	-Por mediación de la iglesia mexicana, se levantó la suspensión a divinis, y al mismo tiempo que profesor, fue un destacado capellán de la iglesia de la Coronación hasta su muerte.			- *Obras de San Juan de la Cruz*, 1942. -*La nueva criatura. Humanismo a lo divino*, 1943. -*La allendidad cristiana*, 1943. -*El don de Dios. La gran aventura humana*, 1944. -*Personas y masas. En torno al problema de nuestro tiempo*, 1944. - *El don de Dios. La gran aventura humana*, 1944. -*Aprecio y distribución de las riquezas*, 1944. -*Personas y masas. En torno al problema de nuestro tiempo*, 1944. -*La doctrina del padre Francisco Suárez*, 1948. *La pequeña Grey*. (primera edición en 2005) - *Trad. de Lucio Anneo Séneca*, Obras completas, México, UNAM, 1944 (vol. I) y 1945 (vol. II). -*La doctrina del padre Francisco Suárez*, 1948. -*La visión cristiana del mundo económico*, 1959

Nombre	Plazas/ puestos	sueldos	Becas /Movilidad	nombramientos académicos	pertenencia a asociaciones	premios o distinciones	Algunas de las principales publicaciones
Gaos González Pola, José	-Prof. Extraordinario e Investigador de la UNAM, 1939- 1947. Antigüedad el 10 de abril de 1943 a los 43 años -Profesor ordinario desde 1947, de carrera desde 1 de febrero de 1953, de tiempo completo desde 1 de agosto de 1953.	-Con un salario que iba de los 78.00 pesos a los 100.00 pesos en 1948. Después 7000 pesos	-Imparte cursos a lo largo de los años de Filosofía en distintas ciudades de España, Francia, Holanda, Cuba, Puerto Rico, Venezuela y México.	Jefe del Departamento de Filosofía, Co- director de la Escuela de Graduados, México City College, 1952.	-Miembro del Consejo Técnico y Director de Estudios, Universidad Femenina de México, 1952. -Sociedad Mexicana de Filosofía. -Miembro de la Junta de Gobierno de Cuadernos Americanos desde 1951.	-Doctor Honoris Causa de la UNAM, 1953 -Miembro correspondiente de la Sociedad Arqueológica de Jutlandia -Prof. Emérito en 1963	-*Filosofía Mexicana de nuestros días*. 1954. Universidad Nacional México. -*Confesiones profesionales*. 1958. Fondo de la cultura. 1. Vol. -*Discurso de Filosofía*. 1959. Universidad de Veracruzana. -*De la filosofía*. 1962. Fondo de la Cultura.1 Vol.

Nombre	Plazas/ puestos	sueldos	Becas /Movilidad	nombramientos académicos	pertenencia a asociaciones	premios o distinciones	Algunas de las principales publicaciones
García Bacca, Juan David	—Ecuador (1939-1942) profesor de Filosofía. -Después en Ciudad de México y Morelia (1942) -Antigüedad 16 de junio de 1943 (a los 42 años), como Interino. Hasta 1944. -Prof. Provisional de Metafísica, 1945. -Venezuela en 1946, profesor y fundador de la Facultad de Filosofía y Letras (Facultad de Humanidades) de la Universidad Central de Venezuela.	-80.00 pesos, después 100 pesos	-Asistencia a congresos internacionales de Filosofía en Amsterdam (1948), viaje para documentarse sobre el estado de la filosofía por las principales universidades de Europa (Francia, Bélgica, Holanda, Alemania, Italia, etc.)	-Decano de la Facultad de Humanidades de la Universidad Central de Venezuela, entre 1959- 1960.	-Sociedad Matemática de México. -Miembro de El Colegio de México.	-Premios; Caballero Gran Cruz de la Orden de Isabel la Católica, 1982. Medalla de Plata de la Universidad Autónoma de Barcelona, 1984. -Doctor Honoris Causa de la Universidad Autónoma de Madrid, 1985 -En Ecuador también fue reconocido y fue admitido como Miembro Honorario de la Academia Ecuatoriana de la Lengua en 1986. -Miembro del Consejo Asesor del Instituto de Filosofía del CSIC en Madrid, 1990.	-*Sobre estética griega. México:* UNAM, Imprenta Universitaria, 1943. -*Filosofía en metáfora y parábolas. Introducción literaria a la filosofía.* México: Editora Central, 1945, 1964 -*Filosofía en metáforas y en parábolas. Introducción Literaria a la Filosofía*. México: Editora Central, 1951. -*Antología del pensamiento filosófico venezolano. Vols. II y III. Introducción y selección.* Caracas: Ministerio de Educación, 1964. -*Humanismo teórico, práctico y positivo según Marx.* México: Fondo de Cultura Económica, 1951. Reimpresiones: 1974, 1980. 19852 (Presente, pasado y porvenir de Marx y del marxismo)

Nombre	Plazas/ puestos	sueldos	Becas /Movilidad	nombramientos académicos	pertenencia a asociaciones	premios o distinciones	Algunas de las principales publicaciones
González de la Calle, Urbano	-Refugiado político en Colombia, 1939: Profesor de lingüística, gramática histórica y latín en la Escuela Normal Superior de Bogotá -Maestro de la Facultad de Filosofía y Letras de la UNAM, 1949.						-*Luis vives y España.* Rev. Indias, 2ª época abril 1940. -*Constituciones de la universidad de salamanca; varia esudios sobre temas de filosofía latina.* Bibliografía de la obra castellano popular y castellano literario, Bogotá, 1944.

Nombre	Plazas/ puestos	sueldos	Becas /Movilidad	nombramientos académicos	pertenencia a asociaciones	premios o distinciones	Algunas de las principales publicaciones
Mantecón Navasal, José Ignacio	-En 1940, catalogador de los libros de los siglos XVI y XVII de la Biblioteca Nacional. -Investigador de El Colegio de México 1943- 1946. -Imparte clases de paleografía, catalogación e historia del libro de 1945 a 1962 -Investigador del Instituto de Investigaciones Bibliográficas de la UNAM -Antigüedad académica data el 16 de junio de 1955 al 1980 -Cátedra de Bibliología desde 1963, dos horas semanales. -Investigador titular a tiempo completo 1966- 1980.	-De 1943-46 cobraba 240.00 pesos. En la categoría de catalogador. -con un salario de 2,000.00 pesos en 1964 -Remuneración mensual al inicio alrededor de 820.00 pesos -Con un salario de 37,134.00 pesos -7,500.00 pesos. -Recibe gratificación por los 27 años, 8 meses, 15 días de servicios prestados el total de 669.430.00 pesos.	-Director del anuario bibliográfico 1958- 1964		-Asociación de Bibliotecarios Mexicanos.	-Maestro emérito (1964) de la Escuela Nacional de Bibliotecarios u Archivistas de México -En 1978, la UNAM, le rinde homenaje por su magisterio.	-*Ensayo de una bibliografía de bibliografías mexicanas*. 1943 -*Índice y extractos de los protocolos del Archivo de Notarias de México*. T. i. (1524- 1528)- 1945. -Compilación y dirección de la *Bibliografía mexicana del S.XVII*, en colaboración con el investigador José Quiñones. -*Sobre los medios de comunicación*. En el Colegio de Biblioteco-logía y Archivología de la UNAM, 1968 -*La carrera del bibliotecario*, en la Escuela Nacional de Bibliotecología y Archivistas, 1963. -Junto con Millares Carlo, *Album de paleografía hispanoamericana de los siglos XVI y XVII*. Biblioteca de paleografía hispánica. Volumen 2. El Albir, 1975.

Nombre	Plazas/ puestos	sueldos	Becas /Movilidad	nombramientos académicos	pertenencia a asociaciones	premios o distinciones	Algunas de las principales publicaciones
Medina Echavarría, José	Prof. Sociología en la Escuela Nacional de Jurisprudencia en (1939), 36 años -Prof. Extraordinario de la UNAM 1939-46.			-Director del Centro de Estudios Sociales, El Colegio de México.	-Asesor de la Sección Sociológica, Fondo de Cultura Económica, México, DF. -En 1952 ingresó a la Comisión Económica para América Latina y el Caribe (CEPAL)		-*La cátedra de Sociología* (1939) -*Sociología: Teoría y técnica* (1941) -*Prólogo al estudio de la guerra* (1943) -*Responsabilidad de la inteligencia* (1943)-*Consideraciones sobre el tema de la paz* (1945) -Colaborador de *Cuadernos americanos* bajo el rubro de "España en el destierro" -Primer traductor al español de *Economía y sociedad de Max Weber* -*Sociología. Teoría y técnica*, FCE, 1946.

Nombre	Plazas/ puestos	sueldos	Becas /Movilidad	nombramientos académicos	pertenencia a asociaciones	premios o distinciones	Algunas de las principales publicaciones
Millares Carlo, Agustín	-Desde 1939 hasta 1958 profesor de paleografía, lengua y literatura latina en la UNAM. - En 1944 obtiene la cátedra en paleografía en el Colegio de México. -1948 profesor del seminario de latín. -Nombrado profesor de carrera por la UNAM, 1952. -A partir del 1 de julio de 1954 (61 años) obtiene la plaza a tiempo completo 2º categoría FyL. -En 1958 Investigador a tiempo completo 1º categoría, pero no puede con la plaza y renuncia, pero sigue siendo profesor asociado -De vuelta a España, profesor de paleografía y diplomática en el Centro Asociado de las Palmas de la Universidad Nacional a Distancia, 1975.	- 1945 salario de 80.00 pesos. -En 1948, un salario de 100.00 pesos. -Después pasó a 2,500.00 pesos -Impartió 6 horas semanales y cobraba 660 pesos.	-Director del Centro de Investigaciones Humanísticas de la Universidad de Zulia. Venezuela.	-En 1945 es nombrado jefe de Departamento en la Biblioteca Nacional y profesor de latín en la Facultad de Filosofía y Letras.	-Vicecónsul de la Embajada española	-Forma parte de La casa de España y El Colegio de México, desde 1939. -Colaborador de las revistas *España peregrina, romance, Las Españas, Ultramar* y *Cuadernos Americanos* -Distinción de la Orden de Francisco de Miranda -Nombrado Académico de la Academia Nacional de Historia de Venezuela -Doctor Honoris Causa por la Universidad de Zulia (1966) -Miembro de la unión de profesores universitarios en el extranjero, UPUEE. -Hijo predilecto de la Ciudad de Las Palmas. -En 1976 Doctor Honoris Causa por la Universidad de Laguna.	-*La escritura y el libro en España durante la demolición del pueblo visigodo"* 1941. -*Método elemental de lengua latina. Antología de textos graduados de lengua latina* .(1953) -*Bibliografía general de Sor Juana Inés de la Cruz* (1954) -*La imprenta y el periodismo en Venezuela*. Temas venezolanos. Monte Ávila, 1969. -*Introducción a la historia del libro y de las bibliotecas*. México, 1973 -*Centro de Historia del Estado Zulia (1968)*. Archivo del Concejo de Maracaibo: expedientes diversos I-II. Energía Eléctrica de Venezuela. -*Andrés Bello:* ensayo bibliográfico. Editorial Universitaria., *1973*. -Junto con Mantecón, José Ignacio *Album de paleografía hispanoamericana de los siglos XVI y XVII*. Biblioteca de paleografía hispánica. Volumen 2. El Albir, 1975.

Nombre	Plazas/ puestos	sueldos	Becas /Movilidad	nombramientos académicos	pertenencia a asociaciones	premios o distinciones	Algunas de las principales publicaciones
Miranda González, José	-Profesor de la Universidad de Chile, 1940-1943. -Profesor e investigador de El Colegio de México -Investigador a tiempo completo del instituto de Derecho Comparado UNAM	-75 pesos mensuales en 1944 en la UNAM		-Miembro del Instituto de Investigaciones Históricas de la Universidad Nacional Autónoma de México	- Colaborador de la revista las Españas -Forma parte de la comisión editora de los escritos de Francisco Hernández, en la UNAM		-*La función económica del encomendero en... Nueva España* -*El tributo indígena en la Nueva España en el siglo XVI* (1952) -*Las ideas y las instituciones políticas mexicanas.* -*El método de la ciencia política*, México.

Nombre	Plazas/ puestos	sueldos	Becas /Movilidad	nombramientos académicos	pertenencia a asociaciones	premios o distinciones	Algunas de las principales publicaciones
Nicol Francisca, Eduardo	-Obtiene plaza como profesor-investigador 16 de febrero de 1940. -Prof. de carrera en 1946, dirige el Seminario de Metafísica	-80.00 pesos -545,978.00 pesos -1,080.00 pesos. -2,000.00 pesos. -44,132.00 pesos -202,096.00 pesos	-Becado por el Departament of Cutural Relations de EEUU, Universidad de Columbia, Nueva York, 1943 (un año) -Becado por la Rockefeller Foundation de los EEUU, a través del centro de Estudios Filosóficos de la UNAM, 1945 (un año) -Becado por la Guggenheim Foundation de los EEUU, para investigación, 1958-59, 1960-61.	-Doctor en Filosofía. UNAM, 1941	-Secretario de la Revista Filosofía y Letras, de la misma facultad, UNAM, 1941-1946. -Secretario del Centro de Estudios Filosóficos, 1941-1946. -Miembro del Colegio de Profesores de carrera, mientras actuó este cuerpo colegiado: 1946-1954. -Director y fundador de Diánoia, 1953- 1956. -Miembro del Consejo Honorífico de la Facultad de Filosofía, 1970.	-Medalla y Diploma Justo Sierra, UNAM, 1948. -Medalla y Diploma 25 años de servicio, UNAM. -Prof. Emérito Tit. C. Fac. de FyL, UNAM, 40 horas, en 1969. - Miembro de Número del Institut International de Philosophie. 1969, Heidelberg -Miembro de la International Phenomenological Association -Miembro fundador de la Association Guillaume Budé de Paris. -Miembro del Consejo Directivo de la revista Documentación Crítica Iberoamericana, Sevilla, España. -Prof. Emérito Instituto de Investigaciones filológicas en 1985	-*La primera teoría de la praxis.* Cuadernos del instituto de Investigaciones filosóficas. 1978. -*La agonía de Proteo.* Cuadernos del instituto de Investigaciones filológicas. 1981. -*Psicología de las situaciones vitales,* México 1941. -*La idea del hombre,* México 1946. —*Historicismo y existencialismo,* 2° edición corregida. Madrid 1960.

Nombre	Plazas/ puestos	sueldos	Becas /Movilidad	nombramientos académicos	pertenencia a asociaciones	premios o distinciones	Algunas de las principales publicaciones
Roces, Wenceslao	-En 19482 impartió la cátedra de Derecho romano e Historia de Roma en la Facultad de Derecho de la UNAM, posteriormente la plaza de profesor de Historia de Grecia en la Facultad de FyL. -En 1954 fue nombrado profesor a tiempo completo en FyL.			-En 1965 fue designado profesor especial para los cursos de capacitación de profesores de Derecho romano en la Facultad de Derecho.		-Profesor emérito de la UNAM en 1969; Orden del Águila Azteca en 1980; Premio UNAM de Docencia en Humanidades en 1985; Doctor Honoris Causa por la UNAM y por la Universidad Michoacana de San Nicolás de Hidalgo.	-Publicaciones: el libro *Algunas consideraciones sobre el vicio del modernismo en la historia antigua.* -Tradujo obras de Filosofía del Derecho, Derecho Romano y Derecho Político. Tradujo obras jurídicas como las de Rudolf Stammler; también de Karl Marx y de Rosa de Luxemburgo en la colección Biblioteca Carlos Marx. -Cofunda la editorial Cenit.

Nombre	Plazas/ puestos	sueldos	Becas /Movilidad	nombramientos académicos	pertenencia a asociaciones	premios o distinciones	Algunas de las principales publicaciones
Roura Parella, Juan	-Nombrado profesor de Psicología en la Facultad de FyL, 1939- 1945 - Nombrado profesor interino en la Cátedra de Historia de la Psicología en 1945-1946.	-Salario de 80.00 pesos	-Prof. Psicología Universidad de Pendle Hill (Pensilvania), en 1946 se establece en Wesleyan University de Middletown (Connecticut), donde impartirá hasta su jubilación en 1965.		-Miembro del colegio de México. -Presidente del Patronato de Cervantes -Vocal de la Academia Hispano-Mexicana		-*Educación y ciencia*. México, El colegio de México. 1940 -*Spranger y las ciencias del espíritu*. México, D.F. Centro de Estudios Filosóficos de la Universidad de México, 1944. -*El mundo histórico social* (Ensayo sobre la morfología de la cultura de Dilthey) (1947) -*Tema y variaciones de la personalidad* (1950)
Xirau, Joaquín	-Maestro de la Facultad de Filosofía y Letras de la UNAM, 1939					Cofundó el Instituto Luis Vives e impartió la cátedra de filosofía del Liceo Franco-Mexicano en 1947	-*El sentido de la verdad; Rousseau y las ideas políticas modernas, Descartes y el idealismo subjetivista moderno, l'autonomie de lètre et le problème des valeurs; amor y mundo*. México, 1940

ESTUDIO DE LOS INDICADORES

1. El conjunto

Son 15 profesores y con las tablas correspondientes sintetizamos datos que nos permiten elaborar unos indicadores comunes. Con ellos intentaremos hacer una primera valoración de conjunto, un primer acercamiento a la prosopografía o biografía colectiva. Estos indicadores son los siguientes: lugar y años de nacimiento y muerte. Cátedras que detentaban en España. Edad y año de llegada a México. Lapso entre la llegada y la obtención de una plaza similar a la que tenían en España, para ello precisamos el año de contratación en México, en especial en la facultad de filosofía y letras. Es importante decir, que algunos profesores que fueron contratados por La Casa de España en México, luego El Colegio de México, no cobraron por las clases que impartieron en la UNAM, es decir, no duplicaron sueldos.

Sin duda, la edad es un dato importante para determinar la capacidad que tenían los profesores para retomar su actividad académica. Los de más edad, suponemos, tenían trayectorias más consolidadas; algunos eran muy reconocidos en sus áreas de especialización, esto podía facilitarles ganar una plaza con más rapidez que otros, pero también podía ser una dificultad para retomar o reorientar sus carreras en otro país. Veamos este proceso.

2. Cátedras en España

Rafael Altamira y Crevea había ganado la cátedra de historia del derecho en Oviedo, en 1897, a los 31 años; luego había pasado a Madrid en 1914, a los 48 años. Para entonces, tenía una brillante trayectoria que le había reportado varios reconocimientos: oficial de la orden de la corona de Italia en 1904, gran cruz de la orden civil de Alfonso XII en 1910 y doctor honoris causa por las universidades de la Plata (1909), Santiago de Chile y la Nacional de México (1910). Además, en el viejo continente había desarrollado una brillante carrera como jurista. En 1921 fue elegido juez del tribunal permanente de justicia internacional de La Haya y en 1930 había sido reelegido. En 1925 fue nombrado doctor honoris causa por la universidad de Burdeos y, en 1928, doctor honorífico por la universidad de París. Pedro Urbano González de la Calle nació en Madrid en 1879, doctor en filosofía por la universidad central de Madrid. Ganó la cátedra en Salamanca en 1904, cuando tenía 25 años. Fue catedrático de la universidad central entre 1926 y 1936. Allí impartió lengua y literatura latina, pero también sánscrito; durante la guerra, fue decano de la universidad de Salamanca y pasó por las universidades de Valencia y Barcelona. Bosch Gimpera, nacido en 1891, fue catedrático de historia universal antigua y medieval en Barcelona a los 25 años. Es considerado uno de los fundadores de la arqueología moderna de España. Realizó importantes excavaciones en la península y tenía amplios contactos con sus colegas de otros países. Fue decano de la facultad de letras a partir de 1931 y, entre 1933 y 1939, rector de la universidad de Barcelona. En 1937 participó en el gobierno de la Generalitat.

Agustín Millares Carlo, nacido en Las Palmas, en Canarias, en 1893 se doctoró en filosofía y letras por la universidad de Madrid. Ganó la cátedra de paleografía en Granada en 1921 y, un año más tarde, el puesto de conservador para el archivo municipal de Madrid. En 1926 ganó la cátedra de paleografía en Madrid, donde estuvo hasta 1936, cuando tuvo que abandonarla a causa de la guerra civil. Joaquín Xirau nació en 1895; se doctoró en filosofía y letras, así como en derecho. Fue profesor del Instituto de Lugo y de las universidades de Salamanca, Zaragoza y Barcelona, decano de esta última entre 1933 y 1939. Juan Roura Parella nació en Cataluña en 1897. Desde 1923 fue profesor numerario de pedagogía en la escuela normal de maestros de Las Palmas[16]. Gracias a la Junta para ampliación de estudios había contado con una beca para estudiar en Berlín. Al retornar a España se incorpora como profesor agregado en la universidad de Barcelona. Emigra en 1939, a los 42 años. Pasó primero a Francia y luego a México. Wenceslao Roces, jurista, historiador, traductor y político, nació en 1897. Estudió derecho en Oviedo y en 1922 ganó la cátedra de instituciones de derecho romano en la universidad de Salamanca.[17] El golpe de estado que dio lugar a la dictadura de Primo de Rivera le sorprende en la universidad. Fue amigo personal de Miguel de Unamuno, y perderá la cátedra en 1924. Fue miembro del partido comunista de España, subsecretario del ministerio de instrucción pública y bellas artes en España (1936). En la guerra civil fue responsable del traslado de los cuadros del museo del Prado fuera de España. Tras la guerra civil fue depurado como catedrático mediante orden ministerial de febrero de 1939, junto a otros catedráticos. Al final de la contienda se exilia a Francia e inmediatamente a Sudamérica.

De los más jóvenes, José M. Gallegos Rocafull nació en 1899, al finalizar el siglo XIX, era eclesiástico, canónigo de las catedrales de Córdoba y Granada, licenciado en teología por la universidad pontificia de Toledo y licenciado en filosofía por la universidad central de Madrid. Había sido nombrado profesor auxiliar de filosofía de esta última universidad en 1935, a los 36 años. José Gaos, nacido en 1900, había comenzado una brillante carrera académica. Se había licenciado en filosofía en

---

16 Eugenio Padorno, "Juan Roura Parella: un filósofo español del exilio y su relación con Canarias", en *Anuario de Estudios Atlánticos*, nº 53 (2007) pp. 25-54. Véase también José Luis Abellán, *El exilio filosófico en América*, Madrid, Fondo de Cultura Económica, 1998, pp. 417-420; y Gonzalo Díaz Díaz, *Hombres y documentos de la Filosofía española*, Madrid, Centro de Estudios Históricos, vol. VI, 1998, pp. 888- 889.

17 Archivo General de la Administración (AGA): expediente depuración 21/20535; título doctor 32/14068; título catedrático 32/14710.

1923 y ganó una cátedra de instituto en León en 1928; luego ganó la cátedra de filosofía en la universidad de Zaragoza en 1930, cuando contaba con 30 años, y, después, un puesto semejante además de rector de la universidad central de Madrid en 1939. Juan David García Bacca, nacido en Pamplona en 1901, se formó como sacerdote. Estudió además filosofía en la universidad de Barcelona, donde comenzó a dar clases en 1931. Tras doctorarse en 1935, gana la cátedra de introducción a la filosofía en la universidad de Santiago de Compostela en 1936. Al parecer no pudo tomar posesión de la cátedra, pues se marchó a París, donde colaboraría con José Bergamín. En 1938 abandona el sacerdocio y, debido a los acontecimientos de la guerra civil, emprendería su exilio en Ecuador. José Ignacio Mantecón, nacido en 1902, no fue profesor universitario en España, pues ganó, por concurso de oposición, una plaza en el cuerpo de archivos, bibliotecas y arqueólogos de España en 1924 y fue asignado al Archivo de Indias, en Sevilla; en 1934 fue nombrado director del Archivo de hacienda de Sevilla. José Medina Echavarría ganó la cátedra de filosofía del derecho en Murcia en 1935, cuando tenía 32 años y, en 1939, recibía una cátedra provisional de sociología.

Eduardo Nicol nació en diciembre de 1907 y antes de ser profesor de universidad, había sido secretario general de la fundación Bernat Metge, desde 1928; también había ganado una cátedra en el Instituto Salmerón y desde 1935 fue profesor ayudante en la universidad de Barcelona, cuando contaba con 27 años. José Miranda nació en 1903 y comenzaba su carrera docente en España cuando tuvo que emigrar. Andrés Lira cuenta al terminar su carrera de derecho, recibió apoyo para estudiar en Francia y Alemania. Después comenzó a trabajar como profesor ayudante, al lado de Adolfo Posada. El mismo Andrés Lira señala que, al estallar la guerra civil, Miranda se quedó en Madrid y se desempeñó como secretario general de la universidad y como representante del ministerio de educación pública y bellas artes.[18] Por último, mencionaremos a Américo Castro, intelectual eminente, nacido en 1885 y nombrado catedrático de historia de la lengua española en la universidad de Madrid en 1915. Para entonces había colaborado ya con Ramón Menéndez Pidal en la organización del Centro de estudios históricos. Su exilio, como es bien sabido, no pasó por México, sino por Estados Unidos, pero estuvo vinculado con la universidad mexicana como profesor extraordinario de filología en 1928. Para entonces, la universidad nacional todavía no era autónoma, por lo que el nombramiento se hizo por acuerdo presidencial, desde la secretaría de educación pública, y notificado simplemente a la universidad.[19]

3. Edad al llegar a México

Al dividir por grupos de edad, encontramos que 2 profesores tenían 70 años o más cuando llegaron a México. Altamira tenía 78 y Pedro Urbano González de la Calle, 70. Llegó a Colombia en 1939, a los 60 años. Allí estuvo diez años. Impartió clases en la escuela normal superior de Bogotá y en el Instituto de filosofía y letras de la universidad nacional de Colombia. Participó en el Instituto Caro y Cuervo de Colombia, donde tradujo del alemán la *Historia de la literatura latina* de Friedrich Leo. A México llegó en 1949, con 70 años, se incorporó de inmediato a El Colegio de México y a la facultad de filosofía y letras de la UNAM.

Otro grupo de edad es el que corresponde a los profesores que tenían entre 50 y 60 años al momento de exiliarse. En este grupo se encuentra Américo Castro, que tenía unos 53 años

---

18 Andrés Lira, "Prólogo a la segunda edición" de José Miranda, *Las ideas y las instituciones políticas mexicanas. Primera Parte, 1521-1820*, 2ª. ed., México, UNAM, 1978, pp. IX-X.

19 DGPA, expediente personal de Américo Castro, núm. 5421, f. 1.

cuando se exilió, si bien, como hemos comentado, su destino fue Estados Unidos y su paso por la universidad nacional de México es de 1928. Lo mencionamos debido a que la universidad mexicana creó un pequeño expediente como profesor honorario mucho antes del drama del exilio. El otro profesor de este grupo de edad es Pere Bosch Gimpera. Llegó a México en 1941, cuando cumplía los 50 años. Tenía tras de sí una brillante carrera académica en España. No tuvo problema para conseguir una plaza de tiempo completo, al año siguiente. Siguió trabajando e investigando en México, publicó importantes libros, incluso, sobre prehistoria e historia antigua de América. En México ejerció la docencia universitaria por 33 años, más tiempo que en España, desafortunadamente, no tuvo la oportunidad de realizar excavaciones como las que había efectuado en España. Murió en 1974.

Quizás los profesores que mejor se adaptaron y florecieron en México fueron los menores de 45 años. Encontramos a once de ellos, distribuidos de la siguiente manera: 7 profesores entre 40 y 45 años, a saber, Agustín Millares Carlo, Joaquín Xirau, Wenceslao Roces, José M. Gallegos Rocafull, José Miranda González, Juan Roura Parella, y Juan David García Bacca. De los dos últimos hablaremos en otro apartado. El grupo restante, de 4 profesores, está conformado por aquellos de 32 a 38 años: José Gaos, José Ignacio Mantecón, José Medina Echavarría y Eduardo Nicol. Todos ellos son bien conocidos, cuentan con importantes estudios sobre sus vidas y obra. Fueron, sin duda, grandes profesores y excelentes investigadores. Millares Carlo llegó a México con 45 años, en 1938. Se integró de inmediato a la Casa de España en México y un año después se incorporaba a la UNAM, como catedrático de paleografía y miembro de la Biblioteca nacional de México, custodiada por la misma UNAM.[20] Ganó su primer nombramiento de tiem-

---

20 José Antonio Moreiro González, "Documentos administrativos sobre Agustín Millares Carlo en México", en *Boletín Millares Carlo*, 2001, 20, p. 39. El autor

po completo en la UNAM en 1954. Entonces, cesó su relación laboral con El Colegio de México. Desarrolló una brillante y fecunda carrera en la universidad mexicana; Con una edad similar, Wenceslao Roces se instaló en México, luego de haber pasado por Santiago de Chile y La Habana. Se incorporó al Fondo de Cultura Económica como traductor y en 1948 aparece como profesor de Derecho Romano e Historia de Roma en la Facultad de derecho de la UNAM; y en 1954 ganaría la plaza de tiempo completo en la Facultad de Filosofía y Letras de la misma universidad, como profesor de Historia de Grecia. Joaquín Xirau tenía 44 años cuando arribó a México, consiguió la plaza de inmediato, apenas llegado en 1939, aunque su magisterio es reconocido en México, su paso fue breve, pues falleció en 1946, con 51 años; José M. Gallegos Rocafull llegó a México en 1939, a los 40 años e inmediatamente comenzó a dar clases en la facultad de filosofía y letras de la UNAM. Gracias a la mediación de la iglesia mexicana, le fue levantada la suspensión a divinis y sirvió como capellán de la iglesia de la

---

señala que las gestiones para dar clases en la Facultad de Filosofía y Letras de la UNAM se hicieron por Cosío Villegas desde la Casa de España en México; e indica que Millares Carlo comenzó la docencia en 1939, al igual que sus trabajos en la Biblioteca Nacional. Sin embargo, el mismo Moreiro González, en su epígrafe "Expediente de la Facultad de Filosofía y Letras de la UNAM" no retoma la docencia anterior a 1940. Era común que algunos profesores de la Casa de España en México daban docencia en la UNAM como parte de las actividades propias de la Casa de España y no cobraban en la universidad. Es importante aclarar esto porque en el expediente de Millares Carlo localizado en DGPA, número 5704, fs. 102-104, existe un documento que da cuenta de la relación laboral con la universidad y consta que dicha relación comenzó en 1943, tanto en la Biblioteca Nacional, como en la Facultad de Filosofía y Letras. Esto refuerza la idea de que las actividades que realizó en la UNAM antes de ese año deben entenderse como parte de su trabajo en la Casa de España en México, luego El Colegio de México. A partir de 1943 pudo cobrar por las tareas concretas que le encomendaba la UNAM, DGPA-UNAM, exp. 5704, f. 33. Véase también Yolanda Blasco Gil, "Millares Carlo en el exilio", en *Cuestiones pedagógicas,* 20, (2009-2010), pp. 161-179.

Coronación en la ciudad de México. José Miranda González había estado en México varios años atrás, en 1918. Había llegado para dedicarse al comercio, gracias al apoyo de unos tíos radicados en Veracruz, pero la violencia generada por el movimiento revolucionario mexicano lo hizo desistir y retornar a España, donde terminó su carrera de derecho.[21] A diferencia de sus otros colegas de este grupo de edad, Miranda no había ganado plaza de catedrático en España. Era profesor ayudante de derecho político en Madrid. Tras el triunfo franquista se exilió a México en 1944, por lo que llegó con 41 años. En este país ganó la plaza de tiempo completo y realizó una brillante carrera como historiador. Desafortunadamente, falleció a una edad todavía temprana, a los 64 años.

De los 4 profesores de 32 a 38 años podemos decir que dos habían ganado cátedras en España, en tanto que los otros dos eran profesores agregados o auxiliares. José Gaos llega a México en 1938, con 38 años. Como hemos mencionado antes, había sido catedrático de filosofía en Zaragoza y Madrid. Tenía tras de sí ya una brillante carrera en España. En México se consagró como una de las grandes figuras del exilio universitario y su magisterio aún perdura en el ámbito de la filosofía mexicana. De José Medina Echavarría hablaremos en el siguiente apartado. Por su parte, José Ignacio Mantecón, desde muy joven, se había incorporado al Archivo General de Indias. Llega a México en 1940, con 38 años. En este país impulsaría el desarrollo de la bibliotecología. En 1943, casi al mismo tiempo que se incorporaba a El Colegio de México, participaba en la creación de la Escuela nacional de bibliotecarios y archivistas[22] y se incorporaba a la Biblioteca Nacional, bajo custodia

---

21 Andrés Lira, "Prólogo a la segunda edición", de José Miranda, *Las ideas y las instituciones políticas mexicanas. Primera parte, 1521-1820,* México, Instituto de derecho comparado-UNAM, 1952, pp. VIII-IX.

22 Estela Morales, "José Ignacio Mantecón (1909-1982)", en *Estudios y testimonios sobre el exilo español en México…*, pp. 393-399.

de la UNAM, para realizar trabajo de catalogación de libros antiguos. La UNAM lo contrataría como investigador, primero del Instituto de Investigaciones Estéticas (1955) y, luego, del Instituto de Investigaciones Bibliográficas (1958).[23] En la misma universidad también formaría parte del colegio de bibliotecología; Eduardo Nicol, el más joven del grupo, venía como profesor ayudante de filosofía y llegó en 1939, con 32 años. Al año siguiente comenzó a dar clases en la facultad de filosofía y letras de la UNAM.

4. Profesores que pasaron poco tiempo en México

Del conjunto de profesores, encontramos a 3 que no se arraigaron en México y emigraron a otros países. Son Medina Echavarría, Juan Roura Parella y Juan David García Bacca. José Medina Echeverría, estuvo 7 años en México. Arriba en 1939, con 36 años. Para entonces, era ya catedrático de filosofía del derecho en Murcia. Se incorporó de inmediato a la facultad de derecho de la UNAM, para impartir la primera cátedra de sociología. Además, dio clases en la facultad de economía y, en 1940, un curso de psicología social en la facultad de filosofía y letras de la misma universidad. Si bien, fue en El Colegio de México donde se incorporó de tiempo completo, pues desde 1943 fue director del recién creado Centro de Estudios Sociales. Gina Zabludovsky dice que no logró asentarse en México debido a su concepción sobre la sociología, diferente de la que tenía Daniel Cosío Villegas.[24] En 1946 abandona el país para dirigirse a Puerto Rico y, posteriormente a Chile, país en el que se asentó definitivamente. De su paso por tierras mexicanas queda, entre otros, el trabajo de traducción de la obra de Max

---

[23] DGPA-UNAM, exp. 12987, f. 80.

[24] Gina Zabludovsky, "José Medina Echavarría y la sociología en Max Weber en México...", pp. 373-392.

Weber *Economía y sociedad* y su papel de consultor del Fondo de Cultura Económica.

Juan Roura Parella, llegado con 42 años en 1939, consiguió una plaza de inmediato, sin embargo, no se arraigó en México, pues en 1945 emigró a Estados Unidos, donde continuó con su carrera y falleció en aquel país a los 86 años; Juan David García Bacca, pasó primero por Ecuador y llegó a México con 41 años. Consiguió un nombramiento de inmediato, en 1942, pero en Morelia. Un año después, pasó a la Casa de España en México, desde donde acudió a la UNAM a dar clases, como muchos otros. También colaboró con el FCE. Sólo se quedó en México 4 años, luego se marchó a Venezuela. Allí desarrolló una fructífera carrera. Regresó a España tras la muerte del dictador, pero no se quedó definitivamente. Murió en 1992, a los 91 años, en Ecuador, de donde era originaria su esposa;

5. Tiempo para conseguir una plaza

Otro de los indicadores que hemos considerado es el tiempo en que tardaron en conseguir una plaza. No nos referimos a plazas de tiempo completo únicamente, sino más bien a la primera relación laboral con una institución académica, casi siempre El Colegio de México (la antigua Casa de España en México) o la UNAM; cuando ganan la plaza de tiempo completo lo hemos venido indicando ya. En este caso queremos ilustrar la facilidad o dificultad que tuvieron para reincorporarse a la actividad académica. Hemos aprovechado también para mostrar, cuando ha sido posible, la duración en la academia, los años de trayectoria. Asimismo, debemos aclarar que en este grupo no incluimos a Américo Castro, pues como ya hemos dicho, su relación con la UNAM es anterior al exilio. Nos queda, entonces, un conjunto de 14 profesores. Al respecto, podemos decir que 6 se incorporaron de inmediato: Pedro Urbano González de la Calle[25], con 70 años, estuvo en El Colegio de México y en la Facultad de Filosofía y Letras de la UNAM, donde dio clases de lingüística general y sánscrito. En la UNAM no parece haber tenido contrato de tiempo completo. De hecho, el propio González de la Calle declara haber impartido la cátedra de sánscrito de manera gratuita, en tanto que por la cátedra de Lingüística Indoeuropea recibió el salario correspondiente a 2 horas semanales de clase.[26] Impartió docencia todavía 15 años más, pues se jubiló en 1964, cuando tenía casi 85 años. Murió en 1966, a los 87 años. Joaquín Xirau tenía 44 años y, como hemos dicho, murió en servicio 7 años después; Gallegos Rocafull tenía 40 años, sirvió la cátedra 24 años más, hasta su fallecimiento en 1963, a los 64 años; Medina Echavarría consiguió la plaza a los 36 años, permaneció 7 años antes de emigrar; Juan Roura Parella, de 42 años, sólo estuvo 6 años en México; Juan David García Baca, con 41 años, se quedó 4 años y luego emigró.

Otros 6 profesores tardaron un año para conseguir una plaza: Altamira, a los 79 años. Fue docente en México sólo 7 años pues falleció a los 85 años, en 1951; Bosch Gimpera, a los 51 años. Fue docente en México 32 años. Murió en México a los 83 años; Agustín Millares Carlo, a los 46 años en El Colegio de México, en 1939; cuatro años después pasó a la UNAM, como jefe de catalogadores; luego autor y editor, tiempo completo

---

25 Santos M. Protomártir Vaquero, "El filólogo Pedro Urbano González de la Calle (1879-1966). Una aproximación a su vida y obra", en *Nueva Revista de Filología Hispánica (NRFH)*, LXVI, 1, (2018), núm. 1, pp. 183-202.

26 "Cuestionario Personal Docente" de Pedro Urbano González de la Calle, documento fechado el 20 de junio de 1952. Ahí señala haber iniciado su docencia en la Facultad de Filosofía y Letras de la UNAM en 17 de agosto de 1950. Con relación al sueldo percibido declara: "Por la cátedra de Lingüística he percibido desde marzo de 1951, primero, 110 pesos mensuales y después 121. No tengo asignada cantidad alguna de remuneración por mi enseñanza voluntaria y gratuita de lengua sánscrita", DGPA-UNAM, exp. 10092, s. f.

en la Facultad de Filosofía y Letras en 1954, a los 61 años. Estuvo 20 años en México, regresó a España, en 1963, fue repuesto en su cátedra de paleografía en la Universidad Complutense de Madrid, pero no se instalará de manera definitiva en España hasta la muerte de Franco en 1975. Falleció en su ciudad natal en 1980; José Miranda, a los 41 años, en El Colegio de México y en la Facultad de Filosofía y Letras de la UNAM. En esta última institución fue nombrado investigador de tiempo completo en 1957. Fallecería diez años más tarde. José Gaos, a los 39 años. Rigió cátedra 27 años. Murió en 1966, mientras presidía el examen doctoral de José María Muriá[27]; Eduardo Nicol, a los 33 años. Tuvo una larga y brillante trayectoria, que le permitiría alcanzar el nombramiento de profesor emérito en la facultad de filosofía y letras de la UNAM. Fue investigador del Instituto de Investigaciones Filológicas. Sumó 49 años de antigüedad. Lamentablemente, renunció a este último nombramiento pocos meses antes de su muerte. Es posible que una de las causas que lo movieron a tomar semejante decisión se debiera a la demora en la publicación de su libro *Formas de hablar sublimes: poesía y filosofía.*[28]

Un profesor tardó 3 años en conseguir plaza. Fue José Ignacio Mantecón, a los 41 años. Se desempeñó como investigador de El Colegio de México y profesor de la Escuela nacional de bibliotecarios y archivistas. En la UNAM trabajó para diversas dependencias: la biblioteca nacional, la facultad de filosofía y letras, así como para los institutos de investigaciones estéticas y bibliográficas. Sumó más de 27 años de servicio.[29] Pudo ju-

---

27 Miguel León Portilla, "La muerte del maestro Gaos", en *Estudios y testimonios sobre el exilo español en México...*, pp. 469-471.

28 Eduardo Nicol, "Oficio dirigido a la directora del Instituto de Investigaciones Filológicas", 31 de enero de 1990, DGPA, exp. 5741, s. f.

29 En su expediente personal aparece una constancia del tiempo que laboró en la UNAM: del 1 de noviembre de 1943 al 15 de junio de 1946 y, nuevamente, del 16 de junio de 1955 al 15 de octubre de 1980, DGPA, exp. 12987, f. 148.

bilarse como investigador de la UNAM en 1980.[30] Murió dos años después, en México, a los 80 años. Finalmente, nos queda un profesor que tardó entre 6 y 7 años en conseguir una plaza. Nos referimos a Wenceslao Roces, de quien se dice que llegó a México en 1941 o 1942. De inmediato comenzó su labor de traductor en el Fondo de Cultura Económica y sólo en 1948 comenzó a impartir la asignatura de derecho romano e historia de Roma, en la Facultad de Derecho en la UNAM, para ocupar también posteriormente la plaza de profesor de Historia de Grecia en la Facultad de Filosofía y Letras. En 1954, fue nombrado profesor de tiempo completo en filosofía y letras. Allí impartió docencia y en 1969 fue designado profesor emérito. Interrumpió su cátedra en 1977 cuando regresó a España y se presentó como candidato a senador, cargo que ganó, pero al que renunció unos meses más tarde. Al respecto, Federico Álvarez comenta: "La España del 78 no era ya la de Roces. ¿Habíamos ganado? El exilio, desde luego, no. Y Roces regresó a México, a su Universidad, a su Facultad: la nuestra"[31]. Retomó la docencia en filosofía y letras; en 1980 recibió la máxima condecoración del gobierno mexicano a un extranjero, el Águila

---

Suman más de 27 años. Debemos decir que en México y en ese periodo se necesitaban 30 años de servicio para poder jubilarse con todos los derechos. Podría pensarse que Mantecón no completaba el lapso requerido, pero seguramente lo excedía si consideramos que entre 1946 y 1955 debió seguir laborando para el Estado en la Escuela Nacional de Bibliotecarios y Archivistas, donde recibió el nombramiento de maestro emérito.

30 En el mismo expediente personal aparecen varios documentos en los que se habla de su jubilación. Por ejemplo, en DGPA, exp. 12987, f. 143, fechado el 6 de octubre de 1980, Mantecón avisa a la secretaria del profesorado de la Facultad de Filosofía y Letras la "determinación de proceder a iniciar, ante el Instituto de Seguridad y Servicios Sociales de los Trabajadores del Estado, los trámites de mi jubilación". Véase también los siguientes documentos: DGPA, exp. 12987, fs. 136-136 v., 141-142, 148 y [154].

31 Federico Álvarez, "Wenceslao Roces, maestro (Palabras pronunciadas en el acto celebrado en su memoria)", en *Theoría. Revista del colegio de filosofía*, núm. 2, (noviembre de 1995), pp. 179.

Azteca; en 1985 recibió el premio universidad nacional. Falleció en 1992.

ANÁLISIS DEL CONJUNTO

Centrándonos en las humanidades, podemos decir que los exiliados en filosofía y letras que hemos presentado son profesores de reconocido prestigio con numerosos méritos, tanto en España como en Europa y Latinoamérica…[32], que por sus magníficos expedientes recibieron la mayoría becas en el extranjero de la Junta de Ampliación de Estudios durante la II República, para completar su formación académica y entrar en contacto con otras corrientes… Eran intelectuales de mente abierta y quizás ese contacto directo con el extranjero hizo que pudieran acoplarse más pronto a los países de acogida. Habían ocupado cátedras, puestos destacados, pertenecían a variadas asociaciones y habían recibido premios y condecoraciones internacionales. Políticos algunos, todos de mentalidad liberal abierta, de ideología republicana participaron o estuvieron implicados de alguna manera en la política de la República española, algunos ocupando cargos importantes en el gobierno de España... Tenían poder académico y prestigio social. Pero tuvieron que dejarlo todo tras la guerra y el exilio, que para la mayoría transcurre entre varios países hasta asentarse definitivamente. Todos sufrieron la sanción y depuración de sus plazas y tuvieron que marchar a un exilio forzoso dejándolo todo, familia, bienes, casas, cátedras, bibliotecas, sus cátedras, sus amigos, sus recuerdos, toda una vida.

---

32 VVAA., *El exilio español en México 1939-1982*, México, Fondo de Cultura Económica y Salvat Editores Mexicana, 1982 y José-Ramón López García y Manuel Aznar Soler (eds.), *Diccionario biobibliográfico de los escritores, editoriales y revistas del exilio republicano de 1939*, Madrid, Renacimiento, 2017.

Muchos tuvieron que pasar por varios países y diferentes instituciones académicas hasta llegar a México y conseguir plazas en la UNAM, similares a las que tenían en España, dando numerosas clases semanales y con escasos sueldos hasta alcanzar las plazas en propiedad. Otro rasgo característico es su incansable trabajo, conferencistas, articulistas... Con avanzadas edades todavía son propuestos para impartir asignaturas en la UNAM, cuando en España ya contaban algunos con la edad reglamentaria para la jubilación, 70 años. Observamos en algunos que apenas uno o dos años antes de su jubilación y poco antes de su fallecimiento aún son propuestos para desempeñar diversas asignaturas. A esas edades avanzadas debía ser difícil para un exiliado tener el primer contrato a tiempo completo en la universidad, cuando en España eran ya catedráticos o a las puertas de alcanzar la cátedra, así como historiadores o académicos de prestigio internacional. Un exilio duro, sin duda, no fue fácil ocupar una plaza similar a la que tenían en España y tardaron tiempo en la mayoría de los casos en obtener plazas definitivas, a tiempo completo

Otro rasgo que los caracteriza es que sus publicaciones son bastante numerosas y de calidad, más si las comparamos con los profesores que ocuparon sus cátedras en España, la mayoría con escasas publicaciones y adeptos al régimen franquista o figuras controvertibles por prestar sus servicios al estado franquista y hacerlo constar en sus expedientes de oposición a cátedra, recibiendo fuertes críticas de denuncia por parte de los exiliados[33]. Lo mismo ocurre con las conferencias y cursos

---

[33] Javier Tusell, *La oposición democrática al franquismo (1939-1962)*, Barcelona, Planeta; varias ediciones, manejamos la 3ª edición, Barcelona, RBA, 1977. María Fernanda Mancebo, "La oposición intelectual en el exilio. La Reunión de La Habana, septiembre-octubre de 1943", *La oposición al régimen franquista. Estado de la cuestión y metodología de la investigación*, 2 vols., Madrid, UNED, II (1990), pp. 57-72. Concepción Ruiz-Funes, "La unión de profesores universitarios españoles en el exilio. Motivos y razones", *Los refugiados españoles*

que impartieron a lo largo de toda Latinoamérica que fueron numerosas. Unas vidas con numerosos premios y condecoraciones, numerosas publicaciones e incansable trabajo hasta el final de sus días.

Como ha podido verse, las trayectorias posteriores de estos profesores están señaladas por rasgos comunes, algunos de los cuales hacían difícil asumir el trauma del abandono de sus cátedras, su vida, costumbres y el incierto destino futuro que les esperaba. Sin embargo, como hemos podido ver, se esforzaron y trataron de dar lo mejor que tenían y, los más jóvenes, pudieron florecer en México. Semejante esfuerzo y dedicación les permitió obtener todos los reconocimientos; el más importante, es el que recuerdo y estudio que aún hoy les profesan las nuevas generaciones de universitarios mexicanos.

* * *

Para finalizar, como ya se hizo para el exilio jurídico en la UNAM, podríamos acabar con una consideración sobre la vinculación de México y España a través del exilio universitario. El exilio forzoso de muchos de los profesores españoles, algunos quizás los mejores, dio lugar a una universidad española de postguerra diezmada, que tardaría largos años en recuperarse. Muchos de los grandes profesores se exiliaron o no pudieron

---

y la cultura mexicana. Actas de las segundas jornadas, México, El Colegio de México, 1999, pp. 435-449. Milagrosa Romero Samper, *La oposición durante el franquismo/3. El exilio republicano*, Madrid, Ediciones Encuentro, 2005. Pedro Luis Angosto, *La república en México, con plomo en las alas (1939-1945)*, Sevilla, Espuela de Plata, 2009. José Miguel Cobos Bueno, Manuel Pulgarín Guerrero y Cristina Carapeto Sierra, "Reunión de la Unión de Profesores Universitarios Españoles, UPUEE", *Abaco: Revista de cultura y ciencias sociales*, nº 42 (2004), pp. 61-74; "*El Boletín Informativo* de la Unión de Profesores Españoles Universitarios en el Extranjero", *Llull: Revista de la Sociedad Española de Historia de las Ciencias y de las Técnicas*, vol. 27, nº 58 (2004), pp. 27-60. Yolanda Blasco Gil, *1943, La transición imposible. Edición del Libro de la Primera Reunión de Profesores Universitarios Emigrados*, València, Tirant lo Blanch, 2018.

acceder a la universidad, copada en aquellos tiempos por adeptos al régimen de Franco y esto, indudablemente, repercutió en las universidades españolas.

La formación anterior y posterior de los profesores permite ver el modelo universitario que siguen antes y después de su exilio, las facilidades o dificultades para acceder a sus plazas en la UNAM a pesar del prestigio internacional, los juegos de poder, los vínculos universitarios, el prestigio internacional, las redes de apoyos o colegios invisibles que se van tejiendo desde el exilio... Es otra manera de abordar la vida universitaria de los exilios. Sin duda, los expedientes localizados en España en el Archivo General de la administración y en México en los Archivos de la Dirección General de Personal y el Histórico de la UNAM, el Archivo General de la Nación, entre otros, contienen una información valiosa acerca de diversos aspectos de la carrera académica de los profesores, antes y después desde el exilio. Estos documentos también aportan datos sobre la formación profesional de los profesores exiliados, su ingreso a la UNAM. Tal riqueza de datos ha permitido elaborar análisis y estudios de aquellos profesores que, gracias al apoyo institucional de la UNAM y a pesar del exilio, pudieron desarrollar carreras brillantes y fecundas, lo cual derivó asimismo en una notable aportación académica para la UNAM y su estudiantado que sin duda complementaría la ciencia de ese país de acogida.

Mientras, en España no hubo grandes equipos de trabajo, de investigación, que se continuaran o fueran engranando uno tras otros, se cortaron con la guerra, el exilio o muerte de muchos de los mejores profesores universitarios...

Por su parte, la aportación en diversas disciplinas de los profesores exiliados con la guerra civil fue muy notable, muchos crearon escuelas que fueron continuadas por sus discípulos pero que no pudo ser superada por los que ocuparon sus lugares, adeptos al régimen. Debido a la guerra civil muchos profesores tuvieron que partir hacia el exilio para librarse del nuevo régimen franquista, dejando atrás unas carreras estructuradas y sus cátedras. Dejaron plazas vacantes que debieron ser cubiertas, y la reconstrucción de la universidad española, durante el franquismo, se hizo con diversos grupos cercanos al régimen. Vemos cuáles fueron algunas de las cátedras españolas que los profesores republicanos, catedráticos y ayudantes o auxiliares, dejaron y cómo se vinculan a la UNAM, en humanidades y sus aportaciones, como contribuyeron a complementar la ciencia de su país de acogida. Además, los exiliados fueron las voces de denuncia del franquismo desde el exilio, que serían oídas en diversos foros académicos. El objetivo final será ir haciendo una valoración conjunta del grupo de profesores exiliados en la UNAM, analizados por facultades, pero ahora hemos presentado en colaboración una primera aportación en las humanidades.

Epílogo

DIÁLOGO CON MARIANO PESET SOBRE HISTORIA DEL DERECHO

YOLANDA BLASCO GIL
FERNANDA PESET MANCEBO

Foto, Ana Teresa Ortega Aznar

DIÁLOGO CON MARIANO PESET SOBRE HISTORIA DEL DERECHO

YOLANDA BLASCO GIL
FERNANDA PESET MANCEBO

A Bartolomé Clavero, nuestro amigo

Mariano ¿te consideras un historiador del derecho heterodoxo?

En absoluto. Más bien he trabajado con asiduidad y crítica —sujeto a las reglas del hacer histórico—, huyendo de fantasías ideológicas, de hipótesis presuntuosas y faltas de rigor. Aunque resultaba difícil la libertad intelectual en tiempos de nacionalcatolicismo, que Unamuno caracterizó con rápido trazo: "…nada hay peor que el maridaje de la dementalidad de cuartel con la de sacristía. Y luego la lepra espiritual de España, el resentimiento, la envidia, el odio a la inteligencia" —con el neologismo *dementalidad* quiere decir falta de caletre—. En los convulsos fragmentos de sus últimos apuntes: "Odio a la inteligencia? ¿O no, más bien miedo a ella?" "Viva la muerte". "Imperio! Empresa imperial. Italia Abisinia. Nosotros el desierto del Sahara y ponerlo en el mapa de negro y rojo. Y si no un Sahara espiritual, la escolástica española del XVII". Las citas en carta a Quintín de Torre de 1 de diciembre de 1936, *Epistolario* II, edición de Laureano Robles; y *Del resentimiento trágico de la vida. Notas sobre la revolución y la guerra civil españolas* (1991); nueva edición, anotada por Colette y Jean-Claude Rabaté (2019).

La real academia —menos expresiva— define así el nacionalcatolicismo: "Durante el régimen franquista, situación caracterizada por la estrecha relación entre el Estado y la Iglesia católica". Situación que englobaba muertes y represión, imperio y delirios. Una mezcla compacta de dos ideologías y máquinas de dominación.

Cuando empecé a investigar sentía admiración por nuestra disciplina, por el amplio panorama que abarcaba —diversos siglos y espacios—, por el análisis y la crítica que parecía exigir. Aunque pronto advertí que la historiografía jurídica, centrada entonces sobre viejos fueros medievales, tenía graves defectos. Yo no estaba dispuesto a sujetarme a una barrera cronológica medieval; había publicado ya un estudio sobre Pedro Dorado Montero con mi hermano Rafael, y con José Luis un libro sobre César Lombroso y la escuela positivista italiana de Garofalo y de Ferri. Además, mi tesis doctoral —dirigida por el profesor José Corts Grau y leída en 1966— versó sobre *La técnica jurídica fundamental en la obra de François Gény*. Me hallaba más a gusto leyendo a Henri Bergson, a Rudolf von Jhering o a Léon Duguit, a Savigny...

Rafael Altamira en sus trabajos había cruzado esa frontera medieval, como también Ramón Carande con *Carlos V y sus banqueros* (1946-1967). Francisco Tomás y Valiente optó por la edad moderna al ocuparse de los validos de los Austrias menores o del derecho penal de la monarquía; incluso por contemporánea, con historia de la desamortización y las constituciones... Bartolomé Clavero, con su tesis sobre mayorazgo, propiedad feudal...

Los primeros historiadores del derecho encallaron en tiempos medievales o antiguos, Pérez Pujol en la España goda, Ureña y Smenjaud estudió la literatura jurídica musulmana y fueros medievales.

El entusiasmo nacionalista convertía en españoles a cuantos pisaron las tierras de la península desde tiempos remotos: íberos y celtas, romanos y cartagineses, godos, musulmanes... Basta ojear el volumen primero de Masdeu o el comienzo de la historia de Modesto Lafuente, o el primer manual de historia del derecho de Juan Sempere y Guarinos. Al crearse en 1883 la asignatura, sus profesores se dedicaron a tiempos antiguos y medievales, porque el código civil se había retrasado y las *Partidas* o el *Fuero real* estaban vigentes. Entonces la historia del derecho civil o del canónico se explicaba junto con sus elementos actuales, dado que sus fuentes eran centenarias. Felipe Sánchez Román escribió sus tomos de *Estudios de derecho civil* recién aprobado el código, que recoge en sus páginas junto a la tradición anterior. El anticuarismo dominaba las explicaciones del historiador carlista Matías Barrio Mier o el manual de Eduardo Pérez Pujol, editado por dos alumnos que firman con iniciales; uno de ellos, mi tío Agustín Aleixandre Ballester, me regaló su ejemplar dedicado a su padre. Tú, Yolanda, lo analizaste.

He ojeado algunos discursos de apertura en Oviedo que mantenían una cronología medieval. Gerardo Berjano y Escobar en 1885 empezó por los prerromanos y romanos, godos y árabes; se centró sobre fuentes jurídicas medievales, listas de fueros locales y territoriales de Castilla o del reino de Aragón —basado en materiales publicados—. Le sucedió en la cátedra Rafael Altamira, quien en cambio dedicó su discurso al patriotismo y la universidad tras el desastre del 98: un llamamiento regeneracionista abierto, donde reclamaba más y mejor investigación y proyectada sobre América. Subrayaba la buena salud de nuestra ciencia, citando a Valera, Menéndez Pelayo, Hinojosa, Fernández Vallín, Costa —o a los hispanistas Farinelli, Haebler o Zimmermann—, a Pedrell, Jiménez de la Espada, Laverde, Federico de Castro y otros... Lo analicé ya en el *Anuario de historia del derecho español* (1997). El siguiente catedrático, Rafael Acosta e Inglott, en el discurso de apertura de 1916, abominaba de aquella ceremonia de apertura: mejor sería que expusiesen la situación y problemas de la universidad, aunque el gobierno no los atendería... Después hacía una síntesis histórica del municipio de Oviedo, desde su fundación en el medievo —con fuentes impresas o de segunda mano—. Santos Coronas González editó en dos volúmenes los discursos de aquella universidad desde 1867 a 1903.

¿Consideras que aquellos catedráticos no cumplían las reglas de la crítica histórica?

En general, los estudios sobre fueros locales de los historiadores del derecho carecían de rigor crítico. Manejaban viejas ediciones impresas —la *Colección de fueros y cartas pueblas de Castilla, León, la corona de Aragón y Navarra* (1847) de Muñoz Romero; otros textos mejor editados por Galo Sánchez o por Ureña—. La academia de la historia había publicado el *Fuero Juzgo* en 1815, una *Colección de fueros y cartas-pueblas de España: catálogo* (1852), vieja documentación… Ana Mª Barrero y Mª Luz Alonso —animadas por Alfonso García Gallo— publicaron *Textos de derecho local español en la edad media: catálogo de fueros y costums municipales* (1989), que critiqué junto a Juan Gutiérrez en *Ius commune*. Los historiadores del derecho comparaban fueros para ordenar familias de textos análogos o descubrir sus relaciones, o bien para estudiar una institución. Léase Torres López sobre desafío y riepto, José Orlandis sobre la prenda, el delito y procedimientos, Rafael Gibert sobre la *complantatio* o sobre el consentimiento familiar para el matrimonio, Juan García González, la mañería, Alfonso Otero Varela o José Martínez Gijón… Hasta Tomás Valiente —sobre la sucesión de quien muere sin parientes—, aunque pronto mostró su desconfianza hacia aquellos trabajos. Excepción fue José María Font Rius, quien recogió y editó las cartas de población de Cataluña y estudió sus instituciones con más rigor y sentido.

En 1979 en colaboración con Juan Gutiérrez hiciste una crítica a fondo de aquella historia del derecho en el estudio preliminar a *Fuero de Úbeda*.

Intentamos un panorama de la realidad jurídica y social desde aquel fuero de frontera —luego podemos volver sobre este estudio—. Ahora quiero subrayar que la preferencia por la cronología medieval se mantenía también sobre el derecho regio o territorial. García Gallo analizó las *Partidas* sobre la deficiente edición de la academia de la historia de 1807; señaló estratos y momentos a su arbitrio, sin consultar manuscrito alguno. Algo avanzó Gonzalo Martínez Díez con su edición de *Espéculo* (1985), que tenía pocos manuscritos —también lo editó Robert A. MacDonald (1990)—, y la de *Fuero real* que contaba con muchos, alguno muy antiguo, que editó. Arias Bonet publicó el manuscrito de la primera Partida del British Museum. Jerry R. Craddock intentó mejorar el conocimiento de *Partidas* en su origen —un hueso duro de roer—. Aquilino Iglesia, José Sánchez Arcilla y José Luis Bermejo continuaron su estudio a partir del maestro, convirtiendo estas cuestiones en un auténtico pantano, con polémicas y todo...

García Gallo escribió sobre la recopilación de Indias. Quería emular a Rafael Altamira, que había redactado estudios sobre legislación indiana en sus años de exilio, ya mayor, sin materiales a mano. Me ocupé de su penoso esfuerzo en "Rafael Altamira en México: el final de un historiador", *Estudios sobre Rafael Altamira* (1987), en la red. Cuando Juan Manzano publicó sus volúmenes de *Historia de las Recopilaciones de Indias* (1950-1956), indicó con benevolencia los errores de uno y otro. Manzano investigó la formación del texto, pero no abordó su aplicación en la práctica. El positivismo dominaba la asignatura, interesaba solo la sacrosanta fuente, no su utilización, recta o torcida, corrupta a veces. Le bastaba la fecha y autor de la fuente, la paulatina formación del texto y la descripción de sus preceptos: la auténtica realidad del derecho se desdeñaba... Para estudiar una institución se describía las normas que la regulaban, quiénes la formaban, sin atender a su acción o eficacia, a través de sentencias, escrituras y contratos, de la doctrina de los autores. Un tosco positivismo jurídico que ignora la vida del derecho.

Estos historiadores, como indianistas, trabajaron sobre la edad moderna. Rafael Altamira y Crevea también publicó una síntesis *Historia de España y de la civilización española*, que alcanzaba hasta el XVIII.

El historiador alicantino —de la institución libre de enseñanza— fue el introductor de la nueva historia de la civilización o cultura, de las instituciones sociales y económicas... Abría nuevos enfoques hacia la sociedad y la economía, en la línea de François Guizot. Fernand Braudel los cita juntos: Rafael Altamira no vacila en afirmar que "decir civilización viene a ser lo mismo que decir historia". Y Guizot escribe: "...Esta historia [de la civilización] es la mayor de todas... comprende a todas las demás".

Hubo otros historiadores de la institución libre en nuestra asignatura, Eduardo Pérez Pujol, ya citado; en doctorado Francisco Giner de los Ríos enseñaba filosofía, Ureña y Smenjaud, literatura jurídica, Gumersindo de Azcárate, legislación comparada —remito a las páginas de José Mª Puyol en *Facultades y grados*—. Otros catedráticos de la institución enseñaban en diversas facultades y ciencias... Sufrieron la segunda cuestión universitaria del ministro canovista Manuel Orovio por su decreto y circular a los rectores de 26 de febrero de 1875, que exigió que no se enseñase nada contrario al dogma católico ni se atacase directa ni indirectamente a la Monarquía constitucional ni al régimen político... El liberal Sagasta y su ministro José Luis Albareda restañaron la herida en 1881, derogando aquel precepto y anulando la expulsión de numerosos profesores que fundaron la institución libre de enseñanza. Esta obra de Francisco Giner de los Ríos goza de amplia bibliografía, desde Pierre Jobit (1936) a Antonio Jiménez-Landi (1973), pasando por Juan López Morillas (1956), Vicente Cacho Viu (1962), Dolores Gómez Molleda (1966) y otros. Interesa, tanto a los que la admiraron como a quienes la enfrentaron. Alberto Jiménez Fraud, director de la Residencia de estudiantes, desde su exilio en Oxford dedicó páginas recordando su espíritu en *Ocaso y restauración* (El Colegio de México 1948), su tercer volumen sobre la historia de la universidad hispana.

Rafael Altamira fue centro de la historiografía española en el umbral del siglo XX.

En 1895 se convoca la cátedra de Oviedo en turno libre; firma Altamira y otros 24 candidatos, aunque pocos actuaron, solo cuatro llegaron hasta el final —Laureano Díez Canseco abandonó tras el segundo ejercicio—. El tribunal se había formado con sujeción al reglamento de Groizard: el presidente era un consejero de instrucción pública, los miembros tres catedráticos de igual o análoga disciplina —uno de ellos de Madrid—, un cuarto vocal de las academias y dos personas de reconocida competencia. Con el cambio conservador de Cánovas, su ministro Linares Rivas modificó y estableció listas —para designación automática, sucesiva— de catedráticos de Madrid y de provincias, de académicos, de personas cuyas obras científicas hayan sido informadas favorablemente por el consejo de instrucción pública y, por fin, de personas que hayan probado su competencia en la asignatura en oposiciones o actos académicos. Estudié la regulación de las oposiciones a cátedra durante la restauración, *Boletín de la institución libre de enseñanza*, 1, 2 (1987); sobre el consejo, mi hermano José Luis, en *Hispania* (1988).

Hubo que rehacer el tribunal. Altamira escribió a Menéndez Pelayo, académico, senador de la universidad, para que le ayudase a lograr jueces competentes, insinuando los nombres de Hinojosa, Azcárate —fue designado como catedrático de Madrid—, Costa, Posada, el conde de Torreánaz; también solicitó apoyo a Unamuno... Al fin presidiría el tribunal el historiador del derecho carlista Matías Barrio y Mier, junto al académico Menéndez Pelayo y Azcárate; dos catedráticos de la asignatura, Federico Brusi de Salamanca y Enrique Ferreiro de Santiago, y como personas competentes Esteban Jiménez de la Flor, catedrático de romano de Salamanca y Antonio Balbín de Unquera, doctor y consejero de estado, periodista y académico —describieron la oposición Carlos Petit, Roberto Moreno Sáez y Manuel Martínez Neira—.

Altamira logró la plaza y enseñó durante varios cursos en Oviedo. En 1910 recorrió las repúblicas de ultramar, según narra en *Mi viaje a América* (1911). Por estas fechas Adolfo Posada, compañero de claustro, se desplazó a Argentina y las naciones del sur americano: *En América. Una campaña* (1911) recogió su memoria a la naciente Junta para ampliación de estudios, aparte otros libros sobre sus estancias –estudiado es la tesis de Mónica Soria–. Al regresar fue nombrado inspector general de enseñanza primaria por el ministro de instrucción pública Julio Burell, y poco después director general de primaria. Cuando en 1914 dimitió, se creó para él cátedra de doctorado de historia de las instituciones políticas y civiles de América, con apoyo de Menéndez Pidal.

Esta época parece tranquila, si se compara con la etapa de Franco, cuando falangistas y miembros del Opus Dei entablaron una lucha "patriótica" por las cátedras.

También entonces existían en las oposiciones pugnas de grupos y personas, influencias y técnicas oratorias o incisivas, ayudas y trucos varios, pero no alcanzaba el cinismo totalitario de la postguerra… La lucha por las cátedras venía de antiguo; en la vieja Salamanca cuando los votos de estudiantes decidían, los colegiales mayores dominaban cánones y leyes, mientras en teología se instauró la alternativa, cátedras de determinada orden regular u opinión.

Yolanda, investigaste ya las oposiciones a cátedra de fines del XIX a través de expedientes del archivo de la administración de Alcalá, en tu tesis en 1996, *La facultad de derecho de Valencia durante la restauración (1875-1900)* —editada en 2000—. Luego, desde 2005, abordaste las oposiciones "patrióticas" de postguerra: las de historia con María Fernanda Mancebo y algunas de derecho con Jorge Correa. Otros siguieron esa línea con mayor o menor acierto...

¿Había mandarines o caciques, como los hubo hasta hace poco en nuestras universidades?

Durante los siglos XIX y XX habría posibilidad de reconstruir los grupos y caciques, personas que dominaban una o varias asignaturas, mecanismos del acceso a cátedra de una o más facultades en las diez o doce universidades existentes. Quizá en teología, hasta su supresión, van desapareciendo las órdenes frente al clero secular. En las otras facultades podría descubrirse el entramado a través de la adscripción y contactos políticos de los aspirantes, los votos en las oposiciones, la presencia frecuente de los caciques... Ayudaría a entender mejor nuestro pasado universitario.

Existía en las facultades —y en el doctorado— el grupo renovador krausista creado por Julián Sanz del Río tras su viaje a Alemania; luego en torno a Francisco Giner de los Ríos y la institución libre de enseñanza... Los más tradicionales eran los carlistas, o los integristas de Nocedal desde *El siglo futuro*... Los *neos* de Pidal y Mon, eran algo más abiertos. Los partidos dinásticos moderados y progresistas estaban muy enfrentados, a pesar de que sus diferencias eran mínimas. Se distribuyen en diversas facciones o grupos, seguidores de los distintos políticos: a la cabeza Cánovas del Castillo, el gran restaurador; luego Antonio Maura...; o Sagasta y Romanones... Aparte los demócratas y los republicanos —estos federales o centralistas—, anarquistas, socialistas... Mediante las diversas tendencias, junto al análisis de los tribunales y resultados de oposiciones, se podría reconstruir grupos, caciques, engranajes...

Santiago Ramón y Cajal en *Recuerdos de mi vida* (1901-1917) refleja su carrera y labor científica. Tras un primer intento, firmó en 1879 la cátedra de anatomía en Granada, pero le advirtieron que no era para él, que no le tocaba. Julián Calleja, "inevitable arreglador de jurados médicos", quería sacar a Félix Aramendía; aunque especialista en patología no podía esperar a que se convocase su materia. Federico Olóriz y Cajal fueron colocados en segundo y tercer lugar de la terna... El año 1883 oposita y logra Valencia, mientras Olóriz, Madrid. El ministro liberal Gamazo, para evitar otro abuso, procuró que hubiese un tribunal competente, presidido por Santiago González Encinas quien prometió que habría unanimidad o no se cubriría la cátedra. De Valencia, Cajal pasó por concurso a la cátedra de histología de Barcelona, donde permaneció cuatro cursos. En 1892 oposita para su traslado a Madrid, y es propuesto por unanimidad por el tribunal, presidido por Calleja. "Mi triunfo no fue fácil —escribe—, pues contendía con rivales de mucho mérito, singularmente uno de ellos, a cuyos talentos y cultura siempre rendí ingenua admiración y cordial estima". No lo nombra: era Luis Simarro, quien le dijo que no se presentaría, pero no cumplió su palabra. Es más, interpuso recursos dilatorios, buscó influencias, organizó aplausos y desaprobaciones... José Mª López Piñero expone su formación y oposiciones, *Santiago Ramón y Cajal* (2006); también Antonio Gallego, *Ramón y Cajal opositor a cátedras* (1964) y José Ramón Alonso, *Cajal opositor*, ambos en línea.

El naturalista e historiador Francisco de las Barras Aragón —según cuenta en sus memorias, resumidas por Ramón Carande— fue excluido, junto a José Rioja, en una oposición de 1897; según dijeron dos de los jueces que conocía, en una conferencia de san Vicente de Paúl se había discutido si podía ser catedrático quien creyera en la evolución de las especies. Luego opositó al instituto de Palencia, en 1906 logró cátedra de mineralogía y botánica de Oviedo, pasando a Cádiz, Sevilla y Madrid. Unamuno en 1899 escribiría a Pedro de Múgica, su amigo filólogo y músico, que trabajó de lector en Berlín, "todavía aquí es falta *ser darwinista*", *Cartas inéditas de Miguel de Unamuno* (1972), 2ª edición de Sergio Fernández Larrain; cartas enviadas a Chile durante la segunda guerra al académico Miguel Luis Amunátegui por temor a las opiniones que vertía Unamuno sobre el káiser y el militarismo alemán —en alguna alude a sus oposiciones—.

Hiciste una amplia crítica de la historia del derecho en España en los *Vorstudien zur Rechtshistorik* de Johannes-Michael Scholz, publicados en 1977 por el Max-Planck Institut.

Sí, aquellos años, en colaboración con mi hermano José Luis, realicé un estudio sobre Jaume Vicens Vives y la historia del derecho. El historiador catalán en su tesis doctoral sobre *Ferran II i la ciutat de Barcelona* (3 vols., 1936-1937) había continuado la senda de Eduardo de Hinojosa sobre las guerras de los payeses de remensa. Examinaba la bibliografía catalana y buscaba una interpretación ajustada; explicaba el levantamiento por un endurecimiento del sistema feudal. Analizó las instituciones, el ayuntamiento y la Generalitat, la intervención del monarca para enderezar los poderes en Cataluña —la insaculación de *consellers*—; valoraba a Fernando II, que resolvió el enfrentamiento por la sentencia arbitral de Guadalupe, mientras implantaba la inquisición. Más adelante completaría con su *Historia de los remensas en el siglo XV* (1945) y en 1954, *El gran sindicato remensa (1488-1508)*.

Era catedrático de instituto, fue depurado y suspendido de empleo y sueldo dos años, firmó cuatro o cinco veces oposiciones a cátedra —era costumbre o mérito—, y actuó en alguna. María Fernanda Mancebo y yo las estudiamos: en 1946 logró Zaragoza y pronto pasó a Barcelona...

Sí, era de los vencidos y depurados, pero supo orientarse con ayuda de su maestro Antonio de la Torre y contactos con profesores del Opus Dei; logró la cátedra, véase Yolanda Blasco Gil y Mª Fernanda Mancebo, *Oposiciones y concursos a cátedra de historia en la Universidad de Franco (1939-1950)*; Antoni Simón Tarrés, *Estudis. Revista de historia moderna,* 38 (2012). Procuró renovar la historia social y económica, abriendo nuevas perspectivas. Su asistencia al IX congreso de ciencias históricas de París (1950) le permitió ver los cambios aparecidos en investigación, donde de modo impreciso distinguía entre historicistas, marxistas y "demógrafos".

¿Qué quería decir con historicistas y demógrafos?

No lo sé. Posiblemente con los primeros se refería a la historia social tradicional, que había cultivado en su tesis. Demógrafos es posible que llamara a quienes se hallaban en el entorno de los *Annales,* dirigidos por Febvre y Braudel. Resaltaba sus aspectos externos, números, estadísticas; su colaborador Jordi Nadal se dedicó a la demografía, la población o las epidemias; publicó con él un *Manual de historia económica de España* (1964).

Después, con mezcla de diversas orientaciones, el doctor Vicens se dedicó a la alta divulgación sobre época moderna y contemporánea: los volúmenes de la *Historia social y económica de España y América,* el libro *Industrials i polítics (segle XIX),* en colaboración con Montserrat Llorens —grabados, mapas—. También crearía un *Centre de estudis històrics internacionals,* que editaría la revista *Estudios de historia moderna* y el *Índice histórico español.* Pero sobre todo le interesaban sus editoriales Teide y Vicens Vives, síntesis y manuales, suyos y de colaboradores… Su actitud crítica, sus discípulos —tuve de profesores a Jordi Nadal, a Joan Reglà, a Emili Giralt— fueron cauce esencial para importar la historiografía de los *Annales d'histoire économique et sociale,* fundados en 1929 por Marc Bloch y Lucien Febvre y continuados por Fernand Braudel. Cultivaron una historia geográfica, social y económica, total, bien trabada y ambiciosa.

También renovó la historia social Antonio Domínguez Ortiz —a quien admiré y tuve afecto—. Construyó la historia desde las iniciativas del rey y su hacienda, la economía, la demografía, las clases y grupos, la nobleza y clero, en *La sociedad española en el siglo XVII* (1963) y *Sociedad y estado en el siglo XVIII español* (1976), junto a otras numerosas publicaciones sobre inquisición, moriscos y judeoconversos... Fue gran historiador de archivo. Sin embargo, los caciques de aquel tiempo no le permitieron ser catedrático de universidad.

Criticaste la escasa consulta de archivos por los estudiosos de historia del derecho.

Trabajaban sobre todo la alta edad media y hasta el siglo XIII, sobre normas y textos legales, *Partidas, Fueros de Aragón* o *Furs de València,* los fueros locales... La documentación era escasa y en buena parte estaba publicada, solo veían a veces algún manuscrito de una ley o algún fuero. A partir del XIV la documentación es más copiosa, pero les interesaba menos. Pudieron reconstruir la aplicación de normas a través de los archivos y la doctrina, pero era tarea pesada, ingrata. A ellos les interesaba cómo se gestaba un texto, las influencias que podía tener, pero una vez promulgado era sacrosanto y no les preocupaba su aplicación práctica.

Vicens escribió en su *Aproximación a la historia de España* (1952):

> Ni los reglamentos, ni los privilegios, ni las leyes, ni las constituciones nos acercan a la realidad humana ... La expresión de la vida se halla en la aplicación del derecho, de la ley, del decreto, del reglamento, en la forma como los hombres tergiversan la voluntad ordenadora del Estado o de una oligarquía.

Y añadía: las fuentes de nuestros estudios hay que buscarlas "en lugar de las grandes colecciones legislativas en los humildes archivos en donde la ley choca con la vida". Esto ya lo había defendido Marc Bloch —antes Rudolf von Jhering, Joaquín Costa, también François Gény—. La limitación del positivismo —la ley y solo la ley— no convencía ni a los propios juristas... En historia resulta absurdo preocuparse del *iter legis* o cómo se ha formado la ley, o describir tan solo su contenido; es preciso saber cómo se aplica en una comunidad. Pero para ver la norma en funcionamiento e interpretar la vida del derecho había que ir al archivo y completar con otras fuentes, llegando al fondo y cimentando afirmaciones, tarea sin duda laboriosa. Procuré trabajar en archivo —como hizo Tomás y Valiente y otros—, y conocer distintas fuentes jurídicas, sentencias, escrituras notariales, registros, contratos y testamentos, así como la doctrina jurídica. Ahondar en el derecho vivo, llegar al fondo y distinguir la intención de la ley de su aplicación. La historia de la legislación no alcanza a entender la vida del derecho... Los positivistas estrictos rechazan ámbitos esenciales de realidad: "eso no es historia del derecho", dicen. Cuando en verdad el derecho inerva toda sociedad, toda conducta humana... Se quedan en las palabras de la ley, en parte ideología y propaganda que expresa en la exposición de motivos o en su defensa en cortes. Cuando el resultado puede ser distinto al efectuarse su aplicación —o se incumple—.

Censuras que los manuales fueran eje de la investigación.

Veamos. Cuando se escribe de historia hay distinta hondura o posibilidades: pretendí distinguir los manuales —medios para enseñar y aprender—, de las monografías o investigaciones que descubren nuevos campos y realidades. Admito que las visiones de conjunto son útiles, pero solo la investigación monográfica permite avanzar... Hay que partir siempre de la investigación, sea sobre un espacio o tiempo limitado, una concreta institución, o que se expongan con más amplitud las cuestiones y esquemas —apoyada siempre en datos de las fuentes—. Si se quiere abarcar amplios espacios o largos recorridos habrá que recurrir a varios autores, que hayan trabajado diversas etapas, especializados y autores de monografías previas, que cimienten su síntesis o esquema. La historia de España de Menéndez Pidal es buen ejemplo; ya no es posible enfrentarse individualmente, como hicieron Mariana y Masdeu, o después Altamira o Ballesteros Beretta.

En la universidad del XIX los catedráticos se limitaban a componer manuales para "ayudar al alumno en los exámenes y sacar algunas pesetas", decía Giner de los Ríos. Ramón y Cajal coincidía en su defensa, para hacer frente a sus gastos de laboratorio, suscripciones de revistas y sostén de su numerosa familia:

> Solo en la decorosa industria del libro de texto, tan fructuosa para los catedráticos de la corte cuanto precaria para los de provincias ... entreveía yo el *aurea mediocritas* capaz de garantizarme, con la precisa conquista de mi tiempo, el bien supremo de la independencia de espíritu.

En historia del derecho en cambio se publicaban manuales como si fueran la cúspide del saber. García Gallo en su *Manual de historia del derecho español* (1959-1962) pretendía basarse solo en fuentes, que ofrece en el segundo tomo —no aporta bibliografía alguna—. Más penosos los volúmenes de Manuel Torres López, *Lecciones de Historia del Derecho Español* (1933-1934), incompletos, recargados de bibliografía alemana... Se percibe bien su confusión entre investigar y hacer síntesis docentes, en las páginas presentadas por García Gallo y sus discípulos —de nivel y tonos de manual— en *Diritto comune e diritti locali nella storia dell'Europa: atti del convegno di Varenna*, 12-15 giugno 1979, Milan (1980). Un historiador del Max Planck, el doctor Gero Dolezalek, me dijo que había entendido mejor mi crítica al leer aquellas comunicaciones.

¿Investigación frente a manual? *¿Manual o Curso versus Tratado?*

Esta última es la terminología francesa en la época, que se utilizaba en España. Los nombres para designar los libros de enseñanza o amplios tratados de una materia. Iban desapareciendo los viejos títulos de *instituciones, elementos, prolegómenos...* En Alemania, se denominaron *Elementa, Institutiones, Einleitung, Grundriß, Vorlesungen,* los más sencillos; mientras otros más completos se llamaron *Lehrbuch der Pandekten* de Georg Friedrich Puchta, o el *Lehrbuch des Pandektenrechts* de Bernhard Windscheid. En cambio, *Handbuch* —literalmente, manual— es un compendio o enciclopedia de un sector, con un nivel alto, que supera la introducción a la materia. Resulta curioso que García Gallo en sus reseñas de los volúmenes del *Handbuch der Quellen und Literatur* de Helmut Coing, remita a manuales propios o ajenos, en *Anuario,* 44 (1974) y 45 (1975).

También Hinojosa escribió un manual, pero su gran investigación fue *El régimen señorial y la cuestión agraria en Cataluña durante la edad media.* Algunos se ampararon en su sombra y crearon su escuela después de muerto.

Fue un invento ideológico en la pugna universitaria del siglo pasado —una idea falsa al servicio de unos determinados intereses—. Analicé la escuela de Hinojosa en mi introducción a la edición de la monografía que citas (Pamplona, Urgoiti, 2003). Es verdad que en edad media y moderna existían escuelas sobre los textos que se consideraban canon o modelo para el saber, como Galeno o Aristóteles o los glosadores y comentaristas sobre los dos cuerpos de derecho civil y canónico. En las facultades de artes y teología se distribuyeron las cátedras sobre los grandes escolásticos que habían comentado o completado a Pedro Lombardo, o escrito una obra singular: tomistas o escotistas, suaristas. Usualmente estaban vinculadas en cada caso a una orden religiosa: los dominicos y Santo Tomás, los franciscanos y Duns Escoto, los jesuitas y Suárez… Luego, en época moderna, se consideraron escuela los cartesianos y gasendistas, los kantianos, que se oponían a la escolástica —por sus ideas, no eran grupos organizados—. En el siglo XIX, fueron iniciadores de escuela Pothier o Savigny, Darwin o Lombroso. No eran una orden ni siquiera un grupo, sino un conjunto de personas que aceptaban un método y unas conclusiones —se habló de escuela histórica o de darwinismo—. Estos esquemas de escuelas estaban en la mente de los estudiosos; ordenaban direcciones e ideas por adscripción a textos o maestros, incluso en las artes, arquitectura, pintura o música. A veces la respaldaba un grupo cohesionado: Sigmund Freud y el psicoanálisis agrupaba a los psicoanalistas; la escuela de *Annales,* más concreta, simbolizada por Febvre, Bloch y Braudel en torno a la revista, postulaba renovación.

¿A qué escuela la equiparas, a los escolásticos, a los seguidores de Descartes, a los psicoanalistas?

La pretendida escuela de Hinojosa es cosa diferente. Un grupo reducido se agrupa bajo su invocación para mejorar quizá el estudio, pero sobre todo para lograr ventaja en publicaciones y en la brega de las cátedras. Sería más bien una "microescuela", pues no puede colocarse en el mismo rango que los escolásticos, los cartesianos o los kantianos, los psicoanalistas... Su sentido es otro: una vez muerto —como el Cid— lo transforman en tótem o mito de renovación. Un grupo de conservadores se unen bajo su memoria —su valía y rigor— y fundan en 1924 el *Anuario de historia del derecho español.*

¿Quiénes fundaron el *Anuario*?

En la dictadura de Primo de Rivera —tras el pronunciamiento de 1923—, Claudio Sánchez Albornoz fue nombrado sucesor de Hinojosa en el Centro de estudios históricos y fue cabeza de la revista. Reúne un grupo conservador, contrario a los hombres de la institución libre de enseñanza, que contaba con notables historiadores del derecho, Altamira, Ureña, Azcárate, Costa... Se crea como réplica del *Boletín de la Institución libre de enseñanza* o de la *Revista de ciencias jurídicas y sociales* de Ureña... Ni Altamira ni Ureña publicarán nada en sus páginas; ni los discípulos de Hinojosa en las mencionadas revistas. Aunque en aquellos años el enfrentamiento no alcanzaba las cotas de postguerra. El enfoque de la nueva revista fue amplio, con apertura a la historia institucional, que Hinojosa había cultivado —también Altamira—. El estudio del derecho se completaba con su marco económico y social, sus instituciones, su vida o aplicación...

El *Anuario* se colocó bajo la dirección de Laureano Díez Canseco, personaje algo estrafalario, pero con poder en las cátedras y la política. Provenía de la filosofía del derecho en Valladolid, y en 1911 ganó por oposición la cátedra de historia del derecho de la central —frente a Salvador Minguijón—; obtuvo seis votos, el séptimo de Eduardo de Hinojosa fue para su contrincante —Martínez Neira describió la oposición, *CIAN*, 5 (2002)—.

Figuraba además en la redacción del *Anuario* el catedrático de historia del derecho de Barcelona Galo Sánchez, junto a Claudio Sánchez Albornoz y José María Ramos Loscertales —ambos de historia medieval—; el economista Ramón Carande, propuesto seguramente por Canseco, con quien había conectado por consejo de Antonio Flores de Lemus —mandarín en cátedras de economía—, cuando decide dedicarse a historia, por afición y su escaso bagaje matemático; y por último, José Mª Ots Capdequí, formado con Altamira, amigo de Carande, compañeros de claustro en Sevilla. Sánchez Albornoz quiso que colaborase en el *Anuario* con algún trabajo el historiador Eduardo Ibarra, catedrático en Madrid. Ots y Carande expresaron su deseo de invitar a Altamira, intentando convencer a

Galo Sánchez. Ramos Loscertales dijo que Carande era hombre fácilmente sugestionable y fácil de llevar con un poco de habilidad; el otro se podría prescindir de él, lo que "no produciría un gran quebranto a la revista", véase Manuel Moreno Alonso, *Ramón Carande. La historia y yo* (2020).

¿Tan importante fue Díez Canseco?

Una buena pregunta. No entraré en sus escritos filosóficos, que no parecen demasiado notables; ya los valoró su discípulo Rafael Ramos Sobrino en su necrología —publicada por el poeta Jorge Guillen en 1967—, así como Concepción Gimeno Presa, Ana Mª Marcos del Cano y Salvador Rus Rufino. El último, además, hizo su semblanza en el *Anuario de filosofía del derecho* (1993). Tampoco vale la pena comentar sus páginas del *Anuario* sobre fuero de León, cuyo escaso valor es evidente. En cambio, me extenderé un tanto sobre su discurso de apertura de 1908-1909 en Valladolid, que permite entender este personaje.

Revestido con toga y birrete peroraría sobre teoría e historia de la universidad, cuya función —según decía— era formar profesionales y después hacer ciencia y preparar científicos. Algunos piensan que está anticuada —vetusta—, preferirían escuelas técnicas o profesionales independientes. La fundación de Berlín por Humboldt supuso la renovación de la ciencia; otras muchas aparecieron en los países desarrollados o industriales, da lista de una treintena, sin contar las de Estados Unidos, donde había tantas como en Europa.

A continuación, hace una alambicada confesión de humildad y, como era costumbre, recuerda con amables palabras a los ausentes, fallecidos y algún jubilado: de uno alude a "su alma grande y piadosa", su "gran reputación científica", otro es "ilustre catedrático", vicerrector, "maestro de muchos". También menciona a quienes se trasladaron a otro centro, y —ya puesto— saluda a los nuevos que llegan, entre ellos Eduardo García del Real de patología —en el futuro de historia de la medicina—, y al romanista José Castillejo. Este estaba comisionado en el ministerio de instrucción pública preparando la junta para ampliación de estudios que fue creada en 1907 por el ministro Amalio Gimeno; pero el nuevo titular Faustino Rodríguez-San Pedro, que estuvo a punto de terminar con el proyecto, anuló las comisiones y tuvo que incorporarse a la docencia, según narra Luis Palacios Bañuelos, *La España soñada: Castillejo, un regenerador desde la Institución libre de enseñanza* (2019).

> Al revolver mis notas y apuntes —sigue Canseco—, al repasar en mi memoria recuerdos y examinar teorías, problemas y disputas doctrinales en busca de un tema para este discurso, propio de tan solemne acto, y a la par de interés vivo para todos nosotros; antojóseme, no sé si con razón, que la vida misma le planteaba y me le imponía en estos momentos.

Decidió abordar cuestiones pedagógicas, que despertaban vivo interés, se hablaba de europeizar, de reforma, revolución…

El tema interesaba, se había debatido en la primera asamblea de catedráticos de 1902 con ocasión del IV centenario de la universidad de Valencia, que estudió Daniel Comas en su tesis (2001).

Tras el exordio, recoge una larga cita de Friedrich Paulsen —seis páginas—, quien en *Die deutschen Universitäten und das Universitätsstudium* (1902), distinguía tres tipos de universidades: la inglesa, la francesa y la alemana.

En Oxford y Cambridge se conservaba el modelo medieval, formando corporaciones autónomas, que se financiaban con sus patrimonios, sin intervención del estado; los profesores y escolares convivían en colegios y halls… La enseñanza conservaba formas medievales, centradas en la facultad de artes o humanidades y en teología, lenguas, historia, matemáticas, ciencias naturales, mientras derecho tuvo menor importancia. Este tipo de universidad pasaría a América del norte.

Las francesas —decadentes— fueron destruidas por la revolución y se crearon escuelas especiales profesionales, aisladas, dependientes del estado, controladas. Luego Napoleón creó la *Université de France*, una corporación de enseñanza superior, con sus centros y facultades, dejando fuera en escuelas las enseñanzas científicas y técnicas.

Las alemanas están en un lugar intermedio: han conservado su estructura originaria mejor que las francesas y se han renovado más que las inglesas. Son una institución del estado, que las crea, las financia y regula, pero mantienen su antigua constitución corporativa y cierta autonomía para nombrar sus funcionarios, rectores, senado y decanos, para elegir sus profesores mediante el doctorado, conceder la habilitación y la vía de los *Privatdozenten*, pagados por los escolares, entre quienes se proponían las cátedras vacantes. Las universidades anglosajonas proporcionaban una amplia educación general, las francesas deparaban una formación profesional y en Alemania alcanzaban una enseñanza científica, donde los investigadores son a un tiempo quienes inician en la ciencia a los escolares.

En Oxford y Cambridge —afirma Paulsen— las ciencias se generaban fuera de las aulas: Darwin, Heribert Spencer, James y Stuart Mill, Carlyle, Macaulay, Gibbon, Bentham, Ricardo, Hume, Locke, Shaftesbury, Hobbes, Bacon... No enseñaban sabios sino tutores y *fellows*. Ramón y Cajal en su viaje invitado por la Royal Society quedó deslumbrado por sus colegios y ceremonias, sus museos y laboratorios. Apuntó que fabricaban hombres, no forjaban sabios; los científicos y pensadores les deben poco, imponen su genio. Preocupados por la práctica y las profesiones, en algunas universidades faltaban fisiólogos, anatomopatólogos y bacteriólogos, aunque se va subsanando en las nuevas, Manchester, Liverpool...

No lo considero exacto. Notables científicos estuvieron en universidades: Adam Smith en Edimburgo, Isaac Newton y su maestro Isaac Barrow en Cambridge. Además, los profesores de las universidades inglesas impulsaron la Royal Society, confirmada en 1662 por Carlos II que la consolida, con presencia de lores y aristócratas, que buscaban unir el prestigio intelectual a su poder y fortuna.

En Francia —sigue Paulsen— los hombres de ciencia se agruparon en la *Académie des sciences*, fundada por Luis XIV en 1666 —con presencia de alta nobleza—, en el *Institut de France* de 1795 que controlaba las academias, en el *Collège de France* o la *Sorbonne*. En todo caso no enseñaban a los alumnos como en Alemania, donde todo profesor enseña y todo sabio está en la universidad.

¿La Royal Society fue promovida por universitarios?

Las academias científicas se crearon para cultivar la nueva ciencia, la física y las matemáticas, mal atendidas en las viejas universidades. En 1589 Gian Battista Della Porta reunió en Nápoles una *Academia secretorum naturae*; más adelante el príncipe Acquasparta creó en Roma la *Accademia dei Lincei*, más ambiciosa, que buscaba extenderse por los diversos países; la condena de Galileo las condicionó, aunque otras continuaron. La inglesa nació del interés científico de profesores puritanos, dominantes en Oxford y Cambridge en tiempo de Oliver Cromwell —Cristopher Hill, *Los orígenes intelectuales de la revolución inglesa* (1980), y analizó en un artículo el inicio de la regia sociedad desde Oxford y el Gresham College de Londres; otro estudio de A. Rupert Hall y Marie Boas Hall, ambos en la red—. En Oxford estaba el químico Robert Boyle, el físiólogo Richard Lower y los matemáticos Lawrence Rooke, John Wallis y Cristopher Wren, el médico Robert Pitt, John Wilkins, cuñado de Cromwell... Una novela de Iain Pears, *La cuarta verdad,* refleja

Oxford en aquella época, evocando el *Novum organum* (1629) de Francis Bacon. En torno a la muerte del profesor Robert Groce del New College en 1663 —un hecho real—, da nueva vida a algunos de aquellos personajes, junto a otros imaginados o creados. El crimen —como Umberto Eco en *El nombre de la rosa*— permite seguir la intriga desde varios informes, mientras refleja la moderna ciencia y el nacimiento de la Royal Society.

¿Crees útiles los tipos de Paulsen?

Aunque sugerentes, la clasificación es discutible, ambiciosa y con una elevada carga nacionalista y valorativa. Yo establecí modelos de universidades más delimitados, durante los tiempos de la vieja monarquía hispana: universidades claustrales, municipales, colegiales y conventuales o del clero regular. Consideré rasgos generales de la estructura de poder interno en los centros, derivada de su respectivo origen, "La organización de las universidades españolas en la edad moderna", *Studi e Diritto nell'area mediterranea in età moderna,* Messina, 1993, 73-122; también las americanas, "Localización y espacio de las universidades hispánicas", *CIAN,* 3 (2000), 189-232, en colaboración con Margarita Menegus. Prefiero una historia más concreta y fundada que grandes conceptos; tampoco me gusta amontonar datos. Un nivel intermedio.

¿Era la primera vez que en España se mencionaban los tipos de Paulsen?

No. Ya antes Giner de los Ríos contrastó las universidades alemanas con las francesas y las nuestras, "La educación superior en Europa", *La instrucción pública* (1875), en *Obras completas,* XVIII. Los conoció Cajal, quien pudo valorar las universidades extranjeras que visitó en sus viajes. Su primer y principal contacto sería con Alemania; acudió en 1890 al congreso de la sociedad alemana de anatomía de Berlín, para dar a conocer su obra. Luego fue a Londres invitado por la Royal Society para intervenir en las *Croonian Lectures* establecidas a fines del XVII, y ser nombrado doctor *honoris causa* por Cambridge. López Piñero considera que aquellas conferencias, "igual que otros discursos semejantes, estaban al servicio de lo que eran ya entonces casi todas las academias: un mero escaparate de premios y distinciones, una especie de *Vanity Fair*, como dice el título de la célebre novela de William M. Thackeray". Sería de interés ahondar en esa idea en torno a las academias —en España la de ciencias se creó tardía, en 1847—. Desde el XIX parecen punto de reunión de políticos e intelectuales, calidades que a veces coinciden en una misma persona. Funcionarían como distinción, sin una finalidad investigadora, foros de influencia. Dirigí la tesis de Laura Isabel Martí Fernández sobre la academia valenciana de legislación y jurisprudencia (2001).

En 1904 en el discurso de apertura de Oviedo expuso los tipos de Paulsen Arturo Pérez Martín, catedrático de ciencias. Aspiraba a unir los tres, para educar el cerebro, el corazón y la mano. Lo he podido detectar gracias a la excelente tesis doctoral de Katixa Bea Garbisu, *La universidad soñada. La reforma de la enseñanza superior a través de los discursos de apertura (1898-1936)*, Universidad de Navarra, 2012. Amplio estudio que permite conocer —como una encuesta— el ideario de aquellos catedráticos, con sus matices y variantes... Esta misma tarea se propuso el historiador Pío Zabala Lera en su discurso de apertura de Madrid de 1919, cuando era director general de primera enseñanza con César Silió y preparaba la reforma y autonomía de las universidades, aunque fracasó —la estudié con María Fernanda Mancebo—. Zabala, como no podía extenderse, amontonó un cúmulo de citas bibliográficas y picoteó textos dispersos, clasificados por temas y con algunas referencias volátiles. Volviendo a la tesis mencionada: Katixa Bea al referirse al discurso de Zabala, advierte algún literal con Canseco sobre los tipos de Paulsen, sin citarlo; digamos que olvidó la nota, aunque después lo menciona un par de veces.

Una nota sobre Arturo Pérez Martín: en 1936, ya en Valladolid, fue cesado de decano y asesinado —era de Izquierda republicana—. El nuevo rector y la junta expresaron en acta su sentimiento por su muerte, "como también por los escolares caídos en la lucha en defensa de Dios y de la Patria", tesis de Jaume *Claret, La repressió franquista a la universitat espanyola* (2004), edición castellana, *El atroz desmoche* (2006).

¿Qué aportó el filósofo Canseco a aquella tipología?

Algunas mejoras sin duda alguna. Advierte que las universidades de Estados Unidos se han alejado de la vieja organización inglesa... Observa que las francesas también investigaron, gracias a reformas posteriores —cita a Louis Liard, *L'Enseignement supérieur en France, 1789-1889,* (1888-1894)—; si no fuese así, sus descubrimientos y avances se hubieran realizado en Alemania.

En cambio, resulta poco convincente cuando pretende que las universidades alemanas conservan diseño medieval, como las inglesas. Cree ver las viejas naciones que agrupaban en la edad media a los escolares originarios de una nación, en las corporaciones estudiantiles, "las *farbentragende Verbindungen,* los *Corps* y las *Burschenschaften,* con sus colores y símbolos heráldicos, con sus viejas canciones..." —fueron creados en el XIX—. El pago a los *Privatdozenten* reflejaría la antigua colecta de los escolares; su peregrinación una tradición medieval, aunque ahora se buscan los maestros y universidades más célebres. Los colegios no arraigaron en Alemania, que mantuvo su libertad y su ciencia en las universidades. Una ciencia basada en el cristianismo, más que en el legado griego y romano... Recurre a *Die Geschichte der deutschen Universitäten* de Georg Kaufmann

(1888-1896), pero más bien son consideraciones generales de un filósofo que ha visitado las aulas alemanas durante largas temporadas…

Dedica muchas páginas a su experiencia en Alemania.

Se centra en lo que mejor conoce, ayudado de Kaufmann y Paulsen, a quien considera su maestro y dedica una nota a pie de página por su muerte mientras él redactaba el discurso. Las universidades alemanas florecieron en el renacimiento —en el fermento de la reforma luterana—; los grandes humanistas como Erasmo, Melanchton en Wittemberg, Johannes Reuchlin, que enseñó griego y hebreo en Tubinga e Ingoldstadt, renovaron la enseñanza de las lenguas y las ediciones clásicas. Se crearon universidades y se multiplicaron los profesores, unos ordinarios pagados por los príncipes y obispos, otros privados por los escolares, de los que saldrían las propuestas para cátedras.

Con el tiempo, para el trabajo filológico, surgieron seminarios, donde profesores y alumnos se reunían e investigaban. Los primeros seminarios de filología se instauraron en Gotinga por Johann Matthias Gesner y en Halle por Christian Wolff a fines del XVII. Luego se extendieron a otras materias —a todas, al fin— hasta convertirse en centro de la investigación y método esencial del trabajo académico. Una biblioteca abierta, donde se estudia y se prestan libros, y una sala con una amplia mesa donde se reúnen y trabajan los profesores y escolares. Eran gratuitos, con pequeña aportación escolar para cubrir gastos. Unen el trabajo científico y la enseñanza: entre la aportación del alumno, que es poca, y la del profesor —Wundt o Schmoller— no hay diferencia *cualitativa*, solo *cuantitativa*. En ciencias experimentales —en Gotinga, Königsberg…— se añadió el laboratorio, al que acuden profesores y alumnos, para ver y manejar o hacer, para iniciarse en la investigación experimental.

Las universidades alemanas eran públicas, no se crean privadas hasta después de la segunda guerra mundial.

Públicas y financiadas por los estados, gozaban de amplia autonomía —"autarquía" la llama—. Para una idea de su coste recurre a una breve e ingeniosa comparación: Berlín tiene un presupuesto de 3.791.098 marcos, superior al de todas las universidades españolas juntas, y cualquier otra alemana supera la mitad del importe de Berlín. En 1872 el edificio y los institutos de la refundada universidad alemana de Estrasburgo —tras la guerra francoprusiana— costaron catorce millones...

Los claustros eligen el rector y el senado, que llevan la dirección y la disciplina; en Berlín el gobierno nombra incluso un curador que atiende a la universidad. Los decanos también son elegidos cada año por las juntas de las cuatro facultades: teología, derecho, medicina y filosofía. Estas administran las fundaciones y becas, conceden la *venia legendi*, proponen profesores al ministro, confieren grados, organizan la enseñanza, los cursos y seminarios de cada semestre, ya que no existe un plan de estudios predeterminado... Cada semestre la facultad reúne y ofrece las varias propuestas de lecciones y seminarios de los profesores; los alumnos se matriculan con libertad —incluso en asignaturas de otra facultad—, planean a su gusto su formación individual; se responsabilizan de su aprendizaje, ya que no existen exámenes, solo se juzga su actividad en los seminarios y la tesis doctoral... Austria y Baviera, sujetas al régimen de disciplina y exámenes, pasaron al régimen de libertad con excelente resultado. Paulsen defiende esta escuela de espontaneidad: el estudiante debe aprender el arte "de regirse a sí mismo, de trabajar por su propio impulso". Aunque alguno que en régimen de vigilancia hubiera llegado a ser un funcionario corriente, fracasa: "es el precio con que pagamos la escuela de libertad".

La institución de *Privatdozenten* es peculiar de Alemania. En el antiguo régimen el grado de doctor concedía la *venia legendi*, el derecho de dar cursos; ahora los "docentes privados" son autorizados a enseñar con igual valor oficial que los profesores, mediante su habilitación por la universidad. Presentaban un trabajo de investigación impreso o manuscrito, un discurso o clase y un ejercicio, que consistía en una conversación con los maestros de la especialidad. No era menester esperar una vacante para engrosar la oferta semestral de enseñanzas.

Ramón y Cajal manifestó su asombró al saber que

> los profesores eran escogidos casi libremente, sin oposición ni concurso. Me chocó también la ausencia de plan uniforme de enseñanza y algo así como el abandono sistemático de ese espíritu de unidad y centralización, tan gratos en España, por imitación servil de la organización universitaria francesa. Cada ciencia tenía su lugar propio, que recibía el nombre del instituto, comprensivo de la cátedra, laboratorio para el profesor y sus discípulos, la biblioteca, etcétera. Nada de exámenes, si no es al final de la carrera. En fin, los profesores distinguidos en categorías *docente privado, profesor extraordinario* y *profesor numerario*, en vez de ajustarse a nómina equitativa *(Recuerdos*, II, VI).

Y concluía que, de implantarse estas reformas en España, "país clásico de la rutina y del favoritismo nos harían retroceder antes de diez años al estado salvaje"; según dice Paulsen "cada país tiene el régimen universitario que necesita, es decir el mejor posible, dado el estado de su estado de la ética social". Yo creo que no es un destino ineludible, algún día será posible evitar entre nosotros la corrupción y el arbitrismo del poder, la desidia…

Tú has procurado aproximarte a la enseñanza mediante seminario.

Aunque sin demasiado éxito: es imposible trasplantar este modo de enseñar cuando la situación es tan diversa. Mientras estudiaba la carrera en el viejo edificio de la Nave, algunos profesores empezaron a promover locales con este fin. Adolfo Miaja y Francisco Murillo lograron unas habitaciones amplias, reunieron los libros existentes de su materia y organizaron su despacho y lugar de trabajo, algunas lecciones en grupos reducidos... Hasta ese momento los profesores solo disponían de una sala colectiva, donde se reunían o consultaban la biblioteca cuando no estaban dando su lección... Al trasladarnos a Valencia al Mar —Blasco Ibáñez— cada asignatura tenía su seminario y los libros estaban allí —a la mano— bien fichados. Fue un adelanto para investigar, aunque la forma de enseñanza no cambió. En doctorado procuré hacer un "proseminario" de iniciación, con trabajos de los alumnos y su exposición y crítica o debate.

En los últimos años, se pasaron los libros a las bibliotecas generales, lo consideraron oportuno los burócratas de turno; adujeron que desparecían algunos, que se conservarían mejor y a disposición de los alumnos. Es posible. En Alemania recuerdo la presencia constante de una persona en la sala de lectura de los institutos; en el Max Planck se confiaba en los colaboradores e invitados. Los políticos y autoridades universitarias tejen incansables la tela de Penélope, con contradicciones y cambios sin demasiado sentido —la esposa de Ulises lo hacía para no tener que elegir a uno de los pretendientes—.

Buena parte de nuestros libros estaban adquiridos a cargo de programas de investigación propios; incluso los libros donados o legados a la facultad de derecho por Pérez Pujol, Rafael Olóriz, Eduardo Soler o Juan García González —y tantos otros— pasaron a otra sede sin respeto a su voluntad. La facultad de medicina supo mantener sus fondos antiguos frente al arbitrismo de los bibliotecarios.

En algún momento vi en mi facultad cómo una administrativa estaba destruyendo papeles del archivo; pude parar aquella barbaridad, y con permiso del decano me los lleve a casa, incluso una parte ya rotos; los reparé y guarde en un gran armario, y años más tarde los retorné.

¿No es posible importar seminarios o formas de enseñanza que no sea aprender un manual o apuntes?

Pues parece que no. Durante el antiguo régimen nuestras facultades eran semejantes a las alemanas: se explicaban textos del *Corpus iuris civilis* en las cátedras y los escolares aprendían a consultarlos y manejarlos, para defender conclusiones —cuestiones o casos—, pero ni había exámenes ni se memorizaban. Interesaba comprender y saber debatir, utilizar la dialéctica y la oratoria, las leyes o las opiniones de la doctrina. No tenían que aprenderse el *Corpus* ni las lecciones, que versaban sobre partes del mismo según determinaban las constituciones o estatutos… Los grados o tesis consistían en conclusiones, una disputa o cuestión sobre un texto señalado, ante un tribunal. Los estudiantes se responsabilizaban de su formación y conocimientos; no trasferían la comprobación al profesor, que se limitaba a conceder pase por asistencia o intervención… Y esta pedagogía se mantuvo en Alemania, añadidos los seminarios, que exigían aprobación.

En las universidades hispanas el sistema cambiaría durante la ilustración. Se dictaron planes de estudio de las asignaturas, que señalaban los manuales que se debían aprender. Aunque solo en alguna universidad se introdujeron exámenes, que se generalizaron en los años liberales —época de honda decadencia—. Todo estaba reglado y centralizado, se fijaban asignaturas y cómo hubiera resultado poco liberal exigir un manual único, se daban listas de varios para que el profesor eligiese.

Para más detalles remito a *La universidad española (siglos XVIII y XIX). Despotismo ilustrado y revolución liberal* (1974), que escribí con mi hermano José Luis –pronto estará en red, corregidas las erratas que tenía–.

La visión general memorizada y comprobada por examen sigue vigente, pese a que las universidades intervienen en los planes, o se insista en la práctica y alguna zarandaja más. Se necesita dinero y buenos profesores para un cambio esencial. Las oposiciones profesionales —jueces o notarios, por ejemplo— exigen temarios que se memorizan; se identifica la inteligencia con la memoria, el saber con el acúmulo de datos puntuales... Hasta se adopta el test en exámenes y oposiciones. Cuando la meta debía ser el método de investigar, alcanzar esquemas y valoraciones bien fundamentados.

Entre nosotros todo cambia de sentido, todo queda en palabras vacías. Los seminarios son habitaciones o recintos, ahora sin libros... Las tutorías inglesas que orientan individualmente a cada alumno, resultaron un tiempo de consulta de algunas dudas o poco más. Los años sabáticos para que el profesor pueda investigar uno de cada siete, es un premio, una vez en la vida —los cargos de burócratas académicos cuentan como mérito—. Hasta la autonomía universitaria apenas existe, porque el estado o la Generalitat financian, cada ministro dicta las leyes generales y controlan sueldos y la selección de profesores con la acreditación —la habilitación en Alemania es otra cosa—. Aparte, es posible que el departamento pretenda uniformar la enseñanza de los distintos grupos, con algo tienen que entretenerse, aunque vaya contra la libertad de cátedra. Adolfo Posada escribió que el deseo del ministerio era que todos los catedráticos de derecho mercantil expusiesen el mismo día, el mismo artículo del código de comercio... Los políticos no deberían inmiscuirse en la enseñanza ni en la investigación.

Volvamos a Díez Canseco, a su idea sobre las universidades en Estados Unidos.

Les dedica muchas páginas, y de entrada afirma que en la vida intelectual y científica Alemania "tendrá a América por competidora o cooperadora en lo porvenir." En el país clásico de la industria y la invención hay un movimiento espiritual y científico que asombra y crece veloz. Europa tenía una idea errónea de aquel país en formación acelerada, con diferencias entre los diversos estados que lo componían. Estados heterogéneos, aunque con una cierta unidad, con un espíritu común y original, por influencia de las primeras colonias fundadas en la Nueva Inglaterra, con centro en Boston (Massachusetts). La educación estaba dominada por el puritanismo y el utilitarismo, por la fuerza creadora, la espontaneidad y originalidad, por la autarquía de la vida individual.

Ramón y Cajal visitó aquel país en 1899, con ocasión de su doctorado *honoris causa* en el décimo aniversario de la Clark University de Worcester (Massachusetts), creada por iniciativa de un mecenas, Stephen Salisbury. Tuvo reparo en aceptar tras el desastre en Cuba y Filipinas, y consultó al ministro Pidal y Mon y a otros amigos. Le instaron al viaje y embarcó en París hacia América con su mujer, junto a otros invitados. Narró su itinerario, su admiración ante Nueva York —el estruendo del *Independence Day*—, la semana del aniversario, los banquetes, las visitas a establecimientos docentes, conferencias y doctorados, la clausura solemne... Preguntaron a los profesores extranjeros qué reformas o mejoras recomendarían: él sugirió un laboratorio de investigaciones bacteriológicas y otro de histología y patología experimentales. Se acercó a Boston para visitar Harvard —la primera universidad creada en 1636 por emigrantes puritanos—, guiado por el profesor de anatomía Charles Sedgwick Minot. La describe con "sincera admiración y noble envidia". En Nueva York pudo ver la universidad de Columbia, fundada por Jorge II en 1754, y la *University Hights* en el Bronx, privada, financiada en 1831 por un grupo de ciudadanos, *Recuerdos de mi vida* (1917), II, XVII. Le impresionaron edificios e instalaciones, laboratorios y museos, pero apenas alude a su organización y enseñanzas. Canseco proporciona un panorama más completo.

¿Qué materiales o fuentes utilizó para conocerlas?

No es fácil descubrirlas, aunque trae algunas citas: el presidente de la John Hopkins, Daniel Gilman, señalaba la existencia desde el inicio de universidades privadas, Harvard o Yale, y otras posteriores, John Hopkins o Chicago, nutridas por sus rentas e ingresos, por continuas y generosas donaciones. Los estados financiaron otras públicas, Manchester, Nebraska o California... Michigan, administrada por una corporación de *regents*, elegidos por el pueblo, representa un tipo democrático. Nunca hubo en aquel país una universidad subvencionada y regulada por el estado federal, aunque a veces se había propuesto. Pertenece a los estados la regulación jurídica de todas, así como de las profesiones de abogados o médicos. Hugo Münsterberg, profesor de Harvard, aclaraba que, aunque la multitud de creaciones docentes parece variada y desordenada, posee unidad: la renovación e impulso hacia la perfección del individuo, conseguida por sí mismo. El historiador Ephraim Emerton, profesor de Harvard —doctorado en Leipzig—, consideraba que nacidas por iniciativa privada se trasformaron en corporaciones de graduados. También citaba al célebre pedagogo Calvin Woodward y al filósofo y ensayista Ralph Wald Emerson, cuyas traducciones editaba *La España moderna* de José Lázaro Galdiano y Emilia Pardo Bazán. América mantenía viejos sistemas, pero aprovechaba cuanto había de bueno, "agradecida reconoce en Alemania la fuente de las más fecundas ideas..."

Giner de los Ríos estaba bien enterado, recibía los volúmenes de informes de la comisaría federal de Estados Unidos, con datos y materiales, estadísticas de diversas naciones; los resumía con ayuda de un discípulo y los enviaba al *Boletín de la institución*, en *Obras completas*, XVIII, 1897-1898 y XIX, 1898-1899 y 1899-1900. Aunque no lo cita lo debía conocer, ya que era titular de la misma asignatura, aunque de diferente "escuela".

Presenta las líneas generales del currículo americano y su idea de universidad.

La educación americana está siempre cambiando, la iniciativa privada varía los métodos, buscando una formación progresiva del alumno, desde la primaria a la *grammar school* y la *high school*, hasta el colegio —semejante al gimnasio alemán—. Los colegios gradúan de *bachelor of art* (A.B.), pudiendo alcanzar el doctorado en la facultad de ciencias y artes (Ph.D.) o en las escuelas profesionales: *Divine School*, *Medicine School* o *Law School*... El profesor puede ser *instructor*, contratado por uno o varios años, subordinados, como lectores; *Assistant-professor*, extraordinario o provisional, por tiempo más largo y *Professor (full)* que consolida su carrera, indefinido... Esencial y típico se aplicó allá el año sabático, que de cada siete años dedica uno a la investigación, a renovarse o ponerse al día...

Al final, ofrece su idea de universidad, como una "*corporación de hombres de ciencia, a quien la sociedad encarga de la educación superior de la juventud*". Este nivel se alcanza en las universidades de Alemania y Estados Unidos, también en Francia, gracias a las últimas reformas. Añade ahora largas citas que al parecer había omitido de Louis Liard y del diputado Théodore Steeg, *raporteur* en el parlamento francés del presupuesto de instrucción del año anterior. Sin estas reformas los descubrimientos de Pasteur se hubieran hecho en el instituto de Koch...

Anima a los profesores en el trabajo —en nota señala que Vicente Gay ha organizado con éxito un laboratorio de economía en la facultad—. Alaba la extensión universitaria para todos, que tan fructífera ha sido en Inglaterra y los Estados Unidos. Abomina de los exámenes: son como si en una ciudad falta de agua, sin buscar un venero o excavar un pozo, traerla de un río, fuera analizada en un laboratorio la que tienen —solo resolvería un problema de higiene pública—. Estimula a los alumnos a estudiar dirigidos por los profesores: "para formar por vosotros mismos *vuestro* propio saber". No se propone resolver el problema de la enseñanza universitaria, sino mostrar sus ideas al político, con esperanza de que algún día un hombre de gobierno decida que volvamos a tener universidad y un monarca lo apruebe, como Federico Guillermo de Prusia ante la fundación de Berlín…

Es sorprendente que, desde la abatida universidad española, plantee modelo tan diferente ¿Quería refugiarse en la realidad ajena que conoció en Alemania o intuía atisbos de recuperación que alentaban por aquel entonces?

Díez Canseco fue un político, aunque lo recordemos como académico.

La universidad de Madrid lo designó para colaborar en la reforma Silió de 1919 y en el estatuto de aquella universidad: seguramente fue quien introdujo la figura de los *Privatdozenten.* Formaba parte del grupo de Adolfo Bonilla San Martín, muerto prematuramente, que era discípulo de Menéndez Pelayo y editor de sus obras completas, contrario a la institución libre —aunque colabora con Ureña en la edición del fuero de Usagre—. Díez Canseco estuvo cerca del dictador Primo de Rivera y participó en la asamblea nacional consultiva, remedo de las cortes clausuradas. Redactó el proyecto de constitución, con que pretendía el general sustituir la de 1876, suspendida. Azaña escribiría a su cuñado Rivas Cherif: "De política apenas nada. Salió el proyecto de constitución, recibido con universales carcajadas. Supongo que no lo habrás leído." Una pseudoconstitución maurista y clerical, "hecha por Goicoechea y Canseco, como los más técnicos. Ahora quiere Primo de Rivera que vayan a la Asamblea los antiguos políticos a discutir la Constitución. Verás si son tontos, y van".

Canseco murió a los 67 años, antes de jubilarse, padecía tuberculosis —enfermedad frecuente entonces—.

Sánchez Albornoz dio cuenta de su fallecimiento en el *Anuario* de 1929, junto a la elección de Carande y de Ramos Loscertales como rectores de Sevilla y Salamanca. Destacaba su inteligencia, su charla, su afecto e ingenio en las aulas, en las calles, en el paseo, ante un pergamino o un aperitivo... Lector infatigable, perdió la batalla por su desidia para escribir, aunque sus enseñanzas lo situaron entre las primeras personalidades de la universidad hispana. En el siguiente *Anuario* completa la semblanza —como colectiva, no la firma—, puntualiza que su compleja personalidad no permite aplicar criterios habituales de un hombre de ciencia; no tiene obra escrita, solo ha dejado humor y teorías en sus conversaciones y diálogos. No se le puede considerar como un especialista o investigador... Durante los últimos años de su vida desarrolló una actividad política relativamente intensa, pero este aspecto no interesará a los lectores... Años más tarde, en carta a Jorge Guillén de 1967 lo califica sin reparo como "cínico, glotón, inmoral, gorrón y pésimo profesor, que hizo un grave daño a España por su vida universitaria y personal" —citada por Mauricio Valiente Ots—.

Ramón Carande en 1960 lo ensalzó sin tasa, en su contestación al discurso de entrada de Luis García de Valdeavellano en la academia de la historia —reproducido en parte en *Galería de raros* (1981)—. De nuevo, tres años después, volvió sobre sus recuerdos de Canseco, también de Galo Sánchez y Ramos Loscertales en páginas destinadas a los *Cuadernos de historia de España* argentinos en homenaje a Sánchez Albornoz por su jubilación. Chocó con la vanidad del homenajeado, por dedicar más espacio a otros que a él; rechazadas sus páginas, fueron editadas años más tarde por su hijo, *Anuario*, 1989. Esas y otras exageraciones han provocado que se valorase en exceso al pintoresco profesor.

¿Y hasta cuándo perduró el invento de la escuela de Hinojosa?

En la postguerra por fidelidad o por conveniencia se mantuvo el mito —para "triunfar" en las cátedras, con procedimientos del "nuevo estado"—. La institución libre de enseñanza y sus miembros partieron hacia el exilio: Altamira, Sánchez Albornoz, Ots Capdequí… En la portada del tomo XIII del *Anuario*, 1936-1939, la junta para ampliación de estudios había sido sustituida por el consejo de investigaciones científicas, instituto Francisco de Vitoria. Un retrato de Franco inauguraba la nueva época... A los antiguos miembros —salvo los exiliados, que no menciona— se han unido otros en la nueva etapa. El director era Galo Sánchez y Sánchez; vicedirector, Manuel Torres López, secretario, el padre José López Ortiz —futuro obispo de Tuy—; vicesecretario, José Orlandis Rovira. Luego se añadían otros, Prieto Bances, Alfonso García Gallo, Juan Beneyto, Juan Manzano, José Maldonado, Fernando Valls Taberner, Luis Vázquez de Prada y Vicente Rodríguez Casado, *Anuario*, 1936-1939. Unidos los vencedores, falangistas y hombres del Opus, habían iniciado la conquista de la universidad. Los falangistas pronto quedaron en segundo plano, Beneyto se dedicó a otras tareas; Torres, aunque disfrutó de algunos cargos, pierde fuerza, apenas publicó. Aunque José Manuel Pérez-Prendes lo ensalza con espíritu agradecido; más exacto su perfil por Javier Infante-Motta, en el homenaje a Salustiano de Dios (2018) y en "Por el Imperio hacia Dios…" (2012), en línea. Dominaron los otros, en primer plano García Gallo, Álvaro d´Ors y el padre López Ortiz. El *Anuario* y la escuela facilitaron el acceso a cátedra de jóvenes del Opus Dei: Ismael Sánchez Bella, José Orlandis, Rafael Gibert, Ignacio de la Concha, Ángel López-Amo, José Antonio Escudero… Sánchez Albornoz, desde

Buenos Aires, siguió fiel; publicó en sus *Cuadernos de historia de España*, 17 (1952), un recuerdo de Hinojosa en el centenario de su nacimiento: "Hoy gozan de muy merecido crédito científico los profesores García Valdeavellano, Lacarra, García Gallo, Vázquez de Parga y Palomeque...".

Los historiadores del derecho creían en aquella escuela.

Alfonso García Gallo en sus dos tomos de su *Curso de historia del derecho español* (1946-1950), para fundamentarla, esbozó un desenvolvimiento de la historia del derecho bastante simplón, que ya rechacé en mi edición de Hinojosa. Con el precedente de Martínez Marina, la escuela histórica francesa, representada por Guizot, Thierry y Fustel de Coulanges, influye sobre Herculano y Gama Barros, sobre Muñoz y Romero, Pérez Pujol, Barrio y Mier o Antequera. Junto a ella la escuela histórica alemana de los Savigny, Puchta, Mommsen, Hübner, Dahn, Ficker, Zeumer, Brunner... Aparte existía una escuela sociológica de Bachofen, Morgan, Sumner Maine, Lavelaye o Köhler, representada entre nosotros por los institucionistas —Azcárate, Costa y Ureña—, que pretenden superar la historia mediante una evolución análoga a la biológica, y una explicación por causas materiales, como la raza o la economía. Eduardo de Hinojosa que conocía todas las escuelas había iniciado una etapa nueva. No cabe mayor simplificación de la historia de la historiografía... En su *Manual de historia del derecho español* añadió otros autores —más centrado en españoles—, afirmó lo jurídico frente a lo extrajurídico, mientras deificaba a Hinojosa.

Al parecer en 1953 había cambiado el método y los supuestos de Hinojosa.

Cierto, proclama su fidelidad a Hinojosa, pero se sitúa en sus antípodas. Declaró que la historia del derecho era una disciplina jurídica por su método y objeto, *Anuario*, 1953. La escuela cambiaba sus principios a la voz de su amo. El poder posee elementos irracionales, puede apoyar una cosa y la contraria... Se discutía si la disciplina historia del derecho era histórica o jurídica. García Gallo afirmó en su *Metodología de la historia del derecho indiano* (1970):

> El Derecho es una ordenación de la vida social que posee fuerza vinculante. Es solo una ordenación, no la vida social misma en toda su complejidad; esto independientemente de la importancia que aquélla pueda tener para esta. El objeto de la ciencia de la Historia del Derecho debe limitarse solo a aquella ordenación sin pretender abarcar la vida social, que en su conjunto o en sus particulares manifestaciones constituye el objeto de otras ciencias.

Aunque parezca increíble, todavía hay profesores que mantienen esta postura... O plantean en sus manuales la cuestión de si es derecho o es historia... Pero ¿acaso el método de estudio de la historia del derecho se asemeja al de los juristas del derecho común, recurriendo al *Corpus* y al derecho propio, debatiendo cuestiones, que resuelven por argumentos y la opinión común de los doctores? O en época presente, el letrado o el juez atienden lo que ordena el legislador, encajando hechos o situaciones, consultando la jurisprudencia para interpretar y entender... Mientras el profesor sistematiza normas y jurisprudencia, sin olvidar los procedimientos y la práctica. Al menos Savigny veía claro: reputaba falso distinguir la teoría de la práctica, pues ambas son un mismo estudio (*Sistema*, volumen I, libro I, capítulo I, V). Afirma también Rudolf von Jhering:

> ...el derecho existe en tanto se realiza. La realización es la vida y la verdad del derecho, es el mismo derecho. Lo que no alcanza la realidad y está solo en la ley es mero papel, es una apariencia de derecho, palabras vacías... (*Geist des römischen Rechts,* Teil II, 2).

¿Y desapareció la escuela por fin?

Todavía se recoge en manuales, como restos del pasado. Tomás y Valiente, en su *Manual de historia del derecho español* (1979), continuaba aquella versión, con un apartado sobre historiadores sociólogos, en donde coloca a los profesores de la institución: Pérez Pujol, Azcárate y Joaquín Costa. A este le niega ser historiador del derecho, ya que fue también político, sociólogo, jurista... Fue autodidacta y, según él, de mentalidad pequeño burguesa, proclive a las grandes síntesis, de personalidad conflictiva y fracasada. La oposición de Costa en 1875 —tiempos de Orovio y Cánovas— fue analizada por Ignacio Peiró, *Anales de la fundación Joaquín Costa,* 13 (1996). Hinojosa significaba la renovación, Ureña o Altamira, Díez Canseco aparecían como contemporáneos. José Antonio Escudero en su *Curso de Historia del Derecho* también siguió líneas de su maestro; como José Sánchez Arcilla acumulando muchos nombres de historiadores… Valiente no se conformó con su primera versión y la revisó un par de veces. En una conferencia de 1993, "Eduardo de Hinojosa y la historia del derecho en España", *Anuario,* 1993-1994, resaltó su conexión con Menéndez Pelayo, con Altamira y Giner, con Costa, a quien había dedicado alabanzas en el *Anuario,* 1925. A través de las cartas que editó George Cheyne, gran estudioso del aragonés, se dio cuenta que los hombres de valía de la edad de plata no tenían los enconos que el fascismo y la dictadura crearon. Retocó su manual en las siguientes ediciones. En otro momento "Escuelas e historiografía en la historia del derecho español (1960-1985)", *Quaderni fiorentini,* 34-35 (1990) limita la escuela a quienes se unieron en torno al *Anuario* durante los primeros años, con su medievalismo, formación alemana, germanismo… Quizá García Gallo supondría otra escuela…

En todo caso, el poder académico de Alfonso García Gallo no deriva del mito de la escuela.

Desde luego. Era más importante su cátedra y el dominio del *Anuario*, y sobre todo su sintonía con el tejido político del momento, su cercanía al Opus Dei. Había sufrido la guerra refugiado en una embajada; una vez depurado, no volvió a su cátedra de Murcia, sino pasó a Valencia por concurso. En 1944 se traslada a Madrid, a la cátedra de doctorado de Altamira —analizaron la oposición, Manuel J. Peláez, *Cuadernos informativos* de derecho histórico público, procesal y de la navegación, 18 (1995) y Bartolomé Clavero, *Derecho, historia y universidades*, volumen I—. En 1941 Torres López había ocupado la de literatura jurídica de Ureña —en la cátedra de licenciatura estaba Galo Sánchez—. La ley de ordenación universitaria de 1943 extendió el doctorado a todas las universidades, pero se fue aplicando con pausada lentitud: hasta la llegada al ministerio de Joaquín Ruiz-Giménez las tesis no se trasfirieron a provincias, solo algunos cursillos de doctorado. El mantenimiento de las cátedras de doctorado permitió a Ibáñez Martín acercar a Madrid a sus amigos o compromisos.

Sin duda para García Gallo fue esencial su carrera en el consejo superior de investigaciones científicas (CSIC).

En Valencia fue designado jefe de una sección filial del instituto Jerónimo Zurita del consejo superior de investigaciones; su secretario era Rafael Calvo Serer —catedrático desde 1941 de historia universal, moderna y contemporánea—. Este instituto procedía de la desmembración del anterior centro de estudios históricos de la junta para ampliación de estudios (JAE). Correspondía a su sección de instituciones sociales y políticas de León y Castilla de Hinojosa y de Sánchez Albornoz; este último había logrado incorporar en su seno un instituto de estudios medievales, creado por el ministro Fernando de los Ríos en 1932, para editar unos *Monumenta Hispaniae historica,* según el *Anuario,* 1932. El nuevo Zurita, dirigido por Antonio de la Torre y Pío Zavala —secretario, Cayetano Alcázar Molina— extendió su cronología desde edad media hasta moderna y contemporánea. Continuaría su modelo con varias secciones: diplomas, fueros y crónicas; pretendía reunir fuentes hispanas a imitación de los *Monumenta Germaniae historica* y los *Portugaliae monumenta historica,* pero apenas hubo tiempo para empezar... En cambio, gracias al alemán Adolf Schulten, con colaboración de profesores catalanes, aparecieron nueve volúmenes de las *Fontes Hispaniae antiquae* (1922-2007).

Un nuevo ascenso se produjo en 1943, al ser nombrado vocal del patronato Menéndez Pelayo y secretario de la escuela de estudios medievales, creada por delegados de los institutos Jerónimo Zurita, Francisco de Vitoria y Antonio de Nebrija, para asegurar la colaboración —así como tutelar las secciones de Barcelona, Valencia, Zaragoza y Navarra—. Un órgano transversal de control o coordinación, que tuvo al frente a Antonio de la Torre y del Cerro, el padre José López Ortiz y monseñor Pascual Galindo Romeo. Compusieron *Normas de transcripción y edición de textos y documentos* y celebraron en Pamplona una reunión con todos los colaboradores de las diversas secciones, para programar futuras tareas... Años después se crearía otra escuela de historia moderna con distinto sentido: no era un centro transversal, sino ampliación de la historia de los siglos más cercanos. Dirigida por Antonio de la Torre, Antonio Rumeu de Armas y Palacio Atard, la sección en Valencia estuvo a cargo de José Mª Jover.

¿Qué estudios emprendió don Alfonso en Valencia?

La sección fue un temprano centro del consejo en esta ciudad. Antes solo ayudaba al instituto de investigaciones neurológicas del catedrático de anatomía Juan Barcia Goyanes en la facultad de medicina. Trabajaron en "un fichero bibliográfico y documental de la historia valenciana en la Edad Media, un inventario de los fondos documentales valencianos en diferentes archivos, especialmente en el de la Corona de Aragón, y una biblioteca especializada". Además, se transcribió el manuscrito de los *Fori Valentiae* de la catedral —el único latino— por Octavio Gil Munilla y José Víctor de Francisco Gracia, corregido por Manuel Dualde y Francisco Sevillano Colom, con estudio preliminar de García Gallo. Años más tarde seguía pendiente, por causas ajenas, "vencidas aquellas dificultades, la obra podrá aparecer en plazo breve". No se publicaría hasta 1967: Antonio Ubieto revisó el texto que Dualde dejó al morir, sin completar sus notas al pie —lo reseñé en *Anuario*—. Trabajaba también sobre el estado de las investigaciones sobre *Usatges* de Barcelona y estudiaba las observancias de Jacobo de Hospital, que anunció en la primera y en la segunda semana de historia del derecho, *Anuario,* 1932 y 1942-1943. Años después lo encomendó a Gonzalo Martínez Díez, quien hizo su edición, que él ensalzaría en *Anuario,* 1978. Ultimaba un trabajo sobre el imperio medieval español, en torno a ideas de Pidal, publicado en *Arbor,* 4 (1945) y ampliado más tarde. Inició estudios sobre la encomienda en Castilla e Indias y sobre los virreyes de Castilla en la edad media...

Santiago Giner había preparado el *Llibre de Mustaçaf de València,* con estudio preliminar. Francisco Sevillano Colom hizo su tesis y páginas en el *Anuario,* 1953 sobre este texto, que editaría y analizaría (1957); también reunía documentación del siglo XIII, que había iniciado el arabista Ambrosio Huici, preso en aquel momento en San Miguel de los Reyes acusado de masón y propaganda de "la causa roja" en su librería, Maraguat —la mejor biografía, Roldán Jimeno (2011)—. Antonio Pons colaboraba desde Baleares con el *Llibre del Mostassaf de Mallorca* (1945), con apéndice documental; línea completada desde la universidad por el arabista Pedro Chalmeta, *El señor del zoco* (1953). Pons se proponía continuar sus volúmenes de *Constitucions e ordinacions del Regne de Mallorca (S. XIII- XV)*. Por último, Álvaro Santamaría iba a editar un *Glosario jurídico valenciano* de Gil Polo; en el futuro investigaría en Mallorca... Federico Suárez Verdeguer editó el manuscrito del dominico José Teixidor, *San Vicente Ferrer, promotor y causa principal del antiguo estudio general de Valencia* (1945). Calvo Serer preparaba en Suiza un libro acerca de los fundamentos de la cultura medieval en Valencia, que no llega a redactar. Dualde, que le sucedería como secretario, investigó el compromiso de Caspe, y décadas después publicaría su estudio con Camarena Mahiques, valorado por Gimeno Blay (2012).

¿Era casi la única presencia del CSIC en Valencia?

No. El consejo se iba expandiendo con ayudas al dominico Sauras —colaborador del instituto Francisco Suárez de teología en el seminario diocesano—, al centro de cultura valenciano y al servicio de prehistoria de la diputación. Encomendó al catedrático de química Francisco Beltrán Bigorra una sección del instituto José Celestino Mutis de farmacognosia y otra del Sancho de Moncada de economía, al catedrático de derecho Manuel Torres Martínez. "El Consejo no es un punto, sino un mapa", se escribe con jactancia.

El curso 1948-1949 José Mª Albareda dio una conferencia en Valencia para celebrar la incorporación al consejo de todos los centros dependientes de la diputación, reunidos no hacía mucho en el instituto Alfonso el magnánimo. Pensaban asociar centros regionales, adelantaba ya Ibáñez Martín en un discurso de 1945 —el mapa se rellenaba mediante subvenciones—.

Hubo un momento en que el Opus estuvo interesado por el colegio de Burjassot, del que tú fuiste becario.

Interesa hacer notar que los trascriptores de *Fori Valentiae* pertenecían al Opus. Gil Munilla fue becario del colegio del beato Juan de Ribera, así como Rafael Calvo Serer, que entró en 1931 para cursar dos años de bachiller en los jesuitas y después filosofía y letras en la facultad. Hubo otros becarios miembros de la obra: Enrique Gutiérrez Ríos, Alberto Sols, Antonio Tormo Terol, Federico Suárez Verdeguer, Salvador Senent Pérez... La lista completa de colegiales puede verse en la memoria del centenario (2017), con alguna omisión: José Alberola, condiscípulo de Añoveros en derecho...

Desde el año 1923 el director del colegio fue Antonio Rodilla, consiliario además de los estudiantes católicos (FREC) y de los propagandistas del cardenal Herrera, movimientos surgidos de acción católica, enfrentados a la FUE. María Fernanda Mancebo los estudió en su tesis y en otros varios trabajos. Calvo Serer fue vicepresidente de la juventud de acción católica de Valencia y presidente regional de la confederación de estudiantes católicos —un personaje estudiado por Onésimo Díaz en varios artículos y en su libro *Rafael Calvo Serer y el grupo Arbor* (2008)—. Con ocasión de su desplazamiento a Madrid en abril de 1936 a una asamblea de la confederación para pactar con falangistas y carlistas, visita por consejo de Rodilla a monseñor Escrivá de Balaguer. En mayo, llega este a Valencia para abrir una residencia, Calvo le pide entrar en la obra —Gómez-Hortigüela edita y estudia el diario del viaje, *Studia et Documenta*, 8 (2014)—. La guerra empezaría de inmediato, el colegio de Burjassot fue confiscado...

Cuando se reabre en 1939, Antonio Rodilla era vicario del arzobispo de Valencia y rector del seminario diocesano; la dirección del colegio de Burjassot recayó unos meses en Antonio Justo Elmida, colegial del Corpus Christi, la creación de Juan de Ribera en 1604, que poseía el patronato sobre el colegio. El 18 de mayo Escrivá escribió a Calvo Serer y le propuso unos ejercicios a los colegiales y otros universitarios en Burjassot, si le parecía bien al director. Reunió unos catorce asistentes los días 9 y 18 de junio; después en otra tanda en Alacuás a veinte sacerdotes de la diócesis, véase Juan Luis Corbín, *La Valencia que conoció San Josemaría Escrivá fundador del Opus Dei* (2002) y Onésimo Díaz, *Posguerra. La primera expansión del Opus Dei durante los años 1939 y 1940* (2002), en línea.

Pronto sería director del colegio Juan Hervás Benet, otro colegial del Corpus Christi, como era norma.

Buen amigo y admirador del fundador del Opus, a quien conoció en Madrid cuando completaba su formación en la casa del consiliario, creación de Ángel Herrera Oria para preparar sacerdotes en cuestiones sociales, dedicados a la acción católica y a los propagandistas. Largos años de amistad: Hervás dejó su testimonio para la futura canonización —Francisca Colomer Pellicer, analiza su correspondencia *Studia et Documenta*, 4 (2010)—. El rector del Corpus Christi, Eladio España, compartía el entusiasmo por la obra —se ha iniciado su proceso de canonización—.

En 1940, en la primera convocatoria de becas tras la guerra, entraron Octavio Gil Munilla y Villar Palasí, en la siguiente de 1942 Guillermo Céspedes del Castillo, Santos García Larragueta, Salvador Martínez Ferigle —esencial en la penetración del Opus en Estados Unidos—. Luego se cortó el acercamiento... ¿Por qué? Hervás fue nombrado en 1944 obispo auxiliar del arzobispo de Valencia, dos años después obispo coadjutor de

Mallorca con derecho a sucesión y luego obispo de Ciudad Real. En los últimos años le ayudó Ignacio Valls, y al marchar le sucedió —le llamábamos *frater*, el *pater* era Hervás—. Tal vez hubo reticencias en el clero; en todo caso, el Opus en plena expansión perdió interés por el colegio... Había logrado un primer reconocimiento diocesano, como pía unión de fieles y sociedad sacerdotal de la Santa Cruz; en 1947 fue instituto secular de derecho pontificio, creado por la constitución apostólica *Provida Mater Ecclesia*. Su definitiva organización como prelatura personal fue aprobada por Juan Pablo II, por la bula *Ut sit* de 1982.

Durante la dictadura no hubo falangistas entre los becados, aunque lo fueron algunos antiguos colegiales notables: Pedro Laín Entralgo o José Corts Grau... Luego hubo algunos socialistas y marxistas...

Continuemos con la irresistible ascensión de García Gallo en el consejo.

En septiembre de 1944 se funda un instituto nacional de estudios jurídicos, bajo presidencia del ministro de justicia, y es nombrado secretario general. Su reglamento de 13 de abril de 1945 pretendía formar un centro de investigación y asesoramiento de los ministerios, que integrase además la comisión general de codificación. Dividido en doce secciones, desde filosofía del derecho, historia del derecho y derecho romano, a civil común y foral, penal, legislación inmobiliaria y notarial, derecho consuetudinario, derecho penal, procesal y mercantil, derecho internacional privado y legislación extranjera —algunas apenas llegarían a funcionar—. De la sección de historia fue presidente López Ortiz, secretario Maldonado Fernández del Torco. García Gallo logró buenos locales en el edificio de la calle de Medinaceli, algún colaborador, una copiosa biblioteca, procedente de Felipe Clemente de Diego... Pasó el *Anuario* a este instituto —antes en el Francisco de Vitoria—. Más tarde aparecieron otros: *Anuario de derecho penal* por Eugenio Cuello Calón, Juan del Rosal —su sobrino Cobo del Rosal, secretario—; de civil de García Valdecasas y Amadeo Fuenmayor; el *Anuario de filosofía del derecho*, de Joaquín Ruiz Jiménez, Francisco Javier Conde, Luis Legaz Lacambra y Enrique Gómez Arboleya.

Desde 1940 las materias jurídicas estaban reunidas en el instituto Francisco de Vitoria, presidido por el catedrático conservador Ignacio de Casso Romero, con dos vicedirectores el falangista Manuel Torres López y el propagandista Fernando María Castiella —secretario el romanista Ursicino Álvarez—. Contaba con secciones de historia del derecho, presidida por Torres López, con la colaboración de López Ortiz y Juan Beneyto; de derecho romano con Álvaro d´Ors; derecho privado, Casso y Joaquín Garrigues; derecho internacional, presidida por Antonio Luna con Federico de Castro y Nicolás Ramiro Rico; derecho penal Cuello Calón y Federico Castejón, derecho político… Juristas todos situados en primera fila. Este instituto se mantuvo con evidente duplicación, que fue resuelta dejando en el Francisco de Vitoria la política exterior y estudios internacionales, el seminario de historia de las doctrinas políticas, así como el derecho político, administrativo, social e internacional —con Antonio de Luna y Fernando Mª Castiella, Federico de Castro, Antonio Truyol…—. Las materias restantes se asignarían al nuevo instituto nacional de estudios jurídicos. En historia del derecho suponía apartar a los falangistas Torres López y a Juan Beneyto, mientras López Ortiz y el *Anuario* se trasladaban, con una parte de la biblioteca. García Gallo mantendría su cargo en la escuela de estudios medievales y en su sección de Valencia, así como de consejero del patronato Raimundo Lulio y del Juan de la Cierva. Más adelante formará parte del consejo ejecutivo y del patronato José Mª Quadrado, creado para delegaciones y centros locales, vocal del instituto hispanomexicano de investigaciones científicas.

No abundan estudios sobre el consejo superior de investigaciones científicas.

El consejo ha sido poco estudiado, a diferencia de la junta para ampliación de estudios e investigaciones científicas. Sin duda esta ha sido más valorada —por Cajal, *El mundo visto a los ochenta años*, capítulo X—. Fue investigada por Francisco Javier Laporta, Alfonso Ruiz Miguel, Vicente Zapatero y Javier Solana, *Arbor*, 493 y 499-500 (1987), resumen de su investigación inédita en la Fundación March, 5 volúmenes, 1978; o los varios trabajos y aniversarios de José Manuel Sánchez Ron y colaboradores. También el exilio de los profesores e intelectuales mereció más estudios que quienes les sucedieron en las cátedras. Mª Fernanda Mancebo les dedicó numerosos trabajos, que decantó en *La España de los exilios. Un mensaje para el siglo XXI* (2008).

Aunque había que historiar la etapa franquista. El consejo superior ha atraído menos interés, alguna conmemoración oficial, un libro de gran tamaño y en papel cuché —de varios autores, sin notas—, que se esfuerza en subrayar su herencia de la junta: *Tiempos de investigación. JAE-CSIC Cien años de ciencia en España* (2010). Más bien fue ruptura, usurpación de cátedras, laboratorios y edificios, mientras los vencidos eran fusilados, depurados y forzados al destierro. Después apareció *El CSIC en Cataluña (1942-2012): siete décadas de investigación científica* (2012).

Tampoco las universidades del franquismo eran las republicanas, vaciadas por muertes y depuraciones, sometidas a represión y censura. Aprobaron leyes terribles, que aplicaron retroactivas contra políticos y funcionarios: la ley de responsabilidades políticas de 9 de febrero de 1939 y la ley de depuración de empleados públicos de 10 de febrero del mismo año; la ley de represión de la masonería y el comunismo de 1 de marzo de 1940, analizadas por Yolanda Blasco Gil, "Soporte jurídico de las depuraciones", Josefina Cuesta (dir.), *La depuración de funcionarios bajo la dictadura franquista (1936-1975)*, la tercera por Juan José Morales Ruiz, en la red. Sobre su aplicación en las universidades, Jaume Claret, Juan Luis Rubio Mayoral, Manuel Álvaro Dueñas, Luis Otero Carvajal y otros. Las universidades se regularon por la ley de ordenación universitaria de 1943, que en su preámbulo o exposición de motivos afirmaba cumplir su auténtica misión espiritual. "Consagrada", ante todo, a transmitir la cultura por medio de la enseñanza, con ambiente de unidad de ciencia católica, de espíritu moral, de disciplina y de servicio...". Precisé sus caracteres en el congreso de Zaragoza de 1989, organizado por Juan José Carreras Ares y Miguel Ángel Ruiz Carnicer, en la red.

Las universidades reformadas y destruidas, en parte tuvieron que entroncar con la tradición anterior —los profesores del exilio—, y mirar hacia el exterior e importar y colaborar. No eran creaciones del nacionalcatolicismo, como el consejo de investigaciones, la pontificia de Salamanca (1940) y el estudio general de Navarra (1952). O las implantadas por Villar Palasí: las autónomas de Madrid y Barcelona (1968), las politécnicas de Valencia (1968), Madrid (1971) y Barcelona (1971), que reunieron las escuelas especiales de arquitectura e ingenieros —nunca estuvieron en la universidad—, así como Málaga (1972) y la universidad a distancia (1972).

En 2021 ha publicado Sánchez Ron, *El consejo superior de investigaciones científicas: una ventana al conocimiento (1939-2014)*, cronología que abarca la dictadura de Franco y la monarquía de Juan Carlos I.

Es una difícil síntesis de setenta y cinco años, un esfuerzo indudable que emprende el autor, con aportaciones e insuficiencias: en el *Epílogo* se disculpa y admite que la empresa debe ser comunal —colectiva—. Es una operación de propaganda apresurada, que deseaban los historiadores del consejo, pero no se atrevieron o no quisieron hacer; quizá buscaban valoración externa... Tantos institutos de historia y apenas investigaron su pasado; no se afanaron en rescatar su etapa nacionalcatólica. Encargaron incluso otro libro a José María López Sánchez y Alba Fernández Gallego, *A imprenta y tírese. 80 años de la editorial CSIC* (2021). El consejo no escatima empeños en reivindicar su historia. Si es preciso, desplaza la escultura de Albareda y en su lugar pone bronces de Santiago Ramón y Cajal y Severo Ochoa...

En contraste, desde el instituto Alonso de Madrigal de Ávila, Cándido Mª Ajo González de Rapariegos y Sainz de Zúñiga publicó una *Historia de las universidades hispánicas. Orígenes y desarrollo, desde su aparición hasta nuestros días* (1957-1979), once volúmenes ambiciosos, aunque bastante deficientes —los seis últimos son acúmulo de fichas y bibliografía—. No alcanza la época contemporánea.

Pronto se decidió ocupar los edificios y bienes de la junta.

Tras una breve evocación de la junta para ampliación de estudios, Sánchez Ron narra el primer asalto a sus bienes por las academias reunidas en el instituto España —idea copiada de Francia por el falangista Eugenio d´Ors—, de acuerdo con el decreto de 19 de mayo de 1938 de Pedro Sainz Rodríguez, ministro de educación nacional. Pero cayó el ministro, sustituido por José Ibáñez Martín y se creó el consejo superior de investigaciones científicas por ley de 24 de noviembre de 1939, que pretendía promover la investigación e independizar la economía. Con el alto patronato del "caudillo" y presidido por el ministro, estaría gobernado por el consejo pleno, que reunía a todos los miembros de los patronatos, y por el consejo ejecutivo, presidido por el ministro y compuesto por un vicepresidente, el secretario, el interventor general y un miembro de cada patronato. Ibáñez Martín fue ministro hasta 1951 —le sucedió Joaquín Ruiz-Giménez—, pero retuvo la presidencia del consejo hasta 1967, que simultaneaba con la presidencia del consejo de estado, y después con la embajada en Lisboa... Yolanda, tú, junto a Tomás Saorín, trazaste su vida, entrecruzada con el exilio del penalista Mariano Ruiz-Funes, *Revista de Indias*, LXXVII, 269 (2017).

El cerebro fue José Mª Albareda, químico, del Opus Dei.

Sin duda, como secretario general, fue durante años el hombre fuerte. Hizo continuas propuestas al ministro sobre organización y personas que podrían desempeñar cargos. A través de sus papeles se descubre su idea para mejorar la junta: "irreligiosa y extranjerizante", contraria a la universidad, a la técnica y a la economía... La rechazaba de plano, pero explotó sus cenizas.

La junta concedía pensiones para estudios en el extranjero y mantenía centros de investigación. El consejo durante sus primeros años apenas financió estancias en el exterior, sino en sus propios institutos, dado que la guerra asolaba Europa. A partir de 1945 favoreció viajes y estancias en otros países, aunque la mayoría fueron becas en sus institutos; numerosos becarios se doctoraron, iniciaron su carrera.

Por otro lado, la junta sostuvo centros de investigación. Las universidades contaban con escaso presupuesto para nóminas de profesores y reparación de los viejos edificios; apenas había fondos destinados a laboratorios. Ramón y Cajal financió su estudio de su bolsillo hasta 1900, año en que el gobierno de Silvela le creó un laboratorio, cuando el congreso internacional de medicina, reunido en Madrid, le otorgó el premio Moscou, *Recuerdos*, II, capítulo XVIII. Luego, con su apoyo, surgiría el instituto de fisiología de Juan Negrín, en el sótano de la Residencia de estudiantes; así como el instituto nacional de física y química —financiado por Rockefeller—, donde investigaron Blas Cabrera, Miguel Catalán y Enrique Moles.

El consejo absorbió los centros existentes y creó otros. Bajo la imagen luliana de las ciencias fueron apareciendo de modo "disperso" —más bien caótico— mediante gemaciones o duplicados, supresiones y absorciones... Albareda buscaba personas capaces o significadas en una materia, y les proporcionaba un instituto y medios; repartía cargos a catedráticos y personas notables en el organigrama extenso de patronatos e institutos. Desde luego a sus amigos, favoreciendo la colocación de compañeros del Opus, aunque cupieron otros en su arborescente institución. Gozó de un poder absoluto que hacía y deshacía con aquiescencia del ministro y los patronatos.

El consejo progresó con celeridad.

Todo poder aspira a crecer. El consejo fue multiplicando institutos, dirigidos por catedráticos que nombraban sus colaboradores, remunerados con "sobrias gratificaciones", complementarias de sueldos en la universidad o la segunda enseñanza, archiveros... Fueron numerosos los colaboradores. En 1943 Ibáñez Martín en un discurso subrayaba que la bendición apostólica de Pío XII al consejo se extendía a los colaboradores... En 1945 se crearon colaboradores científicos en exclusiva, con sueldo del consejo, que entraban mediante concurso-oposición —otro decreto regulaba auxiliares—. En 1947 apareció la figura del investigador, que accedía por concurso-oposición entre doctores e ingenieros, dedicados a la investigación durante al menos cinco años. El consejo se va distanciando de la universidad, establece una carrera interna —o bien, logran sostenerse en su camino hacia la cátedra—. En 1957, a instancia de Alberto Sols se crea la categoría de profesor de investigación por concurso entre investigadores, para poder desempeñar cargos directivos, rompe la dependencia universitaria...

Pero el momento esencial de ruptura fue en 1951, cuando Franco desgaja el consejo del ministerio —divide y vencerás—.

El rector de Madrid, Pedro Laín Entralgo, lo percibió y quiso llegar a un convenio razonable, sin resultado, según dice en *Descargo de conciencia* (1976). El dictador era figura central: las primeras memorias del CSIC se abren con una reunión plenaria —Sánchez Ron las denomina "aquelarres anuales"—, donde el ministro lo adula, mientras da cuenta de grandezas. Franco preside la clausura de aquel rito desde octubre de 1940 hasta 1951. La reunión plenaria empezaba por una misa del Espíritu Santo en San Francisco el grande o en las Trinitarias descalzas, con nutrida presencia de patronos y cargos; Ibáñez Martín daba un largo discurso, y los distintos institutos rendían cuenta oral de sus trabajos, así como el secretario Albareda. En la sesión de clausura en la real academia, Antonio de Gregorio Rocasolano habla de la grandeza hispana en matemáticas y astronomía, en física y química y se ofrecen a Franco ejemplares encuadernados de las publicaciones. Otro año Juan Marcilla —vicepresidente del consejo y director de la escuela de agrónomos— expone las posibilidades españolas para la síntesis española biológica de las proteínas, o Francisco J. Sánchez Cantón, los "Libros, cuadros y tapices que coleccionó Isabel la Católica".

La presencia del CSIC se extendió por toda la península.

Sí. Su segunda vía de ampliación se desplegó mediante descentralización, que Albareda proclamaba frente al estado centralizado en Madrid —sede de Franco y sus ministros, sus cortes—. Incluso la universidad central monopolizó el doctorado durante más de un siglo, razón esencial de la mediocridad universitaria. Se ambicionaba "abarcar cuanto más mejor —escribe el historiador de la ciencia—, un rasgo este que revela el deseo del nuevo régimen de influir, si no controlar, en la medida de lo posible, la cultura de las distintas regiones españolas". Una garra más del estado central… Ya lo vimos en Valencia; no resultaba gravosa, ya que bastaba con subvenciones menores.

Menciona el instituto López Piñero de historia de la medicina y de la ciencia de Valencia, que intentó ser cerrado en 2014 por el presidente Emilio Lora-Tamayo, aconsejado por algún envidioso, a pretexto de escaso rendimiento. Menos mal que se opuso Esteban Morcillo —un rector sensato— y lo mantuvo con ayuda de las universidades de Alicante y Castellón y de la Generalitat. Sánchez Ron no se enteró.

En ocasiones resucitaron institutos que la guerra había destruido: es el caso del centro de estudios de historia de América, creado en 1932 en la universidad de Sevilla. Presidido por Ots Capdequí, quien ya dirigía el instituto hispano-cubano de historia de América —financiado por el cubano Rafael González-Abreu en 1926, que pervive hasta hoy—. Aunque Ots se había trasladado a la cátedra de Valencia, pudo simultanear la dirección. Véanse mis páginas en *Universidades y exilio. Homenaje a María Fernanda Mancebo* (2018), en la red; reciente, el voluminoso y documentado libro de Mauricio Valiente Ots, *José María Ots Capdequí, el americanista de la segunda república* (2022) —su vida y bibliografía—. En 1942 el CSIC creó la Escuela de estudios hispanoamericanos, con predominio de Opus, dirigida por Vicente Rodríguez Casado —anexa la universidad de la Rábida, con cursos de verano—. En 2013 denominó a su biblioteca "Ots Capdequí", pero en 2019 eliminó su nombre; hace poco la escuela se refundió en el instituto de historia... También repusieron en 1945 la universidad internacional de Santander, bien estudiada en la tesis de Jesús Ferrer Cayón (2011), en la red.

Tal vez Sánchez Ron se entretiene demasiado en organización y burocracia.

Creo que arranca desde un enfoque poco rentable al querer reconstruir el entramado de patronatos, institutos y escuelas —ni siquiera queda claro con sus minuciosos apéndices—. Sería más certero analizar la obra de los investigadores, su valor científico... Indudablemente es tarea que no puede hacer uno solo, requiere especialistas diversos. Cuando habla de personas, especialidades y conocimientos, sus páginas son más adecuadas. Al narrar la tragedia del instituto Ramón y Cajal valora la altura de sus discípulos, exiliados, y cómo después quedó en manos inhábiles, también José Mª López Piñero, *Santiago Ramón y Cajal* (2006); Laín Entralgo, trae la queja de Fernando de Castro: "Que el Cajal se nos muere, Albareda", quien le contesta: "todo en la historia se muere alguna vez".

En física, en el instituto Alonso de Santa Cruz, fue figura central Julio Palacios Martínez, al que dedica amplia atención este libro. Palacios se ausentó por su trabajo en Lisboa y tuvo algún conflicto; facilitó el regreso a su cátedra de Arturo Duperier desde Londres, que por su muerte no llegó a reanudar sus estudios de radiación cósmica. Sin embargo, se impuso José María Otero Navascués, del instituto de óptica Daza de Valdés, militar de la armada y hombre fuerte, que controló el consejo general de física, organismo coordinador de los diversos institutos de física, o en los inicios de la junta de energía nuclear, que presidió el general Juan Vigón Suero-Díaz. Laín piensa que la física debió encomendarse a Julio Palacios y Miguel Catalán, no a Otero Navascués, "óptico muy estimable". En las matemáticas, el instituto Jorge Juan, presidido por Julio Rey Pastor, se completó con otros centros, pero al final acabaron siendo suprimidas... La historia de la ciencia es el estudio de la obra y pensamiento de hombres, geniales o mediocres que descubren o repiten conocimientos —interesan todos, los segundos cooperan y forman parte del conjunto—.

No parece suficiente aportar los presupuestos del consejo; examina su administración, pero los datos numéricos que ofrece sirven de poco. Sería menester empalmar las series —parte en pesetas, parte en euros— y deflactarlas, para conocer su tendencia y variaciones en época de tanta devaluación. Divide por patronatos, compara con el gasto del ministerio: habrá que seguir con nuevos y pormenorizados análisis, que quizá no deparan las memorias: un análisis desde la contabilidad, si se conserva…

El libro aborda con acierto otros aspectos del CSIC.

Varios y diversos capítulos completan esta mirada panorámica: "La tarea de reconstruir toda la historia del CSIC será, creo, larga y difícil", advierte. Un buen capítulo sobre los edificios, Fisac y la colina de los chopos. La relación internacional la resuelve con conferencias, al principio de profesores alemanes, que se amplían de otros países —datos de Albareda—. Con ocasión del X aniversario invitan a profesores extranjeros; vienen personalidades, entre ellos Otto Hahn, presidente de la Max Planck, a quien dieron permiso las autoridades aliadas… En mayor número acudieron en los XXV años de paz, que organizó Manuel Fraga, y secundó Manuel Lora Tamayo: actos en alabanza del caudillo, que asiste y pronuncia su discurso, establece un fondo de ayuda a la investigación... Paul Preston se ocupó de aquella campaña de propaganda: quien se alzó contra el gobierno legítimo fue ensalzado como artífice de la paz. Habrá que ahondar en el intercambio científico…

Dedica su último capítulo al periodo de la democracia, que juzgó indispensable una reforma, que no era fácil. Alejandro Nieto dictaminó: según la opinión pública, era evidente su identificación ideológica con el franquismo más intolerante, su falta de productividad científica en relación a los medios y a los niveles de otros países europeos, su aberrante organización dispersa, el caos funcional y laboral, que se refleja en paros, huelgas y manifestaciones… Era preciso reconocer que algo había de cierto. Sánchez Ron analiza proyectos y leyes, discursos y valoraciones, alude a la supresión de institutos y patronatos, del consejo ejecutivo… Un cuadro general de cómo fue enderezado y cercenado el árbol. Sin duda supuso podar hojarasca e inyectarle fuertes sumas de dinero... Fue momento en que el gobierno socialista —el ministro José María Maravall— apostaba por la ciencia: promulgó la ley de 1986, creó la comisión interministerial de ciencia y tecnología (CICYT) y se incrementaron presupuestos. Un año antes se aplicó en el consejo un programa movilizador sobre intercambios científicos entre España y América, en que participé gracias a mi hermano...

En contraste fue copiosa la bibliografía sobre el exilio de los republicanos: la historia hizo justicia.

La investigación empezó en los países de destino, mientras en España se imponía el silencio. En 1950 el diplomático Mauricio Fresco publica *La emigración republicana española. Una victoria de México,* dedicada a los tres presidentes que asumieron su defensa, Lázaro Cárdenas, Manuel Ávila Camacho y Miguel Alemán. Daba cuenta de cómo fueron protegidos los profesores españoles en Francia, el éxodo y su asentamiento y labor en la nueva tierra. No menciona la fundación de la Casa de España en 1938, convertida en 1940 en el Colegio de México —remito a las memorias de Daniel Cossío Villegas (1976) y a los libros de Clara E. Lida y José Antonio Matesanz (1988 y 1990) y de Josefina Zoraida Vázquez (1990)—. Fresco exponía los frutos y proyectos que planeó la Unión de profesores universitarios españoles en el extranjero —creada en 1939 en París y trasladada a México—. Sus afiliados enseñaban y publicaban libros y revistas. Le facilitaron la lista de sus miembros que recogió, con sus cargos académicos. Anuncia *La bibliografía en América de los intelectuales del exilio (1936-1945)*, impresa en 1951 por Julián Amo y Charmion Shelby, en la *Library of Congress* y editada por la *Stanford University* (California).

La Unión de profesores universitarios —como el gobierno republicano en el exilio— se esforzó por devolver la democracia a España. En 1943 se reunieron en La Habana, para pedir la restauración de un gobierno provisional republicano, las bases de su economía y del trabajo, una universidad nueva... Reunión que abordó María Fernanda Mancebo e investigó a fondo Yolanda Blasco Gil, *1943: la transición imposible* (2018). Esperaban justicia de los aliados... El 26 de junio de 1945 en la conferencia de San Francisco se firma la carta de las naciones unidas: la España de Franco no estuvo presente, aunque sí algunos republicanos. El consejo de seguridad nombró un subcomité para estudiar su actitud ante aquel régimen, y en diciembre de 1946 la asamblea general lo condenó "por su carácter fascista", y se retiraron los embajadores. En 1950 con la guerra fría se anula la condena y se abren las embajadas, Estados Unidos concede crédito. Clara Inés Ramírez y Claudia Llanos advirtieron que la Unión de profesores empezó a espaciar sus reuniones y desapareció durante los sesenta; en 1951 preparaban un volumen, que no se llegó a editar, para conmemorar el cuarto centenario de la universidad real, para agradecer a la UNAM su mano amiga. Claudia Llanos, Belén Santos y Mariano Mercado analizaron el Ateneo español y ordenaron su archivo, último bastión y monumento vivo del exilio.

En España, tras la muerte del dictador, se publicaron los volúmenes dirigidos por José Luis Abellán, *El exilio español de 1939* (1976-1978). Estaban escritos en su mayor parte por emigrados, Vicente Lloréns, Manuel Tuñón de Lara —emigración a Francia y guerra mundial—, Manuel Andújar, Antonio Risco, Juan Marichal, Francisco Giral, Carlos Sáenz de la Calzada, José Luis de la Loma, Javier Malagón y otros... Así se pudo presentar en España un primer panorama del exilio silenciado.

En Valencia el rector Joaquín Colomer —elegido en 1979— me propuso unos *Estudios dedicados a Juan Peset Aleixandre* (1982), que reunieron en tres volúmenes páginas de profesores y otros intelectuales. Su hijo mayor Vicente Peset Llorca falleció meses antes de la presentación, que hizo su hermano Juan. La primera parte se centraba en la persona con páginas del rector Colomer, los profesores Laín Entralgo, Gisbert Calabuig, Bonilla Martí, Llombart Rodríguez, Aguiló Lucia, Juan Antonio Micó —su bibliografía—. Vicente Aleixandre se adhería por carta a la "manifestación merecidísima de admiración y recuerdo a quien fue honor de la cátedra y de la creación española". Más tarde, José Luis Barona Vilar y María Fernanda Mancebo recordaron al rector *José Puche Álvarez (1896-1979). Historia de un compromiso* (1989).

Yo quise honrar la memoria de José Mª Ots Capdequí, gran historiador y amigo, reincorporado a la cátedra en 1962, cerca de su jubilación, con pérdida de los haberes durante su separación. Reuní su *Obra dispersa* (1992), una docena de artículos en revistas extranjeras, con un estudio preliminar, donde analizaba su tarea como historiador del derecho indiano y recogía la lista de sus publicaciones —su hijo Francisco Ramón y su esposa Concepción Navarro me ayudaron—. Tomás y Valiente se hizo eco de su figura en el *Anuario*, 1993. Me interesé por otros exiliados Sánchez Albornoz, Medina Echavarría...

María Fernanda Mancebo en su tesis había estudiado *La universidad de Valencia de la dictadura de Primo de Rivera a la guerra civil. La F.U.E.* (1990). Y la continuó, dedicando su esfuerzo al destierro de tantos de sus protagonistas. En México aquellos años trabó amistad con el ingeniero José Puche Planás, María Luisa Elío, Carmen Parga y Carmen Tagüeña, Leonor Sarmiento, Elena Aub y Federico Álvarez, su hija Teresa, Ana Martínez Iborra y Antonio Deltoro, entre otros. Hace unos años recordé aquel tiempo en mi prólogo al libro de Salvador Albiñana, *Añorantes de un país que no existía. Ana Martínez Iborra y Antonio Deltoro, exiliados en México.* (2020).

En 1995 María Fernanda organizó con Albert Girona un congreso sobre el exilio valenciano, donde reunió una mesa de sus amigos exiliados. En 1999 se organizaron congresos paralelos en diferentes ciudades españolas. En Valencia María Fernanda convocó, junto a Marc Baldó y Cecilio Alonso, *L'exili cultural de 1939. Seixanta anys després* (2001). Se acompañó de una exposición en el colegio Rector Peset y catálogo, con Salvador Albiñana: *Letras del exilio, México 1939-1949. Biblioteca del Ateneo español de México* (1999). También Manuel García editó en 1995 *Exiliados. La emigración cultural valenciana (Siglos XVI-XX)*, en tres volúmenes, y Santi Cortés, *L´exili valencià en els seus textos.*

Me he centrado en lo más cercano, pero hubo un amplísimo y redoblado interés sobre el exilio. Manuel Aznar Soler y José-Ramón López García coordinaron el *Diccionario biobibliográfico de los escritores, editoriales y revistas del exilio republicano de 1939* (4 volúmenes, 2016). Abundaron las publicaciones, se formaron grupos de historiadores, Aemic o Gexel. Una extensísima bibliografía, que abarca sus varios sectores o campos... Copiosas ediciones de sus obras literarias y científicas... Revistas y diccionarios, tesis y monografías acerca de los distintos países de Europa y América en donde se establecieron... En México un repertorio: *El exilio español en México 1939-1982* (1982), y estudios de Eugenia Meyer, Dolores Pla Brugat, Conchita Ruiz-Funes, Aurora Díez-Canedo, Andrés Lira, Fernando Serrano Migallón y otros muchos.

Nosotros hemos trabajado sobre universidades y profesores. En 2009 —70 años del exilio— acudí al congreso convocado por Armando Pavón Romero, Clara Inés Ramírez González y Ambrosio Velasco Gómez, *Estudios y testimonios sobre el exilo español en México. Una visión sobre su presencia en las humanidades* (2016). Ese libro, esa atención al exilio de los profesores ha continuado en otros, que se mencionan en el prólogo de estas páginas, gracias a Armando Pavón, y a vosotras Fernanda y Yolanda, a otros muchos investigadores de historia de las universidades —imposible citar a todos—.

También se investigó la historia de las universidades.

Desde hacía siglos fue cultivada en cada universidad por sus profesores. En Alemania existe una larga tradición bibliográfica. Desde 1964 el *Max-Planck-Institut für europäische Rechtsgeschichte* en Frankfurt, fundado por el profesor Helmut Coing fue centro de estudio sobre las universidades europeas. Su labor con numerosos colaboradores se recogió en los volúmenes del *Handbuch der Quellen und Literatur der neueren europäischen Privatrechtsgeschichte* (1973-1988).

La universidad nacional autónoma de México en 1976 —en tiempo del rector Guillermo Soberon— creó el Centro de estudios sobre la universidad (CESU), con investigadores sobre su historia y expertos en educación —al que se anexionó el archivo de la universidad y otros acervos—. En 2006 ascendió a Instituto de investigaciones sobre la universidad y la educación (ISSUE). Sus resultados pueden verse en Clara Inés Ramírez y Armando Pavón, *Miscelánea Alfonso IX*, 2011, con un CD complementario.

En Italia había numerosos estudios sobre universidades, en especial sobre Bolonia, primera en el tiempo y la fama. En junio de 1997 se reunieron los rectores de Bolonia, Padua, Turín, Messina y Sassari y fundaron el *Centro interuniversitario di storia delle università italiane*, al que se unieron otras. Este centro edita los *Annali di storia delle università italiane* y reúne congresos y publicaciones, véase Ilaria Maggiulli, *CISUI Le pubblicazioni e l´attività*, 1997-2014. Son países más avanzados y sensatos que nosotros.

No puede lograrse nada semejante en España.

Nunca quise crear un instituto, ni una revista, aunque he trabajado medio siglo sobre la historia de las universidades: conocía bien nuestra universidad y sus deficiencias. Los profesores somos vanidosos y conflictivos, queremos afirmarnos en nuestro trabajo y persona. Sabemos nuestras limitaciones, algunos buscan superar frustraciones a través del estudio, de jóvenes con cierto orgullo de la obra futura, y de viejos con la que realizaron, sea mejor o peor. El novelista sudafricano Coetzee —en su autobiografía, *Youth*— se pregunta si la vida intelectual tiene recompensa: *Will there be a reward for us one day? Will our solitariness lift or is the life of the mind its own reward?* Aumenta la soledad o es la vida intelectual su propia recompensa... Otros lo quieren todo, investigar y saber, tener buenas relaciones sociales e intelectuales, ganar dinero, participar en la política y en la sociedad... Investigar, ejercer, brillar... Todo no es posible, produce pobres resultados y mala conciencia: hay que decidir qué es prioritario o prefieres, y —si puedes— optar por una dirección y renunciar a otras...

La investigación sobre universidades es un océano infinito. Solo puedes alcanzar metas limitadas, te quedan por leer y escudriñar zonas o problemas que en algún momento pensaste investigar. Abarca campos muy diversos: las estructuras institucionales de las universidades y los poderes que gravitan sobre ellas —externos e internos—, los profesores y los alumnos —en el aula y fuera en la sociedad—, la enseñanza y las ciencias, la economía o financiación... Las universidades son muchas y es indispensable conocer algunas, de diversos países, no limitarse a una sola. Ocurre a muchos, que creen que la mediocridad de su centro es canon de perfección.

En todo caso no se te ocurra organizar un instituto para apoyar y continuar tu investigación, porque te pones en manos de la burocracia que vigila y se nutre de trabas y restricciones —torpe y perniciosa—. Recuerdo que don José Corts Grau, hombre de afinada conciencia, no quiso pedir dedicación plena —un complemento o sobresueldo— mientras fue rector, porque decía que él no investigaba, aunque daba las clases y escribía alguna cosa. Ahora los burócratas o cargos se han multiplicado, donde había un vicerrector hay muchos, o vicedecanos o se han creado numerosos cargos, algunos peregrinos. La acrecentada burocracia universitaria está remunerada y valorada, puede decirse que existe una prima por no investigar y ahorrarse docencia —no es una paradoja—.

Adela Mora fundó el instituto Antonio de Nebrija de historia de las universidades en tiempo del rector Gregorio Peces Barba, gran intelectual socialista. Pero el siguiente rector lo unió a otro instituto —Laureano Figuerola y Ballester—, reuniendo varios. Menos mal que se conservó la publicación de su revista, velando su origen con las siglas *CIAN*. Las autoridades académicas —burócratas— tienen que estar cambiando cosas, continuamente, para afirmar poderes o podercillos, que logran por elección o designación.

También fue clausurado en 2013 el centro de historia universitaria *Alfonso IX* de Salamanca, creado en 1997 por Luis Enrique Rodríguez-San Pedro Bezares. Bueno, se concentró con otros; su revista *Miscelánea Alfonso IX* se extinguió, su biblioteca de unos cinco mil libros fue apilada durante años. Una universidad que tanto ensalza su pasado, eliminó el centro donde se investigaba en vísperas de su octavo centenario. Estaba editando desde 2002 una *Historia de la universidad de Salamanca,* que quedó interrumpida. El quinto y último tomo de su reciente historia tardó en publicarse. Se compusieron los índices —general y onomástico— y se añadió el repertorio de profesores del tomo segundo del rector Enrique Esperabé de Arteaga y del archivero Amalio Huarte y Echenique. No se había completado la investigación sobre catedráticos, y se quiso remediar de este triste modo...

¿Cómo lograste formar un grupo y conectar con otros?

En principio, el único apoyo para la investigación fue el esfuerzo propio, de mi familia —mi hermano José Luis, mi mujer María Fernanda, mis hijos—, de amigos colaboradores en el departamento y en otras facultades o universidades... Incluso siempre me ayudaron las secretarias, Rosa Ruiz y Mar Vera. Desde 1985 hasta mi jubilación conté con programas I+D del ministerio, que se aplicaron a adquisición de libros y materiales, a estancias en otras ciudades o países para trabajar en archivos o bibliotecas y a la reunión de congresos internacionales de historia de las universidades. El primero tuvo lugar en otoño de 1987, *Claustros y estudiantes,* editado por la facultad de derecho de Valencia. No los celebramos con estricta periodicidad, sino cuando disponíamos de dinero. En 1995 convocamos el segundo *Doctores y escolares,* y luego siguieron otros, alguno en Salamanca o Madrid, varios en México. Eran sencillos, con asistencia limitada, con exposición y debate... En 1999 reunimos el VI congreso, *Aulas y saberes,* con ocasión del quinto centenario del *Estudi general* valenciano, que el rector Pedro Ruiz Torres organizó con valiosos logros: creó la colección *Cinc segles* que ha editado monografías sobre universidades —aparte, el *Procés a Joan Peset Aleixandre,* con estudios de Marc Baldó, Mª Fernanda Mancebo y Salvador Albiñana—. Este último coordinó una exposición sobre universidad y su catálogo, *Cinc segles i un dia.* A mí me encomendó el rector coordinar una historia de la universidad en tres volúmenes (1999-2000) —en castellano y catalán—, que pude culminar gracias al esfuerzo de muchos historiadores, que habíamos trabajado años, remito a mi reciente prólogo con Yolanda Blasco y Jorge Correa, del último congreso, *Universidades, colegios, poderes* (2019), *preprint* en la red; también revisé la historia universitaria desde mi estudio en *Promoción universitaria en el mundo hispánico. Siglos XVI a XX* (2012), coordinado por Armando Pavón.

¿Los centenarios favorecen la investigación?

Los centenarios son otra cosa, pertenecen a la historia de bronce, que encanta a los políticos e ideólogos. Hemos visto organizar muchos, el más sonado el descubrimiento o "encontronazo" con América —los de Franco eran "gloriosos": el milenario de Castilla o sus 25 años de paz tras su alzamiento y guerra—. Estos aniversarios están casi siempre motivados en función del presente. Parece que facilitan financiación, porque los gobernantes se ponen en primera fila y lucen sus dotes oratorias —algunos leen un papel—. El poder ha de lograr presencia para robustecerse y conseguir adhesión y votos... Al parecer, la pertenencia a la nación —como a cualquier colectivo, una congregación o un equipo de fútbol— produce gratas emociones, compañía y solidaridad, relevancia. La nación, según el ideario político, existe desde lejanos siglos, aunque pueda tener diferente estructura o extensión… Cuando se divide se forman dos o más naciones, como las esponjas o los corales… La historia de sus glorias favorece su cohesión y grandeza en el presente, se enseña en las escuelas, se celebra con centenarios, erige estatuas y monumentos, rotula calles o edificios, se plasma en cuadros —Pérez Vejo 2015—. No se incluye el *Guernica* en esta clase, es un grito de dolor y rechazo de la barbarie nazifranquista…

La historia de bronce, centrada en grandezas, nunca se ocupa de medianías o épocas bajas. Con frecuencia inventa mitos: el comienzo de la etapa liberal se une a Trafalgar, una derrota naval, con valientes marinos muertos —Churruca, Gravina y Alcalá Galiano—. Bailén o los guerrilleros, dejando en penumbra el ejército inglés de lord Wellington. O bien héroes como el Cid o Sancho de Navarra, que rompe las cadenas en las Navas de Tolosa. Ambrosio Huici estudió con rigor sus fuentes árabes y cristianas, no le dieron el premio en el centenario; tuvo que editar su análisis en el instituto de Valencia (1916, nueva edición de Roldán Jimeno, 2011).

El aniversario de una persona o un suceso se organiza cuando se considera oportuno. Un caso curioso: en 1932 el rector Antonio Gallego Burín conmemoró el cuarto centenario de Granada con una conferencia de José Ortega y Gasset sobre la universidad; su hijo —también rector— decidió reeditarla años después, recordando a su padre en el 450 aniversario. Ahora se anuncia en red que en 2031 celebrará el quinto... En Valencia el servicio de publicaciones decidió conmemorar sus cien años —sin fundamento— con un libro de papel cuché, exposición y acto solemne... En el plan Blasco de 1786 ya hubo impresiones de la universidad, que encargaba sus volúmenes a diversos impresores —Mayans recomendó una imprenta en su plan de 1767—, remito a mi estudio "L´introduction des manuels d´enseignement dans les Universités espagnoles au XVIIIe siècle" (1987) y de María Fernanda Mancebo, "Mayans y la edición de libros en el siglo XVIII" (1981), ambos en la red, en Roderic. La universidad imprimió discursos de apertura desde el XIX y varios libros a principios del pasado siglo con ocasión del cuarto centenario —se encargó el secretario de la universidad—. El libro *Universidad Literaria de Valencia. Crónica del IV centenario de su fundación* (1906) de Manuel Giner San Antonio lo pagó el ayuntamiento. Los *Anales de la universidad de Valencia* —desde 1920— se gestionaban por los secretarios de las cuatro facultades y el de la universidad, que se turnaban en la confección de cada número. En la postguerra el rector y la junta crearon una comisión de redacción, formada por catedráticos de las facultades, que denominó Secretariado de publicaciones, intercambio científico y extensión universitaria —con José Mª Font Rius, secretario de publicaciones—. En tiempo más cercano colaboré con Juan García González, quien llevó e impulsó las ediciones como secretario académico de los rectores Rafael Báguena, Manuel Cobo y Vicente Gandía. Joaquín Colomer las encargó a Vicent Roselló, vicerrector. Este centenario es puro invento.

En Salamanca Antonio Tovar conmemoró en mayo de 1954 el séptimo centenario, y la universidad decidió festejar el octavo en 2018: es fácil elegir la fecha, el primero contaba desde su regulación por Alfonso el sabio, el otro desde la primera mención de la escuela por Lucas de Tuy. En la clausura del primero habló Tovar exaltando la grandeza de aquel estudio general, sus preclaros varones —desde Juan de la Encina a Unamuno—, de su proyección en América, mientras agradecía a Franco la devolución de los manuscritos de sus viejos colegios, en la real biblioteca desde su supresión.

Franco empezó agradeciendo con emoción su doctorado, por contarse entre los doctores del claustro,

> en el mismo lugar que elevaron sus voces los cerebros más preclaros de aquel Siglo de Oro de nuestra Historia. Os va a hablar, pues, este nuevo y modesto doctor, al que habéis querido, sin duda, premiar su espíritu de servicio al progreso de la cultura.

Destello retórico de humildad, que borra de inmediato,

> Los que por la responsabilidad en que la vida nos colocó venimos haciendo historia al enfrentarnos con la tarea trascendente de levantar a España del caos en que había caído, para volverla a los caminos gloriosos de que un día se desvió, y para ello nos comprometimos a acaudillar la revolución nacional que estos años vivimos, podemos ver mejor desde nuestra altura, libres de ataduras y convencionalismos, la perspectiva de nuestro tiempo.

El orador no duda un instante en equiparse con

> aquellos caudillos reales que, en el siglo XIII, en los descansos de su victoriosa Reconquista, sentaron los pilares sobre los que había de levantarse la gloriosa Universidad de Salamanca ... La hermandad entre las armas y las letras encuentra en nuestra patria una encarnación visible y espléndida en todas las horas de plenitud.

Hernán Cortés en su testamento encargó la construcción de un colegio para que se enseñase teología y derecho canónico —añade "y civil", para redondear—. Y a partir de esta cita insiste en la proyección de Salamanca y Alcalá en las universidades de Santo Domingo, Lima y México, que tanto agradaba a Tovar y a Ibáñez Martín y sigue sonando a ratos en Salamanca... Habló de bulas y privilegios de los pontífices... De la importancia de Salamanca y "sus altos saberes" en relación a la obra que acometió el 18 de julio; de José Antonio Primo de Rivera, quien "clamaba muchas veces por la función rectora de la inteligencia...". Ambos discursos en *Revista de educación*, VIII, III, 21, en la red; detalles en Pérez Delgado, *Historia de la universidad de Salamanca*, III, 2.

Hubo luego otros centenarios.

En 1983 se conmemoró el cuarto de la universidad de Zaragoza. Si hojeamos el *Programa general*, hubo actos durante todo el año, de enero a diciembre: la presidencia de honor correspondió a los reyes, y al jefe de gobierno socialista, sus ministros y autoridades. Sin embargo, la *Historia de la Universidad de Zaragoza* (Madrid, 1983) deja mucho que desear; fue encargada al decano de letras, que escribió una introducción y repartió las cronologías por departamentos. No superó los volúmenes de Manuel Jiménez Catalán y José Sinués y Urbiola (1923-1927). Algunos profesores publicaron *Cinco estudios humanísticos para la Universidad de Zaragoza en su centenario.* Más reciente, la *Historia de la universidad de Zaragoza* (2017), coordinada por Concha Lomba y Pedro Rújula. Algo semejante sucedió en una *Historia de la universidad de Valladolid* (1989), que reseñé en *Investigaciones históricas: Época moderna y contemporánea*, 13 (1993). Los catedráticos escribieron introducciones a cada periodo; pero había investigadores, Elena Sánchez Movellán medievo, Margarita Torremocha estudiantes, Alberto Marcos Martín y Rosa Dávila la hacienda, María de los Ángeles Sobaler el colegio de Santa Cruz...

El rector Gonzalo Villapalos, al calor de los fastos del descubrimiento de América, adelantó un congreso en la complutense, *La universidad ante el quinto centenario* (1993) —porque Alcalá se fundó en 1499—. Inauguró el rey, el ministro de educación, diversas personalidades peroraron en sesiones plenarias; luego, en una sección "científica" 22 historiadores, y otros muchos sobre la universidad actual. Las comunicaciones solo se relacionan, muchas fotografías... No pretendía investigaciones, sino una historia de bronce, autocomplacencia y propaganda del poder. Los congresos de historia oficiales agradan a los políticos, que se consideran parte de pretéritas grandezas. Los impulsan y presiden, demuestran que son promotores de "cultura"; también las exposiciones "hacen cultura", las inauguran, llegan a más gente, más votos...

Hubo centenarios que favorecieron la investigación.

Sin duda alguna. El quinto centenario de Valencia es un ejemplo notable. En Santiago de Compostela se preparó bien el quinto centenario, con varias tesis valiosas. Fue coordinada y escrita en buena parte por Xosé Ramón Barreiro, la *Historia de la Universidad de Santiago de Compostela* (2000), en dos volúmenes. Los años de su consolidación por María Pilar Rodríguez Suárez, gran estudiosa, que pronto fue eliminada de la universidad, como ocurre a veces en este triste país. La etapa ilustrada por Pedro Luis Gasalla Regueiro y Pegerto Saavedra, los siglos liberales por Isaura Varela...

En Lleida, el rector Jaume Porta y el profesor Joan Josep Busqueta en su séptimo centenario editaron un facsímil de los viejos estatutos de 1300 —de tradición boloñesa— y promocionaron estudios. Posee amplia bibliografía, le dediqué un trabajo, *Hispania*, 58, 2, 199 (1998); más recientes Francesc Esteve Perendreu, Roser Gort Riera, Rafael Ramis...

La universidad de Sevilla no se lució en su quinto centenario: editó una síntesis con ilustraciones, *La Universidad de Sevilla: 1505-2005*. Menos mal que se remedia con las aportaciones de Francisco Aguilar Piñal sobre la reforma ilustrada (1969) y José Antonio Ollero Pina, sobre los siglos XVI y XVII (1993). Acerca de tiempos más recientes María Nieves Gómez García, Juan Luis Rubio Mayoral, Antonio Merchán...

En la democracia fue suprimido el instituto nacional de estudios jurídicos.

Don Alfonso se jubiló en 1981, aunque siguió acudiendo a su instituto de Medinaceli. Cuando en 1992 murió, gobernaban los socialistas, quienes —rápidos— dieron cuenta del centro: los libros pasaron en depósito a la universidad Carlos III, creada y dirigida por Gregorio Peces Barba. Sus papeles fueron a la biblioteca Tomás Navarro Tomás de ciencias humanas y sociales del CSIC, se catalogaron, no sé de ningún investigador que los haya trabajado, aunque quizá sería interesante...

Sus discípulos cultivaron el mito de García Gallo, gran historiador del nacionalcatolicismo.

José Sánchez-Arcilla o José Antonio Escudero son espíritus agradecidos. Además, quieren mantener la herencia que deriva de la escuela para fundamentarse a sí mismos, una especie de dinastía o cacicazgo que admira y ensalza viejos métodos y grandezas nacionalcatólicas, que intentan conservar. Hace poco el segundo nos ha sorprendido con unas páginas sobre cuál fue la tesis doctoral de su maestro, *Anuario*, 2021, 733-752. Era fácil saberlo, ya que su título y signatura, *La aplicación de la doctrina española de la guerra (datos para su estudio)*, Unidad de tesis T 4015, se recogen en Manuel Martínez Neira y José Mª Puyol Montero, *El doctorado en derecho 1930-1956*, Madrid, 2008, registro 71, páginas 142-143. Es posible que no lo supiese, en todo caso buscaba presentarse como experto heredero... Describe una especie de investigación de bibliotecas y datos; examina bibliografía de Pérez de la Canal y de López Ortiz, de Arcilla y Gibert sobre su oposición —este creía que su tesis era sobre las ordenanzas de Jacobo del Hospital—. Al fin la encuentra —"el hallazgo de la tesis"—, publicada en *Anuario* de 1934, 5-76, junto a otro trabajo sobre Séneca, que reproduce. La tesis le parece una investigación sólida, un tema importante, extensa, rigurosa... Compara su dimensión, un centenar y medio de páginas manuscritas, con la de Hinojosa con 29 carillas o de Ramón Carande de 53 —criterio cuantitativo: a peso—. Considera "normal que los grandes autores no hablaran de ellas y que, por lo mismo, no fueran tratadas por los estudiosos y comentaristas con especial atención". Mejor hubiera sido compararla con otras, como la de José López Ortiz sobre la escuela malequí —*Anuario*, 1930, 1-167, edición Labor, 1932—; o de Luis García de Valdeavellano sobre el mercado medieval —*Anuario*, 1931, 201-405 y en libro, Sevilla, 1975—. O con la citada de Vicens Vives sobre Fernando II y Barcelona... Por lo demás Escudero hace aquí una historia ideologizada, interesada; no vale la pena insistir...

Consistía la tesis recién "descubierta" en unas consideraciones sobre Vitoria y la escuela de Salamanca, en línea con James Brown Scott y el dominico Luis G. Alonso Getino, junto a estudios de Hinojosa. Sostiene que los teólogos y juristas hispanos del XVI construyeron la moderna doctrina que justificaba el dominio de las Indias y la guerra justa. Aunque fueron olvidados, a pesar del relieve y las citas que Hugo Grocio les concedió en sus páginas. Después dejó de mencionarse a Vitoria o a Suárez, los olvida Juan Lucas Cortés en los *Sacra Themidis Hispanae Arcana* —que un diplomático danés editó a su nombre—, así como José de Olmeda y León en *Elementos del derecho público de la paz y de la guerra* (1771) o Joaquín Marín y Mendoza en su historia del derecho de gentes (1776).

Acompaña una consulta de Carlos II en 1689 al teólogo dominico Francisco Sobrecasas —reproducida del *Semanario erudito* de Valladares— sobre la justicia de la guerra contra Francia, con ayuda de ingleses y holandeses —infieles—. El dominico fundamenta sobre textos de la Biblia —la teología es un saber antiguo, apoyada en los libros sagrados—; es lícito según la doctrina común de "los Doctores de las tres escuelas, de la Religión seráfica, de la Compañía de Jesús y de los Intérpretes de Santo Tomás", aunque no especifique los autores y textos de la segunda escolástica. Solo cita a Báñez: si es lícito en una guerra justa de fieles contra fieles utilizar leones y elefantes, también podrá usarse de fieras infieles. Recuerda ejemplos del antiguo testamento y sucesos análogos, la presencia de sarracenos en Roncesvalles o alemanes en los ejércitos de Carlos V.

¿Qué quiere decir en línea con Brown Scott y el padre Getino?

Dos corrientes que confluyen y se completan. El dominico, profesor de San Esteban y fundador de la *Ciencia tomista,* había escrito la biografía de Francisco de Vitoria en 1914. James Brown Scott era un prestigioso profesor estadounidense de derecho internacional, formado en Harvard y en varias universidades europeas. Enseñó durante años en la *Law School* de la universidad jesuita de Georgetown (1789), y en su *School of Foreign Service* o diplomacia, que ayudó a fundar. Llevó adelante la publicación de clásicos del derecho internacional, entre 1911 y 1950 editó 22 obras, en 40 volúmenes…

En la reunión anual de 1925 en el palacio de la paz de La Haya, el *Institut de Droit International* decidió celebrar el tercer centenario del libro de Grocio, *De iure belli ac pacis libri tres.* James Brown Scott fue elegido presidente del instituto —acababa de editarlo en sus clásicos—. El comité del evento envió a España en abril de 1926 una comisión de abogados holandeses, que visitaron Granada y como homenaje depositaron una corona de flores en el monumento a Francisco Suárez; luego en Madrid, en una recepción en la academia de jurisprudencia, entregaron una medalla de oro que conmemoraba el centenario. Por último, acudieron a Salamanca para obsequiar a la universidad con otra medalla en honor de Francisco de Vitoria, que recibió en el paraninfo su rector Enrique Esperabé de Arteaga, en presencia del ministro de instrucción pública Eduardo Callejo —del dictador Miguel Primo de Rivera— y numerosas autoridades y miembros de aquella y otras universidades. El ministro aceptó la propuesta de una cátedra y una asociación Francisco de Vitoria, que promocionaría un *Anuario*. Entre ceremonias y festejos, hubo dos conferencias de Camilo Barcia Trelles sobre las relecciones del dominico y una placa en el convento de San Esteban en su honor.

Sin duda alguna el gobierno participó de buen grado en aquellas iniciativas: Primo de Rivera fue nombrado doctor *honoris causa* de Salamanca el 1 de noviembre de 1926. Mientras, se preparaba la inauguración de la cátedra y el doctorado de James Brown Scott, que pisaba por vez primera España, y de Benjamín Fernández Medina, embajador de Uruguay. El 10 de noviembre de 1927 el rector Esperabé descubría una lápida en el paraninfo y presidía la investidura con el ministro Callejo, quien les colocó los birretes e insignias. El rector pronunció la *laudatio* de uno y otro, que contestaron agradecidos. Hablaron después el decano de derecho, un representante de la universidad de Lisboa, José Yanguas Messía —ministro y presidente de la asamblea nacional consultiva y de la asociación de Francisco de Vitoria—, y clausuró el acto el ministro de instrucción pública. A las ocho de la noche Getino impartió una conferencia sobre costumbres escolares y académicas en época de Vitoria —hubo otra de Brown Scott al día siguiente—. A las nueve, banquete en la sala de profesores y función de gala en el teatro Liceo, con música de Haydn y coro de niñas de La Merced, *La vida es sueño* de Calderón de la Barca… Véase en la red: *ABC* Madrid, 11-11-1927 y la excelente tesis de Paolo Amorosa, *The American Project and the Politics of History: James Brown Scott and the Origins of International Law*, Helsinki (2018). Otros datos en Javier Infante-Motta y Eugenia Torijano en el homenaje a Paz Alonso Romero (2021).

Los dominicos Luis G. Alonso Getino, Guillermo Fraile, Vicente Beltrán de Heredia, Teófilo Urdánoz, Domingo Hernández Martín conservaron la memoria de sus antecesores, se volcaron en su estudio y apología, junto a otros estudiosos, Teodoro Andrés Marcos, Luciano Pereña, Lewis Hanke, José

Barrientos, Miguel Anxo Pena… A veces con tintes de historia de bronce.

Años antes, Hinojosa había estudiado la segunda escolástica en su ingreso en la academia de la historia.

El medievalista habló sobre "Francisco de Vitoria y la ciencia del derecho internacional" (1889); le contestó Marcelino Menéndez Pelayo, su promotor. Estaba de acuerdo con el erudito montañés en reiterar la ciencia en la tradición hispana, que sostuvo con ciclópeos trabajos y le enfrentó a Manuel de la Revilla y Gumersindo de Azcárate en la segunda polémica sobre la ciencia, *La ciencia española. Polémicas, proyectos y bibliografía* (1879) o la antología de Ernesto y Enrique García Camarero (1970).

Hinojosa ensalzó aquella escuela de teólogos en otro trabajo, presentado a un premio de la academia de ciencias morales y políticas: *Influencia que tuvieron en el derecho público de su patria, y singularmente en derecho penal, los filósofos y teólogos españoles anteriores a nuestro siglo* (1890) —últimamente editado un par de veces, 2018 y 2020—. En sus páginas el tracto cronológico es largo, hasta se planteó si debía ocuparse de Séneca. Desde luego, se extiende sobre los visigodos y acerca de los teólogos de los reinos cristianos medievales, que aconsejaban a los monarcas y eran utilizados por los juristas. La reforma protestante había quebrado la unidad de la teología y el poder se fundaba sobre el pacto y la voluntad social. Vitoria analizaba el poder real, su conexión con el papa, con el clero —como también otros autores, Simancas, Mariana, Rivadeneira…—. Me centraré en su último capítulo sobre derecho internacional, aunque dedica muchas páginas al derecho penal, con santo Tomás y Alfonso de Castro, al que considera fundador del derecho penal… Es admirable como maneja aquellos filósofos, teólogos y juristas latinos, algo que tuvo escasa continuación, aunque sea esencial conocer la vieja doctrina… Tomás y Valiente, María Paz Alonso, Salustiano de Dios o Bartolomé Clavero lo sabían bien; yo mismo aporté algo, como también Pascual Marzal sobre vínculos y sucesiones y María Dolores Guillot sobre el régimen económico matrimonial en Valencia.

Reivindicó a los teólogos hispanos del XVI como creadores o padres del derecho internacional.

Ya lo habían indicado algunos internacionalistas como el francés Paul Pradier-Fodéré, el belga Ernest Nys, el alemán Otto von Gierke y otros que cita. Nuestro historiador examinó la regulación canónica sobre la guerra y las relecciones *de indis* del padre Vitoria, donde justificaba desde el *ius gentium* los títulos de la conquista, la libertad de los indígenas, frente al humanista Juan Ginés de Sepúlveda —confirmada por Paulo III en 1537 y aceptada en las leyes nuevas de 1542—. Desecha los títulos de concesión del emperador o del papa Alejandro VI y sus sucesores, que aceptaba *Partidas* (2,1,9). La brutalidad de la conquista, denunciada por los dominicos Antonio de Montesinos y Bartolomé de las Casas, planteaba su protección, así como la justificación o título de la conquista. Vitoria insistió en que en paz y en guerra debe aplicarse el derecho de gentes, que deriva de pactos y normas; los españoles pueden ir a aquellas tierras, ocuparlas o adquirirlas, comerciar con sus habitantes... Si eran rechazados podrían defenderse con armas, sería una guerra justa… Justificación moral desde la universidad para tranquilizar la real conciencia, aunque la conquista fuese espantosa. Continuaron el derecho internacional los dominicos Domingo de Soto y Melchor Cano, los jesuitas Acosta, Báñez o Suárez, Fernando Vázquez de Menchaca…

Hinojosa en 1911 volvió sobre "Los precursores españoles de Grocio" en su conferencia inaugural de la reunión del

Instituto de derecho internacional de La Haya, en Madrid, en la Academia de jurisprudencia y legislación.

Insistió en su idea y argumentos, aunque no se publicó hasta varios años después, *Anuario* 1929. Se mostró sensible frente a la brutal colonización que se estaba imponiendo en África —sancionada por la conferencia de Berlín (1884-1885), en que no participó ni un solo africano—. Los profesores Ferdinand von Martitz de Berlín y Paul Heilborn de Breslau dictaminaban que las normas de derecho internacional no eran aplicables sino a las sociedades humanas que están organizadas como estados; los pueblos salvajes no pertenecen al derecho internacional, sus tierras y pastos se consideran sin dueño, sus caciques no son soberanos. La colonización ofrece por desgracia —dice Hinojosa— frecuente ejemplo de aplicación de estas teorías: en el Congo belga, en el Senegal y en el territorio de los Malgaches, en el África alemana... Altamira en *Ideario político* (1921) también denunciaba abusos del colonialismo: la intervención norteamericana en Cuba y Filipinas no fue ayuda a los rebeldes, sino vía de adquirir colonias como los europeos.

Leopoldo II de Bélgica desde su acceso al trono buscó ávido un territorio: consultó el archivo de Indias en Sevilla y quiso comprar las Filipinas. A fines de siglo, ayudado por el explorador Stanley ocupó el Congo, que explotaría en su beneficio —marfil, caucho...— mediante esclavitud, sangre y muerte, mientras hablaba de civilización y cristianismo. Adam Hochschild, *El fantasma del rey Leopoldo* (2017), ha estudiado aquel cruel y repugnante despojo, que fueron descubriendo algunos misioneros protestantes —y describió Joseph Conrad en su novela *El corazón de las tinieblas* (1899)—. Edmund D. Morel, un empleado de la compañía naviera inglesa que conectaba Amberes con el Congo, al percatarse de la situación, la denuncia, deja la naviera y escribe contra el monarca. Logra que la cámara británica se pronuncie, que intervenga el cónsul Roger Casement —un irlandés que trabajó en África con Stanley—, quien conocía la situación y presentó un informe veraz. Se desata una campaña, aunque los poderes tardan en decidir... El rey belga cedió el Congo a su estado, sin que se remediase el expolio. Casement fue condenado y ahorcado por negociar con los alemanes la independencia de su patria, mientras Leopoldo II tiene estatuas en algunas ciudades belgas —historia de bronce—; hace poco han retirado alguna por presión popular. Vargas Llosa ha novelado la vida del irlandés en *El sueño del celta* (2010), con su estancia en Perú, comisionado por Londres para informar sobre los abusos de la *Peruvian Rubber Company* sobre los recolectores del caucho indígenas.

¿Qué significó la obra de Hugo Grocio?

Su libro *De iure belli ac pacis* (1625) cambió los fundamentos del derecho internacional —traducido por Jaime Torrubiano—. El calvinista holandés lo escribió mientras la guerra de los treinta años encendía Europa —hasta la paz de Westfalia de 1648—. La edad moderna despertó asentada sobre la reforma de Martín Lutero y el fortalecimiento de las monarquías absolutas en el oeste de Europa: Francia, España, Inglaterra... El viejo orden común de los tres derechos —romano, canónico y feudal— salta por los aires al quebrarse el poder unitario cristiano; al afirmar los reyes su soberanía y comandar poderosos ejércitos. Las guerras de religión fueron frecuentes —como siempre han sido y son las guerras bajo un pretexto cualquiera—. La pluralidad de iglesias favorecía la libertad de pensamiento; también la libre interpretación de la Biblia, su traducción a la lengua vulgar por Lutero —cosa prohibida en el ámbito católico—. La versión valenciana de Bonifacio Ferrer, editada por Lambert Palmart en 1478, fue destruida por la inquisición; solo quedó el colofón —en Nueva York—. El libro del holandés pronto fue incluido en el *Index librorum prohibitorum* romano.

Grocio quiso descubrir la norma jurídica, válida para todos —independiente de la teología— mediante el juicio del entendimiento, rectamente formado, libre de miedo, apetito o arrebato temerario. Es decir, la razón puede establecer el derecho, a la manera que Descartes dedujo su filosofía... Y tendría firmeza, "aunque concediésemos, lo que no puede hacerse sin gran delito, que no hay Dios o que no se cuida de las cosas humanas...". Si bien, por tradición y por razón, los cristianos creemos en Dios —añade—. Dios es la fuente de derecho, su voluntad libre es la que nos dicta al entendimiento, y quiso que existieran en nosotros los principios de derecho natural. Además, dictó estos preceptos en la historia sagrada: leyes divinas en favor de los hombres.

Separa y deslinda la ciencia jurídica —construida desde la razón— de la teología, Dios aprueba desde fuera del sistema. El jurista crea un campo propio al derivar las normas de la razón, sin dependencia de la teología que dependía de la Biblia, interpretada desde la libertad protestante o la tradición católica. El derecho inaugura un método nuevo, racional, cartesiano, que sienta axiomas o principios justos del derecho natural. Normas aplicables a las relaciones internacionales, junto a las convenciones o tratados, costumbres aceptadas por gran número de naciones, que constituyen el derecho de gentes —por ejemplo, la libertad de los mares—.

Sin embargo, utiliza doctrinas de teólogos y juristas sobre la guerra y la paz.

Es cierto, los cita y reconoce como apoyo —no solo deduce normas mediante la razón, sino justifica o respalda con autores—. Entre ellos numerosos españoles, Vitoria, Suárez, Covarrubias y Vázquez de Menchaca —Bodin y Hotmann, Gentili—. ¿Recuerdo de la *communis opinio* del derecho común? O reconocimiento de las fuentes de donde ha extraído sus soluciones. También usa testimonios de filósofos, historiadores, poetas, oradores, en especial griegos y romanos —tiempos y pueblos mejores— que, aunque no tengan valor, reflejan el derecho natural, cuando afirman concordes un principio evidente y justo. El derecho romano… Incluso proverbios y tópicos o cánones conciliares, en cuanto son costumbres y normas derivadas de la ley divina… Usa la sagrada escritura, que como ley divina distingue del derecho natural —el Nuevo testamento exige mayor probidad—.

Un espacio sometido a teólogos es ocupado por juristas.

Según Grocio el derecho no es la fuerza de los poderosos. Está basado en la justicia que se apoya en Dios y en el derecho natural. No solo es necesario en una nación o ciudad —toda comunidad necesita derecho—, sino también para establecer alianzas y soluciones en la guerra. La cuestión principal es si puede ser lícita la guerra: deberá ser justa y piadosa como en tiempos romanos —Aristóteles, Varrón—. La justicia facilita la victoria… Aunque la ley divina se opone a la guerra, el precepto “No matarás”.

La guerra privada está prohibida, hay que acudir al magistrado… La guerra pública depende de quien tiene la soberanía; solo en casos extremos acepta la guerra contra el soberano. Dedica muchas páginas al poder de gobernar o poder civil, que, según los autores, consiste en hacer leyes, nombrar magistrados y tribunales y resolver sobre la paz y la guerra. Es un poder cuyos actos no están sujetos a otro derecho, ni pueden anularse por el arbitrio de otra voluntad sino la suya. Puede ser un sujeto individual o colectivo de varias personas, pero rechaza que lo tenga el pueblo, doctrina que ha originado graves males.

Al tratar de las causas de la guerra —la defensa, la recuperación y el castigo— Grocio entra en un extenso examen de la propiedad y de los contratos. Establece principios justos, por su evidencia y por argumentación; ilustra con citas clásicas y, en menor dosis, cristianas, pero se libera de las grandes masas del derecho común y particular. Tras la comunidad originaria se estableció la propiedad, como la familia, los contratos, instituciones regidas por el derecho natural...

Fue difícil aceptar en España el nuevo derecho natural.

Desde luego. Mayans escribía a José Nebot en septiembre de 1740: "Grocio, Seldeno y Pufendorf a quienes los Modernos veneran como Maestros del Derecho de Gentes erraron en no establecer el Derecho Natural en las Leyes de la Divina Providencia...". Algo después le decía: "Algunos años ha, compré a Pufendorf, empecé a leerle i le desterré de mi librería por impío i abominable" —Antonio Mestre rescató un inédito que refutaba las ideas del alemán—. Este y otros autores protestantes fueron pronto incluidos en los índices de libros prohibidos. Mayans en su propuesta de reforma de leyes y cánones en Alcalá —solicitada en 1752 por Diego de Arredondo de Zorrilla— recomendaba para varias asignaturas obras de Johann Gottlieb Heinecke, profesor en Jena. Teme que las recojan y condenen, cuando expurgadas podrían ser útiles. Manuel de Roda, secretario de Carlos III, le encomendó en 1767 un proyecto de plan de estudios para las universidades de España —que edité y estudié con mi hermano José Luis—. En el plan insistía en que el derecho natural se estudiase por los *Elementa iuris naturae, et gentium,* del citado Heinecio, en tanto se componen unas instituciones adecuadas. Había apuntado a la inquisición "las proposiciones que se deben quitar y las cláusulas que se puedan suplir, cuando es necesario suplirlas para el contexto de la oración" —ya estaba condenado en el *Index librorum prohibitorum* romano (1758)—. Aparte, debían imprimirse dos obritas breves y claras del mismo, sus *prelecciones academicae* sobre Grocio y sobre Pufendorf —vasto panorama de grandes iusnaturalistas—.

Pablo de Olavide en su plan para Sevilla de 1768 los desechaba por estar prohibidos y teñidos por la religión protestante, optando por Heinecio, "escrito en compendio, por reglas y principios, que es el método que debe observarse en las Universidades". En Valencia, el plan de 1787 —impuesto por Floridablanca y el rector Vicente Blasco— prefirió las *Institutiones iuris naturae, et gentium secundum catholica principia* de Giovanni Battista Almici, ortodoxo y buen conocedor de los iusnaturalistas —en la biblioteca virtual Cervantes—.

La primera cátedra de derecho natural se abrió en 1770 en los estudios de san Isidro, creados sobre el colegio imperial de los jesuitas, tras su expulsión. A la oposición, se presentaron muchos candidatos, que mostraron su amplio conocimiento en la materia; fue designado Joaquín Marín Mendoza, discípulo de Mayans —estudiada por Rus Rufino y María Asunción Sánchez Manzano, *Revista de la facultad de derecho de la universidad complutense*, 80,1993—. Años antes, Ignacio Asso del Río había defendido conclusiones en Zaragoza, que revelan las nuevas ideas —las estudia José Mª Lahoz—.

El nuevo catedrático Marín presentó los grandes autores, poniéndolos de acuerdo con la vieja teología —esfuerzo de muchos clérigos— en su *Historia del derecho natural y de gentes* (1776), librito en castellano dirigido a grupos ilustrados y eruditos a la violeta —reeditado en 1950, 1999 y 2015—. Para la enseñanza tuvo que enfrentarse a la corrección del manual de Heinecke, de distinta forma a la propuesta mayansiana: *Elementa iuris naturalis, et gentium Castigationibus ex Catholicorum doctrina, et iuris Historia aucta* (1776). Castigaciones o censuras que parecen respetar el texto, añadidas como notas en la parte inferior. No siempre fue así, el *Vinnius castigatus* (1779) de Juan Sala fue una auténtica carnicería; después lo copió a la letra en sus *Institutiones Romano-Hispanae* (1788-1789) —lo mostró

Gabriel Buigues en *Claustros y estudiantes*—, añadiendo concordancias con el derecho patrio.

¿Cómo hizo Marín sus correcciones sobre el libro del profesor alemán?

Tengo en la mano la segunda edición de 1789 de Johann Gottlieb Heinecke de los *Elementa iuris naturalis, et gentium*, que me ha prestado mi amigo August Monzó. No puedo entretenerme dando cuenta pormenorizada de sus ideas, me fijaré en su método. Las personas por amor y sociabilidad tienen deberes respecto a sí mismos, a los demás hombres y a Dios. Cada sector cuenta con normas o leyes de derecho natural, deducidas por la razón, que enuncia y examina con detalle. En cada apartado las expone como axiomas o principios, numerados cada capítulo. Se ocupa de la guerra justa, se extiende también como Grocio sobre propiedad, pactos y contratos... A semejanza con él busca apoyo en los autores que le han precedido: Grocio y Pufendorf con frecuencia, Thomasius y otros muchos. Nunca los teólogos españoles que estaban ya citados y digeridos por el holandés. Aparte textos de clásicos griegos y latinos, historiadores, poetas, oradores... —no los juristas—, que tan bien conocía.

Desde el inicio, el exordio del alemán —fechado en 1737, que utiliza Marín— merece extenso castigo, porque fía en la razón, con método matemático o deductivo, derivando las normas o axiomas, sin atender la sagrada escritura, los santos padres y escolásticos, los cánones y decretales... Heinecke aseveraba que los turcos, chinos y japoneses no aceptarían aquellas fuentes; Marín indica que tampoco estos han recibido su obra ni a Pufendof. Después disputa con los iusracionalistas protestantes y aduce autores católicos con profusión. Otra amplia corrección versa acerca de la jurisdicción de la iglesia sobre las personas y cosas sagradas, escuelas y academias, que el profesor alemán asignaba a la autoridad civil, libro II, cap. VIII, CLXXXIII-CLXXXVIII. En otra, sobre la guerra justa, las cruzadas y la guerra contra mahometanos, recuerda la conquista de América, de la Nueva España por Cortés, apoyado en Mayans y Solórzano, en Grocio y otros autores, sin citar a Vitoria y la escolástica, II, cap. VIII, CXCVIII. En general no son abundantes ni extensas.

En el libro II —sobre ius gentium— establecía normas del derecho público. El estado de los hombres era de igualdad y libertad… El estado de naturaleza —diseñado por Hobbes, de guerra de todos contra todos—, tendía a establecer un estado social, mediante consentimiento expreso o tácito. La formación de la familia por matrimonio, consentimiento y rito —ante la iglesia conforme Trento, advierte Marín—. De la sociedad heril de señores y siervos… Un contrato se crea entre las familias para formar núcleos que defiendan el orden. Después los padres de familia entregaban el poder a un solo monarca para construir un estado civil, que apoyado en el derecho natural mantiene la igualdad y justicia, la seguridad —o bien a algunos aristócratas o a todos en democracia—. Si no tiene este fin, no es una sociedad justa, sino una banda de ladrones… Las autoridades deben respetarse, están aceptadas por el pueblo por elección o sucesión. No están sujetos al pueblo como su superior, no cabe la sedición —según afirman los monarcómacos—, ni, como sostienen Maquiavelo y Hobbes, son obedecidos de forma pasiva… El sumo imperio es sacrosanto, da leyes y nombra jueces que las aplican e infligen penas a quienes las conculcan, cobran tributos y vectigales, regulan las cosas sagradas y el comercio; en el exterior conduce la guerra y firma paces…

Heinecke utiliza un método análogo para construir el derecho civil, en sus *Elementa iuris civilis, secundum ordinem pandectarum* —manejo la edición de Venecia, 1775—. En los primeros libros de Pandectas o Digesto, referidos a cargos e instituciones romanas, como erudito humanista, reconstruye con sencillez su antiguo sentido. Anota clásicos y autores del *mos gallicus*, Cujacius, Gothofredus... Luego, cuando entra en materia civil, va sentando axiomas y consecuencias, trabadas y sistematizadas, apoyando cada rúbrica con copiosas citas de derecho romano. En suma, el derecho se construye desde la razón, discurriendo en forma eslabonada, pero con respaldo del derecho romano. Antecedente de la dogmática jurídica de Savigny y de la pandectística, que desembocará en el código civil alemán.

Antes de terminar no olvides la crítica que hiciste en *Fuero de Úbeda* (1979), en colaboración con Juan Gutiérrez. Trabajaste desde el comienzo con tu hermano José Luis, historiador de la medicina, luego con Juan, lingüista, también con otros historiadores y juristas.

Colaboré con Juan Gutiérrez sobre universidades medievales y en el estudio preliminar de su edición del *Fuero de Úbeda*. La historia debe hacerse en forma colectiva, con equipos o grupos de investigadores de distinta formación y conocimientos. No se trata de dirigir o coordinar, sino de reunirse, debatir para mejorar y completar la investigación: así es posible aprender juntos. No se trata de maestros y discípulos, de catedráticos y "negros". Piñero en su libro *El análisis estadístico y sociométrico de la literatura científica* (1972) afirmaba que el desarrollo de una ciencia se expresa por el número de firmantes en las investigaciones, en medicina o física. En letras, la valoración burocrática actual tiende a lo contrario. No se comprende por qué se niega en historia. donde los enfoques y matices son tantos que exigen colaboración.

Planteamos el estudio del fuero de Úbeda, de la extensa familia foral de Cuenca, adoptada en las fronteras con los musulmanes... El estudio preliminar tenía dos partes bien diferenciadas. La primera se debió a Juan en especial, que fue comparando lecciones de diversos manuscritos e impresos para establecer relaciones o dependencias, incluso las notas de

Cerdá y Rico de los códices perdidos de Alcázar y Consuegra —de este se ha hallado una copia tardía por Bermejo Cabrero, *Anuario,* 2003—. De este modo construyó el *stemma* de la familia de fueros conquenses concedidos a diversas poblaciones... Método y técnica de lingüista que permite sentar firme la trasmisión de un texto y sus etapas, que en líneas generales coincide con el avance hacia el sur... A García Gallo no le convenció; en *Anuario,* 1979, al reseñar el libro de Ana María Barrero sobre fuero de Teruel, dijo que era inaceptable, como demostraría en otro lugar; aunque más bien parece encargar a ella el estudio de la extensión del fuero de Cuenca... Ni uno ni otra escribieron nada nuevo, apenas esta última unas páginas repetitivas sobre la formación del fuero conquense...

Y la segunda parte fue el análisis histórico de Úbeda y los fueros de frontera.

Un intento de presentar la vida social y jurídica de aquella población desde el fuero, las crónicas y los documentos —la bibliografía—, cosa que no hacían la mayoría de los historiadores del derecho, que se enredaban con los textos, con su descripción o comparaciones.

En el siglo XII, la frontera islámica sufrió fuertes embates. Alfonso VI, a finales del siglo anterior había conquistado Toledo y parecía avanzar, aunque nuevas invasiones abortaron su designio. Se estableció un derecho de frontera, en la parte oriental mediante los fueros de Cuenca y derivados, en la occidental los de Salamanca, Ledesma, Alba de Tormes y Zamora. Se implantan en ciudades reales, pero también en señoríos; muchas de órdenes militares —instituciones de las fronteras—, de los hospitalarios y los templarios, Santiago y Calatrava...

Dentro de las ciudades se asienta nobleza, en Úbeda hay documentación sobre el reparto y linajes, aunque tardía... Pero el núcleo esencial estaba formado por caballeros villanos, guerreros y propietarios que defienden y acuden a la hueste; les acompañan peones, menos acomodados. Un derecho primitivo, con algunos rasgos romanos, inspira su libertad y seguridad, sus exenciones, la elección de sus concejos y la resolución de conflictos mediante juramentos de mancuadra por otros vecinos, y en último término la lid o lucha reglada... Aparte había clases inferiores: obreros, collazos, yugueros, siervos... Comerciantes, industriales, artesanos y otros varios oficios, moros, judíos... Pretendíamos diseñar la vida de frontera, desde sus fueros y la documentación.

A partir de la conquista de Andalucía y Murcia la política regia sobre grandes ciudades cambia mediante concesiones de fuero de Toledo, donde regía el *Liber iudiciorum* o *Fuero Juzgo.* Se otorga a Córdoba en 1241, después a Sevilla, a Alicante en 1252, a otros numerosos lugares... La estratificación social en Toledo presentaba mayor predominio de hidalgos, aunque conservase la caballería villana, así como mayores riquezas y comercio. Son normas más ventajosas para la real hacienda. Cambia a esta nueva regulación, aunque pervive el mundo conquense que iría evolucionando... Investigué la dualidad de fueros del marquesado de Villena en época de Don Juan Manuel donde convivían ambos fueros; también el fuero y privilegios de Alicante, que entonces trabajaba Juan Manuel del Estal.

Una última pregunta: ¿crees que nuestra asignatura ha mejorado a partir de tus críticas?

No estoy seguro. Es verdad que ha desaparecido la excesiva atención a la edad media y a los viejos fueros. Ahora bien, la razón es porque el bachiller redujo el aprendizaje de latín; en mi época eran siete cursos, y además añadí otros dos en filosofía y letras —y no sobraba—. Aparte la paleografía, las letras antiguas constituyen otro escollo...

La investigación de archivo es esencial. Se generalizó al pasar las tesis a todas las universidades desde los años cincuenta. Ya dije que el monopolio de Madrid fue una lacra que retardó la ciencia… Yo dirigí tesis —algunas a nombre del profesor García González— apoyadas en archivo, desde las fuentes… Tengo la sensación de que hoy se investiga menos, se prefiere usar bibliografía, el nivel ha bajado —al menos en algunas—; se estableció plazo para leerla, la pandemia lo dificultó más… En todo caso la punta de lanza está en las tesis o en los estudios monográficos desde las fuentes y archivos.

Los manuales siguen teniendo buena salud. Durante años García Gallo casi tuvo el monopolio del manual. Al aparecer el de Rafael Gibert le hizo poca gracia… Cuando empecé a explicar la asignatura, el catedrático Juan García González pensó que podíamos dejar de recomendar aquel texto en Valencia; explicábamos nuestras lecciones de distinta forma y contenidos, lo teníamos como libro de consulta y bastaba con que hubiese algunos ejemplares en biblioteca. La merma fue todavía mayor cuando sus discípulos decidieron escribir sus propios manuales: Tomás y Valiente en 1979, después Escudero, Sánchez Arcilla… Hoy continúan los gruesos manuales que no se ciñen a niveles de iniciación; más bien amplían con cuanto sabe o se le ocurre al autor. Me dan pena quienes tengan que estudiarlos, aborrecerán para siempre la materia… Es menester no recargar, y aunque se recojan datos, hay que ensartarlos en esquemas que se puedan entender, asimilar, sin exigir fechas ni minucias…

El positivismo que denunciaste sigue vigente.

Era la idea que García Gallo tenía de la historia del derecho: una mera historia de la legislación. No creía preciso reconstruir la vida y la práctica del derecho, bastaba describir textos legales y compararlos —la regulación de instituciones públicas o privadas—. Algunos publican colecciones de leyes contemporáneas, que están en la Gaceta o BOE, con un breve estudio preliminar que las resume, y hacen un libro. Nada que ver con las colecciones de fuentes medievales o modernas, obras o documentos inéditos, manuscritos....

El maestro del nacionalcatolicismo se consideraba dueño de la asignatura y sus contenidos, dictaminaba qué era la historia del derecho —en el *Anuario* de 1953—. Hoy, todavía algún mentecato desde su menguada visión emula al maestro, desautorizando el trabajo ajeno, porque "no es historia del derecho...". El derecho está en todas partes, como el aire que se respira... Hay historia bien hecha desde la fuentes e historia que acumula bibliografía o inventa, hay historia que comprende y explica y otra que se enreda en minucias o temas menores, hay historia interesada y otra que busca reconstruir y conocer el pasado, sin vallas ni separaciones académicas...

Hoy contamos además con un rector plagiario, que fue director de la *Revista de la inquisición* y del *Anuario*: una guinda sobre la miseria universitaria... Hay que leer a Sebastián Martín y Bartolomé Clavero, a Manuel Peláez y otros, en la red. Si se quiere entender mejor el sinsentido, recomiendo leer la elogiosa reseña de José Antonio Escudero al libro plagiado de su discípulo, *Anuario,* 2014, 1109-1111. ¿Cómo es posible que el político e historiador especialista en inquisición y tolerancia, fundador de un instituto y una revista, no sospechara el fraude?

¿No ves esperanza en el horizonte?

No. Estamos viviendo en España una demolición de las universidades. No sería la primera. Felipe V, acabada la guerra de sucesión al trono, suprimió las catalanas: Lleida y Barcelona, Gerona, Tarragona, Solsona, Vic y Tortosa. Compensó mediante la creación de Cervera en 1717, que estudió Joaquim Prats,

La universitat de Cervera i el reformisme borbònic (1993). La de Valencia, anulado el patronato municipal, vivió años de interinidad y estuvo a punto de desaparecer —un sector de la nueva planta al que dediqué varios trabajos—. La segunda oleada fue obra del ministro Caballero en 1807 contra universidades colegiales y de órdenes: se suprimieron Toledo, Osma, Oñate, Orihuela, Ávila, Irache, Baeza, Osuna, Almagro, Sigüenza y Gandía. Escribí en colaboración con Pilar García Trobat sobre la última, "El nacimiento de la primera universidad de la Compañía de Jesús" (2014), en la red. Al mismo tiempo que se imponía en todas un plan unitario, elaborado por Salamanca. Aquellas universidades no se sostenían con sus rentas y la generosidad ilustrada era escasa —tampoco los liberales gastaron dinero, las financiaron con las matrículas—.

En otras ocasiones la hecatombe se dirigió contra profesores y escolares. Fernando VII en 1814 al recuperar el poder absoluto desterró a los afrancesados o partidarios de Napoleón y persiguió a algunos liberales. En 1823 la represión fue más dura con destitución y cambio de autoridades, juicios penales con nuevos delitos, depuraciones o "purificaciones" de empleados públicos. Examiné con mi hermano José Luis la legislación contra liberales, *Anuario*, 1967; sobre la emigración escribió Vicente Llorens… De la atroz represión y depuraciones de Franco ya me he ocupado. Cárcel y fusilamientos, fosas comunes, campos de prisioneros y de trabajo. Confiscaciones y multas… Censura y vigilancia, detenciones y torturas…

A mi juicio hoy nos encontramos en una coyuntura de empobrecimiento de las universidades públicas, lento y solapado. La aparición de las privadas oscurece el diagnóstico, hay plazas, pero más caras… Estas no facilitan la investigación, por falta de dinero o quizá porque no sea su intención —algunas son negocios—. A veces no toleran demasiada libertad o están faltas de medios —como ocurre también en las públicas—. Las últimas crisis han reducido la financiación y el número de cátedras y titularidades, hay muchos asociados y contratados —en

Valencia hasta se redujo el complemento a los profesores eméritos—. El gasto en investigación es insuficiente, mientras se subvenciona con generosidad a la banca. Se está produciendo un corte o tajadura que costará restañar, si es que algún día se intenta... El porvenir no parece halagüeño: seguiremos soñando con universidades y ciencia españolas.